谨以本书向霍华德·奥德姆先生的"Self-Organization, Transformity, and Information"一文在 *Science* 期刊发表 30 周年（1988—2018）致敬。

国家科学技术学术著作出版基金资助出版

能值分析理论与实践：
生态经济核算与城市绿色管理

刘耕源　杨志峰　著

科学出版社

北京

内 容 简 介

　　本书研究并发展了能值分析方法，提出了能量视角的可持续发展观，修正了能值基准及方法学，建立了国家、省、城市多级核算框架及 NEAD V2.0 数据库，摸清生态家底；对城市代谢过程、城市健康水平、城市水系统、城市生态系统服务功能进行能值核算和评估；创新性地提出了覆盖废物流的城市生态过程能值模拟技术，突破了原能值方法无法覆盖废物流的瓶颈，弥补了原有技术对关键生态要素考虑不全的缺陷，开发了城市循环经济政策动态分析工具，实现了城市多种政策的耦合分析和调控。

　　本书可供生态城市建设及环境管理政策制定者参考，可作为最新能值转换率参数参考工具书，也可作为高等院校生态经济学、生态环境核算等课程的教学用书。

审图号：GS(2018)965号

图书在版编目（CIP）数据

能值分析理论与实践：生态经济核算与城市绿色管理 / 刘耕源，杨志峰著. —北京：科学出版社，2018.11

ISBN 978-7-03-056250-0

Ⅰ.①能… Ⅱ.①刘…②杨… Ⅲ.①城市经济学-生态经济学-研究 Ⅳ.①F290

中国版本图书馆CIP数据核字（2018）第006110号

责任编辑：王喜军 / 责任校对：蒋　萍
责任印制：师艳茹 / 封面设计：壹选文化

科 学 出 版 社 出版
北京东黄城根北街16号
邮政编码：100717
http://www.sciencep.com

三河市春园印刷有限公司 印刷
科学出版社发行　各地新华书店经销

*

2018年11月第 一 版　开本：720×1000　1/16
2018年11月第一次印刷　印张：27 1/2
字数：554 000
定价：240.00元
（如有印装质量问题，我社负责调换）

序 一

The authors of this book are the most important emergy researchers in China. Their contributions to the field are unparalleled. This book on urban green management is the culmination of well over 10 years of studies involving urban systems and emergy which began when I first met Gengyuan and Zhifeng in 2008 at China Agricultural University in Beijing, where I was giving an emergy short course. Several years later, while a visiting scholar in the Center for Environmental Policy at the University of Florida in Gainesville, Florida USA, Gengyuan, Zhifeng and I collaborated on several studies that ultimately formed the prelude to the urban studies reported here. Since those early years, I have returned each year to Beijing Normal University to teach an emergy short course in cooperation with Gengyuan and Zhifeng where we train a new generation of scientists in a "systems understanding" of the role of humans within the biosphere.

The complex questions concerning the fit of humanity in the biosphere require that we look at things from a different perspective. Until very recently, the energies released by humans were small, compared with the renewable driving energy. Not so today. At the present time human society releases about 3 times the emergy in non-renewables than flows into the biosphere from renewable sources. The vast majority of that non-renewable emergy is directly related to humans living in cities.

Currently more than half the world's population lives in urban systems, and China is no different, with nearly 56% of its population considered urban dwellers. China has four of the top 10 largest cities, and has eight cities greater than 10 million people. While less than 5% of the habitable land of the globe is considered urbanized, there is no doubting that the global impact of urbanization is far greater than its mere footprint. How best to fit urban systems within the biosphere? How best to develop an understanding of the workings of the biosphere with an increasing urban population? How do we make decisions concerning the allocation and use of environmental services and natural capital in the face of their increased depletion? This book tries to answer these questions from the perspective of China's urbanizing landscape. It is an important book, not only for the people of China but also for anyone interested in how to manage urban systems.

This book approaches the subject of urban management from the new discipline of emergy accounting, a method of evaluation that is free of human bias and willingness to pay. It is not surprising that development of resources and exploitation of the environment continues unimpeded when evaluated using human centered value systems based on willingness-to-pay. The only things given value are those things that humans decides are valuable. The only values given things are human values. Economic valuation cannot get away from the fact that its main underlying principle is that value is derived from utility (use). Thus things must be useful to humans for them to have value. However, a biosphere perspective, a perspective that seeks to balance humanity and environment, needs a valuation system free of human bias. Emergy accounting, as outlined in this book, is a method of valuation that is based on the principle that value is derived from the energy and resources that are required to make something rather than on what one gets out of it. Emergy is a scientific value system grounded in physical processes and the energetics that support them.

It is my hope that, through this book and others like it, a new generation of scientists, policy makers, and managers will be equipped to look differently at the complex questions concerning the fit of humans within the biosphere. One of their tools that will enable a more complete picture of the greening of urban systems is the emergy accounting method of evaluation. Urbanization is not slowing down. Projections suggest that the future global urban population will be 66% by the year 2050. To face this future from a strategic perspective, rather than from a reactive one, we need to get urbanization right. We need to understand how to make urban areas environmentally sustainable. This book provides a pathway toward those goals.

Mark T. Brown
Emeritus Professor of Environmental Engineering Sciences
University of Florida

序 二

Howard T. Odum's environmental accounting theories and methods (so-called "emergy" approach, spelled with an M) were introduced in China at the beginning of the 1990's, finding very soon a fertile audience among the Chinese scholars, also due to the holistic characteristics of Chinese culture and traditions. This approach inspired a large number of research papers, books, PhD and Master dissertations, as well as the Chinese translations of Odum's "Systems Ecology" (1992), "Environmental Accounting" (1996) and "Prosperous Way Down" (2002) books. This new systemic approach soon became the starting point for innovative environmental accounting assessments of economies and production processes at local, regional and national scales in China, pointing out concepts of resource quality, natural capital and ecosystem services evaluation, environmentally friendly urban development, sustainable agricultural and industrial activities, in so paving the way to the penetration of the emergy method in Chinese Universities and research Institutions.

A pioneer of emergy understanding in China was Prof. Lan Shengfang, who expanded the focus of the emergy method to a large number of fields, regions and production sectors, also benefiting of a strong collaborative link with Odum himself. The emergy approach was applied by other researchers to a large number of cases (regions, agro-ecosystems, urban systems, waste management, development and ecological engineering projects) till more recent studies about environmental and resource-use benefits in eco-industrial parks. The diversity of actual and potential applications of the emergy approach required and inspired an effort to adapt its conceptual basis to the specificity of environment, economy, and technology of China, a country characterized by fast economic growth, increasing population, and related environmental problems.

The emergy theory suggests a new framework to better understand the relation of human dominated systems (mining, agro-industrial, urban, transport) and fully natural systems (water cycle, material cycles, wilderness, marine and continental crust phenomena). The integration among systems thinking, environmental accounting and economy that characterizes the emergy method is likely to help identify new ways towards sustainable production and consumption, and improve the decision-making process towards appropriate resource use and environmentally friendly development. In particular, understanding the supply-side value of resources as well as quantifying the work performed by nature for resource generation and turn-over provides a very innovative point of view for policy making, based on the awareness that sustainability stems from understanding, respecting and protecting the environmental integrity and dynamics at the larger spatial and time scales of biosphere, much beyond the short-run sight of human technology and politics.

The "Emergy Theory and Practice: Ecological Environmental Accounting and Urban Green Management" book by Dr. Gengyuan Liu and Prof. Zhifeng Yang makes available a large number of results from their environmental research activities developed over the last decade together with their national and international network of colleagues and students, and further contributes to the emergy approach penetration in China, by showing appropriate applications to specific cases and needs of the Chinese fast urban growth and related resource costs and environmental problems.

Understanding the environmental costs of economic growth and policies in terms of resource quality as well as in terms of withdrawn natural capital and available ecosystems services is not an easy exercise, yet it is crucial for economic, social and environmental sustainability of China and the world. Aspects of environmental support to sustainable production and consumption, growth of urban population and assets, urban transportation, waste management and recycling, global urban metabolism and resource trade, environmental ethics related to a much needed repositioning of human communities within the larger context of the natural dynamics, contribute to the appropriate use of resources and the definition of environmental constraints within which sustainable wellbeing of humans and other species can be designed and achieved. The importance of recognizing the donor-side quality of resources (i. e. their generation and turnover cost by nature) should not be disregarded in that our economies and social assets are strictly dependent on resource availability, renewability and complexity, but most often try to ignore it. The emergy method allows biosphere work foot-printing and the recognition of the existing hierarchy of resources and processes, to enlighten and drive an environmentally sound policy making at local, regional and national levels. The book provides a theoretical and practical starting point for interested researchers as well as a valuable reference textbook in environmental accounting courses and may inspire further progresses towards a balanced relation between humanity and nature in China, to foster environmental integrity and social wellbeing.

Sergio Ulgiati
Professor
Environmental Chemistry - Life Cycle Assessment
Department of Sciences and Technologies
Parthenope University

前　言

（一）

从 20 世纪 80 年代起，环境核算方法逐渐步入研究者的视野，并很快成为研究者理解自然资源在经济活动中重要地位的有力工具。在环境核算方法不断发展、丰富和完善的过程中，一直较为受到普遍关注的环境核算方法是绿色 GDP，即在货币核算基础上，从 GDP 中扣除资源耗减成本和环境降级成本。很多国家都尝试计算绿色 GDP，为此，联合国于 1993 年公布了《环境与经济综合核算体系》（SEEA），将环境因素纳入国民核算中。但是，由于在实现过程中面临的种种困难，加之不够成熟的实践经验，使得 SEEA 在施行过程中往往无法达到预期的目的。

在此情况下，研究人员开发出更多的环境核算方法，开始主要从物质计量角度开展环境核算。典型的方法包括：生态足迹法，即计算生产性土地的直接、间接需求；物质流分析法，即计算自然界到经济系统中的直接和隐性物质投入；体现能核算法，主要计算全生命周期的累积能量消耗；各种计量经济过程排放物的环境影响核算法，如 IPCC 温室气体核算、CML2000 环境影响系数等。此外，还有能值分析法，即从生物圈能量运动角度来计量某物质或某系统所需要的所有能量总值等。这些环境核算方法都能从一定角度反映人类活动对自然资源和环境的真实载荷，因而得到了学界乃至政府组织的广泛认可，成为指导和评价环境绩效和可持续发展的重要工具。

环境核算方法从弱可持续向强可持续的过渡也就发展出生态环境核算方法。这与我国近年提出的要贯彻创新、协调、绿色、开放、共享的发展理念相一致。坚持绿色发展，就是要在未来的发展中倡导生态、绿色、低碳、循环的理念，坚持走可持续发展的道路。坚持绿色发展，必须明确"浅绿色"和"深绿色"。"浅绿色"强调了局部，忽视了整体，甚至以邻为壑，譬如污染产业向欠发达地区转移就是仅仅强调了发达地区的绿色发展等。"深绿色"强调大自然是一个互相影响、互相依赖的共同体，即使是最不复杂的生命形式也具有稳定整个生物群落的作用，每一个有生命的"螺丝和齿轮"对生态系统的健康运行都是重要的。"深绿色"倡导人、社会和自然的协调和谐发展，并努力探寻环境与发展双赢的道路，倡导人类文明的创新与变革。

能值分析作为生态环境核算领域的重要方法之一，能够持续受到广泛关注的原因是源于它具有一套独特的理论和方法体系。能值理论和方法是由美国著名生态学家、系统能量分析先驱——H. T. Odum 于 20 世纪 80 年代创立的一种新的系统分析理论和方法，它从地球生物圈能量运动角度出发，以能值来表达某种资源或产品在形成或生产过程中所消耗的所有能量，并在此基础上建立一般系统的可持续性能值评价指标体系。相比较于其他环境核算方法，能值分析法具有较为明显的优点：它能够将所有不同类别的能量、资源、产品，甚至劳务和服务等这种不可比、难核算的项目换算为统一的量纲——"太阳能值"，这就为环境负载计算和环境经济绩效的评价带来了极大助益；能值理论是基于生物圈内物质和能量流动规律而建立的，在反映资源和环境真实价值上，能值更具有说服力；能值分析不仅是环境核算的重要方法，它对物质流动和能量传递的细致剖析，也使其成为系统分析和评价的重要工具。能值理论与分析方法被认为是连接生态学和经济学的桥梁，它为各种生态经济系统、各种生态流的综合分析开辟了定量研究新方法，提供了一个衡量和比较各种物质流、能量流、价值流的共同尺度；可以衡量分析整个自然界和人类社会经济系统，定量分析资源环境与经济活动的真实价值以及它们之间的关系，有助于调整生态环境与经济发展，对自然资源的科学评价与合理利用、经济发展方针的制定、可持续发展战略的实施，均具有重要意义。

但在城市这种复合生态系统问题上使用能值分析，在研究过程中发现有很多困难需要解决。

第一，长期困扰能值研究者的不同能值基准和能值转换率问题。H. T. Odum 等经过长期的努力已积累了大量的能值转换率，但面对一个复杂大系统时，有时仍显不足。特别是一些物质（能量）的能值转换率会因所在区域、所处环境、生产方式和运输距离等产生很大差别，能值转换率失真，会影响城市生态系统能值分析的有效性。因此，如何确保评价所使用的能值转换率的准确性，是能值研究领域的焦点问题。

第二，城市这一复杂巨系统，输入端的物质种类庞杂、吞吐量大，系统内单元和组分间具有横纵向多重耦合关系，而能值分析对数据的要求又很高。这种情况下，如何清晰明了地梳理出物质和能量的输入、输出以及反馈等流量和流向问题，是城市系统能值分析的一个难题。

第三，能值分析的尺度推演问题。现有研究中，对于城市系统的能值研究以系统层的单层次灰箱系统分析研究为主，而这种单一要素的灰箱系统分析已经不能够满足城市生态系统的评价要求。能值分析方法亟待补充面向复合生态系统的尺度推演方法和总体分析框架。

（二）

　　城市是一个以人类活动为中心的社会—经济—自然复合生态系统。长期以来，我国城市所遵循的高投入、低产出、高污染的粗放型发展模式导致了严重的结构性隐患与环境问题，如高度依赖外界物质能源投入、物质与能源利用效率低、城市废弃物恣意排放、环境污染、生态破坏等。这些生态环境问题已对我国的城市生态系统和居民健康产生了一系列惩罚性影响。基于生物物理的视角考虑，城市生态环境问题的出现，与城市代谢不良密切相关，可以归结为城市生态系统日益增大的代谢流量，日趋复杂的代谢结构，不断降低的生态效率，持续恶化的环境影响，凸显出两方面问题：一方面，城市空间拓展和人口膨胀对资源消耗的需求持续增加，且资源利用效率低下，能源、土地和水三大核心资源的供需矛盾日益突出，资源短缺的"瓶颈效应"越来越显著；另一方面，在当前的产业结构和生产工艺水平下，高物质投入和高能量消耗必然导致高污染排放。近年来松花江水污染、太湖蓝藻等越来越多的环境污染事件为我国城市发展模式敲响了警钟。毫无疑问，如果仍然沿用现有发展模式，必将更为强烈地影响我们赖以生存的自然生态基础，最终导致城市健康程度降低甚至生态系统崩溃。

　　由此，城市代谢全过程的研究成为实现城市生态规划和环境管理等实际工作优化与决策的关键理论研究之一，通过对城市代谢过程的追踪和量化，摸清其运行机制，不但可以定量描述城市资源系统支撑和环境负荷，更可以找到城市代谢过程的优化路径，提高其资源利用效率。但是，在利用代谢研究方法剖析我国城市生态系统的过程中，无论是在方法体系上，还是其在我国城市生态系统应用实践上，都逐渐凸显出如下亟待解决的问题。

　　（1）城市生态系统代谢分析的研究对象包括物质性和非物质性两大类，目前的研究主要集中在前者，如原材料、能源及"三废"污染物等。由于当前主要能源类型为化石能源，其可用能储存于含能物质中，因此本质上能源也属于原材料，仅加工转化过程和利用形式有所不同。需要特别注意的是，上述研究对象均已被纳入经济分析，但事实上城市中的生产生活行为还获得了大量生物圈可再生资源的支撑，包括阳光、土壤、风力等，以及环境容量、劳动力和信息，传统的研究对此考虑较少。而如何真正实现城市资源消费的高效和"减量化"，必须全面、系统地考察城市生态经济系统的各种资源消费。

　　（2）传统的对系统代谢研究的方法主要有以质量守恒为基本依据的物质流分析方法（MFA）和以能量守恒为基本依据的能量流（EFA）分析方法。但是，物质质量相加，忽视了各种资源之间的品质差异，即为社会提供最终福利能力的差异。最重要的问题是，因为其计量过程是以物质和能量守恒定律为基本依据，传统的城市物质代谢方法体系无法真正体现资源品质的衰减过程,也就很难理清废弃物资源利用的层级结构。换句话说,很多"强制性"资源回用往往导致整体过程中更大的资源浪费,也是很多循环经济设计"只循环不经济"的根本原因所在。

(3)大多城市代谢的研究把系统看作灰箱,研究的重点多局限于元素代谢或部分子系统过程的物质代谢研究,尚未建立城市代谢的完备机制,以及缺乏对代谢的过程、机理、通量、效率、结构和影响的全方位度量。这一缺乏主要源于未能揭示城市生态环境问题的深层次原因,并缺乏定量城市内部子系统间的互动关系及其对整体城市系统的多方面影响,这需要对城市生态过程进行系统合理的拆解与整合。因此,只有建立城市生态过程核算体系,综合考虑系统生态流与生态组分之间复杂的作用关系,即生态流+生态组分=过程,才能深刻揭示城市生态系统结构—过程—功能演化机理,从而实现一体化核算、诊断、模拟与调控。

(三)

本书的研究初衷体现在如下两个方面。

第一,在分析资源消费及其环境影响时,重新界定城市代谢的内涵与外延,涵盖城市范围内的物质性资源与非物质性资源,将"资源"与"废弃物"统一在一个概念之下,即"废弃物是可用性降低的资源",一个代谢过程的废弃物可能是下一个代谢过程的资源输入。本书引入"能值"这种生态环境核算方法进行资源量化分析。

第二,解决城市生态系统的资源环境问题,似乎就是要城市在资源消耗—污染排放的过程链条上进行削减(国家在"十一五"规划纲要中提出单位GDP能耗降低20%左右,主要污染物排放总量减少10%的节能和减排两个约束性目标),但除了能源,还有"节什么、谁来节、减多少"等系统性的问题其实并不明确。因此,探索城市系统资源消耗、废弃物排放以及资源回用之间的关联关系,系统解析城市资源消耗的结构(组成结构与部门分配结构)特征,研究区域城市发展过程中资源消耗的变化规律及其代谢机理,有助于寻找、评估和实施低排放的资源利用模式,提高效率和循环利用水平,为政策制定提供科学的决策工具,实现城市资源消耗的生态管理与调控,从而更好更快地推行两型社会(资源节约型和环境友好型)的建设。

本书研究并发展了能值分析方法,提出了能值视角的可持续观,修正了能值基准及方法学,建立了国家、省、城市多级核算框架及数据库,摸清生态家底;对城市代谢过程、城市健康水平、城市水系统、城市生态系统服务功能进行能值核算和评估,将废物流产生的环境影响纳入核算体系;创新性地提出了覆盖废物流的城市生态过程能值模拟技术,突破了原能值方法无法覆盖废物流的瓶颈,弥补了原有技术对关键生态要素考虑不全的缺陷,开发了城市循环经济政策动态分析工具,实现了城市多种政策的耦合测评和调控。本书可作为能值分析这一生态环境核算方法和生态经济学等课程的教学用书和能值转换率参数参考工具书,其在城市方面的应用有利于解决城市代谢不良的影响因子识别问题,优化城市系统,使政策制定者能够避免在现有的经济基础上以及在向生态经济转型的关键发展时期支付高额生态成本和重复发达国家城市建设中的末端控制模式,推动社会系统的生态化转型实践,突破当前城市管理的瓶颈,促进城市的健康发展。

本书基于作者近 15 年在生态环境核算和城市绿色管理领域的研究工作及成果而成。全书由刘耕源和杨志峰共同撰写及统稿,并得到美国佛罗里达大学 Mark T. Brown 教授、意大利帕耳忒诺珀(Parthenope)大学 Sergio Ulgiati 教授、巴西保利斯塔(Paulista)大学的 Biagio F. Giannetti 教授和国际能值协会（International Society for the Advancement Emergy Research）众多成员的建议和帮助;部分章节得到北京师范大学陈彬教授、张力小教授、张妍教授、苏美蓉教授等及学生刘艳尼、刘心宇、薛婧妍、杨青、王琛、潘佳敏、张皓、王雪琪等的建议和帮助;出版阶段得到了我国著名生态经济学家刘思华老先生的帮助和指导,在此一并表示由衷的感谢!

本书的内容也包含下面所列项目的部分研究成果:国家自然科学基金创新研究群体项目"流域水环境、水生态与综合管理"（No. 51721093）、国家重点研发计划项目课题"京津冀城市群生态安全保障技术研究"（No. 2016YFC0503005）和"珠江三角洲城市群生态安全保障技术"（No. 2016YFC0502802）、国家自然科学基金国际（地区）合作与交流项目"面向可持续发展的城市食物—能源—水关联关系模拟研究"（No. 5151101470）、国家重点基础研究发展计划（973 计划）项目"现代城市'病'的系统识别理论与生态调控机理"（No. 2005CB724200）、国家自然科学基金"基于城市群产业代谢网络关联机制的协同减排政策工具开发与实证"（No. 71673029）、"城市产业代谢过程对流域生态健康影响的时空机制研究"（No. 41471466）、"基于生态热力学的城市网络结构模拟研究"（No. 41101564）、"基于生态热力学的城市代谢过程研究"（No. 40871056）和北京市自然科学基金（No. 8154051）。同时致谢高等学校学科创新引智计划（B17005）对合作国际专家的资助。

本书由国家自然科学基金创新研究群体项目"流域水环境、水生态与综合管理"（No.51721093）和国家科学技术学术著作出版基金共同资助出版,十分感谢!

由于作者经验和水平有限,书中恐有错漏之处,敬请广大读者批评指正,以便促进生态环境核算理论方法和绿色管理实践不断完善。

刘耕源　杨志峰
2017 年 7 月 7 日于北京铁狮子坟

目　　录

序一
序二
前言

第1章　生态环境核算的缘起···1
1.1　环境经济核算与生态环境核算 ···1
1.2　基于生态热力学的生态环境核算理论基础 ·····························3
1.3　生态环境核算方法的国内外研究概览 ···································5
1.3.1　能值核算理论的发展历程综述 ····································5
1.3.2　自然生态系统能值核算相关研究概述 ···························7
1.3.3　农业系统能值核算相关研究概述 ································8
1.3.4　生态工程和环境治理工程能值相关研究概述 ··················8
1.3.5　区域生态经济系统能值核算相关研究概述 ·····················9
1.4　环境核算由浅绿走向深绿的原因 ······································11

第2章　生态环境核算体系及方法学···14
2.1　生态环境核算基准近二十年的变迁 ····································14
2.2　生态环境核算EmCF数据库构建 ··16
2.3　地球的可再生初级能值流 ···17
2.4　地球上可再生次级能值流 ···19
2.4.1　风能 ···19
2.4.2　降雨能 ···20
2.4.3　洋流能 ···21
2.5　地球可再生第三级能值流 ···21
2.5.1　波浪能 ···21
2.5.2　大陆径流地理势能 ··21
2.5.3　地表径流的化学能 ··22
2.6　水的能值转换率 ··22
2.7　放射性矿物 ··24
2.8　地壳矿物质能值转换率 ··25

  2.8.1 单一元素矿石 25
  2.8.2 多元素矿石 27
  2.8.3 岩石聚合物的能值转换率 27
  2.8.4 珊瑚礁能值转换率 27
  2.8.5 海水中的矿物 28
2.9 大气气体 29
2.10 土地、生物质和土壤的能值转换率 30
  2.10.1 土地使用 30
  2.10.2 土地利用类型转变或占用 32
  2.10.3 生物质 32
  2.10.4 土壤有机碳 33
  2.10.5 土壤 33
2.11 木材 34
2.12 化石燃料 35
  2.12.1 泥煤 35
  2.12.2 煤 36
  2.12.3 油和天然气 38
  2.12.4 氡 39
2.13 劳力 39
2.14 需要进一步讨论的几个问题 40
  2.14.1 全球能值基准 40
  2.14.2 可更新和不可更新 41
  2.14.3 生物的能值转换率 41
  2.14.4 土地占用的能值转换率 41
  2.14.5 核物质 42
  2.14.6 矿物质 42
  2.14.7 大气气体 42
  2.14.8 土地占用、现存生物量和木材收获的计算过程 42
  2.14.9 水的计算过程 43
2.15 本章小结 45
第3章 基于生态环境核算的区域可持续性指标体系 46
3.1 面向可持续发展的城市代谢的热力学观 46
  3.1.1 城市系统与可持续性 46
  3.1.2 城市可持续发展问题的辩论 48
  3.1.3 城市代谢和熵增原理 48

3.2	从人类中心论到生态中心论的环境伦理观的转移	51
3.3	区域可持续的时空分异研究	51
3.4	可持续指数与四种表征可持续性指标的相关性研究	61
3.5	本章小结与讨论	67

第 4 章 国家及省级区域系统代谢过程的生态环境核算 ... 69

- 4.1 生态环境核算框架构建与改进 ... 69
  - 4.1.1 数据库框架概要 ... 69
  - 4.1.2 方法学与核算内容 ... 70
- 4.2 数据来源、估算方式及能值转换率修正 ... 71
  - 4.2.1 可更新资源流 ... 72
  - 4.2.2 本地可更新资源流 ... 74
  - 4.2.3 本地不可再生的资源流 ... 76
  - 4.2.4 进口及出口资源流 ... 79
  - 4.2.5 省级基础数据的获取 ... 80
- 4.3 能值指标体系及空间分析方法 ... 81
- 4.4 中国省级区域系统生态环境核算结果 ... 82
  - 4.4.1 经济子系统生态环境核算指标比较分析 ... 82
  - 4.4.2 社会子系统生态环境核算指标比较分析 ... 85
  - 4.4.3 自然子系统生态环境核算指标比较分析 ... 87
  - 4.4.4 发展可持续性指标比较分析 ... 88
- 4.5 中国省级区域生态环境核算空间区位分析 ... 90
  - 4.5.1 生态环境核算来源结构性指标 ... 90
  - 4.5.2 生态环境核算社会发展类指标 ... 92
  - 4.5.3 生态环境核算经济发展类指标 ... 92
  - 4.5.4 区域可持续发展水平综合评估 ... 93
- 4.6 省级区域系统生态环境核算可持续性相关性分析 ... 95
  - 4.6.1 传统生态环境核算指标相关性分析 ... 95
  - 4.6.2 社会发展与生态环境核算指标相关性创新分析 ... 95
- 4.7 本章小结 ... 100
  - 4.7.1 研究结论 ... 100
  - 4.7.2 研究展望 ... 101

第 5 章 城市系统代谢过程的生态环境核算 ... 102

- 5.1 城市代谢系统分析 ... 102
- 5.2 城市系统的生态环境核算研究方法 ... 103
  - 5.2.1 基于能值的城市代谢模型图的绘制 ... 103

5.2.2　城市代谢系统的绿色核算体系 ·················· 104
　5.3　北京市代谢系统生态环境核算结果分析 ················ 108
　　　5.3.1　北京市基础能源资源流分析 ·················· 108
　　　5.3.2　北京市代谢系统能值核算与分析 ················ 108
　5.4　本章小结与讨论 ·· 120
　　　5.4.1　城市结构和效率的动态变化 ·················· 121
　　　5.4.2　城市代谢系统分析的多尺度嵌套 ············· 122

第6章　基于生态环境核算的城市生态环境影响评估 ············ 124
　6.1　城市代谢与城市生态环境影响 ·························· 124
　　　6.1.1　耦合了科技、福祉和环境的评估体系 ········ 124
　　　6.1.2　生态环境核算：一种不只是技术层面的方法 ·· 125
　6.2　基于生态环境核算的城市生态环境影响评价方法 ···· 125
　　　6.2.1　基于生态环境核算的环境影响评估模型 ····· 126
　　　6.2.2　生态环境影响评价 ······························· 128
　　　6.2.3　环境影响修正后的生态环境核算指标 ········ 132
　　　6.2.4　污染物的测定 ····································· 133
　6.3　基于生态环境核算的城市生态环境影响评价结果与讨论 ···· 134
　　　6.3.1　城市不同代谢过程中的直接和间接流分析 ··· 136
　　　6.3.2　修正后能值指标综合评价 ······················ 141
　6.4　本章小结 ·· 143

第7章　基于生态环境核算的城市健康评价和发展模式分析 ···· 145
　7.1　城市健康与生态环境核算 ································· 145
　7.2　基于生态环境核算的城市健康评价方法 ··············· 147
　　　7.2.1　城市健康指标选择 ······························· 147
　　　7.2.2　基于生态环境核算的城市生态系统健康指数 ···· 148
　　　7.2.3　中国31个典型城市的健康程度测算 ········· 148
　7.3　基于生态环境核算的城市健康及发展模式分析 ······ 152
　　　7.3.1　城市聚类分析 ····································· 152
　　　7.3.2　中国城市健康程度空间结构分析 ············· 154
　7.4　城市健康与环境经济要素关联性讨论 ·················· 156
　　　7.4.1　经济增长与环境绩效的协同分析 ············· 156
　　　7.4.2　经济增长和城市生态系统健康 ················ 157
　7.5　本章小结 ·· 158

第8章　城市生活用水系统的生态环境核算 ······················ 160
　8.1　城市生活用水供给过程 ···································· 160

8.1.1　研究背景 ·· 160
　　　8.1.2　城市生活用水供给研究进展 ·· 161
　8.2　基于生态环境核算的城市生态用水系统模型构建 ······························ 162
　8.3　北京市原水开采、调配过程的生态环境核算 ······································ 163
　　　8.3.1　地表水源 ·· 164
　　　8.3.2　地下水源 ·· 164
　　　8.3.3　南水北调水源 ··· 164
　　　8.3.4　海水淡化水源 ··· 171
　8.4　城市生活用水原水处理生态环境核算 ·· 171
　　　8.4.1　地表水 ··· 171
　　　8.4.2　地下水 ··· 173
　　　8.4.3　南水北调入京水 ·· 175
　　　8.4.4　海水 ·· 177
　　　8.4.5　多种生活用水取水方式环境影响比较分析 ································ 178
　8.5　城市生活用水配水系统生态环境核算与综合评估 ······························ 179
　8.6　基于不同水源的供水过程优选分析 ··· 180
　8.7　本章小结 ··· 183
第9章　城市生态系统服务功能的生态环境核算 ··· 185
　9.1　生态服务功能的非货币量核算 ·· 185
　9.2　我国的环境损害现状与生态服务功能核算需求 ·································· 188
　9.3　国内外城市雨洪利用与研究现状 ·· 191
　　　9.3.1　国外城市雨洪利用现状 ··· 191
　　　9.3.2　国内城市雨洪利用现状 ··· 192
　　　9.3.3　国内外城市雨洪研究方法评述 ·· 193
　9.4　城市尺度生态服务功能的生态环境核算方法 ······································ 194
　9.5　大连市海绵城市建设实践 ·· 196
　　　9.5.1　大连市基本情况 ·· 196
　　　9.5.2　大连市典型雨水收集系统模式构建 ·· 197
　9.6　城市生态服务功能的生态环境核算结果分析 ······································ 200
　　　9.6.1　绿色屋顶 ·· 200
　　　9.6.2　雨水引流浅沟 ··· 201
　　　9.6.3　人工湿地 ·· 202
　　　9.6.4　典型雨水收集系统服务功能价值评估 ······································· 203
　9.7　生态服务功能核算方法再思考 ·· 205

  9.7.1 货币量与非货币量核算框架与方法学比较 ·············· 205
  9.7.2 核算方法的接口设计 ································· 210
 9.8 本章小结 ··· 218
  9.8.1 主要结论 ··· 218
  9.8.2 政策与建议 ·· 219

第 10 章 城市产业系统的生态环境核算 ···················· 221
 10.1 城市产业系统生态环境核算框架 ························· 221
 10.2 武夷山市产业特征分析 ···································· 222
  10.2.1 武夷山生态敏感性分析 ····························· 222
  10.2.2 武夷山市主要产业特征分析 ······················· 225
 10.3 武夷山市三种核心产业生态环境核算 ···················· 227
  10.3.1 武夷山市核心产业能值流核算 ···················· 227
  10.3.2 武夷山市主要产业生态经济评价 ················· 234
  10.3.3 武夷山市产业经济效益和生态压力脱钩分析 ···· 238
 10.4 本章小结 ··· 239
  10.4.1 产业优化建议 ······································ 239
  10.4.2 研究结论 ··· 240

第 11 章 城市工业绿色发展与废物协同处置政策比选研究 ···· 242
 11.1 城市工业绿色发展实践 ···································· 242
 11.2 废物协同处置研究方法 ···································· 244
 11.3 基于生命周期的 4 种污泥原料替代及协同处置分析评估 ··· 246
  11.3.1 水泥原料替代和协同处置生产工艺 ············· 246
  11.3.2 4 种污泥处理工艺情景设置 ····················· 250
  11.3.3 4 种污泥处理工艺物质流核算及环境影响分析 ··· 251
  11.3.4 运输过程物质流核算及环境影响分析 ·········· 258
  11.3.5 结果讨论 ·· 259
 11.4 4 种污泥协同处置方案的能值分析及比选 ················ 260
  11.4.1 能值投入流分析 ·································· 260
  11.4.2 环境影响分析 ····································· 267
  11.4.3 能值指标分析 ····································· 268
 11.5 本章小结 ··· 270

第 12 章 生态环境核算的动力学机制及实践 ················· 272
 12.1 系统演化模拟在生态环境核算中的运用 ················· 272
 12.2 城市代谢系统的生态环境动态核算模型构建 ············ 273

12.3 城市代谢系统的生态环境动态核算单要素预测及分析 ………………… 281
　　12.3.1 土地利用类型的变化 ………………………………………… 281
　　12.3.2 城市资产的变化 ……………………………………………… 282
　　12.3.3 其他存量的变化 ……………………………………………… 282
　　12.3.4 环境和经济损失 ……………………………………………… 284
　　12.3.5 能值指标的变化 ……………………………………………… 284
12.4 本章小结 ………………………………………………………………… 285

第13章 基于生态环境核算的城市循环经济发展策略研究 ………………… 287
13.1 循环经济的国内外实践与管理 ………………………………………… 287
　　13.1.1 循环经济的国内外实践 ……………………………………… 287
　　13.1.2 城市是循环经济的有效调控节点 …………………………… 289
　　13.1.3 协同管理是循环经济一体化管理的重要手段 ……………… 290
13.2 循环经济发展研究的方法学及生态环境核算在管理方面的应用 … 291
　　13.2.1 城市循环经济量化分析研究进展 …………………………… 291
　　13.2.2 城市循环经济、运行体系与管理机制综述 ………………… 293
　　13.2.3 城市能-水-食物耦合管理与循环经济 ……………………… 294
13.3 基于能-水-食物耦合的城市循环经济政策效果计算器（UCEC）
　　 开发 ……………………………………………………………………… 296
13.4 基于生态环境核算结果的城市生态调控模式分析 …………………… 301
13.5 本章小结 ………………………………………………………………… 304

第14章 基于数据不确定性的城市发展战略的最优路径选择 ……………… 305
14.1 生态环境核算数据的敏感性分析 ……………………………………… 305
14.2 生态环境核算数据的标准化方法 ……………………………………… 305
14.3 结果计算与分析 ………………………………………………………… 306
14.4 本章小结 ………………………………………………………………… 310

附录A 本书部分术语与简称 ………………………………………………… 311
附录B 基于能值的生态系统服务价值计算方法 …………………………… 313
B.1 森林 ……………………………………………………………………… 314
　　B.1.1 土地利用类型简介 …………………………………………… 314
　　B.1.2 服务功能列表 ………………………………………………… 315
　　B.1.3 基于能值的服务功能计算方法 ……………………………… 317
　　B.1.4 说明1：其他森林类型未纳入研究对象的原因 …………… 320
　　B.1.5 说明2：相关参数与计算方法 ……………………………… 320
B.2 湿地 ……………………………………………………………………… 326

		B.2.1	土地利用类型简介 ……………………………………	326
		B.2.2	服务功能列表 …………………………………………	327
		B.2.3	基于能值的服务功能计算方法 ………………………	328
		B.2.4	说明：相关参数与计算方法 …………………………	331
	B.3	农田	…………………………………………………………………	332
		B.3.1	土地利用类型简介 ……………………………………	332
		B.3.2	服务功能列表 …………………………………………	333
		B.3.3	基于能值的服务功能计算方法 ………………………	334
		B.3.4	说明：相关参数与计算方法 …………………………	337
	B.4	草地	…………………………………………………………………	340
		B.4.1	土地利用类型简介 ……………………………………	340
		B.4.2	服务功能列表 …………………………………………	340
		B.4.3	基于能值的服务功能计算方法 ………………………	342
		B.4.4	说明：相关参数与计算方法 …………………………	345
	B.5	荒漠	…………………………………………………………………	346
		B.5.1	土地利用类型简介 ……………………………………	346
		B.5.2	服务功能列表 …………………………………………	346
		B.5.3	基于能值的服务功能计算方法 ………………………	347
	B.6	盐碱地	………………………………………………………………	350
		B.6.1	土地利用类型简介 ……………………………………	351
		B.6.2	服务功能列表 …………………………………………	351
		B.6.3	基于能值的服务功能计算方法 ………………………	352
	B.7	其他	…………………………………………………………………	355
		B.7.1	土地利用类型简介 ……………………………………	355
		B.7.2	服务功能列表 …………………………………………	356
		B.7.3	基于能值的服务功能计算方法 ………………………	358
附录 C	基于 GEB2016 能值基准的常用资源的能值转换率 ……………			362
参考文献	………………………………………………………………………………			373
索引	……………………………………………………………………………………			411

第1章　生态环境核算的缘起

1.1　环境经济核算与生态环境核算

当前政府普遍使用国民经济的货币经济核算方法（如国内生产总值、人均收入等）来计算宏观经济指标。但在过去半个世纪，由于环境污染、资源稀缺、生态退化等问题日益严重，人们对生态系统在经济系统中的使用给予了更多的关注。传统的货币经济核算系统不能反映生态系统的破坏及环境恶化对国民财富的影响，使得环境核算（也称环境会计）方法逐渐步入研究者的视野，并很快成为研究者研究自然资源储备价值的有力工具。如 2010 年完成的国际项目"生态系统和生物多样性经济学"（The Economics of Ecosystems and Biodiversity，TEEB）[①]就尝试在生产性经济系统框架内以货币方式评估生态系统和生物多样性的贡献。而其核心是在做经济决策时，将环境成本作为经济核算的直接或间接的成本或收益，如常用的绿色 GDP，即在货币核算基础上，从 GDP 中扣除资源耗减成本和环境降级成本，很多国家都尝试计算绿色 GDP，为此联合国于 1993 年公布《环境与经济综合核算体系》（System of Integrated Environment and Economic Accounting，SEEA），将环境因素纳入国民核算中，但是由于在实现过程中面临的种种困难，加之不够成熟的实践经验，使得 SEEA 在施行过程中往往无法达到预期目标。

新古典主义经济学的基础在 19 世纪末被提出，被称为"边际革命"（marginal revolution）。其一般不强调环境在经济中的作用，将重点从生产手段转移到市场动态（Gómez-Baggethun，2009）。新古典经济学家 Solow（1956）完全将土地从经济生产函数中去除，确定自然的工作可以被制造资本代替。Georgescu-Roegen（1971）驳斥了自然可以代替的主张，并断言经济学受到热力学的约束和限制。Odum（1971）提出了类似的主张，他阐明了环境工作和经济财富之间的联系。在这个时候，环境对经济贡献的估值开始分为两个阵营：生物物理评估（能量投入、能量投入回报、生命周期分析等）和生态经济学（条件价值评估法、享乐定价理论、生产函数分析等）（Daly and Farley，2004）。因此，新古典经济学原理中经济和环境的关系完全是脱钩的，所以在后续的研究中，如何将人类

[①] 引自 http://www.teebweb.org/。

经济所依赖的自然资源资产和生态系统服务统一进来可能是生态经济学研究中最重要的问题之一（Georgescu-Roegen，1975；Costanza，1989；Martinez-Alier，1990；Patterson，1998），这也将会成为现代经济理论的重要分支之一（Daly and Farley，2004；Faber，2008）。该项研究的主要问题是：自然资本和生态系统服务的真正价值是什么以及如何量化？但在新古典经济学的框架内，当自然资源富足时，其价值非常小；当自然资源濒临稀缺时，其价值又开始增加。例如，当自然资源（如土地、淡水、湿地）的丰富量与人类经济活动的规模相比很大时，我们不会去考虑它们的价值，直到人口的增长与经济活动的加快使得这些自然资源变得很有"价值"。但是这也仅限于那些容易被量化和销售的资本，如土地、森林和淡水资源这些易于被赋予货币价值的自然资源。一些资源至今也没有定价，如清洁的空气和雨水等。

在此情况下，更多的环境核算方法开始主要从物质计量角度开展环境核算，以期打破大多数以人类为中心框架下的经济学方法，而新的方法框架进一步关注对人类及生态有益的生态服务的价值，即不忽视自然界提供的无关人类的相关服务功能。典型的方法包括：生态足迹法，即计算生产性土地的直接、间接需求；物质流分析法，即计算自然界到经济系统中的直接和隐性物质投入；体现能核算法，主要计算全生命周期的累积能量消耗；各种计量经济过程排放物的环境影响核算法，如 Intergovernmental Panel on Climate Change（IPCC）温室气体核算、CML[①]2000 环境影响系数等；以及能值分析法，即计量从生物圈能量运动角度来衡量某物质或某系统所需要的所有能量总值。Odum（1996，1988）确定了由太阳能、潮汐能和地热能驱动的生物圈作为自然资源和生态服务的驱动力的研究，将这些能量核算为太阳能等效能量，并用能值进行可持续性评估和自然资本评估的核算基础（Odum，1994a，1994b，1994c）。上述这些环境核算方法都能从一定角度反映人类活动对自然资源和环境的真实载荷，因而得到了学界乃至政府组织的广泛认可，成为指导和评价环境绩效和可持续发展的重要工具。这些方法的重点是将地球生态系统的所有部分作为一个包含结构与过程的功能整体，而人类社会经济系统只是嵌入其中的一部分而已。这种研究框架可以精细地核算地球上各个物种获得自然资源及服务（矿产、化石燃料、生物质、水、空气、文化、信息等）的通量、效率、层级结构及反馈过程，并可看出如何最大限度地提高生态系统和经济系统的产出效率。各种环境核算方法的优劣详见表 1-1。

[①] CML 是荷兰莱顿大学（Leiden University）的环境科学研究所（Centrum voor Milieuwetenschappen, Institute of Environmental Sciences）的简称。

表 1-1　各种环境核算方法的优劣势比较

研究方法	主要观点	优点	不足
绿色 GDP	主要采用市场价值法、替代市场法、意愿调查法和成果参照法进行货币化评估，将评估结果再根据损害影响权重进行汇总，最终评估环境负外部性成本	国外对于不同生态系统服务价值给出了适宜的评价方法和指标体系，一定程度上为我国生态系统服务价值评估提供了参考	1. 数据要求高 2. 支付意愿对真实生态资本核算的偏差性
生物多样性经验公式	通过温度、降水量和生物丰富度3个参数，计算净初级生产力，进而评估生态系统服务价值	计算过程简单，数据容易获得，在精度不高的情况下，可以作为快捷计算的方法	直接套用 Costanza 等人的研究成果，缺乏对实际情况的区别
能值分析	从生态系统能量输入和生态系统服务能量输出的角度对损耗进行分析，通过能值货币转换率将能值换算成经济价值，计算环境的负外部性成本	1. 真实反映生态资本的物理价值 2. 可与人类的支付意愿进行链接 3. 已有国际各国核算结果作为比对	1. 数据要求高 2. 比对数据非连续年

1.2　基于生态热力学的生态环境核算理论基础

能值分析作为环境核算领域的重要方法之一，能够持续受到广泛关注的原因是它具有一套独特的理论和方法体系。能值理论和方法是由美国著名生态学家、系统能量分析先驱——H. T. Odum，基于其兄弟 E. P. Odum 无法直观地表达能量生态学的苦恼，借助于物理学的电路原理，于 20 世纪 80 年代创立的一个新的系统分析理论和方法。它从地球生物圈能量运动角度出发，以能值来表达某种资源或产品在形成或生产过程中所消耗的所有能量，并在此基础上建立一般系统的可持续性能值评价指标体系。实际上 Odum 家族从 20 世纪 50 年代便开始对生态系统能量学进行深入的研究，追溯生态系统中的能流，并在 70～80 年代提出了一些在当时看来是新概念和具有开拓性的重要观点，诸如能量系统、体现能（embodied energy）和能量品质（energy quality）等，第一次将能流和经济流联系在一起。有趣的是，由 embodied energy 转变到 emergy（能值）是 1983 年由一位当时在美国的澳大利亚访问学者 David Scienceman 将 embodied energy 这两个单词捏合到一起而提出的（Brown and Ulgiati，2004a），是当时的一个新词汇，以至于一段时间内，能值研究者发表文章在写到 eMergy 这个词的时候要单独大写字母 M，以突出和 energy 这个词的不同。Odum 随后又创立了能值理论以及提出太阳能值转换率（solar transformity）等一系列概念。从能量、体现能发展到能值，从能量分析发展到能值分析，在今天看来在理论和方法上都是重大飞跃（吕翠美，2009）。Odum（1988）在 Science 期刊上发表了题为"Self-Organization, Transformity, and Information"的文章，文中阐述了能值理论，论述了能值与能量品质、能量等级等概念的关系（蓝盛芳等，2002）；随后在1996年出版了第一部能值专著 Environment Accounting: Emergy and Environmental Decision Making，这本书可以认为是能值研究领域的第一本系统的代表作，产生了深远的影响，具有里程碑式的意义。

Odum（1996，1988）在他的文章中将自然资本和生态系统服务确定为财富的真正来源（即禀赋视角——donor side），尽管当时普遍认为只有劳动和经济资本才是财富的来源（即接收者视角——receiver side）。E. P. Odum 和 H. T. Odum 观点的通常理解是抛开生态系统的具体物质组成、结构特征和连接形式，把能量作为"无差别"的通用"货币"，使生命的与非生命的成分连接成为了一个通过能量执行生态功能、反映生态关系的功能性整体系统。在葛永林和徐正春（2014）的文章中也提到了"在 Odum[①]把整个生物圈看作是一个最大的生态系统的基础上，'盖亚理论'把整个生物圈看作了生命有机体：由所有生物与地球环境组成的整合的有机整体系统。它们相互调节、彼此适应、共同进化。'活'的地球完全就是这些生物聚集在一块所表现出的社会、生物属性，以及无意识进化对环境影响的结果"。这也说明了从禀赋价值视角重新解读社会经济系统，更深层次明确了"当前的"自然资产和生态服务实际是生态系统对资源使用的一种努力和结果，其"过去的"生态过程经历了长时间"试错和优化"。

相比较于其他环境核算方法，能值分析法具有较为明显的优点：它能够将所有不同类别的能量、资源、产品甚至劳务和服务等这种不可比、难核算的项目换算为统一的量纲——"太阳能等效能量"（太阳能值，solar emergy），这就为环境负载计算和环境经济绩效的评价提供了一种新的思路。这种合成性的方法是一种定量评估技术，用于确定非市场化和市场化资源、服务、商品和存储在以给定产品或服务所需的能值中的环境价值（Odum，1996）。其次，能值理论是基于生物圈内物质和能量流动规律而建立的，该方法基于能量学原理（Lotka，1922）、系统理论（von Bertalanffy，1968）和系统生态学（Odum，1994c），在反映自然资源和生态服务的真实价值上，能值更具有说服力。能值分析不仅是环境核算的重要方法，它对物质流动和能量传递的细致剖析，也使其成为系统分析和评价的重要工具。它允许量化支持每个流量或存储的环境工作量，从禀赋价值视角（donor side）来评估每个资源，而不仅仅是基于人类偏好和市场偶然性。

---

① 书中未特殊提及的均为 H. T. Odum 教授。

简而言之,能量被定义为直接和间接支持过程并产出产品或服务所需的总可用能量(通常归一为太阳能等效焦耳,也有的相似研究归一为宇宙辐射)(Chen,2005)。将所有可再生和不可再生、本地和进口的流入(物质、能量、劳动、金钱和信息)统计到一个环境清单中,并通过名为能值转换率(unit emergy value,UEV)的转化系数将不直接来自太阳的流动能量转换成太阳能等效焦耳,对该过程产生的所有能量输入流进行统一核算,最后进行相关性能指标的计算。在评估经济体中,能源供应和经济绩效之间的关系由总能源使用量与国内生产总值(GDP)的比值来衡量,以"sej/货币单位"表示。它表示创造一个货币财富单位所需的能值投资总量。在能值计算程序中使用该能值货币比,以将与劳动和服务相关联的资金投入转换为能量单位。能值理论与分析方法被认为是连接生态学和经济学的桥梁,它能够:①为各种生态经济系统中各种生态流的综合分析开辟了定量研究新方法,提供了一个衡量和比较各种物质流、能量流、价值流的共同尺度;②可以衡量分析整个自然界和人类社会经济系统,定量分析资源环境与经济活动的真实价值以及它们之间的关系,有助于调整生态环境与经济发展,对自然资源的科学评价与合理利用、经济发展方针的制定、可持续发展战略的实施,均具有重要意义。

所以,用生态热力学的方法重新理解自然资产及生态服务功能的产生,可以看出:太阳辐射、地月引力造成的潮汐能和深层地热是支持地球物质和能量循环、维持生物圈可持续发展的原始驱动力。通过循环过程,生态系统自发地保持自身远离热力学平衡状态。系统的循环允许能量、物质和信息的连续收敛和发散,以及高品质能量(如化石燃料)与低品质能量(如太阳能、地热能等)在汇集放大过程中的相互作用(Brown and Ulgiati,1999)。经济系统在这个过程中的实际作用是加速了能量的流动和释放了新的能力储存,例如将石油转化为电力和运输服务,将矿物质转化为基础设施和机械,将电力、机械和生态服务转化为教育、娱乐、服务等。所以生态服务功能的热力学价值是实现了增强能量传输过程稳定性的"缓冲器"。为了防止或者延缓资源能源的衰竭,常用一些经济"贴现"反哺低品质能源,以确保能量基础的稳定性。例如,在砍伐后重新种植新的树木、焚烧秸秆并还田以维持土壤有机质与养分、循环可利用的材料等。

1.3 生态环境核算方法的国内外研究概览

1.3.1 能值核算理论的发展历程综述

经过梳理,Odum教授实际上从20世纪50年代便开始对生态系统能量学进行深入的研究，追溯生态系统中的能流，并在70～80年代提出了一些在当时看来是新概念和具有开拓性的重要理论。Hau 和 Bakshi（2004）在他们的文章中给予 Odum 创立能值理论极高的评价；2004 年，*Ecological Modelling* 期刊为了纪念 Odum，专门出版了纪念特刊（第178卷，1-2期）（Chen et al.，2016a）。Odum 教授1990年第二次来华标志着能值理论与方法在我国开始传播（李寒娥等，2005）。蓝盛芳于1992年译著出版的《能量、环境与经济》是国内第一部系统介绍能值理论和方法的专著，翻译过程得到了原著者 H. T. Odum 教授的大力支持。蓝盛芳、钦佩和陆宏芳在2002年又编著出版了《生态经济系统能值分析》，系统整理了早期能值方法的理论和应用。能值理论在我国的发展历程可以参见 Dong 等（2008）的综述文章。

国内外能值研究在近十几年来日新月异，研究者进行了能值理论（Amaral et al.，2016）、方法（Brown and Herendeen，1996；董孝斌等，2007；Liu et al.，2012a，2012b）、基准（Odum，2000，1996；Brown and Ulgiati，2016，2010；Campbell，2016）、算法（Le Corre and Truffet，2015；Tiruta-Barna and Benetto，2013；Le Corre et al.，2015；Tennenbaum，2015）、动力学（Tilley and Brown，2006；Tilley，2014，2011；Zarbá and Brown，2015）、不确定性（Reza et al.，2013；Hudson and Tilley，2014；Yi and Braham，2015）等研究；也有学者将能值应用在不同尺度的生态经济系统结构、功能分析，如城市或区域生态系统（隋春花和蓝盛芳，2006；刘耕源等，2008；张力小等，2008；Ascione et al.，2009；Campbell and Garmestani，2012；Liu et al.，2015，2014，2013，2012a，2012b；刘耕源等，2013a，2013b；Yang et al.，2014）、农业生态系统（Rydberg and Haden，2006；王建源等，2007；杨松等，2007；王闯平和荣湘民，2008；Zhang et al.，2013，2012；Lin et al.，2013；Wang et al.，2015，2014；Wu et al.，2015）、生态工业园（王灵梅和张金屯，2004）、自然保护区（李洪波和李海燕，2009）、旅游业（Lei et al.，2011）以及国家尺度（Jiang et al.，2008；Yang et al.，2010；Giannetti et al.，2013；Hossaini and Hewage，2013；Lou and Ulgiati，2013）等；在能值与其他方法技术的比较与结合上，能值分析与生命周期评价（LCA）（Rugani and Benetto，2012；Song et al.，2013；Arbault et al.，2014b；Raugei et al.，2014；Reza et al.，2014；Gala et al.，2015）、生态足迹（Nakajima and Ortega，2016）、地理信息系统（Arbault et al.，2014a；Mellino et al.，2014；Mellino and Ulgiati，2015）得到了较多的关注；此外，能值分析的研究对象还涉及废弃物处理（Yang et al.，2003；刘耕源，2010；Mu et al.，2011；Liu et al.，2015，2014，2013，2012a，2012b）、建筑物（Rothrock，2014；Luo et al.，2015）、生态系统服务功能（Huang et al.，2011；Coscieme et al.，2014；Dong et al.，2014，2012；Grönlund et al.，2015；Ma et al.，2015；庞明月等，2015）、生态

系统健康（刘耕源等，2008；Liu et al.，2009；Su et al.，2013）等。但纵观国内外的能值研究，国内的产出相较国外数量多、突破少，模仿多、创新少，有大量的中文期刊论文是关于能值相关指标的核算分析，只不过案例点不同而已。

鉴于研究对象隶属于不同的系统类型，本书将能值理论的研究领域划分为自然系统、经济系统、社会系统等几类，并依次从各个研究领域对能值研究进行概述，详见表1-2。

表 1-2 能值理论现有的研究领域

系统	组成	结构	功能	核心内容
自然系统	矿物、水、气、土地、生物、地球作用、生态服务功能、生态损害	物质流、生物流、能量流	供给、消纳、缓冲等生态服务功能	生态资本的物质循环与能量流动
经济系统	生产者、消费者、还原者、污染造成的经济损害等	物质流、能量流、资金流	生产、流通、消费、还原、调控	经济活动对生态资本的消耗及环境损害
社会系统	人口、文化、人群健康损害	人口流、信息流	孕育、支持、管理、调控	劳力与服务、人群健康对污染的响应

1.3.2 自然生态系统能值核算相关研究概述

由于能值理论本身是建立在生物圈的物质流动和物质转化过程分析的基础上，能值理论最初即被广泛应用于自然生态系统的生产力评价、生态系统压力评价以及自然生态系统的效益分析等方面。国外的主要代表性研究成果包括海岸生态系统能值分析和评价，以美国佛罗里达州（Odum H T and Odum E C，1983；Odum，1980）、得克萨斯州（Odum and Hoskin，1958；Odum et al.，1987）的海岸生态系统为典型代表；雨林系统的生态效益分析，如波多黎各（Odum and Pigeon，1970）热带雨林系统和美国（Kent et al.，2000；Tilley and Swan，2003）温带雨林系统等能值研究；森林生态系统效益分析和森林管理生态评价，以Doherty（1995）进行的美国、瑞典等多国家、多类型森林系统生产力和管理评价研究为代表；江河等流域生态系统能值研究，如佛罗里达州两大湖系（Brandt-William，1999）、巴西帕尔多流域（Agostinho et al.，2010）等大型流域的生态管理效益能值评价；各类型动植物的生物能值价值和生产力评价研究，代表性研究成果包括浮游类动植物、鱼类等水生动物以及海豹、鲸鱼等多种哺乳动物（Brown et al.，1993）等。我国对于自然生态系统的能值研究开展较早，所涵盖领域也较为广泛，包括森林、自然保护区、湿地等各类型自然生态系统，较具代表性研究成果包括：天山森林区（李海涛等，2005）和福建森林（张颖，2008）等森林生态效益评估研究；香港米埔红树林（Qin et al.，2000）和全国红树林（赵晟等，2007）海岸湿地以及鄱阳湖（崔丽娟和赵欣胜，2004）、西溪（任丽燕等，2009）等陆生湿地生态系统研究；盐城（万树文等，2000）、武夷山（孙洁斐，2008）等自然保护区的生态系统服务功能价值评估；图们江流域水环境价值研究（谢忠岩，2002）；以及衡山野生植物（谢咏红等，2010）和西部陆生野生动物（温涛等，2005）的能值价值估算研究等。

在对自然生态系统价值、生产力和生态效益等评价研究的基础上，国内外一些研究者开始探索用能值理论和方法来进一步解释、模拟和计算自然生态系统的基本特性，主要研究内容包括对生态系统复杂性（Odum，1994b；Brown and Cohen，2008）和生物多样性（Brown et al.，2006）等方面。总的来说，自然生态系统能值研究的方法较为成熟，而且此类型的能值研究一般具有重要的研究意义，能够科学地评价自然生态系统的生态服务功能价值、判断系统健康水平。

1.3.3 农业系统能值核算相关研究概述

农业系统方面的能值分析研究，一直是能值研究的热点领域之一。国内外对于农业系统的能值研究几乎覆盖所有典型的农业生产系统和农业产品，例如美国小麦、水果、蔬菜、各类水产品和肉产品等（Odum，1984），意大利玉米、豆类等粮食作物和水果（Ulgiati et al.，1992）以及美国养殖对虾（Odum et al.，1991）、尼加拉瓜咖啡（Cuadra and Rydberg，2006）、阿根廷肉牛（Rotolo et al.，2007）、法国香蕉（de Barros et al.，2009）以及中国多种农产品（蓝盛芳等，2002）、水果（Lu et al.，2009）等。此外，与单一的农业作物和产品生产能值分析相对应，也有很大一部分的农业系统能值研究是以某一区域的农业整体生产系统为对象开展系统的综合生产力和生态效益评价，如我国三水市（沈善瑞等，2004）、广东省（白瑜等，2006）以及全国农业生态系统（Chen et al.，2006）等。

近年来，随着粮食短缺这一全球性现实问题的日益严重，农业系统方面的能值研究不再局限于计算单一农业系统和农产品能值转换率的计算，越来越多的研究开始对农业技术创新和农业管理模式进行分析和评价，例如传统模式与有机模式家禽养殖对比研究（Castellini et al.，2006）、不同资源约束条件下农业生态经济效益分析（Rydberg and Haden，2006）、小城市发展战略下农业系统经济效益评价（Lu and Campbell，2009）、稻鸭共作有机农业模式的能值评估等（席运官和钦佩，2006），此类研究为农业系统提升生产效率和综合效益提供了非常重要的理论基础和实践依据，也是未来农业系统能值研究的主导方向。

1.3.4 生态工程和环境治理工程能值相关研究概述

在定量判断某一生态工程或环境治理工程的生态影响和生态效益研究方面，

能值理论显现出极其重要的研究和实践应用价值。1996 年，Odum 等对纳米比亚某处供水工程选择方案开展了能值对比研究，并通过对沿线湿地和动植物影响的能值评价为政府提供决策，选择了最佳供水路线。此后，泰国湄公河水坝（Brown and McClanahan，1996）以及韩国多功能水坝建筑方案（Kang and Park，2002）等也采用了能值分析作为方案选择的重要研究方法。我国研究者也应用能值分析方法在生态工程领域开展研究和实践，如河口治理方法评估（张晟途和钦佩，2000）、珠江口复垦湿地 4 类水果生产系统评估（Lu et al.，2009）、中国东南部森林 4 种复垦模式选择研究（Lu et al.，2011）等。

在指标方面，Brwon 和 Ulgiati（1997）提出能值可持续指标 EmSI（emergy sustainability index，当时文中缩写是 ESI）后，国内外很多研究者进行了宏观尺度不同系统的可持续性研究。诸如亦可归类到上一小节的农业系统（Chen S Q and Chen B，2012；杨谨等，2012；Wu et al.，2013；Ghisellini et al.，2014；Ferraro and Benzi，2015；Nakajima and Ortega，2015；Zhang et al.，2016）、生态经济系统（李海涛等，2003；李金平等，2006；Campbell and Garmestani，2012；Vega-Azamar et al.，2013）。

在对具体技术层面的能值所反映的系统可持续性的研究中，Zhang 等（2010）、Chen 等（2006）以及 Winfrey 和 Tilley（2015）重点关注了污水处理；Liu 等（2012b）和 Yang 等（2013）关注了能源领域；从行业来看，则有研究钢铁行业的 Zhang 等（2009），造纸行业的 Ren 等（2010）。

在能值可持续指标与其他表征可持续性指标进行比较研究方面，则有 Siche 等（2010，2008）、Kharrazi 等（2014）、Liu 等（2016）。

1.3.5 区域生态经济系统能值核算相关研究概述

从空间尺度而言，以某一地理区划为系统边界进行能值分析，是判断该区域物质利用效率、环境负荷压力以及可持续发展水平的重要方法，是揭示区域经济发展与环境功能内在联系的科学手段。近年来，国内外研究者在国家、省、市等区域层面开展了大量的研究，这些研究不仅为测定区域生态生产力水平提供重要方法，也为促进区域可持续发展提供科学支撑。

在国家层面上，Odum（1996）首先对美国、瑞士等很多国家进行了能值分析，而后意大利（Ulgiati et al.，1994）、中国（蓝盛芳和 Odum，1994）等很多国家的学者也陆续开展了各国的能值分析。2002 年，佛罗里达大学 Mark T. Brown 教授发布了其计算的 134 个国家的能值评价结论（2000 年数据），为区域层面的能值研究奠定了重要的基础。2011 年刘耕源与 Brown 教授一起更新了 2004 年、2008 年的世界各国能值核算数据，并在 2017 年完成了 2000～2014 年近 15 年的全球各国能值核算与生态摸底；针对可更新能源计算、农产品、进出口产品等创造性地进行模型修改和重新计算，并更新了最新的能值转换率数值，使结果的准确性提升；最终形成国家环境核算基础数据库（National Environmental Accounting Database 2.0）并发布在网站上（http://www.emergy-nead.com）供世界能值研究者使用。

在省级层面上，Odum等学者在美国国家科学基金的支持下，对51个州和特区开展了区域的能值分析研究，并发表了标志性研究著作（Odum H T and Odum E C，1983；Odum et al.，1987）。在此之后，省级层面的研究在世界范围内都非常活跃，我国研究者主要对西藏（严茂超，1998）、江苏（李加林等，2003）、西北各省（陈兴鹏等，2005）、台湾（Huang et al.，2006）、北京（刘耕源，2010）等多个地区宏观经济价值进行了评估。

在城市层面上，已有将能值理论应用于城市代谢的研究（Huang and Hsu，2003；Zhang et al.，2011，2009；Lei et al.，2016）。在关于水资源的能值研究方面，Odum（1996）估算了水的化学势能和重力势能。Buenfil（2001）将能值理论应用到水资源领域，并采用能值分析方法对美国佛罗里达州的城市、农业、环境3个主要部门的用水配置进行了模拟分析。Fugaro等（2002）用能值核算了意大利的两个流域系统。陈丹等（2008）采用能值理论与方法对我国东南沿海某县的水资源复合系统进行了生态经济评价。Lv和Wu（2009）对水资源生态经济系统进行了能值分析。蒋桂芹（2010）运用能值理论和分析方法，探索了水资源对经济生产贡献的量化方法。郭瑞丽等（2011）应用能值价值理论计算了城市居民生活用水水价。Rugani等（2011）基于能值，通过比较历史上的Bottinis水供给系统和当代水供给系统的分析结果，研究了意大利锡耶纳的水供给系统的环境表现，并通过能值核算了可持续性。Marvuglia等（2013）将饮用水生产过程作为案例之一展示了能值计算软件SCALE的应用。Díaz-Delgado等（2014）计算了地表水的能值。此外，一些学者应用能值方法计算了污水处理及回用（Björklund et al.，2001；Siracusa and La Rosa，2006；Arias and Brown，2009；Vassallo et al.，2009；Zhou et al.，2009；Taskhiri et al.，2011）。其他用能值方法评估水系统和探讨水资源管理、饮用水生产系统、可持续利用的研究还有崔丽娟和赵欣胜（2004）、Romitelli（2005）、赵欣胜等（2005）、Tilley和Brown（2006）、Blancher和Etheredge（2007）、Agostinho等（2008）、Benetto等（2011）、Pulselli等（2011）、Chen等（2012，2009a，2009b）。能值也被用来评估管理水资源的必要设施（如大坝等）的环境影响（Brown and McClanahan，1996；Kang and Park，2002；Martin，2002；Yang，2016）以及河流代谢（Chen B and Chen G Q，2009）等。上述的这些研究对水资源的可持续利用无疑具有促进作用。

1.4 环境核算由浅绿走向深绿的原因

能值分析作为一种基于生态热力学、具有整体视角的生态环境核算方法，能识别并定量化，用来得到某产品或流的所需的物质和能量投入，无论这些投入是直接抑或间接（程茉莉，2008）。因为不同的能量做功的"能力"不同，追根溯源，它们可以用一个基本的能量形式来表征，最常用的是太阳能（地球上其他类型能量的基础），因为太阳能辐射量最多、分布最广泛。不过实际上，地球除了被太阳能所驱动之外，因月球引力而生的潮汐能、源于地球内部的地热能是独立于太阳能的，但在能值研究中，可以利用㶲（exergy）的概念方法将这两种能量折算成太阳能。所以，任何能流都能通过转化成相等的太阳能来表达，即太阳能焦耳。根据定义，太阳能的能值转换率为 1 sej/J[①]。能值也能反映从太阳能到其他各种形式不同能量的"质量"不同这一事实（包括做工的能力、输送的灵活性等）；并且，UEV（unit emergy value）也是可以表示不同过程效率的参数。产出同样产品的两个不同过程：显然具有更低 UEV 的过程效率更高。

正因为上述的优点，Campbell（2016）在他的文章中提到："（除能值核算方法之外）并没有其他的核算框架可以达到这样统一与综合地定量化系统中组分和流的效果。"不过正如任何一种具有开创性的新理论方法一样，能值理论也受到了来自经济学、传统能量学等的质疑。从经济学角度，人们更关注某项产品对使用者的价值，基于的是一种"接受者"（receiver side）的视角；相反的是，能值思想体现的则是"供给端"（doner side）的所有投入，尽管种种不可或缺的生态系统服务功能对人类来说是免费的，但自然的这种投入价值确实存在。诚然，经济学方法也能对生态系统服务等进行诸如货币化的衡量，但仍是基于人类中心的视角，且主观性极强；能值方法则能囊括包括生态价值在内的产品或服务的全部价值。

客观地说，环境核算的方法走向绿色是与可持续发展理论的发展相联系的。Herman Daly 曾经说，20 世纪经济的快速增长已经把我们从一个空的世界经济学（empty-world economics）带入一个满的世界经济学（full-world economics）。在"空的世界"阶段，相对于生态系统，经济系统较小，资源和环境限制不是很重要，主要的经济活动是开发自然资源以建设人造资本和扩大消费。在这个阶段，经济活动只是面临有限的人造资本的约束。然而，在"满的世界"阶段，当人类经济系统惊人的扩张对生态系统极限产生压力时，自然资本的保护就变得极为重要。如果我们不实施适当的措施保护资源和这个"满的世界"的环境，不论人造资本

[①] 太阳能值转换率被定义为：生产 1 焦耳产品或服务所需要投入的太阳能值，单位为 sej/J。

的存量变得多大，环境退化将使经济活动失去基础。这样的视野明显不同于标准经济学理论，标准经济学一般假设资源间存在替代性（substitutability）。例如，工业生产的肥料可以补偿肥沃土壤的损失。生态观告诉我们，替代性没有这样容易。经济活动的自然基础是不可取代的，不像人造的工厂或机器。如果是这样的话，我们需要修改标准经济增长理论，以考虑长期可持续性问题[①]。

近些年的研究是通过区分强可持续性和弱可持续性（strong sustainability and weak sustainability）的概念进行可持续观解读的（此处的"强"和"弱"表示我们的假设是如何需要，不是指哪一个必定比另外一个好或差）。强可持续性假定在自然和人造资本之间有限的可替代性。弱可持续性假定自然和人造资本一般可替代[②]。采用强可持续性的方法，应该分开核算人造和自然资本，保证不耗损整个自然资本存量。例如，在某一地区采伐森林，只有相似的森林在另外某个地区得到扩大，才能在整体上森林的储量保持不变。这是可以接受的。只有在可以替换的等量能源同时开发出来，汽油存量才能被损耗。实施强可持续性将要求政府对市场进行强有力的干预，并彻底改变经济活动的性质。弱可持续性相对而言比较容易实现。这一原则允许自然和人造资本之间的替代，假定总的资本价值不减少。例如允许采伐森林以扩大农业或工业。然而，该原则要求适当核算已被采伐森林的价值。除非新产生的人造资本价值等于或超过森林采伐的经济或生态价值，不然森林采伐活动将导致经济损失。这一原则比较接近标准经济理论。私人所有者大概将做这样的计算，并且不会愿意以高价值资源交换回低价值资源。然而，即使维持弱可持续性，政府的干预也是需要的。对弱可持续理论的争议包括：

（1）私人所有者不能考虑到自然资本全部的生态价值（例如，林产品公司考虑木材价值，但不在乎濒危物种）。

（2）自然资源的产权没有很好地界定，在发展中国家常常是这样。短期的特许持有者或非法使用可能快速掠夺自然资源的基础。

（3）短视的私有产权所有者不能考虑到如土壤侵蚀带来的长期影响。

（4）涉及共有产权资源和公共产品。

（5）在物种消失或干旱地区水供给有限的情况下，真正不能替代的资源正是问题的焦点。

所以，生态经济学家提出的能值分析方法是一种特殊的测量方法，该方法在

[①] 可持续性的生态经济学评论可见于 Wackernagel 和 Long（1999）。经济增长含义的讨论见 Harris 和 Goodwin（2003）。

[②] 强和弱的可持续性原理的讨论可见 Daly（1994）。可持续性的概念受到 Beckerman（1994）的批评，受到 Serafy（1996）的辩护。Gowdy 和 O'Hara（1997）讨论了弱可持续性概念的应用，而 Common（1996）认为区别强和弱可持续性没有意义。Neumayer（2003）对弱和强可持续性范式争论做了详细的总结。

理论上把生态系统和经济系统联系起来。两类系统都有使用能源以支持和扩展系统功能的作用。因此，在某种程度上，我们可以把能源看作所有经济活动的基础：人的劳动、资本投资和自然资源开发都需要能源。生态系统通过植物的光合作用获得太阳能。随着人类经济系统的增长，我们直接或间接地需要使用更大比例的净光合初级产品（net primary production，NPP）以支持经济活动。这种光合能源发生在农业、林业、渔业和燃料使用中。此外，人类活动把自然的或农业用的土地转化为城市和工业用、交通运输和住房建设。目前，人类占用了大致40%的陆地光合能力和大致25%的全球（包括海洋生态系统）总光合能力。

环境核算方法从弱可持续向强可持续的过渡也就发展出当今提出的生态环境核算方法。而对于我国，北京师范大学资源经济与政策研究中心主任刘学敏教授解读了十八届五中全会文件，他指出要贯彻创新、协调、绿色、开放、共享的发展理念，以此来破解中国发展中的难题，顺利实现"十三五"经济社会的发展目标。其中，坚持绿色发展，就是要在未来的发展中倡导生态、绿色、低碳、循环的理念，坚持走可持续发展的道路。坚持绿色发展，必须明确"浅绿色"和"深绿色"。"浅绿色"强调了局部，忽视了整体，甚至以邻为壑，譬如污染产业向欠发达地区转移就是仅仅强调了发达地区的绿色发展等。"深绿色"强调大自然是一个互相影响、互相依赖的共同体，即使是最不复杂的生命形式也具有稳定整个生物群落的作用，每一个有生命的"螺丝和齿轮"对生态系统的健康运行都是重要的。"深绿色"倡导人、社会和自然的协调和谐发展，并努力探寻环境与发展双赢的道路，倡导人类文明的创新与变革。我们坚持绿色发展，就是要坚持"深绿色"，这是从人类文明进步的高度上来理解绿色发展。此外，绿色发展还要防止"伪绿色"，就是那种披着绿色的外衣、行反绿色之实的"飘绿"（green washing）行为。如一些地方为了追求经济利益，为了招商引资，引进产业，有意无意地附和企业作一些虚假宣传和粉饰，言称重视环保，发展绿色，标榜"既要金山银山，更要绿水青山"，实则是在做着破坏环境的勾当。

第 2 章　生态环境核算体系及方法学

2.1　生态环境核算基准近二十年的变迁

计算地理生物圈（geobiosphere[①]）的主要驱动能流对能值核算方法来说很重要，因为这是计算其他流能值的基础，也是建立 UEV 计算表格的基准（Brown and Ulgiati, 2010）。这个基准的雏形可以追溯到 20 世纪 70 年代初，当时只包含了驱动地球生态系统的太阳能；之后在 90 年代中期，H. T. Odum 将潮汐动力与地热能也纳入核算，并将它们转化为等量太阳能值，从而得出地理生物圈的基准值为 9.44×10^{24} seJ[②]/a。随后伴随着能值分析的不断发展成熟，出现了不同的地理生物圈能值基准（Brown and Ulgiati, 2004b）。在 2000 年，利用更好的数据，H. T. Odum 在考虑了地球运动的能量吸收后，将 1996 年的计算值从 9.44×10^{24} seJ/a 修正到 15.83×10^{24} seJ/a（Odum et al., 2000）。因而，为了保证能值计算的精确性和严谨性，在能值核算中需要注明所采用的能值基准值，因为它和能值转换率息息相关，是能值转换率计算的前提条件。所以如果采用 H. T. Odum 修正的能值基准值，那么参考的 2000 年以前的能值转换率的值就要相应地乘以转换系数 1.68（15.83×10^{24} seJ 与 9.44×10^{24} seJ/a 的比值）。另外，美国环保局 Campbell 博士 2000 年在重新计算了潮汐能之后采纳 9.26×10^{24} seJ/a 作为能值基准值。2010 年，Brown 和 Ulgiati 利用卫星测绘等更为先进的技术手段所得的数据，依照 1996 年 H. T. Odum 对能值的定义重新计算了全球㶲（㶲即可用能）流值；并采用蒙特卡罗模拟（图 2-1），考虑了来源于地球地热能的不确定性（考虑了地热能的总量和在地幔、地壳间的分布方式），结果得出能值转换率的能值基准约为 15.20×10^{24} seJ/a。蒙特卡罗模拟也是一种应对能值分析不确定性的方法。除了值有变化外，能值基准的名称也有若干种不同的叫法，Brown 等（2016）将驱动地理生物圈的可得太阳辐射能、地热源和潮汐动力合称为地理生物圈能值基准（geobiosphere emergy baseline, GEB）。2016 年，Brown 和 Ulgiati, Campbell

---

[①] Brown 和 Ulgiati 定义地理生物圈（geobiosphere）系统边界是地表上下各 100 km, 时间范围是 1 年。
[②] 需要指出的是，能值基准的单位中的字母 J 是大写的，原因是潮汐动力、地热能与太阳辐射能本质是不同的，所以能值基准的量度是等量太阳能焦耳（solar equivalent joules, seJ），而不是太阳能值的单位太阳能焦耳（solar emjoules, sej）（Campbell, 2016）。

均发表了最近计算的结果，分别是 12.1×10^{24} seJ/a（表 2-1）和 11.6×10^{24} seJ/a，两个值很接近，且平均值为 11.9×10^{24} seJ/a，若考虑可接受程度的不确定性，则可定为 12.0×10^{24} seJ/a。这个值可以被命名为GEB2016，因为未来仍有修订的空间，会出现新的 GEB 值（Brown et al.，2016）。

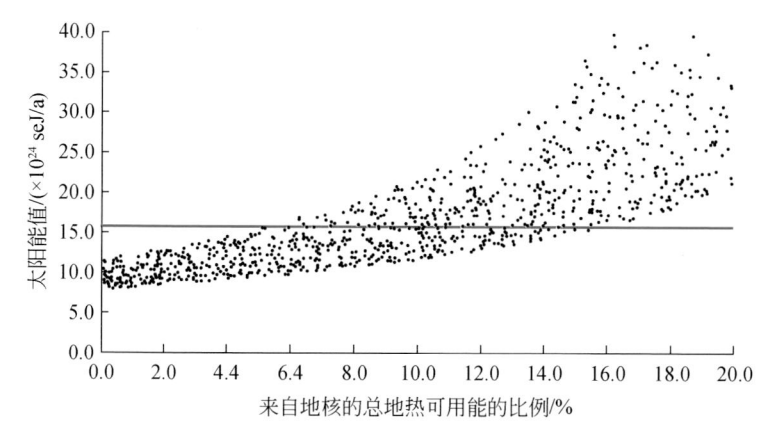

图 2-1　Brown 和 Ulgiati（2010）文章中的蒙特卡罗模拟

表 2-1　能值基准值组成及 3 次计算结果比较（Brown and Ulgiati，2016）

能量入流	Odum（2000）			Brown 和 Ulgiati（2010）			Brown 和 Ulgiati（2016）		
	能量/J	UEV[a]/（seJ/J）	empower[b]/（$\times 10^{24}$ seJ/a）	㶲/J	UEV[a]/（seJ/J）	empower[b]/（$\times 10^{24}$ seJ/a）	㶲/J	SER[a]/（seJ/J）	solar equivalent exergy[b]/（$\times 10^{24}$ seJ/a）
吸收的太阳能	3.93×10^{24}	1	3.93	3.59×10^{24}	1	3.6	3.60×10^{24}	1	3.6
地热	6.72×10^{20}	12 000	8.06	1.63×10^{20}	20 300	3.3	9.78×10^{20}	5 500（985）	5.4（0.95）
潮汐能	5.20×10^{19}	73 700	3.83	1.17×10^{21}	72 400	8.3	1.17×10^{20}	26 300（3 800）	3.1（0.44）
加和		15.83			15.2			12.0（1.51）	

注：括号内数字表示标准差。

a. 在以往的研究中，使用的是 UEV，但 Brown 和 Ulgiati（2016）提出更合适的术语——等量太阳能比率（solar equivalence ratio，SER）。

b. 类似地，在以往的研究中，使用的是 empower 来表示每种源的入流，但 Brown 和 Ulgiati（2016）提出更适宜的术语应该是等量太阳能㶲值（solar equivalent exergy）。

无论采用哪个能值基准，它正如英文名称"baseline"，是一个基础基准参照值；H. T. Odum（1996）在他的书中也写到，基准值究竟是多少并没有那么重要，因为能值分析的结果和给定的基准相关，也就意味着可以用系数进行转换；Ulgiati 教授曾将能值基准比喻为地理学中海拔的概念。不过在研究中仍需要选定一种并注意甄别所参考的文献中的能值基准值。本章选取最新的 GEB2016，即 12.0×10^{24} seJ/a 进行后续的计算。

在各个学科领域中基础常数和标准并不总是恒定不变的，会随着新的知识而更新；如果能值研究者都能参照一个统一的基准值，那么应用能值方法的研究产出将更容易进行相互比较（Brown et al., 2016）。这是 Brown、Campbell、Ulgiati 等能值研究者在 2016 年对能值基准作出重要更新的初衷，这接近二十年的能值基准不断更新的过程体现了几代能值研究者对科学的执着与严谨。

2.2 生态环境核算 EmCF 数据库构建

自本节起，本书的缩写注释详见附录 A。

由于能值 EmCF 数据库的大小和复杂性，Mark Brown 等制作了 Excel 版本的 EmCF 计算表格。这个 Excel 数据库命名为 "EmCF_database_yyyy_mm_dd"（简称 EmCFdb）。本章中所指的数据库都是 "EmCFdb"。这个数据库由几个工作表格组成，首先是 EmCF 数据库，包含了迄今为止定义的所有要素流的转换率 EmCFs；也包括传统的计算表格。表 2-2 列出并且描述了每一个包含在 EmCFdb 数据库的工作表格。

EmCF 数据库为每一个生命周期清单（life cycle inventory，LCI）中的要素流提供了能值转换因子，等同于文献（Brown and Ulgiati, 2004b）中提出的能值转换率（UEVs）。这个资料库为生命周期中常见要素流类型提供了一套标准化转换率的合集，从而提供了一套完整的过程和产品的能值核算方法。要素流是指进入研究系统的来自自然并未被人类转化过的物质或能量，或者从研究系统释放到环境中并且之后不会被人类转化的物质和能量。生命周期评估中的环境影响评估，是产品系统中每个要素流的总量乘以各自的环境影响特征化因子的和函数。

表 2-2　EmCFdb 清单列表

表序	表格名称	表格描述
1	EmCF 数据库	主要目录下所有主要要素流能值转换率列表
2	地球可再生资源能值流	驱动地质生物圈的初级、二级及三级可再生资源能值、常数及能值计算公式列表
3	水资源能值	不同淡水存量能值转换率计算
4	单一矿产资源能值	单一矿产资源中元素流的能值转换率列表

续表

表序	表格名称	表格描述
5	多种矿能值	主要从几个不同矿产品开采的矿产能值转换率列表
6	合金能值	通过机械而不是化学方式将矿产品聚合在一起的矿产列表
7	石灰石能值	生物地理生成的石灰石能值转换率计算公式
8	海洋中的矿物质的能值	海洋矿物质及其能值转换率计算公式
9	大气中的气体能值	主要大气气体能值转换率列表
10	土地：生物量及土壤能值	与土地相关的能值转换率计算方法[包括净初级生产力（net primary production，NPP）、生物量及土壤有机物]
11	木制品能值	来自不同生态系统类型的木制品能值转换率计算方式
12	煤的能值	煤的能值转换率计算方式
13	石油和天然气的能值	石油及天然气的能值转换率计算方法
14	劳动力的能值	劳动力能值转换率计算方法
15	地壳元素的能值	矿产能值转换率计算所需的元素物质及摩尔质量列表
16	参考文献	参考文献列表

数据库根据通常的要素流类型（化石能源、水、生物、矿产品/金属、劳动力、土地及空气）以及非可再生和可再生资源，对要素资源进行分类。可再生性取决于资源的产生时间，与一个预先选择的可再生的更替时间，这里设置为100年。目录名称及可再生更替时间值在Excel表格中很容易被修正和替换。

该数据库可以在佛罗里达大学环境政策中心网站（http://cep.ees.ufl.edu）下载。本书最后附有重要元素流能值转换率因子总表，它总结了我们到目前为止评估的元素流清单，有助于更好地理解方法学、假设及采用的计算公式。我们建议相关研究者在未来的工作中使用和引用。

2.3 地球的可再生初级能值流

基于第8届能值双年会（2014年1月）上的讨论，学者们对能值基准进行了校准和统一，以避免长期以来的能值基准不统一带来的问题。本次年会更新移除了一些不确定的和潜在的误解的部分。最后达成的共识是基于3篇文章（Brown and Ulgiati，2016；Campbell，2016；de Vilbiss and Brown，2015）的工作，统一成一个一致的地球能值基准量：12.0×10^{24} seJ/a（Brown and Ulgiati，2015a）（表2-3）。

表 2-3　地球 3 个基本驱动力的能值量（Brown and Ulgiati，2016）

项目	㶲投入 [a]/J	能值转换率/(seJ/J) [a]	能值投入/(×10²⁴seJ/a) [b]
太阳光㶲	3.73×10^{24}	1	3.7
地热㶲	9.52×10^{20}	4 900	4.7
潮汐㶲	1.14×10^{20}	30 900	3.5
能值总量	—	—	≈ 12.0

a. 投入的可用能量取 Brown 和 Ulgiati（2016）、Campbell（2016）两篇文章的平均值。
b. 取两位有效数字后的估算。

地球这个地理生物圈主要被 3 个基本驱动力所驱动（Brown and Ulgiati，2010），包括太阳能辐射、潮汐能以及深层地热能（图 2-2）。潮汐能和地热能与量最大和最普遍存在的资源——太阳能，都被统一核算成等量太阳能焦耳（sej），但地热能和引力能实际不能直接转换为太阳能。这里采用一个统一规范，用大写 J 来反映这种转换过程的总能。但如果使用计算地球上地理生态圈过程的后续产品（如雨水能、风能、波浪能等），那么它们的单位用小写 j，即 sej。

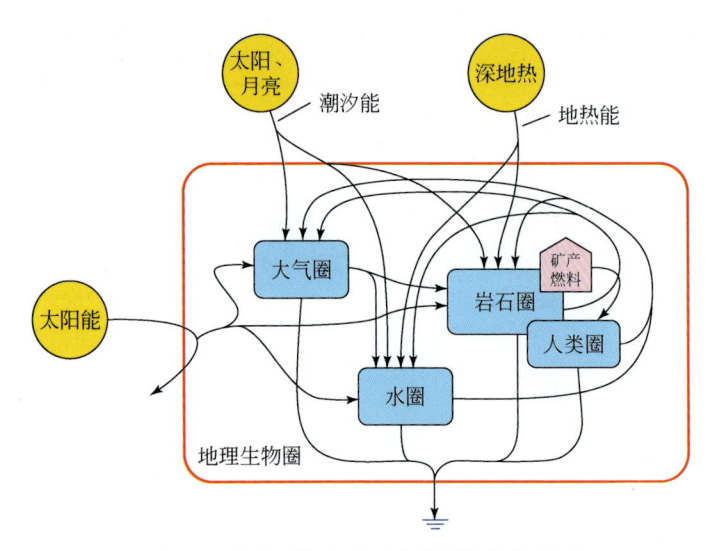

图 2-2　地球系统或地理生物圈的能值流图

图 2-2 表示地球系统或地理生物圈，是由 4 个主要的子系统组成的，分别为大气圈、水圈、岩石圈和人类圈。地理生物圈是由 3 个主要的驱动力驱动的，即太阳能、由太阳和月亮引力产生的潮汐能和对地质过程产生重要影响的地热能。在当代，由人类开采并使用的化石燃料大大地增加了地球能源账户。

2.4 地球上可再生次级能值流

驱动地球的地理生物圈的初级能源转化为次级全球能流,包括风、降雨以及海洋气流。接下来的内容总结了次级能流值的计算方法。计算方法都包含在 EmCFdb 数据库——地球可再生能量能值投入表中。

2.4.1 风能

风能的计算使用因地球自转引起的阻力系数以及距离海洋及陆地平均10m高度的风速。参考的风速采用全球10m高的地表平均风速,海洋上空平均风速为 6.64 m/s;陆地上空平均风速为 3.28 m/s(Archer and Jacobsen,2005)。10m 是国际标准高度,可采用风速测量仪器进行风速测量。由于地表表面阻力,甚至即使是表面很平坦的地面,随着高度的降低风速都会层级下降,直到地面时风速会降低到几乎为 0。因此,10m 高度风速并不能充分地代表总耗损。通过式(2-1)和 10m 高度的风速值,可计算得到因地球自转引起 1000m 高的风速。

图 2-3 为不同高度的风速图,基于式(2-1)和 10m 高度风速计算得出。地球自转风能及地表风能的耗散,可采用式(2-2)计算得到。

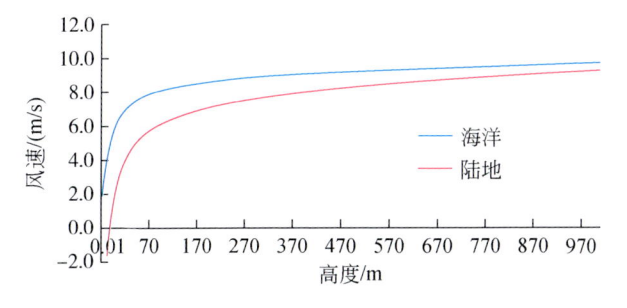

图 2-3 不同高度的风速

$$V = V_{ref} \frac{\ln(Z/Z_0)}{\ln(Z_{ref}/Z_0)} \quad (2\text{-}1)$$

式中,V 为地球自转风速;V_{ref} 为参考风速,V_{ref} = 6.64 m/s(海洋),V_{ref} =3.28 m/s(陆地);Z_{ref} 为参考高度,Z_{ref} = 10m;Z 为自转风速的高度,Z= 1000m;Z_0 为地表粗糙度,Z_0= 0.0005(海洋),Z_0=0.4(陆地)(Manwell et al.,2010)。

$$E_{wind} = \frac{1}{2} \rho K_{GN} V^3 AT \quad (2\text{-}2)$$

式中,ρ 为空气密度,ρ= 1.23 kg/m³;K_{GN} 为地球自转阻力系数,K_{GN}=1.26 × 10⁻³(海

上，$N=11$）和 $K_{GN}=1.64 \times 10^{-3}$（陆地上空，$N=7$）（Garratt，1977）；$A$ 为面积，$A=3.62 \times 10^{14} \text{m}^2$（海洋），$A=1.75 \times 10^{14} \text{m}^3$（陆地）；$T$ 为自转速度，$T=3.15 \times 10^7 \text{s/a}$。

风能转换率是地球能值与全球（海洋加上陆地）风能耗散的比值。

$$\tau_{\text{wind}} = \frac{\text{GEB}}{E_{\text{ocean}} + E_{\text{land}}} = \frac{12.0 \times 10^{24} \text{seJ/a}}{1.51 \times 10^{21} \text{J/a}} = 790 \text{sej/J} \tag{2-3}$$

2.4.2 降雨能[①]

假定陆地降雨量是全球降雨量的一部分（图 2-4）。全球水循环表征了地球上的水主要存储于海洋中，也反映了陆地上方大气中的水和雨水、径流、蒸发和迁移。

图 2-4 是全球水循环能值流图。图中，水储藏量的单位是 10^6 m^3，流量的单位是 $10^6 \text{ m}^3\text{/a}$。

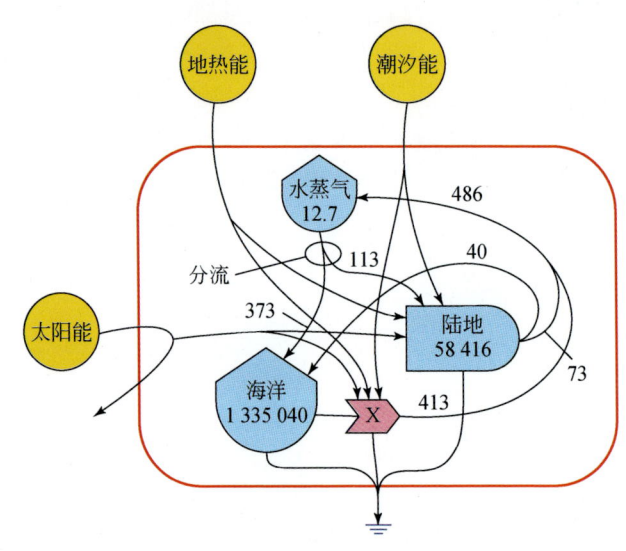

图 2-4　全球水循环能值流

式（2-4）用于计算降雨中的化学潜能。

$$\Delta G_r = \frac{RT}{w} \ln\left(\frac{10^6 - S}{10^6 - S_0}\right) = 4.72 \text{J/g} \tag{2-4}$$

式中，ΔG_r 为降雨中的 Gibbs 混合物；总溶解盐分容量 $S=10 \text{mg/kg}$，基准溶解盐分

[①] 在能值研究中，仅考虑了降雨的能量，其他降水，包括下雪等，由于势能很小，地面积雪融化后的水的化学能又已计入地表水的能量中，所以这里并未考虑在其中。

含量 S_0=0.035mg/kg；R 为气体常量；T=287.25K；w_{H_2O}=18.01。

全球降雨量为 4.86×10^{20} g/a（Adler et al., 2003）。降雨的能值转换率为全球能值总量与总降雨可用能之比，即 $\tau_r = \dfrac{12.0\times10^{24}\text{seJ/a}}{4.86\times10^{20}\text{g/a}\times4.72\text{J/g}} = 5231\text{sej/J}$。

2.4.3 洋流能

美国内政部（U.S. Department of the Interior, USDI）（USDI, 2006）估计洋流中总的全球可用能为5TW，即 1.58×10^{20} J/a。一般洋流的能值转换率为

$$\tau_c = \frac{\text{GEB}}{5\text{TW}} = \frac{12.0\times10^{24}\text{seJ/a}}{(5\text{TW})\cdot(1\times10^{12}\text{W/TW})\cdot(3.15\times10^{7}\text{s/a})} = 76\,200\text{sej/J} \quad (2\text{-}5)$$

此处估算的能值转换率值比之前的估算值（Odum, 2000）小了两个数量级，原因在于之前的估算方法中假定平均洋流速度为5cm/s和为期两年的洋流更替时间。

2.5 地球可再生第三级能值流

全球第三级能源流由初级流间接驱动，由生物圈的多种次级能量直接驱动。第三级能量流包含大陆海岸线上涌动的波浪中的可用能和河流中的化学潜能和地理势能。下面总结了计算可再生第三级能值的方法。计算表列于 EmCFdb 数据库的可再生投入表中。

2.5.1 波浪能

海洋波浪的能值即为洋面上风的损耗。利用式（2-6）发现海洋吸收的风能的能值为 7.81×10^{24} sej/a。每年全球总的波动能为 60 TW（Wang and Huang, 2004）。波动能的能值转换率为海洋风能值与损耗的能量之比：

$$\text{ECF}_{\text{waves}} = \frac{7.81\times10^{24}\text{sej/a}}{1.89\times10^{21}\text{J/a}} = 4132\text{sej/J} \quad (2\text{-}6)$$

2.5.2 大陆径流地理势能

平均每年全球河流径流量 m_g=3.73×10^{19} g/a（Dai et al., 2009），其平均落差 h=797m（Eakins and Sharman, 2012）。径流过程所消耗的地理势能能量 E_g=$m_g gh$=2.91×10^{20} J/a，其中 g 为重力常数。用于产生径流的每年的陆地降水量 m_r=1.13×10^{20} g/a（Adler et al., 2003）。由大陆径流消耗的地理势能的能值总量

为陆地降水能值（$4.72\text{J/g} \times 1.13 \times 10^{20}\text{g/a} \times 7000\text{sej/J} = 3.74 \times 10^{24}\text{sej/a}$）与地理势能能量 E_g 之比。

$$\tau_{d,g} = \frac{\Delta G_r \tau_r m_r}{E_g} = \frac{3.74 \times 10^{24}\text{sej/a}}{2.91 \times 10^{20}\text{J/a}} = 12\,800\text{sej/J} \qquad (2\text{-}7)$$

2.5.3 地表径流的化学能

在地表径流中，陆地降水中的化学㶲同样驱动地表径流的化学㶲。这意味着地表径流的化学㶲的能值与径流的地理势能㶲的能值一起产生，两者都是由陆地降水的化学㶲驱动。地表径流中的全球平均化学㶲可通过设定径流总溶解盐质量浓度 $S=100\text{mg/kg}$（Milliman and Farnsworth，2011）计算得到。

$$\Delta G_d = \frac{RT}{w}\ln\left(\frac{10^6 - S}{10^6 - S_0}\right) = 4.71\text{J/g} \qquad (2\text{-}8)$$

地表径流的化学㶲的能值转换率为陆地降水能值与径流的化学㶲之比。

$$\tau_g = \frac{\Delta G_r \tau_r m_r}{\Delta G_d m_g} = 2.13 \times 10^4\text{sej/J} \qquad (2\text{-}9)$$

2.6 水的能值转换率

图 2-5 为全球水循环的简要系统流图，显示地表和地下的水和冰的全球总存储量。各种全球水存储方式 i（全球平均纯度，用 ε 来表示）的能值转换率 ε 为

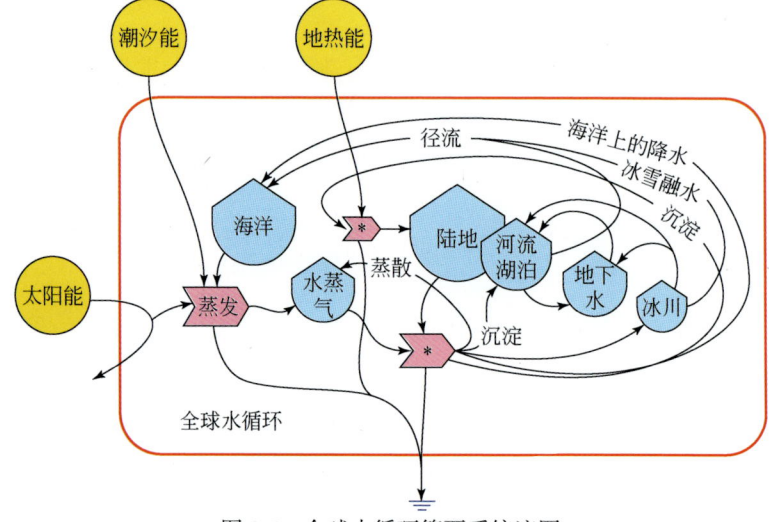

图 2-5 全球水循环简要系统流图

各自能值 E_m 除以对应的质量份额 m 与流通时间 t 的比值[式（2-10）]。雨水、水蒸气、冰川和地表冰的能值总量（E_m）等于 $1.52×10^{25}$ sej/a，因为它们利用了高纬度的冷却水，而高纬度冷却水来源于全球陆地和海洋水的蒸发。其他的陆地淡水存储来源于陆地降水（$E_m=3.55×10^{24}$ sej/a）。

$$\bar{\varepsilon}_i = \frac{E_m}{\left(\dfrac{m_i}{t_i}\right)} \quad (2\text{-}10)$$

水的 Gibbs 自由能 ΔG（也称为混合可用能），淡水的化学潜能能值转换率因水的纯度不同而有所不同。Gibbs 自由能方程详见式（2-11）。

$$\Delta G_i = -\frac{RT}{w}\ln\left(\frac{c_i}{965\ 000}\right) \quad (2\text{-}11)$$

式中，R 为气体常量；表面温度 $T=288.25\text{K}$；w 为水的分子质量；c_i 为水分子在淡水总量 i 中的浓度。

随着水在地球生态圈中循环，水的形态由液态的盐水转化为盐分相对较低的大气中的水蒸气。这导致了水根据纯度以两种模式分布：海水的最大总溶解盐质量分数为 35 000mg/kg 和水蒸气的局部最大总溶解量为 10 mg/kg。某种形态的淡水的全球平均能值转换率为其平均总能值 $\bar{\varepsilon}_i$ 与其 Gibbs 自由能之比[式（2-12）]。主要的几种淡水存储的全球平均总溶解盐含量、转化率和能值计算过程详见 EmCFdb 数据库中的水表格。

$$\bar{\tau}_i = \frac{\bar{\varepsilon}_i}{\Delta \bar{G}_i} \quad (2\text{-}12)$$

陆地降水在其转化为海水的过程中，不断累积溶解盐，根据式（2-13），其混合㶲也不断减少。

$$\tau_i = \bar{\tau}_i\left(\frac{\Delta G_i}{\Delta \bar{G}_i}\right) \quad (2\text{-}13)$$

水的能值转换率可以根据其转化率[式（2-13）]使用式（2-14）反算得到。

$$\varepsilon_i = \tau_i \Delta G_i \quad (2\text{-}14)$$

当水的纯度趋近于海水（图 2-6）时，式（2-13）趋近于 0。在用 EmCFdb 数据库计算时，为了避免不合理的重复计算，将"表层水"和"未知来源的水"设置为表层水资源的最小值。

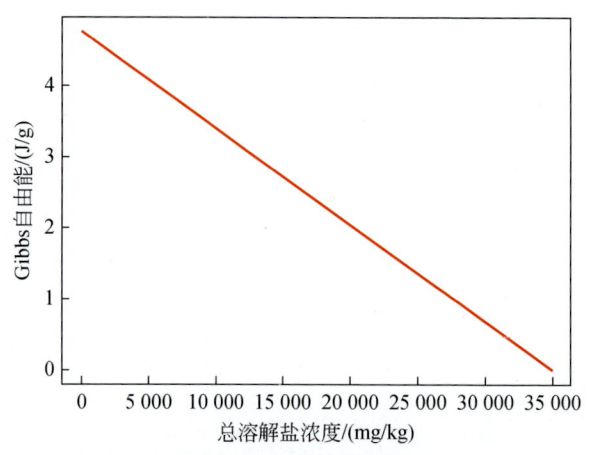

图 2-6 在 T=288K 时随着最大总溶解盐浓度变化的淡水 Gibbs 自由能

2.7 放射性矿物

  地壳中的放射性同位素（如 ^{238}U、^{235}U、^{232}Th、^{40}K）在之前的研究中主要是涉及它们的化学潜能，而不是核能所提供的可用能贡献量。之前，它们的能值转换率计算用平均地壳能值单位量（1.38×10^9 sej/g）除以平均地壳丰度下的矿物的 Gibbs 自由能（de Vilbiss and Brown，2015）。然而，Siegel 等（2016）创新性地采用重力作为太阳光和放射性同位素的最初投入来计算能值转换率，这样实际就建立了太阳能量与 4 种放射性同位素（如 ^{238}U、^{235}U、^{232}Th、^{40}K）的等价关系。

  由于元素的融合过程需要重力作为催化能量进行输入，太阳光辐射能和放射性核能物质的伴生产物都可以表达成重力的能值（表示为重力能焦耳或 gej）。重力能值定义为直接需要的重力的可用能或在核聚变反应过程中最终产生的光能和放射性核能的间接重力可用能。光能和放射性核能的重力能值转换率可计算成太阳能值，见式（2-15）。

$$\frac{\text{gej}/(1\,\text{原子})}{\text{gej}/J_{\text{sunlight}}} = \frac{J_{\text{sunlight}}}{\text{原子量}} \quad (2\text{-}15)$$

  因为放射性同位素 1 个原子的可用能是放射性衰变后释放的能量，Siegel 等（2016）用 sej/J 表示放射性核素进行放射性衰变产生的等效太阳能。表 2-4 列出 4 种最常见的放射性同位素的等效太阳能。

表 2-4　放射性同位素的等效太阳能（SER）（Siegel et al.，2016）

同位素	等效太阳能 /（sej/J）
^{40}K	8.2×10^3
^{232}Th	4.2×10^3
^{235}U	3.9×10^3
^{238}U	3.7×10^3

2.8　地壳矿物质能值转换率

2.8.1　单一元素矿石

图 2-7 为地理生物圈能流示意图，显示了沉积循环部分由覆盖物的循环驱动形成。

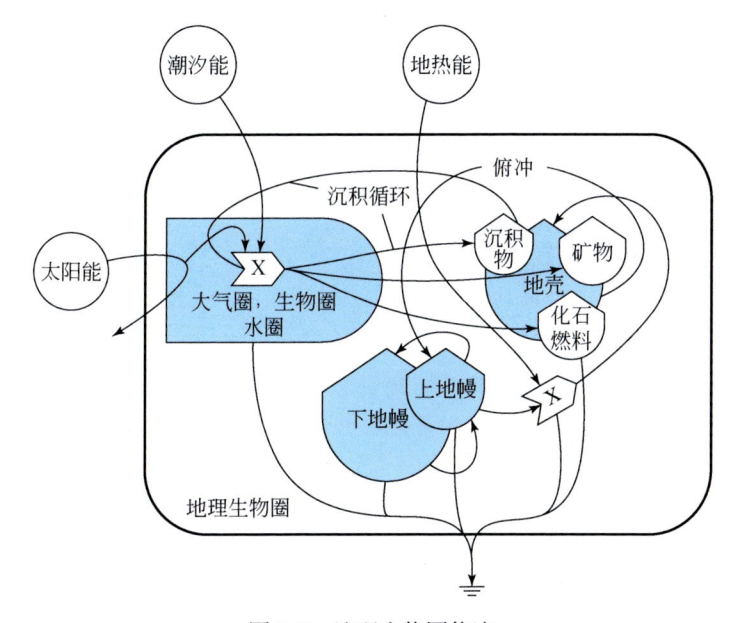

图 2-7　地理生物圈能流

本书采用 de Vilbiss 和 Brown（2015）中的方法，计算了单矿物质的能值转换率。地壳的平均能值转换率 ε 指全球总能值与地壳平均能流量的比值，其中，地壳平均能流量等于地壳物质量（2.171×10^{25}g）与地壳平均年龄（2.5×10^9a）的比值：

$$m_c = \frac{2.171 \times 10^{25} \text{g}}{2.5 \times 10^9 \text{a}} = 8.68 \times 10^{15} \text{g/a}$$

地壳平均能值转换率为

$$\bar{\varepsilon} = \frac{\text{GEB}}{m_c} = 1.75 \times 10^9 \text{sej/g} \quad (2\text{-}16)$$

地壳中矿物质 k 的矿物 Gibbs 转换率，指地壳平均能值转换率与地壳平均 Gibbs 自由能的比值 [式（2-17）]。

$$\bar{\tau}_k = \frac{\bar{\varepsilon}}{|\Delta \bar{G}_k|} \quad (2\text{-}17)$$

图 2-7 显示了元素在地壳中循环和在地幔中更长时间的循环。大气圈、生物圈和水圈的生产过程对沉积物、矿物和化石燃料的循环作用很大。

每种矿物质的 Gibbs 自由能（ΔG_k）的计算使用质量分数 x 及标准质量自由能 $\Delta G^0_{f,k}$（Valero et al., 2012），其中 T_0=298.15K [式（2-18）]。需要注意的是，在 Valero 等（2012）的研究中是用标准温度来计算矿物质的自由能，但为了与本章计算出的其他结果相比较，这里更适合采用本章中所使用的地表温度（T=288.25K）来重新计算每种矿物质的 Gibbs 自由能。

$$\Delta G_k = x_k(\Delta G^0_{f,k} + RT_0 \ln x_k) \quad (2\text{-}18)$$

式（2-19）中的质量分数使用矿物浓度为 c（g/g）时的矿物质 k 的摩尔浓度 a（mol/g）以及平均地壳摩尔浓度 $\bar{a}$，已知地壳的平均摩尔质量是 157.7（Valero et al., 2012）。

$$x_{k,c} = \frac{a_{k,c}}{(a_{k,c} + \bar{a})} \quad (2\text{-}19)$$

矿物混合烟 b 表示在矿物浓度 c 与地壳平均浓度 Gibbs 自由能之差 [式（2-20）]。这是指由于地质生物圈浓度超过背景浓度产生的可用能。

$$b = \Delta G_{k,c} - \Delta \bar{G}_k = RT \ln \frac{x_{k,c}}{\bar{x}_k} \quad (2\text{-}20)$$

矿物混合烟的产品及它的平均能值转换率是指在矿井环境下的能值转换率 [式（2-21）]。

$$\varepsilon_{k,c} = \bar{\tau}_k b \quad (2\text{-}21)$$

元素质量比用于那些不是纯的元素矿物质的元素能值转换率的计算。某些情况下，采用多种矿物的加权平均值。元素的能值转换率是指母能值转换率的比例除以其中提取元素的质量分数 f。举例来说，在一个浓度为 c_{Pb}=0.03g/g 的铅矿层中，铅的能值转换率因子为 $\varepsilon_{\text{Pb}} = \frac{\varepsilon_{\text{PbS}, 0.0346}}{f_{\text{Pb}}} = 3.39 \times 10^8$ sej/g，其中 f_{Pb}=0.87g/g 是指硫铅矿（PbS）中铅的质量分数，矿物等级 $=c_{Pb}/f=c_{PbS}=0.0346$。元素的能值转换率总是大于母矿的能值转换率，除非矿物是一个纯元素矿，这种情况下元素的能值转换率与母矿的能值转换率是完全相同的。

2.8.2 多元素矿石

多种元素矿石的能值转换率是指多种矿物基于它们的平均地壳丰度的加权平均值。这些元素有许多种重要的母矿（Valero，2008）。由于矿石含有多种矿物，应选取多种矿物质的加权平均值法。如果只选取一个母矿可能会使得一种目标元素的能值转换率计算有偏差，因为每种矿物可能有不同的能值转换率。

2.8.3 岩石聚合物的能值转换率

岩石聚合物，如页岩、沙、黏土、玄武岩、黄冈岩、碎石、珍珠岩以及浮岩，都是聚集的矿物质以物理方式结合在一起，而不是化学方式。几乎这些聚合物的所有矿物构成比例都是已知的，数据大部分可从 de Wulf 等（2007）这个文献中获取。聚合物的能值转换率是所有矿物 n 构成的岩石的能值转换率的总和[式（2-22）]。

$$\varepsilon_{agglomerate} = \sum_{k=1}^{n} \varepsilon_{k,c} \quad (2\text{-}22)$$

如果发现属于元素周期表中命名为"天然的岩石聚合物"以及"岩石"（未标明类型的），都取所有其他的岩石聚合物中最小的能值转换率，以避免它们的能值被不必要的高估。

2.8.4 珊瑚礁能值转换率

图 2-8 为珊瑚礁形成的能量系统框图，展示了珊瑚成礁的能量交互过程。

生物生成的珊瑚礁的能值转换率为区域中单位时间内的珊瑚礁的能值密度与珊瑚（微晶方解石集合体）的积累率之比。微晶方解石的积累和能量投入数据均来自于肯尼亚的两个受保护的珊瑚礁系统（McClanahan，1990），但平均的微晶方解石积累率 $a=3.5$ kg/（m²·a）并没有计入珊瑚藻的计算中。基于文献，对 McClahahan 的原始计算结果做了几处修正，更新了能值转换率，并对几个方程进行了修正。EmCFdb 数据库包括 McClanahan 的原始计算结果和更新后的表格。变化的是主要的能值源 [$\alpha_{reef}=2.46\times10^{12}$ sej/（m²·a）]，珊瑚礁的能值转换率为 $\varepsilon_{CaCO_3,bio}=\alpha_{reef}/a=7.02\times10^{8}$ sej/g]。

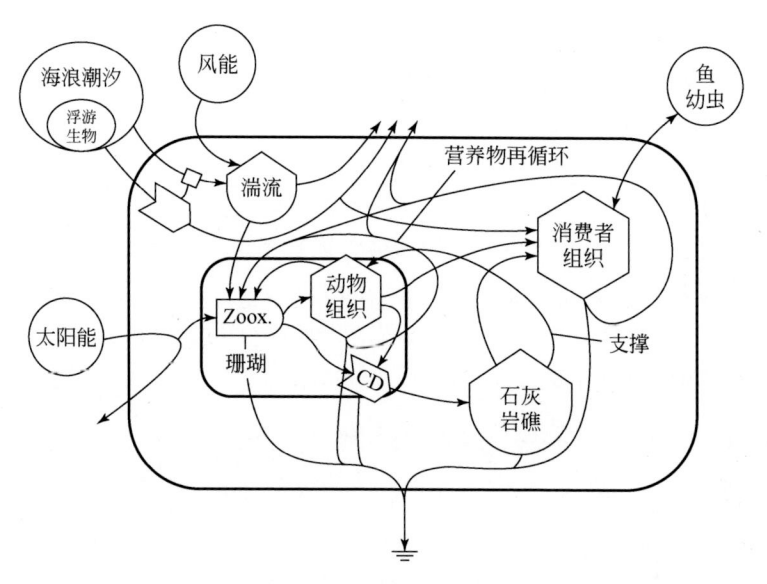

图 2-8 驱动能源和珊瑚成礁的能量交互过程

图中，Zoox. 为用阳光进行光合作用的共生藻（即虫黄藻）；CD（Calcium deposits）指钙质骨骼沉淀。珊瑚组织和共生藻的相互作用会提升 pH，导致它们钙质骨骼沉积。

2.8.5 海水中的矿物

海水中蕴藏着多种由于大陆侵蚀产生的矿物质。风以及河流侵蚀物向海洋带来了矿物质，一部分沉积在海底，另一部分以溶解离子的形式存在于海水中。这些溶解的离子即为溶解盐，使得海水具有特定的盐度。溶解离子可被生物吸收，并释放到大气中形成气溶胶，或是从水中结晶并向海底沉淀。气溶胶矿物质从大气中沉积出来，大部分回到海面，一部分被转移到大陆后，可能再次通过河流转移到海洋中。海洋沉积物可能被海浪、潮汐或上升流区的洋流搅动。在更长的时间尺度上，在板块边缘的沉积物可能挤压下沉。在超过威尔逊循环（地质时期海洋出现与消失的模式）的时间尺度下，海底沉积物在超级大陆形成中被吞噬。下沉的沉积物大多数最终以沉积岩的形式成为大陆的坚硬外壳，因为海底内部到处散布着沉积物。随着河流不断地侵蚀大陆，地下的岩石暴露到地表，再次受到侵蚀。这就构成了产生海水矿物质的沉积物循环。

计算海水粒子的能值转换率 ε_A 为全球总能值与海水矿物 i 的每年流出量 φ 之比［式（2-23）］。

$$\bar{\varepsilon}_A = \frac{GEB}{\sum_{i=1}^{n} \varphi_i} \tag{2-23}$$

计算结果表明，海水离子的能值是所有其他全球能值流的伴生产物。进一步细分全球能值基准中各种海水离子（$n=48$）的停留时间，即可得到其年度流量［式（2-24）］。

$$\varepsilon_{0,i} = \frac{\text{GEB}/n}{\varphi_i} \qquad (2\text{-}24)$$

Sarmiento 和 Gruber（2006）提供了 47 种海水中离子的数据，但并不包含碘。海洋中的碘通过海水中碘含量（Muramatsu et al., 2004）和大陆中河流碘流出率（Fuge and Johnson, 1986）计算得到，河流中的碘流出并不精确，Fuge 和 Johnson 给出的取值范围（0.5～20μg/L）小于 Snyder 和 Fehn（2004）给出的取值范围。但后者的论文远未综合全球的情况。这里取 2μg/L 作为工业化之前的保守估值。

当统计海水中矿物聚合物时，能值转换率不是必须的。然而当聚合物变化时，如铀矿开采，针对海水中的离子，能值转换率可以通过 Szargut 等（2005）给出的㶲值计算得到。48 种已计算的海水矿物 EmCFs 的转化率被限制到 16 种，因为不是所有海水离子的㶲值都可用。计算海水离子能值的过程与地壳矿物的过程相同。本节利用了加权平均的能值转换率计算方法来计算海水中的矿物复合物（如 $CaCl_2$ 和 NaCl），与聚集矿物质能值转换率的计算方法相同。

2.9　大气气体

典型的能值转换率是在稳态系统中计算的，这意味着其生成和消散是平衡的。比如说固定在 NPP 中的 CO_2 通过生物腐烂释放出去。因此，大气气体不可能有能值转换率，除了水蒸气。没有以往的方法可以参考，我们第一次尝试计算大气气体的能值转换率。这次尝试应用了计算矿物质的能值转换率的方法体系。

全球能值驱动大气圈和地球生物圈的物质交换。大气圈的平均能值（$\bar{\varepsilon}_A$）是全球能值总量和大气圈年度总物质流量［式（2-25）］，其中 t_i 是指周转时间，m 指大气圈中气体 i 的总质量。

$$\bar{\varepsilon}_A = \frac{\text{GEB}}{\sum_{i=1}^{n} \dfrac{t_i}{m_i}} \qquad (2\text{-}25)$$

根据 Szagut 等（2005）的研究，大气气体 i 的平均能值转换率 $\bar{\tau}$ 是平均大气能值（2.58×10^4 sej/g）和它的化学㶲 β_{ch} 的比值［式（2-26）］：

$$\bar{\tau}_i = \frac{\bar{\varepsilon}_A}{\beta_{ch,i}} \qquad (2\text{-}26)$$

类似于计算矿物质 EmCFs 的方法，在指定一个平均浓度 c 之后，每种气体 i 的具体能值 ε 为它的平均能值转换率乘以它的混合㶲 b [式（2-27）]。混合㶲是指一个分子在凝聚状态下和平均状态下的化学㶲的差值 [式（2-20）]。

$$\varepsilon_{i,c} = \frac{\bar{\tau}_i \cdot b}{w} = \frac{\bar{\tau}_i \cdot RT\ln\left(\frac{c_2}{c_1}\right)}{w} \quad (2\text{-}27)$$

在平均浓度以下的气体的化学能值转换率为零。表 2-5 给出一些大气气体的能值转换率。

表 2-5　一些大气气体的能值转换率

大气气体	UEV/（sej/kg）	在大气中的质量分数 /%
空气	2.04×10^7	—
二氧化碳（CO_2）	1.42×10^7	10
甲烷（CH_4）	8.86×10^7	10
氪气（Kr）	1.00×10^7	10
氮气（N_2）	—	10
氧气（O_2）	4.65×10^6	10
氙气（Xe）	1.76×10^7	10

2.10　土地、生物质和土壤的能值转换率

2.10.1　土地使用

在 Ecoinvent 和 GABI 数据库中对于标题为"土地使用"的划分不具有地理位置上的特殊性，这就允许把一定量的地球能值分配给一个特殊的研究区域。作为对之前使用全球平均单位面积能值强度的一种优化，基于之前 Brandt-Williams 和 Brown（2010）的研究基础，本书计算出 10 种不同生态系统的能值强度，并列在 EmCFdb 数据库中（表 2-6）。这样一来，被使用的土地的划分方式就得到扩展。目前已包括地球上 10 种最常见的陆地生态系统类型，用每种生态系统的驱动能值计算单位面积能值强度（average emergy indensity，AEI），即单位时间单位面积的能值 [sej/（m² · a）]。图 2-9 是一个生态系统 / 生物群落的概念图，用于计算单位面积能值强度的可再生流是来自系统边界外的圆圈代表的资源。单位面积能值强度可用于计算初级生产量（GPP）、净初级生产量（NPP）和木材、生物质和土壤碳库的能值转换率。

表2-6 10种最常见的陆地生态系统单位面积能值强度（AEI）

陆地生态系统	AEI/[sej/(m²·a)]	解释
未指明的区域	3.07×10^{10}	全球未指明区域的能值总量（15.2×10^{24} sej/a）/地球表面积（5.08×10^{14} m²）=3.07×10^{10} sej/(m²·a)
疏林地	1.04×10^{10}	单位面积疏林地生物群落每年能值强度
温带森林	1.04×10^{10}	单位面积温带森林生物群落每年能值强度
热带草原	1.35×10^{10}	单位面积热带草原生物群落每年能值强度
温带草原	1.35×10^{10}	单位面积温带草原生物群落每年能值强度
寒带森林	1.04×10^{10}	单位面积寒带森林生物群落每年能值强度
热带雨林	2.02×10^{10}	单位面积热带雨林生物群落每年能值强度
荒漠灌丛	1.34×10^{10}	单位面积荒漠灌丛生物群落每年能值强度
苔原地	1.33×10^{10}	单位面积苔原地生物群落每年能值强度
沼泽湿地	5.12×10^{11}	单位面积沼泽湿地生物群落每年能值强度 总能值计算基于Brandt-Williams和Brown（2010）计算的全球沼泽和湿地的面积加权平均值
农田	3.07×10^{10}	使用平均土地能值强度

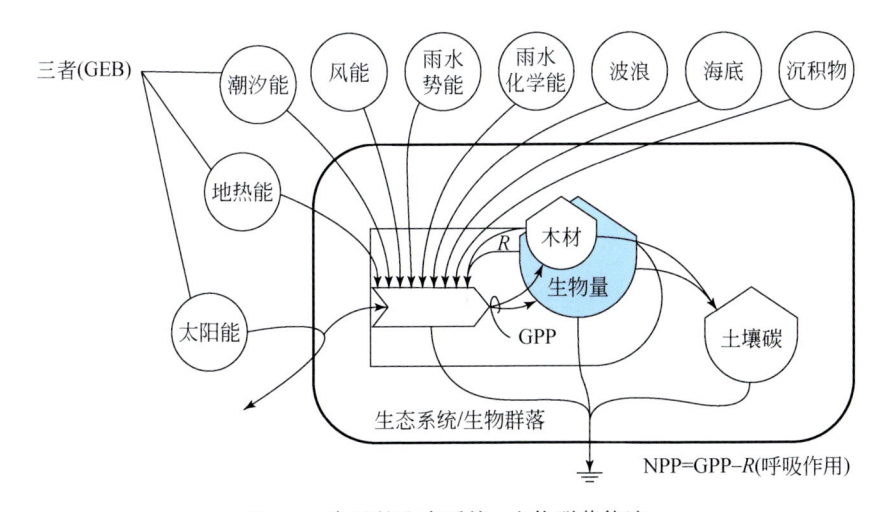

图2-9 常见的生态系统/生物群落能流

图2-9显示了驱动总初级生产力（GPP）的能值投入和净初级生产力（NPP）的能值投入，不同在于NPP等于GPP减去R（呼吸作用）。木材、生物质和土壤碳的存储都是净生产的产物。需要注意的是我们对生物质、木材和土壤碳分开计算了能值转换率，因为它们处在不同的时间尺度上。

基于单位面积能值强度概念的土地的能值转换率的计算和以往有些不同，我们重新考虑了用能值方程计算单位面积能值强度的方法。能值计算方法学中的第四条法则是：当产品重新作为系统投入时，这些产品的能值总和不能超过生产这些产品的所有投入的能值总和（Brown and Herendeen，1996）。全球能值投入都是独立的能值流，第二级可更新能值流是全球能值投入的伴生产品。

在过去的核算中，单位面积能值强度的计算通常都作为最大的可再生能值投入。也就是说，不管是初级能流（全球能值投入）、第二级或是第三级能流，我们只取太阳、潮汐、地热、雨、风等可再生能源能值的最大值（Odum，1996）。这样的核算是为了避免能值投入的重复计算，因为所有的可再生投入都是地球生物圈的副产品。从某种程度上来讲这是正确的，但仅限于第二级和第三级的可再生能源。全球三大类能源是独立的能源，因此可以相加，因为每一种能源的能值流动都是独立的，而且它们都不是彼此的转化产物。也就是说，它们是独立的。全球三大类能源的能值是可以相加的，但是它们的"产品"不可以，因为它们每个都"体现"了三大类能源基线的一部分。正是因为这个原因，建议开发一个新的计算过程厘清整个系统的能值分配情况。这个新的方法将三大类能源相加，然后将这个值和第二级、第三级能源的最大值相比［式（2-28）］。每种生态系统类型的单位面积能值强度则为这3个级别能流的最大值：

$$AEI = \max\left[\sum(sun, tide, deep\ heat), secondary\ emergies, tertiary\ emergies\right]$$

（2-28）

EmCFdb数据库中土地、生物质和土壤表中给出了主要的地球生态系统、各自的面积和单位面积能值强度。

需要说明的是，关于"使用的土地（未确定来源地区）"和"使用的土地（耕地）"的划分使用了世界陆地生态系统的单位面积能值强度 1.17×10^{14} sej/(hm$^2 \cdot$a)（不包括湖泊和河流，但是包括湿地和滩涂）。

2.10.2 土地利用类型转变或占用

"土地利用类型转变"和"土地占用"的能值在EmCFdb数据库中被赋予为零。相反，如果土地由天然森林、沼泽等转变而来，生物质和土壤有机碳（见下文计算）由于场地清理而丧失则应该作为要素流核算进来。同样的原理也适用于土地占用。

2.10.3 生物质

生物质的能值转换率是基于生态系统的年净初级生产力（NPP）和单位面积能值强度（AEI）。净初级生产力数据是从一系列文献中得到，但主要来自Leith（1975）。每种生态系统类型的面积来自于Brandt-Williams和Brown（2010），但是需要标准化到全球能值基线,因为在这个研究中陆地和海洋的面积加和仅为地球总表面积的 92%。因此投入生态系统中的可再生部分在标准化后是全球总能量流的 92%。

每种生态系统的单位面积能值强度通过式(2-28)计算得到。净初级生产力的能值转换率是生态系统的单位面积能值强度除以每年的净初级生产力。来自耕地的生物质没有能值转换率,因为这部分是人类活动的产品。对于生态系统未知的土地的分析应使用全球平均陆地生态系统的单位面积能值强度、生物质和土壤碳能值[分别为 1.17×10^{14} sej/(hm$^2 \cdot$ a)、2.06×10^7 sej/g 和 1.08×10^8 sej/g C],平均能值转换率和能值是基于陆地生态系统的面积加权平均得到的。

2.10.4 土壤有机碳

不同生态系统类型的土壤有机碳都有能值转换率,包含在 EmCFdb 数据库的土地、生物质和土壤表中。一个生态系统的单位面积能值密度驱动 NPP 和土壤碳的生成。NPP 和土壤碳是生态系统区域能值的副产品,虽然它们的时间尺度是不同的。土壤碳的能值转换率应用每个生态系统的土壤更新时间、储存量和单位面积能值密度,见式(2-29):

$$\text{ECF}_{C,\text{org}} = \frac{\text{AEI} \times 土壤更新时间}{物质与能量的存量} \tag{2-29}$$

然而,耕地的有机碳和生物质未包含在要素流的计算中,因为它们是在人类投入(如化肥、劳动力等)的作用下生成的,计算耕地的能值转换率时已经包括耕地中土壤有机碳。据估计,目前耕地的单位面积能值密度为全球陆地生态系统的平均单位面积能值密度。Raich 和 Schlesinger(1992)提供了耕地土壤有机碳的全球平均总量和停留时间。它的能值转换率和其他土壤有机碳的计算方式相同。

这里假定了一个"土壤(未指明)"的能值转换率,即它包括 5% 的有机碳和 95% 的矿物质土壤。

2.10.5 土壤

土壤无机成分包括 3 种:土壤中的无机物(未指明),土壤中的氮(N)和土壤中的硫(S_8)。下面给出这些物质的计算方法。

2.10.5.1 土壤中的无机物

应用 Odum(1996)的方法,无机土壤物质被认为来自于岩石,其中岩石损耗过程中有一半形成了土壤。因此,土壤中无机物的能值转换率等于岩石的能值转换率乘以 2（因为另一半在土壤形成过程中丢失了）。而这个能值转换率也取决于无机物和有机物的比例。这里，有机物比例假设是 5%，因此 95% 是无机物。有机物部分的转换率被认为是生态系统中土壤有机碳（草地）能值转换率的最小值。

2.10.5.2 土壤中的氮

土壤中的氮的大部分取决于生物驱动过程（Berner，2006）。土壤中氮能值转换率计算需要同时包括土壤中有机氮和无机氮。Watanabe 和 Ortega（2011）应用了一种静态的氮循环方法来计算氮的能值转换率。这里应用他们的数据来计算，即用全球能值总量除以陆地土壤中总氮流 [m_N =（190+140+29.4）× 10^9 kg/a]（有机氮和无机氮的加和）：

$$ECF_{soil\ N} = \frac{GEB}{m_N} = 4.23 \times 10^{13} sej/kg \qquad (2-30)$$

2.10.5.3 土壤中的硫

硫不包含在矿物质里面，因为没有矿石被用于开采硫。它大多数是其他物质（主要是石油和天然气，其次是黑色金属和有色金属）的精炼过程的伴生产品。然而，土壤中的硫是包含在土壤资源中的。使用矿物硫（S_8）并假设土壤中矿物硫含量占 0.5%，据此计算其能值转换率。上述比例可在 EmCFdb 数据库中修改重新计算硫的能值。

2.11 木　　材

木材的能值转换率是单位面积能值密度和多种森林生态系统年净木材生产量的比值（见 EmCFdb 数据库中的木材表）。应该注意的是，木材和生物质具有不同的能值转换率。生物质的能值转换率来源于净生物群落生产量，其比木材的净生产量的值要高。也应注意到木材能值计算中应用不同的单位面积能值密度值而非生物群落生物量和土壤有机碳，因为木材收获的数据来源于特定的森林，而其投入量可能会和全球总生物群落生产量不同。

木材是不同森林产出的可销售的木料。生长在商业林的木材会有不可更新的能值投入和作为商业经营的一部分的木材相关的要素流。而在本计算中，木材相关的要素流我们只计算了可更新的能值投入。木材的能值转换率和生物质的能值转换率之间的不同在于后者还需计算在土地清除过程损失的生物质能值。

能值转换率计算中包含了以下几种木材：

木材，干的，来自温带森林。

木材，干的，来自寒带森林。

木材，干的，来自热带低地森林。

木材，干的，来自沼泽。

木材，干的，未指明来源。

基于不同森林生态系统的生产率，这些木材中的每种都有特定的能值转换率。通常降雨对这些木材生产系统来说是决定性的能值投入，而沼泽、温带森林和湿地则除外，在这3种系统中，有机物沉积和流入分别决定着单位面积能值密度。"未指明来源"这类则用最小的木材能值转换率来将过大的估算降到最低。

除了上述的木材种类之外，能值转换率计算中还包括了两种主要的木材类型：

硬木，干的，未指明来源。

软木，干的，未指明来源。

未指明来源的硬木用南方混合硬质林的能值转换率值；未指明来源的软木则用佛罗里达松林的松树的能值转换率值。

2.12 化石燃料

Brown 等（2011）提出一种新方法，用于煤、石油和天然气的能值计算，包括估算旧地质年代的NPP能值，化石燃料起源过程中主要转型阶段的碳储存因子，将埋藏的有机碳"加热"至化石燃料所吸收的地热能。

碳储存因子是指经历过每个转型阶段后的碳比例（例如泥炭形成过程、成藏过程等）。碳储存因子在本质上是不确定的，因为它们的时间尺度过长以至于无法直接观测。基于氧同位素记录而对旧地质时期的全球NPP的估算是另外一个潜在的主要不确定源。主要原因至少有两点：①5亿年前左右的全球能值基准被认为和现今的全球能值基准假设相等；②驱动陆地和海洋的NPP是根据现今的陆地海洋面积比由全球能值基准等比例拆分得到。

Brown 等（2011）应用蒙特卡罗模拟将碳储存因子的不确定性纳入进来。碳储存因子主要模拟了由NPP到原油化石燃料的转换过程，包括二级转化（转化为煤）或三级转化（转化为天然气和石油）。而后续讨论的对此方法的改进等内容并不包含蒙特卡罗模拟。结果表明，考虑了不确定性后，结果偏差在5%以内，这说明并不需要更进一步的敏感性分析了。

2.12.1 泥煤

泥煤是主要形成于湿地中的腐烂的有机物，湿地的缺氧状态减缓了分解过程。

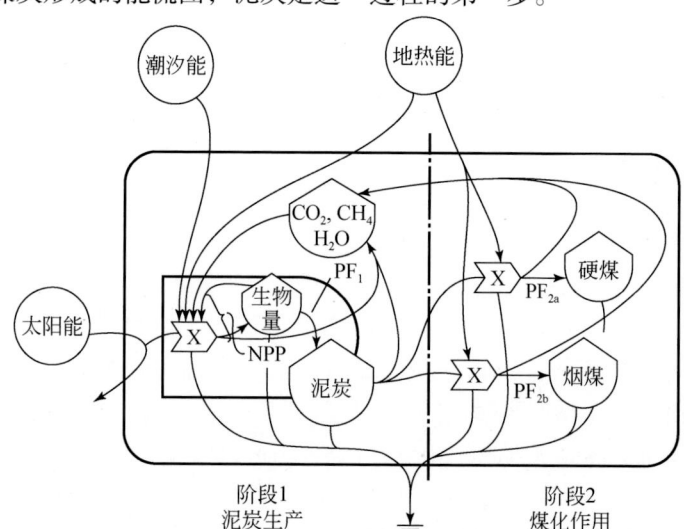

图 2-10 是煤炭形成的能流图，泥炭是这一过程的第一步。

图 2-10　煤炭形成的两阶段能流图

泥炭的能值转换率利用了沼泽和湿地土壤有机碳的能值转换率。假设碳占据了泥炭成分的 50%，则泥炭的能值转换率计算如下：

$$\text{ECF}_{\text{泥炭}} = \frac{\text{ECF}_{\text{沼泽和湿地土壤有机碳}}}{0.50\text{kgC/kg 泥炭}} = \frac{4.42 \times 10^{12} \text{sej/kg}}{0.50\text{kgC/kg 泥炭}} = 8.85 \times 10^{12} \text{sej/kg}$$

(2-31)

只要埋藏地足够深，地热就会将泥炭转变成煤炭。生态系统中有机物的初始累积是由诸如雨水、风、太阳光等地球表面投入驱动的生物功能。

图 2-10 表明煤炭形成的两阶段：阶段 1 由生态过程支配的泥炭生产，而生态过程则由太阳能、潮汐能和地热能驱动；阶段 2 由生物地热能驱动的煤化作用。PF 是碳储存因子（储存并进入下一步的碳分数）：PF_1 是有机物质产生和泥炭累积期间的碳储存因子，在煤炭和泥炭之间，硬煤和软煤具有不同的碳储存因子 PF_{2a} 和 PF_{2b}。

2.12.2　煤

Brown 等（2011）计算的史前陆地 NPP 被用在 EmCFdb 数据库中来计算化石燃料的能值转换率。然而，从对煤化过程的地热作用角度，不同的方法结果不尽相同。

如图 2-10 所示，将煤炭资源依照碳浓度分成两组，分别是无烟煤/烟煤（anthracite/bituminous，A/B）和次烟煤/褐煤（sub-bituminous/lignite，S/L）。地表的地热㶲是卡诺效率 C 的函数，在式（2-32）中，T_R 是油层温度，T_S 是开尔文温度。

$$C = 1 - \frac{T_R}{T_S} \quad (2\text{-}32)$$

A/B 和 S/L 的煤化作用分别在 T_S=237.5℃和 97.5℃时发生（Brown et al.，2011）；地表温度是 T_R=14.1℃。地热贡献的卡诺效率是 $C_{A/B}$=43.7%和 $C_{S/L}$=22.5%。这比 Brown 等（2011）的研究中使用的数值分别大 82%和 181%。煤化作用的地热㶲是煤化作用的卡诺效率、地热 F 的量以及岩石圈地热的有机碳质量分数的函数[式（2-33）]。

$$E_{DH} = C_i F m_C \quad (2\text{-}33)$$

Brown 等（2011）基于先前的研究文章[Brown 和 Ulgiati（2010）]计算了全球地热能流 F=1.45×10²¹ J/a。在 Brown 和 Ulgiati（2010）已发表的文章中计算地热能的范围是 5.87×10²⁰~8.7×10²⁰ J/a。在这里，本书更正了 Brown 和 Ulgiati（2010）研究中的计算错误（表 2-7），并且将地热的能值转换率从 20 300seJ/J 改为 4540seJ/J。

表 2-7 煤资源的能值转换率的计算

煤生成的时期	地热可用能投入/J 无烟煤和烟煤	地热可用能投入/J 次烟煤和褐煤	地热能值 ª/sej 无烟煤和烟煤	地热能值 ª/sej 次烟煤和褐煤	生态系统能值投入/(×10²³sej) 无烟煤和烟煤	生态系统能值投入/(×10²³sej) 次烟煤和褐煤	UEV/(sej/J) 无烟煤和烟煤	UEV/(sej/J) 次烟煤和褐煤
泥盆纪	1.55×10^{17}	4.61×10^{16}	7.60×10^{20}	2.26×10^{20}	8.7	4.4	61 720	51 291
石炭纪	3.77×10^{19}	1.12×10^{19}	1.85×10^{23}	5.49×10^{22}	2 248.3	1 125.2	65 325	54 288
二叠纪	4.92×10^{19}	1.46×10^{19}	2.41×10^{23}	7.17×10^{22}	2 305.5	1 153.9	51 361	42 680
三叠纪	6.21×10^{17}	1.85×10^{17}	3.04×10^{21}	9.04×10^{20}	29.1	14.6	51 406	42 717
侏罗纪	2.61×10^{19}	7.75×10^{18}	1.28×10^{23}	3.80×10^{22}	4 135.2	2 069.6	173 695	144 378
白垩纪	2.06×10^{19}	6.14×10^{18}	1.01×10^{23}	3.01×10^{22}	375.6	188.0	19 975	16 588
第三纪	2.10×10^{19}	6.23×10^{18}	1.03×10^{23}	3.05×10^{22}	402.3	201.4	21 077	17 504
加权平均/(sej/J)							67 039	55 713

a. 地热能值 = 地热可用能投入 × 地热的能值转换率。

这里只考虑了有机物的碳部分，因为其是化石燃料中储存的主要化学㶲。岩石圈中接收地热㶲的碳质量分数是初始碳 m_I 和终点碳 m_F 的平均值除以岩石圈的质量分数（m_L=2.17×10²⁵g）。

$$m_C = \frac{\dfrac{m_I + m_F}{2}}{m_L} \quad (2\text{-}34)$$

在 Brown 等（2011）的研究中，m_1 是埋藏的有机物的总碳。然而，煤化作用是泥炭到煤炭的转化，并非从有机物质到煤炭。我们令 m_1 为泥炭中的碳、m_F 为煤炭中的碳。假定埋藏的泥炭和周围的岩石圈具有相同的密度。地壳碳密度 $m_C = 1 \times 10^{-8}$ g/g，这个值相较于 Brown 等（2011）中的 2×10^{-7} g/g 减小了。

概括地说，计算煤炭的能值需要两步，分别是计算埋藏的泥炭即过去 NPP 的能值和计算从泥炭到煤炭的煤化作用所需的能值。在本计算中，第一步和 Brown 等（2011）相同，而第二步经过重新计算，只向煤炭的 EmCF 贡献了 0.05%，少于之前计算得到的 13.7%（由之前文章中的数据计算得来）。

2.12.3 油和天然气

石油的常规储藏通常伴随着天然气。和煤炭类似，其产生过程可以明确的划分为两个阶段（图 2-11）。

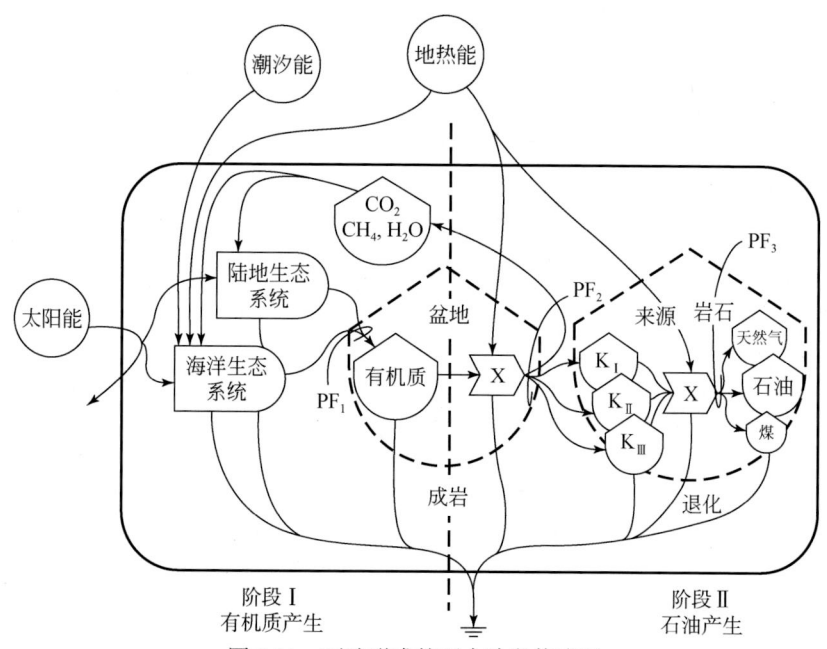

图 2-11 石油形成的两个阶段能流图

图 2-11 表示石油形成的两个阶段：阶段 I 由生物过程支配的有机物质产生，而生物过程由地球生物圈的太阳能、潮汐能和地热能驱动；阶段 II 由地热能驱动的石油产生过程。PF 是保存因子（被保存并进入下一步的碳质量分数）：PF_1 是流域中有机物生产和累积间的保存因子；PF_2 是累积的有机物和油母岩质间的保存因子（K_I = 油母岩质类型 I；K_{II} = 油母岩质类型 II；K_{III} = 油母岩质类型 III；PF_3 是累积的煤、石油、天然气的总保存因子）。

第一阶段是由有机物质的生物生产量来控制的，而地质过程控制着第二阶段。石油的生物碳源产生于陆地和海洋环境，海洋源占据了总储量的大部分，海洋占80%，陆地占20%（Klemme and Ulmishek，1991）。一个重要的区别发生在渐新世（Oligocene）至中新世（Miocene）年代，即天然气的产生基本上完全来源于陆地源。

Brown 等（2011）探讨了原油和天然气（NG）的能值，并且通过地质年代计算了能值转换率，随后通过加权平均方法分别计算了全球原油和天然气的能值转换率、燃料中的单位碳的能值转换率。因为约85%的原油和天然气是碳，原油和天然气的能值转换率乘以此比例的倒数可以表征原油质量单位的能值。

2.12.4 氦

地球上大部分的氦是辐射衰减的结果，即阿尔法衰变，且被限制在次表层下，此条件同时也限制了天然气。因此地球上最大比例的天然氦气存在于天然气中，其中绝大多数的商业氦气被提取出。其浓度变化范围很大，从极小的浓度到约7%的浓度。对多数的用途来说，氦是用分馏技术从天然气中提取的，其并不是元素流而是工业提取过程的产品。在有更好的计算氦能值办法之前（氦是钍、铀的自然辐射衰变结果），本节将氦的能值转换率等同为天然气。

2.13 劳　　力

现有的评估劳力的方法至少可分为两类（见 EmCFdb 数据库中的劳力表）。第一种方法（Odum，1996）将美国经济的总能值分配到5个教育层级。第二种方法用能值货币比薪资，计算出劳力的能值，其中能值货币比是一个国家使用的总能值和该国的 GDP 之比得出的。后一个方法假定薪资能反映人工劳力的购买能值。

图 2-12 表明了劳力的核算方法，包括支付生产的薪资和国家能值货币比。

我们用两种方法同时计算劳力的能值转换率以便比较，包括基于 Odum（1996）的方法并使用更新后的美国经济数据，以及使用平均薪资和能值货币比，计算结果发现两种能值方法计算出的结果偏差太大。仔细斟酌后认为，基于薪资的方法能更好地反映劳力的能值投入。基于支付的薪资，做了基于每小时劳动的能值转换率的两个表。计算了21种职业单位小时劳力的能值转换率，并合并成五大类职业单位小时劳力的能值转换率（表 2-8）。

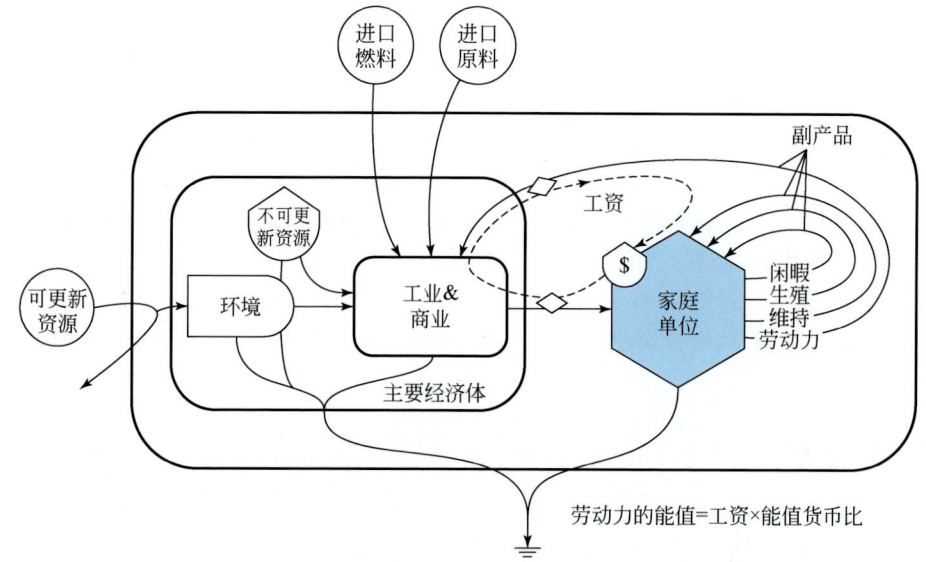

图 2-12　家庭单位提供的除人类劳力外的其他共生产品

表 2-8　五大类职业单位小时劳力的能值转换率

类别	UEV/（sej/h）
管理方面及专业服务方面的劳力	2.50×10^{13}
服务类专业提供的劳力	3.22×10^{13}
销售及办公行政提供的劳力	3.38×10^{13}
自然资源开发、建筑和工程维修等专业提供的劳力	3.82×10^{13}
生产、运输、物流方面的劳力	5.72×10^{13}

2.14　需要进一步讨论的几个问题

2.14.1　全球能值基准

地球的可用能来源（太阳光、潮汐引力、地热）在地质时间尺度上并不恒定。譬如太阳光强度每 10 亿年上升约 6%；随着地球慢慢远离月亮和太阳，潮汐引力将地球角动量转变成轨道重力势能；地热（同位素衰变和残余热）随着时间而变小。因此，考虑全球能值总量随地质时代的变化是有益的，结果会影响到地壳矿物和化石燃料的能值转换率计算。EmCFdb 数据库中的其他类别都太"年轻"（相对于地壳矿物和化石燃料的产生），以至于不会受动态全球能值总量的影响。

2.14.2 可更新和不可更新

EmCFdb 数据库中的能值转换率可被分为可更新和不可更新两种，缓慢可更新的这类已经被移除。可更新和不可更新的区别在于更新时间。将可更新和不可更新的更新时间界限设定为 100 年。对多数能值转换率来说这没有问题。然而，一些被归为不可更新的流，如果它们可更新的速率不断增加，就可以被认为是可更新的。举个例子，"地表、清澈的水"具有非常长的更新时间（1400 年），但很多地表水源具有短得多的更新时间，且在一些情况下（如当使用速率足够慢）就可以被认为是可更新的。提出这点只是作为一个预设，毕竟多数情况下现今所有缓慢可更新资源的使用速率都足够快，因此将它们分类为不可更新是可行的。

2.14.3 生物的能值转换率

土壤碳和生物 NPP 计算所使用的能值转换率具有相同的空间边界，而且产出也有一部分重叠的空间边界，这形成了明显的共生产品的特点。传统的 LCA 软件不具备直接进行能值运算的能力（不能区分开共生产品等）。因此如果想进一步完善 EmCFdb 数据库，关键之一是解决如何增加不用考虑重复计算的产品的 EmCFs 的问题。可能的解决方法是实现现在正在探索中的动态能值转换率的计算。现在，NPP 和土壤碳的能值转换率都来源于静态（列成表式的）计算。

土壤有机物质现在还没有能值转换率，但有了土壤有机碳的这种近似的能值转换率。有机物的其他组分（例如氮、钾、磷和腐殖质等）应当被囊括进来从而表征土壤肥力的真实价值。这些营养物循环的只有全球静态评估（Campbell et al., 2014），假定全球能值总量是体现在每条路径和存储中，能值分析才是可计算的。本质上，所有在静态评估中计算的能量存储库和流都是共生产物，因此不应被加入。动态和完善的能值转换率计算方法的进一步发展是下一步能值研究的主题之一。

2.14.4 土地占用的能值转换率

本章中土地占用的能值转换率是用 10 种不同生态系统的单位面积能值强度而计算来的。但是，更精细的能值转换率可以由每个单位的 LCA 分析计算出来：首先使用 EmCFdb 数据库中的地球可更新能值流表中的地球可更新能值转换率，然后纳入 LCA 软件来计算已确定土地面积的投入。实际上，每个能值研究者可以创建自己的案例进行能值分析；或者也可以在 LCA 框架下进行能值评估，并对 LCA 框架中的某块地计算单位面积能值密度计算。这种结合了 LCA 的能值计算方法可以有效地避免重复计算问题。

2.14.5 核物质

铀，通常是铀-钍矿石，是 EmCFdb 数据库中唯一的放射性物质。现有的能值方法缺乏对核物质的估算，即对核烟（裂变反应）的能值的估算。例如，铀在技术领域被使用时，要对其母矿进行浓缩，但它的质能在核反应器里原子核衰退为更轻的元素。对其质能的能值研究是未来能值研究的另一个方向。

2.14.6 矿物质

地壳起源于 25 亿年前，这个时间尺度比一些沉积物（例如硬硼钙石、硼酸盐等）的脉冲生产时限更长、更分散。将来需要进一步研究考虑整个地球系统中这些更快产生的沉积物的生产过程。

沉淀矿物质（例如天然碱、岩盐等）从干的盐水湖沉淀。许多这种矿物质仍然缺乏能值转换率。当矿石品位信息可以找到的时候，这些矿物质就可作为地质循环过程的一部分而计算得到相应的能值转换率。更进一步的研究将根据更多本地的实际计算来研究沉淀物的能值。

铟、镓和铼的能值转换率计算假定它们分别在硫锌矿（ZnS）、铝土矿和辉钼矿的分子中时是同晶性型的。这些元素的能值转换率可能会非常高，因为在其母质矿物中所占比例极小。几乎没有矿物质有随机的矿石品位浓度（例如铀）。

2.14.7 大气气体

大气的年流量由水蒸气占主导地位，第二多的气体是 O_2。因此大气的平均能值约等于水蒸气的能值。和水蒸气类似，单位气体的能值是依据它的总烟量按混合比例决定。

不常见的气体例如碳氟化合物主要是人类系统的产物，并非来自自然的地理-生物圈。因此，它们的能值计算就不应基于全球元素流分析，而应基于支持它们生产过程的能值来计算。

2.14.8 土地占用、现存生物量和木材收获的计算过程

土地占用指某企业占据一个给定部分土地的事实。在土地占用中，能值的计算也因企业的不同而不同。主要有 3 种企业土地占用的可能性：第一种土地占用是使用可更新的投入（按照单位土地能值密度进行计算），并有产出（例如农业、商业林）。第二种是企业短期的占据土地来收获现有资源（比如在原始森林中伐木）。第三种的土地占用并不使用可更新投入，但直接获得产出（如工业、停车场等）。

第一种情况，企业连续利用可更新投入来生产时，土地的可更新单位面积能

值密度将计算到产品中。比如我们以一个企业土地占用造林为例，这个地方的人工林将生产软木（类别："软木，干的，未指明来源"），然后需要计算这块土地占用单位面积的能值。这种情况下，如果知道这块土地的可更新初始投入（单位面积能值密度），可以用这个值；如果不知道，可以用软木产品的能值除以土地的面积来计算。但注意，不能把两者加起来，同时计算单位面积能值密度和软木的能值会导致重复计算。

第二种情况，短期的占据致使收获了资源，则资源的能值被计算进入，但不是土地的可更新单位面积能值密度。

第三种情况，企业持续占据土地但并不用可更新能值投入来生产，则土地的单位面积能值密度仍然赋值到此产品，否则会违背能值方法的普适性原则，即不论你"观察到"什么被包含到经济系统中被使用，实际上都是有可更新能值在此过程中流动。我们对此进行了很多思考与讨论，考虑到能值核算需要在各个尺度间保持一致。举个例子，当计算对一个国家的可更新投入的时候，我们常常习惯于加和所有的可更新投入，并不过多地考虑其实有的地方并未被人类或者企业利用。因此像加拿大、澳大利亚这些国家，常计算得出有很大的可更新投入，是因为国家内有大片"无人居住的地区"。

对导致生物量清空的土地占用中，如果在土地被占用之前计算了的生物量的能值，需要将其纳入为对随后的土地占用一次性的输入。生物量的能值指所有的生物量（如根、嫩枝、叶、茎、干等），其转换率和木头（最终产品）的能值转换率不同。木头的能值转换率只考虑了木头的量，即原木，计算所有生物量需要计算所有的初级投入。

2.14.9　水的计算过程

水有几种价值，人类在不同时期以不同目的进行了开发。通常在使用后，水又回到了环境中，数量和质量都变了，这可以影响后续系统。所以在计算中需要像计算水厂的能值投入产出那样基于 LCA 框架考虑水的多次处理过程，但这种计算过程并不容易。

水通常用来存储热能，或作为企业生产的副产品。水的化学潜能（相对于海水的化学潜能）被生态系统和经济企业无差别地使用，比如携载营养物质进入生态系统，或者携载有毒有害物质对下游环境造成影响。水的重力势能被用来作为水力发电的技术应用的能量源。针对水的这些不同用途，每次都需要有针对性的计算。

2.14.9.1　考虑水的储热能的能值转换率

如果水是用于冷却作用进行输入，必须计算其"热服务"而不是它的化学服务，那么就需要考虑水的比热容、密度和热导率而非化学㶲。水冷却的主要机制是对流热传递。冷却水可以通过一个循环系统或被用在一个单程的电厂直流冷却（once-through cooling, OTC）系统来进行循环。如果循环系统是开放的，那么就会有蒸发损失。OTC系统可以实现在比周围接收水体高得多的温度下大部分水得以循环利用。未被循环的水可被认为是被使用过的水。

冷却水的输入和输出都需要在LCA框架中被考虑进来。除非冷却水被耗尽（例如蒸发），那它就不应算作输入。举例来说，一个核电厂需要计算水冷却过程的蒸发损失，而在排污水混合酸用来清洁核电厂的水应该计算其化学势能。在这个核电厂的案例中，具体算水的哪种能值需要根据水实际上在其中起的作用来计算，譬如用来冷却的盐水仅有蒸发损失，其化学势能就不应被核算进来。

在较高温度下回到水体的水提供了对接受环境来说的热梯度。此热梯度代表了能驱动地质生物作用的可用能量源。

所以水的储热能（用于冷却）的能值，是不等于整个工业过程总的热量的能值的。我们建议基于Odum（1996）提出的方法来计算水的储热能的能值转换率。此方法先计算了需要冷却的热量能产生的平均机械功，然后用水吸收热量的卡诺效率［类似式（2-32）］进行调整。具体公式为式（2-35），C是水冷却的卡诺效率，热电厂发电产生的温度为1000℃，冷却后排放到河流中的水的温度为297.25K，其卡诺效率值为0.034；热电厂产生的电的能值转换率为42 000sej/J［采用Odum（1996）数据］；0.7是热电厂的发电效率。那么水的储热能的能值转换率为1200sej/J：

$$EmCF_{hot\ water} = C(42\ 000sej/J)/0.7 = 0.034（42\ 000sej/J）/0.7 = 1200sej/J$$

（2-35）

2.14.9.2 考虑水化学势能的能值转换率

在以往，水的可用化学势能是用相对于海水的纯度进行计算的，纯度则是通过总溶解盐（total dissolved solids, TDS）来衡量的。此方法源于生物需要淡水驱动细胞渗透差来将废物运出细胞这样的事实。对于使用水化学势中可用能的过程来说，输入水的能值是用前面概述的方法计算的。总净使用的水量是由其能值转换率和过程输入的能量相乘得到的。

从一个过程中排出的作为副产物的水可能会有从输入水中不同的总溶解盐，因此其能值转换率就可能不同。例如，具有相对浓度较低的总溶解盐的输出水可能会有个较高的能值转换率或反之亦然，即高的总溶解盐可能会导致低的能值转换率。我们不建议过程中的其他能值投入也加到输出水里面，当然，除非输出水是这个过程的主要产物。

然而，水携带的其他组分可能会对生物和技术过程有影响，使用总溶解固体作为化学纯度的指标可能会忽略这些其他组分。如果输入或输出水包含高水平的化学物质或元素，则此化学物或元素的能值需要用上面提到的化学能值转换率方法来计算。若计算的能值比水的化学势能要大，则最后使用这个大的值，因为后者仅仅是考虑总溶解固体得出的。因为矿物能值和水能值都是全球共同产物。

携带了像氮、磷等营养元素和杀虫剂等各种污染物的水的能值可以通过水中多种组分的能值来计算。值得注意的是，如果这些组分有相同的时空来源，那么分别计算这些组分的能值并加和得到水的总能值的方法是不对的。如果这些组分相互间独立（例如它们并未按照相同过程进入水体中）则可以相加。举个例子，流域中的水体可能会有多种组分，它们的能值一般会分别计算，从而更好地量化每种组分的化学势能，但它们却不应加到一起，因为它们来源于相同的流域、径流、侵蚀作用。另一种，在工业过程使用的水可以接收时空不同地方生产的化学污染输入，而不是来源于同一流域，在这种情况下，分开计算的独立组分的能值是可以相加的。

2.14.9.3 考虑水的重力势能的水能值转换率

水中可用重力势能的能值和这一过程进口、出口的高度差相关。因此，计算输入一个水电大坝的水的能值应是水量乘以进出口的高度差的地势能再乘以全球水地势能的能值转换率。假设在质量和数量上没有变化，就没必要计算从大坝流出的水的能值。此分析中没考虑的是应纳入大坝河流的脉冲机制及潜在变化，还有从深处库中排出水的温度的潜在变化（更低）。因此，在计算中常把化学势能、水温变化的能值和地势（高度）变化的能值结果相比较，三者中最大的㶲值被纳入计算，因为它们都是全球的共同产物。

2.15 本章小结

本章介绍了生态环境核算 EmCFdb 数据库及主要元素流的计算方法、数据来源和其他 LCA 拓展。考虑了主要的能量源，因为能值方法主要计算输入而非排放。这些源包括自然界的能量（例如，风）、土地占用后产生的能量（比如产生生物群落）、不同种类生物存量（例如，土壤碳、生物量、木材等）、水的能量、各种矿物和金属、土壤、主要空气组分（例如，氮气）、化石燃料、劳力等等。这些工作基于并改进了早期的研究（例如，Rugani et al., 2011 等），并有机地结合形成了一个普适性的框架。

在这些初级能值转换率计算中使用了一些新的方法，包括可更新能源计算方法的更新、生物群落单位面积能值密度的更新、不同浓度的矿物质能值转换率的更新、化石燃料能值转换率更新和许多不同职业的劳力能值转换率更新。读者可以在名为 EmCFdb 的 Excel 表中查询详细的计算过程，可引用的最新的能值转换率详见附录 C。

第3章 基于生态环境核算的区域可持续性指标体系

3.1 面向可持续发展的城市代谢的热力学观

3.1.1 城市系统与可持续性

城市是一个复合体，其研究不仅只与建成区相关，其范围还涵盖城市所包含的农业区域、渔业区域以及其他自然地区，而它们在规模、位置、功能上已形成一套复杂的互动关系。近年来，随着生态伦理的分野，基于新生态模式（new ecological paradigm）的城市生态模型不断涌现（McDonald and Patterson，2007）。从理性生物学引出的系统生态学，用生态能量观点来评价自然环境对城市生态经济系统中的价值，并由系统观点探究自然环境与城市经济的互动关系，其目的即在于打破传统生态学与经济学各自所建立的藩篱，实现对城市机理综合性的研究（Huang，2004）。

过去人类为了追求经济发展，忽略自然环境对人类的贡献与价值；而一向研究生物与环境相互关系的生态学，却忽略人在生态系统中所扮演的角色。Costanza 和 Daly（1987）曾提到要解决人类对于地球环境冲击的问题，必须用能分析跨生物与经济领域的新学科，其分析方法必须具有可持续性概念，用以度量物种内与物种间的资源分配、世代间的公平性等问题。生态经济学的推出则是为了兼顾两方面的考虑，强调只有确保生态系统的可持续，才能实现持续稳定的经济发展。

本书以系统生态学家发展的生态经济学，引用热力学定律，以能量为衡量的单位，由总体的观点，探讨人类经济系统与自然环境能量流动关系，评价环境资源对经济活动的贡献。学者用系统理论来探究城市发展已多年，早期如 von Bertallanfy 的一般系统理论等。其主要观点为：生命正是一个逐渐远离平衡的高度有序的"耗散结构"，须不断与周围环境进行物质与能量的交换，才能不断维持生命。类比城市可知，任何城市均为开放系统，须与外界不断保持物质、能量与信息的流动，否则将逐渐趋于混乱（Timmerman and White，1997）。对于人类与自然之间关系的知识建构，使得研究从一种静态的自然观，走向了动态的自然观，来认识自然界中无序、不稳定、非平衡以及非线性的种种关系。

另一个生态思维来自于"系统调控"这个观念。所谓系统调控，指系统的原始功能会历经不断的条件改变，以趋向一个最佳路径。其应用范畴包括生物、机械及通信的控制系统等。1969 年 Lovelock 提出盖亚假说（Gaia Hypothesis），在一个生物控制论的基本论点之下，地球这个最大的实体单位，被视为一个维持生命生存的最佳物理与化学系统，这个系统以产生生命为目标，并发展出自我调控的过程。该假说认为，地球这一个完整的系统，存在复杂的调控机制，生命现象本身正是这个系统调控机制主要的环节，使生命现象与环境之间产生一种自我调节的功能。由此观点引发一系列讨论（Purves et al., 1992；Brown and Ulgiati, 1997），如重新界定"污染"的概念，对于地球而言，超高浓度的 CO_2 可以由生物圈本身积极调控环境的机制来达到稳定；人类工业化过程的时间尺度相比地球的发展只是沧海一粟，所以城市的形成在于利用能源与物质的流动并使其做功，在建造人类生存的庇护所和生活方式之后，进一步丰富了城市生活内涵使得地球局部熵降低，而周围环境接纳废弃物成为一种必然的结果。

上述由盖亚假说来诠释的城市系统的熵论点，使得城市与其周围支持区域之间，划下了一道空间界线，并再次验证了废弃物的产生乃是一种自然过程，污染是一种人类中心论的提法。由此可知，相对于整个地球的物质循环，唯有能量流，才能启动并持续生命的过程；而同时也并不能回避城市界线外的废弃物问题，唯有将城市的生产与废弃物的产生视为一个整体的自然过程，才能对城市发展进行合理的分析。

从更窄的生态学范围来看，另一个广泛影响生态思维的观念为生态系统。生态系统是物种与物种以及物种与环境之间存在的一种依存关系，生态系统论是研究这种关系所构成的整体。生态系统论包含以下几种定义。

（1）生态系统由各种"子系统"或客体组成，"子系统"与"子系统"或客体与客体之间存在互动关系。

（2）客体与客体之间的组成关系，具有在时间与空间中重复的性质。

（3）"整体的"生态系统由"个别的"子系统或客体所组成，但系统本身的性质并不等同于所有子系统的加总。我们无法仅从对"个别的"子系统的了解中，去推论整体的生态系统性质。

针对当前生态系统生态学的研究理论与实践，仍有诸多值得探讨的问题：为何对于一个城市系统，尤其是工业革命以来的城市系统，其系统的复杂度比一个森林生态系统变得更难以掌握？从一个更长的时间尺度而言，为何仅仅一两百年来人类工业生产与城市代谢对于整体系统带来的冲击，比数十亿年的地球变化造成的环境改变更剧烈以至于难以把握，那么 Odum 所提出的系统代谢的"动态的平衡"是否能达到？

3.1.2 城市可持续发展问题的辩论

城市可持续发展争论已久，环保学者和生态经济学者有一个普遍的共识，即经济增长是有极限的。经济增长会被"环境的再生能力和吸收能力"所限（Daly and Farley，2004）。Daly 和 Farley（2004）描述了热力学几大定律和对子孙后代的生物物理成本增长限制。另外，环境经济学家也证明了由于有限资源的供应，经济增长不可能永远出现。然而，"纯经济学家"却认为，可由市场机制调节资源的需求，增加环境的吸收能力。因此，保护环境应交由市场自我调节。因此，可持续增长也尝试定义到环境可持续性框架之中。

可持续发展的内在矛盾，可归纳如下："可持续"暗示了能源和资源的全球平均，"发展"暗示了生产和消费的持续增长。因此，就带来了人类社会为了保证自己的有限增长从哪里吸引资源的问题正如 Eisenmenger 和 Giljum（2007）所说：任何现实主义的可持续发展定义都应该是估计减少而不是增加资源的开采和使用，这才是唯一可以使全球平均消费和扩张率下降的方法。这也是为什么要越来越强调能源的稀缺性的原因。因此，为了适应社会的需要，我们需要通过其他方式来重新描述可持续发展的定义，比如可以用恢复力（Walker et al.，2006）或者脉冲模式（Odum，2000）来重新定义。

3.1.3 城市代谢和熵增原理

上面已讨论，本章所指的可持续发展意味着城市的生产和消费的过程并不是线性的，而是相当于脉冲状，当然，这并不只是城市系统，还包括任何社会经济生态系统，最终的可持续表现都在于促进人类福祉、加快社会转型、政治的公正、经济的公平分配和资源共享以及长期的生态平衡。然而，这种情况其实意味着已达到一个现实中不可能出现的稳定状态。真正的生命系统从来不会达到均衡的。如果出现一个完全稳定的平衡状态，即所有的能量转换过程都已停止，这其实就意味着生命的死亡（Capra，1982）。H.T. Odum 和 E.P. Odum（2001）提出，从长期来看，脉冲模式显然是更好地实现长期的效率和整体生产力，因此，发展政策必须从概念上放弃稳定的状态。

因此，本章中提出的"平衡"实际意味着一个脉冲的动态"稳定"状态，但这其实也是一种理想的结构和功能，实际上物质和能源的流动是不断波动的。在现实社会经济系统中，西方国家常通过自上而下的方式，通过外部的援助和投资，拉动经济增长。所以今日全球可持续发展战略的主导仍是靠经济援助。但是这种发展战略并不是执行得很好（Stiglitz，2002），不少学者也对此提出质疑（Binns and Nel，1999；Stiglitz，2002）。Binns 和 Nel（1999）认为自由市场的形成，已经不利于这种可持续发展战略的形成。Eisenmenger 和 Giljum（2007）指出现在自由市场的形成却加剧了以保证现代工业化持续进行为目的的对资源进一步的剥削，例如虽然现在殖民、奴役等方式已很少出现了，但是资源仍然需要从一个地方转移到现代工业地区，如果经济仍然需要成倍的成长，那么他们采用什么样剥削的途径来获得发展就可以想象了。这就需要寻找另一种可持续发展的途径，起码看起来更道德一些。

所以说对可持续发展从另一个角度解释是非常必要的，至少如果用热力学来诠释发展，我们就不会站在发展的无限增长这一前提之下。根据热力学第二定律，所有的生产过程（即能量转换过程）都是耗散过程，最终把原材料转化成产品及伴随熵（将在过程中损失掉）。热力学第二定律决定了所有的能量转化过程中都存在熵增，即会有损失（Capra，1982）。虽然多用于热力学系统的隐喻，熵的概念近期也被应用在社会经济环境。如 Hornborg（2001）认为，"工业化意味着社会的熵转移"。同样，Capra（1982）指出，世界秩序的建立总是同时意味着混乱的产生。如图 3-1 显示，城市代谢发生时，代谢系统会有熵增，并释放到环境中，从而减少了社会经济的熵的总量。而转移的熵，必然转移别处去消散。所以，城市的自然系统实际可以看做是熵的传输管道，传递负熵到热井，使得整个系统的总熵动荡趋于平衡。它也可以以不同的方式传递。而熵的概念最终与测量城市代谢系统的不可持续性画上等号。

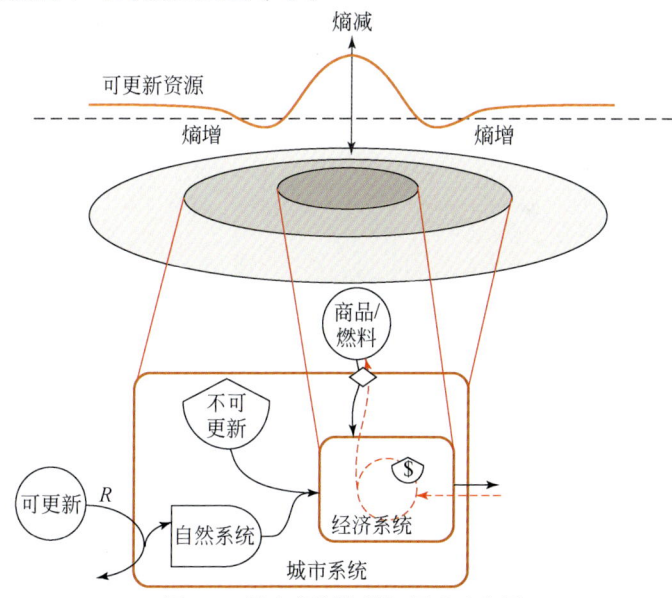

图 3-1 城市代谢熵增加原理示意图

进一步说，负熵的产生和传递也可以看做是资本化加剧的结果，使得当本地的自然资源不能提供足够的负熵的热井容量时，就会加速城市之间或国家之间的贸易形成负熵的空间代际转移。因此，Hornborg（2001）说，我们用道德准则去批评资本主义的生产与贸易似乎并不准确，而实际这是一种自然法则，它只能找到一个地方来平衡负熵。而这种说法似乎可以用现在世界贸易来证明，世界上大多数人都去参加全球的交易其实是不现实的，但现在结果似乎是越穷的人看似越放弃了全球经济，越穷的国家越边缘化（Stiglitz，2002）。这时一些国家和地区就会由于战争、殖民主义或者帝国主义的因素自动成为了"熵接收器"，形成这样的市场机制。

Heckscher-Ohlin 贸易理论认为，自由贸易下，各国将专注于生产，交易产品成本的差别来自于各区域生产要素（资源）的价格差别。但是现在生产型熵增的转移机制已经形成，污染物是反向激励。发达地区基于消费需求将更多的生产转移到不发达地区，并提高其生产量（图 3-2）。如果这些地区的资源强度比别人低，那么全球温室气体排放量将减少，相反，其他地区的资源利用减少，甚至会增加全球温室气体排放量。在这个意义上说，如果有一套系统化的方法可以消除污染代际转移，并鼓励减少污染物产生，则为最佳方案。近期已有研究尝试用污染边境税作为一种解决全球污染问题的重要方法。

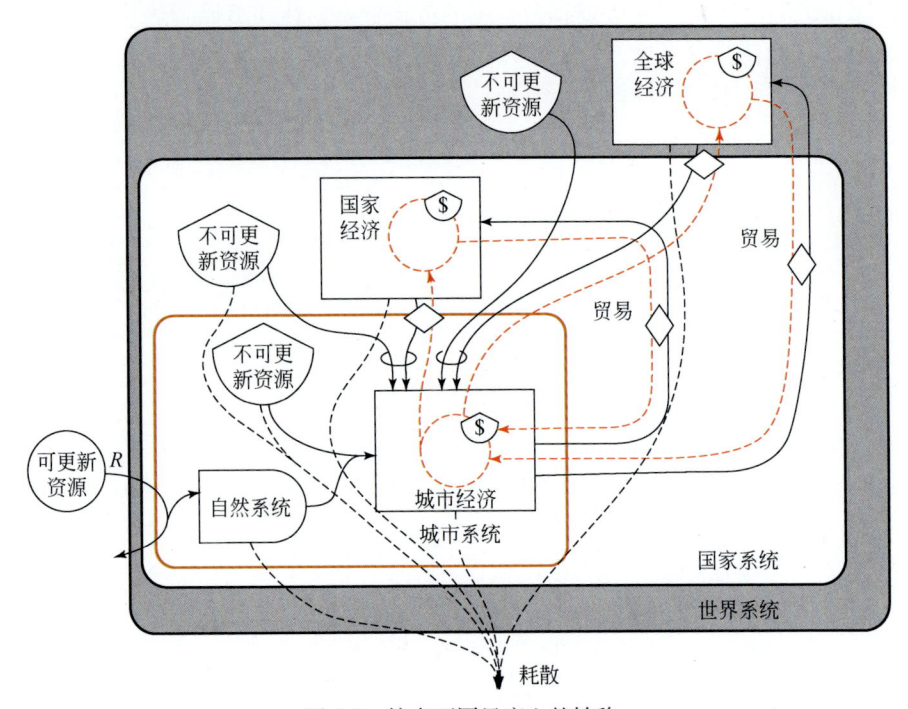

图 3-2 熵在不同尺度上的转移

然而，如果仅仅从体现在贸易中的资源与污染流动情况就来推动国家/城市制定体现国际责任的资源重新分配方案，这对于减少经济损失和生态环境影响还远远不够。我们需要一种新的思考方式,从以人为本的城市观转移到以生态为本的城市观,从小的区域开始,最终形成一整套全球性的解决方案。但是不适宜在各个尺度上用一套方法,跨尺度多中心相互监督的方法是一种可能的解决方案。

3.2 从人类中心论到生态中心论的环境伦理观的转移

现今越来越多的人意识到人类中心主义是引发并导致环境破坏的重要原因,森林的退化就是一个例子。人类中心论可以给出人们之所以伐木的若干种原因如赚钱获利、建造房屋等,与此同时却忽视或不顾及林木本身固有的价值和所能提供的生态服务(影响水循环、稳定土壤性质、维护生物多样性等)。由此,不但生境遭破坏,其他更大尺度上的对人类的生态挑战也会逐渐显现(Liu et al.,2016)。可喜的是,许多和环境保护相关的观念日益涌现,遏制人类中心主义占据主导。这些观念主要聚焦于人类作为环境管理者的角色(environmental stewards),而这源于生态中心主义(Merchant,1990)。

这种管理的角色(stewardship)并不对人类自身特别对待,而是同样注重全球环境中的其他生物。这种角色对人类来讲也很特殊。但问题在于人类拥有能改变环境的能力,或许这种改变会是极具破坏性的,因为人类能在一定程度上拥有控制自然中的其他生物的能力。但这种能力绝不能让人类产生可以驾驭自然界中一切的想法;应该提倡的是,人类同自然和谐互动从而促进自然界生物之间维系良好的状态(Liu et al.,2016)。

stewardship一词有哲学观念,尤其是伦理道德层面的含义。它同样也被用来呼吁人们对环境伦理的关注。依照以生态为中心的观念,人类应该作为生态系统的守护者。能值理论反对人类中心这种观念,而将人类看做整体自然中的一部分,反映了从人类中心主义向生态中心主义的变迁(Liu et al.,2016)。

3.3 区域可持续的时空分异研究

可持续发展已经成为国际社会普遍接受的目标。原因是在世界上的很多地区,环境状况已日趋失控(Liu et al.,2016)。联合国布伦特兰委员会(Brundtland Commission)在1987年定义可持续性(sustainability)为"在不损害未来人类需求的情况下满足当今社会的需求"。而1992年巴西里约的联合国地球与发展大会提出了对可持续性概念的转变行动计划,即要求人们趋向于"低物质化"的价值观与生活方式(Zidanšek,2007)。可持续性逐渐成为政府政策、大学研究课题等的核心内容（de Graaf et al., 1998; Mebratu, 1998）。联合国可持续发展委员会在 1995 年最先提出一套指标，随后很多指标被用来衡量从全球、国家到地区尺度的可持续性。但用一套合适的指标来衡量无论是地区、国家还是全世界的可持续并不是件易事；不过研究者通过测定生态、经济和社会情况的不同指标来比较国家间的福利与趋近可持续性的情况。这样的比较是很有意义的，因为它们能指导相应的政策与有效的行动来促进人们获得更好的生活水准。在近几年出现了越来越多的衡量可持续性的指标来辅助环境管理决策。尤其在 2012 年联合国举行可持续发展大会后，学界又掀起了新的研究热潮。

能值的生态哲学是一种整体论的观念，即生态系统各组成部分相互作用使整体所具有的结构功能要复杂于各组成部分的单纯组合。"组织层次的一个重要意义是组分或者子集合可以联合起来产生更大的功能整体，从而突现新的功能特性，这些特性在较低层次是不存在的。因此，每个生态层次或者单元上的涌现性（emergent property），是无法通过研究层次或单元的组分来预测的。这个概念的另一种表述是不可还原性（nonreducible property），也就是说，整体的特征不能还原成组分特性的综合"（葛永林和徐正春，2014）。能值可持续指标 EmSI[①]（emergy sustainability index）结合了社会经济产出和环境影响，能用来评价系统的可持续性：

$$EmSI = EYR/ELR \qquad (3-1)[②]$$

式中，EYR 是净能值产出率（net emergy yield ratio）；ELR 是环境负载率（environmental loading ratio）（Ulgiati et al., 1994; Brown and Ulgiati, 2004a, 1997）。

本节以 EmSI 为国家和区域可持续指标，进行时空分异分析。数据来源于"国家环境核算数据库"（national environmental accounting database, NEAD）。该数据库内含数据量很大（图 3-3），但界面十分简洁实用（图 3-4），并很容易进行数据导出，目前包含了 169 个国家（地区）全套的环境流（太阳辐射、降雨等）、自然资本存量（土壤、水、森林等）、矿产物质（金属、燃料等）、商品与服务（农产品、制造品等）数据。2006 年的第一版提供了全球国家 2000 年的能值（指标）数据；2012 年上线的第二版在国际能值协会（International Society for the Advancement of Emergy Research, ISAER）的辅助下，更新了 UEV，增加

---

① 在早期的能值文献中，emergy sustainability index 的缩写是 ESI（Ulgiati et al, 1995; Brown and Ulgiati, 1997），但耶鲁环境法学与政策中心（YCELP）与哥伦比亚大学国际地球科学信息网络中心（CIESIN）等联合建立了一个环境可持续指数（environmental sustainability index, ESI）。因此，为了与之区分，Brown 等（2009）在文章中首次采用 EmSI 来代表能值中的 ESI。本书亦采用 EmSI 以与 ESI 相区分。

② ELR=（IMP+N0+N1）/R；EYR=total use/（N0+N1+IMP）；total use（U）=R+N0+N1+IMP。N0：dispersed nonrenewable production（分散化的不可更新生产）；N1：concentrated nonrenewable use（集中的不可更新使用）；R：renewable emergy flow（可更新的能值流）；IMP：total imported emergy（总进口能值）。

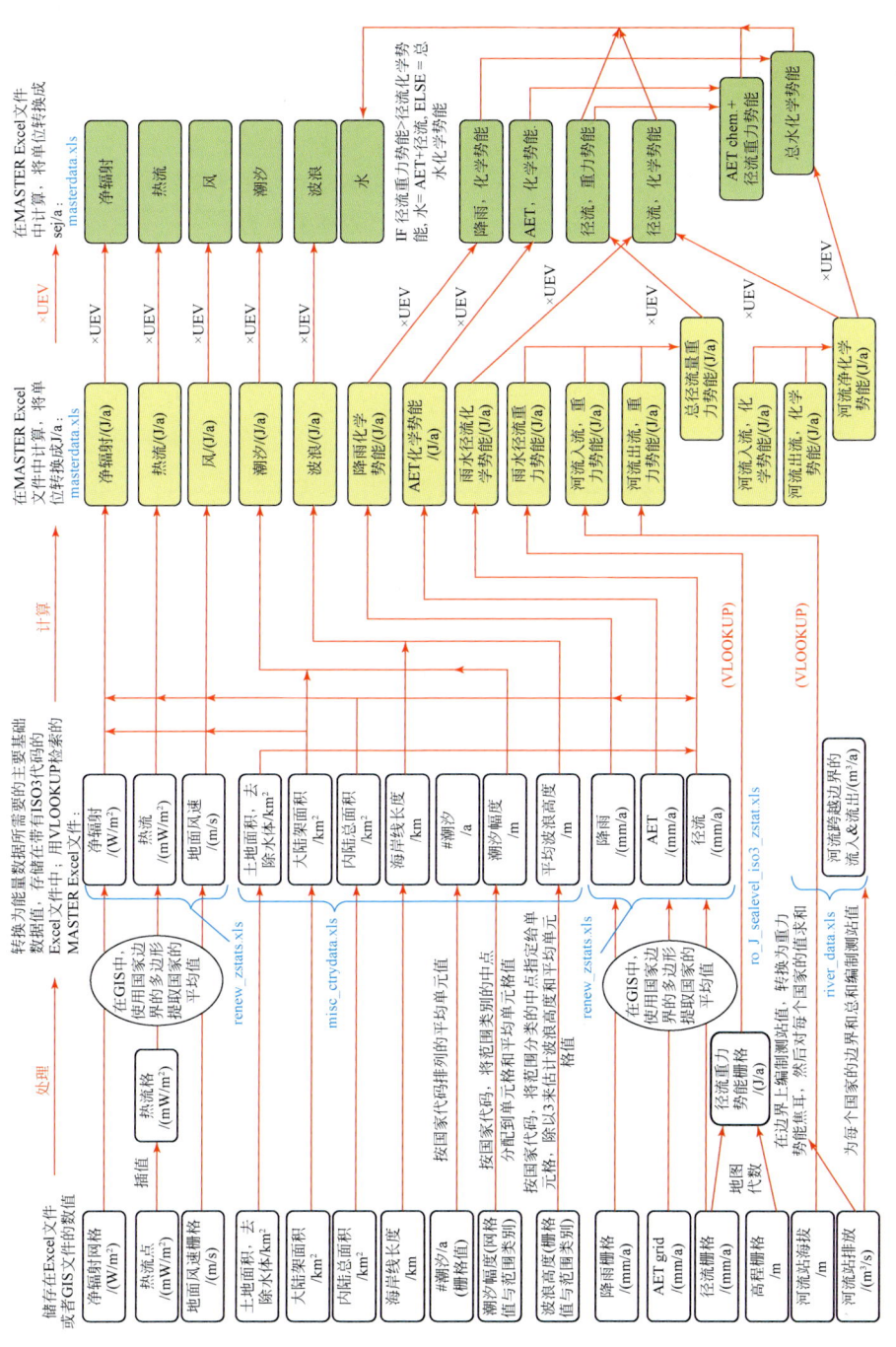

第 3 章 基于生态环境核算的区域可持续性指标体系 ·53·

(a) 可更新数据库计算框架

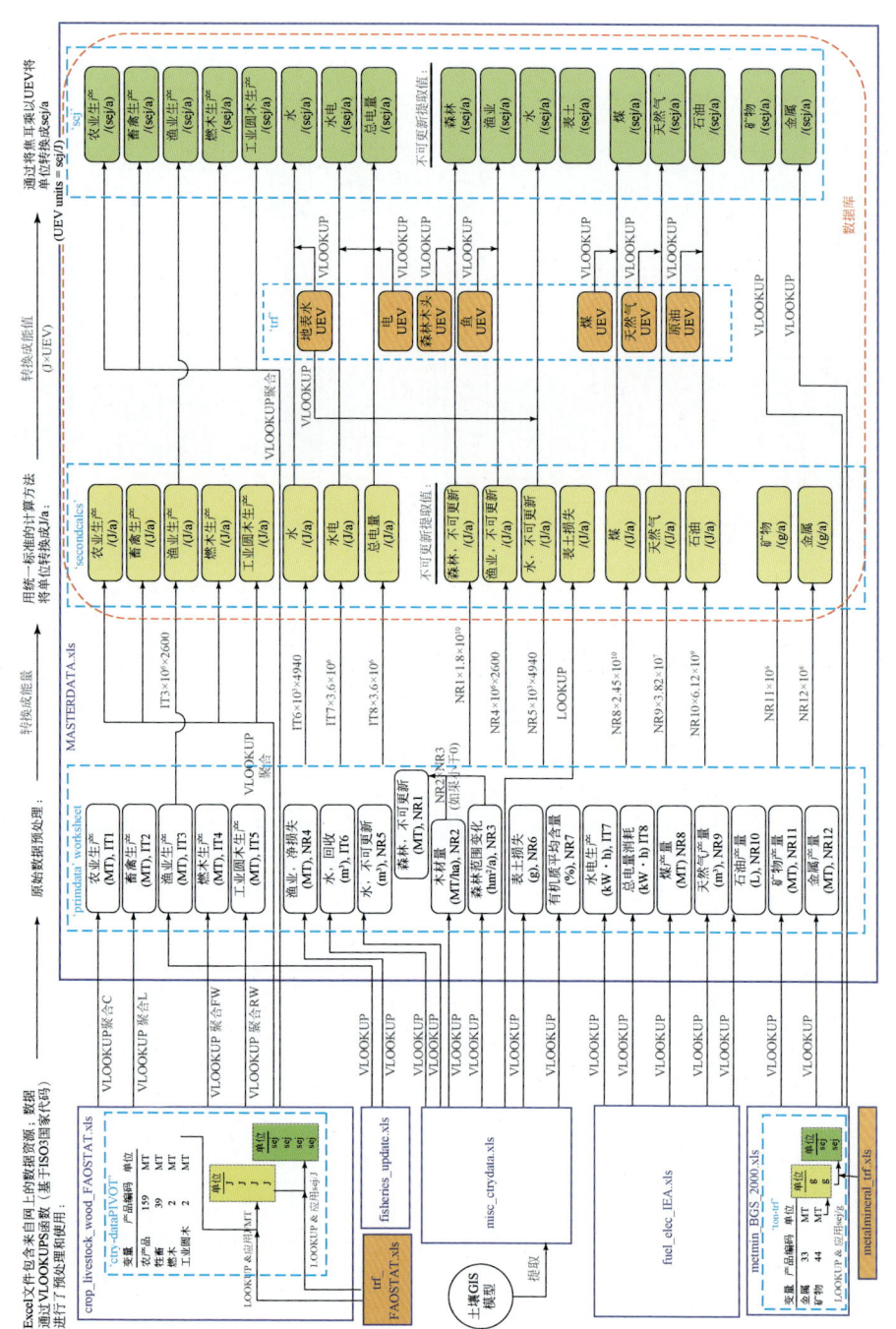

· 54 ·　能值分析理论与实践：生态经济核算与城市绿色管理

(b) 本地不可更新数据库计算框架

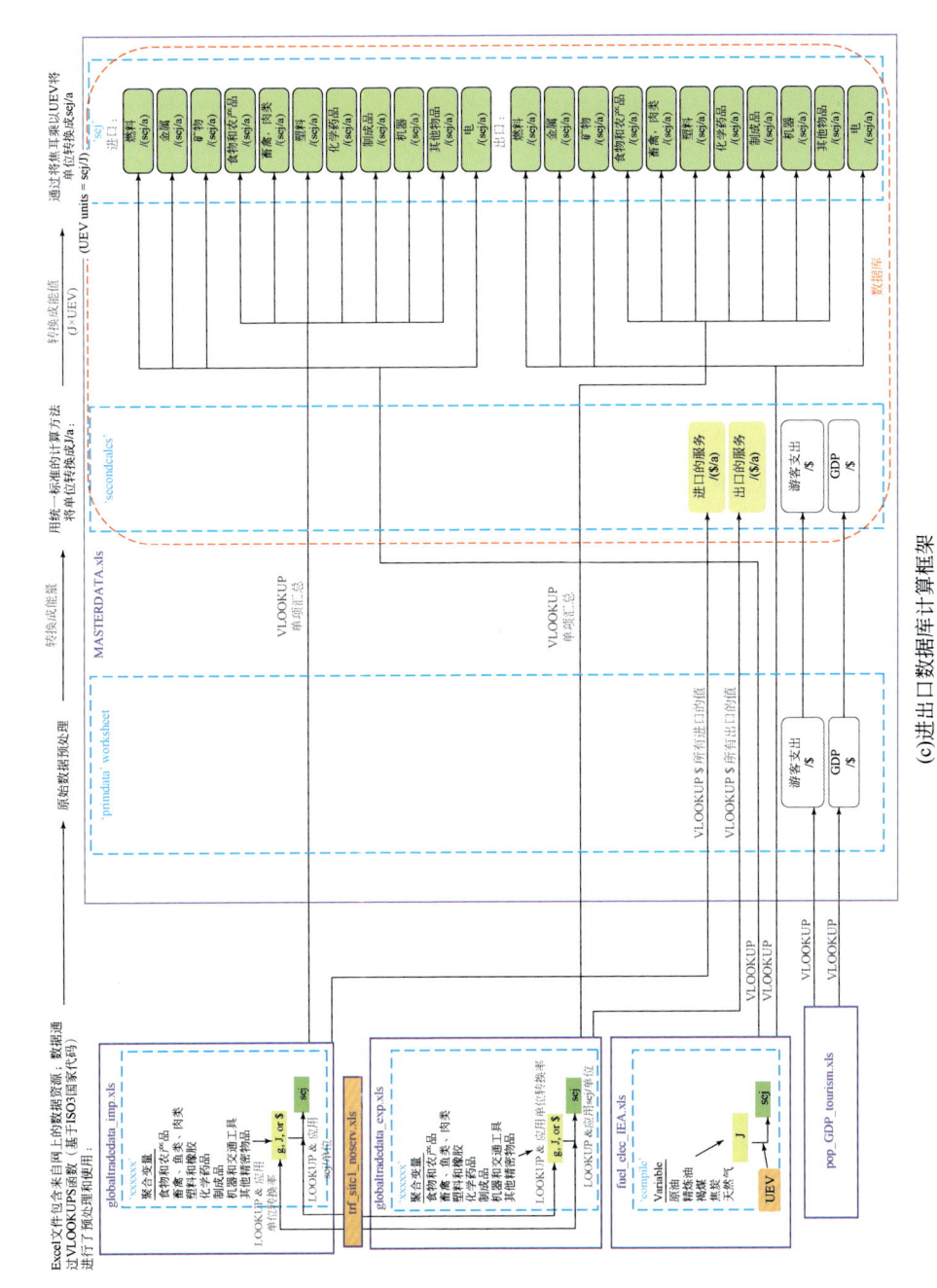

第 3 章　基于生态环境核算的区域可持续性指标体系

(c) 进出口数据库计算框架

图 3-3　NEAD 数据库结构示意图

了 2004 年、2008 年的数据。本书第一作者当时正在佛罗里达大学访学，也为第二版的数据更新做了很多基础性的工作。新版本虽然国家数目有所增加，但其中仍存在若干数据缺失（比如有的国家某项指标并无统计），本章筛选出数据完整的国家，总数恰为 100。经过计算，这 100 个国家的人口占到全球总人口的 83.41%，因此可认为数据样本仍具有很强的代表性。

Select a country to view its individual report:

CHN | China ▾ 2008 ▾

Country: China Year: 2008 Emergy Indices Table 1 | Table 2 | **Table 3** | Flow Diagram

Item	Index Name	Units	Calculation*	Value
1	Total Emergy Used (U)	sej	R + N0 + N1 + IMP	5.1E+25
2	Total Imported Emergy (IMP)	sej	F(i) + G(i) + modified P2I	1.1E+25
3	Total Exported Emergy (EXP)	sej	F(e) + G(e) + modified P1E + tourism	2.6E+25
4	Imports minus Exports	sej	IMP - EXP	-1.5E+25
5	Imports to Exports	-	IMP / EXP	0.43
6	Imports to Exports (excl. services)	-	[F(i) + G(i)] / [F(e) + G(e)]	0.88
7	Empower Density (Use per Area)	sej/m^2	U / Area	5.4E+12
8	Use per Capita	sej/capita	U / Population	3.9E+16
9	Renewable Flow per Capita	sej/capita	R /Population	7.6E+14
10	Non-Renewable Flow per Capita	sej/capita	N /Population	3.0E+16
11	Total Fuel Use	sej	Production + Imports - Exported without Use	8.9E+24
12	Fuel Use per Capita	sej/capita	Total Fuel Use/Population	6.7E+15
13	Emergy Investment Ratio (EIR)	-	IMP / (R+N0+N1)	0.28
14	Environmental Loading Ratio (ELR)	-	(IMP+N0+N1) / R	49.90
15	Emergy Yield Ratio (EYR)	-	Total Use / (N0+N1+IMP)	4.62
16	Emergy Sustainability Index (ESI)	-	EYR / ELR	0.093
17	Exported without Use fraction	-	N2 / EXP	0.03
18	Indigenous fraction	-	(N0 + N1+ R) / Total Use	0.78
19	Renewable fraction	-	R / Total Use	0.020
20	Purchased fraction	-	IMP / Total Use	0.22
21	Imported Service fraction	-	P2I / Total Use	0.06
22	Concentrated:Rural Emergy Use	-	(IMP+N1) / (R+N0)	42.21
23	Electricity fraction	-	Electricity / Total Use	0.061
24	Soil Loss per Area	sej/m^2	Soil loss / Area	1.6E+10
25	Soil Loss fraction	-	Soil loss / Total Use	0.003
26	Water Overuse fraction	-	Water Overuse / Total Use	0.000
27	Fish Overuse fraction	-	Fish Overuse / Total Use	0.001
28	Deforestation fraction	-	Deforestation / Total Use	0.000
29	Natural Capital Depletion fraction	-	Total Natural Capital / Total Use	0.003

* See Table 2 for variable definitions.

图 3-4 NEAD 数据库界面示例

NEAD 是美国佛罗里达大学所建的“能值系统网站”的一部分，该网站的建立是为了促进能值系统理论的教学和研究，迄今已有基于该网站数据、信息的多篇文章发表（Brown et al.，2009；Giannetti，2012；Lei and Zhou，2012；Bastianoni et al.，2014；Pulselli et al.，2015；Liu et al.，2017a）。

排序的方法是处理、比较数据的有效方式之一，已经在一些相关研究中得到应用（Sagar and Najam，1998；Böhringer and Jochem，2007；Brown et al.，2009；You，2011；Lei and Zhou，2012；Coscieme et al.，2014）。本节利用 Microsoft Excel 的排序功能对前述 100 个国家的 EmSI 值进行了排序。采用排序值而非原始数值的原因是降低极端值对分析的影响。需要说明的是，排名越靠前则原始值越大。举个例子，2008年圭亚那在所有国家中的EmSI值为8.77，最大，则它的排名就是第一；以色列则排在第100位，因为它的EmSI值最小（0.001）。

表3-1与图3-5展示了2000年研究的100个国家的EmSI排序值以及每个国家2004年、2008年的EmSI排序值分别相较2000年的变化情况。这100个国家按照各自所处的地理位置分别被归到非洲、亚洲[①]、欧洲、北美洲和南美洲。图中标示出名字的国家具有明显的排名变化。图3-5表明，2000年大多数欧洲国家和一部分亚洲国家EmSI值排序较靠后；而多数非洲、南美洲国家EmSI值排序较靠前。从排序的变化来看，亚洲国家变化最显著。越南、柬埔寨、也门、阿曼、巴基斯坦和阿塞拜疆排名下滑明显，同时期日本、韩国排名则有所上升。多数欧洲国家的EmSI值维持稳定。中北美洲的墨西哥和南美洲的玻利维亚的排名则明显趋于上升。

表3-1 EmSI原始值、排序值及排序变化

国家代码	所属大洲	EmSI排序值(2008)	EmSI(2004)	EmSI排序值(2004)	EmSI(2000)	EmSI排序值(2000)	排序差值(2004～2000)	排序差值(2008～2000)
TN	非洲	59	0.054	60	0.071	64	-4	-5
DZ	非洲	67	0.048	63	0.081	62	1	5
EG	非洲	63	0.098	55	0.102	60	-5	3
MA	非洲	57	0.106	54	0.129	55	-1	2
ZA	非洲	54	0.112	53	0.174	52	1	2
CI	非洲	37	0.283	39	0.345	46	-7	-9
SN	非洲	40	0.252	44	0.378	40	4	0
BW	非洲	34	0.367	36	0.382	39	-3	-5
RW	非洲	43	0.409	34	0.445	36	-2	7
BD	非洲	26	0.465	33	0.466	35	-2	-9
KE	非洲	30	0.546	32	0.576	33	-1	-3
GM	非洲	27	0.878	22	0.791	32	-10	-5
MW	非洲	32	0.559	31	0.847	30	1	2
NA	非洲	20	0.653	27	0.951	28	-1	-8
UG	非洲	28	0.894	20	1.467	18	2	10
MR	非洲	18	0.893	21	1.605	16	5	2

① 含澳大利亚和新西兰。

续表

国家代码	所属大洲	EmSI排序值(2008)	EmSI(2004)	EmSI排序值(2004)	EmSI(2000)	EmSI排序值(2000)	排序差值(2004~2000)	排序差值(2008~2000)
NE	非洲	9	1.560	11	2.277	12	−1	−3
ML	非洲	24	1.546	12	2.461	10	2	14
TZ	非洲	11	2.362	8	4.438	8	0	3
SD	非洲	12	1.726	10	4.463	7	3	5
ET	非洲	7	3.029	6	6.491	6	0	1
MG	非洲	4	6.683	4	9.93	5	−1	−1
GN	非洲	5	5.512	5	10.449	3	2	2
IL	欧洲	100	0.001	100	0.001	100	0	0
CY	欧洲	98	0.002 662	97	0.004 396 5	96	1	2
JP	亚洲	77	0.014 259	79	0.015	86	−7	−9
JO	亚洲	85	0.010 47	85	0.016 857	81	4	4
AM	亚洲	74	0.021 64	76	0.044	71	5	3
KR	亚洲	61	0.052	61	0.06	68	−7	−7
SY	亚洲	78	0.023	74	0.068	67	7	11
TH	亚洲	64	0.047	64	0.07	65	−1	−1
PH	亚洲	52	0.095	56	0.109	58	−2	−6
SA	亚洲	62	0.079	58	0.118	57	1	5
AZ	亚洲	66	0.025 698	71	0.127	56	15	10
PK	亚洲	53	0.030 88	67	0.155	54	13	−1
MY	亚洲	49	0.14	51	0.173	53	−2	−4
KZ	亚洲	51	0.137	52	0.28	50	2	1
CN	亚洲	50	0.142	50	0.3	49	1	1
IN	亚洲	48	0.216	46	0.341	47	−1	1
OM	亚洲	56	0.175	48	0.354	44	4	12
YE	亚洲	47	0.18	47	0.531	34	13	13
ID	亚洲	23	0.868	23	1.232	23	0	0
NZ	亚洲	16	0.785	25	1.255	22	3	−6
AU	亚洲	13	1.183	15	1.637	15	0	−2
VN	亚洲	44	0.327	37	1.85	14	23	30

续表

国家代码	所属大洲	EmSI排序值(2008)	EmSI(2004)	EmSI排序值(2004)	EmSI(2000)	EmSI排序值(2000)	排序差值(2004~2000)	排序差值(2008~2000)
KH	亚洲	33	0.849	24	2.35	11	13	22
DE	欧洲	97	0.002 628	98	0.003 16	99	−1	−2
BE	欧洲	95	0.002 743	96	0.003 39	98	−2	−3
CZ	欧洲	99	0.002	99	0.003 87	97	2	2
HU	欧洲	96	0.003 124	95	0.004 44	95	0	1
IT	欧洲	93	0.004 424	93	0.005	94	−1	−1
SK	欧洲	94	0.004 243	94	0.007	93	1	1
BY	欧洲	89	0.008	88	0.01	92	−4	−3
AT	欧洲	90	0.006 85	92	0.011	91	1	−1
PL	欧洲	91	0.007 3	91	0.012	90	1	1
GR	欧洲	75	0.007 67	90	0.012 9	89	1	−14
ES	欧洲	86	0.009 72	86	0.013 09	88	−2	−2
FI	欧洲	88	0.009	87	0.014	87	0	1
LT	欧洲	87	0.007 95	89	0.015 59	85	4	2
MD	欧洲	82	0.013 1	81	0.016 3	83	−2	−1
SE	欧洲	83	0.011	84	0.017 69	80	4	3
NL	欧洲	81	0.014 256 3	80	0.017 89	79	1	2
BG	欧洲	76	0.019	77	0.028	78	−1	−2
PT	欧洲	68	0.024 66	73	0.033	77	−4	−9
UA	欧洲	71	0.022 24	75	0.035 06	76	−1	−5
DK	欧洲	70	0.027	69	0.035 07	75	−6	−5
TR	欧洲	73	0.024 68	72	0.036	74	−2	−1
HR	欧洲	80	0.015	78	0.036 74	73	5	7
EE	欧洲	79	0.012 876	82	0.037 5	72	10	7
RO	欧洲	72	0.025 896	70	0.05	70	0	2
CH	欧洲	92	0.030 729	68	0.058	69	−1	23
LV	欧洲	69	0.035	65	0.069	66	−1	3
AL	欧洲	60	0.032	66	0.098	61	5	−1
FR	欧洲	55	0.092	57	0.107	59	−2	−4

续表

国家代码	所属大洲	EmSI排序值(2008)	EmSI(2004)	EmSI排序值(2004)	EmSI(2000)	EmSI排序值(2000)	排序差值(2004~2000)	排序差值(2008~2000)
NO	欧洲	46	0.168	49	0.247	51	−2	−5
GB	欧洲	36	0.269	41	0.364	42	−1	−6
IE	欧洲	22	0.61	30	0.798	31	−1	−9
RU	欧洲	14	1.414	13	1.892	13	0	1
IS	欧洲	8	1.963	9	2.932	9	0	−1
MX	北美洲	65	0.05	62	0.015 8	84	−22	−19
JM	北美洲	84	0.012	83	0.016 6	82	1	2
US	北美洲	58	0.061	59	0.072	63	−4	−5
BZ	北美洲	45	0.26	42	0.324	48	−6	−3
CR	北美洲	42	0.277	40	0.353	45	−5	−3
SV	北美洲	39	0.249	45	0.355	43	2	−4
GT	北美洲	41	0.258	43	0.375	41	2	0
NI	北美洲	17	0.942	19	1.121	26	−7	−9
CA	北美洲	10	1.209	14	1.489	17	−3	−7
CL	南美洲	38	0.315	38	0.41	38	0	0
UY	南美洲	35	0.397	35	0.435	37	−2	−2
VE	南美洲	25	0.764	26	0.883	29	−3	−4
PY	南美洲	31	0.622	29	0.995	27	2	4
BR	南美洲	15	1.171	16	1.171	25	−9	−10
BO	南美洲	6	2.811	7	1.177	24	−17	−18
EC	南美洲	29	0.64	28	1.263	21	7	8
PE	南美洲	21	1.001	18	1.292	20	−2	1
CO	南美洲	19	1.013	17	1.372	19	−2	0
SR	南美洲	2	11.841	2	10.12	4	−2	−2
GY	南美洲	1	10.76	3	11.237	2	1	−1
AR	南美洲	3	12.476	1	13.908	1	0	2

注：国家代码与国家的对应关系请参见《世界地名手册》，中国地图出版社，1999。

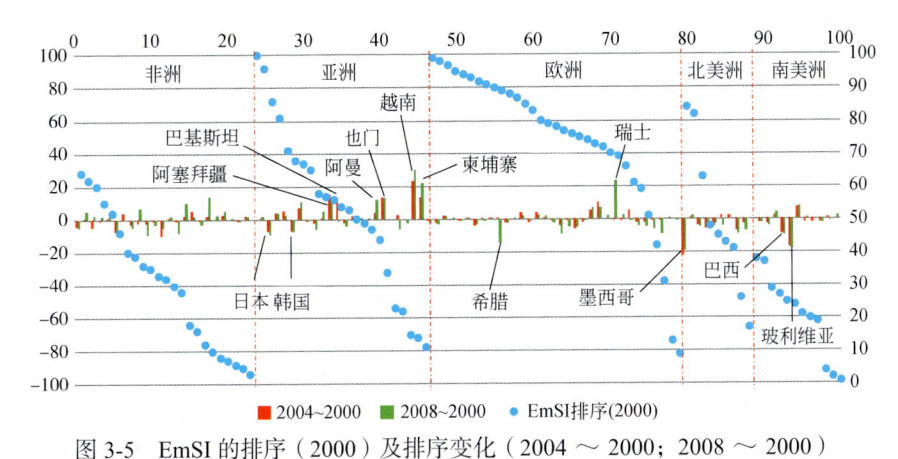

图 3-5 EmSI 的排序（2000）及排序变化（2004～2000；2008～2000）

左侧纵坐标对应排序变化，右侧纵坐标对应 EmSI 排序值（2000）；上方横坐标对应表 3-1 由上到下国家顺序。

3.4 可持续指数与四种表征可持续性指标的相关性研究

本节中对能值可持续指标 EmSI 与另外 4 种表征可持续性的典型指标〔人类发展指数（human development index，HDI）、环境绩效指数（environmental performance index，EPI）、环境可持续指数（environmental sustainability index，ESI）、生态盈余（surplus biocapacity measure，SB）〕进行相关性研究。这 4 个指标的介绍如下。

① HDI 由联合国发展项目（United Nations Development Programme，UNDP）提出，UNDP 出版的报告得到了很多专家、媒体和政策制定者的积极响应（Kelley，1991；Noorbakhsh，1998；Luchters and Menkhoff，2000；Morse，2003）。HDI 是基于某国居民预期寿命、知识水平、生活水平的平均表现所得出的。一个国家的 HDI 值越高，则该国的人类发展水平越高。② EPI（Esty et al.，2008）关注的是两个主要的环境目标：降低影响人类健康的环境压力；促进生态系统活力和健全自然资源管理。EPI 的研究者用 6 类 25 种评价指标得出一个最终得分。通过辨识特定目标和量度国家现状和目标间的距离，EPI 可为政策分析提供实证基础并能衡量国家表现及绩效。③ ESI 是聚焦于环境、社会经济、制度指标的综合评价可持续性的指数。其综合了 20 个指标，每个指标又包含 2～8 个变量（Wilson et al.，2007）。在 2001 年出版发表后，ESI 至少在大众传媒中越来越流行（Morse，2004；Morse and Fraser，2005）。一个国家的 ESI 值范围为 0（最不可持续）～100（最可持续）（Siche et al.，2008）。④生态（承载力）盈余是生态足迹（ecological footprint，EF）中的概念。EF（Rees，1992）可能是现有文献中被提到最多的反映可持续性的指标（Ko et al.，1998；van Vuuren and Smeets，2000；York et al.，

2005），它定量评估了在给定人口下，生产必需物资资源（食物、能源和材料）及吸纳废弃物所需的生物生产性土地面积（Rees，1992）。

上述 4 种表征可持续性的指标及 EmSI 的主要特征如表 3-2。

表 3-2　表征可持续性的指标（概念）的主要特点

名称	次级指标数量	均一化	权重	以指标为基础/单一单位
HDI	3	［0，1］	相等	以指标为基础
EPI	6 种政策类别	［0，100］	主成分分析/专家	以指标为基础
ESI	68	标准差的平均差或商	均等	以指标为基础
EF	6	面积	均等	单一单位
EmSI	—	≥0	—	单一单位

注：此表部分参考文献 Singh 等（2009），Mori 和 Christodoulou（2012）。

在接下来的分析之前，需要说明 HDI、EPI、ESI、SB 的数据来源。HDI 的数据来源于 Bradshaw 等（2010）的研究；EPI 数据来源于 Esty 等（2008）的报告；ESI 数据来源于 *2005 Environmental Sustainability Index：Benchmarking National Environmental Stewardship*[①]；SB 由 WWF（2012）中的生态足迹（EF）与生态承载力（total BioCapacity）计算而得（BC-EF）。

和前一节相同，HDI、EPI、ESI、SB 也均采用排序值进行分析，排序方式也和前节 EmSI 相同。因 HDI、EPI、ESI、SB 与 EmSI 均是正向指标，所以原始值越大则排名越靠前、排序值越小，所表征的情况越好。

图 3-6 是以 HDI 的排序（ranks）值降序固定横坐标国家名称（标注出 25 个国家），然后通过后续图形直观展现这些表征可持续性的指标间的差异。图内标示出名字的是在各项中排名前 10 与后 10 的国家[②]。

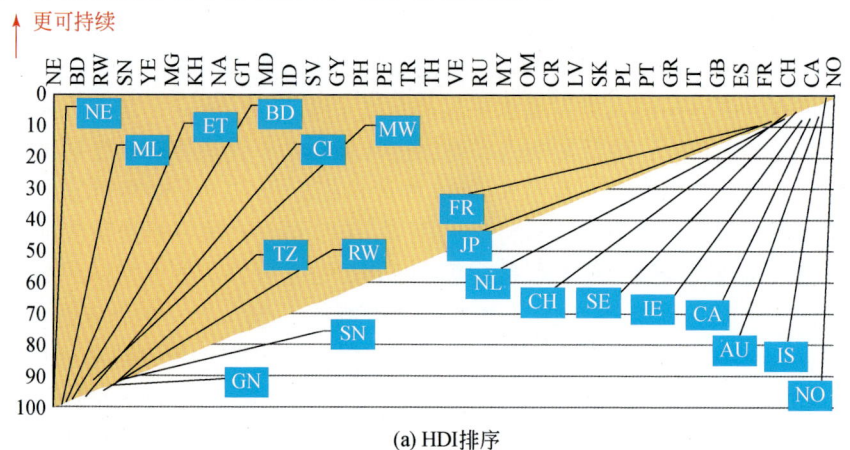

(a) HDI 排序

①引自 https://epi.envirocenter.yale.edu。
②因作图空间有限，国家名称以国家代码显示。

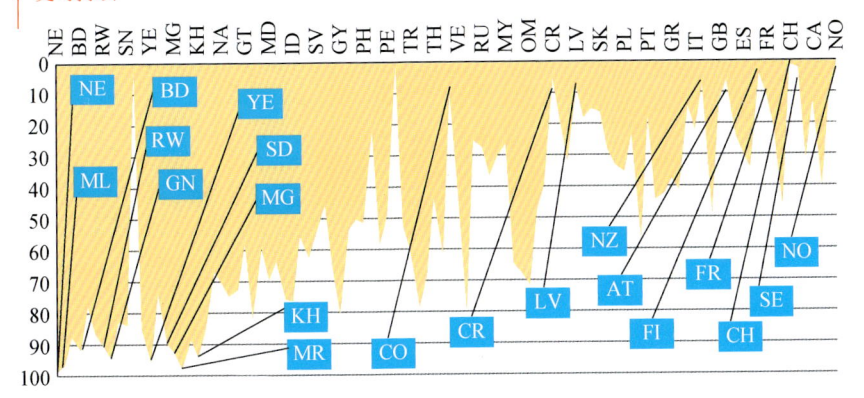

第 3 章 基于生态环境核算的区域可持续性指标体系 · 63 ·

(b) EPI排序

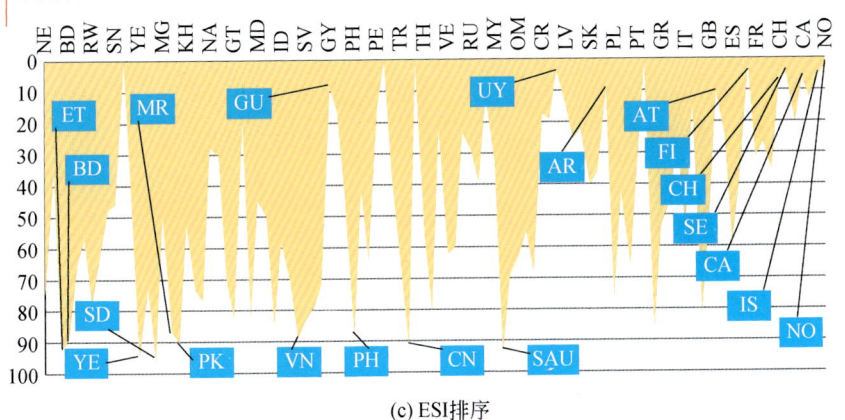

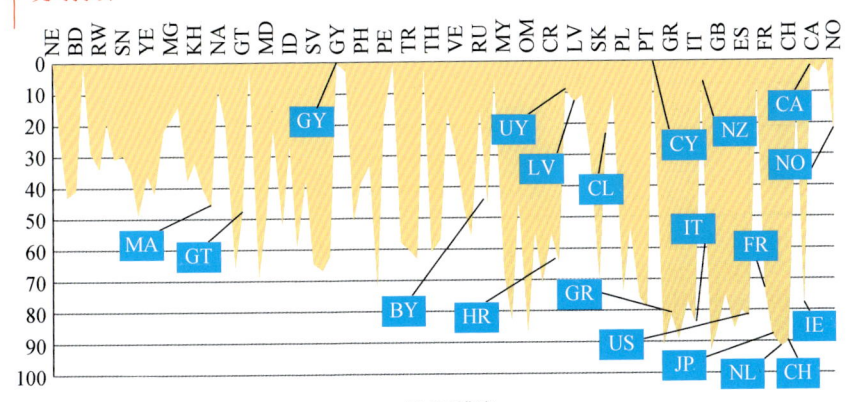

(c) ESI排序

(d) SB排序

（e）EmSI排序

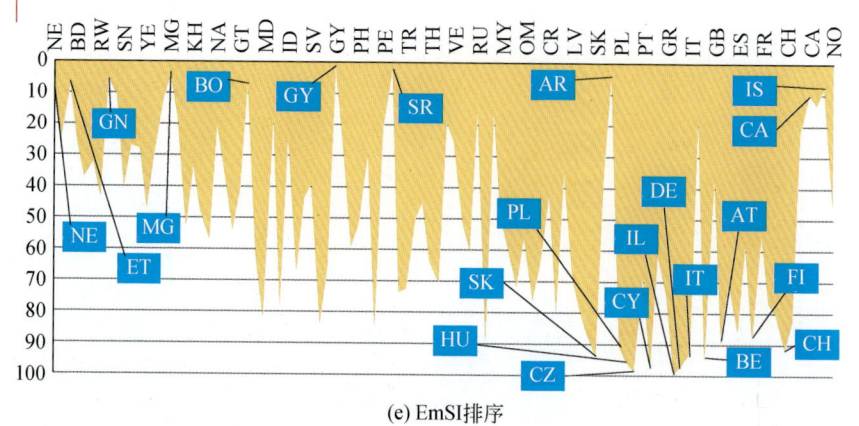

图3-6　HDI、EPI、ESI、SB与EmSI的排序（2008年）

若干在HDI、EPI、ESI均排名前10的国家在一定程度上佐证了这三种指标相互间的相关性（表3-3）。此外，还能看出，SB与EmSI［图3-6（d）～图3-6（e）］排在后10位的国家中没有一个排在其他3种指标的末端。尼日尔、埃塞俄比亚、圭亚那3个国家在HDI、EPI、ESI中均排在后10位，但却位于EmSI的前10位。

图3-6（e）中可持续性最低的国家为：以色列、捷克、塞浦路斯、德国、匈牙利、比利时、意大利、瑞士和波兰。可持续最好的国家则是圭亚那、苏里南、冰岛、阿根廷、埃塞俄比亚、玻利维亚、马达加斯加、尼日尔和加拿大，其中圭亚那排名第一。前一组国家除了以色列之外都是现代化的欧洲国家；而后一组除了冰岛之外都位于非洲或美洲，冰岛实则具有高纬度、低人口的特点。

表3-3　HDI、EPI、ESI、SB和EmSI排序的R值（Pearson相关）（2008年）

项目	EmSI	ESI	HDI	EPI	SB
EmSI	1				
ESI	0.0755	1			
HDI	−0.4488[a]	0.5629[a]	1		
EPI	−0.3777[a]	0.6567[a]	0.8329[a]	1	
SB	0.6288[a]	0.2999[a]	−0.3286[a]	0.1604	1

a. 表示在0.01水平显著相关（双尾）。

通过Pearson相关分析，从图3-7和表3-4可以归纳出的上述5种指标可以分为两组。EmSI与SB（组1）显著正相关；ESI、HDI、EPI（组2）组内正相关，尤其是HDI与EPI之间。同时，EmSI与HDI/EPI负相关；SB与HDI呈负相关性。

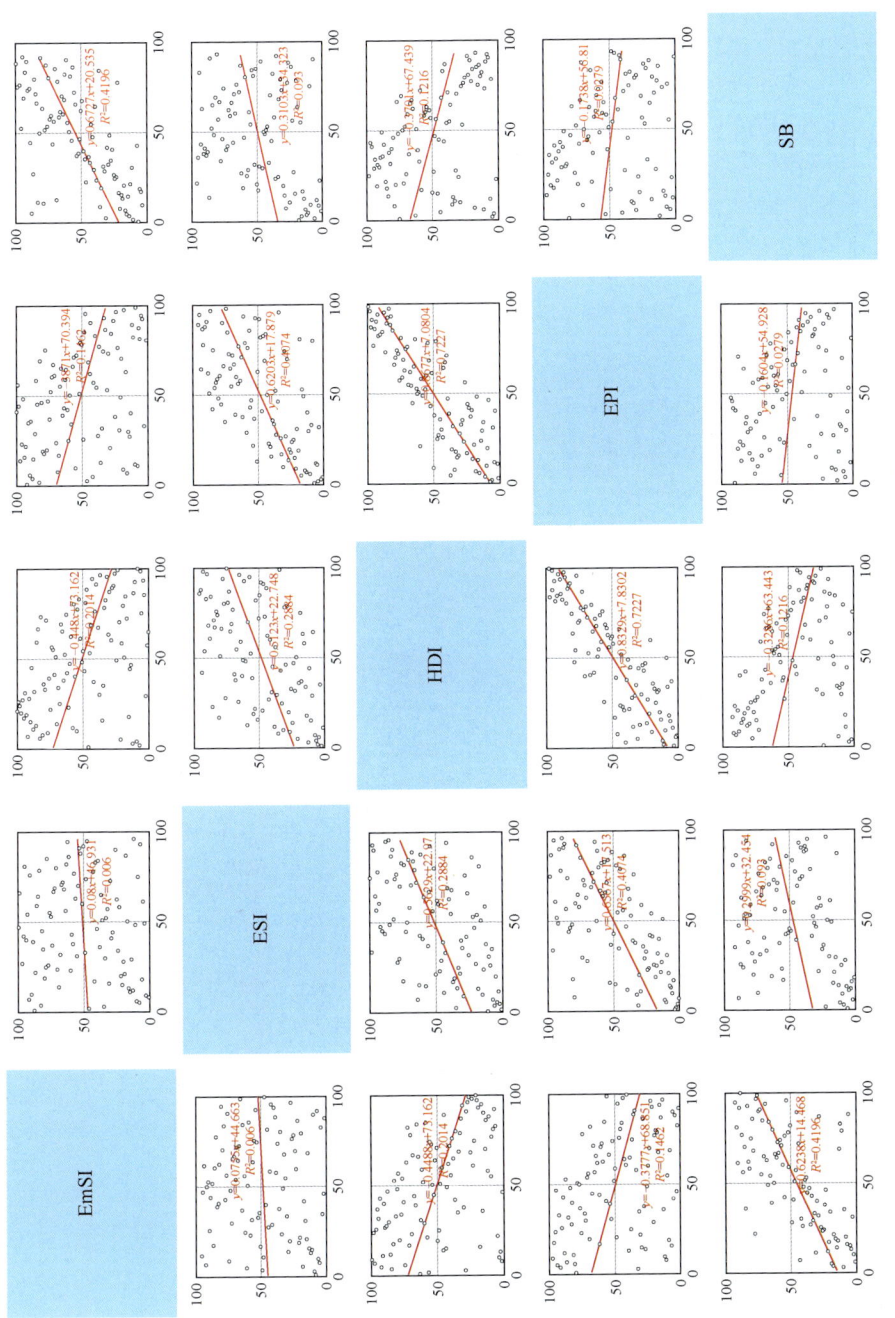

第3章 基于生态环境核算的区域可持续性指标体系

图 3-7 HDI、EPI、ESI、EmSI和SB的排名散点图（2008年）

图中横纵坐标分别是5个指标的排序情况

表 3-4　EmSI、ESI、HDI、EPI、SB 原始值及排序值（2008 年）

国家（地区）	代码	EmSI	ESI	ESI 排序值	HDI	HDI 排序值	EPI	EPI 排序值	SB	SB 排序值
阿尔巴尼亚	AL	0.04	58.8	23	0.801	47	84.0	25	−59.0	56
阿尔及利亚	DZ	0.026	46.0	71	0.733	69	77.0	55	−22.0	59
阿根廷	AR	6.368	62.7	9	0.869	29	81.8	33	−48.8	10
亚美尼亚	AM	0.014 1	53.2	37	0.775	56	77.8	52	−25.8	58
澳大利亚	AU	0.768	61.0	12	0.962	3	79.8	40	−39.8	4
奥地利	AT	0.005	62.7	10	0.948	15	89.4	6	−83.4	75
阿塞拜疆	AZ	0.027	45.4	72	0.746	65	72.2	65	−7.2	62
白俄罗斯	BY	0.006	52.8	39	0.804	45	80.5	36	−44.5	45
比利时	BE	0.002 204	44.4	81	0.946	17	78.4	48	−30.4	93
伯利兹	BZ	0.151	—	—	0.778	53	71.7	68	—	—
玻利维亚	BO	1.272	59.5	18	0.695	75	64.7	81	16.3	1
博茨瓦纳	BW	0.248	55.9	30	0.654	78	68.7	74	5.3	20
巴西	BR	0.679	62.2	11	0.807	44	82.7	30	−52.7	5
保加利亚	BG	0.013	50.0	55	0.824	39	78.5	47	−31.5	54
布隆迪	BD	0.36	40.0	90	0.413	97	54.7	91	36.3	41
柬埔寨	KH	0.275	50.1	52	0.598	82	53.8	93	39.2	32
加拿大	CA	0.999	64.4	6	0.961	4	86.6	12	−74.6	2
智利	CL	0.215	53.6	36	0.867	30	83.4	28	−55.4	24
中国	CN	0.093	38.6	92	0.777	54	65.1	78	12.9	63
哥伦比亚	CO	0.579	58.9	21	0.791	50	88.3	9	−79.3	16
哥斯达黎加	CR	0.174	59.6	17	0.846	37	90.5	4	−85.5	55
科特迪瓦	CI	0.219	47.3	65	0.432	96	65.2	77	—	—
克罗地亚	HR	0.011 6	59.5	19	0.85	36	84.6	19	−65.6	64
塞浦路斯	CY	0.001 8	—	—	0.903	24	79.2	44	—	—
捷克共和国	CZ	0.001 7	46.6	66	0.891	26	76.8	56	−20.8	76
丹麦	DK	0.021	58.2	24	0.949	14	84.0	24	−60.0	86
厄瓜多尔	EC	0.331	52.4	41	0.772	60	84.4	21	−63.4	33
埃及	EG	0.037 9	44.0	82	0.708	74	76.3	59	−17.3	69
萨尔瓦多	SV	0.214	43.8	84	0.735	67	77.2	54	−23.2	65
爱沙尼亚	EE	0.011 7	58.2	25	0.86	33	85.2	18	−67.2	11
埃塞俄比亚	ET	1.222	37.8	93	0.406	98	58.8	87	28.2	43
芬兰	FI	0.006	75.1	1	0.952	11	91.4	4	−87.4	6
法国	FR	0.074 475	55.2	31	0.952	10	87.8	10	−77.8	73
德国	DE	0.002	57.0	27	0.935	20	86.3	14	−72.3	77
希腊	GR	0.013 687	50.1	53	0.926	22	80.2	37	−43.2	81
危地马拉	GT	0.179	44.0	83	0.689	76	76.7	57	−19.7	48
几内亚	GN	3.717	48.1	61	0.456	93	51.3	94	42.7	19
圭亚那	GY	8.772	62.9	8	0.75	64	64.8	80	—	—
匈牙利	HU	0.002 197	52.0	42	0.874	27	84.2	23	−61.2	53
冰岛	IS	1.18	70.8	5	0.968	2	87.6	11	—	—
印度	IN	0.113	45.2	74	0.619	81	60.3	85	24.7	40
印度尼西亚	ID	0.511	48.8	58	0.728	70	66.2	76	9.8	26
爱尔兰	IE	0.517	59.2	20	0.959	5	82.7	31	−51.7	78
以色列	IL	0.001	50.9	47	0.932	21	79.6	41	−38.6	89
意大利	IT	0.003 8	50.1	54	0.941	19	84.2	22	−62.2	84
牙买加	JM	0.008	44.7	79	0.736	66	79.1	45	−34.1	67
日本	JP	0.013	57.3	26	0.953	9	84.5	20	−64.5	88
约旦	JO	0.007 975 6	47.8	64	0.773	59	76.3	58	−18.5	72
哈萨克斯坦	KZ	0.091	48.6	60	0.794	48	65.0	79	14.0	47
肯尼亚	KE	0.31	45.3	73	0.521	87	69.0	73	4.0	42
拉脱维亚	LV	0.024	60.4	14	0.855	34	88.8	8	−80.8	13
立陶宛	LT	0.006	58.9	22	0.862	32	86.2	15	−71.2	28
马达加斯加	MG	4.054	50.2	49	0.533	85	54.6	92	37.4	18
马拉维	MW	0.283	49.3	57	0.437	95	59.9	86	26.1	29
马来西亚	MY	0.111	54.0	33	0.811	43	84.0	26	−58.0	68
马里	ML	0.47	53.7	34	0.38	99	44.3	96	51.7	25
毛里塔尼亚	MR	0.598	42.6	87	0.55	84	44.2	97	52.8	14
墨西哥	MX	0.036	46.2	68	0.829	38	79.8	39	−40.8	71

续表

国家（地区）	代码	EmSI	ESI	ESI 排序值	HDI	HDI 排序值	EPI	EPI 排序值	SB	SB 排序值
摩尔多瓦	MD	0.009 34	51.2	45	0.708	73	70.7	69	-1.7	50
摩洛哥	MA	0.069	44.8	77	0.646	80	72.1	66	-6.1	46
纳米比亚	NA	0.565	56.8	28	0.650	79	70.6	70	-0.6	8
荷兰	NL	0.011	53.7	35	0.953	8	78.7	46	-32.7	92
新西兰	NZ	0.663	61.0	13	0.943	18	88.9	7	-81.9	7
尼加拉瓜	NI	0.645	50.2	50	0.710	72	73.4	63	-10.4	21
尼日尔	NE	1.144	45.0	75	0.374	100	39.1	98	—	—
挪威	NO	0.137	73.4	2	0.968	1	93.1	3	-90.1	23
阿曼	OM	0.073 89	47.9	63	0.814	40	70.3	71	0.7	87
巴基斯坦	PK	0.085	39.9	91	0.551	83	58.7	88	29.3	38
巴拉圭	PY	0.295	59.7	16	0.755	63	77.7	53	-24.7	3
秘鲁	PE	0.537	60.4	15	0.773	58	78.1	49	-29.1	17
菲律宾	PH	0.09	42.3	88	0.771	61	77.9	51	-26.9	39
波兰	PL	0.004 64	45.0	76	0.870	28	80.5	35	-45.5	74
葡萄牙	PT	0.025	54.2	32	0.897	25	85.8	17	-68.8	79
罗马尼亚	RO	0.017 7	46.2	69	0.813	41	71.9	67	-4.9	44
俄罗斯	RU	0.702	56.1	29	0.802	46	83.9	27	-56.9	15
卢旺达	RW	0.16	44.8	78	0.452	94	54.9	90	35.1	34
沙特阿拉伯	SA	0.039	37.8	94	0.812	42	72.8	64	-8.8	83
塞内加尔	SN	0.18	51.1	46	0.499	91	62.8	83	20.2	30
斯洛伐克	SK	0.003	52.8	40	0.863	31	86.0	16	-70.0	70
南非	ZA	0.083	46.2	70	0.674	77	69.0	72	3.0	66
韩国	KR	0.04	43.0	86	0.921	23	79.4	42	-37.4	91
西班牙	ES	0.007 675 9	48.8	59	0.949	13	83.1	29	-54.1	80
苏丹	SD	0.84	35.9	96	0.526	86	55.5	89	33.5	22
苏里南	SR	7.284	—	—	0.774	57	—	—	—	—
瑞典	SE	0.008 848	71.7	4	0.956	6	93.1	2	-91.1	12
瑞士	CH	0.004 4	63.7	7	0.955	7	95.5	1	-94.5	90
叙利亚	SY	0.011 9	43.8	85	0.724	71	68.2	75	6.8	52
坦桑尼亚	TZ	0.914	50.3	48	0.467	92	63.9	82	18.1	31
泰国	TH	0.037 55	49.8	56	0.781	52	79.2	43	-36.2	61
冈比亚	GM	0.339	—	—	0.502	90	—	—	0.0	35
突尼斯	TN	0.042	51.8	43	0.766	62	78.1	50	-28.1	51
土耳其	TR	0.017	46.6	67	0.775	55	75.9	60	-15.9	60
乌干达	UG	0.333	51.3	44	0.505	89	61.6	84	22.4	49
乌克兰	UA	0.017 9	44.7	80	0.788	51	74.1	61	-13.1	57
英国	GB	0.227	50.2	51	0.946	16	86.3	13	-73.3	85
美国	US	0.056	53.0	38	0.951	12	81.0	34	-47.0	82
乌拉圭	UY	0.247	71.8	3	0.852	35	82.3	32	-50.3	9
委内瑞拉	VE	0.368	48.1	62	0.792	49	80.0	38	-42.0	27
越南	VN	0.156	42.3	89	0.733	68	73.9	62	-11.9	37
也门	YE	0.12	37.3	95	0.508	88	49.7	95	45.3	36

3.5 本章小结与讨论

因为科学界缺乏对可持续性的系统分析，对此概念含义与合理解读的一致意见在实践中对它的定义常相逆（Kates et al.，2005）。可持续性并不代表着过程的终点，相反，它代表了过程的本身（Shearman，1990）。可持续性研究应该促进我们对相关问题的理解并发展、实施相应措施解决这些问题（Baumgartner，2011）。

是否有一些"反映"可持续发展的指标将我们的注意力引向错误的方向，从而分散了我们对真正问题和潜在解决方案的注意？根据 Giannetti 等（2010）的研究，至少存在着选择有代表性的基础变量/指标的不确定性；对 ESI、HDI、EPI 的批评集中于选择变量及确定指标权重的主观性（Mori and Christodoulou，2012）。可持续指标应以坚实的理论基础、数据收集与分析为支撑（Parris and Kates，2003）。

传统的表征可持续发展的指标往往关注对社会经济发展的量度，缺乏对可持续性的深层考量。HDI 因为部分包含了人均 GDP（国内生产总值，gross domestic product）被认为是衡量人类福利的指标（Steer and Lutz，1993）。与之相反，EF 却不包含任何经济、社会发展的信息（van Vuuren and Smeets，2000）。

能值分析是基于生态热力学、系统和系统生态学的视角的，也就是说，它是生态中心主义而非人类中心主义的。能值分析却又比大多数生态热力学方法更具综合性。上节得出的不同组反映可持续性指标间的差异可以用生态观的迁移来解释。

EF 的好处在于每个人都可以理解其空间的概念，因为太简单直观了。生态热力学与之相反，对非专业人士来说经常显得深奥，但却能被用来作为对基于功利/福利主义理论的常规量度手段的补充，因为它能提供一个合适的衡量可持续性的框架。EF 与 SB 强调了可持续性的环境维度（Wilson et al.，2007）。我们在此更提倡 SB 或者"生态足迹/承载力比率"（footprint to biocapacity ratio）（Moran et al.，2008）而非单纯的 EF，原因在于生态承载力比 EF 更重要。在所分析的 100 个国家中，有 67 个 SB 值小于 0。

Siche 等（2010，2008）将生态足迹与能值分析中的可更新能值比率指标相结合，兼采 EF 与 EA（emergy analysis，能值分析）的优点，形成了一个叫做能值生态足迹（emergetic ecological footprint，EEF）的全新方法。当然，其他富有创新性的对新颖、综合、均衡的可持续性指标的研究也是有益的。

人类的福祉固然重要，但若不克制人类的物质诉求，则会造成对不可更新资源的加速开采（即对地球生物圈长时间历史积累的索取）、对现有环境的破坏和对维系未来生态系统运行的必要资源的超前掠夺，这极不公平、更不可持续。所以我们提倡一种中庸的思想，即不过分追求物质，减少消耗、减轻废物产出；从更大的层面来说，经济增长也需要放缓，甚至零增长、负增长，因为一国表面上的繁荣或许是以另外一国疮痍的加剧为代价。

第 4 章　国家及省级区域系统代谢过程的生态环境核算

4.1　生态环境核算框架构建与改进

4.1.1　数据库框架概要

全球环境核算数据库（national environmental accounting database，NEAD）核算框架由佛罗里达大学环境政策研究中心在 2009 年提出。该数据库总体基于生态热力学理论，采用能值核算方法，将全球 223 个国家和地区所有主要形式的能量、物质、人类服务涵盖在内，并将其统一为太阳能当量，单位为太阳能焦耳（sej），进行比较分析。

在 NEAD 核算框架中，针对国家或地区的能值评估将依据国界或区界，计算所有主要的流入与流出，包括内部生产过程。数据库统计的能量流、物质流包括来自环境的分散流（例如，太阳、风、降雨），来自开采物的集中流（例如，金属、燃料、矿物）以及已购买的材料和从其他国家进口的服务。基础数据收集后将通过换算，统一为能量或质量单位，再通过能值转换率，将这些能流、物质流转换为能值单位，并结合、总结为相关指标。图 4-1 是参照 NEAD 核算框架的能值方法，依据数据可得性改进的中国省域能值图。

本章根据能值图中的输入流、物质能量转化流及输出流，建立能值核算表格，对以省界为系统边界的生态经济系统进行环境核算。能值核算表格作为该框架下描述系统内组织演变、核算所有投入和产出的主要方法，是搭建能值核算框架的关键。具体而言，框架下主要是针对实际物质流、劳动力、能源的计算，以表格的形式分层建立核算体系。能值分析的最后一步是分析计算结果，给出政策建议。

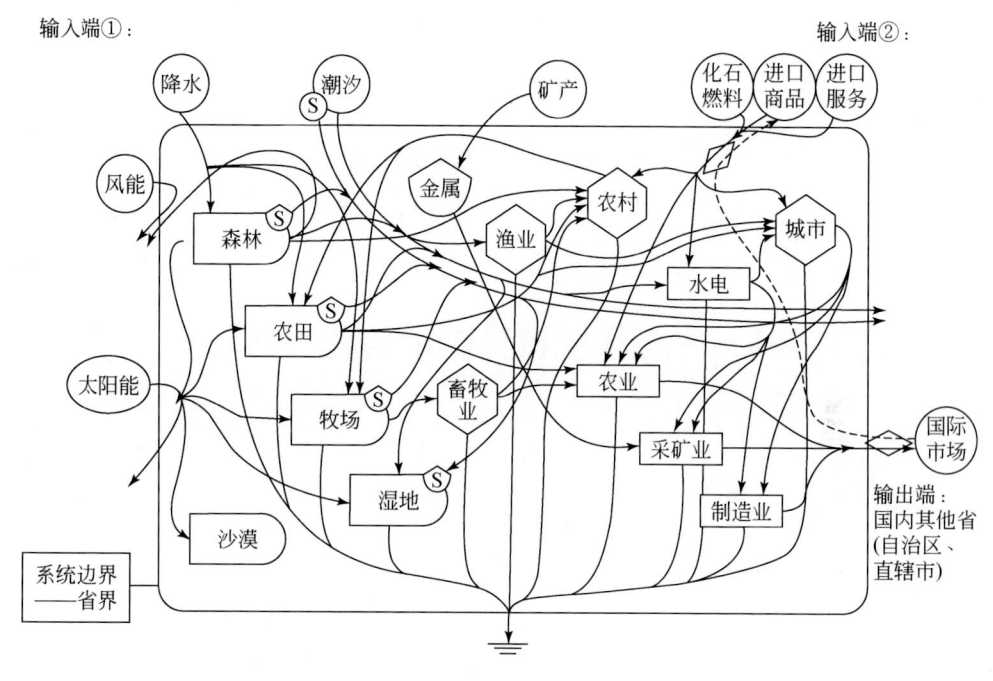

图 4-1　中国省域能值

4.1.2　方法学与核算内容

为了探讨近期经济增长中，国家及省级区域系统可持续发展动态的趋势，图 4-2 列出了详细的流动过程的能效评估过程，反映了国家及省级区域系统的总体经济状况。在全球数据库（NEAD V2.0）中，通过形式化数据源、细化各项项目、能量转换计算以及流动过程中能量的配置，分析比较不同区域的能效的说服力和可信度得到了加强。在该数据库的帮助下，新的省级数据库包含一个标准化模板，其中主要流量被计算并汇总成能量总流和指标。具体来说，能量投入的过程总共分为 5 个类别：免费可再生环境资源（R）、开采的当地不可再生资源（N）、进口燃料和矿物（F）、进口货物（G）并购买的服务（P2I）。国家统计年鉴是主要数据来源（Sweeney et al.，2007）。

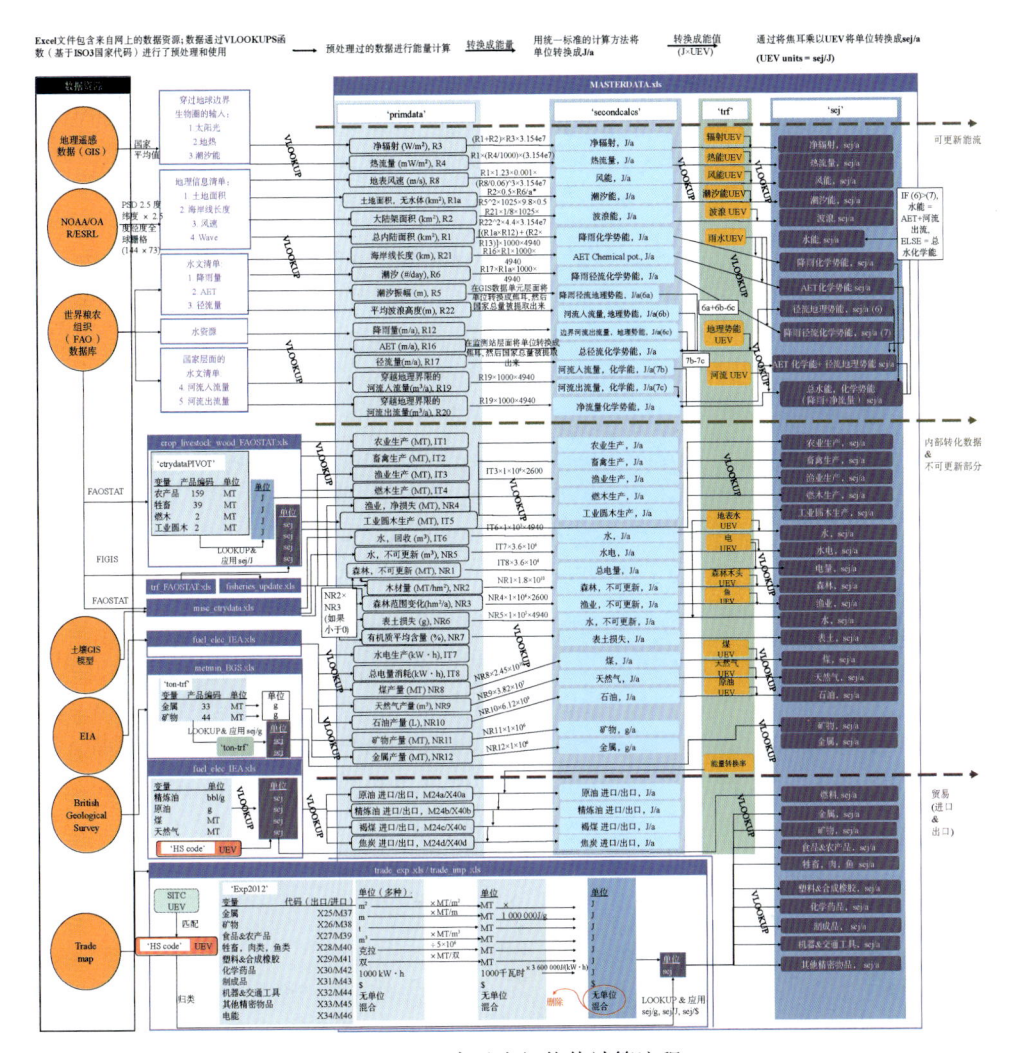

图 4-2 国家及省级能值计算流程

4.2 数据来源、估算方式及能值转换率修正

上述国家和省级的能值核算详细步骤如下。

4.2.1 可更新资源流

部分方法将遵循参考文献（Sweeney et al., 2007）以及 NEAD V1.0 网站的注释和计算，这部分只更新 V2.0 与 V1.0 的差异。阳光、地热和潮汐能条目的数据沿用原有的方法；对于风，改变了基本的平均风速数据源：

$$E_{wind}=A \times D \times \rho \times v^3 \times 31\,536\,000\,(\text{s/a}) \quad (4\text{-}1)$$

式中，E_{wind} 表示风能（J）；A 为内陆面积（包括水体）（m²），数据来自 CIA（www.cia.gov/cia/publications/factbook）；D 为空气密度，D=1.23 kg/m³；ρ 为阻力系数，ρ=0.001；v 为平均地转风速，v= 平均地表风速（m/s）/0.6。

平均风速数据是由美国科罗拉多州博尔德市的 NOAA/OAR/ESRL PSD 提供的 NCEP 再分析数据（http://www.esrl.noaa.gov/psd/），这些数据涵盖全球陆地表面 2.5 度纬度 ×2.5 度经度全球网格（144×73）；每个国家的平均风速数据利用国家边界矢量图像提取（https://www.esrl.noaa.gov/psd/data/gridded/data.ncep.reanalysis.derived.surface.html）（Kalnay et al., 1996）。

每个栅格的能值可以用景观层次归纳出各种各样的分布状态，提供整个国家景观的统计概要，如：①平均值；②面积加权平均值；③中值；④阈值；⑤标准差；⑥变动系数。这个时候关注单个栅格的目标，包括表征单个类别的栅格，而不是使用整个景观图层。是使用"栅格"，还是使用"景观图层"，这两种方法计算的最终能量是不同的。这需要通过简单算术平均值或面积加权平均值的和与景观分布度量之间的差异来说明（图 4-3）。

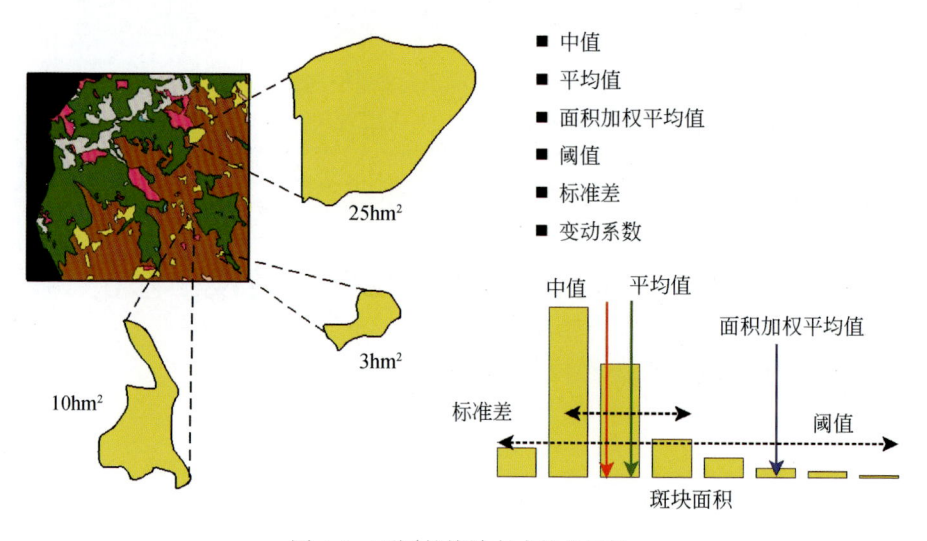

图 4-3 不同的统计方式的差异性

计算总水量能值的步骤如下。如果一个国家是内陆国家，那么径流只能在国家边界地区内向该国提供势能。另外，在国家边界内，径流不与海水交汇，不能提供化学势能。因此，内陆国家的总水量能值是实际蒸散量（actual evapotranspiration，AET）与径流量的净重力势能值的总和。净重力势是相对于海平面而言的，包括内部降雨和任何流入的河流的径流量的重力势能，并减去通过河流离开该国的径流的重力势能。沿海地区的大部分径流，包括从上游国家流入的任何河流都流向在海岸，淡水相对于海水的化学势为该地区提供了能量。然而，径流的重力势对该国家或地区能值的贡献大小可能大于在海岸产生的化学势，为了选择最大的流量并避免重复计算，我们选择通过比较净径流的重力势和化学势来确定沿海国家的总水量能值。如果净径流重力势较大，则总水量能值按内陆国家计算。如果净径流化学势较大，则总水量能值是降雨与净河流化学势的能值之和。净河流化学势是从国家边界流入的地表水的化学势减去流出该国家的地表水的化学势。

$$E_{AET}=A \times AET \times D \times Gibbs \quad (4-2)$$

式中，E_{AET} 为 AET 能量（实际蒸散量）（J）；A 为内陆面积（m²）数据来自 CIA（www.cia.gov/cia/publications/factbook）；AET 为 AET 估计值（m），来自 Ahn 和 Tateishi 每月潜在和实际蒸散量和水量的数据（GNV183），环境规划署 GEO 数据门户网站，http://www.grid.unep.ch/data/data.php?category=atmosphere；D=1000 kg/m³，为淡水密度；Gibbs=4940 J/kg，为水的吉布斯自由能。

$$ROgeo=Rain\ ROgeo+Riveringeo-Riveroutgeo \quad (4-3)$$

式中，ROgeo 为径流的势能（J）；Rain ROgeo 数据（ro_J_sealevel_iso3_zstat）来自 UNH/GRDC 综合径流场水系分析组，http://www.grdc.sr.unh.edu/index.html；Riveringeo、Riveroutgeo 数据（riv-er_data）来自联合国粮食及农业组织（FAO）2016 年 AQUASTAT 主要数据库（http://www.fao.org/nr/water/aquastat/data/query/）。河流流入是指通过跨境流动（河流、运河、管道）每年进入该国的长期平均水量。例如，FAO 提供详细的跨境河流流入量（http://www.fao.org/nr/water/aquastat/data/wrs/readPdf.html?f=AFG-WRS_eng.pdf）。河流流出量是每年离开该国的平均水量，它指的是从该国家离开并流入其他国家的水量，不包括从该国家流入旁边海洋的水。在该国边界上流动但并不进入该国国界的河流不在计算范围内。计算例子可以参考 http://www.fao.org/nr/water/aquastat/data/wrs/readPdf.html?f=AFG-WRS_eng.pdf；河流入流的平均重力势计算公式为：J/a= 流出量（m³/a）× 1000（kg/m³）× 9.8（m/s²）× 平均海拔（m）。化学能详见下面公式：

$$E_{rainCH}=A \times R \times \rho \times Gibbs \quad (4-4)$$

式中，E_{rainCH} 为陆地上雨水的化学能量（J）；A 为内陆面积（m²），数据来自 CIA（www.cia.gov/cia/publications/factbook）；R 为陆地降雨量（m），数据来自由 NOAA/OAR/

ESRL PSD，美国科罗拉多州提供的 UDel_AirT_Precip 数据（https://www.esrl.noaa.gov/psd/data/gridded/data.UDel_AirT_Precip.html），这个数据提供了 1900～2014 年的每月总降雨量的数据集。特拉华大学的 Cort Willmott 和 Kenji Matsuura 从 GHCN2（全球历史气候网络）和 Legates & Willmott 的档案中汇集了数据（有关详细信息，参见 http://climate.geog.udel.edu/~climate/html_pages/Global2014/README.GlobalTsP2014.html）。1900～2014 年的月平均降雨量差值为 0.5°×0.5° 网格分辨率（中度为 0.25°）。降雨值通过国家行政边界与 ArcGIS 中的区域统计工具进行汇总。ρ 为水的密度，1000 kg/m^3；Gibbs 为水的吉布斯自由能（J/kg）。

2012 年每月的降雨量由 ArcMap 导出，利用 ArcToolbox-Spatial Analysis-叠加分析–加权综合（加权 12 个月都是 1）将 12 个月的栅格图像叠加。为了提取每个国家的数据，将国家边界的 shapefile 文件加入图层，利用 ArcToolbox-Spatial Analysis-区域分析–以表格显示分区统计，以国家边界为定义区域，区域字段为国家 Name，赋值栅格为 2012 叠加的 12 个月的栅格图像，输出各个国家的 2012 年总降雨。国家边界矢量地图数据来自 Natural Earth（http://www.naturalearthdata.com/downloads/10m-cultural-vectors/10m-admin-0-countries/）。

4.2.2 本地可更新资源流

NEAD 的本地可更新资源流数据包括农业生产、畜牧生产、渔业生产、燃料木材、工业木材、取水（water withdraw）、水电生产、总用电量（表 4-1）。

表 4-1 内部转型数据的数据来源和计算方法

条目	数据来源	数据处理方法
1. 农业生产	粮农组织[a]	商品产量（单位）× 能值转换率（J/单位）
2. 畜牧生产	粮农组织[b]	商品产量（单位）× 能值转换率（J/单位）
3. 渔业生产	粮农组织[c]	商品产量（单位）× 能值转换率（J/单位）
4. 燃料木材	粮农组织[d]	燃料木材产量（g）× 燃料木材能值转换率（kJ/g）
5. 工业木材	粮农组织[e]	工业木材产量（g）× 工业木材能值转换率（kJ/g）
6. 水回收	粮农组织 AQUASTAT 数据库[f]	总淡水回收能源（J）= 地面水回收能源 + 地下水回收能源
7. 水电生产	国际能源统计	净水电生产（kW·h）× 3.6×10^6 [J/(kW·h)]
8. 总用电量	国际能源统计	总消耗电量（kW·h）× 3.6×10^6 [J/(kW·h)]

a. 引自 http://faostat.fao.org/beta/en/#data/QC。
b. 引自 http://faostat.fao.org/beta/en/#data/QL。
c. 引自 http://www.fao.org/figis/servlet/TabSelector。
d. 引自 http://faostat.fao.org/beta/en/#data/FO。
e. 引自 http://faostat.fao.org/beta/en/#data/FO。
f. 引自 http://www.fao.org/nr/water/aquastat/data/query/index.html?lang=en。

农业生产的数量数据来自粮农组织网站的作物生产数据。与 2004 年相比，粮农组织对该条目国家的统计数据增加到 200 条。为了实现更好的数据一致性，把中国内地、香港、澳门 3 个地区的数据合并到中国这个条目。此外，农产品种类新增了 5 个，包括棕榈仁、油棕、棉籽、水果仁、棉绒。其中，除油棕的能量转换率来自 http://caloriescount.com/FoodCalculator.aspx 之外，其他商品的转换率参考表 4-2 中列出的原有转换率。

表 4-2　新增农产品的能值转换率参考

新增农产品	能值转换率参考产品
棕榈仁	油籽
棉籽	油籽
油棕	其他蔬菜
水果仁	其他水果
棉绒	种棉

详细的农业生产质量数据要通过能值转换率转换为能量数据，再将粮农组织所有商品进行汇总为主要条目。

$$E_{Ag}=m_i \times UEV_i \quad (4-5)$$

式中，E_{Ag} 为农产品能值；m_i 为农产品产量（单位[①]）；UEV_i 为该产品能值转换率（sej/ 单位）。

畜牧生产数据来自粮农组织—牲畜初级—生产数量。该条目粮农组织统计的国家数同样增加到 200 个。新增产品的能量转化率参考表 4-3 中列出的参考产品。

表 4-3　新增畜牧产品的能值转换率参考

新增畜牧产品	能值转换率
肉土产、牛	牛肉和小牛肉
肉土产、水牛	水牛肉
肉土产、羊	羊肉
肉土产、山羊	山羊肉
肉土产、猪	猪肉
肉土产、鸭子	鸭肉
肉土产、鹅	鹅肉
肉土产、鸟类	其他鸟类肉
肉土产、火鸡	火鸡肉

---

① 这里需根据 FAO 数据库的数据确定单位：有重量单位，如 t；有能量单位，如 J；有体积单位，如 m³ 等。

续表

新增畜牧产品	能值转换率
肉土产、鸡肉	鸡肉
肉土产、马	马肉
肉土产、驴	驴肉
肉土产、骡子	骡子肉
肉土产、骆驼	骆驼肉
肉土产、兔子	兔肉
肉土产、啮齿动物	其他啮齿动物的肉
肉土产、其他骆驼类	其他骆驼肉

对于畜牧（动物和动物产品）生产数据，动物产品的详细数量也要在进入核算之前通过能值转换率转换。

$$E_{Zoo}=m_i \times UEV_i \quad (4-6)$$

式中，E_{Zoo} 为畜牧产品能值；m_i 为畜牧产品产量（单位）；UEV_i 为该产品能值转换率（sej/单位）。

渔业生产数据包含内陆水域淡水鱼捕捞和水产养殖以及盐水地区的海鱼。本书在计算中使用"鱼总数"代表渔业生产。在这里，鱼类总产量包括每个国家捕获的淡水（内陆）鱼的总质量，以及每个国家捕获的不同海洋区域和不同物种的海鱼总质量。

$$E_{Fi}=m_i \times UEV_i \quad (4-7)$$

式中，E_{Fi} 为渔业产品能值；m_i 为渔业产品产量（单位）；UEV_i 为该产品能值转换率（sej/单位）。

粮农组织数据库的数据（全球捕捞统计数据，ISSCAAP 物种层级组）通过将单位质量和生产量数据相乘，把数字转换为以吨为单位的质量。参见 http://animaldiversity.ummz.umich.edu/site/index.html。

水回收能量代表工业农业各个部门的总水回收能量。

$$E_{Rc}=R_{gr}+R_{un}=R \times 1000（kg/m^3）\times Gibbs \quad (4-8)$$

式中，E_{Rc} 为总淡水回收能量（J）；R_{gr} 为地面水回收能量（J）；R_{un} 为地下水回收能量（J）；R 为水的回收量（m³），数据来自粮农组织；Gibbs 为水的吉布斯自由能（J/kg）。

4.2.3 本地不可再生的资源流

NEAD 的内部不可再生资源流数据包括林业（净亏损）、渔业（净亏损）、水（净亏损）、表土损失和有机物、煤炭、天然气、石油、金属和矿物（表4-4）。

表 4-4 不可再生提取流的数据来源和处理方法

条目	数据来源	数据处理方法
林业（净亏损）	森林和其他林地中的生物量库存：2015 年全球森林资源评估和 2010 年全球森林资源评估	2012 年数据 =2015 年数据 ×0.4+2010 年数据 ×0.6
渔业（净亏损）	粮农组织的 AQUASTAT 数据库[a]	
水（净亏损）	粮农组织的 AQUASTAT 数据库	
表土损失和有机物	人为土壤退化的全球评估（GLASOD）[b]	
煤炭	国际能源统计	煤炭产量（MT）$\times 2.45 \times 10^{10}$（J/MT） 干燥天然气产量（m³）$\times 3.82 \times 10^{7}$（J/m³）
天然气	国际能源统计	下载的天然气生产（干）数据单位从 2831.7 万 m³ 转换为 283.17 亿 m³[c]
石油	国际能源统计	原油产量（L）$\times 6.12 \times 10^{9}$（J/L）
金属和矿物	英国地质调查局[d]	

a. 引自 http://www.fao.org/figis/servlet/TabLandArea?tb_ds=Production&tb_mode=TABLE&tb_act=SELECT&tb_grp=COUNTRY&lang=en。

b. 引自 http://www.isric.org/projects/global-assessment-human-induced-soil-degradation-glasod。

c. 原单位为 10 亿立方英尺（bcf）和 1 万亿立方英尺（tcf），这里做出转换，10 亿立方英尺（bcf）= 2831.7 万 m³，1 万亿立方英尺（tcf）=283.17 亿 m³。

d. 引自 http://www.bgs.ac.uk/mineralsuk/statistics/worldStatistics.html/。

林业这一项目（净损失）代表森林的储存量和增长率以及它们变化的方式。数据库中有 235 个国家，但只能获得 2010 年和 2015 年两年的数据，2012 年的数据没有直接给出。这里提出了一个简单的方程来求得 2012 年的数据：2012 年数据 =2015 年数据 ×2010 年数据 ×0.4 +2010 年数据 ×0.6（粮农组织 FAO 也是用此方法求得 2010～2015 年森林储存量的变化率）。

$$L_{fo} = V \times A \qquad (4-9)$$

式中，L_{fo} 为森林损失（t/a）；V 为木材体积（地上的生物量）（t/a），数据来自 http://www.fao.org/forest-resources-assessment（Biomass stock in forest：《2010 年全球森林资源评估》）；A 为年平均森林变化（hm²/a），数据来自 http://www.fao.org/forestry/fra/fra2010/en/（使用 2008 年的数据）；能源损失（J/a）= 森林损失（t/a）$\times 1.8 \times 10^{10}$（J/t）。

干木的转化（国家生物量值为干木）=1.8×10^{10} J/t：https://www.ornl.gov/news/bioenergy-nature-work；如果森林损失为负（森林面积增益），净损失则为 0。

虽然用水总量的估算相对较好，但是没有用于划定可持续利用率过剩的统一标准。此外，在国家层面编制的使用量和可持续性的数据忽视了水资源可用性在国内的巨大变化。粮食和农业组织的 AQUASTAT 数据库被用于确定国家水资源可用性和使用情况，并提供了关于不可更新的用水量的指导（http://www.fao.org/fishery/statistics/collections/en）。粮农组织（FAO）认为，无论在年际变化和在生态环境方面，超过可再生水资源供应总量的 25% 的用水量会对生态系统产生不良的压力。NEAD 采用这一假设：一个国家超出的用水量（不可再生）按照可再生水资源供应量的 25% 计算。这种假设的结果是，许多具有可持续用水问题的国家，至少在当地，没有被列入超过其水资源承载能力的国家。例如，美国提取全国范围内的可再生水资源供应量的 15% 以上用于消费，因此，为了计算目的，该数据不包括任何不可再生的水资源。

$$E_{water} = V \times 1000 \ (kg/m^3) \times Gibbs \quad (4-10)$$

式中，E_{water} 为水的能量（J）；V 为超过水资源承载能力的总用水量（m³/a），水可更新的数据来源于粮农组织全球水系统数据库（AQUASTAT）（http://www.fao.org/nr/water/aquastat/data/query/index.html?lang=en）；Gibbs 为水的吉布斯自由能。

表 4-5 中的矿产部分含有全球 70 多种矿物种类的矿产量统计数据。最终数据必须分为金属部分和矿物部分。数据来自 British Geological Survey 数据库[1]，该库包含了全球 70 多个矿物商品的 2010～2014 年五年期矿物生产统计（表 4-5）。

表 4-5 矿物和金属商品的能值转换率参考样本

新增金属矿物种类	能值转换率参考种类
精炼铟生产	铟
锂云母	锂
精铅	铅
钽和铌矿物质：Ta 含量和 Nb 含量	钽和铌
板锌	锌
冶炼厂生产铜	铜
冶炼生产锡	锡
冶炼厂/炼厂生产镍	镍
原铝	铝
初级镁金属	镁
生铁	铁
生产精铜	铜
粗钢	铁
铂金属和其他铂合金	铂

---

[1] 引自 http://www.bgs.ac.uk/mineralsuk/statistics/worldStatistics.html；http://www.bgs.ac.uk/downloads/directDownload.cfm?id=3084&noexcl=true&t=World%20Mineral%20Production%202010%20to%202014。

4.2.4 进口及出口资源流

本书使用的是 Trade Map 提供的数据，其中包含大约 1000 种进口和出口的商品数据，并分为两种单位：美元（$）和千克（kg）。目前国际贸易统计的两个主要分类标准系统为海关编码分类系统（harmonised system，HS，或称为编码协调制度）和标准国际贸易分类（SITC）。两者主要的区别在于，SITC 更多地关注在不同发展阶段的产品的经济功能（SITC 从 2010 年起停止更新），而 HS 更加精确地细分各种产品类别。这里将计算系统从 SITC 改为 HS。因为贸易地图（trade map）商品的分类与联合国报告的方法不同（SITC-1 分类，4 位代码级）。将两种方法进行匹配（图 4-4），然后采用 HS 分类标准。如果商品的 HS 编码的编号大于 8000，使用这种商品的美元单位，否则使用质量单位。

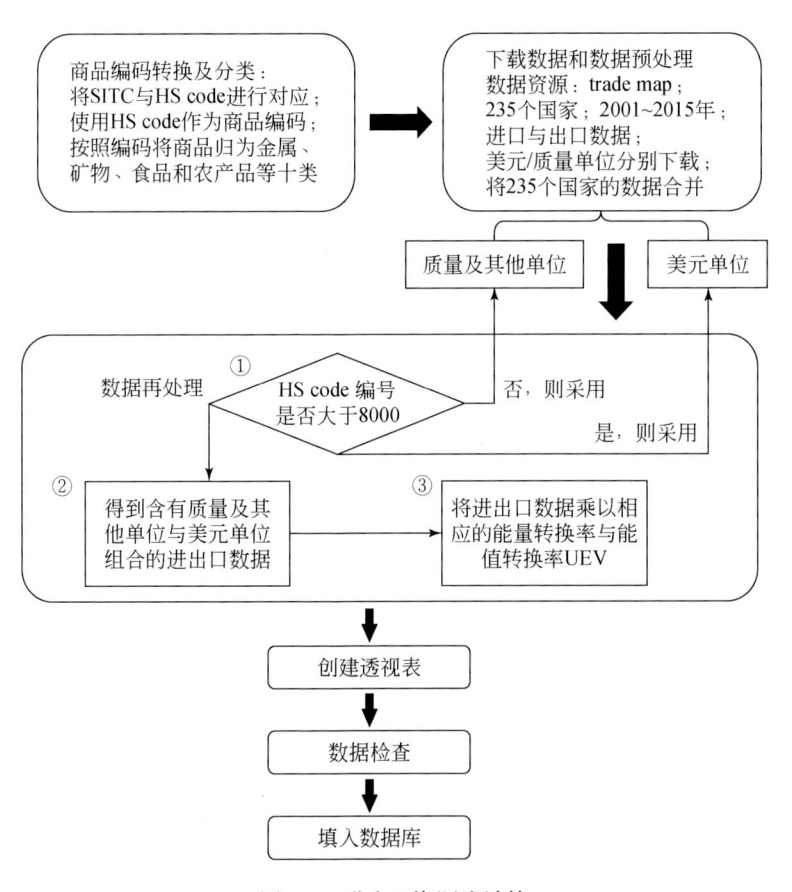

图 4-4 进出口资源流计算

贸易流中的服务是人类劳动力对材料转型和流动的投入能量。支付给人类的钱用于估计由于人类服务带来的贸易流中的能量。进口服务的能量是进口的总货币值乘以全球平均能量与可用的年度货币的比率。

此外，LCA方法用于计算复杂的进口设备，而不是以前的以货币为基础的计算（Liu et al.，2014），如高科技产品、机电设备、运输设备和计算机技术。

$$Ser=Imp/Emp \quad (4-11)$$

式中，Ser为服务流（$）；Imp/Emp为进出口货款（$），数据来源于Trade Map。

任何用于计算进口物品能量的货币都不包括在服务计算过程中，以避免重复计算。

$$Tr=In_{Tr} \quad (4-12)$$

式中，Tr为旅游流；In_{Tr}为旅游收入（$），其中任何用于计算出口物品能量的货币都不包括在服务计算中，以避免重复计算，具体数据来自联合国UNCDB数据库的旅游数据（https://unstats.un.org/sdgs/indicators/database）。

4.2.5 省级基础数据的获取

上述数据来源均为国家级数据来源，省级计算与上述类似，数据来源具体说明如下。

根据上述的数据库框架，建立Excel电子数据表，将省（市、区）原始基础数据（部分数据包括港澳台），各能源能量含量值以及从文献中获取的单位能值基线整合为以太阳能焦耳（sej）统一单位的核算系统。本章中涉及的单位能值基线值统一取为15.83×10^{24} sej/a（Odum，2000）。有关能值的计算在参照国家间能值核算数据库（NEAD）模板格式的基础上，针对中国各省份统计数据存在的部分不可得数据问题，做出部分计算方法上的修改。计算结果在能值表与主要能流指标表中以表格形式列出。

全国各省（市、区）能值分析要求大量数据作为基础支撑，基础数据类型涵盖自然、社会、经济系统的方方面面，主要分为5类：包括太阳辐射、地热、潮汐、风能、水资源、波浪等的可更新资源23项；包括农、林、牧、渔业产量，水资源开采量，电能使用量等的生态经济系统内部转换8项；包括林业开采、渔业捕捞、水土有机质流失、化石能源开采等的本地不可更新资源索取12项；包括化石燃料、金属、非金属、农林牧渔、电力、服务等跨省调出货币量11项；以及社会经济三指标——人口、GDP、入境旅游接待货币量。68项基础数据乘以34个省（市、区），共计2312个基础数据。数据来源主要包括各省（市、区）2013年统计年鉴、水资源公报，2007年34省（市、区）投入产出表（42个部门34张表），国家统计局官方网站数据、GIS图像、相关研究文献以及对无法获取数据的估算。数据集选取标准总体参照NEAD框架，选取大多数省份统计数据涵盖的，或是通过相关文献资料、出版物可获取的内容。除此之外，空间数据通过 GIS 反演处理，可用到可更新流等部分数据中，填补因统计数据不可得而形成的空缺。

4.3 能值指标体系及空间分析方法

根据表 4-6 列出的能值指标，建立省级可持续发展评估能值指标体系，并通过空间分析，选取全国各省（市、区）有代表性的指标，评估各省（市、区）的可持续发展情况。制作能值指标空间分异地图的方式，从地理位置、经济发展情况总结全国各省（市、区）各能值指标呈现的规律，并给出全国省域可持续发展能力排列地图。

表 4-6 中国省域能值核算框架指标体系

	能值指标	单位	计算
系统能值流量	可更新资源 R	sej	R
	本地可更新资源 R_1	sej	R_1
	不可更新资源 N	sej	N
	系统总输入 IMP	sej	IMP
	系统总输出 EXP	sej	EXP
	总能值用量 U	sej	R+N+IMP
	输出/输入比率 EXP/IMP	—	EXP/IMP
能值结构指标	能值自给率 ESR	%	(R+N)/U
	可更新能值比 R/U	%	R/U
社会子系统指标	能值密度 ED	sej/m²	U/Area
	人均能值使用量 EUPP	sej/人	U/P
	人均燃料能值用量	sej/人	Fuel/P
	人均电力能值用量	sej/人	Elec/P
经济子系统指标	能值产出量 EYR	—	U/IMP
	能值/货币比率 EMR	—	U/GDP
	能值投资率 EIR	—	IMP/(R+N)
	能值交换率 EER	—	IMP/EXP
	净能值产出率 NEYR	—	(R+N+IMP)/IMP
自然子系统及可持续性指标	环境负载率 ELR	—	(IMP+N)/(R+R_1)
	能值可持续指标 ESI	—	EYR/ELR
	可持续发展能值指标 EISD	—	EYR×EER/ELR

4.4 中国省级区域系统生态环境核算结果

根据能值核算框架中的分类,对可更新资源、本地可更新资源、不可更新资源、货币流和实物流进行汇总归类,本章分别计算出全国 34 个省级地区的可更新资源能值(R)、本地可更新能值(R_1)、不可更新资源能值(N)、能值总用量(U)、进口能值(F)、出口能值(Y)、电力能值(Elec)和燃料能值(Fuel)等主要生态流能值量。基于以上指标,进一步计算并构建全国各省社会-经济-生态复合系统各项能值指标体系。

4.4.1 经济子系统生态环境核算指标比较分析

中国各省能值核算体系中反映区域经济发展情况的指标有能值产出率、能值货币比率、能值投资率、净能值产出率等。

4.4.1.1 能值货币比率

能值货币比率(EMR)衡量单位货币的实际购买力和自然资源的贡献程度,该值越高,单位货币获取的能值量越高。从全国范围来看,能值货币率最高的 6 个省份为西藏、青海、甘肃、内蒙古、河北和黑龙江(图 4-5,前 3 个省份因数值过高,影响出图效果而未列出)。排名前三的省份由于能值储量丰富且经济较为落后(GDP 小),单位货币可获取的能值很高,而北京、上海、浙江等地区由于经济发达、物价较高、生活压力大,单位货币的购买能力偏低。广西在生产过程中对外省电子设备等高能质资源的购买较少,多依赖内部的自然资源,虽然能值货币率也较低,但区域对外开放程度较弱。

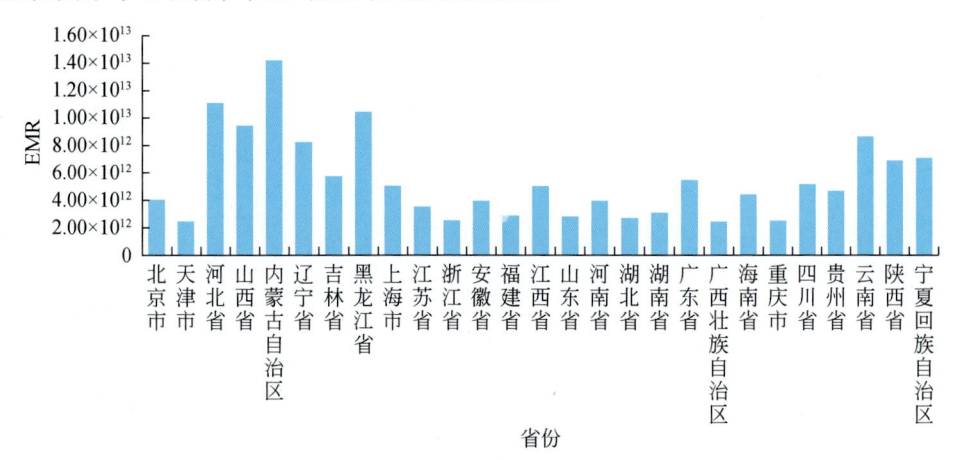

图 4-5 部分省域能值货币比率对比

4.4.1.2 能值投资率

能值投资率（EIR）衡量经济发展程度和环境压力大小，该值越大经济发展程度越高，所承受的环境压力也越大。从图4-6中可以明显看出，上海、广东、江苏、北京、天津和浙江等地能值投资率与其他省份相比，数值差异巨大，经济发达程度以及所承受的环境压力一目了然。经济发展较为落后的西部地区和作为支持东部发展的中部地区此数值很低，经济发展的竞争力主要依赖环境、自然资源。综合东部发达地区巨大的环境压力和西部落后地区以自然资源为经济发展主要驱动的发展方式，我国各省份应注意适当将低能质的可更新资源与高能质的外界输入能量平衡搭配，力求区域经济发展与环境压力的和谐。

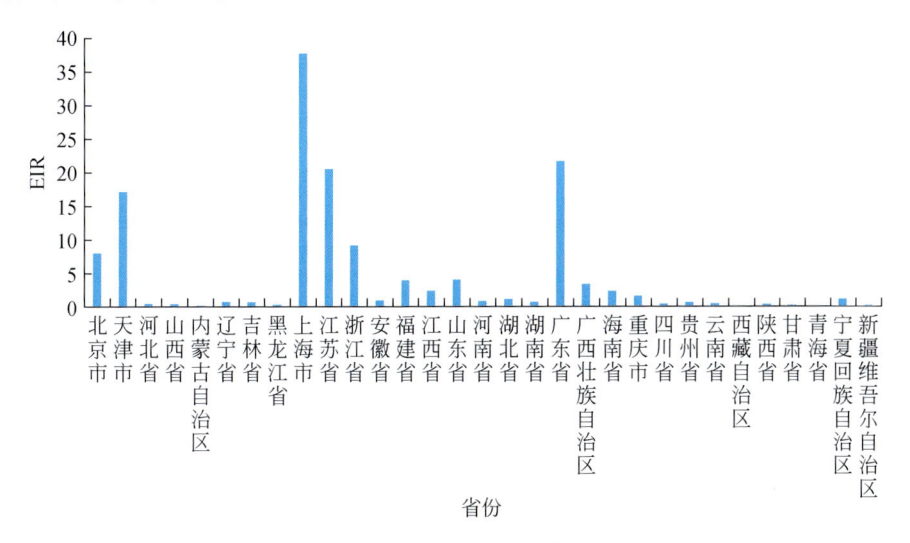

图4-6 部分省域能值投资率对比

4.4.1.3 能值交换率

能值交换率（EER）反映区域在各省份经济贸易中价值财富的得失情况，能值交换率越大，则说明该区域获取了越多真实财富。从图4-7可以看出，经济发达的东部地区如上海、北京、天津、江苏、广东和山东等地，从外界获取的物质、服务最多，能值财富在不断增加。而西部欠发达地区，如西藏、青海、甘肃、新疆等地，由于输入系统的能值十分有限，能值交换率很低。在今后的发展中，这些省份要加强省外经济投资、劳动力人才以及高科技产品的引进，这样才能促进经济发展。

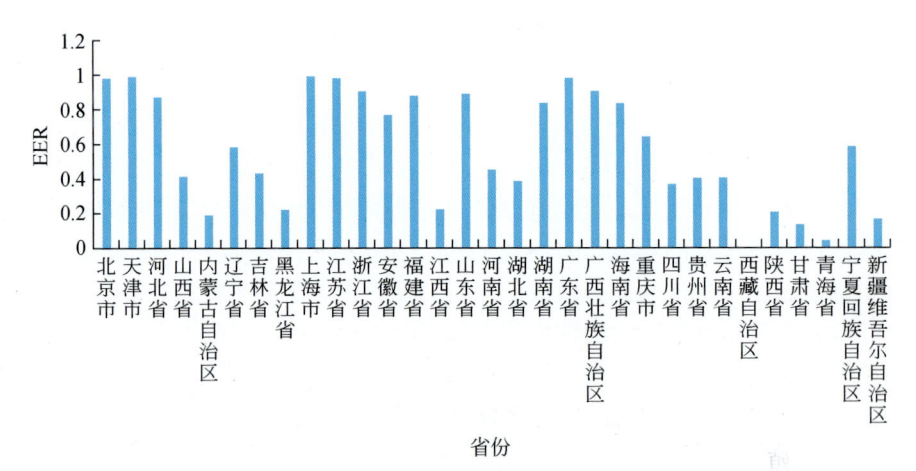

图 4-7　部分省域能值交换率对比

4.4.1.4　净能值产出率

净能值产出率（NEYR）反映区域生态经济系统产出对经济的贡献大小以及系统的生态经济效率。NEYR>1 时，说明该区域生态经济系统产出能值大于其经济投入。从全国范围来看（图 4-8），净能值产出率最高的 5 个省份分别为西藏、青海、甘肃（前三省由于数值很高，影响出图效果而未列出）、黑龙江、四川。这说明这几个省份内部的能值储备较高，经济发展的潜力较大。而净能值产出率最低的地区是上海、广东、江苏、天津及北京，这些地区都是传统认知上的发达地区，在投资、经济、贸易和消费等领域的发展处于领先水平，但此指标显示，往往由于经济投资巨大，这些地区生态经济系统的物质生产、能源利用效率与大额投资不匹配，需进行生产方式上的改进，提高生态经济系统产出。

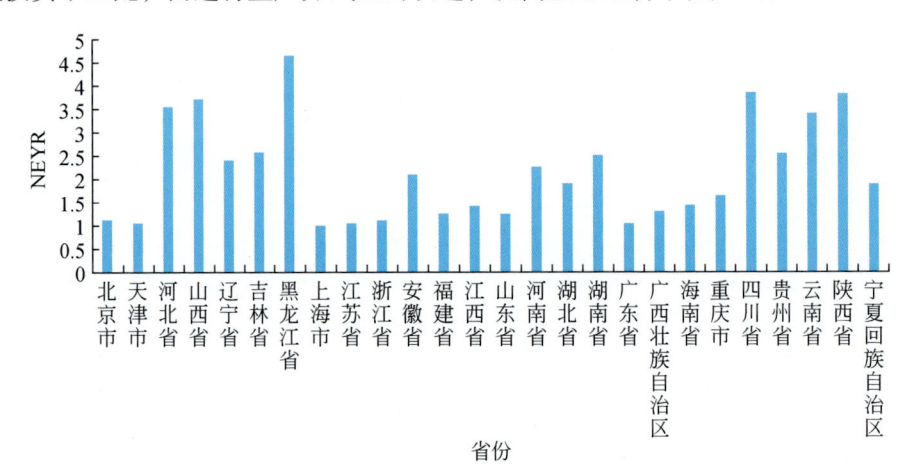

图 4-8　部分省域净能值产出率对比

4.4.2 社会子系统生态环境核算指标比较分析

4.4.2.1 人均能值用量

与传统的人均收入数据相比人均能值用量（EUPP）因其通过能值而非货币更能反映某一地区真实的人民生活水平和生活质量。该值越高，人均可利用的能值量越大，以物质衡量获得的真实福利越多。从全国范围来看，刨除西藏、青海、甘肃、新疆等自然资源丰富、地广人稀的地区，江西、上海、黑龙江、辽宁、陕西、北京等地人均能值用量较高。在这些地区中，上海、北京等地从外界获取的能值量较大，且多为劳动力、服务、高科技产品等高能质资源；江西因其大规模的农业及养殖业，本地能值积累很大；黑龙江、辽宁、陕西等地因其丰富的可更新资源能值量，人均能值用量较高（图4-9）。

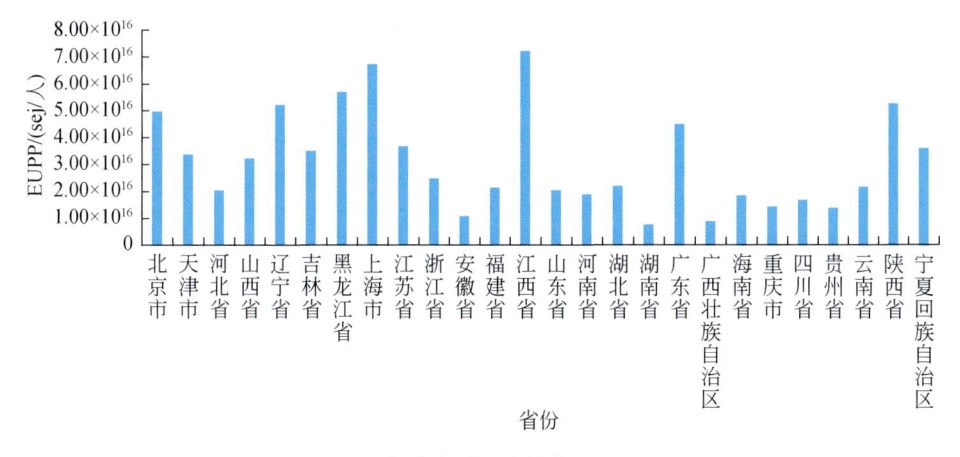

图4-9 部分省域人均能值用量对比

4.4.2.2 能值密度

能值密度（ED）也被称作"能源利用强度"，反映了单位面积经济活动的密集程度，该值越大，则说明该区域能值利用强度大、生产效率高、经济发展快。有学者认为，第二产业（如工业）对不可更新资源的高强度开发利用，往往导致工业聚集地区的能值密度较高。因此，工业化国家的能值密度与农业国家、不发达地区相比，往往高出不少。从图4-10可以看出（因上海市此值远高于其他地区，故省略）能质密度较大的地区有上海、北京、天津、江苏和广东等，这些地区经济活动密集，产业的聚集程度高，生产效率较高，发展形势较好。但同时，这也意味着这些地区面临严峻的用地紧张问题，土地因子将限制未来经济的发展。

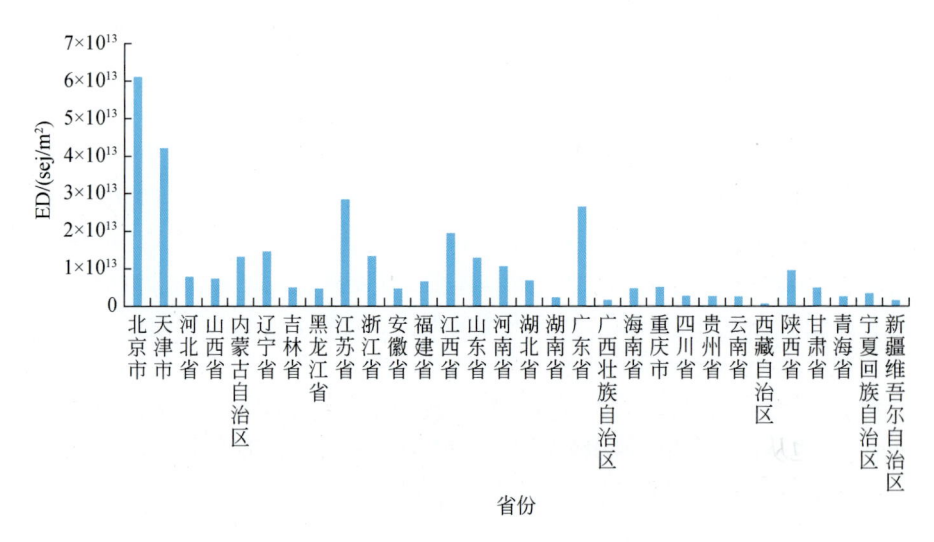

·86· 能值分析理论与实践：生态经济核算与城市绿色管理

图 4-10 部分省域能值密度对比

4.4.2.3 人均燃料能值

人均燃料能值反映了一个地区对煤矿、石油、天然气等不可再生资源的依赖程度，此值越高，说明该地区工业电气化水平和交通信息现代化程度越成熟，对于石化资源的依赖度也越大，并且由燃煤引起的污染问题也可能十分严重。从图4-11中看出全国各省份中人均燃料能值最高的有内蒙古、辽宁、上海、海南、

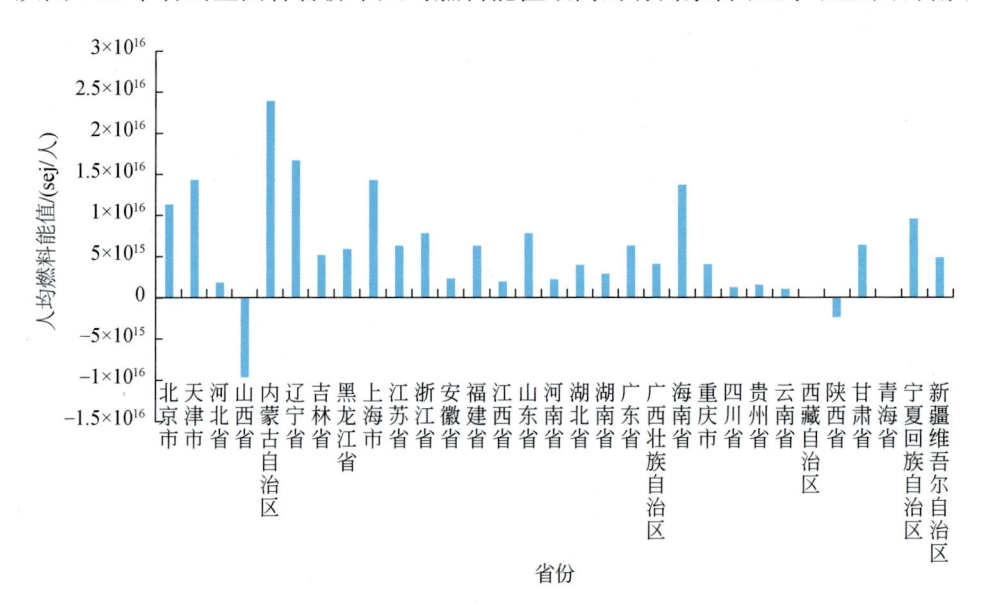

图 4-11 部分省域人均燃料能值对比

北京和天津等。内蒙古由于西电东送政策，大量燃煤发电以支援东部省份。其他人均燃料能值高的地区相应地工业电气化水平较高，对石化资源的依赖程度大，环境压力也相应较大。相反，四川、贵州、云南等省份一是水资源发达，火力发电比例较小，二是工业化水平还相对较低，需要考虑区域产业化转型以促进经济发展。

人均电力能值用量也常用以反映某地区工业电气化和信息化水平。电能属于高等级高能质的能源，作为城市科技信息交流和发展的重要支撑，电力的使用量与人民生活水平质量息息相关。从图4-12可以看出，全国范围内的用电大省有山西、江苏、浙江、贵州等，其中山西和贵州两省主要因为承担西电东送送电任务，电能消耗巨大；而江苏、浙江等东部省份由于经济建设的需要，社会对于电能的依赖很强，工业化和商业化较强，区域内部对于科技、信息、劳动服务需求量大，这也从侧面反映出东部沿海地区的经济发达程度。

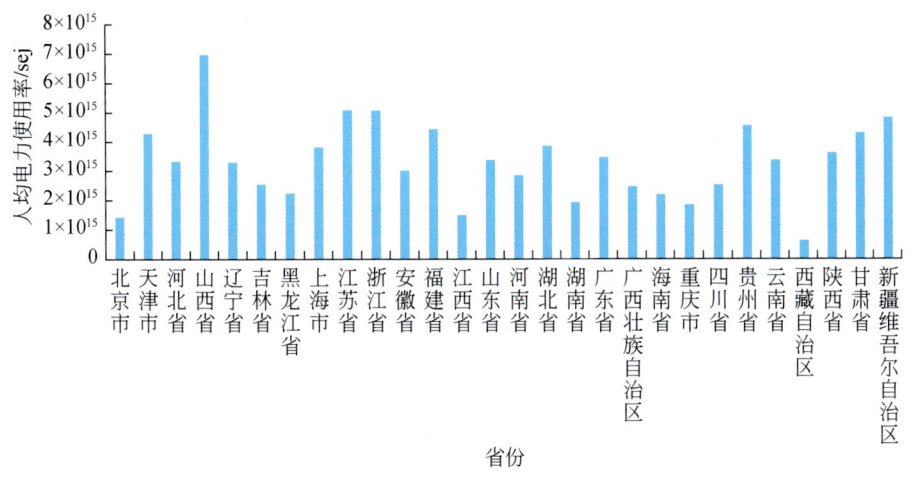

图4-12　部分省域人均电力使用量对比

4.4.3　自然子系统生态环境核算指标比较分析

环境负载率（ELR）反映了区域生态经济系统承受的环境压力，该值越高说明该地区以能值为核算对象的经济活动强度越大，人地矛盾越紧张，区域环境负荷越大。根据图4-13，上海、北京等特大城市环境负荷要远高于其他地区，这两个特大城市经济发展程度最高、环境压力也最大，由于地理条件、自然资源极为有限，基本依靠外省大量的能值输入，以及本地不可更新资源开发，因此生态环境恶化。如果根据Brown和Ulgiati的建议，系统环境负载率小于3为低环境负荷，3～10为中等环境负荷，大于10则视为高环境负荷。那么，上海、北京、江西、广东、天津等地区的环境都处于超高负荷阶段，相比于其他国家或地区高出近1000（美国7.06、西班牙7.20、瑞典9.03、意大利9.47），处于高度危险状态。但由于本核算数值整

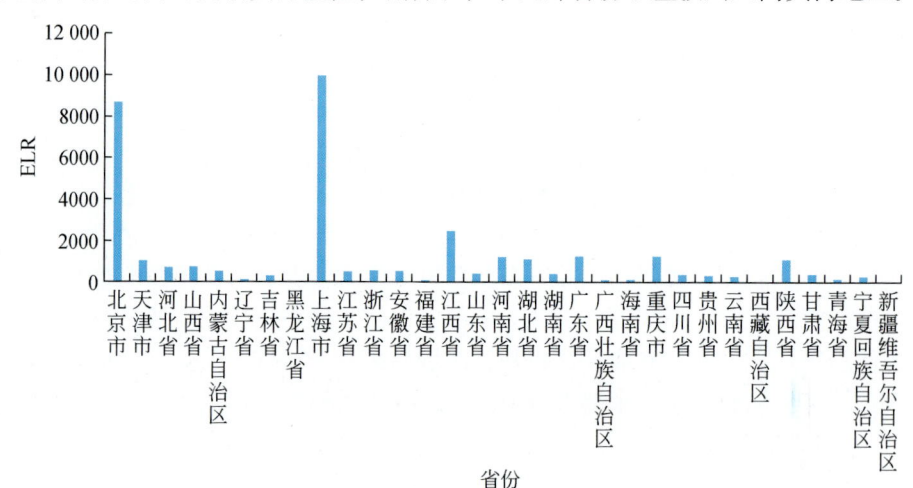

体偏高（分母为可更新资源能值，偏低），中西部省份不应被列入高负荷地区。

图 4-13　部分省域环境负载率对比

4.4.4　发展可持续性指标比较分析

4.4.4.1　能值可持续发展指标

能值可持续发展指标（ESI）由 Brown 和 Ulgiati 联合提出，用以衡量区域的协调性与可持续性。本章比较了采用能值产出率（EYA）与环境负载率（ELR）和净能值产出率（NEYA）与环境负载率（ELR）的比值，结果大致吻合。根据 Brown 和 Ulgiati 的分析标准，ESI 越小，经济发展程度越发达。在图 4-14 中，去掉 ESI 远大于其他地区的西藏、黑龙江、青海三省份之后，可看出，可持续发展状况较好的地区有上海、北京、广东、天津、重庆、江西、浙江、江苏等 8 个省份，处于中游的有河北、河南、湖北、安徽、山东、湖南、山西、陕西、四川等 9 个省份，处于下游的有宁夏、吉林、贵州、云南、内蒙古、海南、广西、福建、辽宁、甘肃、新疆、青海、黑龙江、西藏等 14 个省份。但本章计算得出整体东部地区的 ESI 数值较小，北京、上海两特大城市 ESI 值均只有 0.0001，对比李金平于 2005 年对澳门市能值指标 ESI 的计算结果，澳门市 ESI 仅为 0.0008。李金平指出，对于人口高度密集的城市，由于 ESI 数值太小，其所代表的含义难以界定，故 ESI 用以衡量国家整体可持续性较为合适，而在衡量城市尺度下的可持续发展情况时，能值指标体系中的其他测度更为合适。进而本章参考 2014 年出版的中国省域竞争力蓝皮书《"十二五"中期中国省域经济综合竞争力发展报告》（以下简称《报告》）当中对 2012 年中国各省份可持续发展程度的排序，本章结果基本符合《报告》对全国各省份可持续性上游、中游、下游的划分。但值得一提的是，蓝皮书给出的全国省域可持续发展竞争力前三甲省份在本核算指标中均列在第三类省份中。这恰恰与此三省很强的资源竞争力和环境竞争力有关。我国地广人稀的省份如西藏、内蒙古、黑龙江拥有丰富的自然资源储备，而海南、福建等地自然环境条件优厚，经济发展水平较高。在能值可持续发展指数的计算中，环境负载率较小的省份往往得出 ESI 较大的数值，导致其可持续发展能力排名靠后，这是 ESI 指标体系需要改进的其中一部分。

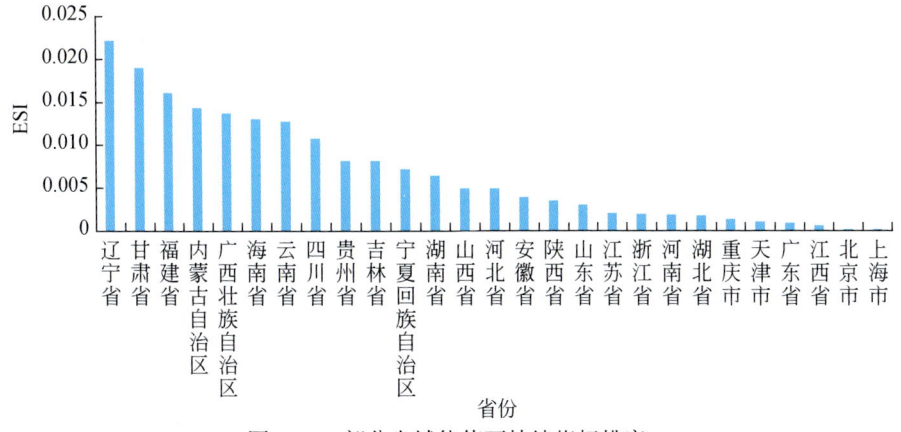

图 4-14 部分省域能值可持续指标排序

4.4.4.2 新可持续发展能值指标

新可持续发展能值指标（EISD）是 2002 年陆宏芳等在 ESI 的基础上，结合中国实际提出的新能值指标，定义为能值产出率和能值交换率的乘积与环境负载之比，其数学表达式为 EISD=EA×EER/ELR=ESI×EER。

该值越高，单位生态环境压力下的社会经济效益越好。从本章计算出的指标来看，《报告》给出的可持续性竞争力最强的前三位省份福建、海南、黑龙江（因数值太大未列出）在此排序中均名列前茅，其生态经济系统具有较好的可持续发展性能。而排名靠后的省份由于环境负荷大、用地紧张、资源匮乏且昂贵，单位环境压力下的社会经济效益低（图 4-15）。

通过比较 ESI 和 EISD 两个截然不同的可持续发展指标，可以认为，在通过能值核算方法分析区域可持续性时，应当同时兼顾经济发展情况和当地环境负载。传统的能值可持续指标 ESI 在计算能值产出时存在两点问题：一是并非所有的系统产出都是有益于人类发展的正效益，也有的是破坏生态环境的负产出，比如排放到大气当中的有害气体，排放到河流中的工业污水、生活废水以及工业废弃物等。也就是说，不是能值产出率越高就越体现经济发展的高水平，而且往往能值产出高的地区面临的环境负荷更大。二是即便能值产出相同，受地区影响，能值交换率将存在差异，并不能真实反映区域真实的财富情况。

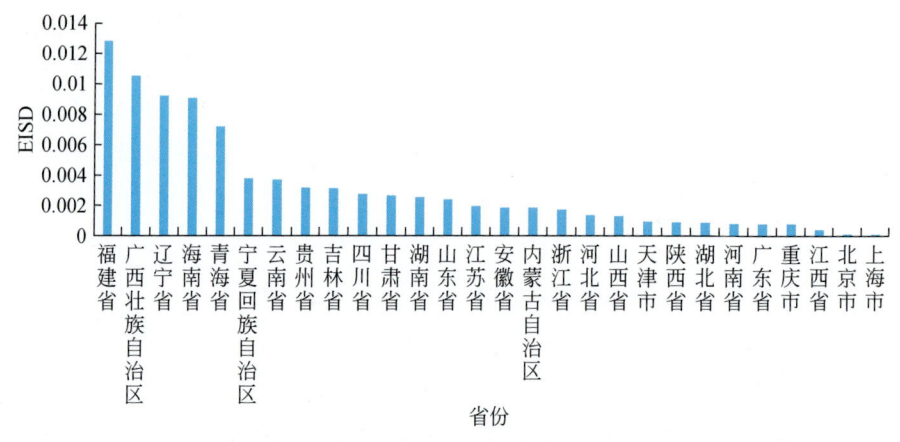

图 4-15　部分省域新可持续性能值指标排序

4.5　中国省级区域生态环境核算空间区位分析

根据前面章节对中国各省份社会-经济-生态系统能值核算框架中逐个指标的分析，得出全国各省份发展的优势与背后存在的隐患。为更加直观反映全国各省份可持续发展的整体情况，进行中国省级可持续空间分异分析。

在上一节详细分析的指标体系当中，将选取社会、经济、自然各子系统当中最具代表性、制作地图效果好的指标进行空间分异分析、评价。同时，参考张如等人通过主成分分析法确定的部分指标，力求最大程度反映全国各省份整体发展的现状和问题。

4.5.1　生态环境核算来源结构性指标

4.5.1.1　能值自给率

反映本地资源储量及自我支撑能力的能值自给率 ESR 实质是某一地区资源竞争力的体现。图 4-14 中，红色越深的省份能值自给率越大，颜色最深的省份——西藏的能值自给率为 99%。从图 4-16 上可以非常直观地看出，经济活动密集、用地紧张、人口密度大的东部地区能值自给率较低，基本在 10% 以下，主要依赖于从其他省份调入资源。而华北、华中及西南地区能值自给率居中，为 50%~60%，作为东部沿海经济带的资源补给地区，支撑沿海地区发展。能值自给率超过 80% 的省份有西藏（99%）、青海（95%）、甘肃（86%）、新疆（83%）和内蒙古（80%），这些西部地区自然资源丰富、地广人稀，自我支撑能力强、发展潜力大。

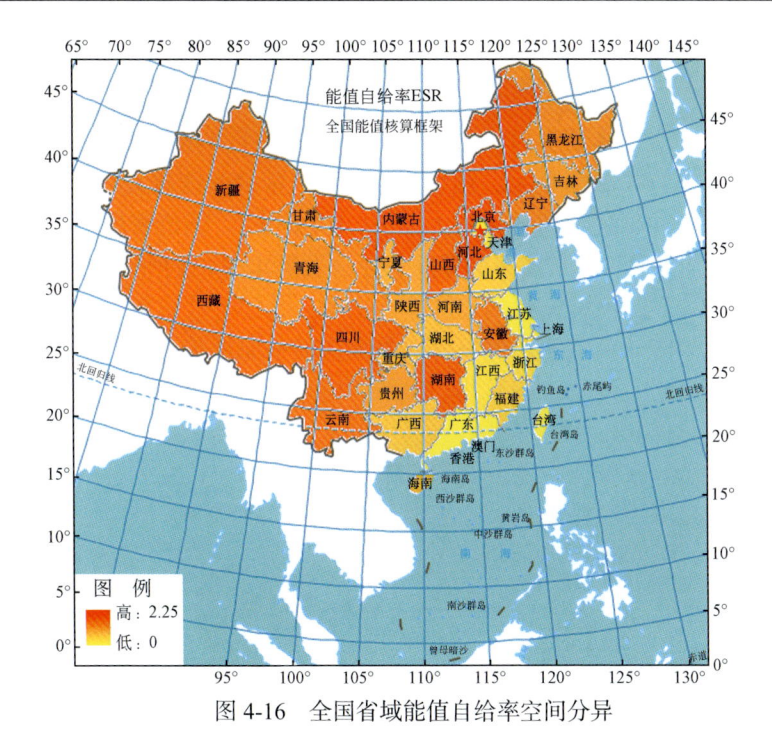

第 4 章　国家及省级区域系统代谢过程的生态环境核算

图 4-16　全国省域能值自给率空间分异

4.5.1.2　各省能值调入比

将全国各省能值调入量的多少按比例以字符云的形式呈现于图 4-17，字体越大的省份进口的能值量越大。对应能值自给率分布，从图 4-17 中可直观看出，广东、江苏、上海、山东、浙江等东部省份对外省进口能值的依赖较大，这是由于其经济总量大、发展程度高且土地资源相对稀缺。

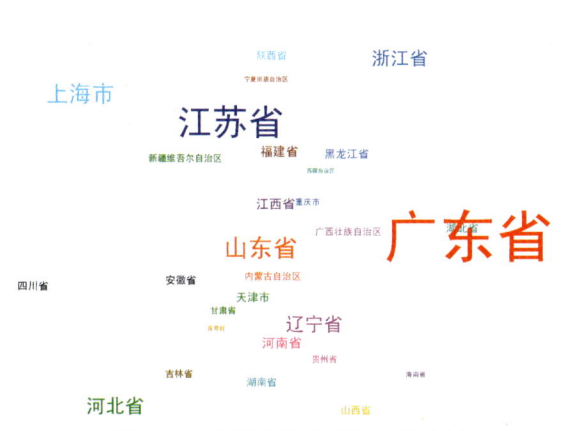

图 4-17　全国省域能值调入量比例

北京市因为比例太小没有显现；数据不含香港、澳门、台湾

4.5.2 生态环境核算社会发展类指标

体现全社会发展整体情况的能值指标——能值密度，在整合成为区域空间分析图时十分直观。如图4-18所示，红色越深的地区能值密度越大，上海、广东、北京、天津、江苏等地区能值密度均大于2×10^{14} sej/m²。能值密度可以体现一个地区的经济发展密集程度、人口密集程度和经济发展水平，根据图4-18可总结出：东部地区，包括广东、浙江、江西、江苏、上海、天津、北京等地能值利用强度大，经济较发达但同时面临的环境负荷也更大；而中原地带及东北属于能值密度第二梯队，包括辽宁、内蒙古、河北、山西、山东、陕西等省份，这些地区整体的经济发展等级总体处于中上水平、居民生活水平有一定保障；西部地区属于能值密度的第三梯队，在整体经济发展等级中处于中下水平，发展密度、集约化程度低，在今后的发展中应注重吸引外来投资、提升产业结构并扩大生产。

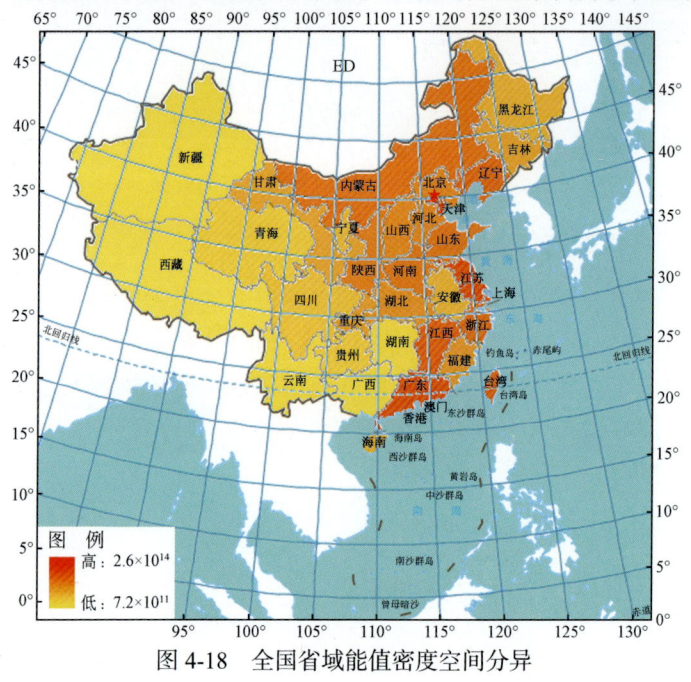

图4-18 全国省域能值密度空间分异

4.5.3 生态环境核算经济发展类指标

4.5.3.1 能值投资率

作为衡量区域经济子系统发展情况中最具代表性的指标，能值投资率反映出金融资本对各省的偏好，折射出经济发展过程中各地区效益产生的效率。从图4-19可看出，全国范围内的能值投资高度集中于上海、北京、天津、江苏、浙江、广东、福建这几个东部沿海省市，这既体现了国家对东部发展的重视程度，又反映了沿海发展强省巨大的经济规模。能值投资强度二类省份主要集中于华北、华中、华南（非沿海）地区，从经济发展程度看，这些省份处于中游。能值投资率较小的西部地区由于区位限制，往往发展水平较为落后，建议国家加大西部大开发力度，开发这些省份的资源支持功能并向其输入高端人才技术。

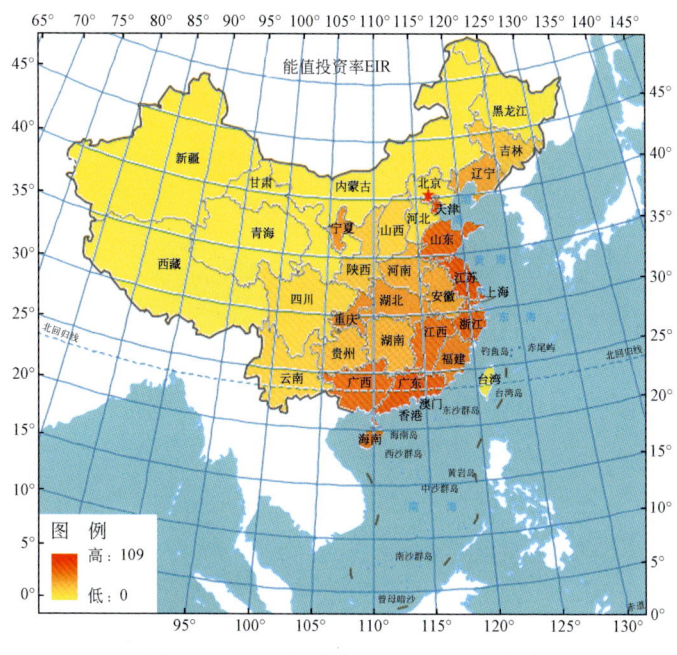

图 4-19 全国省域能值投资率空间分异

4.5.3.2 各地区能值投入比例

如图 4-20 所示，将我国各省份归并为东部、中部、西部三大地区，通过双层嵌套饼图，呈现各地区能值投入的比例。从图 4-20 上可直观了解，整个东部地区所吸纳的能值投入量占全国的 80% 以上，而中西部地区所吸纳的能值投入比率总量不及单一一个东部沿海省份。建议国家加强对中西部地区发展的重视，从政策、资金、技术、项目等多方面支持中西部省份发展。

4.5.4 区域可持续发展水平综合评估

本章将通过 ESI、EISD 两个评估区域可持续发展情况的能值指标获得的省级可持续发展排名与《中国省域经济综合竞争力发展报告》中给出的省域发展竞争力排名进行整合、修缮，绘制了全国省域能值可持续指标空间分异地图（图 4-21）。图中红色越深的地区 ESI 值越高，即可持续发展竞争力越弱。具有

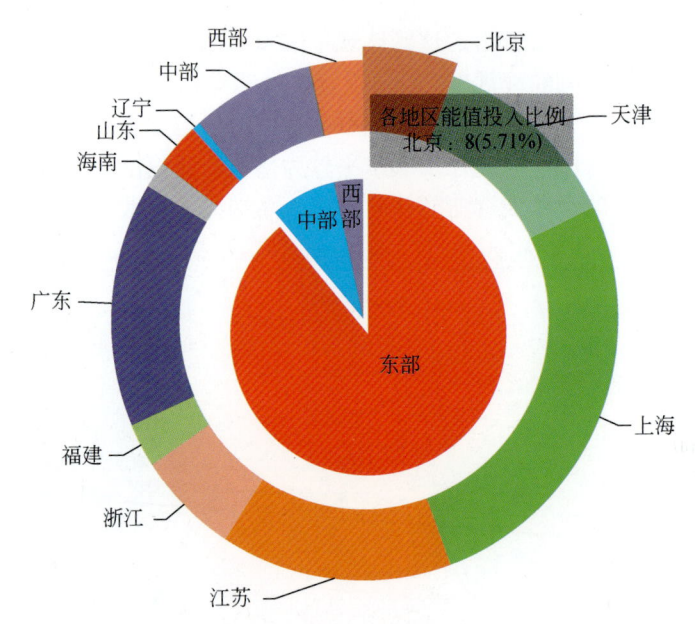

· 94 ·　能值分析理论与实践：生态经济核算与城市绿色管理

图 4-20　各地区能值投入比例（北京排第 8 位，占比为 5.71%）

数据不含香港、澳门、台湾

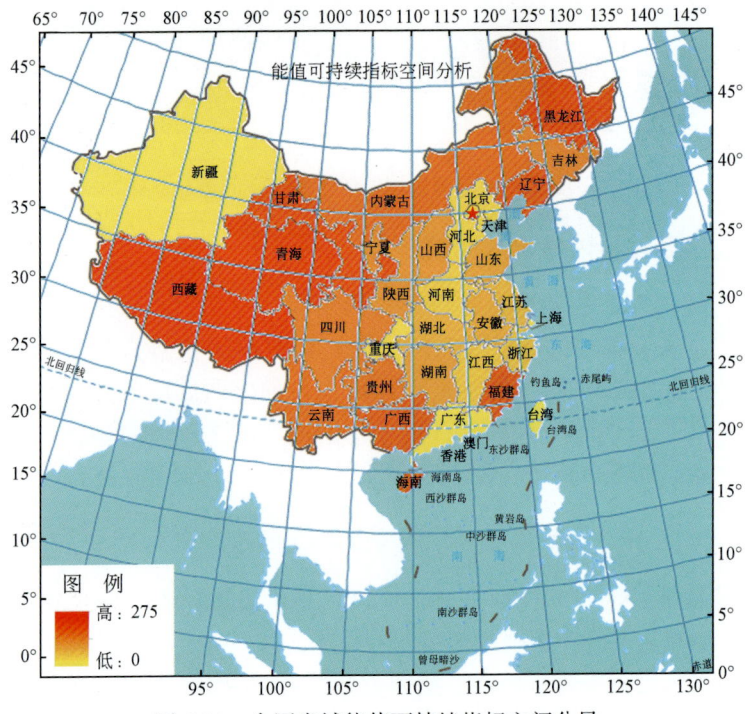

图 4-21　全国省域能值可持续指标空间分异

自然资源、环境竞争力的黑龙江、海南两省和具有人力资源竞争力的北京、上海、浙江、广东、天津等地以及综合竞争力优势突出的福建、重庆位列中国可持续发展水平第一梯队。山西、内蒙古、河北、河南、安徽、山东、湖北、湖南、江西等中部省份构成二级梯队的主力，值得一提的是，环境负载率过高、近期环境污染事件频发的江苏因其过度追求经济发展，一味忽视生态环境保护而排在二类省份。处于第三梯队的省份主要来自西部地区，如西藏、青海、甘肃、宁夏、新疆、四川、贵州、云南等地，但也不乏污染严重的东北重工业区辽宁和吉林。要使目前经济相对落后的西部地区快速发展，笔者建议走一条有别于东部地区先污染后修复模式的可持续发展之路，既保护西部地区储量巨大的自然资源，又改进产业结构向高端服务业发展，达到经济发展与资源保护的平衡状态。

4.6 省级区域系统生态环境核算可持续性相关性分析

4.6.1 传统生态环境核算指标相关性分析

4.6.1.1 能值产出率、能值投资率和能值自给率

根据 H. T. Odum 的定义，能值产出率 EYR 为系统总产出能值与社会经济方面进口投入能值之比；能值投资率 EIR 为社会经济方面进口投入能值与自然资源能值投入之比。故 EYR 与 EIR 成反比关系。而能值自给率 ESR 定义为自然资源能值投入与系统能值总投入之比，当 EYR 越大时，ESR 也越大，故 EYR 与 ESR 成正比关系，因而 EIR 与 ESR 成反比关系。对于 EYR、EIR 和 ESR 的直接、固有相关性，考虑到能值指标评价系统的精简性，建议将其归并简化。由于能值产出率与经济学经典评价指标——投入产出比的相似性，考虑予以保留。

4.6.1.2 环境负载率和可更新资源投入率

根据 H. T. Odum 的定义，环境负载率 ELR 为系统内部不可更新资源能值投入总量与可更新资源能值投入总量之比；而可更新资源投入率 RIR 为系统内部可更新资源投入总量与系统能值总投入量之比。故 ELR 与 RIR 成反比关系。两个指标在评价生态经济系统的可持续性方面存在一定重复，考虑到环境负载率对区域环境压力的直观、明确体现，建议保留环境负载率作为自然子系统发展状态的主要评价指标。

4.6.2 社会发展与生态环境核算指标相关性创新分析

本章选取各省（市、区）社会发展基础指标（包括人口、面积、GDP）、基

础能值流指标（包括 R、N、能值总投入、IMP、EXP）以及社会—经济—自然子系统的能值指标（包括 EYR、ELR、ESR、ESI、EMR、EER 等）进行多指标间的相关性两两分析，相关系数在图 4-22 中列出。

	人口	面积	GDP	R	N	能值总投入	IMP	EXP	EYR	ELR	ESR	ESI	EMR	EER
人口	1													
面积	−0.240 91	1												
GDP	0.849 249	−0.321 79	1											
R	−0.190 79	0.583 873	−0.166 33	1										
N	−0.004 73	0.443 969	−0.141 04	0.357 189	1									
能值总投入	0.495 365	0.161 759	0.570 425	0.199 945	0.639 637	1								
IMP	0.643 304	−0.231 96	0.872 043	−0.104 04	−0.156 19	0.659 28	1							
EXP	0.738 967	−0.221 88	0.838 076	−0.187 89	0.043 367	0.679 403	0.832 818	1						
EYP	−0.385 24	0.516 276	−0.395 86	0.301 498	0.321 656	0.017 98	−0.294 05	−0.305 8	1					
ELR	−0.129 01	−0.274 26	0.062 677	−0.242 73	−0.056 86	0.197 281	0.095 644	−0.170 03		1				
ESR	−0.350 17	0.610 998	−0.554 4	0.422 475	0.507 604	−0.016 14	−0.520 18	−0.387 5	0.647 703	−0.334 91	1			
ESI	−0.270 06	0.500 96	−0.232 09	0.341 684	−0.004 69	−0.125 22	−0.160 8	−0.225 57	0.193 143	−0.090 65	0.322 28	1		
EMR	−0.433 73	0.737 802	−0.402 04	0.456 257	0.306 658	0.038 44	−0.255 05	−0.312 68	0.702 756	−0.168 99	0.596 504	0.799 449	1	
EER	−0.433 73	0.737 802	−0.402 04	0.456 257	0.306 658	0.038 44	−0.255 05	−0.312 68	0.702 756	−0.168 99	0.596 504	0.799 449	1	1

图 4-22　全国各省份能值多指标两两相关分析结果

4.6.2.1　系统社会经济方面能值总投入 / 总输出量与人口、GDP、系统总能值投入

根据图 4-23（a）可以看出，与系统社会经济方面能值总投入 IMP/ 总输出量 EXP 两个能值指标有正相关关系的指标有人口、GDP、系统总能值投入量等 3 个指标。人口多、经济总量大的省份通常社会整体发展程度高、经济活动密集。例如广东省从外省调入大量的自然资源、原材料、燃料、电能、劳动力，拥有较高的 IMP 值，并向全国各省份乃至世界各地大量出口具有高能质的产品、技术和服务，同时拥有较高的 EXP 值。因此 IMP、EXP 两个指标实质上从侧面反映了区域经济发展程度及人民生活水平。

4.6.2.2　区域面积与能值自给率、能值货币比率和能值交换率

根据图 4-23（b），区域面积与能值结构类指标能值自给率 ESR、能值货币比率 EMR、能值交换率 EER 均成正比关系。这基本符合我国自然地理条件相对应的经济发展程度。在地广人稀的西部省份，自然资源能值储量大，能值进口量小，经济相对欠发达，单位货币所购买的真实价值较高，这解释了区域面积与能值自给率以及 EMR、EER 均成正比的原因。而区域面积有限、人口密度大、经济集约化程度高的东部地区，能值自给程度低，较为依赖其他省份的支撑，并且物价较高，单位货币所能购买的真实价值较低。

4.6.2.3　系统能值指标非定义类相关性分析

除去上文提及的由于定义与计算公式产生的相关性指标，本节对系统指标中无直接关联的指标进行了探索。从图 4-23（c）看出，描述经济子系统发展情况的两个能值指标能值货币比率 EMR、能值交换率 EER 与能值产出率 EYR、能值

可持续发展指数 ESI 分别成正相关。即 EMR 和 EER 数值高的省份具有相对高的 EYR 和 ESI，自然资源储量大、环境竞争力强，但经济发展落后，如西藏、青海、内蒙古等地。而 EMR、EER 数值比较低的省份如上海、江苏，其 EYR、ESI 数值也较低，虽然经济发达、可持续发展状况较好，但大比例的能值投资率势必造成能值产出量大但能值产出率偏低等问题。

4.6.2.4 各省聚集情况

挑选两两相关系数大于 0.5 的指标绘制相关散点图，观察各省散点聚集情况。如图 4-23（d）所示，将人口－进出口散点图与 GDP－进出口散点图合并，可归纳出各省份人口、GDP 与进出口的分布趋势，即靠近原点的主要为人口稀少、GDP 较低的西部欠发达地区；中间部分从人口、GDP 偏低的西南部地区向人口较多、GDP 较高的中东部地区过度；最远离坐标轴的广东、江苏两省拥有庞大的人口与经济总量，同时进出口量也居于第一、二位。

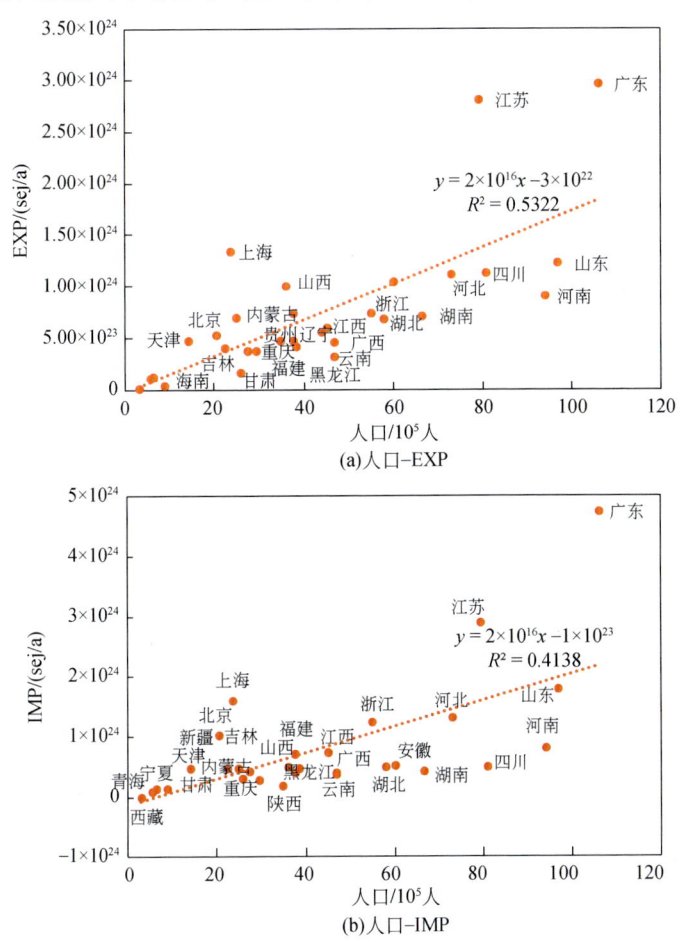

(a) 人口-EXP

$y = 2\times10^{16}x - 3\times10^{22}$
$R^2 = 0.5322$

(b) 人口-IMP

$y = 2\times10^{16}x - 1\times10^{23}$
$R^2 = 0.4138$

(c) GDP–EXP

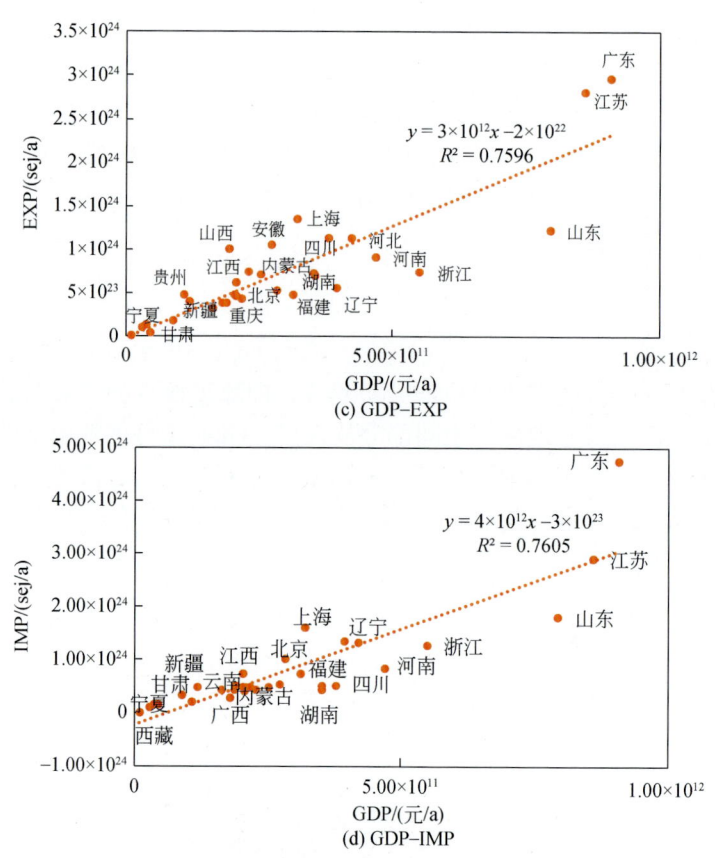

$y = 3\times10^{12}x - 2\times10^{22}$
$R^2 = 0.7596$

(d) GDP–IMP

$y = 4\times10^{12}x - 3\times10^{23}$
$R^2 = 0.7605$

图 4-23　各省份人口 –GDP– 进出口分布趋势

在图 4-24 中，将 ESI-EMR，EYR-EMR，面积 -EMR，EYR-ESR 两两相关散点图合并，可归纳出各省分布趋势为：靠近原点的为人均土地面积小、人均收

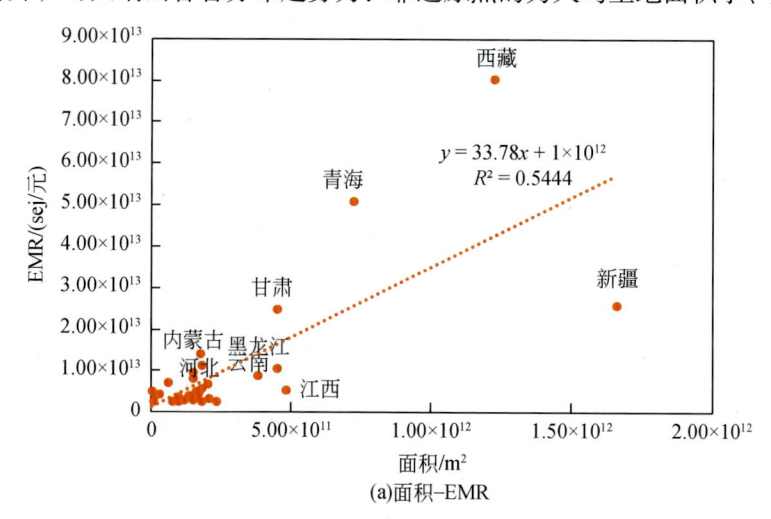

(a) 面积–EMR

$y = 33.78x + 1\times10^{12}$
$R^2 = 0.5444$

(b) 面积-EER

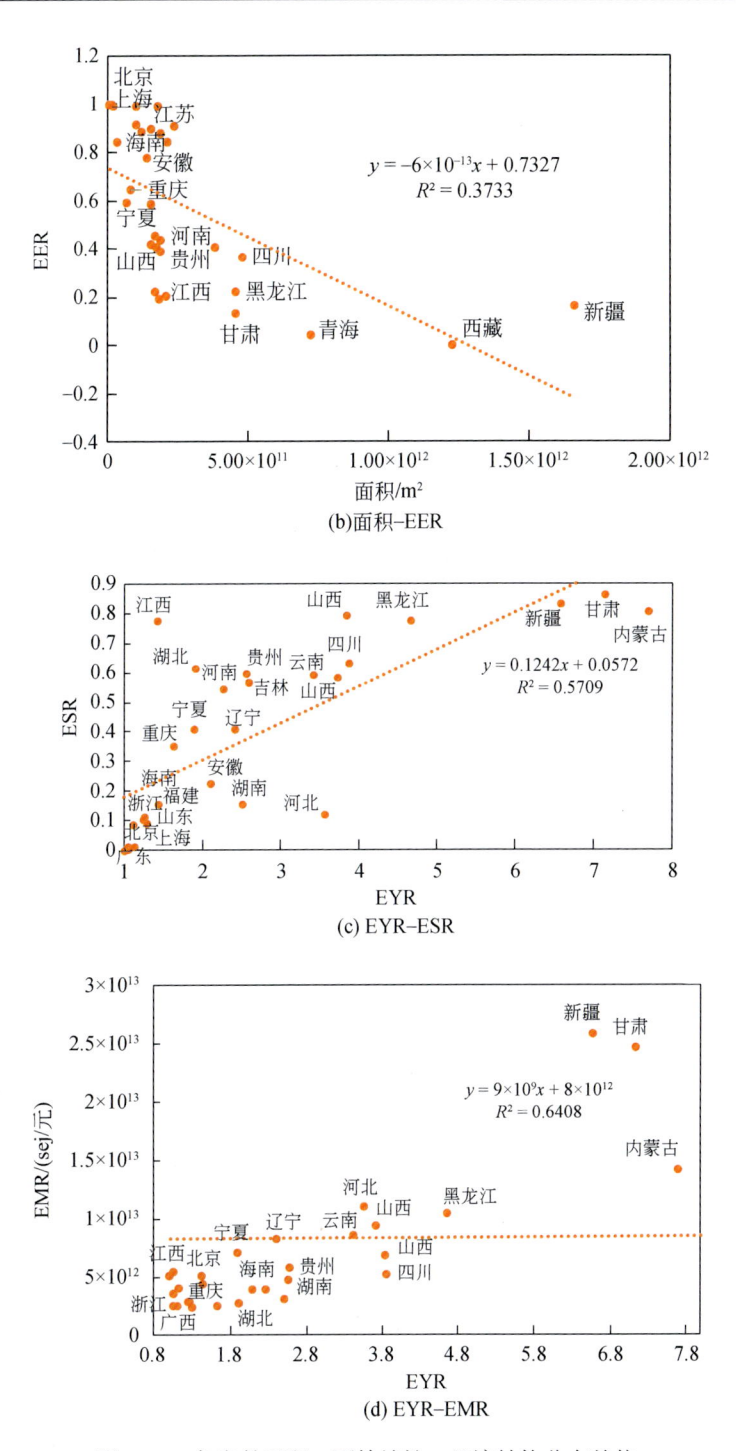

(c) EYR-ESR

(d) EYR-EMR

图 4-24 各省份面积-可持续性-经济结构分布趋势

入高、可持续性较强、物价高的东部沿海地区；中间部分主要是经济发展水平居中的中西部省份；最远离坐标轴的西藏、青海、甘肃、新疆等地主要依赖系统内部资源，由于自然、地理等客观条件限制，经济发展水平偏低。

4.7 本章小结

4.7.1 研究结论

本章基于能值分析方法构建国家/省域环境核算评估框架，结合空间分析，对中国省（市、区）生态经济系统的可持续性进行评价并使用多指标相关性分析，探究区域能值体系指标与社会发展基础指标、内部指标与指标间的关系，得出主要结论。

4.7.1.1 全国各省份可持续发展存在的问题

根据第3章对全国各省份能值代表性指标的对比分析及空间分异以及排序，发现全国东部、中部、西部可持续发展存在以下问题。

（1）全社会经济发展极不平衡，东西部地区人民生活水平悬殊。

（2）整体资源分配不合理，东部地区资源浪费严重且环境负荷过大。

（3）区域间带动效益不显著，中西部地区总体竞争力有待加强。

4.7.1.2 全国可持续发展政策建议

根据以上各省份各自存在的可持续发展问题，探讨如下发展策略。

（1）对于经济发展较为落后的中西部地区，需要着力增强其经济实力。通过政策扶持，加强技术和教育的投入，扩大对外资企业的吸引力，加快山区经济发展，并加大基础设施的建设力度，保证偏远山区具有相对便捷的交通运输，打破传统地理条件对经济发展的制约，加大与外省、国际的交流程度。

（2）对于经济发展程度高的东部沿海地区，应着重注意提高资源和能源的利用效率，并提高单位环境压力下所能换取的社会经济效益。通过引进绿色产业，优化能源结构，创建资源节约型社会，并加强对可再生资源的利用，降低系统对不可更新资源的依赖。此外，还应遏制大量劳动力资源向北京、上海等大城市汇集的趋势，严格控制外来人口的数量，减轻东部发达城市环境压力。建议内陆省份应当采取积极的政策，重视引进高素质人才，并作为东部地区的经济腹地，缓解其人口压力。

（3）从全国整体视角来看，政府应当鼓励东西部地区深化区域间合作，整合东部地区的资金、人才、技术优势与内陆地区的资源、环境、劳动力优势，通过产业转移等方式，发挥东部沿海地区的带动作用，促进西部地区经济发展。

4.7.2 研究展望

在本章搭建的能值核算数据库框架下，存在以下扩充、改进的空间。

（1）由于数据库中所需数据量的庞大和大量数据的不可得，未进行纵向动态发展分析，希望后续工作能以此为突破点，从能值角度分析中华人民共和国成立之初与发展至今我国发展的动态扫描，结合空间和时间两大维度，探讨未来发展方向。

（2）由于研究条件的限制，本章与 GIS 方法的结合使用有限，并且与其他理论方法的研究结合较少，单纯通过能值指标分析、解释、概括我国各省（市、区）的可持续发展情况比较有局限性。希望今后的工作能拓展与其他生态学、经济学理论的结合运用，丰富能值评价体系。

第 5 章　城市系统代谢过程的生态环境核算

5.1　城市代谢系统分析

在生态系统论中，城市可以比拟成一种异养型（heterotrophic）和自组织型（self-regulating）的生态系统，城市依赖其周围环境的支持能力，将自然环境视为一个维生系统，提供物质、食物、空气、水、能源等维持人类生理的必要元素，能源和原材料作为输入项，废物作为输出项（Odum，1989）。这种新陈代谢论，将有助于对城市化过程中的环境问题有一个整体的了解（Sachs，2005）。因此，迫切需要制定一个量化的方法，可以评估城市的新陈代谢，并考虑到它们是如何影响城市系统的动态和影响可持续性的不利环境影响。

生态能量分析基于生态经济学的原则，其定义更为宽广，试图纳入自然、经济、社会及其相互关系等多方面的思考。Odum（1995，1983）和他的追随者们（Brown and Ulgiati，2001；Campbell，2005；Huang and Chen，2005）提出能路语言，评估城市系统如何受自然环境系统的功能与过程所作用，运用系统的仿真，可以了解人类活动、经济系统与生态系统三者的关系。由于现代城市是一种非线性的新陈代谢系统，和自然界原有的循环式新陈代谢系统不同，对于地球的维生系统将产生破坏性的作用。因此，为获得城市的健康发展，需设计一种"封闭式循环"的城市系统，才可达到城市可持续发展的目标（Brown and Ulgiati，2004a，2004b）。到目前为止，已有较多的研究用于评价区域与国家尺度，如：Brown 和 Odum（1992）、Yan 和 Odum（1998）、Lan 和 Odum（2004）、Jiang 等（2007）、Ulgiati 等（2007）、Chen 等（2009a，2009b）。虽然能值分析的方法具有生态流整合的优势，但也被批评为过分简化、缺乏严密性，目前，用能值分析的方法，从废物排放的角度来衡量系统产生的环境负荷在计算上还存在困难，大部分能值分析都忽略了系统的排放物对环境的影响。还有一个有趣的观点是，当城市使用内部资源和使用外部进口资源发生竞争的时候，能值分析方法能够用来预测城市将如何演化（Bastianoni et al.，2004）。本章的目的就在于回答该问题。以北京为例，考察 1999～2006 年的经济活动，详细核算北京本地能源资源使用量、外省购买资源量和国际进口商品等，来考察城市整体结构、功能的演化。

本章第二个目的是利用能值分析方法来度量北京能值流与货币流之间的关系。因为能值分析提供了链接经济系统和生态系统之间的桥梁。它可以对一个资金流可独立运转的研究对象进行经济和生态方面的双重比较。因此，能值分析提供一个生态中心的价值而不是人类中心的价值观。所以这种价值量的测算是非常有必要的，这里我们将分析城市国民生产总值与总能值使用量以及城市使用能源能值量之间的关系。

5.2 城市系统的生态环境核算研究方法

5.2.1 基于能值的城市代谢模型图的绘制

这里用图 5-1 来描述城市生态系统的能值，其中所用的符号来自于 Odum（1996）年提出的能路语言。由于最外层的系统边界是地球，所以从外界投入的驱动力只有太阳能和引力。图 5-1 中，最外面的黑框表示选定的城市系统，左侧的是外界投入的可更新能源，包括太阳能、地热能以及雨水能、风能、潮汐、波浪等，这些可更新资源以生态服务功能的形式间接地支持了城市代谢系统的生产和消费过程（如城市内植被的光合作用、自然界的碳循环、氧循环、作为稀释/

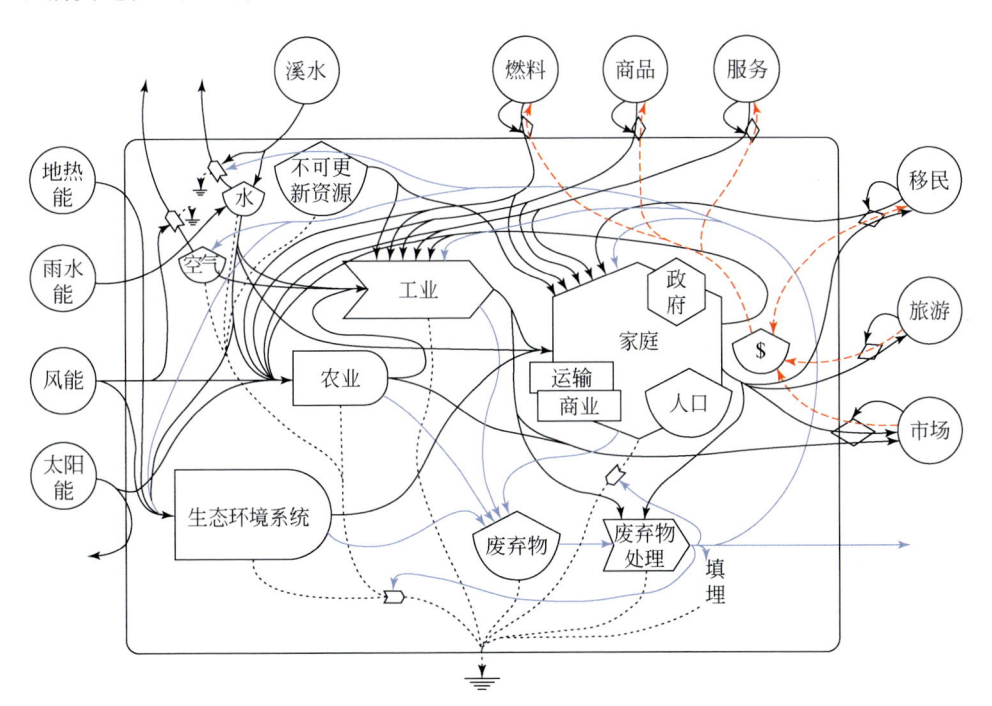

图 5-1 城市生态系统的能值

净化/降解城市中的大气污染物/水污染物/固体废物等）。本地的一些资源，如土壤、木材、地下水等，也被城市代谢系统所使用。化石燃料和电力的能值是单独核算的，核算的过程取决于人类对其开采以及使用的整个过程投入。虽然化石燃料也是在随着地壳运动而慢慢更新，但是相比人类使用的速度，这些入流都考虑为不可再生能源。模型中，人类的角色体现得很明确，即从事经济生产。

图 5-1 中，货币流使用虚线来表示，货币流的方向与劳力的方向相反，所以可以用货币流来追踪劳力投入的情况。从图 5-1 可以看出，整个城市系统的代谢过程是依赖于自然的工作流程，但货币流相对独立。这就说明资金流在市场经济体系下是一套独立而完整的工作环境，其作用是在于保证持续社会商品购买和服务提供的持续正常进行。

该模型还有一个重要的特点在于，相对于极缓慢的地球自身的矿物产品的供给（如煤、石油、铁矿等）以及略快一些的生物圈的可更新资源的供给（如雨水、木材等），这些能源与材料纳入到城市代谢系统的时候是伴随着额外的化石燃料的投入的。图 5-1 中，本地矿物的开采、人类的劳力投入、化石燃料的投入以及自然资源的投入都不是完全独立的，而是一种连乘的效果。所以，如果我们用价格的供需机制来考察，即建立资金流和能量/能值之间的函数关系，应该会得到很好的相关性。

5.2.2 城市代谢系统的绿色核算体系

能值分析是 Odum 发展的一套庞大的用于描述生态系统及其他系统结构理论体系（Odum，1996）。该理论解释了系统是如何利用能量来进行有效组织的。能值是以热力学第二定律为基础，并且建立了共同的考量单位——太阳能焦耳（emjoule）。后来能值被正式定义为体现（包被）能或记忆能量，即为生产任何产品或服务的直接或间接需求的能量总量。这一概念的提出也正值能源危机顶峰时刻，Odum 认识到生态系统在全球经济中所扮演的临界角色，经济活动的发展不仅制约于经济规则，而且受生态限制。这一概念的提出就是用能量整合经济学与生态科学。在核算方法上，地球上每个产品都通过一系列的能量传输，最后发现都是由 3 个基本资源来驱动，即太阳能、地热能和潮汐能或引力。能值分析忽略能量的第四个基础资源，即核能，因为核能不会自然的出现在现有的环境中。能值分析的基本想法是识别这一链状系统，并且测定从初始累计的能量值。在计算方法中，可以用可量化的任何产品或者服务的质量/热量的数值乘以其单位价值能值，即能值转换率（sej/J）或者单位能值量（sej/g）。而为了研究城市能值演化状况，可以将计算出来的能值流纳入到城市代谢模型之中（黄书礼，2004），通过研究流量存量的变化来确定城市的特征方程（图 5-2）。

第 5 章 城市系统代谢过程的生态环境核算

流入能值：$E_J+F_N+F_R+F_{N^*}$
生产能值：E_P
产出能值：E_Y
损失能值：$E_L=K_L\cdot(E_w+E_{w^*})\cdot F_R\cdot F_{N^*}$
存储量：$DQ=K_1\cdot R\cdot N\cdot E_1\cdot Q_U-K_2\cdot Q_U-K_3\cdot Q_U$
储存能值：$EQ=\begin{cases}当DQ>0,\ E_Q=E_P-E_Y-E_L\\当DQ=0,\ E_Q=0\\当DQ<0,\ E_Q=DQ\cdot E_Q/Q\end{cases}$

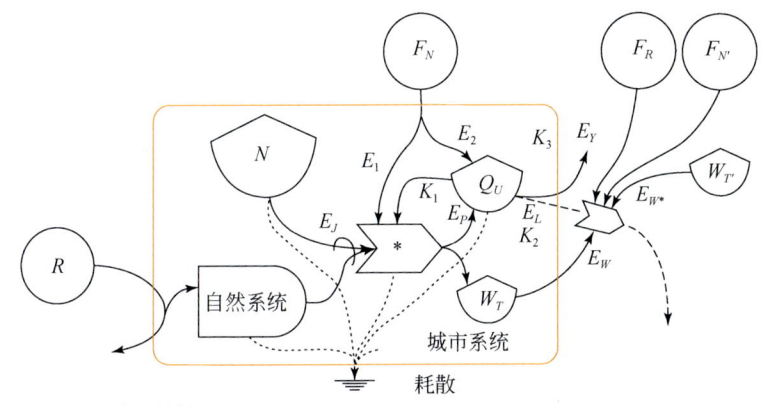

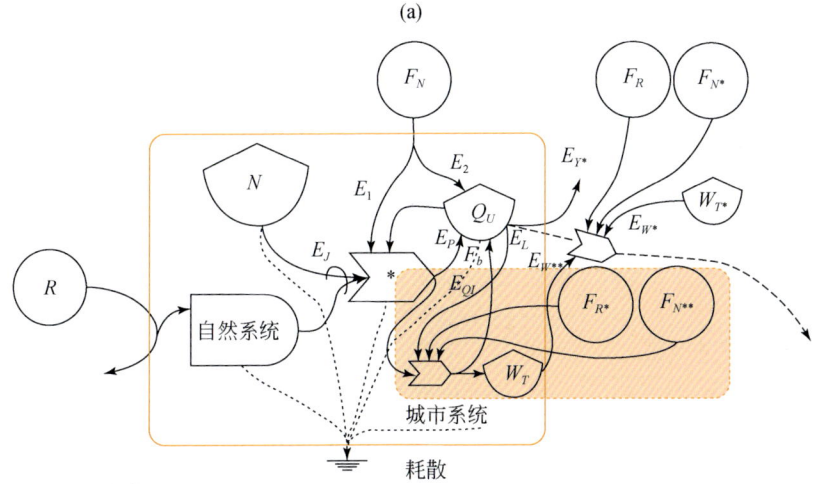

(a)

流入能值：$E_J+F_N+F_R+F_{N^*}+F_{R^*}+F_{N^{**}}$
生产能值：E_P
产出能值：$E_{Y^*}+E_{QI}$
损失能值：$E_L=K_L\cdot(E_{w^{**}}+E_{w^*})\cdot F_{R^*}\cdot F_{N^*}$
存储量：$DQ=K_1\cdot R\cdot N\cdot E_1\cdot Q_U-K_2\cdot Q_U-K_3\cdot Q_U+K_4\cdot F_b\cdot Q_U$
储存能值：$EQ=\begin{cases}当DQ>0,\ E_Q=E_P+F_b-E_{Y^*}-E_{QI}-E_L\\当DQ=0,\ E_Q=0\\当DQ<0,\ E_Q=DQ\cdot E_Q/Q\end{cases}$
处理效率：$K_L\cdot(E_w-E_{w^{**}})\cdot F_R\cdot F_N+F_b>F_{R^*}+F_{N^{**}}+E_{QI}$

(b)

图 5-2 城市代谢系统能值流图和模拟方程

在做能值评价之前还需要注意能值基准线的更新，用于统一现在使用混杂的能值转换率（Odum，1996；Ulgiati and Brown，2002），由于上述的三大原始驱动力的重新核算，更新了地球每年吸收能量总量（详见 Ulgiati and Brown，2002），将1996年的 9.44×10^{24} sej/a 提升为 15.83×10^{24} sej/a。也就是2000年以前发表的大部分能值转换率在2000年后的应用中，应有1.68的系数加权。

图5-3在基本的能值流图上做了一定的改进，突出显示不同尺度对城市系统的投入及内部结构的变化，用以分解使用不同层级商品投入后城市系统的经济活动。其中计算的流包括：①可再生资源流。②土壤侵蚀。③能源消耗。④物资消耗。⑤除燃料物质以外的进口商品。⑥体现在进口商品中的服务。⑦进口服务。⑧移民。

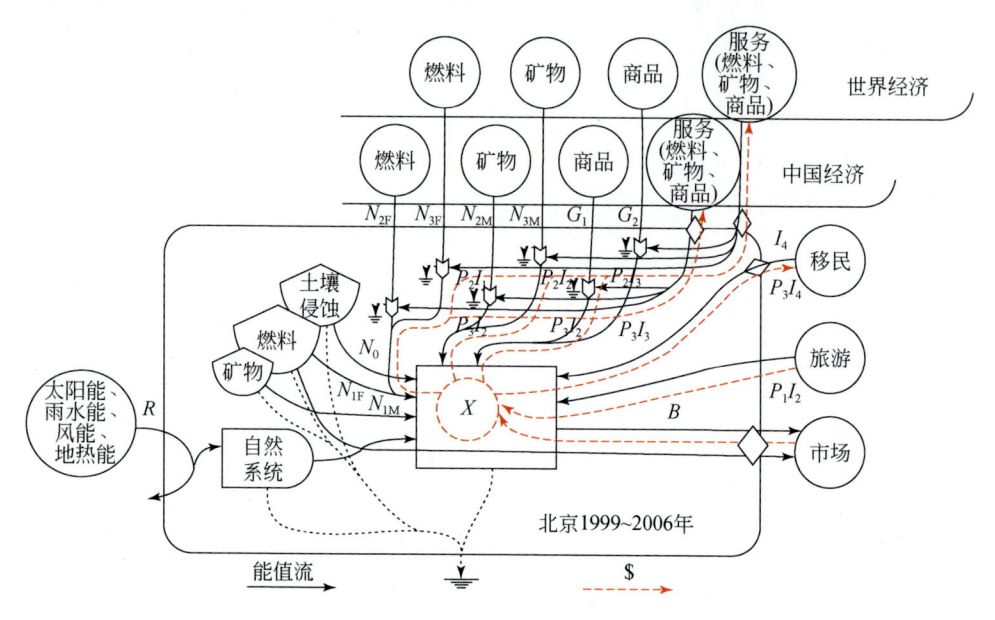

图 5-3　拆解后的北京能值流图

5.2.2.1　可更新能源

在这里要重点说一下城市的可更新能源，而这往往是被忽略的。作为一个长期使用太阳能、潮汐能、地热能的地球系统，城市代谢系统主要的可更新资源的投入在于这些原始驱动能互相作用形成可更新资源，譬如风能、雨水能等。这些重要的可再生能源都会罗列在能值核算表中，但是在最终的统一核算中并不会全部加和。原因是在于会出现"重复计算"的问题。

雨水能包含两种：一种是雨水化学能，雨水凭借其纯度相对海水的位势所包含的能量；还有一种是雨水势能，根据降落海拔的高度包含的能量。所以可更新能源的计算参考两个节点：①进入系统边界的情况。②最终能量使用的情况。计算太阳能值时，需要计算"接收的入射太阳辐射＋吸收的太阳辐射－地表反照率"。雨水势能是由于沉降和径流形成地貌景观的能量；而雨水化学能虽然通过沉降落在土地上，但实际上是由植被的蒸腾作用形成植被景观的结构。而一些特殊的可更新能源几乎都被系统所吸收，比如河口和大陆架地区会吸收几乎所有的潮汐能。

5.2.2.2 不可再生能源

不可再生能源是那些已经被全球系统建造了数千年，由于人类活动比他们更新的速度快太多，所以这里我们考虑化石燃料和地下水的过量使用是不可再生的。能值评价计算的不可再生资源的值，并不只是本身的价值，如每吨煤，计算的价值并不只是煤本身的价值，而是还包含了人们开采付出的劳动机械等。

5.2.2.3 进出口

进出口能值计算有3种形式：①独立于任何物质流之外的服务类的能值（包括：咨询类、数据分析、金融服务等）。②购买或卖出的商品的材料的能值。③在这些购买和卖出商品中体现的采集、提炼、生产、销售、运输、制造等相关服务。根据数据来源不同，计算进出口能值的方法也不同，因为城市代谢系统的复杂性与特殊性，而对于体现在复杂商品中材料和服务的分离也是能值核算的难点，本书在进出口商品计算上做了一定程度的改进。

（1）确定基准年。价格必须按照每年进口的详细分类进行基准年修正。比如本节我们选取1999年作为基准年，那么进口的12类商品的平均价格都会以1999年价格进行校准。

（2）计算单位种类商品价格，可以用1999～2006年的平均价格，这样可以计算出缺失重量数据情况下的商品原始材料的毛重。

（3）对于复杂进出口商品的能值核算方法：由于城市的特点，进口的复杂商品如汽车、电子产品等很难直接计算其毛重，这里我们利用生命周期评价软件Simapro及相关文献罗列部分全生命周期复杂进出口商品物流分析清单，根据总进出口值计算所用原始材料的毛重。

（4）计算各商品原材料毛重。

（5）用毛重乘以单位质量物质能值转换率得到相关商品能值。

（6）商品的购买/卖出价格作为体现在商品中的服务价格。

5.2.2.4 人口迁移

人口数据来源于统计年鉴，迁移人口的能值投入可以按照预计移民教育水平乘以教育的能值转换率来计算，参见 Odum（1996）和 Campbell（2005）相关文献。这里只做最简化的处理。

5.3 北京市代谢系统生态环境核算结果分析

5.3.1 北京市基础能源资源流分析

北京位于东经 115°25′～117°30′、北纬 39°26′～41°03′，地处欧亚大陆的东部边缘，隶属环渤海经济圈，西北部有丘陵，南部为平原，占地面积 16 807.8 km^2。北京拥有悠久的历史、政治和文化中心的地位，是中国最发达的城市之一，拥有完全集成的产业结构，包括电子、机械、化工、轻工、纺织和汽车制造业。与发展中国家的其他大城市一样，北京也面临着城市经济发展与社会生态相矛盾的问题，包括大的流动人口、高产的农业土地丧失、资源短缺、高污染、生态环境恶化、灾害风险增加等。北京城市系统的演变，可以视为历史累计资源消耗和积累，这反过来又对城市的结构和组织产生变化。如上所述，这些密集的资源消耗在北京，大部分都是从其他省份或者境外购买，本土使用比例异常小。此外，所有巨大能源资源的流动也伴随着巨大的服务和资金流向。

作为具有丰富历史、经济规模庞大的城市，北京是一个重要节点，连接中国和世界、传统与现代，因此，北京被视为在经济全球化影响下的典型城市。经历了全国鼎力支持打造的 2008 年北京奥运会，北京也为全球提供了中国城市希望得到世界认可的典型案例。本章选取北京作为案例城市。

5.3.2 北京市代谢系统能值核算与分析

北京市 2006 年能值核算结果详见表 5-1、表 5-2。这里仅列出 2006 年数据。

表 5-1 2006 年城市代谢系统能值投入计算

项目	单位	原始数据	能值转换率/（sej/单位）	能值/（sej/a）
可更新能量投入（本地可更新）				
1. 太阳能	J/a	7.02×10^{19}	1^a	7.02×10^{19}
2. 风能	J/a	4.87×10^{16}	2.51×10^3	1.22×10^{20}
3. 降雨能（重力势能）	J/a	1.25×10^{15}	1.74×10^4	2.19×10^{19}
4. 降雨能（化学能）	J/a	1.12×10^{16}	3.05×10^4	3.43×10^{20}
5. 地热能	J/a	1.79×10^{16}	5.76×10^4	1.03×10^{21}

续表

项目	单位	原始数据	能值转换率/(sej/单位)	能值/(sej/a)
不可更新投入（本地不可更新）				
6. 水电	J/a	2.30×10^{14}	3.36×10^5	7.74×10^{19}
7. 河流径流	J/a	8.81×10^{15}	3.05×10^{4b}	2.69×10^{20}
8. 表层土壤损失	J/a	3.17×10^{14}	1.23×10^5	3.90×10^{19}
9. 本地化石燃料投入				
煤	J/a	2.04×10^{17}	6.69×10^4	1.37×10^{22}
原油	J/a	0.00	9.08×10^4	0.00
天然气	J/a	0.00	9.85×10^{4c}	0.00
10. 本地物质投入				
石灰石	g/a	1.52×10^{13}	1.68×10^9	2.55×10^{22}
建筑用沙石	g/a	1.02×10^{13}	1.68×10^9	1.70×10^{22}
铁矿	g/a	1.68×10^{13}	1.44×10^9	2.41×10^{22}

a. 太阳能值转换率定义为 1 sej/J。
b. 引自文献 Brandt-Williams，2001。
c. 引自文献 Romitelli，2000。

表 5-2 2006 年城市代谢系统能值进口计算

项目	单位	原始数据	能值转换率/(sej/单位)	能值/(sej/a)
11. 化石燃料进口				
煤	J/a	7.04×10^{17}	6.69×10^4	4.83×10^{22}
焦炭	J/a	4.72×10^{16}	1.10×10^{5a}	5.18×10^{21}
原油	J/a	3.45×10^{17}	9.08×10^4	3.13×10^{22}
汽油	J/a	9.20×10^{16}	1.05×10^5	9.64×10^{21}
煤油	J/a	1.23×10^{17}	1.10×10^5	1.36×10^{22}
柴油	J/a	8.61×10^{16}	1.10×10^5	9.48×10^{21}
燃料油	J/a	4.42×10^{15}	1.10×10^5	4.87×10^{20}
液化石油气（LPG）	J/a	6.66×10^{15}	1.11×10^5	7.37×10^{20}
天然气	J/a	1.58×10^{17}	9.85×10^4	1.56×10^{22}

续表

项目	单位	原始数据	能值转换率/(sej/单位)	能值/(sej/a)
12. 进口电力	J/a	1.47×10^{17}	1.74×10^{5}	2.57×10^{22}
13. 进口商品				
13.1 进口农牧产品				
粮食	J/a	1.91×10^{16}	1.14×10^{5b}	2.18×10^{21}
油菜子	J/a	8.23×10^{16}	8.88×10^{4c}	7.31×10^{21}
蔬菜	J/a	1.42×10^{14}	7.37×10^{4}	1.05×10^{19}
水果	J/a	2.30×10^{13}	8.88×10^{4d}	2.04×10^{18}
肉	J/a	2.75×10^{9}	5.31×10^{6}	1.46×10^{16}
奶	J/a	2.36×10^{11}	3.35×10^{6}	7.90×10^{17}
13.2 进口原材料				
木材	J/a	1.51×10^{15}	5.36×10^{4}	8.11×10^{19}
铁矿	g/a	4.68×10^{13}	1.44×10^{9}	6.72×10^{22}
建筑用沙石	g/a	1.02×10^{13}	1.68×10^{9}	1.70×10^{22}
纸与纸板	J/a	1.20×10^{15}	7.37×10^{4e}	8.85×10^{19}
丝	J/a	6.39×10^{11}	1.12×10^{7}	7.18×10^{18}
羊毛	J/a	1.32×10^{14}	7.37×10^{6}	9.70×10^{20}
13.3 进口商品				
聚乙烯(PE)	g/a	7.30×10^{10}	4.69×10^{9f}	3.43×10^{20}
聚丙烯(PP)	g/a	1.60×10^{10}	4.69×10^{9}	7.51×10^{19}
聚苯乙烯(PS)	g/a	1.10×10^{10}	4.69×10^{9}	5.16×10^{19}
其他焦炭化工产品	g/a	2.54×10^{10}	4.89×10^{9}	1.24×10^{20}
其他石油化工产品	g/a	1.16×10^{12}	4.89×10^{9}	5.69×10^{21}
钢铁	g/a	2.70×10^{13}	3.16×10^{9g}	8.53×10^{22}
铝和铝产品	g/a	1.20×10^{12}	7.74×10^{8}	9.29×10^{20}
13.4 进口其他金属及金属产品	g/a	2.16×10^{11}	4.74×10^{9}	1.02×10^{21}
13.5 进口高科技产品、机器、电子产品(拆解成原始材料投入)				
铁	g/a	3.65×10^{9}	3.16×10^{9}	1.15×10^{19}
铝	g/a	1.65×10^{9}	7.74×10^{8}	1.28×10^{18}
铜	g/a	1.20×10^{9}	3.36×10^{9}	4.05×10^{18}

续表

项目	单位	原始数据	能值转换率/(sej/单位)	能值/(sej/a)
其他金属	g/a	4.20×10^9	4.74×10^9	1.89×10^{19}
陶瓷/玻璃	g/a	1.69×10^{10}	3.18×10^9	5.37×10^{19}
塑料	g/a	6.09×10^9	7.21×10^9	4.39×10^{19}
13.6 进口交通设备（拆解成原始材料投入）				
铁	g/a	1.88×10^{10}	3.16×10^9	5.94×10^{19}
铝	g/a	3.21×10^9	7.74×10^8	2.48×10^{18}
橡胶和塑料材料	g/a	2.29×10^8	7.21×10^9	1.65×10^{18}
铜	g/a	6.87×10^8	3.36×10^9	2.31×10^{18}
13.7 进口计算机产品（拆解成原始材料投入）				
黑色金属	g/a	1.25×10^9	3.16×10^9	3.94×10^{18}
二氧化硅/玻璃	g/a	1.62×10^9	3.18×10^9	5.16×10^{18}
铜	g/a	4.36×10^8	3.36×10^9	1.47×10^{18}
塑料	g/a	1.43×10^9	7.21×10^9	1.03×10^{19}
铝	g/a	8.72×10^8	7.74×10^8	6.75×10^{17}
其他金属	g/a	4.98×10^8	4.74×10^9	2.36×10^{18}
14. 进口劳力	$/a	7.30×10^8	5.00×10^{12}[h]	3.65×10^{21}
15. 进口相关服务（体现在进口材料与商品中）				
来自其他省份	$/a	1.80×10^{10}	5.00×10^{12}	9.02×10^{22}
来自国外	$/a	1.05×10^{10}	1.13×10^{12}[i]	1.19×10^{22}
16. 旅游收入	$/a	2.30×10^{10}	5.00×10^{12}	1.15×10^{23}

a. 引自文献 Bastianoni 等，2009。
b. 引自文献 Yan 和 Odum，1998。
c. 引自文献 Odum 等，1987。
d. 引自文献 Ulgiati 等，1994。
e. 引自文献 Lan 和 Odum，2004。
f. 引自文献 Brown 和 Ulgiati，2004a。
g. 引自文献 Bargigli 和 Ulgiati，2003。
h. 本节计算得出，国家能值货币比。
i. 本节得出，世界能值货币比。

5.3.2.1 能值指标计算

根据北京代谢系统能值图（图 5-3）及表 5-1、表 5-2 的核算结果，计算了历年北京各种能值流，详见表 5-3。

表 5-3　北京 1999~2006 年主要能值指标计算表

变量	解释	单位	1999 年	2000 年	2001 年	2002 年	2003 年	2004 年	2005 年	2006 年
基本能值通量										
R	可更新能值流	sej/a	1.05×10^{21}	1.05×10^{21}	1.05×10^{21}	1.05×10^{21}	1.03×10^{21}	1.03×10^{21}	1.03×10^{21}	1.03×10^{21}
$N_0+N_{1F}+N_{1M}$	本地不可更新能值流	sej/a	6.25×10^{22}	5.65×10^{22}	5.66×10^{22}	6.48×10^{22}	6.91×10^{22}	8.34×10^{22}	8.60×10^{22}	8.04×10^{22}
$N_{2F}+N_{2M}$	进口物质与化石燃料能值流（来自其他省份）	sej/a	9.58×10^{22}	1.04×10^{23}	1.07×10^{23}	1.07×10^{23}	1.13×10^{23}	1.25×10^{23}	1.38×10^{23}	1.45×10^{23}
$N_{3F}+N_{3M}$	进口物质与化石燃料能值流（来自其他国家）	sej/a	3.82×10^{20}	0.00	0.00	2.28×10^{20}	1.60×10^{21}	5.95×10^{21}	6.30×10^{21}	7.19×10^{21}
G_1	进口商品（来自其他省份）	sej/a	3.30×10^{22}	4.69×10^{22}	5.63×10^{22}	6.71×10^{22}	7.66×10^{22}	9.54×10^{22}	1.09×10^{23}	1.19×10^{23}
G_2	进口商品（来自其他国家）	sej/a	1.90×10^{22}	2.76×10^{22}	3.05×10^{22}	3.39×10^{22}	4.44×10^{22}	5.56×10^{22}	6.37×10^{22}	6.95×10^{22}
$I_{11}+I_{12}+I_{13}$	购买进口商品支付货币量（来自其他省份）	$/a	8.94×10^{9}	1.28×10^{10}	1.36×10^{10}	1.50×10^{10}	2.00×10^{10}	2.44×10^{10}	3.01×10^{10}	3.61×10^{10}
$I_{21}+I_{22}+I_{23}$	购买进口商品支付货币量（来自其他国家）	$/a	5.15×10^{9}	7.55×10^{9}	7.37×10^{9}	7.60×10^{9}	1.16×10^{10}	1.42×10^{10}	1.75×10^{10}	2.10×10^{10}
I_3	旅游收入	$/a	8.91×10^{9}	1.10×10^{10}	1.37×10^{10}	1.43×10^{10}	1.04×10^{10}	1.70×10^{10}	1.95×10^{10}	2.30×10^{10}
I_4	旅游进口人	$/a	1.32×10^{8}	1.89×10^{8}	2.58×10^{8}	2.88×10^{8}	3.74×10^{8}	4.67×10^{8}	7.30×10^{8}	7.30×10^{8}
$P_3(I_{11}+I_{12}+I_{13})$	进口服务能值流（来自其他省份）	sej/a	3.20×10^{22}	4.59×10^{22}	4.95×10^{22}	5.56×10^{22}	7.16×10^{22}	8.72×10^{22}	1.07×10^{23}	1.29×10^{23}
$P_2(I_{21}+I_{22}+I_{23})$	进口服务能值流（来自其他国家）	sej/a	1.85×10^{22}	2.69×10^{22}	2.68×10^{22}	2.81×10^{22}	4.14×10^{22}	5.08×10^{22}	6.25×10^{22}	7.51×10^{22}
P_3I_2	旅游能值流	sej/a	4.46×10^{22}	5.52×10^{22}	6.85×10^{22}	7.17×10^{22}	5.21×10^{22}	8.50×10^{22}	9.74×10^{22}	1.15×10^{23}
P_3I_3	进口劳力算出的能值流	sej/a	6.62×10^{20}	9.43×10^{20}	1.29×10^{21}	1.44×10^{21}	1.87×10^{21}	2.33×10^{21}	3.65×10^{21}	3.65×10^{21}
城市基本流										
POP	总人口	人	1.26×10^{7}	1.36×10^{7}	1.38×10^{7}	1.42×10^{7}	1.46×10^{7}	1.49×10^{7}	1.54×10^{7}	1.58×10^{7}
GDP	国民生产总值	$/a	2.63×10^{10}	3.00×10^{10}	3.45×10^{10}	3.88×10^{10}	4.43×10^{10}	5.17×10^{10}	8.41×10^{10}	1.01×10^{11}

续表

变量	解释	单位	1999 年	2000 年	2001 年	2002 年	2003 年	2004 年	2005 年	2006 年
能值指标										
U	总能值使用量 $U=R+N_{2F}+N_{2M}+N_{3F}+N_{3M}+G_1+G_2+P_3$ $(I_{11}+I_{12}+I_{13})$ $+P_2$ $(I_{21}+I_{22}+I_{23})$ $+P_3I_2+P_3I_3+N_0+N_{1F}+N_{1M}$	sej/a	3.11×10^{23}	3.68×10^{23}	4.01×10^{23}	4.30×10^{23}	4.77×10^{23}	5.96×10^{23}	6.81×10^{23}	7.53×10^{23}
ED	能值密度 ED=U/area	sej/m^2	1.85×10^{13}	2.19×10^{13}	2.39×10^{13}	2.56×10^{13}	2.91×10^{13}	3.63×10^{13}	4.15×10^{13}	4.59×10^{13}
U/POP	人均能值使用量	sej/人	2.47×10^{16}	2.71×10^{16}	2.90×10^{16}	3.02×10^{16}	3.27×10^{16}	4.00×10^{16}	4.43×10^{16}	4.76×10^{16}
ELR	环境承载率 EA= $[N_{2F}+N_{2M}+N_{3F}+N_{3M}+G_1+G_2+P_3$ $(I_{11}+I_{12}+I_{13})$ $+P_2$ $(I_{21}+I_{22}+I_{23})$ $+P_3I_2+P_3I_3+N_0+N_{1F}+N_{1M}]/R$		2.94×10^{2}	3.48×10^{2}	3.79×10^{2}	4.07×10^{2}	4.62×10^{2}	5.78×10^{2}	6.61×10^{2}	7.31×10^{2}
EA	净能值产生率 EA=U/ $[N_{2F}+N_{2M}+N_{3F}+N_{3M}+G_1+G_2+P_3$ $(I_{11}+I_{12}+I_{13})$ $+P_2$ $(I_{21}+I_{22}+I_{23})$ $+P_3I_2+P_3I_3]$		1.26	1.19	1.17	1.18	1.17	1.16	1.15	1.12
ESI	环境可持续指数 ESI=EA/ELR		4.28×10^{-3}	3.40×10^{-3}	3.08×10^{-3}	2.90×10^{-3}	2.54×10^{-3}	2.01×10^{-3}	1.73×10^{-3}	1.53×10^{-3}
$U_\text{Beijing}/U_\text{China}$	北京能值使用量与中国能值使用量比值 [a]	%	3.77	4.27	4.46	4.30	4.28	4.77	5.08	5.20

a. 中国数据来自于 Yang 等（2010）。

5.3.2.2 北京代谢系统的基本流分析

1. 北京代谢系统综合能值指标演替分析

从图 5-4 中可以看出，自 1999 年以来，北京总能值使用量（U）以每年 19.88% 的速度不断增大，在 2004 年达到峰值（25.11%），这与北京改革开放后以经济建设为中心的政策是相匹配的，这期间已逐步建立以加工业快速发展、市场为导向的经济体制，这使得北京能源、原材料、劳动力的消耗同步增加。

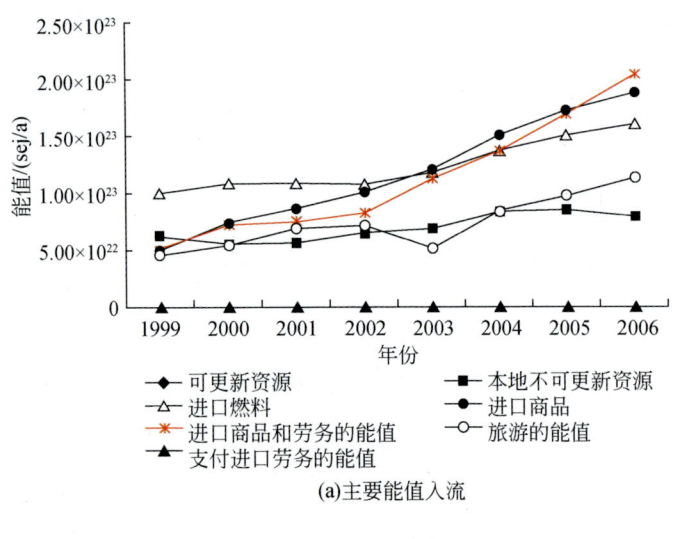

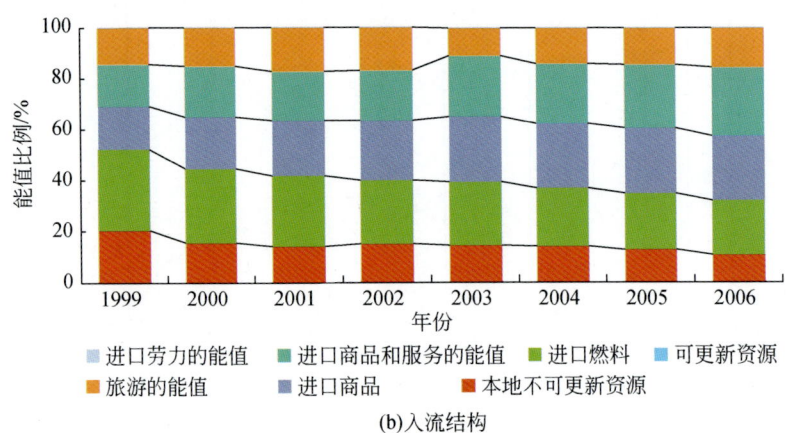

(a) 主要能值入流

(b) 入流结构

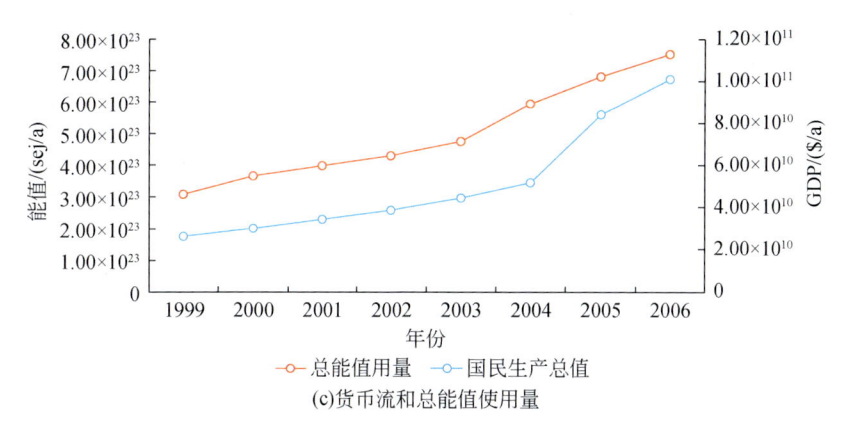

图 5-4　北京代谢系统能值入流时间模式变化

可更新资源（包括太阳能、雨水能、风能、地热能等）在此研究的时间尺度上看做是一个常量。值得注意的是，为了避免重复计算，这里可更新资源只考虑了雨水能（最大项）。本地不可再生资源的使用波动，主要包括石灰石、砂石和铁矿石，而这些正是建筑类行业所需要的基本材料。由于北京近年来基础建设频繁，这部分的能值使用量远大于自然表土损失和退化土壤的侵蚀。

表 5-1 和表 5-2 列出了 2006 年北京主要进口、投入能值量。进口总额从 1999 年的 1.51×10^{23} sej/a 跃升为 2006 年的 3.49×10^{23} sej/a。总进口的商品中，化石燃料从 8.84×10^{22} sej/a 上升到 1.35×10^{23} sej/a，增长了 1.52 倍。建材（包括铁矿石、钢铁等）由 4.32×10^{22} sej/a 增长到 1.70×10^{23} sej/a，足足增加了 3.92 倍。这表明近些年北京的经济发展越来越依赖于基础设施建设，这种趋势甚至取代了能源转化行业。而出口方面石油化工产品、矿产品机械与运输设备的能值最大。如图 5-4 所示，北京进口的服务能值达到 2.04×10^{23} sej/a，比 1999 年增长了 4.04 倍。由于进口量的急剧增大，使得能源自给率下降明显。另外，通过拆解进口来源，发现从其他省份进口的服务是从国外进口服务的 7.6 倍，这表明北京的进口仍然依赖于国内市场间的供需传递。而旅游和支付劳力也增长显著，相较 1999 年分别增大了 2.58 倍和 5.52 倍。

2. 北京代谢系统能源消耗的演替分析

图 5-5 给出了 1999～2006 年北京能源消耗变化。从图 5-5 中可以看出，1999～2006 年，煤炭仍是北京最重要的基础需求能源，可以看出 2000 年煤炭使用减少，而后急速增加，这应与北京备战奥运的大规模投入相关。与此同时，北京使用来自其他省份的石油稳步下降，从国外进口煤、石油增速明显，电力使用量也逐年增大（11%～13%）。与此同时，北京重视对清洁能源的使用，天然气已跃居为第四大能源消费，其增长趋势与电力使用量相一致。

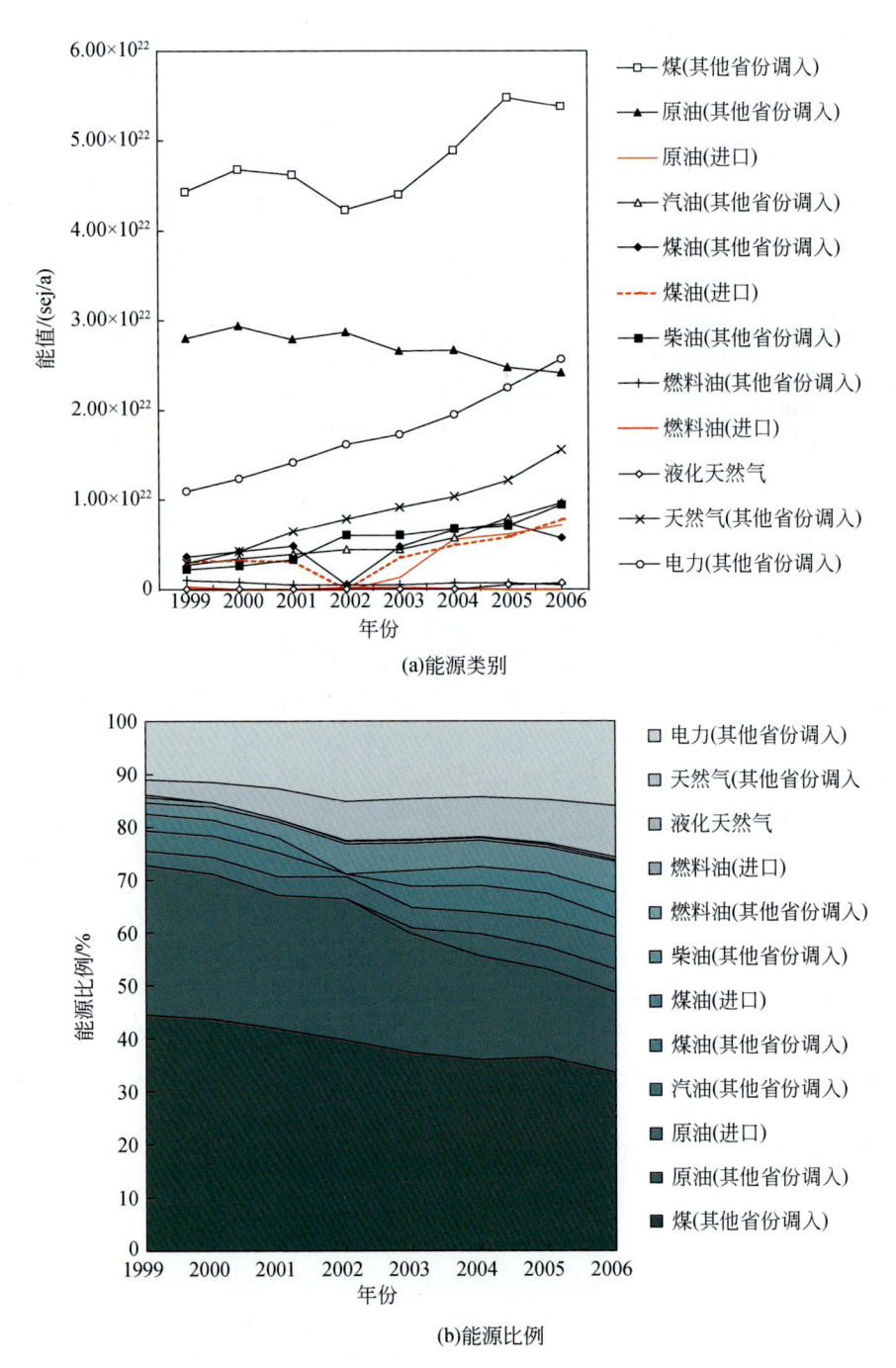

图 5-5 北京 1999～2006 年能源消耗动态变化

3. 北京代谢系统物质消耗的演替分析

图 5-6 显示了 15 类资源和商品。在图 5-6（a）中可以明显看出，不考虑体现在使用商品中的服务，钢铁和矿石的消费量所占比例最大，而与其相关的建筑用砂石消费也较高。而在图 5-6（b）中，考虑了体现在商品中的服务，可以看到，高新技术产品、机械和电气设备的增加明显。这也说明北京的产品消耗种类在这几年发生较大变化，而高新技术产品背后所蕴含的巨大的劳动力和服务，使其也成为北京市物质消耗能值的第三位。

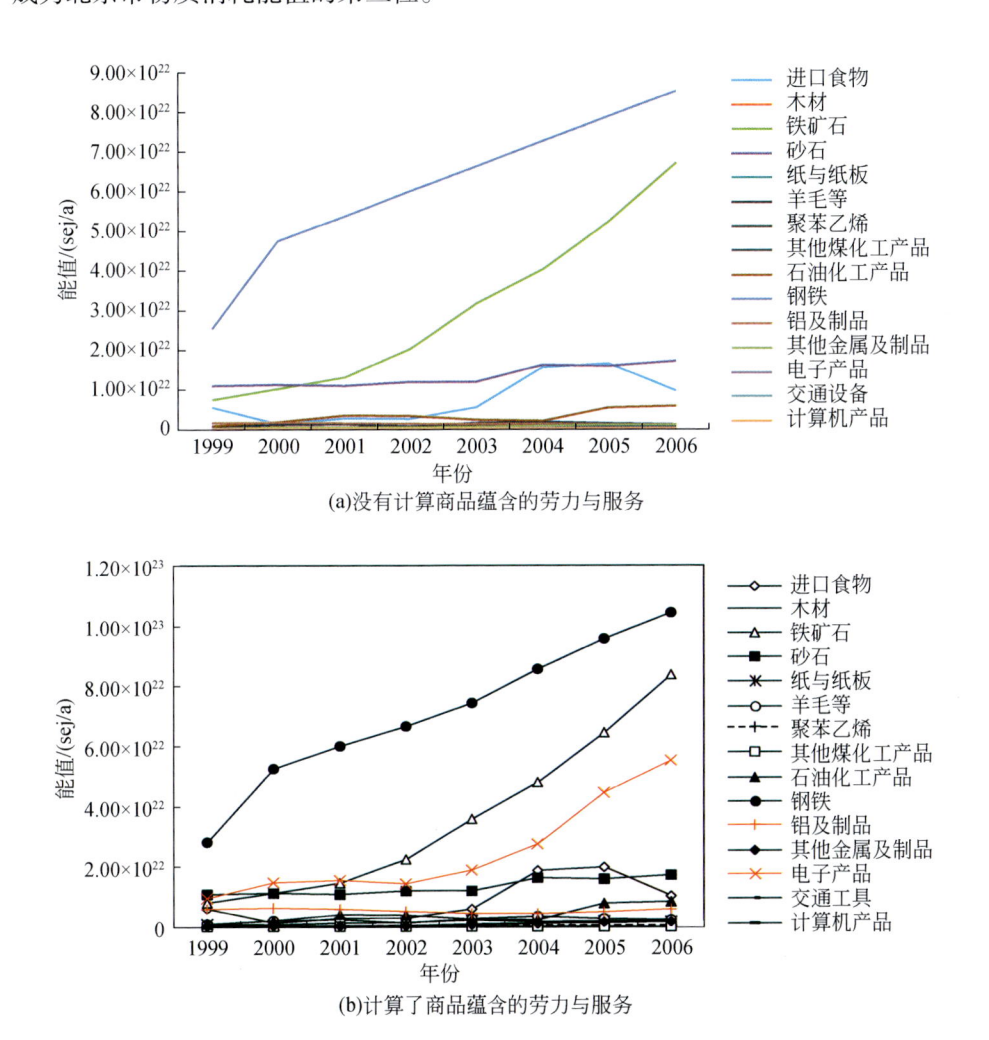

图 5-6 1999～2006 年北京主要的物质消耗能值动态变化

5.3.2.3 北京市能值指标分析

在本节中,通过能值指标的分析来考察北京代谢系统经济结构特点。

1. 能值强度

能值强度指单位面积使用能值量,该指标用以描述城市经济活动或城市发展强度和集约程度。如表 5-3 所示,北京能值强度,从 1999 年的 1.85×10^{13} sej/m² 增长到 2006 年的 4.59×10^{13} sej/m²。这表明,在过去几年中,北京保持了较快的经济增长,并取得了经济总量的新高。从计算数据中可以发现,这一增长主要是由于进口高能值转换的商品和服务所引起的。结合能值利用结构和北京人均能值利用量,我们会发现,在北京所消耗的总资源,可更新资源输入非常少,大部分是从境外购买的商品和服务,这也意味着当地居民的生活水平和城市经济的发展完全依赖于从外部资源购买。

2. 进口/出口结构

对于城市生态系统,能值居民享有的福利也可以通过比较资源的进口和出口,这是通过两个比率来表征,一个是出口和进口之间的差额,另一种是进口/出口。

一个城市的出口和进口的差值反映资源流向不同的地区之间的贸易过程。评估能值账户的交易,揭示了"真正的财富"的交流,因此,从传统的贸易原则,是相当不同的。相反,当出口大于进口,即出口与进口的比例如果是超过 1,则反映城市出口真实的财富,这会被证明是一个"生态贸易"逆差;当进口高于出口,即该比率小于 1,则意味着进口占主导地位的平衡,表现出一种良好的贸易状态(图 5-7)。

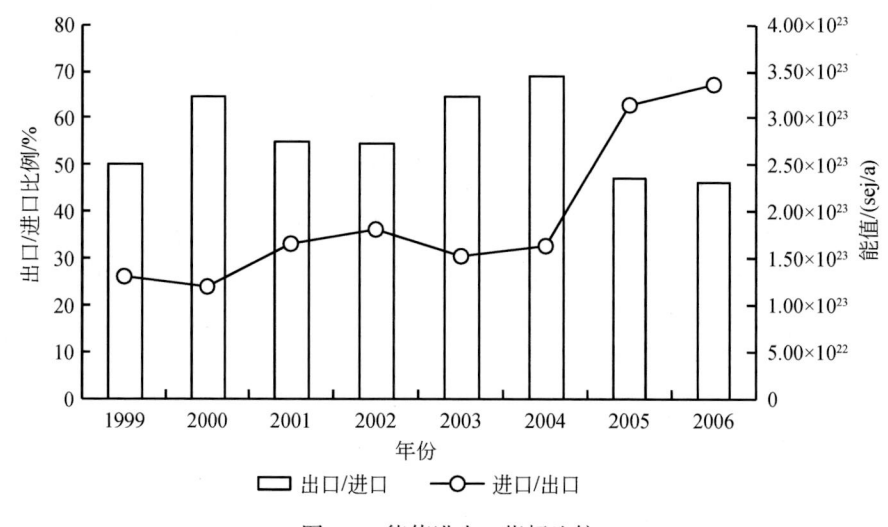

图 5-7 能值进出口指标比较

1999～2006年，北京的出口/进口比率都是小于1。在此期间，北京工业的快速发展带来了快速的能源需求，使油耗增加从1999年的1.01×10^{23} sej 增加到2006年的1.90×10^{23} sej。这些燃料的大部分是用于工业、建筑业和交通部门。在此期间，进口能值比的最大差异出现在2005年和2006年的出口能值上。

3. 环境影响

环境负荷率（ELR）是本地的不可再生能值和购买能值（包括服务）与本地可再生能值的比值。相比一个成熟的自组织系统，环境承载力越高，表明其更多地依赖于间接的资源。北京环境承载率数值增加剧烈，从1999年的294增长到2006年的731。这种数据只是为今后的城市发展规划提供一个"生态中心"的价值而不是"人类中心"的价值观做铺垫。

4. 环境可持续发展指数

环境可持续发展指数是总的经济收益（EYR）与总的环境负荷（ELR）之比。该指标根据生态经济复合系统的特点，既考虑了从客观出发分析系统的环境压力，又考虑到了系统生产在人类社会经济中的实际作用，由此得出的能值可持续发展指数。非常明显，北京的可持续发展指数在不断下降，这也与我们常提到的仅凭外界的进口跟掠夺式的本地开发促成的城市不可持续发展不谋而合。

5. 经济活动跟能源/能值相关性研究

分别对国内生产总值（GDP）和总能值使用量（U）与总能源消耗量进行回归。结果显示相对于线性关系和幂函数关系，指数相关的拟合性更好，R^2分别为0.9768和0.9203。这表明了北京"未脱钩"的经济发展形势，而与总能值使用量的相关性更强也证明了掠夺式的资源消耗的影响（图5-8）。

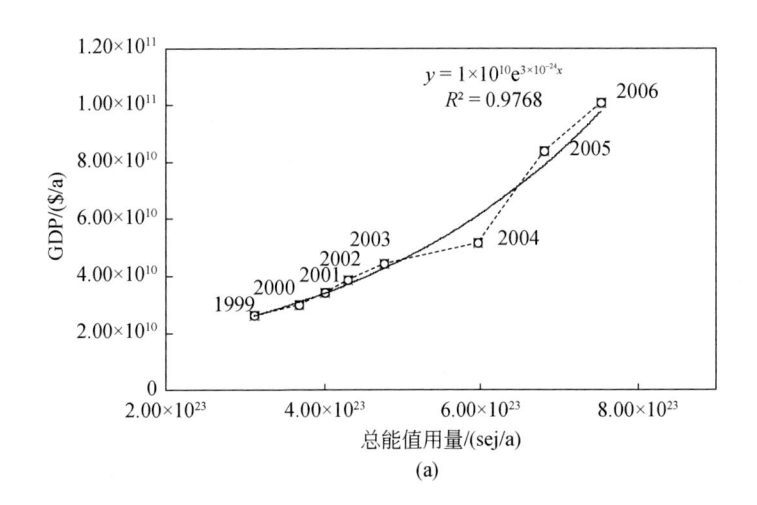

(a)

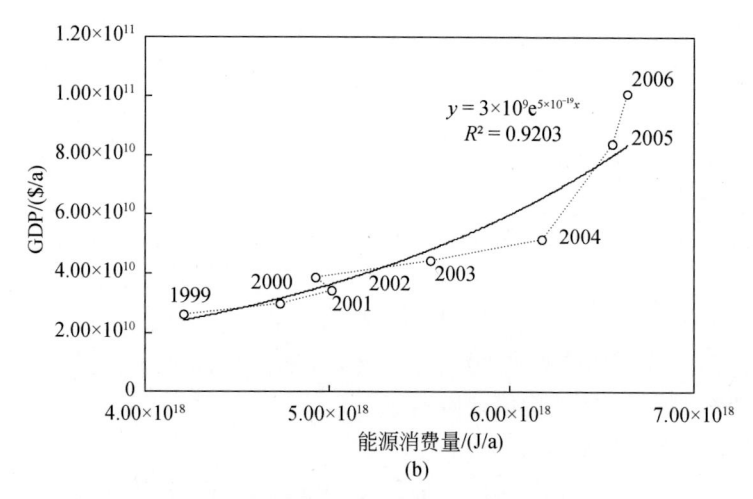

图中公式: $y = 3\times10^9 e^{5\times10^{-19}x}$
$R^2 = 0.9203$

图 5-8　GDP 与总能值使用量和总能源消耗量的相关性分析

6. 北京能值使用量 / 中国能值使用量

图 5-9 展示了北京的能源消耗总量、能值使用总量、GDP 的相对增长情况。2001 后发现出现了一段时间能源消耗量下降、GDP 持续增加的情况。而从表 5-3 可以看出，北京能值占全国能值比例从 3.77% 提升到 5.20%，提升速度远高于全国平均水平。如果考虑中国总共 668 个城市的前提下，将看出区域性发展的极度不均。

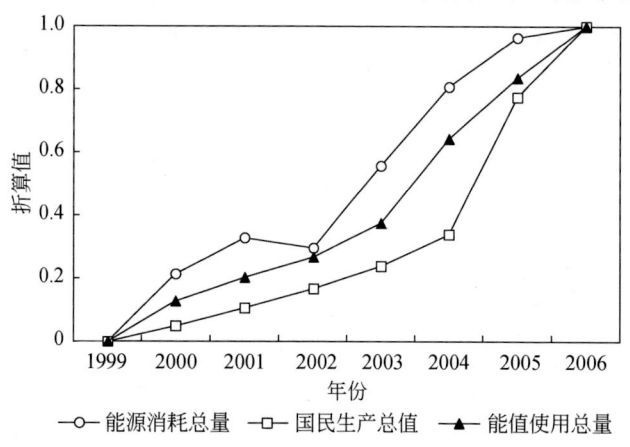

图 5-9　能值使用总量、能源消耗总量、GDP 相对增长曲线

5.4　本章小结与讨论

在本章中，用能值方法对北京市 1999～2006 年的代谢过程进行热力学核算，对复杂商品的能值计算进行修正，并拆解了不同尺度的商品来源，重点考察了经

济发展和能值/能量的相关性，但这一点是不够的，主要问题还在于：①概念模型仍然太简化；②多尺度嵌套体现在哪里；③如何理解绝对比例的进口跟掠夺式的本地开发促成的城市不可持续。

5.4.1 城市结构和效率的动态变化

图 5-10 用 4 个象限来反映城市代谢系统的结构与效率，坐标轴 3 个方向分别为总能值使用量 U、国内生产总值 GDP、人口总量。所以分别在象限 I、II，和 IV 中形成评价城市代谢系统的 3 个指标，分别是能值货币比 α（反映城市代谢程度）、人均 GDP β（经济密度）和人均能值使用量 γ（能值密度）。为了比较，增加了 2002 年罗马城市能值评价结果（Ascione et al., 2009）。

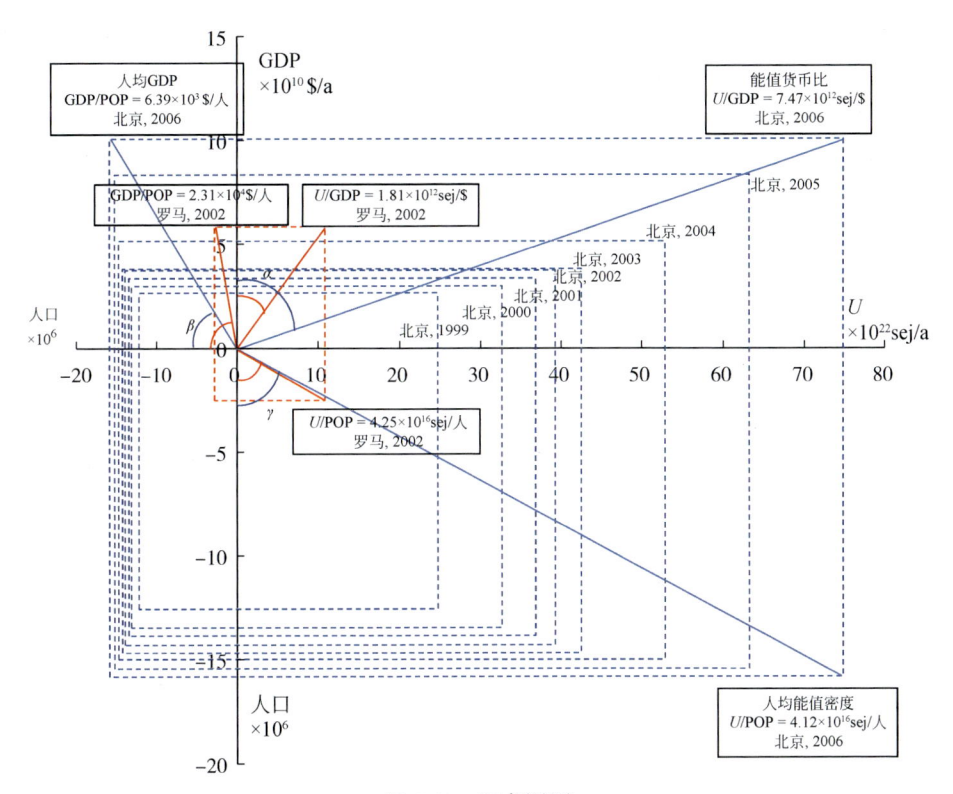

图 5-10 四象限图

1999～2006 年，4 个象限数值都是逐渐增大。与罗马 2002 年的数据相比，由于在中国经济发展的长期战略，北京的经济规模增长很大，尤其是 2004 年以后超过了罗马。但是能值密度相差罗马仍然非常大，已经从 1999 年的 1.18×10^{13} sej/\$ 下降到 2006 年 7.47×10^{12} sej/\$，但仍然是 2002 年罗马的 3 倍以上（1.81×10^{12} sej/\$）。这一比例的下降更大的原因是因为北京在同时期人口增长明显。显然，这样的比较结果更准确地反映了北京发展的真相。自 1999 年以来，房地产业作为国民经济支柱产业，对北京的经济发展和 GDP 的增长起到了重要作用。据最近的研究成果，1999～2009 年所使用的房地产投资是每年的固定资本的近 25%，收入和对 GDP 的贡献率超过 10%。北京超过三十年的城市化运动，极大地推动了房地产需求和劳动力需求的增长，同时也提高了房地产的快速发展和提高城镇居民的数量。

5.4.2 城市代谢系统分析的多尺度嵌套

对环境和人类社会经济系统之间的关系可以很容易地被理解并且建模出一个整体的世界体系（图 5-11），本研究利用能路语言，来描述地区之间的能源和物质的流动，以及相应的控制（反馈）机制。这样可以让我们很直观地看出能量与物质的流动、汇集。

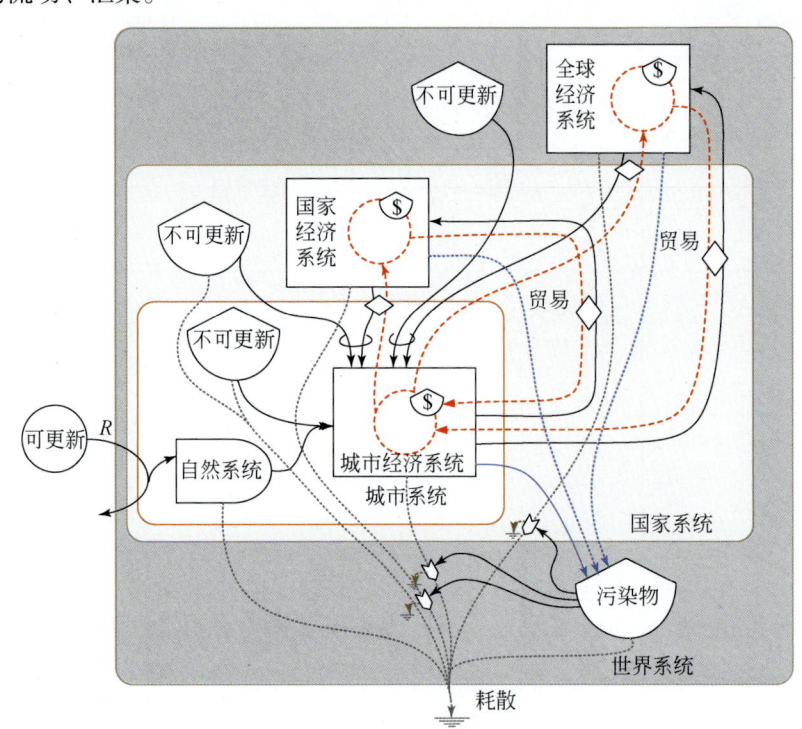

图 5-11　城市代谢系统在国家与世界体系中的地位与作用

从之前的计算和分析，得出了北京的一些并不超出我们预期的结论，如北京从国内其他省份的进口要比从其他国家进口高 52.7 倍；北京使用的能值总量远不及其所应该支付的货币量；北京极高的环境负荷远不是本地可更新资源可以消纳；而由于 GDP 和能值使用量的"挂钩"使得实现北京经济的发展似乎必然使得北京在不可持续的道路前进一步。

如图 5-11 所示,能值流从左至右从城市到国家最终实现全球积累,而货币流作为交易的反馈流与能值流逆方向流动。由于各个国家的资本情况不同,资本强的国家可以通过加速资本流运作实现更多的能值流的进入,这种不公平的交易可以看成是一种目的在于区域自我增强的新殖民主义倾向。而更多实际情况是由于贫困和资源分布的不均衡,财富很多情况的分配是取决于权利、关系而不是公平。从图 5-11 可以看出,这种权利控制线由右至左,影响着物质与能量向着区域流动,用以加强核心区域的自身积累。这也证明了中国依赖社会的复杂结构,凭借部分地区的政治和经济力量,通过技术转变进行中国(世界)市场转化,加速了一些产业核心区的能量流输入。

图 5-11 还从另一个角度说明了这种多尺度嵌套的效果和影响。上面是说总能值使用量上的控制,还有一个方面是污染物产生的影响,由于污染物的迁移和温室气体的全球影响,使得我们对污染物的考虑不能仅限于本地的自净与填埋,而要考虑其对于全国甚至全球的生态风险,也要考虑污染物在国家尺度和全球尺度的储存和累积。

如上所述,使用能值这样一个能量概念来研究城市并不是我们首创,但是我们想以此扩大出一个全新的基于世界体系的城市代谢理论,如城市依赖理论等,用以说明不同的城市可能定位于生产者或者消费者的不同角色,而在这种不公平不均衡的发展过程中,本身是什么角色并不重要,而是在于相互之间是什么样的关系。所以当看到城市绝对比例的进口跟掠夺式的本地开发时,它并不一定是不可持续的,而是形成了一种全国关联或者全球关联的聚团;而处于核心地位的城市通过经济、政治优势浓缩了周边的资源、人力及价值的创造,真正的不可持续的是与它紧密关联的其他区域。本章我们构建了城市、国家、全球多层嵌套模型,旨在通过能量流和交易过程形成全球关联的快照。而不同区域生产的产品离开生产者,它代表了一种类型的资源,但由于不同区域提供的产品体现服务不同,最终到达消费者之前,其最终的贸易值其实发生了巨大变化。如资源型城市出口产品体现服务价值很低,高科技产品体现了巨大的服务价值。所以能值分析的方法可以统一真实物理量值和体现价值,实现人与自然界面的交互。

第 6 章 基于生态环境核算的城市生态环境影响评估

6.1 城市代谢与城市生态环境影响

6.1.1 耦合了科技、福祉和环境的评估体系

人类生产和消费代谢活动可以被放大到造福整个社会。然而，近十几年证据显示，人类代谢活动对人类的福祉和生态系统的完整性都产生了时间和空间上的负面影响（Sachs，2005；Brown and Ulgiati，2005）。特别是城市代谢系统，由于规划了最高速的发展速度，使得环境退化和物种损失都加速了。因为各种复杂交织的因素，造成了现在坎坷的通向可持续发展的道路。而这些因素相互影响不由得不让人们开始担心人类与自然的平衡能否维系。"千年发展目标"提出，健全的政策和管理措施，往往能扭转生态系统退化和增强生态系统对人类福祉的贡献，但知道何时以及如何干预需要对生态系统和社会经济系统有更多的了解（Sachs，2005）。

为了平衡可持续性的社会和环境两个维度，必须要量化污染物对生活经济系统和生态系统的损失。数十年，已有许多研究重点考察了代谢系统输入端和其对环境的影响（Wolman，1965；Ayers and Kneese，1969；Fischer-Kowalski，1998；Fischer-Kowalski and Huttler，1998；Daniels and Moore，2002；Haberl，2006）。然后大量研究集中于城市工业物质代谢，如中国台湾（Huang，1998）、多伦多（Sahely et al.，2003）、南通（Duan，2004）、悉尼（Lenzen et al.，2004）以及巴黎（Barles，2007）。有的研究侧重于家庭代谢过程（Newman et al.，1996；Forkes，2007）。然而，大多数研究都是使用货币评估自然资本和人类资本的价值和损失。正如前面章节所说，货币评估最大问题在于支付意愿的不确定性。由此，我们需要重新开发一种定量方法，能从生产过程和消费过程两方面评估城市代谢系统的不利影响，并考虑采取怎样的措施可以维护城市代谢系统的动态和可持续性。

6.1.2 生态环境核算：一种不只是技术层面的方法

能值分析方法是一种环境核算方法，植根于能源系统理论，它将系统中的商品和服务都转换成一种非货币化的体现能量进行核算。目前为止，已大量运用到评估区域与国家系统（Brown and Odum，1992；Huang and Odum，1991；Yan and Odum，1998；Lan and Odum，2004；Ulgiati et al.，2007；Liu et al.，2009）。但大部分的研究并没有考虑排放对生态系统和人群完整性的影响，虽然在此方面已经有一些推进。比如 Ulgiati 等（1995）排放对自然生态系统和人群完整性的损害需要额外的计入。Ulgiati 和 Brown（2002）计算了不考虑大气扩散和化学服务的情况下用来稀释大气污染排放的能值投入量。Hau 和 Bakshi（2004）首次提出了利用生态指标 99 中的伤残调整健康生命年（DALYs）计算经济部门人群健康的生态累计可用㶲值。Brown 和 Ulgiati（2005）用能值方法计算了恢复生态系统健康所需能值投入量。Lei 和 Wang（2008）追踪澳门固体废弃物焚烧后炉渣粉粉煤灰的能值转换率。Zhang 等（2009b）综合稀释和生态指标 99 的方法来评价中国钢铁生产的可持续性。城市作为一个多行业的综合系统，还应包括对全球排放量的影响以及成本效益减排战略影响的考虑。

本章的目标是：①提出基于城市代谢的评价模型（包括城市生产过程和城市消费过程）。②整合上下游的评价方法，量化解决具体损害人群健康和生态系统完整性的方法，实现城市的总体核算。③基于时间序列核算城市总的发展趋势，并提供城市代谢初步的诊断。该研究结果可以为城市政策制定者提供了解城市生产过程和代谢过程及其对人群和自然资本影响的相互关系。

6.2 基于生态环境核算的城市生态环境影响评价方法

每一个生产过程在生成有用的产品的同时也生产不受欢迎的副产物（作用到生态系统、人群健康、经济资产上）。Ulgiati 等在 1995 就已经把关注点集中在需要在资源的能值上防止或修复可逆的损害。进一步，这些学者指出：①当不可逆装的损害发生后，额外的能值资源需要输入，用以取代失去的资产或单位。②如果不可能用新的资源替代，至少应该保守的估计自然或人为的资本损失，以确定一个过程产品的真实成本。继此之后，Ulgiati 等（1995）、Ulgiati 和 Brown（2002）又指出额外的能值成本计算应包括：①自然过程对污染物的稀释和消减。②通过技术手段提取、再循环的污染物。③人造资产的损失的维修保养活动。④可逆和不可逆的自然资本损害（如生物多样性的丧失）。⑤可逆和不可逆的损害人体健康。因此，总能值使用量 U（U= 使用）可以计算如下：

$$U=R+N+F+F_1+\cdots+F_n \qquad (6\text{-}1)$$

式中，R 和 N 分别表示能值的本地可再生能源和不可再生的资源；F 是进口货物和商品的能值（包括其相关的服务）和 F_i 包括环境与人类投入到污染防治中的能值（这里的 F 仅计算回用部分）。

$F_1 = S_j F_{1,j} =$ 为了阻止或治理第一种污染物的所有 j 类投入总和；

$\vdots$

$F_n = S_k F_{n,k} =$ 为了阻止或治理第 n 种污染物的所有 k 类投入总和。

为了清晰起见，如果计算气态污染物对城市建筑物外表面的损害，这种危害可以通过计算用于修复的能值投入 $F_i = A \times S_k F_{n,k}$，式中，$A$ 是表面受损面积，$F_{n,k}$ 是单位面积需要修复（化学用品、油漆、劳力）的投入。

无视额外资源的影响，防止因投资或维修会低估发生的过程和可持续发展的现实需求。

本章的核心是建立这样一个框架，并将中国北京作为案例研究。

6.2.1 基于生态环境核算的环境影响评估模型

图 6-1 显示了两种系统：无废物处理系统和有废物处理系统。该图是图 6-2 北京整体能值图的一个子系统。大气、水、固体废物进入废物处理系统就需要额外投入燃料、物资与劳动力。按照式（6-1），F_1，$\cdots$，F_n 在图中用 $L_{w,n}$ 表示。没有进入废物处理设施前，对人力资本的损失能值表示为 $L_{w,1}$，这意味着这些污染物造成人群健康病例影响，反过来需要更换或者增加额外的固定投资，同时，其他种类的排放物，如酸雨或者湖泊富营养化，可能导致动植物的损失，这里用 $L_{w,2}$ 表示，表示自然资本退化的能值损失。未经处理的污染物排放后需要自然系统提供如稀释或者降解等生态服务使它们变得无害，这里用 R_w 表示这些能值。一般的城市都排放大量的污染物，所以为了防止或者减少进一步的污染损害，应该增加废物处理设施，如图 6-1（b）所示。废物处理系统可以有效地减少污染物排放（但是不为零），并输入额外的能源。这里，污染物排放造成的人群损失和自然损失就变成了 $L_{w,1}^*$ 和 $L_{w,2}^*$（分别是 $L_{w,1}^* < L_{w,1}$，$L_{w,2}^* < L_{w,2}$）。另外，固体废物也造成相应的损害，可以通过测量土地占用和土地退化来表示损失的能值（即土地不可逆转的退化了），这里用 $L_{w,3}$ 表示（Cherubini et al.，2009）。废物处置系统应该通过生态技术设计成可循环的（循环部分为 F_b）。这种回用应该使得总能值使用量 U 通过减少本地不可更新能值 N 的使用或者减少进口量 F 得到一定程度的减小。但是在现有的研究中这部分并没有核算进来，因为北京市污染物管理政策尚未纳入这一条。

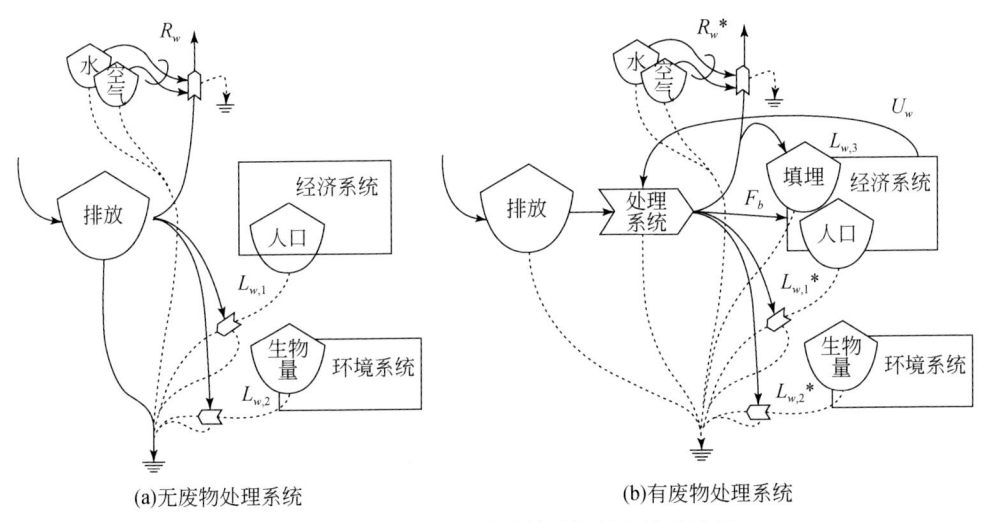

图 6-1 环境与经济系统直接或间接能值流核算

R_w 表示用来稀释污染物的生态系统服务提供的能值；R_w^* 表示废物处理系统之后用来稀释污染物的生态系统服务提供的能值；$L_{w,1}$ 表示排放引起人群健康损失能值；$L_{w,1}^*$ 表示废物处理系统之后排放引起人群健康损失能值；$L_{w,2}$ 表示排放引起生态资本损失；$L_{w,2}^*$ 表示废物处理系统之后排放引起生态资本损失；$L_{w,3}$ 表示固体废物占地损失；U_w 表示废物处理系统能值投入；F_b 表示回用能值

基于生态热力学视角重构城市代谢全过程，系统剖析城市代谢中合成过程（通量与生产效率）、分解过程（影响与排放效率）、调控过程（结构与循环效率）的规律与交互关系，构建城市代谢全过程系统模型（图6-2）。过程模型存量包括能源资源（主要包括水资源、土地资源和矿产资源）、环境存量（潜在环境影响）、经济社会存量（城市资产、农业资产和金融资产等）和人口存量。过程模型流量则涵盖城市生态系统的入流（如本地可更新资源、外购燃料和电力、外购商品和服务、迁入人口和外来投资等）、组分相互作用生态流（与各子系统相关的生态流）。通过对城市生态系统各组分作用过程以及城市的生产、生活和还原功能分析进行动态模拟和情景分析。

（1）合成过程系统建模。建立城市熵与物质流动的输入－合成过程模型，分析城市物质、资源输入通量、物质生产及其引起系统熵变、社会系统反馈、物质生产效率及其交互关系。

（2）分解过程系统建模。建立城市分解—排放过程模型，分析城市物质储存、废弃物排放及其引起系统熵变、物质排放、自然反馈及排放效率的关系。

（3）调控过程系统建模。建立城市循环过程网络模型，分析城市循环网络结构，废弃物循环及循环效率的关系。

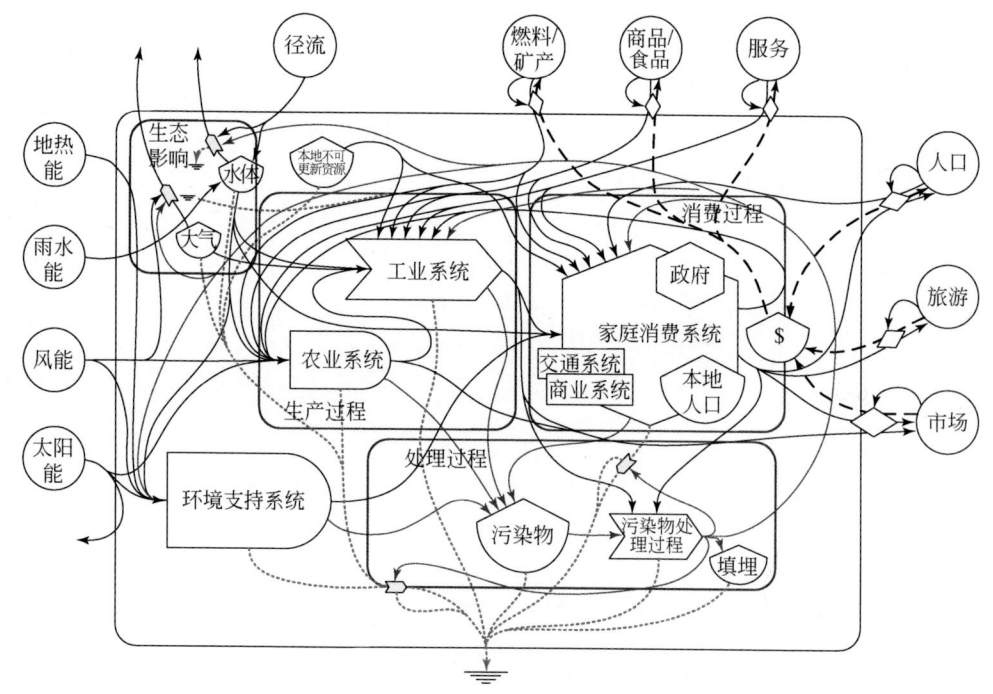

图 6-2 城市代谢全过程系统模型

6.2.2 生态环境影响评价

6.2.2.1 生态服务的量化方法

自然界有自我净化的作用，当污染物排放到周边环境中后自然界的大气和水体会提供稀释、淡化或分解服务，使得污染物浓度达到一个生态系统可接受的浓度范围。这些生态服务能值的计算方法可以根据排放浓度和背景浓度折算相关的能值转换率。例如，计算空气稀释二氧化氮排放所需的能值，就需要确定排放量、北京稀释浓度以及风的能值转换率。

稀释空气和水源污染的生态服务可以计算如下（Ulgiati and Brown，2002）：

$$M_{\text{air/water}} = d \times \left(\frac{W^*}{c}\right) \tag{6-2}$$

式中，$M_{\text{air/water}}$ 表示稀释所需空气/水的质量；d 是空气/水的密度；W^* 是每年的第 i 个污染物的浓度；c 是法规或科学研究证实的污染物"可容忍浓度"。式（6-2）应适用于每一种污染物。这里，使用"可容忍浓度"的假设，说明这些污染物至少在某种浓度是可以接受的。相反，如果背景浓度分别确定是 c，这将意味着这个污染或多或少接近工业时代之前的水平。而实际上环境服务所能给予的比想象的更多，因为没有不能被环境吸收消减的污染物，但仍然需要设定一个"可容忍浓度"，这样，一旦用来稀释消减的空气或水的质量可知，就可以计算这些空气或水的能量，并计算式（6-1）的环境服务价值。如果只是考虑这些污染物被转运，那么可以计算稀释用空气或水环境的动能，如果考虑其消解污染物的化学反应，那么还需计算稀释用空气或水的化学能。

释放到大气中的化学污染物为

$$[F_{w,air}=R_{w,air}=N_{kinetic} \times tr_{air}=(M_{air} \times v^2/2) \times tr_{wind}]_i \quad (6-3)$$

排入水体中的化学污染物为

$$[F_{w,water}=R_{w,water}=N_{chem} \times tr_{chem,water}=(M_{water} \times G) \times tr_{chem,water}]_i \quad (6-4)$$

式（6-3）、式（6-4）分别适用于第 i 个污染物释放。

式中，M_{air} 表示稀释空气的质量；$N_{kinetic}$ 表示稀释空气的动能；tr_{air} 表示风的能值转换率；v 表示平均风速；$N_{chem,water}$ 表示水的化学可用能（等于驱动化学转换的能力）；$tr_{chem,water}$ 表示水的化学潜能（参见 Odum et al.，2000，folio 1，Table 2）的转换率，G 为单位水体相对于参考值（海水）的吉布斯自由能（4.94J/g）。

如果污染物是余热（假设余热是直接释放到大气中），必须考虑生态系统对其冷却稀释的服务。冷却计算程序开始从系统总热量的释放量（估算，系统本身总能源使用量 + 转换降解热）。现在的科学界接受这样的事实，就是释放到空气中的热量会使得系统平均温度 T_0 提高到一个新的平衡温度 T_e。假设，"可容忍的温度提高量"只比平均环境温度高 1℃，那么所需稀释的空气和水的质量可以按照如下公式计算：

$$M_{air/water}=Q_{released}/\rho \times (\Delta T)=Q_{released}/\rho \times (1℃) \quad (6-5)$$

式中，M 表示系统用于降低排放温度所需的空气/水的质量；ρ 表示空气/水的热容量。一旦用于降低排放温度所需的空气/水的质量已知，可以用式（6-3）来计算。

最后，总的环境提供的服务功能需要考虑同时稀释各种污染物的因素，可以计算为

$$R_w^*=\max(R_{w.air,i}^*)+\max(R_{w.water,i}^*) \quad (6-6)$$

值得一提的是，这种方法是一种简化模拟的方法，并没有考虑污染物的扩散以及在大气和水体中的化学过程，它依赖于一个隐含的假设，即可用于稀释的空气/水始终是足够的（这有很多种可能会破除这一个假设，比如无限的排放或者需要污染物处理）。

6.2.2.2 生态和经济损失的量化方法

目前已有很多学者试图整合污染物排放量与其对环境的影响量。这将是一个非常有效的整合方法，需要能用实际的排放值来量化实际的自然资本和人力资本

的损害值。例如，由于污染造成生态系统的退化或人体健康的损害、土地占用或土地退化、人造资产的损害以及其他相关的经济损失、生物多样性的减少等。

  本章中，初步的损失评估参考 Eco-indicator 99 的评估框架（Goedkoop and Spriensma，2000），这种框架与终端生命周期影响评价方法相似，在其整体环境影响评价过程固有地存在着很大的不确定性。但是这种方法仍然能够提供一个计算损失的途径。为反映自然资本的损失，引入受影响的生态系统中潜在消失物种比例（PDF 法）；为反映人们对遭受污染损害的关注以及对损害程度的测度，引入世界银行、世界卫生组织提出采用的由于污染而使人类健康受到影响的 DALY 法——伤残调整健康生命年，这种方法是由美国的 Murray 教授首先提出，并在 1993 年世界银行发布的世界发展报告中采用（Murray et al.，1994；Goedkoop and Spriensma，2000；Ukidwe and Bakshi，2007）。DALYs 同时考虑了早亡所损失的寿命年和病后失能状态下（特定的失能严重程度和失能持续时间）生存期间的失能寿命损失年。因此，DALY 含义是指疾病从发生到死亡所损失的全部寿命年。

  需要说明的是，利用 Eco-indicator 99 的评估框架采用（PDF 和 DALY 方法）量化污染物对生态系统和人群健康的影响是具有测量或统计的优势。但是需要注意如下几点：①在 Eco-indicator 99 的评估框架中提供的数据只限于欧洲（大多数情况下仅为荷兰的数据），如果用于评估其他国家的情况需要进行修正（Zhang et al.，2010），这里，我们强烈呼吁数据库的更新。② Eco-indicator 99 的评估框架认为污染物浓度和造成的影响之间的剂量反应关系是线性的而不是逻辑斯蒂曲线（Ukidwe and Bakshi，2007），这在一定的假设前提是正确的，但是也表明该方法只适用于污染物浓度的减缓变化，不适合排放量的较大波动，如突发的环境污染事故。

  污染物排放对人体健康的影响，可以看作是一个额外的资源投资的间接需求。人力资源（考虑其复杂性：生活质量、教育、知识、文化、社会价值观和结构、层次的角色等）可以被视为当地的缓慢的可再生能源储存流程。而且还关联社会支持及其各部门的资产。当这种资产和关联的损失以及投资的损失存在，这种损失必须联系到的城市变化和创新的过程。人群健康能值损失的计算式可以表达为

$$L_{w,1}^{*}=\sum m_i^{*}\times \text{DALY}_i \times \tau_H \quad\quad (6-7)$$

式中，$L_{w,1}^{*}$ 表示受影响人群的能值损失；i 表示第 i 种污染物；m^{*} 表示释放的污染物中化学物质的质量；DALY 是其在 Eco-indicator 99 的评估框架中的影响因子；τ_H = 区域总能值/总人口。这里的思考是，每个受影响的人群，都是用投入的资源发展出专业知识或工作能力和社会组织，当这类人群损失了，就需要重新投入资源重新培养（这里不是在谈人本身的物理量的增减）。

PDF（potentially disappeared fraction of species）在 Eco-indicator 99 的评估框架中表示潜在消失物种比例（Goedkoop and Spriensma，2000）。这种影响可以量化为当地的生态资源损失的能值，计算方法同上。

$$L_{w,2}^{*} = \sum m_{i}^{*} \times PDF(\%)_{i} \times E_{Bio} \qquad (6-8)$$

式中，$L_{w,2}^{*}$ 表示受影响的自然资源的损失；PDF（%）表示潜在灭绝比例，单位是 PDF·m^2·a/kg，在 Eco-indicator 99 的评估框架中的数据表明潜在灭绝比例如果是 1，意味着一年内会有 1m^2 的所有物种消失，或者说一年期间 10 m^2 的范围内会有 10% 的物种消失；E_{Bio} 表示单位生物资源的能值 [sej/（M·a）]，可以用本地的荒地生物资源、农业资源、林业资源、畜牧业资源和渔业生产的能值来计算。

如前所述，还有其他一些能值损失，$L_{w,j}$ 包括污染排放引起的城市资产的损害（如建筑物的外墙和纪念碑等的腐蚀等），细节参照 Ulgiati 等（1995）的文章。在本章中，由于缺乏足够的数据，这一部分就先不考虑了。

6.2.2.3 对污染物处理处置设施的能值投入量化方法

根据 Ulgiati 等（2007）和 Cherubini 等（2009）的研究，对污染物处理处置设施的能值投入量的计算是为了与因污染物排放而造成的损失相比较。本章中，投入到污染物处理处置设施的能值输入量已经包含在总使用能值。因此，在考虑废物处理的情况下，对污染物处理处置设施的能值投入总量（E_w）不会被添加到城市总能值消耗中，以避免重复计算。此外，回收和回用的材料（F_b）不计入出口能值中。

本章中城市废物包括工业废水、城市生活垃圾、城市污水以及由化石燃料燃烧和垃圾焚烧造成的废气排放。在系统能值投入方面，包括处理过程中的劳力投入、燃料、水、电力和资本（机器）投入。整个处理过程能值输入输出流图详见图 6-3。而回用部分，由于数据的原因，只考虑了固体废物堆肥产生沼气和回用物质。

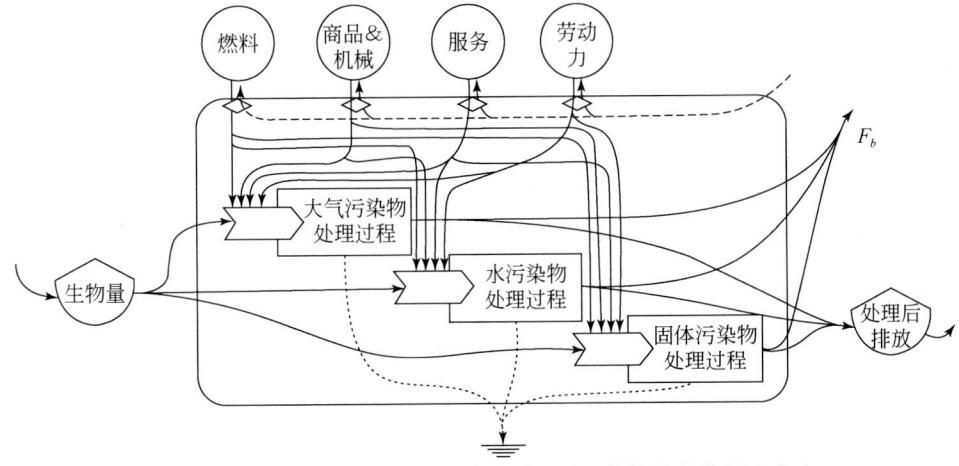

图 6-3 大气、水、固体废物污染物处理处置设施的能值投入产出

另外，由于垃圾当前的主要处理方式还是填埋，所以对城市资本的损失考虑为垃圾填埋场设置而占据土地造成的损失。这可以通过能值/面积比或者土壤生成能值密度折算成城市资本损失。其中，用能值/面积比折算是考虑了损失的最上限（平均能值密度的经济活动），用土壤生成能值密度是按损失的最下限来折算的（平均环境强度）。在本章采用第一种方式来进行能值损失折算（$L_{w,3}$），其他情况可以根据不同的系统情况进行选择。

6.2.3 环境影响修正后的生态环境核算指标

基于基本能值核算方法（Odum，1996；Brown and Ulgiati，1997）和污染物排放生态环境影响量化方法，重新修正能值评价指标。

6.2.3.1 能值产出率

$$EYR = U/(F+G+P_2I+P_2I_3) \qquad (6-9)$$

式中，U 表示总能值使用量（其中 $U=R+N+F+G+P_2I+P_2I_3$）；R 表示当地可再生资源；N 表示不可再生的资源；F 表示进口燃料；G 表示进口的物资与商品；P_2I 表示购买服务；P_2I_3 表示支付外来劳力的能值。

EYR 表示总能值使用量与进口能值使用量的比例，该指标表征系统经济投资的有效性。通过 EYR 值的比较，可以了解不同系统对本地资源或进口商品的依赖程度。EYR 值越高，对本地可再生或不可再生资源的能力越高。当然，如果利用可再生资源，这个过程是可持续的；如果过度开发不可更新资源，也将会是不可持续的过程。

当考虑了生态资本和经济资本的损失之后，该指标的计算式变为式（6-10），能值损失被视为间接负输入，也就是系统需要为这种损失再次进行输入。

$$EYR' = (U+E_w^*+L_{w,1}^*+L_{w,2}^*+L_{w,3}^*)/(F+G+P_2I+P_2I_3+E_w^*+L_{w,1}^*+L_{w,2}^*+L_{w,3}^*) \qquad (6-10)$$

6.2.3.2 环境承载率

环境承载率（ELR）由式（6-11）所示，是当地的不可再生能值和购买能值（包括服务）的总和与本地可再生能值的比，该指标显示间接的环境资源对整个系统的贡献力度。环境承载率越小，表明对可更新资源的依赖程度越大。如一个完整的自然生态系统就完全依靠可再生资源投入。同时，该指标越高，也说明系统本地环境资源的压力越大。

$$ELR = (N+G+F+P_2I+P_2I_3)/R \qquad (6-11)$$

式（6-12）表示考虑了生态资本和经济资本的损失之后的环境承载率计算：

$$ELR' = (N+G+F+P_2I+P_2I_3+E_w^*+L_{w,1}^*+L_{w,2}^*+L_{w,3}^*)/R \quad (6-12)$$

6.2.3.3 可持续发展指数

可持续发展指数可根据式（6-9）～式（6-12）计算得出：

$$ESI=EYR/ELR \quad (6-13)$$

$$ESI'=EYR'/ELR' \quad (6-14)$$

该指数考虑单位环境负荷（ELR）下的总的经济效益（EYR）。

6.2.4 污染物的测定

本章将对生态系统和人群健康有害的污染物列于表6-1中。城市生产过程和消费过程所排放的污染物包括二氧化硫、粉尘、氮氧化物和甲烷（呼吸系统疾病）、二氧化碳、氧化亚氮和甲烷（气候变化），水体污染物包括水银、镉、六价铬、铅、砷、挥发酚、氰化物、石油、化学需氧量、氨氮。多数污染物的数据来源主要来自《北京统计年鉴2000～2007》、《中国环境统计年鉴2000～2007》等，与气候变化影响相关的二氧化碳、氧化亚氮和甲烷气体排放按照本地排放和全球影响进行核算，计算参照体现能（embodied energy）分析方法（Slesser，1974；Herendeen，2004），根据直接和间接的能源消耗乘以排放当量因子。

表6-1 所选取的污染物和环境影响

项目		污染物来源[a]	污染影响类别：人体健康	伤残调整寿命年/(DALY/kg污染物)	污染影响类别：生态系统质量	生态系统破坏概率/(PDF·m²·a)
大气污染物	二氧化碳 CO_2	p/c	气候变化	2.10×10^{-7}		
	氮氧化物 NO_x	p/c	呼吸系统疾病	8.87×10^{-5}	酸化效应	5.71
	二氧化硫 SO_2	p/c	呼吸系统疾病	5.46×10^{-5}	酸化效应	1.04
	粉尘 Dust	p/c	呼吸系统疾病	3.75×10^{-4}		
	一氧化二氮 N_2O	p/c	气候变化	6.90×10^{-5}		
	甲烷 CH_4	p/c	呼吸系统疾病	1.28×10^{-8}		
	甲烷 CH_4	p/c	气候变化	4.40×10^{-6}		

续表

项目	污染物来源[a]	污染影响类别：人体健康	伤残调整寿命年/（DALY/kg 污染物）	污染影响类别：生态系统质量	生态系统破坏概率/（PDF·m²·a）
水体污染物 水银 Mercury	p			生态毒理学效应	1.97×10^2
镉 Cadmium	p	致癌效果	7.12×10^{-2}	生态毒理学效应	4.80×10^2
六价铬 Hexavalent Chromium	p	致癌效果	3.43×10^{-1}		
铅 Lead	p			生态毒理学效应	7.39
砷 Arsenic	p	致癌效果	6.57×10^{-2}	生态毒理学效应	1.14×10
挥发酚 Volatile phenol	p	致癌效果	1.05×10^{-5}		
氰化物 Cyanide	p	致癌效果	4.16×10^{-5}		
石油 Oil	p	致癌效果	4.16×10^{-5}		
化学需氧量 COD	p/c	富营养化[b]	n.a.	富营养化[b]	n.a.
氨氮 NH₄-H	p/c	富营养化[b]	n.a.	富营养化[b]	n.a.

a. p 表示污染物来自于城市的生产过程，c 表示污染物来自城市的消费过程。
b. COD 和 NH₄-N 所产生的生态系统损失由于缺乏相关数据，这里并没有考虑。

6.3 基于生态环境核算的城市生态环境影响评价结果与讨论

在第 5 章的表 5-1、表 5-2 已经列出了详细的能流动态趋势值，这里就不再重复列出。表 6-2 分别列出了用于污染物处理的额外的能值投入量（编号延续表 5-1 和表 5-2）。本章将针对城市中不同的代谢过程由于污染物直接和间接影响造成的损失进行核算与分析。

表 6-2　2006 年用于污染物处理的额外的能值投入量

项目	单位	原始数据	能值转换率/（sej/单位）	能值转换率参考文献	能值/（sej/a）
水污染处理过程					
17. 电力	J/a	1.48×10^{15}	1.74×10^5	Odum 等，2000	2.58×10^{20}
18. 化学添加产品 磷去除添加剂	kg/a	4.26×10^6	4.44×10^{12}	Grönlund 等，2004	1.89×10^{19}

续表

项目	单位	原始数据	能值转换率 /(sej/单位)	能值转换率参考文献	能值 /(sej/a)
絮凝剂	kg/a	3.53×10^5	4.44×10^{12}	Grönlund 等，2004	1.57×10^{18}
氢氯酸	kg/a	8.24×10^6	4.44×10^{12}	Grönlund 等，2004	3.66×10^{19}
氯酸钠	kg/a	2.05×10^6	4.44×10^{12}	Grönlund 等，2004	9.10×10^{18}
19. 劳力	$/a	1.72×10^7	7.47×10^{12}	本章计算	1.28×10^{20}
20. 体现在商品与能源中的服务	$/a	1.30×10^8	7.47×10^{12}	本章计算	9.74×10^{20}
大气污染处理过程					
21. 电力	J/a	1.06×10^{15}	1.74×10^5	Odum 等，2000	1.84×10^{20}
22. 化学添加产品					
脱硫添加剂	kg/a	9.52×10^7	4.69×10^{12}	Brown 和 Ulgiati，2004a	4.47×10^{20}
23. 劳力	$/a	1.29×10^7	7.47×10^{12}	本章计算	9.62×10^{19}
24. 体现在商品与能源中的服务	$/a	5.04×10^7	7.47×10^{12}	本章计算	3.77×10^{20}
固体废物处理过程					
25. 电力	J/a	6.64×10^{12}	1.74×10^5	Odum 等，2000	1.16×10^{18}
26. 垃圾车（考虑拆解后的原材料）					
钢铁	g/a	5.58×10^{10}	3.16×10^9	Bargigli 和 Ulgiati，2003	1.76×10^{20}
塑料和轮胎	g/a	6.20×10^9	7.21×10^9	Odum 等，2000	4.47×10^{19}
柴油	J/a	1.10×10^{13}	1.10×10^5	Odum 等，2000；Bastianoni 等，2009	1.21×10^{18}
27. 焚化辅助燃料					
煤	J/a	1.29×10^{14}	6.69×10^4	Odum，1996	8.61×10^{18}
石油	J/a	8.35×10^{12}	9.08×10^4	Odum 等，2000；Bastianoni 等，2009	7.58×10^{17}
28. 焚化辅助材料					
石灰石	g/a	2.94×10^9	1.68×10^9	Brandt-Williams，2001	4.93×10^{18}
碳酸盐	g/a	2.94×10^8	1.68×10^9	Brandt-Williams，2001	4.93×10^{17}
29. 劳力	$/a	4.87×10^7	7.47×10^{12}	本章计算	3.64×10^{20}
30. 体现在商品与能源中的服务	$/a	1.45×10^7	7.47×10^{12}	本章计算	1.08×10^{20}
排放物循环使用					
31. 甲烷	kg/a	1.30×10^7	5.22×10^4	Odum 等，1996	6.78×10^{11}
32. 肥料	kg/a	4.90×10^{10}	2.68×10^9	Odum 等，2000	1.31×10^{20}

6.3.1 城市不同代谢过程中的直接和间接流分析

6.3.1.1 用于稀释的生态服务直接能值投入核算

Ulgiati 和 Brown（2002）在文章中曾强调依托现有生物圈的循环过程提供自然消解环境服务的优势，这样可以避免要用于处理废物额外的投资需求（他们称之为"熵陷阱"）。但是达到这种只有很少或者根本没有额外资源投入的战略需要就要保证自然界可以吸纳这些生产副产品，一旦超过了其能给予的生态服务功能最大值便变得不可持续。需要稀释降解水中和大气中污染物的生态服务量详见核算表（表 6-3）。这里"可容忍浓度"值参照中国《地表水环境质量标准（GB 3838—2002）》和中国《环境空气质量标准（GB 3095—1996）》。另外，平均风速值假定为 2.50m/s（北京平均风速）。

结果表明，1999～2006 年，城市消费过程所排放的水体污染物要高于城市生产过程，而两个城市代谢过程排放的空气污染物非常接近。生态系统用于稀释大气污染物所提供的服务能值要远低于稀释水体污染物。因此，北京需要把重点放在消费过程（家庭消费、交通运输服务以及其他服务行业）的水体污染方面。对分污染物而言，大气污染物中需要提供稀释服务能值最大的为二氧化硫，而且在两种城市代谢过程都是二氧化硫最大（1999 年），但是其下降趋势不同，城市消费过程需要稀释二氧化硫的能值投入量从 1999 年的 7.30×10^{19} sej/a 降至 2006 年的 3.95×10^{19} sej/a，而城市生产过程需要稀释二氧化硫能值投入量从 1999 年的 1.25×10^{20} sej/a 降至 2006 年的 4.53×10^{19} sej/a。同时，所有的水体污染物中，用于稀释的生态服务提供能值最大的是 NH_3-N。虽然在城市消费过程 2003 年后 NH_3-N 排放陡降，但仍然比生产过程需要稀释的生态服务提供能值大 10 倍以上。

需要注意的是，本章中只是进行了一个环境吸收、稀释代谢过程副产物的粗略估算。这有一个前提，假设整个市区的生态服务是可以支撑稀释实际的污染到"可容忍浓度"。据统计，2006 年北京地表水总量为 $7.6 \times 10^8 m^3$，而当年稀释需求水量为 $3.0 \times 10^8 m^3$，从总量上看是满足的，但是仍然存在环境背景值问题，或者即使不考虑环境背景值，北京水体也因为各种小型水库和公共供水设施阻碍水体的自然循环。换句话说，想用干净的水来稀释进行需求完全可能会超过当地现有的生态服务供给能力。

6.3.1.2 污染物排放引起的间接生态和经济能值损失核算

大气污染物对人体健康的影响包括呼吸系统疾病和气候变化等，水体污染物对其影响包括致癌效果和富营养化等（Ukidwe and Bakshi，2007）。在这里考虑

第6章 基于生态环境核算的城市生态环境影响评估

表 6-3 需要稀释降解水中和大气中污染物的生态服务量核算

(单位：sej/a)

	项目	参考浓度	1999年	2000年	2001年	2002年	2003年	2004年	2005年	2006年
1	SO_2	2.00×10^{-2} mg/m³	7.30×10^{19}	7.57×10^{19}	6.22×10^{19}	5.65×10^{19}	5.96×10^{19}	3.18×10^{19}	3.78×10^{19}	3.95×10^{19}
2	粉尘	8.00×10^{-2} mg/m³	1.30×10^{18}	1.33×10^{18}	1.33×10^{18}	1.53×10^{18}	1.80×10^{18}	4.96×10^{18}	4.45×10^{18}	4.21×10^{18}
3	NO_x	5.00×10^{-2} mg/m³	1.64×10^{19}	1.51×10^{19}	1.35×10^{19}	1.61×10^{19}	1.82×10^{19}	1.35×10^{19}	2.24×10^{19}	2.70×10^{19}
4	COD	1.50 mg/L	7.21×10^{20}	7.79×10^{20}	7.47×10^{20}	7.18×10^{20}	6.91×10^{20}	1.19×10^{21}	1.05×10^{21}	1.01×10^{21}
5	NH_4-N	1.50×10^{-1} mg/L	2.25×10^{22}	4.87×10^{22}	4.67×10^{22}	4.80×10^{22}	4.18×10^{22}	1.62×10^{22}	1.31×10^{22}	1.21×10^{22}
$R^*_{w-c-air}$	max (1:3)		7.30×10^{19}	7.57×10^{19}	6.22×10^{19}	5.65×10^{19}	5.96×10^{19}	3.18×10^{19}	3.78×10^{19}	3.95×10^{19}
$R^*_{w-c-water}$	max (4:5)		2.25×10^{22}	4.87×10^{22}	4.67×10^{22}	4.80×10^{22}	4.18×10^{22}	1.62×10^{22}	1.31×10^{22}	1.21×10^{22}
R^*_{w-p}										
6	SO_2	2.00×10^{-2} mg/m³	1.25×10^{20}	1.01×10^{20}	7.35×10^{19}	6.12×10^{19}	5.50×10^{19}	6.05×10^{19}	4.67×10^{19}	4.53×10^{19}
7	粉尘	8.00×10^{-2} mg/m³	1.24×10^{19}	1.01×10^{19}	7.76×10^{18}	7.04×10^{18}	7.40×10^{18}	7.77×10^{18}	5.67×10^{18}	5.43×10^{18}
8	NO_x	5.00×10^{-2} mg/m³	6.99×10^{18}	7.21×10^{18}	7.76×10^{18}	8.89×10^{18}	1.10×10^{19}	8.54×10^{18}	1.40×10^{19}	1.81×10^{19}
9	镉	1.00×10^{-4} mg/L	n.a.	n.a.	0	0	0	0	0	3.01×10^{17}
10	铬	1.00×10^{-2} mg/L	6.03×10^{18}	4.52×10^{18}	3.01×10^{18}	1.51×10^{18}	6.78×10^{18}	1.79×10^{18}	5.12×10^{17}	1.37×10^{18}
11	铅	1.00×10^{-2} mg/L	7.53×10^{18}	6.03×10^{18}	4.52×10^{18}	3.01×10^{18}	2.34×10^{18}	1.07×10^{18}	1.04×10^{18}	3.16×10^{17}
12	砷	1.00×10^{-4} mg/L	3.01×10^{17}	1.51×10^{17}	0	0	0	0	0	0
13	挥发性酚	2.00×10^{-3} mg/L	8.21×10^{20}	6.03×10^{20}	2.26×10^{20}	1.13×10^{20}	5.49×10^{19}	3.22×10^{19}	4.11×10^{19}	5.85×10^{19}
14	氰化物	1.00 mg/L	8.29×10^{17}	6.03×10^{17}	3.77×10^{17}	1.51×10^{17}	6.03×10^{16}	4.52×10^{16}	7.53×10^{16}	1.51×10^{16}
15	COD	1.50×10^{1} mg/L	3.05×10^{20}	2.51×10^{20}	2.01×10^{20}	1.51×10^{20}	1.05×10^{20}	1.14×10^{20}	1.10×10^{20}	9.30×10^{19}
16	石油类	5.00×10^{-2} mg/L	1.63×10^{21}	1.36×10^{21}	1.05×10^{21}	7.53×10^{20}	5.18×10^{20}	3.73×10^{20}	3.50×10^{20}	2.19×10^{20}
17	NH_4-N	1.50×10^{-1} mg/L	n.a.	n.a.	0	n.a.	1.06×10^{21}	1.01×10^{21}	1.21×10^{21}	6.49×10^{20}
$R^*_{w-p-air}$	max (6:8)		1.25×10^{20}	1.01×10^{20}	7.35×10^{19}	6.12×10^{19}	5.50×10^{19}	6.05×10^{19}	4.67×10^{19}	4.53×10^{19}
$R^*_{w-p-water}$	max (9:17)		1.63×10^{21}	1.36×10^{21}	1.05×10^{21}	7.53×10^{20}	1.06×10^{21}	1.01×10^{21}	1.21×10^{21}	6.49×10^{20}

注：R_{w-i}为稀释第 i 种污染物到可接受浓度的生态服务量；p指城市生产过程产生的污染物；c指城市消费过程中产生的污染物。

6个空气中的污染物（二氧化硫、粉尘、氮氧化物、二氧化碳、甲烷、氧化亚氮）和8个水中的污染物（汞、镉、六价铬、铅、砷、挥发酚、氰化物、石油类），其他污染物由于数据问题暂不考虑。

1999～2006年，在城市消费过程中由6种大气污染物所造成人群健康损失急剧增加，从 4.17×10^{20} sej/a 到 1.15×10^{21} sej/a，并在2005年达到损失最大峰值（1.31×10^{21} sej/a）；而城市生产过程中由6种大气污染物所造成人群健康损失波动增加，也在2005年达到峰值（1.70×10^{21} sej/a），如图6-4（a）和图6-4（b）所示。而水体污染造成的人群健康损失远远小于空气污染物。在图6-4（a）中，城市消费过程中，氮氧化物和温室气体（二氧化碳）作为两个最大影响因素，总能值损失量从1999年的 2.16×10^{20} sej/a 上升到2006年 6.23×10^{20} sej/a。图6-4（b）中所示，城市生产过程中，氮氧化物和粉尘浓度有一个大的增长，并在2003年后一举超越二氧化硫，二氧化碳和粉尘占据最大的份额。由于 CO_2 不是国家污染考核指标，所以在这两个代谢过程中 CO_2 变化趋势相似。

图6-4（d）和图6-4（e）展示城市代谢过程中的自然资本损失，与人群健康损失不同，评估是基于污染物的酸化效应和生态毒理效应来评估的。其中因氮氧化物而造成的自然资本的损失在调查期间增长明显，特别是2004年以后。结果似乎表明，二氧化氮已经超过二氧化硫成为北京的环境污染治理上最重要的问题，而其主要来自于城市消费过程排放废气。二氧化氮和二氧化硫是北京城市代谢系统自然资本损失最大的贡献者，而温室气体（二氧化碳）和粉尘对人群健康的损失影响最大。

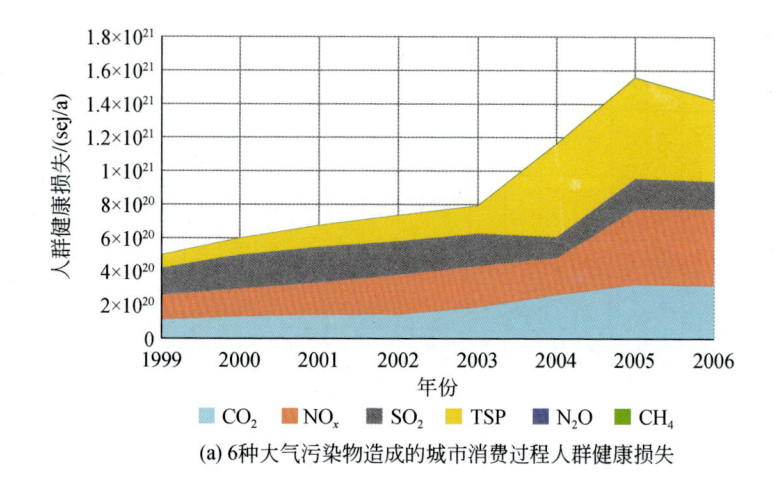

(a) 6种大气污染物造成的城市消费过程人群健康损失

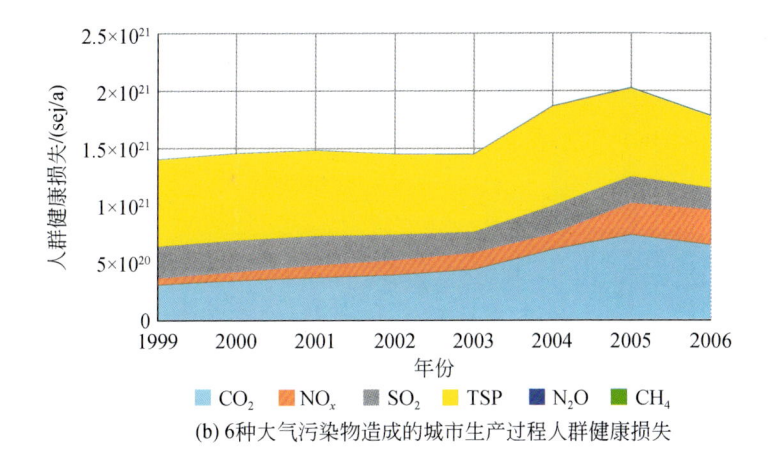

(b) 6种大气污染物造成的城市生产过程人群健康损失

(c) 6种水体污染物造成的城市生产过程人群健康损失

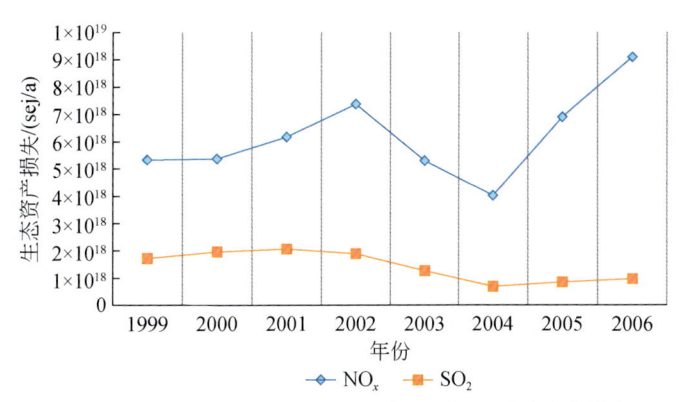

(d) 2种大气污染物造成的城市消费过程生态资产损失

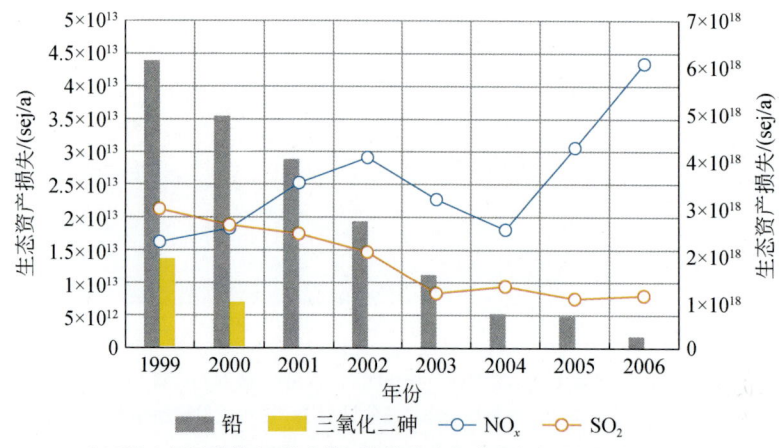

(e) 2种大气污染物和2种水体污染物造成的城市生产过程生态资产损失

图 6-4　1999～2006 年人群健康损失和生态资产损失变化

6.3.1.3　废物处理的能值损失核算

1999～2006 年北京废物处理能值损失和废物回用产生的价值计算，结果列于表 6-4 中。由于对现有数据的不确定性，无废物处理过程中的确切损失是难以估计的。在这里，仅对废物处置后的比例做大致的估计（假设是废物处理后污染物的浓度可减少 80%）。

表 6-4　历年额外投入到污染物处理过程中的能值使用量和减少损失程度核算

（单位：sej/a）

年份	1999	2000	2001	2002	2003	2004	2005	2006
E_w	1.33×10^{21}	1.52×10^{21}	1.62×10^{21}	1.99×10^{21}	2.37×10^{21}	2.85×10^{21}	2.73×10^{21}	3.24×10^{21}
F_b	2.35×10^{19}	2.68×10^{19}	3.19×10^{19}	5.35×10^{19}	8.15×10^{19}	1.17×10^{20}	1.45×10^{20}	1.31×10^{20}
R_w/R_w^*	\multicolumn{8}{c}{500%}
$L_{w,1}/L_{w,1}^*$	\multicolumn{8}{c}{275%}
$L_{w,2}/L_{w,2}^*$	\multicolumn{8}{c}{500%}
损失减少量	1.34×10^{22}	1.43×10^{22}	1.37×10^{22}	1.41×10^{22}	1.31×10^{22}	1.17×10^{22}	1.61×10^{22}	1.65×10^{22}

基于表 6-4 所显示的结果，废物处理的能值投资虽然有一定波动，但整体趋势显示出了相对稳定的增长态势。现有的资源会用率（F_b）还是很低，占废物处理能值投资总量的 2%～5%，但趋势是每年不断增加。$L_{w,i}/L_{w,i}^*$ 可以说明排放

的影响及处理效果之间的耦合关系。由于 CO_2 和粉尘（PM_{10}）仍然不是北京市污染考核指标，那么即使完全不处理其他污染物，$L_{w,1}$ 只能增加 275%。基于假设的结果表明，总能值投入与由于不设置处理设施而造成的额外生态及经济损失相比，要少得多。但是还是要看到，能值投资与减少损失是非同步增长的关系。结果似乎表明，在几乎所有情况下，都没有所谓"最优"的解决方案，即通过扩大投资来控制污染，它类似于 Jaffe 等（2003）和 Requate（2005）所提出的边际污染损害曲线。

填埋造成土地占用的能值损失，可以被用来作为衡量固体废物对环境的影响的方法。从表 6-5 可以看出，填埋造成土地占用的能值损失增加显著。因此，垃圾减量化仍是北京代谢系统面临的一个重要问题。

表 6-5 历年固体废物填埋造成的损失核算　　　　（单位：sej/a）

年份	1999	2000	2001	2002	2003	2004	2005	2006
$L_{w,3\text{-}p}$	6.42×10^{18}	7.69×10^{18}	8.51×10^{18}	8.44×10^{18}	1.08×10^{19}	1.48×10^{19}	1.63×10^{19}	1.69×10^{19}
$L_{w,3\text{-}c}$	8.10×10^{18}	1.09×10^{19}	1.32×10^{19}	1.46×10^{19}	2.06×10^{19}	3.23×10^{19}	4.13×10^{19}	4.51×10^{19}

注：p 指城市生产过程产生的污染物；c 指城市消费过程中产生的污染物。

6.3.2 修正后能值指标综合评价

用之前重新构建的能值指标来探索北京可持续发展的动态趋势，如表 6-6 所示。根据能值产出率（EYR）可以看出对本地资源的依赖程度，只有达到更多可更新资源的利用，才可能更好地确保城市的可持续发展。重点查看由于考虑了污染物造成的生态和经济损失后对指标的影响，从表 6-6 和图 6-5 中可以看出，损失对能值产出率的影响并不大，即使在 1999 年这种污染物排放较大的年份；而环境负荷率（ELR）的影响较大，环境负荷率进一步提高（ELR'）考虑污染物造成的生态和经济损失后，由于间接输入流主要是不可再生的能源，增加了相应的投入。

环境可持续指标 ESI' 值作为能值产出率和环境负荷率的比值，也发生了相应的变化。由于减少了产出比（EYR' < EYR）以及增加了负荷率（ELR' > ELR）的综合效应，可持续指数 ESI' 值显著下降，在 1999 年下降明显，达 8.2%，2006 年也有 3.5% 的降低，但基本的趋势并没有改变。研究也表明，由于污染物排放的影响，确实通过人群健康的影响和城市生态资本的损失大大拉低了城市代谢系统的可持续性。

表 6-6 考虑污染物造成的生态经济损失后北京 1999～2006 年能值流核算

变量	单位	指标解释	1999 年	2000 年	2001 年	2002 年	2003 年	2004 年	2005 年	2006 年
R	sej/a	可更新资源投入	1.05×10^{21}	1.05×10^{21}	1.05×10^{21}	1.05×10^{21}	1.03×10^{21}	1.03×10^{21}	1.03×10^{21}	1.03×10^{21}
N	sej/a	不可更新资源投入：$N=N_0+N_1$	1.69×10^{22}	1.18×10^{22}	1.47×10^{22}	1.88×10^{22}	1.75×10^{22}	1.94×10^{22}	2.01×10^{22}	1.37×10^{22}
N_0	sej/a	分散损耗	3.90×10^{19}	3.90×10^{19}	3.90×10^{19}	3.90×10^{19}	3.90×10^{19}	3.90×10^{19}	3.90×10^{19}	3.90×10^{19}
N_1	sej/a	集中使用	1.68×10^{22}	1.18×10^{22}	1.47×10^{22}	1.87×10^{22}	1.75×10^{22}	1.93×10^{22}	2.01×10^{22}	1.37×10^{22}
G	sej/a	进口商品	5.20×10^{22}	7.45×10^{22}	8.68×10^{22}	1.01×10^{23}	1.21×10^{23}	1.51×10^{23}	1.73×10^{23}	1.89×10^{23}
F	sej/a	进口化石燃料	9.94×10^{22}	1.07×10^{23}	1.10×10^{23}	1.07×10^{23}	1.18×10^{23}	1.36×10^{23}	1.50×10^{23}	1.60×10^{23}
P_2I	sej/a	购买的服务	5.05×10^{22}	7.28×10^{22}	7.63×10^{22}	8.37×10^{22}	1.13×10^{23}	1.38×10^{23}	1.70×10^{23}	1.02×10^{23}
P_2I_2	sej/a	旅游能值收入	4.46×10^{22}	5.52×10^{22}	6.85×10^{22}	7.17×10^{22}	5.21×10^{22}	8.50×10^{22}	9.74×10^{22}	1.15×10^{22}
P_2I_3	sej/a	支付劳力的能值	6.62×10^{20}	9.43×10^{20}	1.29×10^{21}	1.44×10^{21}	1.87×10^{21}	2.33×10^{21}	3.65×10^{21}	4.69×10^{23}
U	sej/a	总能值使用量 $U=R+N+G+F+P_2I+P_2I_3$	2.20×10^{23}	2.68×10^{23}	2.91×10^{23}	3.13×10^{23}	3.73×10^{23}	4.47×10^{23}	5.18×10^{23}	4.69×10^{23}
POP	人	总人口	1.26×10^{7}	1.36×10^{7}	1.38×10^{7}	1.42×10^{7}	1.46×10^{7}	1.49×10^{7}	1.54×10^{7}	1.58×10^{7}
GDP	$/a	国民生产总值	2.63×10^{10}	3.00×10^{10}	3.45×10^{10}	3.88×10^{10}	4.43×10^{10}	5.17×10^{10}	8.41×10^{10}	1.01×10^{11}
R_w^*	sej/a	为降解污染物投入的生态服务量	2.63×10^{22}	5.19×10^{22}	4.91×10^{22}	4.99×10^{22}	4.43×10^{22}	1.90×10^{22}	1.60×10^{22}	1.42×10^{22}
$L_{w,1}^*$	sej/a	由于污染造成的人群致残致死损失量	1.59×10^{21}	1.71×10^{21}	1.75×10^{21}	1.78×10^{21}	1.97×10^{21}	2.55×10^{21}	3.02×10^{21}	2.58×10^{21}
$L_{w,2}^*$	sej/a	由于污染造成的生态损失量	2.65×10^{21}	2.82×10^{21}	2.66×10^{21}	2.74×10^{21}	2.42×10^{21}	1.81×10^{21}	2.71×10^{21}	3.01×10^{21}
$L_{w,3}^*$	sej/a	由于废物填埋造成的土地占用经济损失量	1.21×10^{19}	1.54×10^{19}	1.76×10^{19}	1.87×10^{19}	2.75×10^{19}	3.96×10^{19}	4.84×10^{19}	4.98×10^{19}
E_w	sej/a	用于污染物处理的经济投入	1.33×10^{21}	1.52×10^{21}	1.62×10^{21}	1.99×10^{21}	2.37×10^{21}	2.85×10^{21}	2.73×10^{21}	3.24×10^{21}
F_b	sej/a	污染物处理后的回用量	2.35×10^{19}	2.68×10^{19}	3.19×10^{19}	5.35×10^{19}	8.15×10^{19}	1.17×10^{20}	1.45×10^{20}	1.31×10^{20}
EYR		$U/(G+F+P_2I+P_2I_3)$	1.09	1.05	1.06	1.07	1.05	1.05	1.04	1.03
EYR'		$(U+R_w^*+I_{w,1}^*+I_{w,2}^*+I_{w,3}^*)/(G+F+P_2I+P_2I_3+R_w^*+I_{w,1}^*+I_{w,2}^*+I_{w,3}^*)$	1.08	1.04	1.05	1.06	1.05	1.05	1.04	1.03
ELR		$(N+G+F+P_2I+P_2I_3)/R$	2.08×10^{2}	2.54×10^{2}	2.75×10^{2}	2.95×10^{2}	3.61×10^{2}	4.34×10^{2}	5.02×10^{2}	4.55×10^{2}
ELR'		$(N+G+F+P_2I+P_2I_3+R_w^*+I_{w,1}^*+I_{w,2}^*+I_{w,3}^*)/R$	2.37×10^{2}	3.07×10^{2}	3.25×10^{2}	3.47×10^{2}	4.09×10^{2}	4.56×10^{2}	5.23×10^{2}	4.74×10^{2}
ESI		EYR/ELR	5.23×10^{-3}	4.14×10^{-3}	3.85×10^{-3}	3.61×10^{-3}	2.91×10^{-3}	2.42×10^{-3}	2.08×10^{-3}	2.27×10^{-3}
ESI'		EYR'/ELR'	4.54×10^{-3}	3.39×10^{-3}	3.22×10^{-3}	3.05×10^{-3}	2.56×10^{-3}	2.29×10^{-3}	1.99×10^{-3}	2.17×10^{-3}

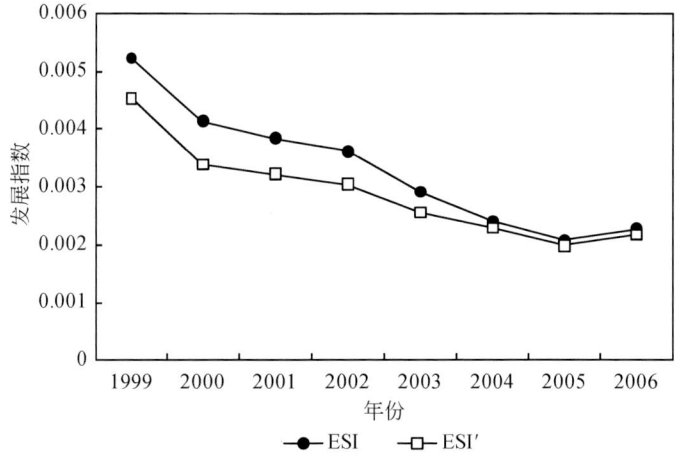

图 6-5　城市可持续发展指数比较

6.4　本章小结

本章给出了污染物影响量化方法体系。依照 Eco-Indictor 99 的划分标准，结合自然系统对污染物的自净化及污染对经济系统和生态系统的损害程度测度方法（DALY 法和 PDF 法），从城市代谢生产过程和消费过程研究城市代谢对人群健康和自然生态系统的影响。并以北京为例，研究 1999～2006 年北京城市代谢演替情况，结果表明：①8 年来北京整体健康程度呈现波动上升状态，在考虑生态损失的情况下其健康水平有 5%～12% 的下降。②二氧化氮和温室气体是北京生态系统损失和经济损失的主要影响因素。③当前排放已远远超出北京环境容量。④北京城市代谢系统对生产过程污染排放治理投资保持稳定，而对于消费过程污染排放治理投资却滞后于实际排放影响，导致其造成生态系统损失和经济损失波动上升。

在本章完成之后，就完整地建立了基于生态热力学的城市代谢系统综合核算体系。基于现有城市核算的难点与缺失点，在更好地理解系统和更好地构建完整城市代谢体系的同时，建立了完整的基于生态热力学城市代谢系统综合核算体系。主要包括以下内容：

（1）可更新资源，不可更新物质流、能流核算方法。建立城市代谢更新资源、不可更新物质流、能流清单，通过能值基准、修正文献中能值转换率，计算其投入产出能值。

（2）开发基于生命周期评价的复杂进出口商品的能值核算方法。利用生命周期评价方法拆解复杂进出口商品的材料与服务（体现在复杂商品制造过程中的能值），分项计算其能值。

（3）水资源能值核算方法。把水资源纳入到基于科学的客观性的统一的资源计算体系中来，从系统生态的观点出发，展现水资源的重要特性，不仅计算传统意义上的以海水作为参考环境的贯穿整个社会的可用的水资源流，而且通过引入地下水与调水作为来自水资源的重要的投入。

（4）污染物及温室气体的生态损失能值核算方法研究。依照 Eco-Indictor 99 的划分标准，结合自然系统对污染物的自净化及污染对经济系统和生态系统的损害程度测度方法（伤残调整健康生命年 DALY 法和物种潜在消失比例 PDF 法），从城市生产过程和消费过程研究污染物对人群健康、自然生态系统和经济系统的影响。

（5）用以稀释进化污染物生态服务能值核算方法。按照对污染物的最大稀释量核算生态服务能值的最大提供值。

（6）时间尺度上城市代谢系统的一体化核算和指标评价。

第7章 基于生态环境核算的城市健康评价和发展模式分析

7.1 城市健康与生态环境核算

E. P. Odum 于 20 世纪 70 年代末期提出生态系统健康这个概念，将生态系统看成一个有机体（Odum，1979）。健康概念从医药学方面延伸到生态系统研究是由于人控生态系统正面临着严重的"机能障碍"（Fath et al.，2004）。目前，众多学者已从不同角度对生态系统健康进行了一些基础研究，其中一种是从生态系统自身的角度出发（Costanza et al.，1997；Westman，1977），定义健康的系统具有恢复力，并保持内在稳定性，系统发生变化就意味着健康状态的改变；另一种则是基于生态系统为人类服务的理念（Cairns，1997；Daily，1997），考虑生态系统和人类的相互影响，其"健康"的标准在于为人类的生存和发展提供持续和良好的生态系统服务功能。在该意义下，生态系统健康类似于生态系统可持续。由此，生态系统健康的概念已从一个生态学范畴演变成一个整合生态—社会经济—人类健康的综合性范畴。Rapport（1995）将生态系统健康总结为"以符合适宜的目标为标准来定义的一个生态系统的状态、条件或表现"，即应包含两方面内涵：满足人类社会合理要求的能力和生态系统本身自我维持与更新的能力。

Hancock 定义的健康城市概念框架是基于经济、环境和社会之间的相互关系提出的，这和可持续性的三维要素（经济、环境和社会）很相近。他还进一步归纳出健康的城市生态系统应涉及的 6 个要素：①城市人群的健康状况（包括生理和心理健康），以及居民健康状况在城市内不同居住区的分布。②城市区域内的社会福利状况、政府管理的有效性、社会公平。③人居环境质量，包括居住条件、交通便利状况、自来水供应及下水道状况、道路及公共交通条件、公园和娱乐设施条件等。④城市自然环境质量，包括空气、水、土壤和噪声污染状况等。⑤城市内其他生物物种的健康状况，包括栖息地环境质量、遗传及物种多样性。⑥城市生态系统对广义的自然生态系统的影响。

WHO 将健康的城市定义为：一个不断开发、发展自然和社会环境并扩大社会资源，使人民能够在享受生命和充分发挥潜能方面相互帮助的城市，即城市不仅仅是片面追求经济增长效率的经济实体，而且是能够改善人类健康的理想环境，是由健康的人群、健康的环境和健康的社会有机结合发展的一个整体。

　　Colin 的定义与此类似，他认为城市生态系统的健康不仅意味着由自然环境和人工环境组成的生态系统的健康和完整，也包括城市居住者的健康和社会健康。健康的城市生态系统应该具备两方面特征：从生态学角度，作为自然—经济—社会复合生态系统是稳定的和可持续的，对外界不利因素具有抵抗力；从社会经济角度，具备为城市居民持续提供完善生态服务功能的能力。在总结现有的城市生态系统健康定义（Schaeffer et al.，1988；Kay，1991；Rapport，1998，1995；Jørgensen，1995；Auclair，1997；Jerry et al.，2001；Wang，2003；Chen B and Chen G Q，2006；Vassallo et al.，2006；Zhang et al.，2006；Su et al.，2009；Liu et al.，2017b）后，作者认为相对于其他科学定义，城市生态系统健康的定义带有一种解释说明性色彩，多是从健康的城市生态系统应包括的因素给出的一种总结性描述，这与城市生态系统健康本身就是一种比拟、难以精确量化式度量具有密切关系，也是由城市生态系统的复杂性、开放性、多元性所决定的。

　　城市生态系统健康评价的研究关键在于选择适宜的评价指标和标准。Rapport（1998）提出以"生态系统危险症状（EDS）"作为生态系统非健康状态的指标。Costanza 从系统可持续性能力的角度，提出了描述系统状态的3个指标——活力、组织结构和恢复力，并进行综合评价。Jørgensen（1995）提出使用（exergy）、结构（structural exergy）和生态缓冲容量（ecological buffer capacity）来评价生态系统健康。Jerry 等采用驱动力—压力—状态—暴露—影响—响应模型对哈瓦那城市生态系统健康评价指标体系和评价方法进行了探索。Vassallo 等（2006）运用热力学和神经网络的方法对沿海区域生态系统健康进行评价，并选择了环境质量作为预警指标。马世骏和王如松（1984）在复合生态系统理论观的指导下，对城市生态系统健康评价做了多方面研究。李日邦等（2000）从环境和健康角度选取42个指标建立指标体系，分析了中国城市环境—健康状况。王如松等针对北京提出生态城市建设生态控制论原理，并提出了包括测度城市物质能量流畅程度的生态滞竭系数、测度城市合理组织程度的生态协调系数和测度城市自我调节能力的生态成熟度等评价指标。郭秀锐等（2002）采用模糊数学方法构建了城市生态系统的健康评价模型，并对广州、北京、上海3个城市的总体健康状况进行了分析。胡廷兰等（2006）整合距离指数和协调指数，对宁波的亚系统相对健康水平进行识别，并辨析了城市复合生态系统健康的空间差异性。此外，曾勇等（2005）、周文华和王如松（2005）都从不同角度进行城市健康评价指标的遴选和梳理。

　　由于城市生态系统包括复杂的能流、物流、人口流和货币流代谢，为了综合考虑系统内部各种生态流的运行趋势及其交互作用，城市生态系统健康评价需寻求新的思路和方法，从系统生态学角度出发，进行综合的定量分析，量化城市生态系统健康状况。H. T. Odum 等于20世纪80年代创立能值研究方法，以地球系统最基础的驱动源——

太阳能为共同的基础参照标准，量化自然生态系统和社会经济系统中的各种能流、物流和信息流，突破了不同质量的能量之间统一评价的难题，并运用能路语言符号表征生态系统中各种能物流路径、转化和过程，对于能量等级结构和生态经济界面的统一评价方面具有明显的优越性，被广泛应用于生态系统价值分析和评估、生态环境管理方案的可行性分析和预测、国家和地区可持续发展政策响应等方面。

本章采用能值分析方法构建了生态系统健康评价指标，将其应用于中国 31 个典型城市研究中，尝试用能值分析方法来统一度量能流、物流、人口流以及货币流关系，揭示城市生态系统健康发展情况，并从空间角度对城市健康程度进行分析和比较，探讨影响当前中国城市健康的主要因素。

7.2 基于生态环境核算的城市健康评价方法

7.2.1 城市健康指标选择

评价一个城市的健康程度，关键在于构建相应的指标体系和适宜的模型，用以监测生态系统健康的外在征兆和暗示有恶化危险的预警表象。传统指标体系评价方法是选取能够反映系统特点的表征指标，利用所选取的指标运用层次分析等方法构造一个统一的框架，通过要素层权重的分配得到目标层综合的结果，最终由该结果判定系统健康的程度。而能值分析则是一个全新的研究角度，它基于系统生态学和能量学，从系统分析的角度出发，主要考虑系统的动力驱动机制，反映能流、物流投入产出的持续性，系统效率以及环境负荷等。能值健康指标实质上是系统自身实际能值流动量与环境能值之间相互关系的体现。能值健康分析方法迥异于诸如层次分析法、模糊评价法等外在预警式评价方法，其从系统内在物质循环与能量流动的角度阐述了城市生态系统健康理论。从能值分析角度剖析城市生态系统健康，其热力学基础在于系统内部物质能量的流转方式、速度和强度，制约和决定着系统组织结构的配置、运行的效率、经济发展的速度、环境负载的程度以及资源耗竭的速率等。因此，把握了进出系统的能量密度和能量流转路径便可明晰系统健康的内在演化态势，这就是采用能值方法进行城市生态系统健康分析的根本原因。同时，能值流动的格局可以反映城市生态系统中多样化的资源、相互作用过程以及生态服务功能，从而为城市生态系统的健康评价提供了条件。本章中城市生态系统的健康状态应该是一个复合系统尺度上的功能概念，包括如下内涵：系统活力强，能量品质及利用效率高；组织结构稳定；环境负荷小，恢复能力强；驱动机制合理，为人类提供福祉能力强等。基于对健康的城市生态系统及其功能的系统了解，本章选取 4 个因素作为评价城市生态系统的健康的指标体系，即效率（E）、结构（S）、影响（I）和通量（F）。之前的研究已经提出了一套基于能值指标来描述城市生态系统的活力、组织结构、恢复力方法（Liu et al., 2009）。在本章中，用效率（E）、结构（S）、影响（I）和通量（F）四位一体反映城市生态系统健康。

7.2.2 基于生态环境核算的城市生态系统健康指数

在系统可持续发展能力的综合指标研究中，Brown 和 Ulgiati（1997）提出了基于能值可持续指数（emergy-based sustainability index, ESI），即 ESI = NEYR/ELR。针对 ESI 难以反映系统能值产出收益的缺陷，陆宏芳等（2002）构建了评价系统可持续发展能力的能值指标（emergy index of sustainable development, EISD），即

$$\text{EISD} = \text{NEYR} \times \text{EER}/\text{ELR} \tag{7-1}$$

城市生态系统健康和可持续发展的关系很近，其共同点均反映了生态系统为人类提供支持服务功能。目前对这两个概念的划分比较模糊，其中一种观点认为生态系统健康是可持续发展的先决条件。本书认为，城市生态系统健康是基于效率、结构、影响和通量这 4 个方面的协调发展，即城市的健康指数可定为这 4 个方面的综合。以净能值产出率（NEYR）、环境负荷率（ELR）、能值交换率（EER）分别代表通量、结构和影响 3 个方面，以能值密度（ED）与能值货币比（EMR）的比值来评定城市的效率。综合以上指标构建城市健康能值指数（emergy-based urban ecosystem health index, EUEHI），以综合反映城市生态系统的健康水平。其数学表达式为

$$\text{EUEHI} = \frac{\text{NEYR} \times \text{EER} \times \text{ED}}{\text{ELR} \times \text{EMR}} \tag{7-2}$$

式中，EUEHI 涵盖 4 个方面，即通量、效率、结构和影响，与城市生态系统的健康密切相关。在人类社会中，如果系统能够稳定而可持续的提供商品和服务，就称之为健康（Burkhard et al., 2008）。需要说明的是，该指标的单位是元/km^2，可以理解为城市"代谢单位浓度"或者"收入密度"，强调其为城市代谢提供服务的能力。用健康指标 EUEHI 和可持续发展指标 ESI 同时描述城市代谢系统，是想从另一个侧面反映人们感官对城市好与坏的理解，比如高消费、高发展速度城市可持续指标可能一直在下降，但是居民的体验感受可能是逐步上升。

7.2.3 中国 31 个典型城市的健康程度测算

中国的城市有 3 个层次，即直辖市、地级市和县级市（Tan et al., 2008）。在这项研究中选取了 31 个省会城市，是每一个省的经济和政治中心，所以很有代表性，它们都经历了自 1978 年以来中国经济的高速发展，但大多数面临着严重的环境问题。

第 7 章 基于生态环境核算的城市健康评价和发展模式分析

在中国城市生态经济系统能值图（图 7-1）中，最外面的边框是本次研究的系统边界。系统中还包括工业、商业、运输和废物处理等。

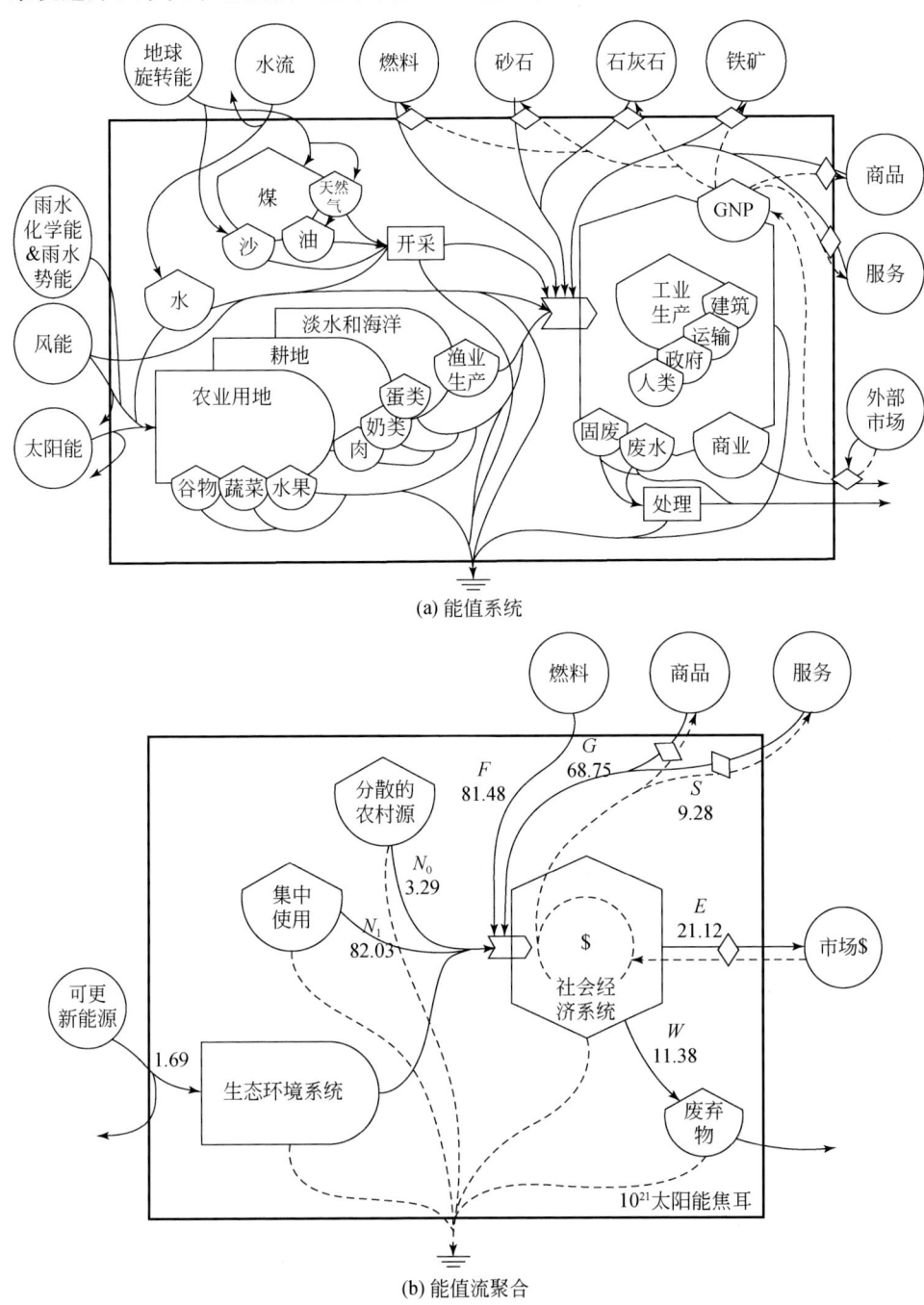

(a) 能值系统

(b) 能值流聚合

图 7-1 中国城市生态经济系统能值

本章提出了城市生态系统 4 个健康评价的因素，核算了 31 个城市的能值流和健康评价指标，揭示了中国省会城市的空间发展格局，用聚类分析确定不同城市健康程度的类型，最后讨论了经济增长、环境影响与城市生态系统健康之间的关系。

这项研究的数据均来自公开出版年鉴，如《中国城市统计年鉴》和《环境统计年鉴》。参照系统图，城市生态系统的能值流量列于表 7-1。此外，还计算了 5 个动态的能值指标和综合指标，并在表 7-2 中列出的城市生态系统健康评估结果。

表 7-1　中国 31 个典型城市能值流核算（2004 年）

城市	$R/$(sej/a)	$N/$(sej/a)	$F+G+S$/(sej/a)	$U/$(sej/a)	$E/$(sej/a)	总人口/人	GDP/元
北京	1.69×10^{21}	8.53×10^{22}	1.60×10^{23}	2.47×10^{23}	2.11×10^{22}	1.16×10^{7}	4.28×10^{11}
上海	1.02×10^{21}	2.87×10^{22}	2.88×10^{23}	3.18×10^{23}	7.55×10^{22}	1.35×10^{7}	8.07×10^{11}
重庆	1.83×10^{22}	1.41×10^{23}	1.02×10^{22}	1.70×10^{23}	1.93×10^{21}	3.14×10^{7}	2.67×10^{11}
天津	9.50×10^{20}	9.49×10^{22}	6.41×10^{22}	1.60×10^{23}	2.10×10^{22}	9.33×10^{6}	2.93×10^{11}
哈尔滨	6.21×10^{21}	4.12×10^{22}	1.94×10^{22}	6.69×10^{22}	2.25×10^{22}	9.70×10^{6}	1.68×10^{11}
杭州	2.63×10^{21}	5.09×10^{22}	4.07×10^{22}	9.43×10^{22}	1.47×10^{22}	6.52×10^{6}	2.52×10^{11}
南京	1.01×10^{21}	5.20×10^{22}	9.00×10^{22}	1.43×10^{23}	9.79×10^{21}	5.84×10^{6}	1.91×10^{11}
西宁	1.40×10^{21}	9.67×10^{21}	2.62×10^{21}	1.37×10^{22}	3.89×10^{21}	2.07×10^{6}	1.75×10^{10}
贵阳	2.31×10^{21}	2.79×10^{22}	3.89×10^{22}	6.91×10^{22}	8.21×10^{20}	3.48×10^{6}	4.44×10^{10}
海口	3.43×10^{20}	6.75×10^{20}	1.58×10^{21}	2.60×10^{21}	3.81×10^{20}	1.43×10^{6}	2.53×10^{10}
武汉	2.10×10^{21}	2.92×10^{22}	2.79×10^{21}	3.41×10^{22}	2.17×10^{21}	7.86×10^{6}	1.96×10^{11}
乌鲁木齐	1.33×10^{21}	4.91×10^{22}	1.06×10^{22}	6.11×10^{22}	9.21×10^{21}	1.86×10^{6}	4.84×10^{10}
太原	8.18×10^{20}	1.17×10^{23}	8.40×10^{20}	1.19×10^{23}	1.20×10^{22}	3.32×10^{6}	6.40×10^{10}
兰州	1.53×10^{21}	2.84×10^{22}	2.02×10^{22}	5.01×10^{22}	5.38×10^{20}	3.08×10^{6}	5.05×10^{10}
长沙	2.55×10^{21}	2.50×10^{22}	2.26×10^{22}	5.01×10^{22}	1.03×10^{22}	6.10×10^{6}	1.13×10^{11}
拉萨	9.88×10^{21}	4.99×10^{20}	1.20×10^{19}	1.04×10^{22}	1.10×10^{20}	4.40×10^{5}	7.52×10^{9}
广州	2.28×10^{21}	6.27×10^{22}	1.23×10^{23}	1.88×10^{23}	2.04×10^{22}	7.38×10^{6}	4.12×10^{11}
福州	2.11×10^{21}	8.44×10^{21}	3.25×10^{22}	4.31×10^{22}	8.03×10^{21}	6.09×10^{6}	1.55×10^{11}
成都	2.72×10^{21}	2.43×10^{22}	7.33×10^{22}	1.00×10^{23}	1.31×10^{22}	1.06×10^{7}	2.19×10^{11}
西安	1.17×10^{21}	2.30×10^{22}	4.24×10^{22}	6.66×10^{22}	1.53×10^{21}	7.25×10^{6}	1.10×10^{11}
昆明	8.89×10^{21}	2.85×10^{22}	1.89×10^{22}	5.63×10^{22}	1.25×10^{22}	5.03×10^{6}	9.42×10^{10}
银川	1.07×10^{21}	1.58×10^{22}	2.18×10^{22}	3.87×10^{22}	2.39×10^{22}	1.38×10^{6}	1.89×10^{10}
长春	2.41×10^{21}	3.59×10^{22}	7.44×10^{22}	1.13×10^{23}	5.92×10^{20}	7.24×10^{6}	1.54×10^{11}

续表

城市	R/（sej/a）	N/（sej/a）	$F+G+S$/（sej/a）	U/（sej/a）	E/（sej/a）	总人口/人	GDP/元
石家庄	1.86×10^{21}	9.42×10^{22}	6.95×10^{22}	1.66×10^{23}	2.57×10^{21}	9.18×10^{6}	1.63×10^{11}
沈阳	1.52×10^{21}	3.63×10^{22}	6.31×10^{22}	1.01×10^{23}	2.37×10^{21}	6.94×10^{6}	1.90×10^{11}
郑州	9.08×10^{20}	1.36×10^{23}	3.83×10^{21}	1.41×10^{23}	4.57×10^{22}	6.71×10^{6}	1.38×10^{11}
南昌	1.38×10^{21}	1.36×10^{22}	2.12×10^{22}	3.62×10^{22}	8.75×10^{20}	4.61×10^{6}	7.71×10^{10}
合肥	1.09×10^{21}	7.61×10^{21}	1.21×10^{22}	1.99×10^{22}	2.25×10^{21}	4.45×10^{6}	7.22×10^{10}
呼和浩特	2.99×10^{21}	1.23×10^{22}	2.00×10^{22}	3.54×10^{22}	2.74×10^{20}	2.15×10^{6}	5.46×10^{10}
济南	6.28×10^{21}	6.39×10^{22}	5.74×10^{22}	1.28×10^{23}	1.41×10^{21}	5.90×10^{6}	1.60×10^{11}
南宁	6.55×10^{20}	2.67×10^{22}	6.74×10^{21}	4.00×10^{22}	5.39×10^{20}	6.49×10^{6}	5.89×10^{10}

注：R 表示可更新能值流；N 表示本地不可更新能值流（$N=N_0+N_1$）；N_0 表示农业面源损失能值；N_1 表示本地集中使用能值；F 表示进口化石燃料；G 表示进口商品；S 表示进口劳力服务；E 表示出口；U 表示总能值使用量（$U=N+R+G+S+F$）；GDP 表示国民生产总值。

表 7-2　中国 31 个典型城市健康指数核算（2004 年）

城市	NEYR $(F+G+S)/(R+N)$	EER $(G+F+S)/E$	ELR $(U-R)/R$	EMR U/GDP	ED U/area	EUEHI $(\text{NEYR} \times \text{EER} \times \text{ED})/(\text{ELR} \times \text{EMR})$
北京	1.83	7.55	144.79	4.60	14.67	0.26
上海	9.69	3.82	311.39	3.15	50.16	0.22
重庆	0.06	5.28	8.28	5.09	2.06	4.30
天津	0.67	3.05	167.49	4.37	13.44	0.14
哈尔滨	0.41	8.62	9.77	3.18	1.26	1.20
杭州	0.76	2.78	34.9	3.00	5.68	0.35
南京	1.70	9.19	141.11	5.99	21.73	0.38
西宁	0.24	0.67	8.77	6.27	1.8	0.12
贵阳	1.29	47.35	28.92	12.45	8.6	2.01
海口	1.55	4.14	6.57	0.82	1.13	1.42
武汉	0.09	1.28	15.26	1.39	4.01	2.95
乌鲁木齐	0.21	1.15	44.85	10.09	5.37	0.08
太原	0.01	0.07	144.42	14.86	17.02	0.08
兰州	0.67	37.47	31.63	7.93	3.82	1.42
长沙	0.82	21.85	18.64	3.54	4.25	3.13

续表

城市	NEYR $(F+G+S)/(R+N)$	EER $(G+F+S)/E$	ELR $(U-R)/R$	EMR U/GDP	ED $U/area$	EUEHI $(NEYR \times EER \times ED)/(ELR \times EMR)$
拉萨	0.00	0.11	0.05	11.04	0.35	57.94
广州	1.89	6.01	81.13	3.65	25.23	0.78
福州	3.08	4.05	19.43	2.23	3.60	0.45
成都	2.71	55.87	35.95	3.67	8.25	4.78
西安	1.76	27.8	55.98	4.86	6.67	1.07
昆明	0.51	15.18	5.33	4.78	2.67	4.72
银川	1.29	91.27	35.03	16.37	4.22	1.19
长春	1.94	125.68	45.78	5.87	5.48	3.88
石家庄	0.72	27.03	88.25	8.11	10.45	0.94
沈阳	1.67	26.59	65.45	4.25	7.78	1.19
郑州	0.03	0.08	154.07	8.17	18.9	0.05
南昌	1.42	24.25	25.16	3.76	4.87	2.13
合肥	1.29	4.98	17.22	2.21	2.69	0.63
呼和浩特	1.31	73.01	10.83	5.18	2.05	4.72
济南	0.72	34.25	87.01	5.77	14.11	2.30
南宁	0.21	12.52	6.84	5.21	1.74	3.47

7.3 基于生态环境核算的城市健康及发展模式分析

7.3.1 城市聚类分析

对计算结果进行聚类分析，得出不同健康程度城市集群之间的细微差别。本章中使用的与健康相关的4个变量分别涵盖了健康的4个方面，包括：通量（NEYR）、结构（NER）、环境影响（ELR）和效率（经济密度）。标准化数据后，先用因子分析方法以确定影响健康的主导因素，考察在原始变量中所包含的重复信息（Soares et al., 2003）。使用SPSS软件处理31个省会城市的变量因素分析，非参数检验用于分析给定数据集的相关性。城市指标的相关性矩阵在表7-3中显示，结果显示各个指标之间独立性比较强。之后的聚类分析采用 k 均值聚类，发现超过3个集群的聚类结果最为有效，聚类方法使用欧氏距离法研究集群重心的最短距离。

表 7-3　城市指标之间相关性矩阵

项目	NEYR	EER	ELR	ED	EUEHI
NEYR	1	−0.306[a]	0.159	−0.320[a]	−0.053
EER	—	1	0.067	−0.163	0.536[b]
ELR	—	—	1	−0.453[b]	0.439[b]
ED	—	—	—	1	−0.214
EUEHI	—	—	—	—	1

a. 相关性在 0.05 水平显著（双尾检验）；b. 相关性在 0.01 水平显著（双尾检验）。

聚类分析的结果显示，中国 31 个典型城市可以分为 6 组，5 项指标的聚类平均值显示在图 7-2 上。

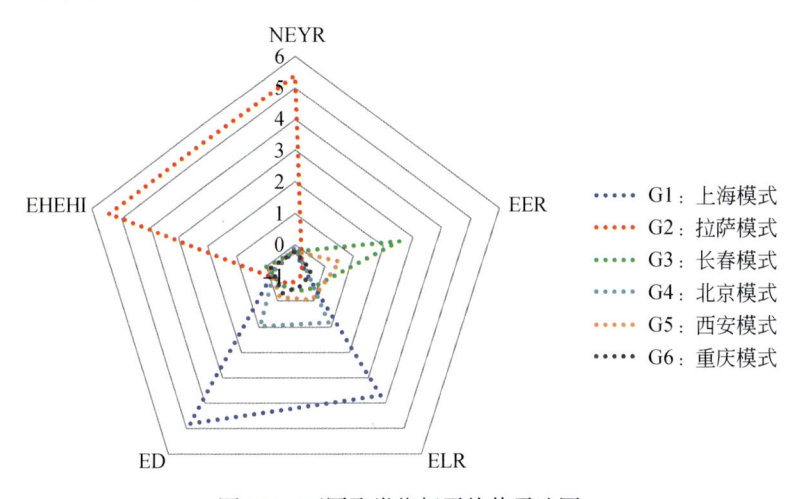

图 7-2　不同聚类指标平均值雷达图

第 1 组（上海模式）：这组只包括上海一个城市，特点是具有较大的经济密度（ED）和相对其他集群更高的环境承载力（ELR），即强劲的经济通量和更严重的环境压力。上海作为中国领跑的经济中心，具有很强的竞争能力和经济发展水平，是具有发展潜力的国际化大都市。然而，它也有严重的环境问题和较差的城市组织结构。

第 2 组（拉萨模式）：拉萨的这组与第一组形成明显差异，由于很高的可更新资源能值的投入和低不可更新资源投入，相对高能值产出率（EYR）和低环境承载力（ELR）导致最高的城市健康程度（EUEHI）。而这种差异取决于发展的形式和经济结构。拉萨很大程度上依赖于旅游业，因为其他行业（包括采矿业、畜牧业和传统手工业等）都缺乏一个稳定的产业配套体系。事实上，拉萨高的健康水平是因为城市对重工业的限制，而这已被证明是有利于获得环保型的经济效益以及增加政府环保型投资和监管。拉萨很可能成为一个新的可持续发展模式，如生态旅游，这可能是为其他城市的未来发展提供一个有意义的参考。

第3组（长春模式）：这组城市包括长春、呼和浩特、银川等，它们的能值交换律高于其他城市，这意味着第3组模式是资源出口型城市。能值交换律表征一个城市是主要利用本地资源还是进口资源。在这种模式下，所有这一组的城市都是中国的老工业基地。而这些城市的可持续发展，一种可能的途径是增加资源进口，或是调整现有资源出口模式。

第4组（北京模式）：这组城市包括北京、天津、南京、太原、郑州、广州等，与第1组相比，第4组也有较大的经济密度（ED）和较大的环境承载力（ELR）。在这个意义上说，它们属于向第一组进化过程中的城市，它们的健康程度类似第1组。

第5组（西安模式）：这组城市包括贵阳、兰州、成都、西安、石家庄、沈阳、济南。在能值交换律指标和环境承载力这两个指标相比第1、2、4、6组都在显示更好的程度。这些城市大多位于在中国中部和西部地区，其中城市化水平是相对较低的。

第6组（重庆模式）：这组城市包括重庆、哈尔滨、杭州、西宁、海口、武汉、乌鲁木齐、长沙、福州、昆明、南昌、合肥、南宁。这组城市普遍拥有丰富的自然资源与相对第1、3、4、5组较低环境承载力（ELR）。例如，乌鲁木齐拥有丰富的石油资源，而重庆拥有丰富的天然气资源。这些城市的健康程度（EUEHI）普遍是比较高的，而且拥有广阔的生态腹地支持，虽然它们的经济强度和能值交换律是在较低水平。

7.3.2 中国城市健康程度空间结构分析

图7-3是将结果用图的方式表达出来。将EUEHI从最高到最低用圆饼的大小来表示，从沿海到内陆省会城市相近的EUEHI用曲线连接起来，并标记为L1、L2和L3，结果表明，中国的城市生态系统健康水平沿着经度方向是呈现"弦"状分布特征的，特大城市（包括北京、上海、广州等）和内陆边境地区（如乌鲁木齐）位于L1线上，沿江城市（包括济南、武汉、南宁等）和内陆城市（如银川、兰州）位于L2线上，其他城市落于L3线上。EUEHI值序列遵循着L3>L2>L1的规律，从沿海到内陆，健康程度先增大后减小。这种现象与城市发展的空间层次基本吻合，这种健康分布体现了城市生态系统能值流动状况。沿海城市高NEYR及低ELR，进一步促进了城市健康程度的迅速恶化，高的经济发

展、过度开发和过度集中的市区引发各种环境问题,如空气和水的污染及水资源短缺,这已成为城市生态系统健康发展的瓶颈。同样,在中国西北地区的城市由于相对贫困(过低的 NEYR),造成 EUEHI 值也很低。在中国中部的城市,由于腹地广阔,提供了一个相对较低的 ELR 和不低的 NEYR 值,使得综合健康程度较高。

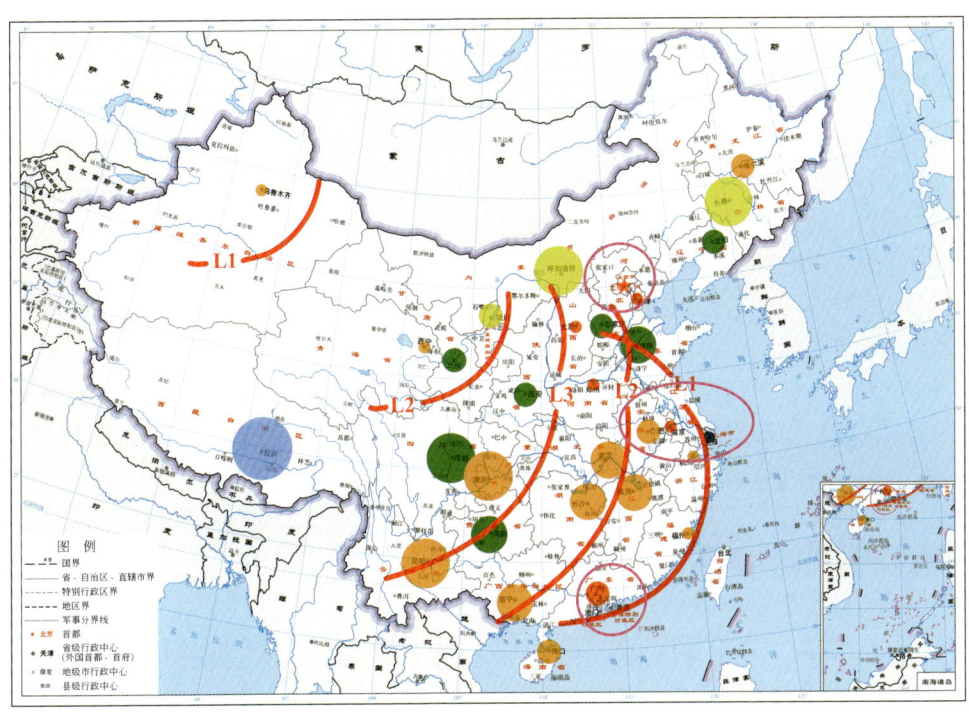

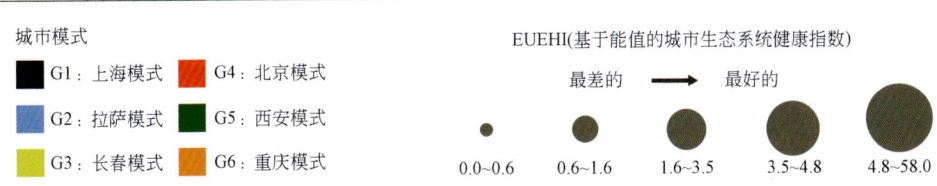

图 7-3 中国 31 个城市聚类分布

Odum 等 (1995a) 建议可以将自然用地、农田、居住用地、工业用地和金融中心的景观格局圈层分布和能值强度上的层级分布对应起来研究。中国是一个大国,由于地理位置的不同,各个省份经济发展水平差异较大。考虑到空间分布,具有较高的国内生产总值和能值使用强度的发达城市坐落在南部和东部沿海,而那些具有较低的国内生产总值和能值使用强度的城市在中部和西部地区的山区。基于城市生态系统健康评价结果(图 7-3),中国城市的发展有类似的能值分布规律,即南部的能值使用更多的城市一般健康程度都高于中部和西部地区的城市。

在这个意义上，本书提出"空间层级"，这与能值分析中的层级理论兼容并一致，它可以被视为派生模式，城市之间也存在相似的空间层级，随着空间位置的不同，其健康程度也呈现层级变化。

从空间尺度，选取中国 31 个典型城市进行基于能值的城市健康评估，并进行空间聚类分析，得出中国典型城市健康分布图（图 7-3）。结果显示：① 31 个城市健康程度在空间上呈现"弦"状分布；沿海城市（包括北京、上海、广州等）和内陆边境地区（如乌鲁木齐）位于 L1，而沿江城市（包括济南、武汉、南宁等）和内陆城市（如银川、兰州）等位于 L2，其他城市位于 L3。②综合健康等级从沿海到内陆呈现先递增，后递减的状况，L3>L2>L1。③中国 3 个经济圈（京津唐经济圈、长三角经济圈、珠三角经济圈）中城市健康均呈现较低水平。④沿长江流域城市健康程度高于沿黄河流域。

从图 7-3 中可以看出，城市化所呈现的层级性"弦"状结构，其不仅说明不同区域的资本与劳务的分配关系为自沿海向内陆递减的层级性，也表示不同区域城市资源自内陆向沿海的集中过程，而经济与环境的综合作用形成了现有的健康等级分布，这种城市结构的阶层关系正如生态系统中的营养位阶。再者，就城市系统而言，城市的发展形态与结构虽因本身条件与外界限制影响而各有不同，但当整个城市系统能达到最佳的发展形态，则必然是透过发展过程中的回馈达到城市社会经济发展与生态环境改善的互动、共生关系，此过程就如同生态系演替过程中自我组织的回馈机制。

7.4 城市健康与环境经济要素关联性讨论

7.4.1 经济增长与环境绩效的协同分析

在讨论部分，会交叉分析不同影响因素之间相互影响对城市生态系统健康的影响。在当今中国城市普遍面临城市经济扩张和环境保护压力的矛盾，所以经济增长和环境绩效之间的关系是值得研究的点。如图 7-4 所示，水平轴表示城市环境健康指数（EHI），该值是将各城市的生态承载力数值（ELR）进行归一化，EHI 越大，环境负荷越小。垂直轴是指经济密度指数（EDI），是由能值密度与能值货币比的比值归一化所得。EDI 越高，经济通量与活力越大。

图 7-4 显示出两个值得关注的问题。一方面，36.67% 的城市位于图中左下角的灰色区域，这些城市具有经济活力低和环境压力大的特点；只有少数几个沿海城市，如上海、广州保持蓬勃发展的生产力和经济活动的高密度；26.67% 的城市经济活动密度低、环境压力不大，包括昆明、海口、南宁、重庆，这表明经济发展激化了城市之间的不平等，也扩大了生态系统健康的差异。

另一方面，EHI 和 EDI 的乘积大约是一个常数，这意味着中国城市经济健康指数和环境健康指数呈负相关。2004 年中国城市提高经济的主要方法还是对能源和资源扩大消费及有意识的忽略环境问题。这说明，在 2004 年中国发展模式下，各省会城市经济与环境的"双赢"局面很难实现。

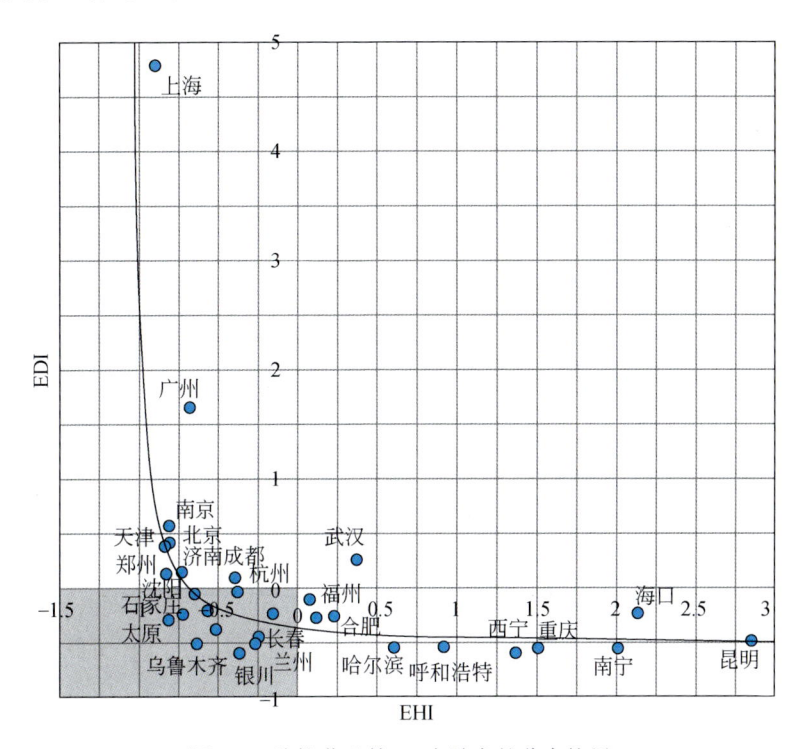

图 7-4 除拉萨以外 30 个城市的分布格局

7.4.2 经济增长和城市生态系统健康

图 7-5 用经济增长程度和城市健康程度作为坐标的横纵轴来分析经济对健康的制约程度，图中所划分的 4 个象限分别对应高经济发展模式（象限Ⅰ）、低经济发展模式（象限Ⅱ）、高经济制约模式（象限Ⅲ）、低经济制约模式（象限Ⅳ）。可以看出，中国大部分城市分布在象限Ⅱ、Ⅲ，说明当前经济仍是中国大多数城市的制约瓶颈之一，而发展模式的落后使得经济与环境不能同步改善，导致整体健康水平低。需要进一步调整系统组织结构的配置，提高运行的效率，合理调整经济发展的速度、环境负载的程度以及资源耗竭的速率等。

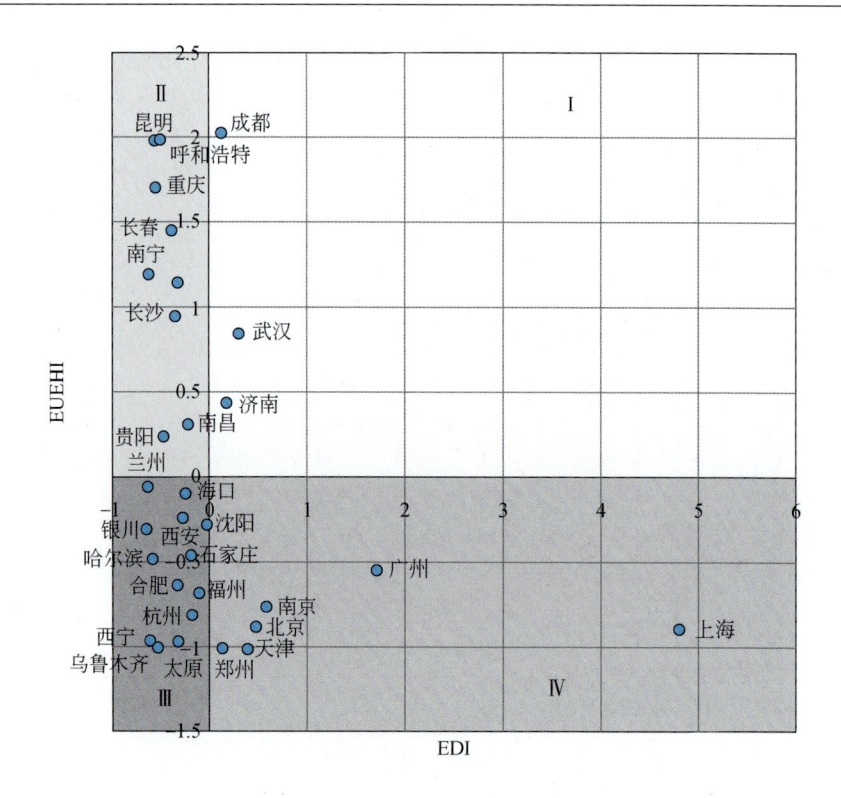

图 7-5　城市聚类

代谢水平的梯级差异，不仅反映出中国城市物质代谢水平区域差异性显著，而且也为物质代谢水平比较低的城市提供了提高其物质代谢能力的阶段目标。城市物质代谢过程的良性运行充分反映了城市社会经济发展与生态环境改善的互动、共生关系，今后城市发展的中心任务是强化其新陈代谢功能，以大区域协调发展为最终目标，逐步缩小南北、东西的差距，实现国家尺度上的协调发展。

7.5　本章小结

基于能值理论，选择效率、结构、通量、影响 4 个方面作为生态系统健康评价的 4 个要素，每个要素都用相应的能值指标对城市生态系统现状进行描述。并综合上述指标构建城市健康能值指数（EUEHI），从空间尺度，选取中国典型 31 个城市进行基于能值的城市健康评估，并进行空间聚类分析，得出中国典型城市健康分布图。结果显示：①中国城市健康程度呈现"弦"状分布。②健康等级从沿海到内陆呈现先递增、后递减的状况，L3>L2>L1。并进一步对影响中国城市健康水平的因素进行敏感性分析，分析结果显示：①中国城市经济健康指数和环境健康指数呈负相关，说明当前中国城市发展模式下，经济与环境的"双赢"局面很难实现。②当前中国大部分城市分布在低经济发展模式、高经济制约模式，而发展模式的落后使得经济与环境不能同步改善，导致整体健康水平低。需要进一步调整系统组织结构的配置，提高运行的效率，合理调整经济发展的速度、环境负载的程度以及资源耗竭的速率等。

第 8 章 城市生活用水系统的生态环境核算

8.1 城市生活用水供给过程

8.1.1 研究背景

水是地球生命之源和人类文明的基础。科学保护与合理利用水资源是全人类的首要任务之一。水资源在社会经济和环境系统的发展中具有十分重要的作用，然而由于人口快速增长、经济发展和气候变化，全球水资源已经处在巨大的压力之下。人们对水需求的迅猛增加和淡水供给的减少，使得水资源短缺成为很多国家面临的严重问题（Wang et al., 2016）。联合国教科文组织（UNESCO）预测全球水资源需求量将在 2050 年增加 44%，居民用水也将增长近 1.5 倍（UNESCO, 2014），而长期处于缺水的状况下的我国部分城市地区将有更多的居民生活在缺水的环境。没有持续的水资源供应，人类社会就不可能持续平稳地发展（Chen et al., 2016a，2016b）。

北京地处我国华北平原的北端，水源主要由降水产生的地表径流和地下水形成（倪新铮等，2001）。而随着一直以来的人口集聚、经济发展尤其是第三产业的飞速发展，北京已成为我国重度资源型缺水地区，水资源尖锐的供需矛盾亟待解决。2014 年初，习近平总书记先后到水利部、北京市进行视察调研，对新形势下水务建设做了重要指示，明确提出"城市发展要坚持以水定城、以水定地、以水定人、以水定产的原则"，即规划思路要从"以需定供"向"以供定需"转变。因此，规划应从单纯考虑水量向综合考虑供水过程体现的投入及效率、可持续性转变，这为应用能值分析方法提供了一个很好的途径。根据 Hu 等（2013）的研究，北京市绝大多数的水资源消耗量源自于家庭使用，即生活用水。北京市的生活用水在 2014 年南水北调全面通水运行之前主要来源于本地地表及地下水。但两者有限的供给并不能满足北京的用水需求。作为对传统的地表水源、地下水源的"替代水源"，南水北调进京水极大地缓解了北京市的生活用水供给压力。显而易见，南水北调大量的工程建设等投入必将令入京的南水的供水成本，无论是经济成本还是从能量角度衡量的能值投入，都要比本地水源高。那么究竟高多少？而作为远景规划中另外一种生活用水替代水源，淡化海水所得的淡水和南水北调进京水相比，单位体积①的能值投入哪个更低？从水的开采、调配、处理到通过市政管网抵达终端用户这个过程中两种本地水源与两种替代水源各步骤所消耗的能值投入又是多少？从能值的视角厘清上述问题会对北京市生活用水的合理规划配置提供建议。

城市供水系统实际上是由水资源自然系统和城市供水工程系统共同组成，具体指人们从自然界中的水源地或者其他供水系统中取水，并将原水加工、处理后按需要供水给各用户的一系列工程组合，一般包括天然水源的取水、处理及送水至各用户的配水设施（任基成和费杰，2006）。

8.1.2 城市生活用水供给研究进展

从概念上来说，生活用水又被称作大生活用水，是由居民家庭生活用水和市政公共用水两部分组成（袁远，2004）。

从与能量相关的角度，Zhou等（2013）估算得出水系统能量消耗大约占到城市总能量消耗的10%。能量消耗的多少取决于水源、人口、气候等因素。提取、处理、输送水需要耗电（Ramos et al., 2011），据估算，全世界所消耗的电量2%~3%用来在供水系统中输水（Alliance to Save Energy, 2002）。在巴西，平均需要0.862±0.046kW·h电来生产、供给1m³水；巴西水供给系统的直接电消耗占到2012年巴西全国电能消耗的1.9%以上；而其中由于供水系统水的流失，30%的电能被浪费了（Vilanova and Balestieri, 2015），说明了我们常说的"跑冒滴漏"现象不仅造成水资源的浪费，也带来了一种无谓的能源消耗。Cheung等（2013）的研究表明高楼的水供给系统的能效可以通过储水箱位置的重新优化设计来提高。

从经济的角度，一些学者通过遗传算法（Gupta et al., 1999; Prasad, 2010）、非线性规划（Gomes and Silva, 2006）、整数线性规划（Samani and Mottaghi, 2006）、二次规划（Bai et al., 2007）、多目标遗传算法（Wu et al., 2012; Vamvakeridou-Laoudia et al., 2007）、多目标混合算法（Pierro et al., 2009）、随机传输算法（Bolognesi et al., 2010）、多目标粒子群优化算法（Montalvo et al., 2010）等方法试图使水网投入成本最小、年投入最小、建设和能源投入最小、总投入最小、温室气体排放量最小等。

从研究对象的尺度来看，现有研究涉及给水处理厂、污水处理厂等供给设施尺度、给水处理、配水、污水处理等用水全过程尺度，以及城市、省份、国家等区域尺度（林伟仁，2015）。Raluy等（2005）利用生命周期分析方法，在3种不同的情景下对比了西班牙全国水文规划中的鄂博河调水工程的预期能耗。Nalanie和Robert（2006）利用生命周期方法研究了新西兰奥克兰市供水管网系统的能耗

---

① 本章后续中的单位体积均是指1m³。

和二氧化碳排放量。Lundie 等（2004）应用生命周期分析方法预测了澳大利亚悉尼在 2021 年供水所产生的环境影响。Stokes 和 Horvath（2011）以及 Lyons 等（2009）分别利用生命周期分析和混合生命周期分析方法研究了不同水源的给水厂的能耗及其影响因素。Venkatesh 等（2014）对奥斯陆、南特、多伦多和都灵 4 个城市进行案例分析，考察驱动取水、给水处理、配水和污水处理单元能源需求的因素，并计算各个用水单元能源需求和碳排放占整个用水系统的比例。

8.2　基于生态环境核算的城市生态用水系统模型构建

城市供水工程系统包括取水工程、净水工程、输水、配水工程等子系统（和刚，2009）。目前，城市供水通常需通过水泵从地表或地下水体取水，随后输送至给水处理厂/自来水厂进行处理，随后通过城市供水管网输送到终端用户。自来水供给过程需要材料、能源、劳动力投入以及建设相应的设施。

从能值的角度，水资源本身其实有化学势能和重力势能两种价值，所以水本身具有 UEV；供水则有经济成本，包括物料、能源、劳力投入和基础设施建设等（Brown et al.，2010）。能值视角能给人们带来以往可能忽略的水资源的本身价值（比如自然水体对污染物输移、稀释、降解、消纳的能力）的全新认识（图 8-1）。

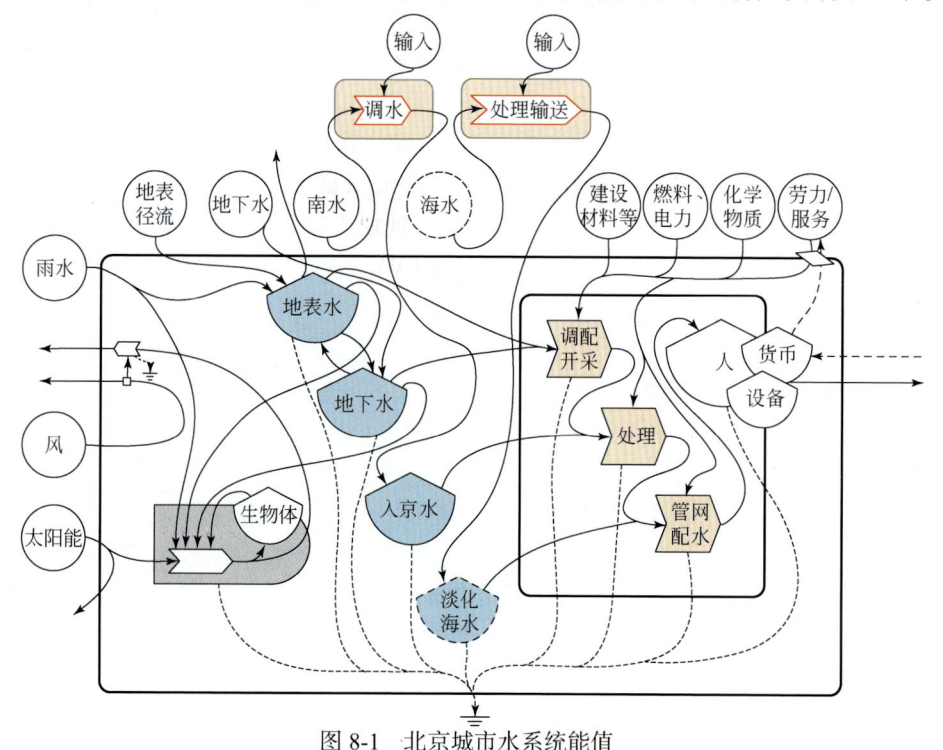

图 8-1　北京城市水系统能值

就北京而言，2014年南水北调中线引水入京后，北京市多水源系统供水水源主要为密云水库供水（地表水）、地下水及南水北调中线来水供水（齐子超，2012）。地表水和地下水作为城市生活用水水源具有普适性；而南水北调作为典型的大规模、跨流域调水工程向北京市输水则具有一定的典型性与特殊性，因此向北京调水所产生的能值投入是本章研究的重要部分之一。其次，本章也对天津的海水淡化过程生产的淡水作为北京市生活用水的潜在替代来源进行能值核算，从相同的生命周期过程和能值的角度与本地地表水、地下水及南水北调入京水进行对比。需要说明的是，本章边界终端到生活用水抵达用户为止，并不包括后续用户的用水及排水、污水处理厂的处理等。

8.3　北京市原水开采、调配过程的生态环境核算

北京市生活用水外地供水水源是南水北调中线丹江口水库水源，或者也可以称为长江支流汉江水源。实际上，由于北京水资源紧缺，在2014年南水北调汉江水源进入北京之前，北京已经从河北省4座水库调用过水源。但是，从河北取水却是以牺牲河北省农业用水为代价的，并不值得提倡；而且其作为某种程度上的应急调水和保障2008年北京奥运的调水现已被来自湖北丹江口水库的"南水"所取代，所以并未列为本书的研究对象。

北京市自来水主要由市自来水集团供应，下属第三、第四、第八、第九、郭公庄水厂、田村山净水厂等自来水厂（图8-2）。

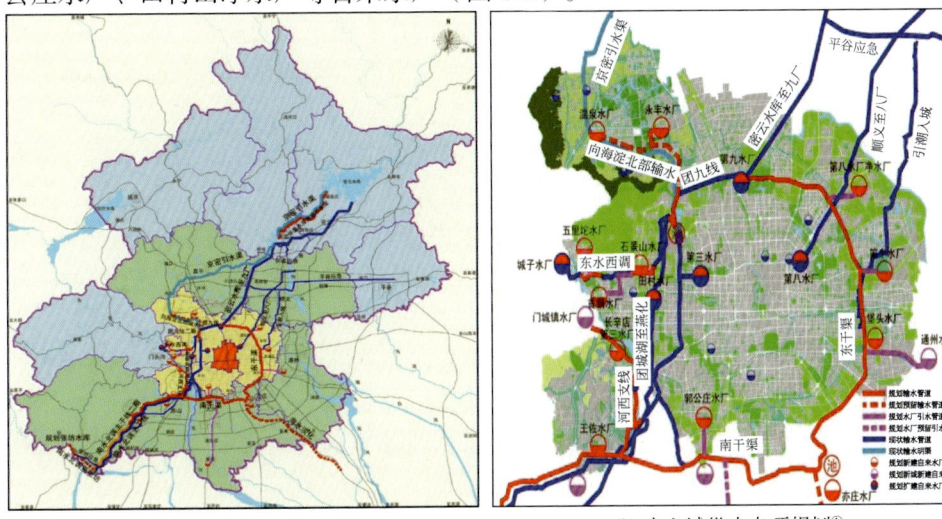

(a) 北京市域输水系统规划　　(b) 中心城供水专项规划[①]

图8-2　北京市输水系统和供水专项规划

---

① 北京市城市规划设计研究院，2012年。

下面分别分析地表水、地下水、南水北调进京水源与海水淡化水源从源头到水厂的输送、开采、调配的单位水量所隐含的能值投入。

8.3.1 地表水源

从河流、湖泊或水库所获得地表水，需要能源输送到水厂进行进一步处理。根据 Hu 等（2013）发表的北京市的水—能关系（energy-water nexus）文章中的数据，北京市地表水取水过程的能源强度因子为 $0.19 \text{kW} \cdot \text{h/m}^3$，再根据能值数据库[①]中电的能值转换率的值乘以能值基准转换系数 1.68，得到本节所采用的电的能值转换率 $8.14 \times 10^5 \text{sej/J}$，以及根据 $1\text{kW} \cdot \text{h} = 3.6 \times 10^6 \text{J}$ 得出从源头输送单位体积地表水至水厂的能值投入为 $5.57 \times 10^{11} \text{sej}$。

8.3.2 地下水源

北京市大部分水资源来自于地下水，永定河、潮白河冲洪积扇中上部是北京城区主要的地下水水源地分布区，且分布有北京市面积和库容量最大的两个地下水库（倪广恒等，2012）。

根据 Wang 等的实地调研和计算，北京市地下水位为 19.14m，地下水泵水过程的电力强度为 $0.44 \text{kW} \cdot \text{h/m}^3$（Hu et al., 2013）。类似于前述应用于地表水的核算方法，得出从源头开采/抽取、输送单位体积地下水至水厂的能值投入为 $1.29 \times 10^{12} \text{sej}$。

8.3.3 南水北调水源

我国是一个水资源总量相对比较丰富的国家，但存在着水资源空间分布严重不均衡的问题，即南方水丰、北方水少，北部许多城市严重缺水。南水北调的建设对于合理调配国内水资源、缓解北方地区水资源严重短缺、保证社会经济的持续、稳定发展具有非常重要的意义。

南水北调是我国最重大的跨流域水资源配置工程，距离长、调水量大，具有水质好、覆盖面大、自流输水等优点，此项战略调水可有效缓解华北地区，尤其是北京、天津的缺水问题，并能改善区域生态环境、支持社会经济可持续发展（北京市南水北调工程建设委员会办公室，2008）[②]，是解决华北水资源短缺的一项重大基础设施。

南水北调中线全长 1277 km，从 2010 年起向北京供水；中线北京段长 80.4 km。按照 2010 年水量配置方案，入京的生活用水 5.1 亿 m^3、工业用水 4 亿 m^3，两部分之和的绝大部分（8.37 亿 m^3）供给自来水厂，即主要通过自来水厂实现供水（《规

[①] 引自 http://www.emergysociety.com/emergy-society-database/。
[②] 后文中引用简写为（《规划》，2008）。

划》，2008）。

南水北调中线工程除了向北京供水以外，也向沿途的河南、河北等4省20余座城市提供生活、工业用水（梁云，2013），所以要通过入京水量和向北京调水的距离分别占中线总调水量、中线总调水距离的比值进行合理折算，依据合理公式得出北京市所占中线总能值投入的份额。此外，北京市为了接纳中线来水还建设了相应的市内配套工程，具体包括5部分[①]。因而市内配套工程的能值投入也需进行核算。其中，输水工程包括从颐和园内的团城湖到第九水厂输水工程、南干渠工程、中线北京段与南干渠上各分水口到各个水厂的输水支线工程（《规划》，2008）。下面分别概述南水北调中线主体工程、北京市南水北调市内配套工程。

8.3.3.1 南水北调中线主体工程

南水北调中线主体工程由水源区工程、输水工程两大部分组成。前者为丹江口水利枢纽后期续建和汉江中下游补偿工程，后者主要是引汉总干渠。

根据《南水北调中线一期工程项目建议书》的成果，2010年中线一期多年平均北调水量为95亿m^3，其中北京市2010年多年平均配水量是12.38亿m^3，入境水量10.52亿m^3；此外根据《南水北调工程总体规划》，同样地，考虑损失后，中线工程调水规模为120亿～130亿m^3，其中北京市为14亿m^3（《规划》，2008）（图8-3）。

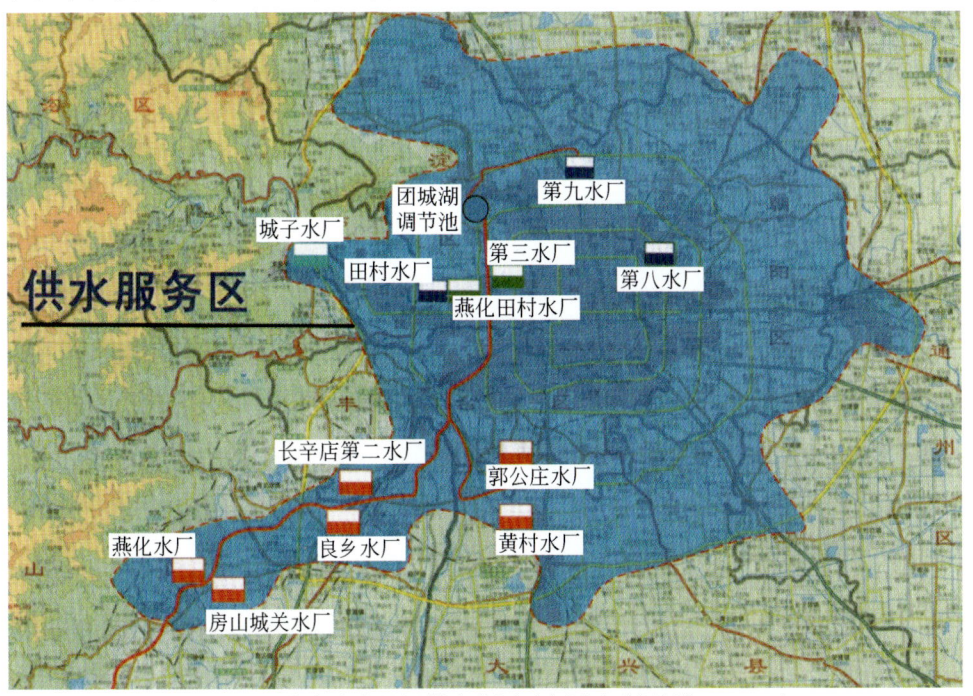

图8-3 北京市南水北调供水范围示意图（《规划》，2008）

---

① 输水工程，调蓄系统工程，自来水厂新建、改建、改造工程，配水管网工程以及管理设施建设等。

南水北调来水后，北京市形成的城市供水网络为：两大动脉、六大水厂、两个枢纽、一条环路与三大应急水源地，简称"26213"供水系统[①]（章燕喃等，2014），明确了南水北调受水区的水厂布局和北京市水资源配置方案。南水北调来水和密云水库、地下水源一起构成北京市"三水联调"的水资源保障体系，可覆盖超过90%的北京市平原区面积，能有效疏解首都水资源紧缺的现状，促进北京生态环境质量的提升，为北京成为"世界城市"提供水源资支撑保障。

北京市南水北调中线供水范围包括市区、市郊及新城等部分（图8-3）。各个新、改、扩建水厂引自汉江的水源经中线工程进至永定河后沿中线北京段南干渠至各规划水厂（《规划》，2008）。

8.3.3.2 北京市南水北调市内配套工程

根据《南水北调工程总体规划》等规划目标，北京市2008～2010年接纳河北来水3亿m^3，2010～2020年接纳华中丹江口水库来水10亿m^3，2020年后接纳丹江口水库来水14亿m^3。根据上述规划目标和进京水配置方案，分阶段建设联络、配水管网工程等。

北京市南水北调市内配套工程构成如图8-4所示。

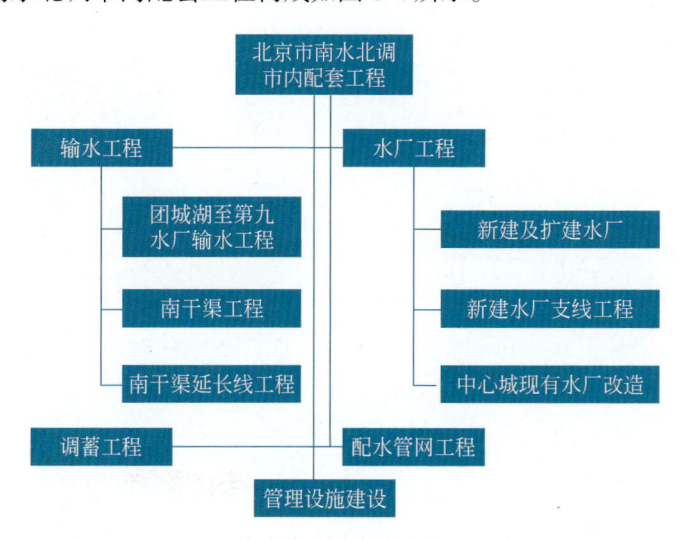

图8-4 北京市南水北调市内配套工程结构

[①]两大动脉即南水北调中线总干渠和密云水库至第九水厂输水干线；六大水厂指第九、第八、第十、第三、田村山、郭公庄水厂；两个枢纽包括团城湖调节池、大宁调蓄水库；一条环路指基本走向沿着北、东、南五环及西四环形成的输水环路；三大应急水源地指平谷、怀柔、张坊三个应急水源地。

1. 输水工程

主要包括团城湖至第九水厂输水工程、南干渠（及延长线）工程（《规划》，2008）。

1）团城湖至第九水厂输水工程

工程起、终点分别设在颐和园西南的团城湖调节池与第九水厂，工程投资共12.93 亿元（含拆迁占地费 5.45 亿元）。

2）南干渠工程

南干渠工程是北京境内南水北调的主要输水通道之一，是向北京市东南部供水的新水源，位于北京市南部。工程全长约 27.188 km，全线总投资 21.5 亿元（含拆迁占地费 2.1 亿元）。南干渠工程承担向北京城东部与南部地区的供水任务，是直接联系南水北调总干渠到郭公庄、通州、亦庄、第十及黄村水厂的输水管线。

3）南干渠延长线输水工程

即南干渠到第十水厂输水工程，输水管线全长 23 km，工程投资 6.9 亿元。

4）东干渠工程

东干渠工程是保证北京市各主要水厂双水源供水的重要条件，对保障首都供水安全十分重要，位于朝阳区和大兴区境内，分为东干渠输水隧洞工程和亦庄调节池工程两部分。东干渠输水隧洞工程起点位于五环上清桥以东，沿五环外侧布置，终点位于亦庄镇宝善村，全长 44.7 km。亦庄调节池工程位于北京市东南部黄亦路以北，调蓄容积 52.5 万 m³。主要建筑物包括调节池、进出水管线、两座连通闸，永乐、亦庄取水口等。同时建设武警基地和亦庄枢纽调度中心。

2. 调蓄工程

调蓄工程是城市供水系统的重要组成，主要功能是调节来水过程以应对突发的断水，以降低供水风险、提高稳定供水保障率，从而确保用水安全。根据工程的规模、地形条件和功能，调蓄工程可以被分为调节池和调蓄水库两个层次。两者的区别是，库容规模在 1000 万 m³ 以下的是调节池，只能进行日调节；而库容规模大于 1000 万 m³ 的为调蓄水库（《规划》，2008）。

1）团城湖调节池工程

工程位于海淀区境内，调蓄库容约为 127 万 m³，主要任务是供水，供水对象是北京最大的自来水厂第九水厂及其他用户；此外，在南水北调干线发生突发事故时，能供给各水厂在由南水北调水源向本地水源切换这段时间内所需的水源。工程总投资 11.55 亿元，包含占地拆迁 7.62 亿元。

2）亦庄调节池

位于南干渠末端，功能基本与团城湖调节池相同，调蓄容积为 108 万 m³，工程投资2.4亿元,加上拆迁占地等2.1亿元,总投资为4.5亿元。设置调节池是为了在南水北调输水工程检修或出现事故时,可以保障水厂在一定时间内不间断供水(《规划》,2008)。

3)大宁调蓄水库工程

规划改建中线北京段沿线的大宁水库作为北京段调蓄水库,其水位、库容等参数具备调蓄南水北调来水的条件,能提高北京城市供水保证率。工程总投资5.0亿元(含征地补偿等0.1亿元)。

3. 水厂建设和改造工程

1)新建及扩建水厂

(1)建设丰台郭公庄水厂。

(2)新建房山城关水厂。位于饶乐府北,紧靠主干渠南侧隔离带。

(3)新建良乡水厂。位于南水北调主干线南、良乡机场西北。

(4)新建长辛店二水厂。位于王佐王庄以西、主干渠北侧。

(5)新建黄村水厂。位于黄村新城西北、南干渠南侧。

(6)新建通州、亦庄水厂(《规划》,2008)。

2)新建水厂支线工程

需建设相应水厂输水支线总长共46.57 km,总投资共13.35亿元。

3)改造部分中心城现有水厂

改造第九水厂。改造主要是针对现有的水处理设施,改造后,水厂可利用密云水库水源和南水北调进京丹江口水库江水。将第三水厂部分改造成地表水水厂(利用南水北调入京江水)。规划将部分设施改造成以南水北调江水为原水的地表水厂,形成供水能力15万 m^3/d,恢复其中心城核心水厂的定位。工程总投资为1.43亿元(含占地拆迁费)。改建第八水厂,总投资2.34亿元。

4. 配水管网

需敷设配水管线,完成配水管网管线的改造,更换淘汰闸门、排气门等。

5. 管理设施建设

南水北调中线北京段的日常运行管理十分重要。管理设施总投资为4.5亿元(《规划》,2008)。北京市南水北调配套工程投资情况见表8-1。

表8-1 北京市南水北调配套工程投资表[①]　　　　(单位:亿元)

序号	项目	2010年前	2010~2020年
	总计	79.13	50.79
1	水厂建设	33.51	23.07

① 根据《规划》15页"配套工程投资表"整理制成。但是《规划》第227页南水北调配套工程基本情况表部分数据与前表有出入,投资总额亦较前表少3.15亿元。本节采纳前表。

续表

序号	项目	2010年前	2010~2020年
1.1	新建及扩建水厂	20.64	16.38
1.1.1	丰台（郭公庄）水厂	9.99	4.32
1.1.2	燕山（丁家洼）水厂	4.15	—
1.1.3	城关水厂	0.95	0.73
1.1.4	良乡水厂	1.18	1.02
1.1.5	长辛店第二水厂	1.11	0.80
1.1.6	门城水厂	—	0.79
1.1.7	城子水厂扩建	0.79	—
1.1.8	黄村水厂	2.48	1.98
1.1.9	亦庄水厂	—	3.15
1.1.10	通州水厂	—	3.60
1.2	新建水厂支线工程	10.22	3.13
1.3	现有水厂改造	2.65	3.56
1.3.1	第三水厂改造	1.43	—
1.3.2	第八水厂改造	—	2.34
1.3.3	燕化田村水厂改造	1.22	1.22
2	输水工程	20.33	21.00
2.1	南干渠输水工程	7.40	14.10
2.2	团城湖第九水厂	12.93	—
2.3	第十水厂南线	—	6.90
3	调蓄系统工程建设	16.55	4.50
3.1	大宁水库	5.00	—
3.2	团城湖调节池	11.55	—
3.3	亦庄调节池	—	4.50
4	中心城管网改造	5.24	1.22
5	管理设施建设	3.50	1.00

注：总计为1~5的合计。

北京市南水北调工程沿线的第三、第九、城子、田村山等水厂主要向北京市城区供水，其供水对象主要为生活用水，生活需水过程相对平稳决定了水厂的供水过程也比较稳定（梁云，2013）。

下面分别计算北京市南水北调来水单位体积分摊的中线工程调水成本和体现的北京市配套工程成本，两者均包含工程先期总投入及年运行维护投入。

调水工程的配水总成本应合理分摊到各受水区域，影响成本费用分摊的主要因素为引水量和引水距离。所以成本分摊按水量距离法，公式如下：

$$C_{oi} = f_i \times C_{ot} \quad (8-1)$$

$$f_i = \frac{w_i}{\sum_{i=1}^{n} w_i \times l_i} \times l_i \quad (8-2)$$

式中，f_i 为第 i 个受水区的分摊系数；C_{ot} 为调水工程总费用；w_i 为第 i 个受水区的设计取水量；l_i 为第 i 个受水区分水口门到调水水源地的距离（徐鹤，2013）。通过前述数据及公式得出北京市分摊的调水成本是 271 亿元。以投资额进行计算的原因是工程投资数据完整，而传统能值计算所需的各种物料投入等数据难以获得。此外，总投资中有很大一部分是占地拆迁等项的补偿式投资，必须要纳入核算。

年工程维护费按照取水工程固定资产投资 1.5% 计算（张欣等，2005），则年费用为 15.4 亿元；工资按照每人年均 1.8 万元、在编人员 4933 人计算，则年费用 0.89 亿元，再计入 14% 的福利、10% 的住房公积金和 17% 的劳保统等，共计 1.25 亿（徐鹤，2013）。同样计算北京市分摊后的成本为 4.40 亿元。

从表 8-1 可得，北京市南水北调配套工程总投资为 129.92 亿元。配套工程的年运行维护费用则依据北京市南水北调工程建设委员会办公室官方网站公开的 2016 年财务预算报表[①]，筛选出其中的年运行维护投入，并核算得出 2016 年的数据为 20903.01 万元。

依照前文所述，设定北京市净调水量 2010～2019 年每年为 10.52 亿 m^3，2020～2049 年每年为 14 亿 m^3，则可得出单位体积投资额为 1.38 元，再依据能值货币比 9.84×10^{12} sej/\$（Pang et al.，2015）转换得到本章的能值货币比 7.46×10^{12} sej/\$ 及美元兑人民币汇率 6.47（2016 年 4 月），则单位体积南水北调水体现的调水能值投入为 1.59×10^{12} sej。

---

① 引自 www.bjnsbd.gov.cn/tabid/99/Default.aspx。

8.3.4 海水淡化水源

根据Zhou等（2013）的研究，将其计算公式运用在从海洋中抽取海水的能耗计算。改进后的公式如下：

$$E = \theta \times \gamma \times H \times Q \times T / 1000\eta \qquad (8-3)$$

式中，E为抽取/抬升海水的能耗（Mtce）；γ为水的比重，9.8 kN/m³；H为海水的总动力压头，取9 m；Q为日供给/开采的海水，取1000万 m³（Zheng et al.，2014）；η为泵的工作效率，取平均值为80%；T为泵的日运行时间，取16h[①]；θ为由电到每千瓦时标准煤［kgce/（kW·h）］的转换系数，等于0.404。因为计算的是单位体积的水（1 m³）的吨标煤消耗，所以相应抽取/抬升单位体积的水所耗的时间也要进行折算。得出E值后，查得煤的能值转换率为3.98×10^4 sej/J（Odum，1996）（考虑能值基准转换后为5.06×10^4 sej/J）、煤的燃料热值换算值2.09×10^4 kJ/kg、kW·h与J的换算系数3.6×10^6，可得单位体积的海水取水能值投入为2.71×10^{11} sej。

8.4 城市生活用水原水处理生态环境核算

用于供给的水源并不总是洁净的，原水需要经过处理从而减轻异味、提升纯净度、去除致病菌等；原水的水质越差、处理的水准越高，处理的成本就越高（Buenfil，2001）。下面就北京市生活用水4种水源分别进行处理过程的能值分析。根据正统的能值分析流程，此部分的研究边界明确为原水从进入水厂到处理后入供水管网，然后依照Odum所创的能路语言画出系统能值图，下一步制作能值分析表，最后进行计算及指标分析。

8.4.1 地表水

北京市地表水处理过程如图8-5所示。
再依据地表水处理工艺等制作表8-2。
由表8-2可以看出，处理单位体积地表水的能值投入（总F）为2.66×10^{12} sej，其中耗电本身（非购电）占据最大份额，为56.39%。获得每单位来源于地表水的入管网水需要的能值投入为2.80×10^{12} sej。

[①] 原文中是年运行时间为5760h，取年运行天数为360d，则平均每日运行16h。

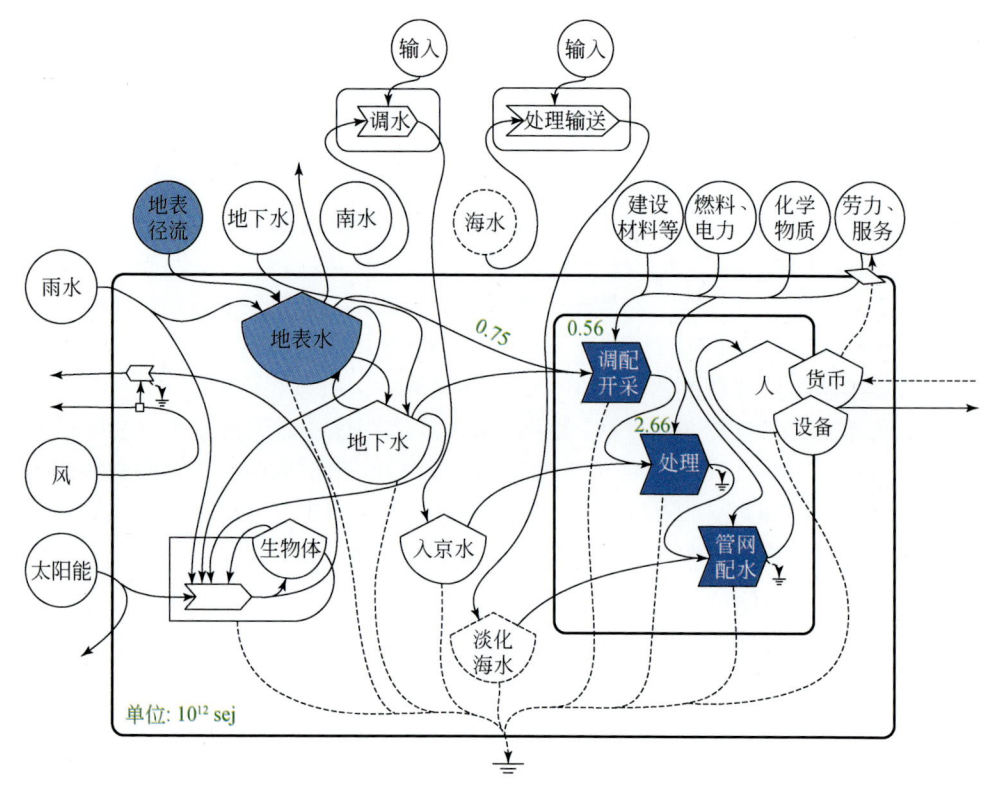

图 8-5 地表水(单位体积)原水处理系统能值

图中数字来源于文中计算结果，下同

表 8-2 地表水原水处理过程能值分析

项目	处理单位原水各种原始投入量及产出	UEV/(sej/单位)	处理单位原水各种能值投入量及产出量/sej	UEV 来源
可更新资源（R）				
原水	1.00 m³	7.46×10^{11} sej/m³	7.46×10^{11}	根据 Arbault 等（2013）折算
购入的能源（F）				
电	0.51kW·h[a]	8.14×10^{15} sej/J	1.50×10^{12}	根据能值数据库中我国数据折算
购入的物料（F）				

续表

项目	处理单位原水各种原始投入量及产出	UEV/(sej/单位)	处理单位原水各种能值投入量及产出量/sej	UEV 来源
活性炭	4.10 g[b]	1.98×10^{10} sej/g	8.11×10^{10}	根据 Arbault 等（2013）折算
再生活性炭	2.64 g[c]	1.085×10^{10} sej/g	2.866×10^{10}	根据 Arbault 等（2013）折算
臭氧	0.10 g[d]	4.72×10^{10} sej/g	4.72×10^{8}	根据 Campbell 和 Tilley（2014）折算
丙烯酸	0.16 g[e]	4.51×10^{9} sej/g	7.22×10^{8}	根据 Arbault 等（2013）折算
硫化铝	23.69 g[f]	1.50×10^{9} sej/g	3.55×10^{10}	根据 Arbault 等（2013）折算
氯气	1.32 g[g]	1.91×10^{9} sej/g	8.48×10^{9}	根据 Arbault 等（2013）折算
氢氧化钠	11.02 g[h]	1.856×10^{9} sej/g	2.045×10^{10}	根据 Arbault 等（2013）折算
硫酸	6.55 g[i]	5.275×10^{8} sej/g	3.455×10^{9}	根据 Arbault 等（2013）折算
三氯化铁	17.00 g[j]	3.83×10^{9} sej/g	6.51×10^{10}	根据 Arbault 等（2013）折算
劳力与服务（F）				
职工薪酬	0.22 元[k]	7.46×10^{12} sej/\$	2.54×10^{11}	根据 Pang 等（2015）折算
材料费	0.05 元[l]	7.46×10^{12} sej/\$	5.77×10^{10}	根据 Pang 等（2015）折算
电费	0.26 元[m]	7.46×10^{12} sej/\$	3.00×10^{11}	根据 Pang 等（2015）折算
修理费	0.056 元[n]	7.46×10^{12} sej/\$	6.46×10^{10}	根据 Pang 等（2015）折算
固定资产折旧	0.21 元[o]	7.46×10^{12} sej/\$	2.42×10^{11}	根据 Pang 等（2015）折算
产出				
入管网水	0.95 m³[p]	4.76×10^{12} sej/m³	4.05×10^{12}	

a～c，e～i 是根据 Arbault 等（2013）；d，j 是根据王胜军等（2012）；k，l，n，o 是根据北京市自来水集团网站；m 是根据 a 及北京市电价；p 是根据 Arbault 等（2013）产出损耗率折算。

8.4.2 地下水

北京市地下水处理过程如图 8-6 所示。

再依据地下水处理工艺等制作表 8-3。

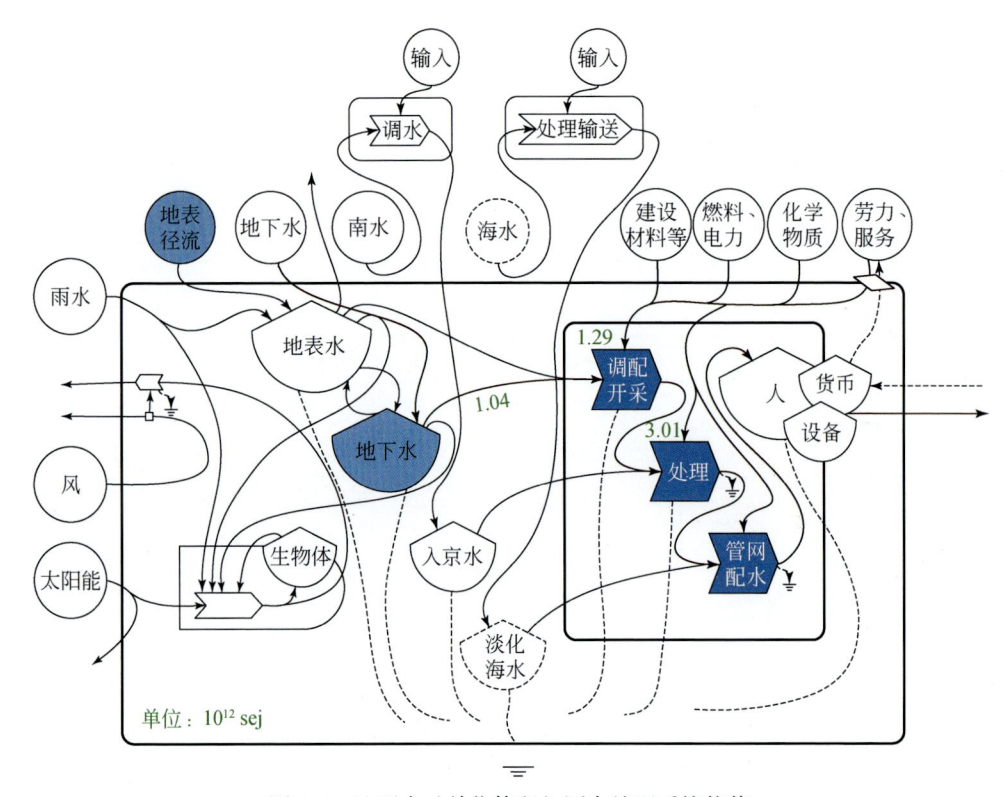

图 8-6 地下水（单位体积）原水处理系统能值

表 8-3 地下水原水处理过程能值分析

项目	处理单位原水各种原始投入量及产出	UEV/（sej/单位）	处理单位原水各种能值投入量及产出量/sej	UEV 来源
可更新资源（R）				
原水	1.00 m³	1.04×10^{12} sej/m³	1.04×10^{12}	根据 Buenfil（2001）折算
购入的能源（F）				
电	0.595kW·h[a]	8.14×10^{5} sej/J	1.74×10^{12}	根据能值数据库中我国数据折算
购入的物料（F）				
氯	2.67 g[b]	1.91×10^{9} sej/g	5.10×10^{9}	根据能值数据库中氯的 UEV 折算
高锰酸钾	2.74 g[c]	1.05×10^{11} sej/g	2.88×10^{11}	根据 Arbault 等（2013）折算
硫酸	9.05 g[d]	5.275×10^{8} sej/g	4.77×10^{9}	根据 Arbault 等（2013）折算
聚合物	0.15 g[e]	6.70×10^{9} sej/g	1.00×10^{9}	根据 Pulselli 等（2011）中聚乙烯（PE）的 UEV 估算、折算
氢氧化钠	3.52 g[f]	1.856×10^{9} sej/g	6.53×10^{9}	根据 Arbault 等（2013）折算
劳力与服务（F）				
职工薪酬	0.22 元[g]	7.46×10^{12} sej/\$	2.54×10^{11}	根据 Pang 等（2015）折算
材料费	0.05 元[h]	7.46×10^{12} sej/\$	5.77×10^{10}	根据 Pang 等（2015）折算
电费	0.30 元[i]	7.46×10^{12} sej/\$	3.46×10^{11}	根据 Pang 等（2015）折算
修理费	0.056 元[j]	7.46×10^{12} sej/\$	6.46×10^{10}	根据 Pang 等（2015）折算

续表

项目	处理单位原水各种原始投入量及产出	UEV/（sej/单位）	处理单位原水各种能值投入量及产出量/sej	UEV 来源
固定资产折旧	0.21 元 [k]	7.46×10^{12} sej/$	2.42×10^{11}	根据 Pang 等（2015）折算
产出				
入管网水	0.85 m³ [l]	4.76×10^{12} sej/m³	4.05×10^{12}	

a～f 是根据 Buenfil（2001）；g, h, j, k 是根据北京市自来水集团网站；i 是根据 a 及北京市电价；l 是根据 Buenfil（2001）产出损耗率折算。

由表 8-3 可以看出，处理单位体积地下水的能值投入为 3.01×10^{12} sej，其中耗电本身（非购电）亦占据最大份额，为 57.81%。获得每单位来源于地下水的入管网水需要的能值投入为 3.54×10^{12} sej。

8.4.3 南水北调入京水

本节以田村山净水厂（以入京水为水源）为例进行分析，南水北调入京水处理过程如图 8-7 所示。

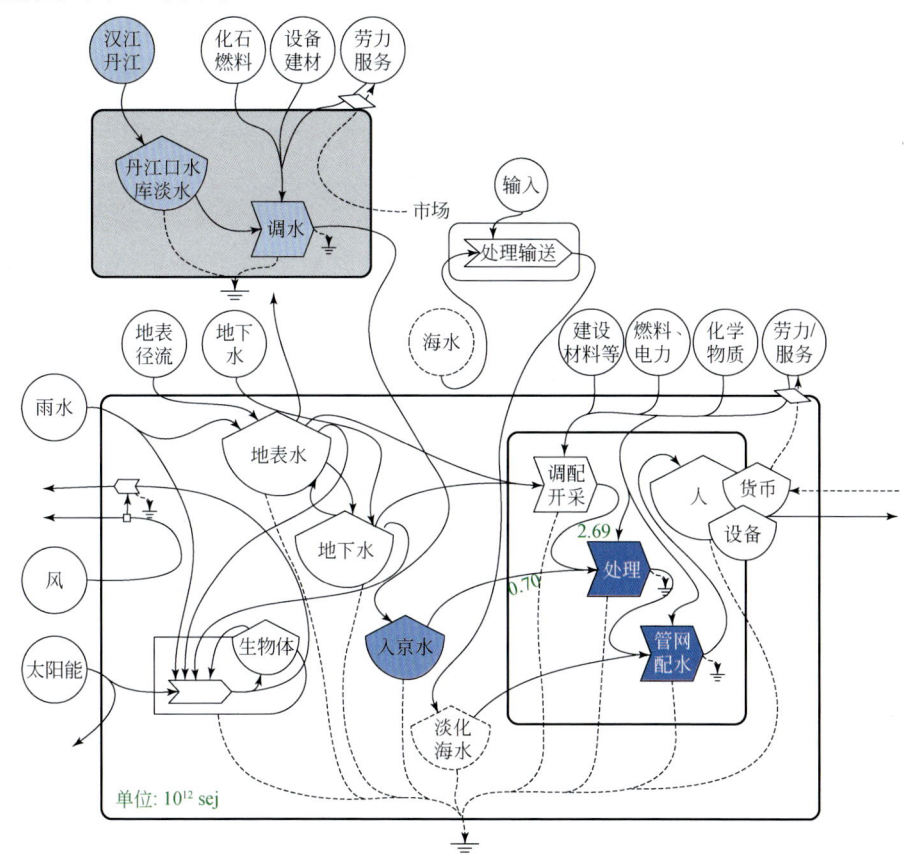

图 8-7 南水北调（单位体积）原水处理系统能值

根据田村山水厂工艺，制作表 8-4。

表 8-4 南水北调原水处理过程能值分析

项目	处理单位原水各种原始投入量及产出	UEV/（sej/单位）	处理单位原水各种能值投入量及产出量/sej	UEV 来源
可更新资源（R）				
原水	1.00 m³	7.00×10¹¹ sej/m³	7.00×10¹¹	根据 Arbault 等（2013）折算
购入的能源（F）				
电	0.27 元 [a]／（0.53kW·h）[b]	8.14×10⁵ sej/J	1.55×10¹²	根据能值数据库中我国数据折算
购入的物料（F）				
活性炭	3.54 g [c]	1.98×10¹⁰ sej/g	7.01×10¹⁰	根据 Arbault 等（2013）折算
臭氧	2.00 g [d]	4.72×10¹⁰ sej/g	9.44×10¹⁰	根据 Campbell 和 Tilley（2014）折算
氯	1.00 g [e]	1.91×10⁹ sej/g	1.91×10⁹	根据能值数据库中氯的 UEV 折算
氨	0.50 g [f]	9.65×10⁸ sej/g	4.83×10⁸	根据 Campbell 等（2014）折算
三氯化铁	12.00 g [g]	3.83×10⁹ sej/g	4.60×10¹⁰	根据 Arbault 等（2013）折算
劳力与服务（F）				
职工薪酬	0.22 元 [h]	7.46×10¹² sej/$	2.54×10¹¹	根据 Pang 等（2015）折算
材料费	0.05 元 [i]	7.46×10¹² sej/$	5.77×10¹⁰	根据 Pang 等（2015）折算
电费	0.27 元 [a]	7.46×10¹² sej/$	3.11×10¹¹	根据 Pang 等（2015）折算
修理费	0.056 元 [j]	7.46×10¹² sej/$	6.46×10¹⁰	根据 Pang 等（2015）折算
固定资产折旧	0.21 元 [k]	7.46×10¹² sej/$	2.42×10¹¹	根据 Pang 等（2015）折算
产出				
入管网水	0.95 m³ [l]	3.57×10¹² sej/m³	3.39×10¹²	

a, h～k 是根据北京市自来水集团网站；b 是根据 a 及北京市电价；c 是根据 Arbault 等（2013）；d～g 是根据田村山净水厂介绍①；l 是根据 Arbault 等（2013）产出损耗率折算。

由表 8-4 可以看出，处理单位体积南水北调入京水的能值投入为 2.69×10¹² sej，其中耗电本身（非购电）同样占据最大份额，为 57.62%。获得每单位来源于地下水的入管网水需要的能值投入为 2.83×10¹² sej。

---

①引自 http://www.chinabaike.com/t/11091/2015/0928/3376649.html。

8.4.4 海水

根据 Zheng 等（2014）的研究，绘制图 8-8，并采纳文中天津海水淡化工艺数据等制作表 8-5。

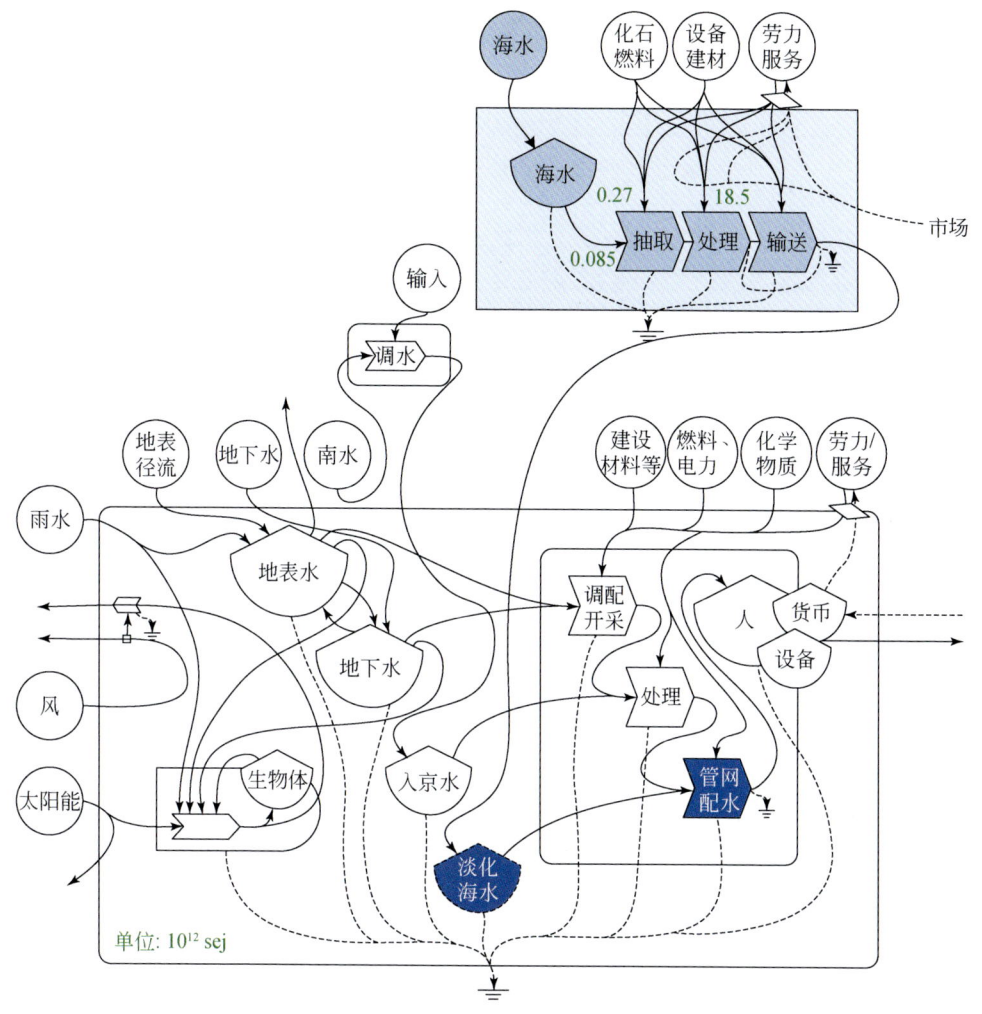

图 8-8 （单位体积）海水淡化处理系统能值

表 8-5 淡化海水处理过程能值分析

项目	处理单位海水各种原始投入量及产出	UEV/（sej/单位）	处理单位海水各种能值投入量及产出量/sej	UEV 来源
可更新资源（R）				
海水	1.00 m³	8.59×10^{10} sej/m³	8.59×10^{10}	根据 Buenfil（2001）折算

续表

项目	处理单位海水各种原始投入量及产出	UEV/(sej/单位)	处理单位海水各种能值投入量及产出量/sej	UEV 来源
购入的资源（F）				
电	4.16 kW·h[a]	8.14×10^5 sej/J	1.22×10^{13}	根据能值数据库中我国数据折算
滤膜（聚酰胺，PA）	0.03 g[b]	6.70×10^9 sej/g	2.01×10^8	根据 Pulselli 等（2011）中聚乙烯（PE）的 UEV 估算、折算
聚丙烯	0.07 g[c]	6.70×10^9 sej/g	4.69×10^8	根据 Pulselli 等（2011）中聚乙烯（PE）的 UEV 估算、折算
氯	2.94 g[d]	1.91×10^9 sej/g	5.62×10^9	根据能值数据库中氯的 UEV 折算
氯化铁	2.94 g[e]	3.83×10^9 sej/g	1.13×10^{10}	根据 Arbault 等（2013）折算
硫酸	24.50 g[f]	5.275×10^8 sej/g	1.29×10^{10}	根据 Arbault 等（2013）折算
次氯酸钠	2.45 g[g]	3.29×10^9 sej/g	8.06×10^9	根据 Arbault 等（2013）折算
劳力与服务（F）				
电	2.08 元[h]	7.46×10^{12} sej/$	2.40×10^{12}	根据 Pang 等（2015）折算
资本投入	1.46 元[i]	7.46×10^{12} sej/$	1.68×10^{12}	根据 Pang 等（2015）折算
滤膜	0.89 元[j]	7.46×10^{12} sej/$	1.03×10^{12}	根据 Pang 等（2015）折算
劳力	0.24 元[k]	7.46×10^{12} sej/$	2.77×10^{11}	根据 Pang 等（2015）折算
维护	0.34 元[l]	7.46×10^{12} sej/$	3.92×10^{11}	根据 Pang 等（2015）折算
化学物质	0.45 元[m]	7.46×10^{12} sej/$	5.19×10^{11}	根据 Pang 等（2015）折算
产出				
达到饮用水质的水	0.42 m³[n]	4.43×10^{13} sej/m³	1.86×10^{13}	

a、h～m 是根据 Zheng 等（2014）；b～g 是根据 Tarnacki 等（2012）中相同工艺；n 是根据 Tarnacki 等（2012）中相同工艺产出损耗率折算。

由表 8-5 可以看出，处理单位体积海水的能值投入为 1.85×10^{13} sej，其中耗电本身（非购电）依然占据最大份额，为 65.95%。获得每单位来源于地下水的入管网水需要的能值投入为 4.40×10^{13} sej，明显高于处理其他 3 种水源。原因有两点：首先，除了电耗明显相较前 3 种水源增加外，购电、滤膜、资本投入的 3 项能值也相对较高；其次，海水处理过程的产出率较低，只有 58%，远低于处理其他 3 种水源的原水。

8.4.5 多种生活用水取水方式环境影响比较分析

根据以下公式①（Arbault et al.，2013）：

---

① 因为本例中并无 N（本地不可更新）投入，故 EYR、ELR 的计算公式简化，与前文公式并不矛盾。

$$EYR=1+R/F \tag{8-4}$$
$$ELR=F/R \tag{8-5}$$

另外，获得单位体积入管网水需要 4 种来源原水处理投入的能值量 E_{input}（总 F 与产出水量的比值），制作表 8-6。

表 8-6 4 种来源原水处理过程能值指标

项目	地表水	地下水	入京水	海水
EYR	1.28	1.35	1.26	1.00
ELR	3.57	2.89	3.84	2.15×10^2
EmSI	0.36	0.465	0.33	4.66×10^{-3}
$E_{input}/(\times 10^{12} \text{ sej})$	2.80	3.54	2.83	44.00

从表 8-6 可以看出，处理过程中地下水的 EYR 值最高，海水的 EYR 值最低，这是因为地下水的 UEV 值相对最高，海水的 UEV 值最低。海水的 ELR 值最高，远高于其他 3 种水源的 ELR，同时地下水的 ELR 值最低，这和它们的 UEV 值高低相匹配。从表征处理过程的可持续性指标 EmSI 来看，地下水最高，海水最低，相差达两个数量级。对于 E_{input}，最高者海水的值是最低者地表水的值的 15.7 倍。总体地来看，表 8-6 的 4 个指标中，地表水与入京水相同指标均相差不大，原因在于本质上入京水也是地表水，且北调入京水与北京本地地表水水质情况类似。

8.5 城市生活用水配水系统生态环境核算与综合评估

配水是将经给水处理厂处理并满足水质标准的水资源输配至末端用户的过程，在输配过程中，一般使用高压水泵，在一定压力下将水资源通过管网输配至用户（林伟仁，2015）。城市供水管网供给日常使用的水量要多于居民实际用量，因为输移过程中存在损耗（Zhou et al.，2013）。详见表 8-7。

表 8-7 北京市生活用水配水系统能值分析

项目	处理单位海水各种原始投入量及产出	UEV/(sej/单位)	处理单位海水各种能值投入量及产出量/sej	UEV 来源
购入的资源（F）				
电	0.29 kW·h[a]	8.14×10^5 sej/J	8.50×10^{11}	根据能值数据库中我国数据折算
钢	4.23 g[b]	5.25×10^9 sej/g	2.22×10^{10}	根据 Arbault 等（2013）折算
混凝土	1.50 g[c]	1.56×10^9 sej/g	2.34×10^9	根据 Buenfil（2001）折算

续表

项目	处理单位海水各种原始投入量及产出	UEV/(sej/单位)	处理单位海水各种能值投入量及产出量/sej	UEV 来源
聚氯乙烯	1.16 g[d]	7.46 × 10⁹ sej/g	2.01 × 10⁹	根据 Pulselli 等（2011）折算
聚乙烯	0.93 g[e]	6.70 × 10⁹ sej/g	6.23 × 10⁹	根据 Pulselli 等（2011）折算
劳力与服务（F）				
电	0.15 元[h]	7.46 × 10¹² sej/$	1.73 × 10¹¹ sej	根据 Pang 等（2015）折算
薪酬	0.03 元[i]	7.46 × 10¹² sej/$	3.57 × 10¹⁰ sej	根据 Pang 等（2015）折算
固定资产折旧	0.48 元[j]	7.46 × 10¹² sej/$	5.53 × 10¹¹ sej	根据 Pang 等（2015）折算
修理费	0.06 元[k]	7.46 × 10¹² sej/$	6.92 × 10¹⁰ sej	根据 Pang 等（2015）折算
产出				
抵达终端用户的水	0.83 m³ⁱ			

a、b 是根据 Amores 等（2013）；c、d 是根据 Buenfil（2001）；e 是根据 Pulselli 等（2011）；h～k 是根据北京市自来水集团网站；i 是根据 Amores 等（2013）配水损耗率。

经表 8-7 计算，北京市自来水管网输配单位体积水需投入能值为 8.83×10^{11} sej。考虑输配过程的损耗后，则使终端用户获得单位体积生活用水需投入的输配能值量为 8.83×10^{11} sej 除以 0.83 m³ 即 1.06×10^{12} sej/m³。

对于已处理好的淡化海水来说，需要从天津输配至北京，对于此过程，通过 Hu 等（2013）发表的北京市的水—能关系（energy-water nexus）文章中的北京市地表水取水过程的能源强度因子 0.19 kW·h/m³ 进行能值投入的估算，考虑京津距离为密云水库至北京市区距离的 1.75 倍，可得其值为 9.75×10^{11} sej/m³，并将以上表的损耗率作为此处的损耗率，再加上在北京市内管网的输配能值投入，则北京市终端用户获得单位体积淡化后的海水需要投入的总输配能值量为 2.23×10^{12} sej/a。

8.6 基于不同水源的供水过程优选分析

本节首先总结以上 4 种水源的水供给过程各阶段的损耗率（表 8-8）。

表 8-8 4 种水源的水供给过程各阶段的损耗率

项目	开采/调配阶段	处理阶段	管网输配阶段
地表水	1.00	0.95	0.83
地下水	1.00	0.85	0.83
南水北调入京水	0.82[a]	0.95	0.83

续表

项目	开采/调配阶段	处理阶段	管网输配阶段
淡化海水	1.00	0.42	0.83×0.83[b]

a. 根据《规划》(2008)，在8.3节计算中已考虑。
b. 淡化海水管网输配阶段含从天津输配至北京阶段，下同。

总结本章 3～5 节 4 种来源的生活用水供给过程各阶段产出单位体积水的能值投入如表 8-9 所示。

表 8-9 4 种来源的生活用水供给过程各阶段产出单位体积水的能值投入（单位：×10^{12} sej）

项目	开采/调配阶段	处理阶段	管网输配阶段
地表水	0.56	2.80	1.06
地下水	1.29	3.54	1.06
南水北调入京水	1.59	2.83	1.06
淡化海水	0.27	44.00	2.23

根据表 8-8 和表 8-9，考虑各阶段损耗率，则来自 4 种水源的单位体积生活用水抵达终端用户的供给各阶段及总能值投入和各阶段能值投入占比如图 8-9 和图 8-10 所示。

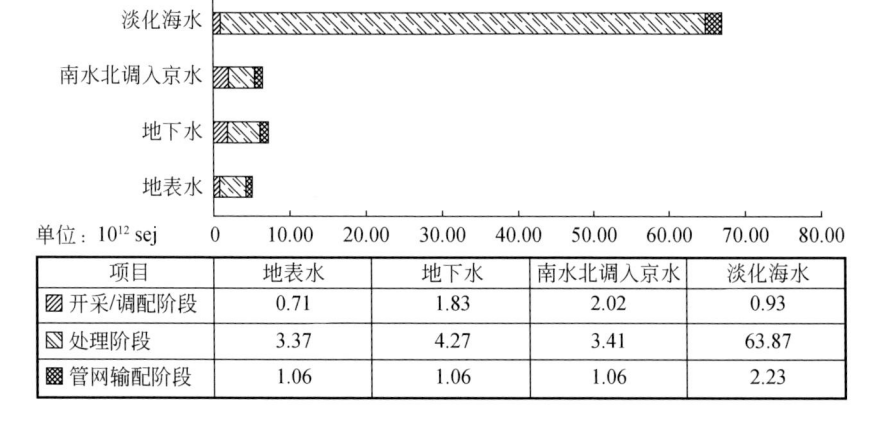

项目	地表水	地下水	南水北调入京水	淡化海水
开采/调配阶段	0.71	1.83	2.02	0.93
处理阶段	3.37	4.27	3.41	63.87
管网输配阶段	1.06	1.06	1.06	2.23

图 8-9 来自 4 种水源的单位体积生活用水抵达终端用户的供给各阶段及总能值投入

综合以上两图可以看出，以用户获得单位体积生活用水为基准，在开采/调配阶段，北调南水入京需投入能值量最多；在处理、输配阶段，海水需能值投入量最大。对于 4 种水源来说，处理阶段的能值投入均占供给全过程的比例最大。对于北京市地表水、地下水、南水北调入京水及淡化海水这 4 种水源来说，终端用户获得单位体积生活用水的供给阶段总能值投入分别为 5.14×10^{12} sej、

7.15×10^{12} sej、6.49×10^{12} sej、67.03×10^{12} sej。地表水最低，海水最高，南水北调入京水并未明显高于地表水。原因是在处理、管网输配阶段两者能值投入相差不大的情况下，核算了40年的北调入京水量，其"稀释"了南水北调主体工程北京占比和北京市配套工程的先期总投入。

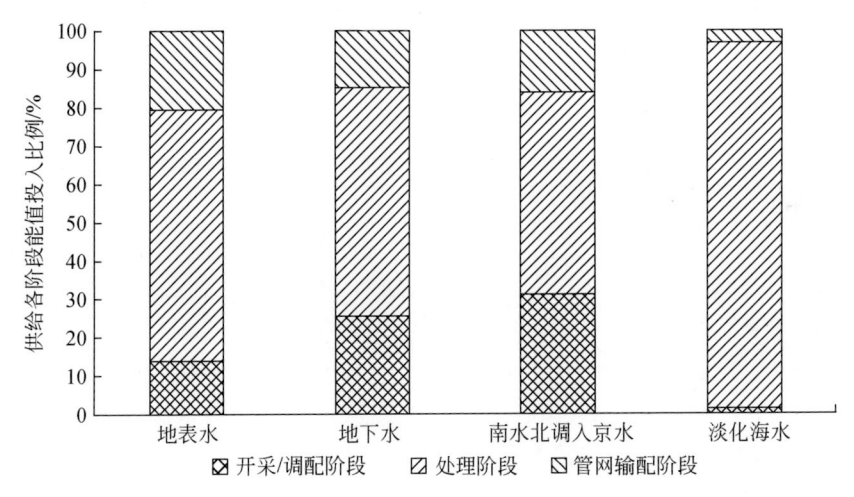

图 8-10 来自 4 种水源的单位体积生活用水抵达终端用户的供给各阶段能值投入比例

北京市生活用水供给规划的原则是"安全为先，节能为本，科学开源，保障供水"。遵循科学规律，在"节"字上下工夫，实现科学输水、制水、配水、给水，确保城市供水安全。

在某种程度上，对城市水系统管理来说，因滴漏而导致的水资源损失不能被忽略（Zhou et al.，2013），探测、预警、控制、修复水管滴漏的技术策略发展对水供给方和大众来说都十分重要（Alliance to Save Energy，2002；Global Water Research Coalition，2010；Kishawy and Gabbar，2010；Li et al.，2011）。比如，加强对供水管材、防滴漏水表的研究，提高管网维修及时率，并最大限度地杜绝偷盗水行为，减少不必要的流失与管网漏失。

供水系统需要新的能量管理策略和解决方案来提升供水系统的能源和水利效率，并且这些策略和方案具有创新性、成本—效益可观和环境友好的特点（Ramos et al.，2011）。利用太阳能来输水对常规的以电力或燃油为基础的供水系统来说是一个有前景的替代方式，因为与常规传统方式相比，以太阳能输水对城市水供给来说是经济可行的（Chandel et al.，2015）。此外还有其他可更新能源可用来输水，诸如风能等（Vilanova et al.，2014）。应用可更新能源可以提高系统的能值可持续指数。

供水系统的优化会降低市政供水部门的能耗需求（Mass，2009；Debra et al.，2011；Martin et al.，2011）。从需求角度讲，终端消费者的节水也会带来能源节约效益（Alliance to Save Energy，2002）。降低末端消费者对水的需求不仅可以减少需水量，也可以减少污水处理量，从而达到对水和能的同时节约（Zhou et al.，2013）。此外，提升末端用户的用水效率和水的重复利用程度也是很好的途径（Po et al.，2003；Ahmad and Prashar，2010；The Energy Sector Management Assistance Program，2012）。尽管家庭节水装置和节水技术已经被中央及地方政府所重视，这些装置与技术的应用仍应被继续推进（Zhou et al.，2013），节约用水方案建议在地方、区域及国家层面都发展起来（Buenfil，2001）。

家用自来水中，大约1%用于饮用、6%用于烹饪、10%用于清洗餐具等、20%用于其他清洁等（Martire and Tiberi，2007；Gambassi and Iozzi，2008），也就是说日常使用中只有大约37%的水需要水质较高。对循环水的使用可以通过避免将之无谓处理到饮用水的水质洁净程度从而节约能源，建议将这种处理到一定程度的循环水用作灭火、冲厕和一些室外场合中（Zhou et al.，2013）。雨水收集技术与装置应该通过行政和财政措施被政府所支持（Muthukumarana et al.，2011），例如对新建建筑要求安装雨水收集和利用系统，并对安装方提供奖励。

为了最大限度"利用"体现在饮用水中的能值，推动"双重水管"是有益的：管路一用来流通日常饮用水；管路二用作清洁水的流动。清洁水可以是氯漂过的原水（例如地表水或地下水）。前者可以用来将饮用水输送到浴室和厨房等地方，后者可以用来将"清洁水"输送到草地灌溉系统和卫生间（Buenfil，2001）。

通过本章的研究，从能值投入的角度，就北京市生活用水替代水源而言，南水北调水源优于潜在的天津海水淡化水源。但即便如此，节水比调水更重要，应优水优用、分质供水、一水多用，加强对水库库存容量运行的优化、管道和水网的设计优化（Vilanova et al.，2014）。南水北调来水有利于使北京市从以地下水供水为主转向以地表水供水为主的模式，从而以丰补欠，逐步涵养地下水，改善城市环境。

8.7 本章小结

本章采纳了最新的能值基准，并构建了城市生活用水供水过程的代谢模型及核算方法体系，核算了北京市城市生活用水4种供水水源的供水全生命周期过程的能值投入，结果表明就北京市地表水、地下水、南水北调入京水及淡化海水这4种水源而言，终端用户获得单位体积生活用水的供给阶段总

能值投入分别为 5.14×10^{12} sej、7.15×10^{12} sej、6.49×10^{12} sej、67.03×10^{12} sej。淡化海水的值最大，其与其他 3 种水源的明显差距主要体现在处理阶段，其次是输配阶段。从而得出南水北调水源从能值投入角度要优于潜在的天津海水淡化替代水源的结论。

第9章　城市生态系统服务功能的生态环境核算

9.1　生态服务功能的非货币量核算

生态系统服务（ecological services）的定义随不同组织和研究人员（Farber et al., 2002; Boyd and Banzhaf, 2007; US EPA, 2010; USDA FS, 2010）定义不同。一般的定义是，人们从生态系统中获得的益处。这种定义范围较广，即任何来自生态系统的益处均可认为是一种生态服务。2005年"千年生态系统评估（MEA）"的报告指出，生态系统服务对人类社会和人类福祉是有稳定的作用（MEA, 2005）。虽然这种观点主要侧重于人类价值观和偏好（接收者视角：receiver side），但是 MEA 研究人员提出的这一整套生态系统服务体系为进一步评估人与生物圈的相互作用提供了重要的起点。MEA 文件列出了供应、调节、支持和文化功能这4种生态系统服务，这些类别涉及向人类提供产品、调节人类所依赖的生态系统、支持提供服务的系统以及增强人们的文化娱乐体验等。

（1）供应服务（从生态系统获得的产品）。包括食品、淡水、燃料木材、纤维、生物化学品、遗传资源等。

（2）调节服务（从生态系统过程的调节中获得的好处）。包括气候调节、疾病调节、水资源调节、水净化等。

（3）支持服务（生产所有其他生态系统服务所需的服务）。包括土壤形成、养分循环、光合作用的初级生产等。

（4）文化服务（从生态系统获得的非物质利益）。包括精神和宗教、娱乐和生态旅游、美学、教育、感受、文化遗产等。

这4项服务是为人类社会提供切实利益的生态系统服务，但并没有以某种方式支付，因此，这些服务应该包括在现有的经济系统中。所以对生态系统服务功能的研究不应仅考虑"替代价格"而应该考虑"生态价格（eco-price）"的概念。生态价格是对生态系统服务对社会的总体效益的核算。能值分析是通过单位价值能源消耗量（即国家消耗能值总量与国民生产总值之比），将生态系统服务的能值转换为货币，可以得到生态价格的核算值[①]。生态价格是从禀赋价值（donor

---

[①] 能值分析认为，一个区域的 GDP 产生是本地的各种可更新、不可更新、进出口产品和服务共同作用的结果。借助太阳能值对区域所有投入的统一核算，可以将生态系统服务功能和整体经济系统纳入到一个完整的核算体系中，可以用能量单位或者货币单位平衡的比较生态服务功能与总体经济价值，不会产生估值过大的问题（如货币化评估常常过高地估计森林的价值）。

side）的角度更准确地评估生态系统服务所需要的能量（即从同一片土地提供的多种生态系统），而不是传统的支付意愿方法对所有价值的简单"堆叠"，这涉及生态系统服务功能评估中的"分裂（split）"原则（Carroll et al., 2008）。能值方法协调了生态系统为人们提供的生物物理现实，即为人类提供的生态系统服务的价值。将生态系统服务纳入经济系统进行统一核算是至关重要的，这是因为如果还是从经济补贴的角度来考虑生态系统服务，那么在生态系统服务的降低变得限制经济活动之前，不会感觉到这种稀缺性的增加，这时，对自然资本修复性的投入成本将会远远超过生态服务功能降低前的维护性投入。

比如在 Brown 和 Campbell（2007）对美国森林生态系统服务功能的计算中可以初步比较基于能值、能值转换成的"生态价值"以及用货币方法计算出的服务功能的差别（表 9-1）。从表中可以看出，计算的森林的生态价值是市场价值的 8.2 倍，最大的价值提供是娱乐活动（生态价值排序第一）而不是水资源供给（市场价值排序第一）。而没有市场价值的生态服务功能的价值是 523 亿美元。

表 9-1 能值、能值转换成的"生态价值"以及用货币方法计算美国森林的生态服务功能

森林的生态服务功能	能值价值 /10^{21} sej	生态价值 [a]/10^9 Em\$[b]		市场价值 /10^9 \$	
拥有市场价值的生态服务功能					
科学研究	0.2	0.1	排序 9	0.02	排序 10
娱乐活动	2535.4	1334.0	排序 1	9.2	排序 4
木材产品的销售等	5.9	3.1	排序 5	3.1	排序 5
水电开发	60.7	32	排序 3	11.2	排序 3
水资源供给	101.7	53.6	排序 2	127.1	排序 1
碳储存	2.4	1.3	排序 7	1.4	排序 7
水源地保护	3.8	2	排序 6	19.9	排序 2
狩猎	42.8	22.6	排序 4	2.9	排序 6
捕捞鱼	1.7	0.9	排序 8	1.3	排序 8
观赏野生动物	—	0.1	排序 10	0.8	排序 9
每年总的市场价值		1449.7		176.9	
不拥有市场价值的生态服务功能					
净化空气	13.2	6.9		—	
净化水	81.1	42.7		—	
授粉	N/A	—		—	
种子散播	N/A	—		—	
食肉—食草动物平衡	—	—		—	

续表

森林的生态服务功能	能值价值 /10²¹ sej	生态价值 ª/10⁹ Em$ᵇ	市场价值 /10⁹ $
总初级生产力	2.4	1.3	—
净初级生产力	1	0.5	—
呼吸效应	1.4	0.8	—
科学情报	0.3	0.1	—
每年总的非市场价值	—	52.3	0

a. 生态价值的计算是通过前一列的能值量 × 能值货币比（1.9×10^{12} sej/$），这个值是全美能值货币比的平均值。

b. Em$ 是指将能值通过能值货币比转化为货币量，但是又与市场交易用的货币有区别，本章用 Em$ 来表示。

当前已有不少能值研究针对不同生态系统服务开发了相应的核算方法。这里提出使用能值方法进行生态系统服务功能核算的 6 个步骤。

（1）采用最新的能值基准对研究区域进行能值核算，这是获得将使用当地货币核心算文化服务类功能所需能值货币比系数的重要步骤。

（2）对研究区域的生态资本进行核算，该步骤主要是核算产品类供给服务。

（3）通过开发区域系统不同生态服务功能的微观模型来确定产生每个关键生态系统服务过程中所需的能值，识别在每个生产过程中的能值投入情况。该步骤主要用于核算支持服务和调节服务。

（4）通过评估现有市场直接或间接为自然服务支付的货币金额，例如暴雨容纳费用、碳储存在碳市场中的价格、流域保护的费用、空气/水中污染物处置的费用等，这种替代价格或者影子价格的方法可以量化一系列生态价值，相对于计算出与提供的服务相关联的能量的量。然后借助步骤一的数据，进行文化服务类生态系统服务功能核算。每种生态系统服务的货币价值范围将通过将服务的能量流量乘以一系列具体的能源与货币比来获得。

（5）将生态系统服务价值集成到研究区域现有的社会经济系统中。

（6）研究结果将被开发为标准电子表格，评估人员可以利用该工具进行生态系统服务功能评估验证与比较。

以 2005 年计算美国森林系统的生态服务功能为例进行说明（表9-2）。研究发现，那些远离市场定价的自然资本和生态系统服务功能的生态价值与市场价值差异更大。在有市场的服务功能（如供应服务），生态价值和市场价值更紧密一致，除了水资源供应（这种由森林提供的服务对于社会通过基础设施来实现替代而言是昂贵的）。矿石和化石燃料的生态价值约为货币价值的 30～60 倍，巨大的差异反映了社会从价格低廉的矿物和燃料中获得巨大的利益。没有市场定价的服务功能的生态价值明显高于市场价值，如净化空气，这可能会随着人们对大气污染的敏感程度提高而变化。

表 9-2　美国森林生态服务功能的能值、生态价值以及市场价值（2005 年）

编号	生态同服务功能	能值 / (10^{21} sej/a)	生态价值 / (10^9 Em$/a)	市场价值 / (10^9 $/a)
供应服务				
1	捕捞鱼	0.2	0.1	1.3
2	打柴	0.4	0.2	0.1
3	捕获的野生动物	0.5	0.3	2.9
4	砍伐的木材	5.2	2.7	0.2
5	水资源供应	13.6	7.2	12.4
6	矿石开采	60.7	31.9	1.1
7	化石燃料开采	198.1	104.3	1.7
调节服务				
8	碳汇	6.6	3.5	0.4
9	净化空气	23.7	12.5	3.3
10	净化水	19.9	10.5	1
支持服务				
11	总初级生产力	16.6	8.7	36.8
文化服务				
12	娱乐活动	24	12.6	9.2
13	科学信息	4.6	2.4	0.2
年均生态系统服务功能总量		—	196.9	70.7

9.2　我国的环境损害现状与生态服务功能核算需求

近年来，我国城市总体缺水问题严重，洪涝灾害频发。目前全国有 600 多座城市，其中 400 多座城市缺水，110 多座城市严重缺水（张旺和庞靖鹏，2014），有的城市被迫限量供水。由于城市硬化面积增加，绿地面积减少，土壤下渗减少，暴雨时雨水白白流失，容易引发城市内涝，同时阻断了雨水补充地下水的途径，加剧城市干旱。

2012年，全国有184座城市发生洪涝灾害，北京、天津、重庆等特大城市灾害尤其严重（国家防汛抗旱总指挥部和中华人民共和国水利部，2013）。表9-3为我国近年来发生洪涝灾害的情况。另外，雨水降落到下垫面，如屋顶、路面等，形成地表径流，大量污染物质被冲刷后直接进入水体，造成水体污染。这些水危机不仅严重制约社会经济发展，还对居民的生命财产安全造成威胁。因此水资源的可持续利用和保护受到了人们越来越多的关注和重视。

表9-3　近年来我国洪涝灾害的伤亡和经济损失情况（徐振强，2015）

年份	灾情概况	受灾/亿元	失踪/人	死亡/人	直接经济损失/亿元	评价
2009	全国受灾异常，部分地区降雨历史罕见，洪涝受灾面积较常年减少近4成	不详	不详	538	超过711	死亡人数较常年减少近8成，是1949年以来最少的一年
2010	南北方、东西部，全国30个省（区、市）都发生了严重洪涝灾害	2.1	1003	3222	3745	洪涝灾害各项指标均大于2000年以来平均值，其中死亡失踪人数超过1998年
2011	全国31个省（区、市）均不同程度遭受洪涝灾害，共有1846个县（市、区）、1.6万个乡（镇）受灾，倒塌房屋69万间，受淹城市136个	0.8942	121	519	1301	因灾死亡人数为1949年以来最低
2012	全国31个省（区、市）均不同程度遭受洪涝灾害，184个县级以上城市遭受特大暴雨袭击，城区部分受淹或发生内涝，一些特大城市道路积水，交通受阻	1.2	159	673	2675	城市内涝个数和规模显著增加和扩大
2013	全国31省（区、市）均遭受不同程度洪涝灾害，部分地区山洪灾害严重，县级以上城市受淹234个	1.2	374	774	3106	城市内涝个数进一步增加，经济损失突破3000亿元

为从源头解决这些问题，国家提出了建设"海绵城市"的新理念。习近平总书记在2013年的中央城镇化工作会议上提出建设自然积存、自然渗透、自然净化的海绵城市。由此可见，海绵城市建设已经上升到国家战略层面。2014年，住房和城乡建设部在《住房和城乡建设部城市建设司2014年工作要点》中提出"海绵型城市"的概念。此后，北京、河北、安徽、福建等省市纷纷出台建设海绵城市的相关计划（王文亮等，2015）。2015年，海绵城市建设试点项目启动，包括厦门、武汉、重庆等在内的16个城市入围。

海绵城市是指城市能够像海绵一样，在适应环境变化和应对自然灾害方面有很好的弹性，降水时通过吸水、渗水、蓄水、净水就地吸收、保存雨水，需水时加以排放并利用，补充地下水，调节水循环，使雨水在城市中的运动更遵循自然界的水循环（图9-1）。目前我国99%的城市都是快排模式，尽管传统快排模式在城市排水和内涝防治方面起了重要作用，但难以有效解决城市水资源流失、径流污染、洪涝风险加剧等突出问题（车伍等，2015），雨水降落通过管道集中排放，超过80%的雨水流失。而对于海绵城市，通过下渗减排与集蓄利用，不足40%的雨水流失（仇保兴，2015）。

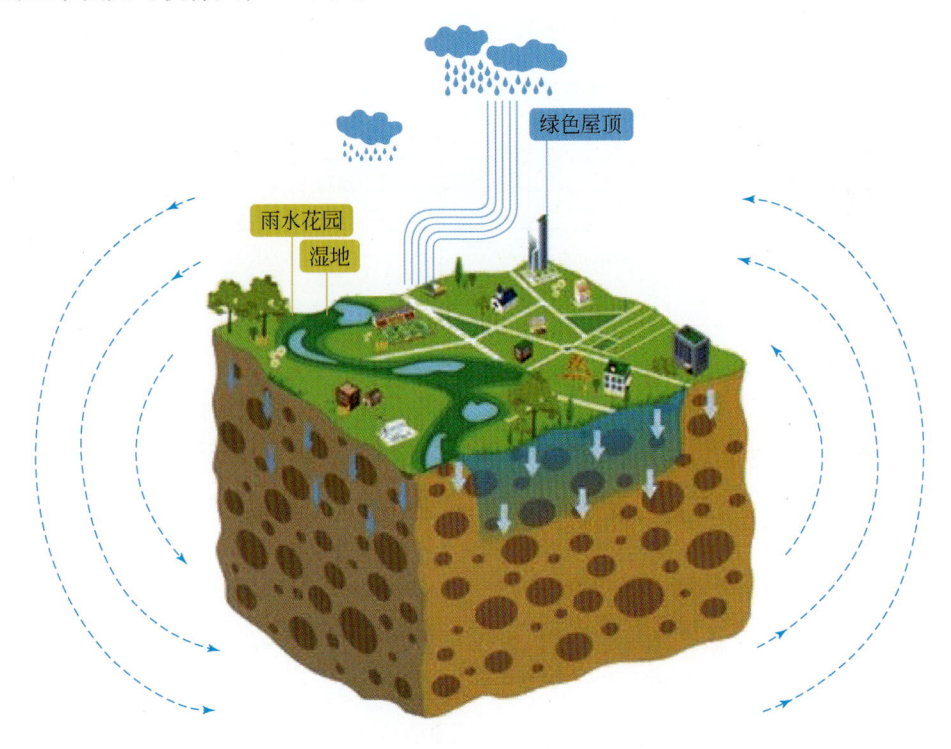

图9-1 生态海绵城市构建概念（张旺和庞靖鹏，2014）

海绵城市的建设可以通过屋顶绿化、雨水花园、道路浅沟、人工湿地等低影响技术措施，强化雨水的积存、渗透和净化实现。这些典型雨水收集系统的效益研究正从定性到定量的方向发展。本章以能值理论为基础，通过分析大连市雨水收集系统的能量流动，对大连市雨水收集系统的服务功能和环境损害进行了评估。

本章的方法学意义在于拓展能值方法于服务功能和环境损害，是应用能值研究城市雨水收集系统理论和方法的延伸，为应用能值研究城市雨水收集系统的服务功能和环境损害相关数据库的建立提供支持。

本章的现实意义在于为大连市雨水收集系统的建立和管理提供政策依据，系统的开发利用既要考虑经济效益的输出，还要保证其生态系统服务功能的稳定，因此需要对雨水收集系统的服务功能和环境损害进行评估。另外，还可以为该地区雨水收集系统的研究提供数据支持，对未来的造价分析有一定影响。

9.3 国内外城市雨洪利用与研究现状

9.3.1 国外城市雨洪利用现状

雨水作为一种极有价值的水资源利用方式，早已引起了世界各国的关注。发达国家早在20世纪70年代就对城市雨水污染问题进行研究，其中包括美国的最佳管理措施（BMPs）和低影响开发（LID）、英国的可持续排水系统（SUDS）、澳大利亚的水敏感性城市设计（WSUD）等（车伍等，2009）。李俊奇和王文亮（2015）在阐述多目标城市雨水系统构建的相关问题时，提到发达国家城市雨水管理理念和体系的发展经历了管渠排水—防涝—水质控制—多目标控制以恢复自然水文循环的过程。

德国是广泛进行雨水利用的欧洲国家之一。根据钟素娟等（2014）的阐述，德国已形成一套完整实用的雨水利用理论与技术体系。从20世纪80年代至今，其理念经历了从"保证水供应的总量平衡"到"排水量零增长"两个阶段。德国以法律条文的形式要求加强自然环境的保护和水资源的可持续利用，如《联邦水法》《废水收费法》和《联邦自然保护法》等，并以《联邦水法》为基础制定了很多与雨水利用有关的法律法规。如规定大型公用建筑、居住区等新建或改建时，如不采用雨水利用措施，不予立项。另外，德国还通过征收雨水排放费来鼓励用户采取雨水利用措施。

美国的雨水利用是以提高天然入渗能力为宗旨，其于1987年提出的最佳管理措施（BMPs），成为美国城市雨水管理体系的核心内容（车伍等，2009）。一方面恢复和增强土壤滞留雨水的能力，另一方面在保证城市健康安全的前提下，尽可能将降水滞留在城市区域，资源化使用（万帆，2009）。常用的BMPs技术有雨水湿地、雨水过滤系统、雨水入渗、植被草沟、滞留塘等。基于BMPs，美国于1990年提出低影响开发理念（LID），主要是对雨水径流进行分散式小规模控制。常用的LID技术包括生物滞留塘（雨水花园）、生态屋顶、透水路面、雨水收集装置、绿色街道、雨水再生系统等（Rodriguez and Droguett，2011）。

日本是亚洲重视城市雨水利用的典范，在1980年就开始推广雨水驻留渗透计划，在公共场所修建了大量雨水调节池以储存雨水。1988年成立的非政府组织"雨水驻留和渗透技术协会"编写了雨水利用指南，为相关的法律法规的制定提供依据。1992年日本政府颁布了"第二代城市排水总体规划"，要求大型公共建筑新建或改建时必须设置雨水下渗设施。另外日本还通过减免赋税、发放补贴、提供贷款和基金等方式鼓励雨水利用。

澳大利亚水文专家 Whelan 等提出水敏感城市设计理念（WSUD），其主要目标是设计同时具有景观性和功能性的生态景观设施，模拟城市开发前的自然水文过程。除 BMPs 和 LID 所包含的内容外，其主要内容还有：①减少流域直接给水供应和废水排放。②城市及其区域的雨水收集利用（全新峰等，2006）。

英国的世纪穹顶建筑是雨水利用工程的一个典型实例。该建筑穹顶安装了大型的中水回用装置，收集的雨水每天为建筑内的厕所冲洗提供 100m³ 的回用水。收集的雨水依次通过一级芦苇床、泻湖及三级芦苇床，不仅利用自然的方式有效的处理了雨水，同时很好地融入穹顶的实际景观中（李玉明和王钰，2010）。

9.3.2　国内城市雨洪利用现状

我国传统雨水系统多是快排模式，只视雨洪为灾害而忽略了雨洪的资源价值（李玉明和王钰，2010）。自 20 世纪 80 年代末，我国在城市雨水管理领域开展了大量的科研和实践工作。近几年，由于城市内涝灾害频发，国务院出台了多部以排水防涝为核心的政策法规（车伍等，2009）。近年来，我国城市规划设计和建设者逐渐认识到雨洪管理与资源化利用的重要性（全新峰等，2006）。从 2010 年起，我国对基于"低影响开发"和"绿色雨水基础设施"开展了大量的研究和工程示范工作。2010 年"低影响开发城市雨水系统研究与示范"水专项活动启动（车伍等，2009）。自从海绵城市概念的提出，我国已经有包括北京、天津、深圳等在内的城市开始打造海绵城市。

北京市是中国最早提出雨水利用设想的城市之一，其早在 20 世纪 90 年代初就提出了北京城区雨洪利用的对策。北京市于 2000 年启动中德合作项目——北京城区雨洪控制与利用项目。这一项目历经 5 年，共建设 5 种模式、1 个雨洪利用中心试验场和 6 个不同雨洪利用工程示范小区。从 2000 年开始，在北京市政府的大力推动下，北京市雨洪利用工程发展迅速，至 2012 年年底，城镇共建设雨洪利用工程 808 处，年综合利用雨水量 5706.3 万 m³（郑克白等，2014）。昆明自 2009 年以来，连续 5 年遭遇了严重旱灾，供需水矛盾十分突出。因此，近年来，昆明非常重视雨水利用，严格落实节水"三同时"制度，并且大力推进城市雨水集蓄利用。截至 2014 年 12 月，昆明已建成 84 个雨水收集利用设施，雨水综合利用设施日设计规模约 5.5 万 m³，还有许多工程正在建设之中[①]。2010 年上海世博会利用场馆屋顶建造大面积的雨水收集系统，净化后用于绿化浇灌等（《建筑学报》编辑部，2009）。伦敦案例馆建筑设计采用退台形式（图 9-2），屋顶和所有朝北露台都种植绿化。该馆建成至今，雨水利用系统运行良好，收集

---

① 昆明努力建设"海绵城市"．昆明日报，2014（12）．

的雨水和净化的中水量大于建筑消耗的水资源消耗量,很好地回应了参展方"零能耗"的主题(徐钟骏和刘晋民,2012)。合肥、西安、成都等地都制定了雨水利用规划或雨水利用的技术规定(刘丹等,2013)。

图 9-2　伦敦案例馆鸟瞰

深圳市在全国率先开展了低冲击开发模式的探索与尝试,已相继完成了从总规层面到详规层面的低影响开发专项规划,深圳光明新区已列为国家低影响开发雨水综合利用示范区,一批低影响开发示范项目已相继建成,相关配套政策也已制定并实施。

9.3.3　国内外城市雨洪研究方法评述

当前雨水收集系统评价方法正在从传统的定向分析向定量化描述方向发展。研究方法可以分为货币核算法、物质核算法和生态热力学核算法。货币核算法在分析生态系统服务和自然资本的经济价值方面是有效的,但是对于系统中有些功能的核算是以支付意愿获得的,主观性较大。物质核算法重点关注于物质资源的分类及物质资源平衡表账户,通过分析统计数据研究城市系统中物质在整个系统中的流动过程。此方法的缺点在于物质集成技术的不完善、核算单位的不统一和对能量流的忽视。生态热力学核算法是联系生态系统和经济系统的桥梁,能够提供雨水收集系统核算的统一量度。

在过去 30 年,有很多用来评价灰水处理系统和人工湿地系统经济、技术、环境特性的模型,例如能值评价、生命周期评价、能量分析、㶲分析、环境风险评价、成本效益分析等。这些评价方法大致分为两类:一种是研究生产单位产品所需的资源总量,分析环境成本和可持续性;另一种是研究系统排放和对当地生态系统的影响(Duan et al.,2011)。但是当前多数研究只对雨水利用工程的经济效益进行分析，对其产生的生态和社会效益只做定性描述。

崔丽娟（2004）对鄱阳湖湿地的涵养水源功能、洪水调蓄功能、保护土壤功能、固定 CO_2 功能、释放 O_2 功能、污染物降解功能、生物栖息地功能进行了价值的货币化评价研究。张书函等（2007）结合北京雨水利用示范工程的实际运行效果初步分析了雨水利用产生的经济、社会和环境效益。左建兵等（2009）根据城市水文学原理和经济学原理建立了城市雨水利用成本效益分析模型，对北京市2007年267项雨水利用工程进行了分析。Duan等（2011）以北京翠湖湿地生态公园为例，基于能值理论和生命周期评价的方法研究城市湿地公园的环境影响。生命周期评价用于研究系统产物的环境影响，能值理论用于评价资源、生态服务功能和可持续，并提出减排和提高湿地公园可持续性的合理建议。

为提高城市雨水利用的建设质量和管理水平，使雨水利用工程经济适用和效益最优，对雨水利用工程从经济、生态和社会效益方面进行综合评价是非常必要的。综合评价方法经过多年发展已成为一种综合性科学技术，其中，陈守煜（2005）提出的半结构性决策可变模糊集理论与方法由结构性决策和非结构性决策综合而成，综合的关键是在确定定量目标与定性目标的相对优属度时，具有相对的统一标准。

目前在绿色基础设施减少污染的效益方面有很多研究，但在绿色基础设施的能源消耗及其对区域经济的影响方面研究尚少。为了更好地获得绿色基础设施价值，有必要对其可持续性进行评价。

9.4 城市尺度生态服务功能的生态环境核算方法

本章基于能值理论，构建了大连市雨水收集系统能值评价模型，建立了雨水收集系统能值评价的指标，并计算了大连市雨水收集系统的能值流，对绿色屋顶、雨水引流浅沟和人工湿地的服务功能和环境损害进行了评估。具体研究内容如下：

（1）评估绿色屋顶的投入与产出，对其节电和减少径流的服务功能进行估算。

（2）评估雨水引流浅沟的投入与产出，对其减少径流的服务功能进行估算。

（3）评估人工湿地的投入与产出，对其生物多样性保护、污水处理、固碳排氧和蓄水的服务功能进行估算。

（4）对3种典型雨水收集系统的服务功能和生态效益进行综合评估。

作为一种生态热力学评价方法，能值方法可以系统地评价环境服务功能。每一种形式的能量（例如环境和经济投入等）乘以各自的转换因子（如能值转换率）得到相应的太阳能值（Chen et al., 2006）。应用这一理论和方法，可将生态系统内流动和储存的各种不同类别的能量和物质转换为同一标准的能值，进行定量分析研究，突破了不同质量的能量之间统一评价的难题，为定量分析生态系统和复合生态系统提供了一个衡量和比较各种不同种类、不可比较的能量的共同尺度和标准（刘耕源等，2008；崔丽娟和赵欣胜，2004）。

在已有数据基础上，通过能量转换、能值转换率，将各种能量统一转换为太阳能值，通过能值流图和能值分析表，定量研究大连市雨水收集系统能值，分析其成本和生态经济效益。具体步骤如下：

（1）收集大连市雨水收集系统的有关能量流、物质量和货币量的资料数据。

（2）确定系统的主要能源和组分，绘制能值系统图。能值系统图包括系统外部的环境投入能值、人类经济反馈能值和系统产出能值，以及系统内部的生产者和消费者等主要组分。

（3）编制能值评价分析表，评价大连市雨水收集系统的成本效益和环境损害。

（4）根据能值分析表中的相关数据，计算反映系统能值特征和评价系统结构功能的各种能值指标，衡量整个系统的发展状况。

自然提供的生态服务功能的能值量化方法如下：

1. 固碳（索安宁等，2010；Ulgiati and Brown，2002）

自然生态系统通过光合作用与呼吸作用实现对CO_2的吸收与储存，同时释放氧气，起到调节大气组分、减少温室效应、控制气候变暖的作用。具体计算过程如下：

$$C_i = p \times A_i \times Q_i \tag{9-1}$$

式中，C_i为第i类植被固定的CO_2量；A_i为第i类自然系统植被的面积；Q_i为第i类植被的净初级生产力；p为碳转换系数。根据光合作用方程，推算出每形成1.0g干物质需同化1.62gCO_2，即碳转换系数为1.62。

值得说明的是，由于不同植被所能固碳的能力不同，碳转换系数会因不同自然生态系统类型而变化，也会因CO_2背景值等因素变化。

2. 减少径流（Brown et al.，2001）

以绿色屋顶为例，雨水降到绿色屋顶后，经过土壤渗滤和植被根系吸收，可以减少一部分径流。通过比较在有无绿色屋顶情况下年平均暴雨径流量，可以计算绿色屋顶减少径流效益。过程如下：

$$E_{mr} = h \times t \times G \times \rho \times T \tag{9-2}$$

式中，E_{mr}为暴雨能值；h为暴雨径流深；t为年平均暴雨数；G为暴雨吉布斯自由能；ρ为暴雨密度；T为暴雨能值转换率。

$$E_{mR} = E_{m1} - E_{m2} \tag{9-3}$$

式中，E_{mR}为绿色屋顶减少暴雨能值；E_{m1}为无绿色屋顶时暴雨径流能值；E_{m2}为无绿色屋顶时暴雨径流能值。

需要说的是，上面是对于绿色屋顶减少暴雨径流的简化处理，而对于实际情况而言，屋顶绿色植被对暴雨径流的减少是非线性的，受降雨特性、植被种类、土壤含水量、屋顶坡度等的影响。

3. 绿色屋顶节电效益

绿色屋顶的降温隔热作用可以减少空调的使用，产生的节电效益可以通过制冷系统达到相同的效果所产生的能耗来计算。

$$E_{me} = P \times n \tag{9-4}$$

式中，E_{me} 为节约的电能；P 为制冷系统的功率；n 为绿色屋顶节电百分比。

4. 净化水质

污染物排放经过自然生态系统提供的稀释、淡化或分解服务后，污染物浓度达到一个可接受的浓度范围，生态服务能值价值的计算可以根据排放浓度和背景浓度折算相关的能值转换率。

计算稀释水源污染的生态服务如下：

$$M_{water} = d \times \left(\frac{W}{c}\right) \tag{9-5}$$

式中，M_{water} 表示稀释所需水的质量；d 是水的密度；W 是每年的第 i 个污染物的浓度；c 是法规或科学研究证实的污染物"可容忍浓度"。若只考虑污染物被转运，可以计算空气或水的能量及式（9-5）的环境服务价值。如果考虑其消减污染物的化学反应，还需计算稀释用空气或水的化学能。

排入水体中的化学污染物：

$$\left[F_{w,water} = R_{w,water} = N_{chem} \times tr_{chem,water} = (M_{water} \times G) \times tr_{chem,water}\right]_i \tag{9-6}$$

式中，$N_{chem,water}$ 表示水的化学可用能（驱动化学转换的能力）；$tr_{chem,water}$ 表示水的化学潜能；G 为单位水体相对于参考值（海水）的吉布斯自由能（4.94J/g）。式（9-6）适用于第 i 个污染物释放。

9.5 大连市海绵城市建设实践

9.5.1 大连市基本情况

大连属海洋性气候，淡水资源不足。大连市多年平均降雨量为 602mm，蒸发量为 1470mm。大连市城区位于丘陵地带，土层薄，降雨时雨水下渗量少。地表径流增加快，携带大量污染物进入雨污混合排水管道，造成管道堵塞淤积，城市低洼处的雨水不能及时排除，局部受淹灾害时常发生，并且每年汛期大约有8500万 m³ 的可利用雨水进入大海，造成雨水资源的浪费。随着城市化进程的加快，城市不透水面积的增加，阻滞了地表水补充地下水，同时由于人们大量取用地下水，造成地下水位下降，海水入侵地下水，引起地下水污染和土地盐碱化，导致地面树木盐渍而亡。

水资源成为制约大连城市发展的一个重要因素。水资源多渠道合理利用能够有效提高水资源利用效率，实现水资源可持续发展，减少环境损害。近年来，大连市优化水资源配置，开发利用多种水资源，包括非常规水资源和雨洪资源。

"十一五"期间，大连市排水专业部门与日本日中都市开发株式会社合作编制了《大连市雨水资源利用工程规划》，规划中指出改造中心城区排水管网，提倡雨污分流技术。2009 年在中心城区选择了解放路、太原街、胜利路局部路段实施 7 公里雨水渗透沟生态利用试点工程。在道路拓宽改造时，铺设钢筋混凝土渗透侧沟，将天然雨水通过渗透侧沟渗入地下，渗透沟可以与渗透井和区域大型储渗池结合使用，使路面范围以外的土壤也得到涵养。渗透边沟和储渗池设溢流设施，将超过设计标准的雨水溢流到附近沟河内。大连市"十二五"规划中提出，建立雨污分流制排水系统。推广雨水资源化利用，因地制宜建设雨水资源化利用工程。在小区内建设雨水资源利用示范工程，实现"雨水排放量零增长"目标；出台雨水资源利用地方法规和政策，全面推广居民小区、商业区和工业区、公共绿地及道路、广场、停车场雨水渗水模式。对全市已建房屋进行评估，对符合屋顶绿化条件的建筑，通过政府补贴、技术指导的方式，计划 5 年内完成屋顶绿化面积 10 万 m²。2009 年，大连市屋顶绿化协会成立，是继北京市屋顶绿化协会后成立的中国第 2 家屋顶绿化地方组织。

9.5.2 大连市典型雨水收集系统模式构建

本章涉及的典型雨水收集回用系统主要包括 3 部分：绿色屋顶、雨水引流浅沟、人工湿地。

图 9-3 是大连市雨水收集系统能值分析，长方形区域代表大连市雨水收集系统。从图 9-3 中可以看出，该系统再生能源包括阳光、风、雨水。其他投入包括器械、混凝土、商品、燃料、劳动力等。系统的存在和内部结构的维持依赖于产品和服务的投入和产出。太阳能通过植物的光合作用转化并储存，用于支持整个系统。雨水主要通过绿色屋顶、有植被的土壤、人工湿地收集，最后进入市政管网、人工湿地和用于景观绿化。在这个过程中，系统产生的经济价值和生态价值包括土壤碳储存、减少雨水径流和生物多样性等。

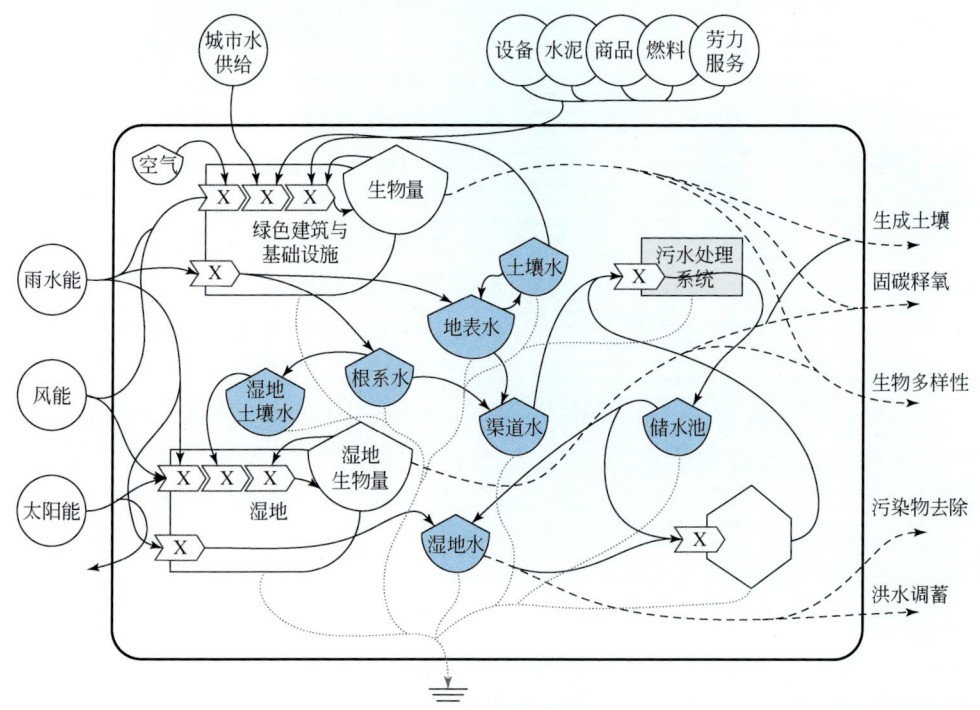

图 9-3 大连市雨水收集系统能值分析

9.5.2.1 绿色屋顶

2008年，大连市沙河口区决定将有条件的楼宇作为屋顶绿化试点（秦培亮，2009），并于2009年完成了500m² 旧有房屋的简单屋顶绿化。目前大连市屋顶绿化的推动方式为首先对旧有房屋，寻找适合的屋顶做实体推广。2013年大连制定了《屋顶绿化管理办法》，从源头上推进屋顶绿化的实施进程。

屋顶绿化的种类有简单式屋顶绿化、半密集型屋顶绿化和密集型屋顶绿化。这里以简单式屋顶绿化为例（图9-4），植被为景天科植物。该绿色屋顶的结构包括植被层、种植层、排水层、防水层和隔根层。

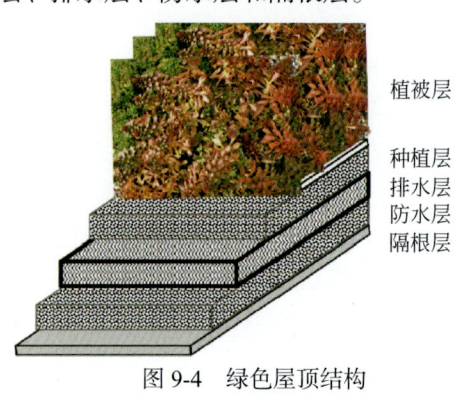

图 9-4 绿色屋顶结构

9.5.2.2 雨水引流浅沟

这里以简易型道路浅沟为例，深 1.5m，宽 1m，其中人工土 0.5m，砾石 1m。该道路浅沟主要通过砾石进行雨水的渗滤和简单的去污处理（图 9-5）。

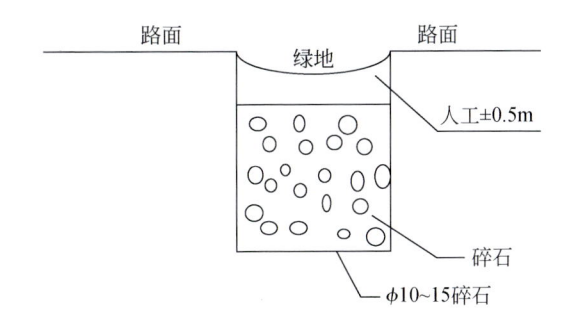

图 9-5 雨水引流浅沟结构

9.5.2.3 人工湿地

大连市自然湿地的面积为 4162.28km^2，人工湿地的面积为 1204.05km^2，人工湿地中面积最大的为盐田及海水养殖场。本章重点考虑湿地的供水蓄水能力，因此以简单的人工湿地为例，植被为芦苇，图 9-6 为人工湿地的结构。这里将最终的雨水汇入到人工湿地中，建设周期 20 年，人工湿地在下游提供部分的取水，并本身作为小区休憩的景观（图 9-7）。

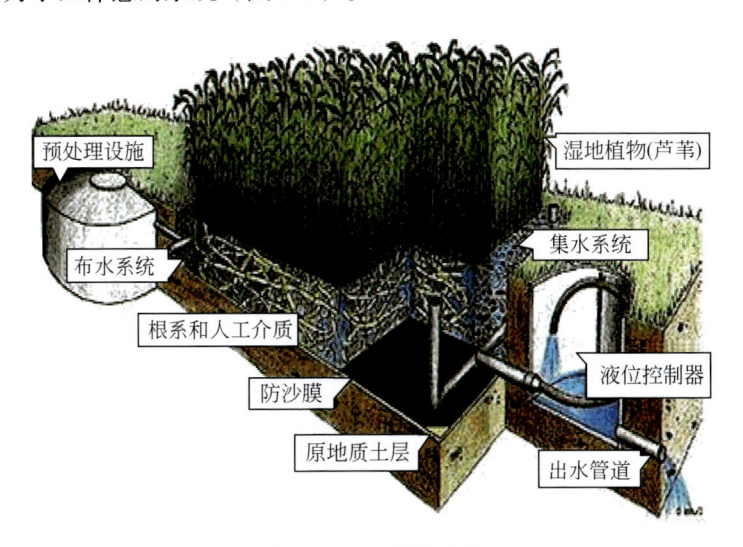

图 9-6 人工湿地结构

图 9-7　人工湿地作用

9.6　城市生态服务功能的生态环境核算结果分析

9.6.1　绿色屋顶

这里以简易型绿色屋顶为例进行计算，植被为景天科草本植物，相关数据为大连市数据。

表 9-4　绿色屋顶能值流计算

项目	原始数据	单位	能值转换率 /(sej/单位)	能值转换率 参考文献	能值/[10^9sej/($m^2 \cdot a$)]	总能值占比率/%
可更新能量						
1. 太阳能	54.13×10^8	J/($m^2 \cdot a$)	1.0	—	5.413	0.00
2. 降雨能	2.979×10^6	J/($m^2 \cdot a$)	3.058×10^4	Brown 和 Bardi, 2001	91.100	0.06
总可更新能值	—	—	—	—	96.513	—
不可更新能源						
3. 隔根层 HDPE	7.16×10^2	g/m^2	8.854×10^9	Brown 和 Bardi, 2001	317.100	1.16
4. 排水层	1.465×10^3	g/m^2	9.677×10^9	Brown 和 Bardi, 2001	708.700	2.60
5. 排水基质	3.58×10^4	g/m^2	5.02×10^9	Brown 和 Bardi, 2001	8 986.000	32.97
6. 过滤层	3.116×10^5	J/m^2	1.109×10^5	Brown 和 Bardi, 2001	0.020	0.00
7. 肥料	3.679×10^8	J/m^2	1.908×10^4	Brown 和 Bardi, 2001	351.00	1.29
8. 低密度土壤	6.510×10^4	g/m^2	5.02×10^9	Brown 和 Bardi, 2001	16 339.900	59.95

续表

项目	原始数据	单位	能值转换率/(sej/单位)	能值转换率参考文献	能值/[10⁹sej/(m²·a)]	总能值占比率/%
9. 景天植物	0.323 8	$/m²	8.320×10^{11}	Brown 和 Bardi, 2001	269.400	0.99
10. 劳动力、安装和维护	0.322 7	$/m²	8.320×10^{11}	Brown 和 Bardi, 2001	268.500	0.99
总不可更新能值	—	—	—	—	27 337.000	100
生态服务						
节电	1.06×10^7	J/(m²·a)	2.688×10^5	Brown 和 Bardi, 2001	3 096.600	—
减少雨水径流	—	—	—	—	130.000	—
总效益	—	—	—	—	3 226.600	—

注：假设该绿色屋顶建筑寿命为20年。

由表9-4可以看出，绿色屋顶投入能值量最多的为高温热处理黏土制作低密度土壤，能值投入量占总能值投入量的59.95%。第二大能值投入量为排水介质，为总能值投入量的32.97%。

9.6.2 雨水引流浅沟

由表9-5可以看出，雨水引流浅沟不可更新能源投入为3.62×10^{10}sej/(m²·a)，购买能值为2.65×10^{11}sej/(m²·a)，其中最大的为植物的能值2.31×10^{11}sej/(m²·a)，减少径流能值为1.30×10^{11}sej/(m²·a)。

表9-5 雨水引流浅沟系统能值流计算

项目	单位	原始数据	能值转换率/(sej/单位)	能值/[10⁹sej/(m²·a)]	能值转换率参考文献
可更新能源					
1. 太阳能	J/(m²·a)	54.13×10^8	1	5.413	—
2. 风	J/(m²·a)	4.583×10^6	1 496	6.856	Brown 和 Bardi, 2001
3. 雨化学能	J/(m²·a)	2.979×10^6	18 199	54.215	Brown 和 Bardi, 2001
4. 雨势能	J/(m²·a)	2.36×10^5	10 488	2.475	Brown 和 Bardi, 2001
总可更新能值	—	—	—	68.959	
购买的不可更新资源					
5. 土工布	m²/(m²·a)	0.2	1.7×10^{11}	34.000	—
不可更新资源					

续表

项目	单位	原始数据	能值转换率/(sej/单位)	能值/[10^{9}sej/(m^2·a)]	能值转换率参考文献
6. 碎石	g/(m^2·a)	1.23	1.68×10^9	2.066 4	—
购买的可更新资源					
7. 植物	$/(m^2·a)	0.019 9	1.16×10^{13}	230.840	蓝盛芳等，2002
生态服务					
减少雨水径流	—	—	—	130	—

注：假设道路浅沟的建筑寿命为20年。

9.6.3 人工湿地

由表9-6可以看出，人工湿地总投入能值为2.39×10^{13} sej/(m^2·a)，其中不可更新能源投入最多，为1.19×10^{13} sej/(m^2·a)；购买的不可更新能源的投入为1.16×10^{13}sej/(m^2·a)；购买的可更新能源的投入为2.46×10^{11}sej/(m^2·a)；可更新能源的投入为1.06×10^{11}sej/(m^2·a)。服务功能方面，生物多样性保护能值产出为1.76×10^{13}sej/(m^2·a)，污水处理能值产出为1.99×10^7sej/(m^2·a)，鱼类产品能值为4.33×10^{13}sej/(m^2·a)。

表9-6 人工湿地能值流计算

项目	单位	原始数据	能值转换率/(sej/单位)	能值/[10^{9}sej/(m^2·a)]	能值转换率参考文献
可更新能源					
1. 太阳能	J/(m^2·a)	54.13×10^8	1	5.413	—
2. 风	J/(m^2·a)	4.583×10^6	1 496	6.856	Brown和Bardi，2001
3. 雨化学能	J/(m^2·a)	2.979×10^6	18 199	54.215	Brown和Bardi，2001
4. 雨势能	J/(m^2·a)	2.36×10^5	10 488	2.47	Brown和Bardi，2001
5. 地球循环	J/(m^2·a)	6.407 8×10^5	34 377	37.165	Brown和Bardi，2001
总可更新能值	—	—	—	106.119	—
购买的可更新资源					
6. 水	$/(m^2·a)	4.923×10^3	6.87×10^4	0.338 2	Brown和Bardi，2001
7. 植物	$/(m^2·a)	0.019 9	1.16×10^{13}	230.84	Brown和Bardi，2001
8. 动物	$/(m^2·a)	0.001 3	1.16×10^{13}	15.08	Brown和Bardi，2001
总购买可更新能值	—	—	—	246.258 2	—

续表

项目	单位	原始数据	能值转换率/(sej/单位)	能值/[10^9sej/($m^2 \cdot a$)]	能值转换率参考文献
不可更新资源					
9. 碎石	g/($m^2 \cdot a$)	3.838	1.68×10^9	6.447 8	Brown 和 Bardi, 2001
10. 土壤	J/($m^2 \cdot a$)	$1.966\ 8 \times 10^7$	1.24×10^5	2 438.832	Brown 和 Bardi, 2001
11. 废水	J/($m^2 \cdot a$)	1.491×10^6	6.37×10^6	9 497.67	Brown 和 Bardi, 2001
12. 活淤泥	J/($m^2 \cdot a$)	$2.150\ 7 \times 10^4$	1.24×10^5	2.666 9	Brown 和 Bardi, 2001
总不可更新能值	—	—	—	11 945.62	
购买的不可更新资源					
13. 钢铁	g/($m^2 \cdot a$)	0.244 3	6.92×10^9	1.690 6	Brown 和 Bardi, 2001
14. 铁矿石	g/($m^2 \cdot a$)	0.011 8	2.15×10^9	0.025 37	Brown 和 Bardi, 2001
15. 混凝土	g/($m^2 \cdot a$)	$2.207\ 8 \times 10^4$	5.08×10^8	11 215.6	Brown 和 Bardi, 2001
16. 汽油	J/($m^2 \cdot a$)	$2.924\ 8 \times 10^4$	1.11×10^5	3.246 5	Brown 和 Bardi, 2001
17. 柴油	J/($m^2 \cdot a$)	$1.522\ 6 \times 10^6$	1.11×10^5	169.01	Brown 和 Bardi, 2001
18. 设备与器材	$/($m^2 \cdot a$)	0.007 2	1.16×10^{13}	83.52	Brown 和 Bardi, 2001
19. 电	J/($m^2 \cdot a$)	$3.838\ 3 \times 10^5$	2.66×10^5	102.099	Brown 和 Bardi, 2001
20. 劳动力	$/($m^2 \cdot a$)	0.227 1	1.16×10^{13}	16.24	Brown 和 Bardi, 2001
21. 维护与管理	$/($m^2 \cdot a$)	0.011 4	1.16×10^{13}	16.24	Brown 和 Bardi, 2001
22. 水质监测	$/($m^2 \cdot a$)	0.001 9	1.16×10^{13}	16.24	Brown 和 Bardi, 2001
总购买的不可更新能值	—	—	—	11 623.91	
总投入	—	—	—	23 921.90	
生态服务					
23. 生物多样性保护	—	0.000 187	9.40×10^{16}	17 578	Brown 和 Bardi, 2001
24. 污水处理	J/($m^2 \cdot a$)	$2.055\ 6 \times 10^5$	9.67×10^6	0.019 88	Brown 和 Bardi, 2001
25. 固碳排氧	g/($m^2 \cdot a$)	4.212×10^3	3.78×10^7	159.21	
26. 蓄水	—	—	—	75 000	
总服务功能				92 737	

注：表中原始数据由北京翠湖湿地公园的数据换算而来；太阳能、风能、雨水化学能、雨水势能原始数据为大连市数据。

9.6.4 典型雨水收集系统服务功能价值评估

根据表 9-7，对于可更新资源能值流入，人工湿地消耗能值最多，为

$3.52\times10^{11}\text{sej}/(\text{m}^2\cdot\text{a})$,绿色屋顶可更新能值流入最少,为 $9.65\times10^{10}\text{sej}/(\text{m}^2\cdot\text{a})$,因为在人工湿地中,芦苇的能值转换率相对绿色屋顶中的景天植物的能值转换率较大,能值较多。

表 9-7　雨水收集系统单项能值指标

项目	表达式	绿色屋顶/[10^9sej/($\text{m}^2\cdot\text{a}$)]	雨水引流浅沟/[10^9sej/($\text{m}^2\cdot\text{a}$)]	人工湿地/[10^9sej/($\text{m}^2\cdot\text{a}$)]
可更新资源能值流入	E_{mr}	97	297	352
不可更新资源消耗	E_{mN}	27 241	36	23 570
总投入	$E_{ma}=E_{mr}+E_{mN}$	27 338	333	23 922
购买能值	E_{mG}	27 241	265	11 870
经济效益	E_{mI}	3 097	0	0.02
生态服务	E_{mb}	3 227	130	92 737
投入/生态服务	$r=E_{ma}/E_{mb}$	8.50	2.56	0.26

单位面积雨水引流浅沟消耗不可更新资源的能值最少,为 $3.61\times10^{10}\text{sej}/(\text{m}^2\cdot\text{a})$,单位面积人工湿地比单位面积绿色屋顶消耗不可更新资源能值少,分别为 $2.36\times10^{13}\text{sej}/(\text{m}^2\cdot\text{a})$ 和 $2.72\times10^{13}\text{sej}/(\text{m}^2\cdot\text{a})$,原因可能为人工湿地面积较大,因此单位面积平均消耗量较少,而单位面积绿色屋顶消耗的材料较多,其中能值最大的为高温热处理黏土制作低密度土壤,能值为 $1.63\times10^{13}\text{sej}/(\text{m}^2\cdot\text{a})$。

单位面积绿色屋顶的总投入最多,能值为 $2.73\times10^{13}\text{sej}/(\text{m}^2\cdot\text{a})$,单位面积其购买能值也最多,原因同样为单位面积绿色屋顶消耗的材料较多,低密度土壤的能值较大。

单位面积绿色屋顶的经济效益最大,为降低室温从而减少空调系统使用而产生的节电效益,为 $3.10\times10^{12}\text{sej}/(\text{m}^2\cdot\text{a})$;其次为人工湿地净化水质产生的效益,虽然单位面积人工湿地所产生的经济效益较少,为 $0.20\times10^8\text{sej}/(\text{m}^2\cdot\text{a})$,但是若考虑面积因素,人工湿地所产生的经济效益可能比绿色屋顶的大。雨水引流浅沟的经济效益为零,这里视雨水引流浅沟为国家公益项目,但是若考虑到其减少径流,减少城市洪涝灾害引起的损失等因素,雨水引流浅沟也是有经济效益的。

单位面积人工湿地的生态服务功能价值最大,为 $9.27\times10^{13}\text{sej}/(\text{m}^2\cdot\text{a})$,其次为绿色屋顶和雨水引流浅沟,其能值分别为 $3.23\times10^{12}\text{sej}/(\text{m}^2\cdot\text{a})$ 和 $1.30\times10^{11}\text{sej}/(\text{m}^2\cdot\text{a})$。若考虑面积因素,人工湿地所产生的生态服务功能总价值更大。

表 9-8 中,净能值产出率为系统产出能值与经济反馈(输入)能值之比,反馈能值来自人类社会经济,包括燃料和各种生产资料及人类劳务。净能值产出率

是衡量系统产出对经济贡献大小指标。人工湿地的净能值产出率远远大于绿色屋顶和雨水引流浅沟,说明人工湿地的生产效率很高,同样的经济投入,人工湿地的生态服务功能与生态产品价值最大。

表9-8 雨水收集系统综合能值指标表

项目	表达式	绿色屋顶	雨水引流浅沟	人工湿地
净能值产出率	$EYR=E_{mb}/E_{mG}$	0.118	0.49	7.81
环境负载率	$ELR=(E_{mU}-E_{mR})/E_{mR}$	282.25	0.12	66.89
收回成本周期(不考虑服务功能)(年)	$T_1=E_{mG}/E_{mI}$	9	—	597 082
收回成本周期(考虑服务功能)(年)	$T_2=E_{mG}/E_{mb}$	8	2	0.1

环境承载力为不可更新资源与可更新资源的比值,可以反映系统的可持续性。经计算,雨水引流浅沟的环境负载率最小,其次为人工湿地,这是因为雨水引流浅沟结构简单,所用材料较少,在消耗的资源中植物的能值最大。

收回成本周期为购买能值与生态产品或服务功能的比值,由表9-8中数据得出,若不考虑服务功能,雨水引流浅沟和人工湿地都是经济不划算的,绿色屋顶可以通过节电产生收益,在第九年收回成本。若考虑服务功能,绿色屋顶和雨水引流浅沟分别可以在第八年和第二年收回成本,人工湿地可以在当年收回成本。另外,本节计算经济效益时,只计算了绿色屋顶的节电效益以及人工湿地净化水质的效益,还有很多效益没有计算,如节约自来水的收益,节省城市排水系统运行与维修费用的效益,回补地下水的收益等。在生态服务功能方面,还有景观功能、休闲、文化和教育功能,社会功能等没有计算。因此,3种绿色基础设施实际效益和生态服务功能远大于计算结果,收回成本周期大大缩短。

9.7 生态服务功能核算方法再思考

9.7.1 货币量与非货币量核算框架与方法学比较

9.7.1.1 生态系统服务分类体系比较

为深入理解生态系统服务的内涵,需对生态系统服务分类有清晰的认识。Daily(1997)将生态系统服务分为13类;Costanza等(1997)将其分为17类;2005年由联合国公布的《千年生态系统评估报告》(Millennium Ecosystem Assessment,MEA)将其分为提供服务、调节服务、支持服务和文化服务4类

（MEA，2005）；由德国和欧盟委员会发起的"生态系统和生物多样性经济学"（The Economics of Ecosystems and Biodiversity，TEEB）项目增加了生态系统服务在经济方面的价值，"生态系统服务的国际分类"（The Common International Classification of Ecosystem Services，CICES）提供了用于自然资本核算的层次一致的科学分类方法。表9-9是世界上4个主要的生态系统服务分类的异同比较。

表9-9 世界上4个主要的生态系统服务分类的异同比较

服务类型	Costanza 等，1997[a]	MEA，2005	TEEB，2010	CICES，2017[b]
供给服务	食物生产	食物	食物	生物量—营养
	供水	新鲜水	水	水
	原料	纤维等	原料	生物量—纤维、能源及其他
	—	观赏资源	观赏资源	—
	基因资源	基因资源	基因资源	—
	—	生化药剂和天然药物	药物资源	—
	—	—	—	生物量—机械能
调节服务	大气调节	空气质量调节	空气净化	气体—空气流动调节
	气候调节	气候调节	气候调节	大气组成和气候调节
	扰动调节（调控雨洪）	自然灾害调节	扰动调节	空气和液体流动调节
	水资源调节（自然灌溉和干旱预防等）	水资源调节	水流调节	液体流动调节
	废弃物处理	净化水资源和废弃物处理	废弃物处理（尤其是净化水资源）	废弃物、有毒物等的调节
	侵蚀控制和泥沙滞留	侵蚀调节	侵蚀预防	质量流量调节
	土壤形成	土壤形成	维持土壤肥力	土壤形成和组成的维持
	授粉	授粉	授粉	生命周期的维持（如授粉）
	生物控制	昆虫和人类疾病管理	生物控制	昆虫维持和疾病控制
支持服务	营养元素循环	营养元素循环和光合作用初级生产	—	—
	避难所（繁殖地、迁徙栖息地）	生物多样性	生命周期维持（尤其是繁殖地）、基因库保护	生命周期维持、栖息地和基因库的保护
文化服务	娱乐（生态旅游、户外活动等）	娱乐和生态旅游	娱乐和生态旅游	身体的相互作用
	文化（审美、艺术、精神教育和科研等）	审美价值	文化、艺术和设计灵感	—
	—	文化多样性	—	—
	—	精神和宗教价值	精神体验	精神的相互作用
	—	知识体系和教育价值	认知发展的信息	智力的相互作用

a. 表示文献Costanza等（1997）未将生态系统服务分为4大类，a列参照文献Costanza等（1997）将生态系统服务17类归纳为4类；b. 参照https://cices.eu/cices-structure/。"—"表示该分类体系中此项为空。

但以上分类在实际操作时候也存在一些问题：

（1）大多研究在计算出所有生态系统服务价值的货币价值后，直接全部相加得到总价值，但由于一项生态过程可能会产生多于一项的生态系统服务，如增加初级生产力和固碳释氧都是植物光合作用的产物，而光合作用后产生的生物量又是土壤生成部分原材料，如果直接把二者服务价值相加就存在重复计算问题；产品的供给是生态系统产生的与人类交集的部分，是 NPP 的子集，如果同时计算了 NPP 及供给产品也会产生重复性问题。这也说明需要进一步厘清各种服务功能产生的机理以避免重复计算问题。

（2）调节服务，如生态系统对大气、水、土壤中污染物的净化功能等是否考虑了当污染物浓度超过生态系统净化能力就无法再净化超过能力范围外的污染物的问题；文化服务中的休闲娱乐、文化教育等价值存在交叉但又不完全重叠，对于这两部分中价值的直接叠加是否会夸大调节或文化服务价值？

（3）各种分类中均列出支持服务，但是在实际操作中是不计算支持服务的。如果不计算却纳入进去，是否表示分类体系本身存在问题。所以，有待建立避免重复计算、合理及全面度量各类生态系统服务价值的分类体系。

9.7.1.2　货币量与非货币量生态系统服务价值核算方法比较

生态系统服务是直接或间接贡献人类福利的生态特征、功能或过程，即人类从运作的生态系统中获得的好处。现有研究中，核算生态系统服务价值主要有两类方法及其对应的评估视角：经济学方法（消费者视角）（Costanza et al.，1997；赵同谦等，2004）和生态学方法（贡献者视角）（Brown et al.，2006；Campbell and Brown，2012；Dong et al.，2012）。经济学的方法是使用经济价值来度量生态系统服务，其中经济价值是指在严格的经济条件下对服务总的支付意愿或对其损失的补偿。该方法具有货币化后的价值直观易于接受、更适合核算基于人类偏好价值的优势。但从这个定义来看，生态系统功能或服务的经济价值只和其对人类福利的贡献有关，而人类福利是在每个人福利评估的基础上衡量的（Bockstael et al.，2000；Freeman III，2004）。又因为生态系统服务是对人类福利的直接或间接的贡献，而人类福利也可能来自社会系统等，Costanza 在 2017 年的最新文章中也承认使用经济价值来度量生态系统服务是相对狭隘的（Costanza et al.，2017）。

生态系统服务的传统经济价值评估方法主要包括揭示偏好价值评估法和陈述偏好价值评估法。前者是通过考察人们与市场相关的行为，特别是在与环境联系紧密的市场中所支付的价格或他们获得的利益，间接推断出人们对环境的偏好，以此来估算环境质量变化的经济价值。后者取决于个人对假定生态系统服务情景的反应，包括意愿调查价值评估方法和结构选择实验（Fioramonti，2014）。二者都是基于人类偏好或感知的价值。但因为生态系统可以提供未被人类感知的、模糊的或者未来才表现出来的服务，所以以人感知为中心的传统经济价值评估方法存在局限性。因此需要一个从生态系统贡献者的视角出发系统全面地核算生态系统服务功能价值的方法。而太阳辐射、地月引力造成的潮汐能和深层地热是支持地球物质和能量循环、维持生物圈可持续发展的原始驱动力（刘耕源，2018），因此可用太阳能值这一度量单位从供给者的角度核算生态系统服务价值，该方法称为能值分析方法。能值（emergy）是产品或劳务形成过程中直接或间接投入应用的一种有效能（available energy）总量（蓝盛芳等，2002；Odum，1996）。它的优势是能通过能值转换率将不同等级、不同类别的物质或能量转化为统一的衡量尺度（Odum, 1996; Brown and Ulgiati, 2004b; Geng et al., 2013; Geng et al., 2016），即太阳能值，从而解决当前生态系统服务价值核算中缺乏共同度量尺度的问题。能值分析不仅是环境核算的重要方法，它对物质流动和能量传递的细致剖析，也使其成为系统分析和评价的重要工具。它允许量化支持每个流量或存储的环境工作量，从禀赋价值视角[①]（donor side）来评估每个资源，而不仅仅是基于人类偏好和市场偶然性。同时，能值用生态热力学的方法重新理解自然资产及生态服务功能的产生，因此，能值分析方法相比于经济学方法更加适用于核算来自自然生态系统的服务，如由太阳辐射、地月引力造成的潮汐能和深层地热等所驱动产生的基于存量和流量的生态系统服务功能。

早期的生态学方法核算生态系统服务价值主要是采用能值分析方法核算生态系统服务的能值价值，再将其转化为能值货币价值与经济价值进行比较。如核算不同尺度（国家、地区、自然保护区等）、不同生态系统类型（森林、湿地、草地、农田等）在提供原材料、调节气候、涵养水源、维持生物多样性等方面的价值（Odum, 1995b; Campbell and Brown, 2012; Dong et al., 2012），研究结果表明，生态系统能值价值远远高于其市场价值。国内也有大量基于能值方法核算生态系统服务价值的研究，但不少研究仍存在着在方法论上并未完全从供应者的视角出发（譬如虽然声称用能值的方法，仍然使用的是货币量×能值货币比的手段）、能值转换率使用不当（即未考虑参考文献中能值转换率使用的能值基准问题以及未考虑能值转换率是否含有本地服务量的问题）的局限性（陈花丹等，2014；孙洁斐，2008；汤萃文等，2012；孙谦，2015）。总的来说，这些研究为非货币量的生态系统服务价值核算方法体系提供了初步的方法论和指标参数等借鉴，但很多方面仍需进一步改进和统一。

[①] 也有文献称为贡献者视角、供应者视角、禀赋视角等。

9.7.1.3 货币量与非货币量生态系统服务价值核算的核心差异点与可能的融合点

（1）核心差异点是用非货币量方法和货币量方法分别在核算来自自然系统服务价值和基于人类偏好价值时各具优势，需用优势方法核算其对应价值。

如图 9-8 所示，货币实际是在社会经济系统之中，为了解决外部性问题，采用了环境税、国际贸易平衡等方式来试图平衡前端可更新的投入，但是实际无法做到对环境的直接支付，因此通过替代价值等发放计算出的与自然系统存量、流量相关的服务时偏差很大。而非货币量核算实现了从源头的统一核算，如在区域可更新资源的驱动下，通过光合作用，可直接带来生态系统初级生产力的增加及固碳释氧效应；初级生产者凋落经循环又可增加土壤有机质，同时在植物群落的演替过程中又可增加土壤矿物质；植被的存在还可截留径流补给地下水等。以上过程又可带来间接生态效益，如净化大气、水和土壤等污染物从而减少人体健康和生态资源的损害等。但非货币量核算方法对于存在价值中纯支付意愿型的量化无能为力，如因生态系统存在带来的休闲娱乐旅游、科研文化教育等价值是完全基于人的偏好或感知，用支付意愿或货币量去度量更合理。

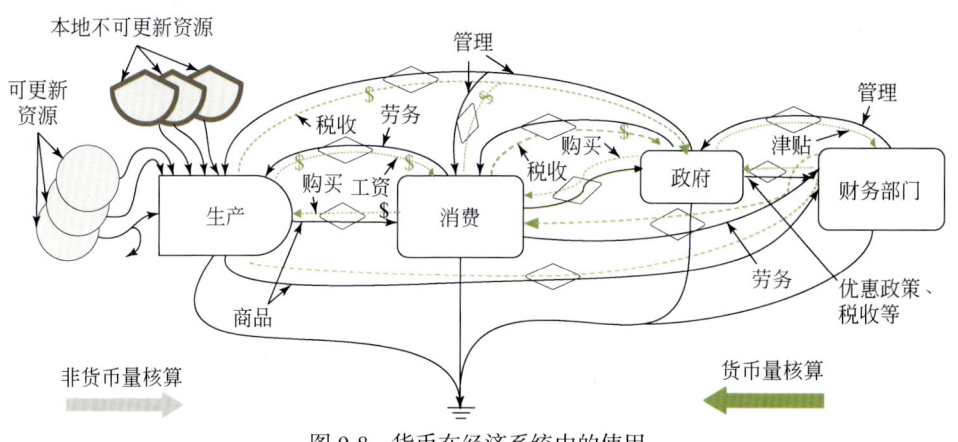

图 9-8 货币在经济系统中的使用

（2）当货币量化的方法（$）和能值量化的方法转为货币（Em$）后都不能反映市场价值时，能值分析方法至少可以作为货币量与非货币量价值核算方法的桥梁。

在 2017 年 12 月落幕的 Ecosystem Services Partnership 第九届全球大会上，Costanza 提出对生态系统服务计算的重要反思：即用货币单位来计算的生态系统服务的值，并不代表市场价值或交易价值（Costanza et al.，2017）。这说明经济学方法有替代市场法、影子价格等系列方法进行生态投入的量化，单位都是货币价值"元"（或"美元"），其实都不反映市场价值或交易价值，如替代市场法是用某种有市场价格的替代物来间接衡量没有市场价格的环境物品的价值，而不是生态服务价值在市场机制中形成的价格；影子价格是根据消费者的支付意愿或机会成本确定的，也不是实际发生在市场中的价值（亚瑟·赛斯尔·庇古，2009）。能值分析方法中的能值货币比，即单位GDP所消耗的总太阳能值，是将生态系统与经济系统沟通起来的桥梁。通过使用形成一个产品或服务所需的直接或间接的总太阳能值（总能值）除以能值货币比，得到该产品或服务的能值货币价值（Em$），即与能值流量相当的经济价值，实现货币量价值向非货币量价值的转化。这也说明，当货币量化的方法（$）和能值量化的方法转为货币（Em$）后都不能反映市场价值时，能值分析方法至少可以作为货币量与非货币量价值核算方法的桥梁。

（3）货币量和非货币量生态系统服务评估是否有方法上可能的结合点。

使用能值方法可以确定生态资本、服务功能的"生物圈价值"，这种价值实际是对现有的货币价值评估有很好的补充作用。所以刘耕源（2018）提出，在当前对于生态资产和生态系统服务的核算手段缺乏的情况下，建议采用双重核算方法，即类似于金融会计中使用的方法一样，用能量来记录环境负债，并建立一个货币化的资产负债表说明经济情况及环境对经济生产的贡献。正如 Barnes（2001）所说，现在需要建立一套被其称为"市场经济3.0"的全新的金融体系，实现包括自然的所有"利益相关者"的财富回归。现实生活中，决策往往发生在地方或区域层面，价值评估过程涉及诸多利益相关者（Costanza et al., 2017）。因此，需要结合货币化和非货币化的价值评估过程以促进可持续的成果（Kenter, 2016）。

9.7.2　核算方法的接口设计

9.7.2.1　非货币量的生态系统服务价值评估框架

本研究参考欧阳志云等2015年在《生态学报》上发表的《基于遥感技术的全国生态系统分类体系》一文中的分类体系，选取的生态系统类别有：森林、湿地、农田、草地、荒漠、盐碱地及其他（包括冰川/永久冰雪、苔原、稀疏植被、裸岩及地衣、交通用地、居住用地和工业用地）生态系统。非货币量的生态系统服务价值评估框架（图9-9）将生态系统服务价值分为直接价值、间接价值和存在价值，三类价值中又分为不同子类。直接价值中的分类又是根据与NPP存量（如对于森林生态系统来讲是增加NPP，对于农业生态系统而言为提供农产品）、土壤存量、水存量（对于森林生态系统而言是补给地下水，对于湿地生态系统而言为提供水源水电涵养水源等）。间接价值中的分类主要依据不同介质的影响，如大气、水、土壤等介质，净化土壤服务针对不同的生态系统又存在差异服务价值，

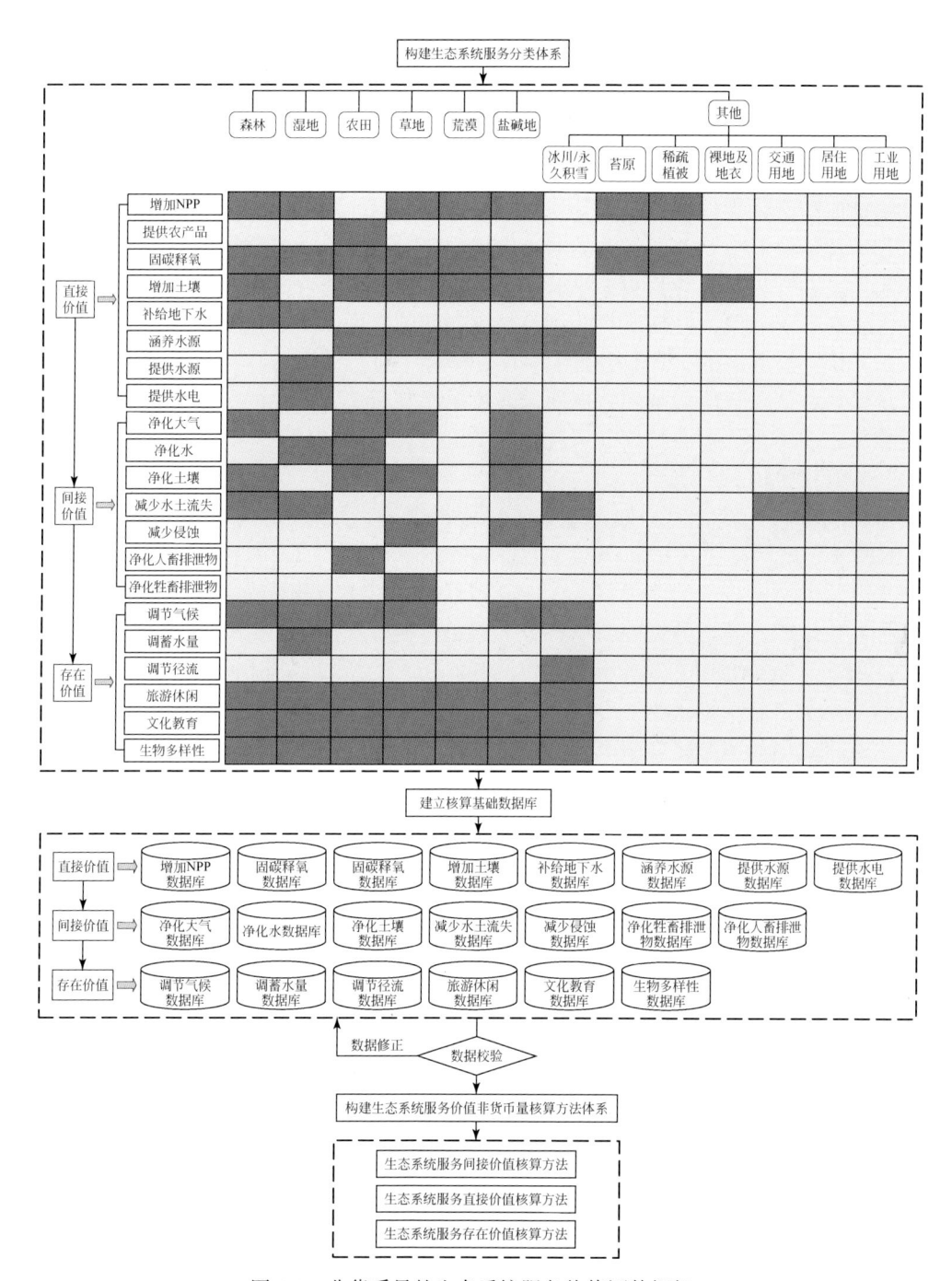

第 9 章 城市生态系统服务功能的生态环境核算

图 9-9 非货币量的生态系统服务价值评估框架

分类体系表格中深色表示横向生态系统具有纵向对应的生态系统服务，浅色表示无此项服务如森林生态系统有净化土壤重金属的功能，对于草地生态系统除净化重金属外还可降解牲畜排泄物，农田生态系统也可对人畜排泄物有净化作用。减少侵蚀服务主要考虑草地生态系统具有控制风蚀和水蚀的作用，相对于其他生态系统减少水土流失作用不同的是其对于风蚀的控制，所以单独列出。存在价值分类中的旅游休闲价值和文化教育价值要区分当地和非当地、以使用适当的能值货币比；调蓄水量和调节径流主要考虑水体的循环作用，实际都可看做是湿地生态系统作用，冰川/永久积雪也相当于是一种水体，但考虑其形态的特殊性，将其作为单独的一个生态系统列出，并强调其在调节径流方面的作用。需要说明的是并不是所有生态系统都有列出的所有服务价值，已在框架中进行了区分。然后构建各类生态系统服务价值核算所需基础数据库，在数据库及相关方法论的基础上构建非货币量核算方法体系。下面对该框架进行详细说明。

1. 直接价值

因为存量的变化（一般是增加）后所提供的直接服务，包括初级净生产力（NPP）、农产品（这里面包括了原材料的供给，而且原材料供给的能值投入不涵盖开采原材料过程的能值投入）、固碳释氧（植物在进行光合作用时固碳释氧是同时发生的，考虑数据的获取性及为避免重复计算，本研究仅核算了固碳所需的能值）、土壤增加（考虑土壤有机质和矿物质的增加，其中有机质增加量用土壤碳表示）、补给地下水（考虑因生态系统覆盖增加了地下水补给量）或涵养水源、提供水电和水源（如灌溉和生活用水）。

首先，介绍多个生态系统共同的服务价值。

1）增加 NPP

净初级生产力（NPP），是指植物光合作用固定的能量中扣除植物呼吸作用消耗掉的那部分，剩下的可用于植物的生长和生殖的能量。增加 NPP 是森林、湿地、草地、荒漠、盐碱地、苔原及稀疏植被生态系统具有的共同价值。图 9-10 是增加 NPP 的能值流量图，由此可以看出是区域可更新资源驱动生态系统 NPP 的增加，因此用生态系统所在区域所有的可更新能值投入量（这里不考虑人工投入），包括太阳能、风能、雨水势能、雨水化学能、地热能及河径流等作为增加 NPP 的价值。为避免重复计算，仅取太阳能、潮汐能、地热能之和加上其他能量投入的最大值作为总投入。

农产品里面包括了原材料的供给，而且原材料供给的能值投入不涵盖开采原材料过程的能值投入，这里仍将其列出是考虑了由于 NPP 数据难以获得时的替代使用，一般考虑农产品和 NPP 的最大值计入。

2）固碳释氧

固碳作用（图 9-11）考虑植物通过光合作用将大气中的二氧化碳转化为碳水化合物，并以有机碳的形式固定在植物体内或土壤中，同时考虑植被中的碳通过碳循环进入土壤（如植被的枯枝落叶进入土壤），会产生土壤固碳作用，因此，此处的固碳释氧作用等于光合作用固碳量减去进入由植物进入土壤部分的碳。固碳释氧是森林、湿地、农田、草地、荒漠、盐碱地、苔原及稀疏植被生态系统具有的共同价值。考虑植物固碳量约为生物量的一半，因此用生态系统年生物量增加量乘以生物量能值转换率得到固碳释氧价值。

图 9-10　生态系统增加 NPP 能值流图

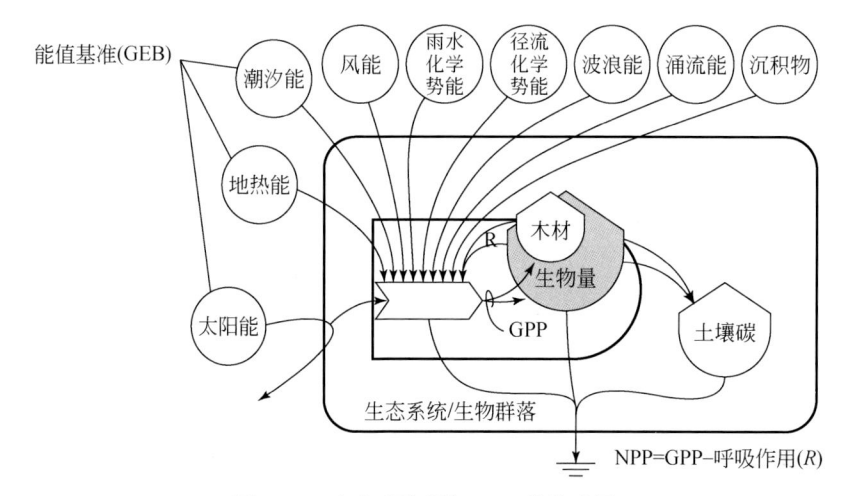

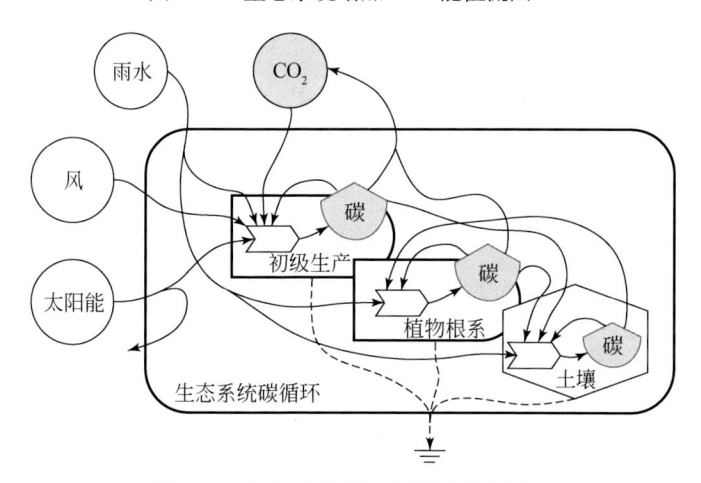

图 9-11　生态系统固碳作用能值流图

3）增加土壤

植物通过光合作用增加了生态系统生物量，植物凋落物（生物量的一部分）进入土壤中，增加了土壤有机质，可用有机碳度量。土壤矿物质主要来源于可更新资源和成土母质（图 9-12）。成土母质是岩石风化的结果，也是极其漫长的物理化学过程；可更新资源主要反映在植物生长吸收土壤中的矿物质，植物死亡将部分矿物质返回土壤。由此得知，土壤增加有机质和矿物质是不同的过程，因此生态系统增加土壤的价值取二者之和。

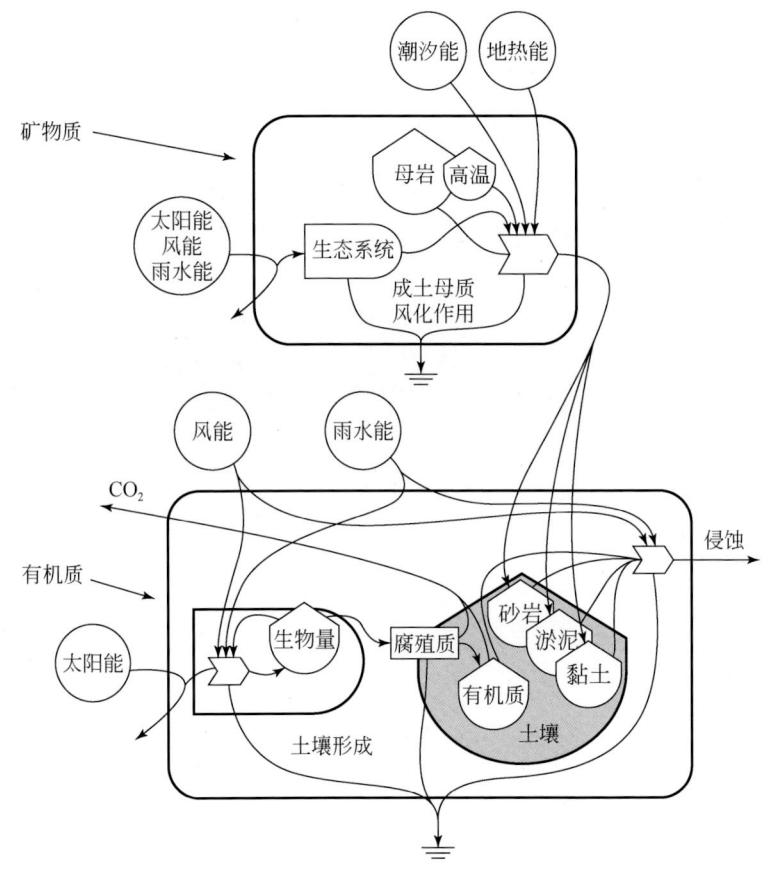

图 9-12　生态系统增加土壤（有机质和矿物质）能值流图

4）补给地下水 / 涵养水源

考虑因生态系统的存在增加了地下水补给。对于森林和湿地生态系统而言是补给地下水，可用降水入渗补给系数计算；对于农田可用田间持水量核算；就草地、荒漠、盐碱地生态系统而言可用截留降水系数计算。

再对直接服务中个别生态系统的差异价值核算进行阐述。

提供农产品是农田生态系统的差异价值，使用农产品产量、能量折算系数和其相对应的能值转换率乘积核算。提供水源[①]和水电是湿地生态系统区别于其他

[①] 这里不考虑城市和农业用水的质量标准，即不考虑湿地对其供水需要达到质量标准带来的人工投入部分的能值，所以此处使用河流水的能值转换率。

生态系统的差异价值，分别用湿地供给灌溉用水、生活用水和水力发电量来核算。

2. 间接价值

因为生态系统对可能产生损害的污染物有吸附、净化、保持而减少损害的服务功能，包括对气、水、土污染物的去除（这里包含两部分，一是基于环境容量的稀释降解、二是进行的净化和吸收）；同时考虑这些污染物会给人体健康和生态资源带来损害（刘耕源等，2013a，2013b）[图9-13（a）]，因此在核算生

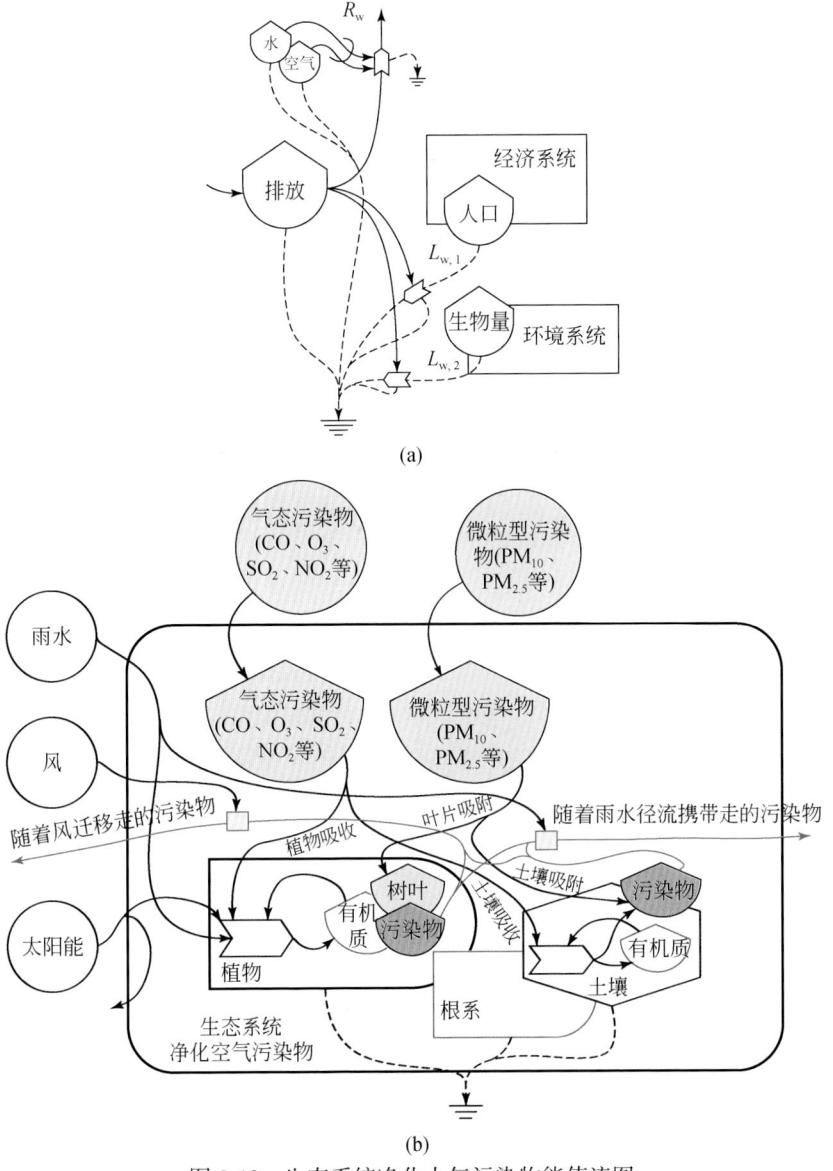

图9-13 生态系统净化大气污染物能值流图

态系统对气、水、土等污染物的净化作用时，使用因生态系统对污染物的净化能力而带来人体健康和生态资源损害的减少量。同时，农田、草原生态系统分别对人畜和牲畜排泄物有净化作用也考虑在内。另外，因为生态系统覆盖相对于裸地覆盖会减少土壤侵蚀量，也将此考虑为生态系统存量减少的一部分。

首先，阐述生态系统共有的服务价值。

1）净化大气污染物

考虑生态系统对 SO_2、NO_x、PM_{10}（$PM_{2.5}$）等大气污染物的净化［图 9-13（b）］而减少人体健康和生态资源损失。因为单位面积某类生态系统对某种大气污染物的净化能力是固定的，当大气污染物浓度小于阈值时，生态系统能完全净化这部分污染物，不造成人体健康及生态资源损失；当大气污染物浓度超过净化能力时，生态系统仍只能净化固定的污染物，超过部分会对人体健康和生态资源带来损失，这部分是生态系统无法提供的净化功能。因此，用生态系统对某种大气污染物的净化能力来度量这部分损失量。同时，由于不同大气污染物给人体健康和生态资源带来的损失不同，所以，生态系统净化大气污染物价值用各种污染物给人体健康和生态资源造成损失之和计算。

2）净化水及土壤污染物

考虑生态系统对 BOD、COD、氨氮、总磷等水体污染物的净化作用。同时，因为数据的可得性，净化土壤污染物的价值主要使用其净化土壤重金属价值。生态系统净化水和土壤污染物的计算方法同净化大气污染物的方法，但需要更换计算公式中生态系统净化大气污染物的能力为净化水和土壤污染物的能力。

3）减少水土流失/侵蚀

考虑因生态系统覆盖而减少水土流失或侵蚀，该价值可根据潜在侵蚀量[①]与现实侵蚀量的差值计算。对于森林、湿地、盐碱地、冰川/永久积雪、交通用地、工业用地和居住用地生态系统，主要考虑其减少水土流失作用；草地生态系统考虑其减少侵蚀作用，包括控制风蚀和水蚀。

再阐述间接价值中的差异价值：净化人畜、牲畜排泄物，分别为农田和草地生态系统的差异价值。该部分价值可看作是净化土壤污染物的一部分。主要考虑农田生态系统对人类及牲畜排泄物的净化和草地对牲畜排泄物的净化，如牲畜排泄物散落在草地生态系统中，在自然风化、淋滤以及生物破碎和微生物分解等综合作用下得以降解。

3. 存在价值

因生态系统的存在造成的间接服务，这些服务不是由于本地生态系统的存量、流量造成的直接影响或是对污染物等产生的间接影响，而是由于它们的存在对跨

---

① 潜在土壤侵蚀量是指无任何植被覆盖的情况下土壤的最大侵蚀量。

尺度的生态环境造成的影响（有的也存在存量、流量变化，但是这里的存量流量是跨尺度、多尺度共同影响造成的，需要考虑大尺度的影响在研究尺度的分摊效应）或者人类的文化、科研、休闲等的需求产生的价值。这里的存在价值包括气候（温度）调节、径流调节、调蓄水量及其他的一些存在价值，即维持所存在的旅游休闲、文化教育价值及维持生物多样性的保存价值。

首先，阐述生态系统具有的共有价值。

1）调节气候

考虑生态系统通过增湿、增雨、降温等过程进行气候调节。生态系蒸散发过程中所吸收能量等于生态系统降温增湿过程的能量投入，因此可用蒸散发过程吸收的能量来估计降温增湿功能价值。森林、湿地、农田、草地、盐碱地、冰川/永久积雪等生态系统具有此项服务。

2）旅游休闲和文化教育

生态系统的旅游休闲价值主要体现在其为当地居民所带来的旅游收入方面；文化教育服务包括许多方面，是由生态系统提供休闲娱乐和非商业性用途机会的功能提供，如美学、艺术、教育和科学研究价值等。需要说明的是，考虑享受此项价值的人类可能来自当地、本国及国外，在使用能值货币比时应该分别取对应地区的能值货币比。

3）维持生物多样性

考虑生态系统为生物提供栖息地、保持基因库等的价值。

再阐述存在价值中的差异价值：调蓄水量和调节径流，分别是湿地和冰川/永久积雪对应的差异价值。前者主要通过湿地蓄水来实现，后者主要提高冰雪融化补给河流水或地下水实现，是其他生态系统缺乏的服务。

具体各个生态系统类型的计算方法详见附录 B。

4. 核算原则

在计算出各项生态系统服务价值后，最后相加需遵循以下原则：

（1）直接服务：由于增加 NPP 和固碳释氧都是光合作用的产物，为避免重复计算，需要取二者最大值；由于土壤有机质和矿物质增加是不同的过程，取二者之和为增加土壤量；最后用增加 NPP 和固碳释氧的最大值、增加土壤值、补给地下水/涵养水源值、提供水源和水电及农产品价值相加得到总的生态系统直接服务价值。

（2）间接服务：由于不同大气、水、土壤污染物及人畜排泄物给人体健康和生态资源带来的损失不同，所以取各损失量之和作为生态系统间接服务价值。

（3）存在价值：由于旅游价值和文化教育价值存在交叉但又不完全重叠，为避免夸大存在价值，本研究取二者最大值，再加上调节气候、调蓄水量、调节径流和维持生物多样性价值作为总存在价值。

（4）总的生态系统服务价值需取直接价值、间接价值和存在价值之和。

9.7.2.2 货币量核算方法的部分融合

结合生态系统特征及能值分析方法和经济学方法各自的优势，本研究构建的生态系统服务价值非货币量核算框架需部分融合货币量的核算方法，主要体现在：

（1）旅游休闲价值中需用旅游收入作为基础数据进行核算。

（2）旅游休闲、文化教育价值是基于人类偏好的价值，所以使用基于支付意愿的货币量方法核算该部分价值更具优势。

这里的货币值需要通过能值货币比来折算成能值量来纳入到生态系统服务功能统一核算中，需要注意的是，这里的能值货币比需要计算本地的值，即需要对本地进行细致的社会经济能值核算，不能简单地使用文献中的能值货币值，或者混淆使用全球能值货币比、国家能值货币比和区域能值货币比等。譬如，旅游休闲价值主要体现在外来游客为当地居民所带来的旅游收入方面，因此可通过能值货币比计算出生态旅游所具有的太阳能值总量，具体公式如下：

$$E_{mT} = I_T \times E_m R \quad (9\text{-}7)$$

式中，E_{mT} 为旅游价值对应的能值，sej；I_T 为森林带来的旅游收入，\$。

需要注意的是，$E_m R$ 不能使用当地能值货币比（sej/\$），因为这里的旅游是由外地/外国游客的支出，其支出水平应由游客所在地的能值货币比所决定。当然，由于统计数据很难精确到来源国家/地区，所以一般使用上一个层级的能值货币比作为平均值来计算使用。譬如，计算中国的旅游能值应该用全球平均能值货币比，计算北京的国内旅游可以使用中国平均能值货币比。

此外，其他的文化教育等是由本地生态系统提供本地休闲娱乐和非商业性用途机会的功能提供，如美学、艺术、教育和科学研究价值等。这些由本地产生的货币价值可以通过本地的能值货币比转化为能值量。

9.8 本章小结

9.8.1 主要结论

（1）单位面积绿色屋顶的投入最多，购买能值最大，收回成本周期最长，但其产生的经济效益最大。另外绿色屋顶是对屋顶面积的二次利用，在节省城市空间的同时，还增加了城市的绿地面积，提高了城市绿化率，而且还有调节气候、净化空气、减少雨水径流以及景观作用。

（2）雨水引流浅沟所产生的经济效益和生态服务功能价值最小，但其投入最少、收回成本周期较短、环境负载率最小是一项消耗资源和劳动力较少的措施。

（3）人工湿地的投入较大，但相对于投入，其产生的生态服务功能价值更大，若考虑生态服务功能，在当年就可以收回成本。而且与绿色屋顶相比，其环境负载率较小。

9.8.2 政策与建议

9.8.2.1 城市尺度生态系统服务功能评估及政策建议

建设海绵城市，构建低影响开发雨水系统，促进大连市生态文明建设，实现经济社会和环境的可持续发展。绿色屋顶、雨水引流浅沟和人工湿地各有所长，结合大连市水系管网、道路、广场、居住区和商业区、园林绿地等空间载体，综合运用，合理规划设计3种绿色基础设施。以经济管理、技术管理和社会管理等行政和司法手段，促进雨水利用。通过一定的激励措施或者以法律条文的形式，鼓励居民或商业区进行屋顶绿化。在道路旁边和停车场及地势低洼的地方等建设雨水引流浅沟，达到储存雨水、防止内涝的作用。湿地是城市天然的雨水滞纳净化场地，应加强对现有湿地的保护，严禁盲目填埋，修建湿地公园，进行生态建设的同时还可以为人们提供休闲娱乐场所。

9.8.2.2 生态系统尺度生态系统服务核算框架及方法的重新思考

本章研究剖析了现有核算生态系统服务价值的两类方法，即货币量方法和非货币量方法的核心差异点与可能的融合点；然后构建了基于能值分析方法和融合货币量核算方法的非货币量生态系统服务功能的新的核算框架，包括：①重新分类了生态系统服务价值，即直接价值（增加NPP、固碳释氧、增加土壤、补给地下水/涵养水源、提供水源水电和农产品等）、间接价值（净化大气、水、土壤、人畜排泄物，减少水土流失/侵蚀等）和存在价值（调节气候、调蓄水量、调节径流、旅游休闲、文化教育、维持生物多样性等）三大类；②确立了各类生态系统服务价值的核算方法体系；③厘清了核算中的加和原则、取最大值原则等，以避免重复计算。该理论和方法学是解决现有生态系统服务价值核算方法不足的大胆尝试和完整的方法论。后续的研究可以此理论和方法框架为基础，针对不同生态系统的特征，提供生态系统服务价值非货币量核算方法，并作相关案例研究。本研究有利于解决现有生态系统核算方法及其分类体系中的基于人类偏好价值存在局限性、重复计算、未能真正从生态系统贡献者视角出发、能值转换率使用或替代不当等问题，使政策制定者建立以生态为本的城市观，推动以生态系统服务价值核算为基础的生态文明体系改革和生态文明建设体制和政策的落地实施，促进城市的可持续发展。

9.8.2.3 生态热力学视角服务功能评估的意义

Bimonte 和 Ulgiati（2002）指出存在"新的稀缺性"，即生态支持系统的重要组成部分越来越不够用。环境作为主要资源的来源和作为废物处置的能力不像过去那样是无限的。如果仅考虑进行资源开发而不关心其对环境完整性的影响，退化的生态系统越来越无法提供基本的生态服务（水循环、光合作用、对生物多样性的支持等）和资源产品（木材、食品、淡水等）。因此，Bimonte 和 Ulgiati（2002）提出了一种基于 Odum 的能值方法的税收工具，指出当前基于货币化服务功能核算的环境政策和税收计划只专注于对人群收益和损害的部分，并不考虑对整体生态环境的贡献和对全球的影响。例如，当前设置碳税的目的是减少二氧化碳排放以实现防止全球变暖，但是大气温度的变化不仅仅对经济系统这个单一参数产生影响，最核心的是会造成整个生态环境完整性的破坏。而如果目的是解决生产基础的问题，那么不能简单的通过限制给定的资源使用来实现。这正如 Odum（1996）所指出的："如果从提高效率的意义上说，节约能源是有益的。但是这种建立在限制燃料使用上的'节约'的经济体往往会降低其经济竞争力。征收燃料税有时可以作为节约能源的奖励措施，但限制燃料对经济产生负面的放大效应，可能会大于效率的提高。"所以设置环境税的目的如果放大到实现整体生态环境的完整性，那么这种税收政策将注重生态生产过程（生态服务功能）与使用过程（经济过程）的整体绩效，而不仅仅是考虑单一资源效率或者排放量。例如 Bimonte 和 Ulgiati 在他们的文章中提出建议根据能值可持续发展指数（environmental sustainable index, ESI）（Ulgiati and Brown，1998）来建立面向环境完整性的税收体系。能值可持续发展指数（ESI）既考虑了经济优势（基于能值产出率 EYR 来衡量能值投资回报率），又考虑了环境负荷（由环境承载力 ELR 表示）。而 ESI 正是 EYR 和 ELR 的比。而基于 ESI 的环境税收策略是用于惩罚那些较少使用对环境无害技术或较少使用可再生资源的发展方式。这种税收是将维持经济活动的生态环境作为一种"基金"而不是"股票"，环境税的目的是通过税收恢复其维持经济系统发展的能力，保持这种"基金"不变。这种说法类似于 Barnes（2006）提出的通过将所有利益相关者返还给他们所拥有的财富的一小部分来回报所有利益相关者的想法，原则上适用于当前的自由市场体系。这种方式可以实现以下 3 种效果：

（1）对整个区域的生态服务功能及经济投入进行统一而全面的评估，并以此为基础实施环境政策。

（2）税收的目的为恢复或维持生态环境，这不仅是维持生态环境能为人类经济活动提供什么样的支持活动，而是为了整体的环境完整性保护和恢复。

（3）由于税收的目的不仅是限制经济系统单一资源效率或者排放量，也是增加和修复生态资产提升服务功能，这种向生态环境"基金"的投资将极大地减缓其折旧率。

第10章 城市产业系统的生态环境核算

10.1 城市产业系统生态环境核算框架

产业是一个模糊的概念,与"工业""部门""行业""实业"等通用。在本章研究中,产业是区域内生产某类产品(或提供某类服务)的链条或网络型企业(或个体)的集合,即与生产某类产品(或服务)密切相关的所有环节的总和。产业是人类经济活动的重要表现形式,集中体现了区域的经济发展状况及其未来发展趋势。长期以来产业评价方法受新古典经济学的影响,偏重于经济效益的评价(欧新黔和刘江,2007;孙海鸣,2007),而忽视了产业发展对生态环境的影响,并由此间接引发了20世纪中叶以来的环境污染、生态破坏等一系列问题。随着生态环境的日益恶化,人们意识到以追求经济效益最大化为唯一目标的产业发展模式必将危及人类的永续发展。在可持续发展理论的倡导下,研究学者逐渐把产业所带来的环境污染纳入到产业评价系统,传统的产业评价转型为生态经济评价。

生态经济评价扩展了产业评价系统的范围,试图体现产业发展所带来的生态、环境污染对其经济效益的消减作用,但是这种消减如何衡量以纳入产业评价系统,一直是困扰学者们的焦点性问题。经济学家通常把自然资源和人类经济活动货币化,以货币的形式衡量一切财富,但是货币是人为的东西,并不是真正的财富,更不能反映自然的本质和规律。因此以货币为平台的生态经济评价不能客观评价产业的生态-经济效益;能量是客观的,但由于不同能量间等级的差异性,使得系统中各种能量不能直接相加减,因此也难以支撑产业生态经济评价深入开展;从系统生态学和生态经济学发展出来的能值理论从生态系统食物链概念与热力学原理中引申出能值转换率的概念,用以表示能量等级系统中不同类别能量的能质,自然资源、商品、劳务和科技等都可用能值来衡量其真正价值,从而提供了衡量自然资源与社会经济财富的统一衡量标准。

能值理论一经提出便得到社会各界人士的追捧,被广泛运用于评估与人类相关的各种尺度的生态系统,尤其是自然社会经济复合生态系统的定量分析和统一核算(Odum,1996;Brown and Buranakarn,2003;Chen et al.,2006),能值方法可以将生态系统的服务功能、直接和间接投入的资源都纳入统一核算体系,为城市的产业评价提供客观、系统的平台。在产业评价过程中,研究者将产业发展所带来的水、气、渣等污染物的排放考虑为系统的负产出纳入产业评价体系，通过建立指标体系对产业进行生态经济评价。但是某些产业污染物排放虽然较少（如旅游业、农业、林业等），但由于区域产业发展模式和空间布局不合理，对当地生态系统造成严重破坏（黄文德等，2008），如土壤侵蚀、生物多样性锐减、土地沙漠化等。这种情况在生态脆弱性地区，如西南喀斯特山区、西北干旱地区、青藏高原、黄土高原地区等表现得尤为突出。以西南卡斯特山区为例，当地的土层浅薄，降水量集中，多暴雨，一旦地表植被遭到破坏，水土流失问题异常严重。产业发展与生态保护矛盾异常尖锐的另一个敏感地带为自然保护区及其周边地区，面对丰富的自然资源，本地居民长期对本地资源的依赖性养成了靠山吃山的生产、生活方式，这种传统经营模式对自然生态系统的破坏力随着人类对经济发展需求的增加而被逐渐放大（中国人与生物圈国家委员会，1998；景可等，2005）。因此，城市尤其是生态脆弱性地区产业的生态经济评价，在考虑其经济效益的同时必须考虑产业对生态环境的压力，这种影响不仅仅包括产业发展所带来的环境污染，也应该包括产业发展所带来的生态破坏。

  本章节采用能值分析方法，以地处喀斯特的地貌类型区，并保存有世界自然遗产、国家级自然保护区的生态敏感性区域——武夷山市为例进行研究。该地区的主要产业为旅游业、茶业和毛竹业，存在的主要生态环境问题为水土流失和生物多样性保护。武夷山市的三大产业均为地域覆盖面广、环境污染较小的产业，近年来各产业对生态环境的压力较大，导致本地生物多样性资源锐减、水土流失加剧。本研究将通过对该区域的生态敏感性分析、各产业的生产经营模式以及空间分布特征分析，确定各产业的系统边界，绘制能值系统图，对各产业 1995～2004 年的投入-产出进行核算能值流，用横向与纵向对比方法、脱钩-复钩评价方法对武夷山市主要产业系统的生态经济进行评价，同时构建统合反映产业的生态经济效益的指标，为产业模式的调整提供参考依据，同时为其他区域的产业生态经济评价提供新思路。

10.2　武夷山市产业特征分析

10.2.1　武夷山生态敏感性分析

  武夷山市生态敏感性分析只考虑自然环境因子，所得出的生态敏感性分析结果真实地反映了该区域生态基质的敏感程度，定义为基质敏感性。区域基质敏感性分析的结果与产业空间布局图层叠加，判断该产业对哪些生态环境问题存在影响，结合产业经营模式确定其消耗强度，并将区域基质敏感性与产业生态压力累加，量化生产该产品（或提供该服务）所造成的生态环境损耗，以便纳入产业生态经济评价体系。

10.2.1.1 水土流失敏感性

武夷山市地处亚热带地区，多年平均降水 1910 mm，雨量充沛但分布不均，降水季节主要集中在 3～6 月，约占全年的 70%。地貌属闽北山地丘陵地貌，地势东、西、北部高，中南低，呈向南开口的马蹄状地形，境内沟谷纵横，山高坡陡，山体坡度大多在 25° 以上，地表切割强烈深达 250m 以上，沟谷多呈 V 型。山地土壤主要由花岗岩母质发育形成的红壤、黄壤和由紫红色砂砾岩质发育的紫色土组成。花岗岩发育的土壤风化壳疏松，其抗蚀能力弱，而紫色土壤土层浅薄、石质性强，没有腐殖质层。这种山高坡陡、土层浅薄且表层疏松、降水量大且集中的综合自然条件决定了该地区山地具有先天性生态脆弱性，其地表植被一旦被破坏，则将会造成严重水土流失，并难以恢复。

针对武夷山市的自然环境特征，武夷山市水土流失敏感性分析考虑的自然因子包括坡度、土壤类型、降水（表 10-1）。

表 10-1 水土流失基质敏感性分级

影响因子	权重	级别，赋值	标准表述
坡度	0.4	敏感，3	坡度 >25°
		弱敏感，2	10° < 坡度 <25°
		不敏感，1	坡度 <10°
降水	0.2	敏感，3	降水量 >2200 mm
		弱敏感，2	1900 mm< 降水量 <2200 mm
		不敏感，1	降水量 <1900 mm
土壤类型	0.4	敏感，3	草甸土、红黄壤
		弱敏感，2	红壤、紫色土
		不敏感，1	水稻土、潮土

（1）降水是水土流失的重要诱导因子。武夷山市多年平均降水量 1910 mm，且随地形地貌特征分布，东北、西北多，东南方向少；降水主要集中在 3～6 月，降水量占全年的 70% 以上。根据降水等值线进行分级，分级标准见表 10-1。

（2）坡度是影响水土流失的一个重要因子。这在武夷山地区体现得更加明显，武夷山水土流失较为严重主要是坡度较大、植被破坏较为严重的地区。因此，通过 DEM 数据提取坡度数据，然后进行分级。

（3）根据武夷山市土壤普查，武夷山市成土母质主要是残积物和坡积物，部分为冲积物，分布最广的是红壤，其次是黄壤、水稻土、紫色土、草甸土和潮土。由于土壤结构不同，土壤受对水蚀作用的响应也不同。根据这些土壤的理化性质，将这些土类的抗侵蚀能力划分为强中弱 3 个等级，从弱到强为草甸土、黄红壤、红壤、紫色土、水稻土、潮土。各影响因子的权重、分级标准及赋值情况参见表 10-1。图层叠加后评价结果分级标准为：1～1.5 为弱水土流失区，1.5～2 为中度水土流失区，2～2.5 为较强烈水土流失区，2.5～3 为强烈水土流失区（图 10-1）。

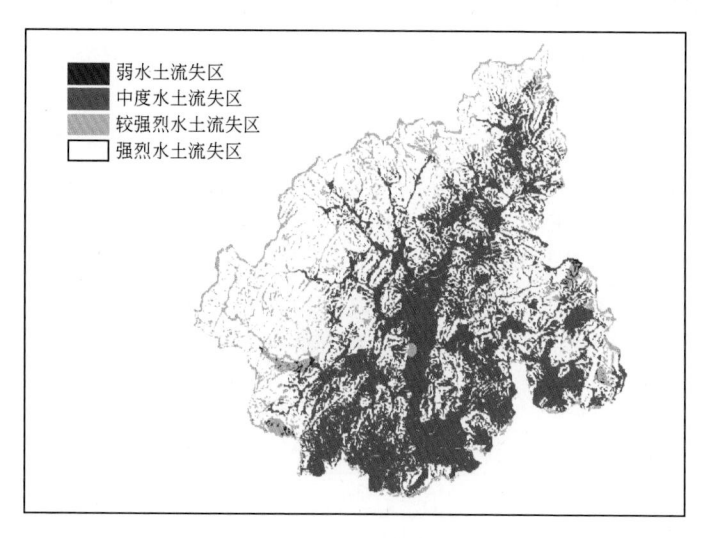

图 10-1　武夷山市水土流失分布

10.2.1.2　生物多样性破坏敏感性

武夷山市自然环境良好，不仅在其西北部的武夷山自然保护区是我国东南大陆、世界同纬度地区带现存最典型、面积最大、保存最完整的中亚热带原生性森林生态系统，在市域内还有九曲溪上游、西溪上游饮用水源保护区、东溪上游饮用水源保护区、国家级风景名胜区以及东溪水库 5 个种群源中心以及 50 多个种群保护点（表 10-2）。全市共有已定名的高等植物种类 267 科 1028 属 2466 种，脊椎动物有 475 种。但随着经济的不断发展，产业的逐步扩张，武夷山市的野生动植物的生境受到一定程度的破坏，出现景观破碎化和生境质量减退等问题，生物多样性保护面临越来越大的威胁。武夷山市生物多样性敏感性分析重点在于 5 个种群源中心、50 多个种群保护点的识别，并根据各种群源中心和种群保护点面积的大小、保护物种数量的多少及其稀缺程度标志在区域图上。

表 10-2　武夷山市种群源中心概况

种群源中心名称	坐落位置	面积 /hm²	主要保护对象
武夷山自然保护区	黄岗山	565 270.00	森林生态、珍稀动植物
九曲溪上游自然保护区	星村至皮坑、四新溪两岸	3 345.33	森林生态、珍稀动植物

续表

种群源中心名称	坐落位置	面积 /hm²	主要保护对象
饮用水源涵养保护区	石雄至大安分水关	2 096.30	植被
东溪上游樟村猕猴保护区	岚谷乡樟村	457.40	猕猴、白鹇、穿山甲
东溪水库自然保护区	坝址至吴屯库区及两岸	2 166.67	森林生态、珍稀动植物

武夷山市生物多样性能值转换率参照 Brown 和 Ulgiati 在 2004 年核算的在林地尺度内种群 DNA 能值量为 8.0×10^{15} sej/J，种子为 1.9×10^{9} sej/J。由于两者的能值转换率相差 6 个数量级，因此种群源中心按 475 种脊椎动物所含 DNA 能值量计算，单位 DNA 的能量值按照 50 kJ 计算，各种群源点主要为树种保护故略去。计算得武夷山市生物资源能值总量为 1.9×10^{23} sej，种群源中心生物多样性密度（ED_{Bio}）为 4.9×10^{14} sej/m²。

10.2.2 武夷山市主要产业特征分析

10.2.2.1 产业生产经营模式

（1）旅游业：旅游业属于第三产业，是以旅游资源为吸引力，以旅游设施为基础，通过旅游服务，满足旅游者各种需要来取得经济收益的综合性经济事业。旅游业所涵盖的范围宽泛，不仅包括旅游景区（景点）、旅游娱乐场所、旅行社（旅游公司）、旅游饭店、旅游商品经营企业等，而且还包括旅游交通、旅游服务等。其可更新自然资源投入包括维持旅游区域自然景观太阳能、雨水势能、雨水化学能、风能和地球循环能，反馈资源包括旅游者在旅游期间消耗的电力、燃料以及基础设施折旧，可更新反馈资源投入则包括食物、劳力服务等。旅游业的发展离不开道路等基础设施的建设，景区及旅游线路沿边地区的水土流失有所加剧，对水土流失的敏感级为中。

（2）茶业：茶业是武夷山市的传统产业，历史悠久，生产工艺流程成熟，销售市场较稳定。其生产工艺包括茶叶种植和后期加工两部分，种植过程中的主要投入包括太阳能、雨水势能、雨水化学能、风能和地球循环能等可更新自然资源，种子、农药、化肥、农机、燃料、劳力等反馈资源。加工阶段主要包括原料筛选—筛切拼堆—渥堆—蒸压成型—干燥—紧压茶，资源投入包括人力、燃料以及基建设施折旧等。茶叶种植区面积占茶业总面积的 98% 以上，茶叶种植属于丘陵作业，且需要保证 50 cm 左右的行间距，并每年春季翻耕，水土流失敏感级较高。

（3）毛竹业：毛竹业包括毛竹砍伐和毛竹粗加工。毛竹砍伐主要是在原生森林生态系统中，在清理下层植被和砍伐上层针、阔叶林后，为毛竹提供较独立的生存空间，毛竹的生长周期较短，大约 3 年可以成材，砍伐的大部分毛竹以原木形式运输到外地销售，少数在毛竹林周边地区的加工点进行粗加工，成品以竹席、餐具、小工艺品为主，这些加工点多为家庭作坊，基建设施投入较小，技术含量较低。毛竹园区能够持续保持较高的覆盖率，该产业对水土流失的敏感级较弱。

10.2.2.2 产业空间布局特征

在武夷山市生态敏感性分析的基础上，与产业空间分布进行叠加（图10-2～图10-4），用以确定各产业分布区的水土流失基质综合敏感等级指数（$\lambda_{\text{I-Soil}}$），以及各产业与生物种群源中心的重合度（λ）。计算结果见表10-3。

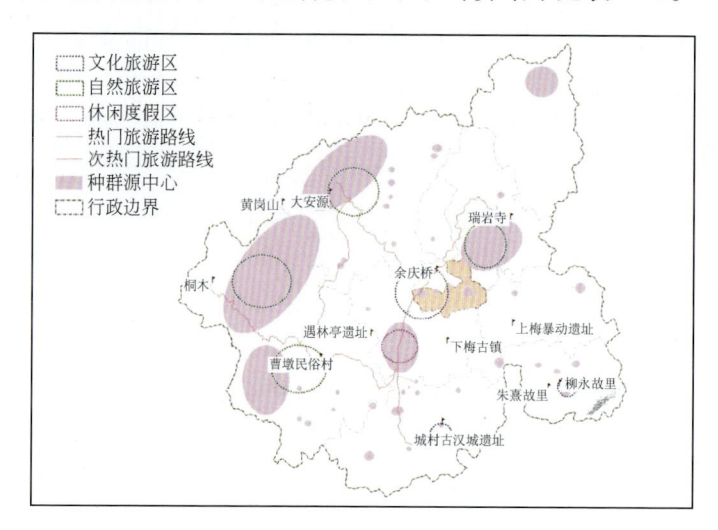

图 10-2　武夷山市旅游业空间分布

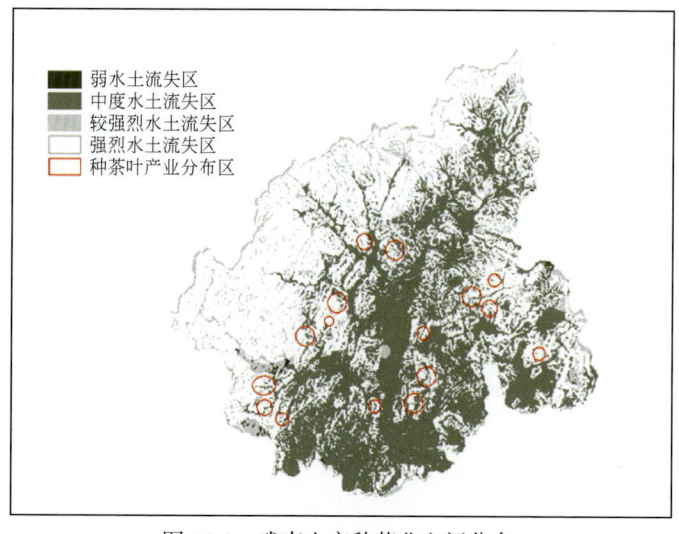

图 10-3　武夷山市种茶业空间分布

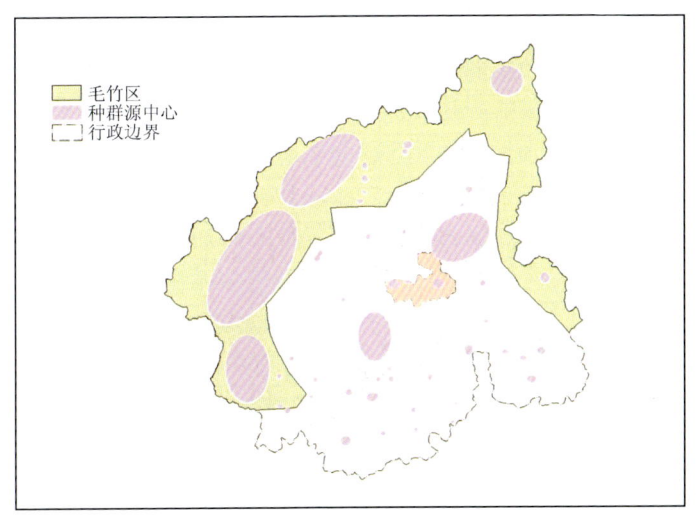

图 10-4　武夷山市毛竹种植业空间分布图

表 10-3　产业生态压力量化结果

级别	基质敏感性指数（$\lambda_{\text{B-Soil}}$）			产业敏感性指数（$\lambda_{\text{I-Soil}}$）			综合敏感性指数（λ_{Soil}）		
	高	中	低	高	中	低	高	中	低
赋值	2.5～3	1.5～2.5	1～2.5	3	2	1	9～6	6～3	3～1
强度/[g/(m²·a)]	—	—	—	—	—	—	400	800	1 200
旅游业	—	▲	—	—	●	—	—	★	—
茶业	—	▲	—	●	—	—	★	—	—
毛竹业	▲	—	—	—	—	●	—	—	★

10.3　武夷山市三种核心产业生态环境核算

10.3.1　武夷山市核心产业能值流核算

10.3.1.1　旅游业

在对旅游业的系统边界进行界定时，考虑维持旅游区域自然景观的可更新自然资源（太阳能、雨水势能、雨水化学能、风能和地球循环能），旅游者在旅游期间消耗的电力、燃料等不可更新反馈资源，此外不可更新反馈资源投入还包括旅游基础设施的当年折旧，可更新反馈资源投入则包括食物、劳力服务等。同时武夷山市旅游业分布与种群源中心有较强相关性，因此旅游业的发展对当地生物多样性有一定程度损害；道路等基础设施的建设对景区及旅游线路沿边地区的水土流失有所加剧，将两者共同作为旅游业的不可更新自然资源投入项（图 10-5）。

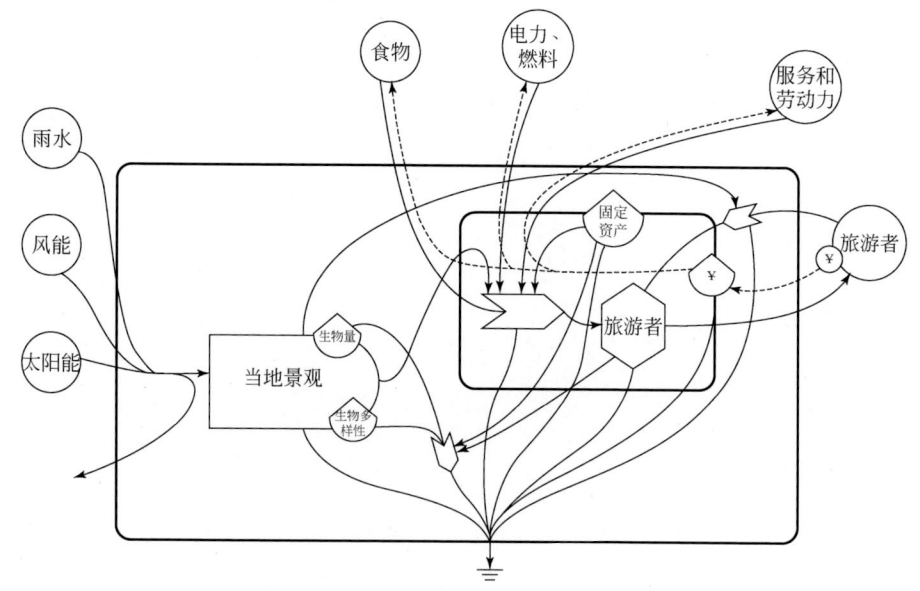

图 10-5　武夷山市旅游业能值系统

10.3.1.2　茶业

茶业系统边界的界定包括太阳能、雨水势能、雨水化学能、风能和地球循环能等本地可更新自然资源的投入，以及种子、农药、化肥、农机、燃料、劳力、基础设施折旧等反馈资源。同时考虑到茶园水土流失强度较大（陈文祥等，2006），应作为茶业不可更新自然资源方面的投入考虑（图 10-6）。

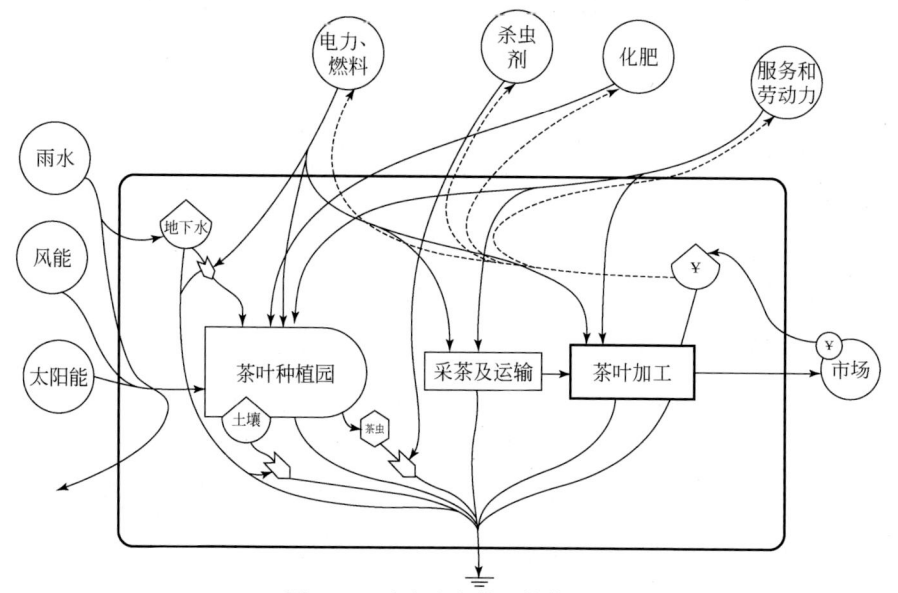

图 10-6　武夷山市茶业能值系统

10.3.1.3 毛竹业

武夷山市毛竹业的系统边界，包括支持毛竹生长的可更新自然资源（太阳能、雨水势能、雨水化学能、风能和地球循环能），毛竹砍伐、运输和加工所投入的人力资源，以及加工运输所消耗的燃料电力等不可更新反馈资源。不可更新反馈资源投入还包括加工基础设施的当年折旧，此外武夷山市毛竹业的经营及空间布局特点使该区域逐渐出现纯竹林化的现象，导致原生生态系统退化，降低了本地的生物多样性的保育能力，同时该区域的水土保持能力也有所降低（丘云兴，2003）（图10-7）。

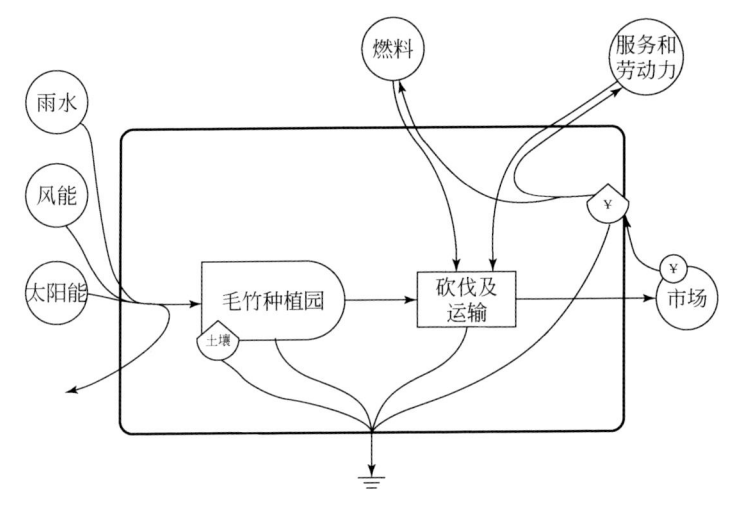

图10-7 武夷山市毛竹业能值系统

通过国家或地方的统计年鉴、地方志以及实地调查收集产业投入和产出的原始数据，按照可更新自然资源能值（RR）、不可更新自然资源能值（NR）、不可更新反馈资源（NP）、可更新反馈资源（RP）四项考虑各产业系统的投入能值流（Zhang et al., 2007）。其中可更新自然资源能值（RR）主要由太阳能、风能、雨水化学能、雨水势能、地球循环能构成，由于太阳能、风能、雨水化学能和雨水势能均是源自同一过程的复合产物，在归并中仅计入最大项，以避免重复计算。不可更新自然资源能值（NR）包括区域内产业发展所带来的生物多样性损失、水土流失、沙漠化等生态环境问题的加重。不可更新反馈资源（NP）考虑再生周期较长的购买性资源投入，如农药、化肥、电力、燃料等。可更新反馈资源投入（RP）则包括再生周期较短或可以迅速恢复的体力、种子、有机肥料等。产业系统的产出按照该产业当年的货币收入计算。以2000年以后全球能流功率的修正值 15.83×10^{24} sej/a 为本章的能值基准（Brown and Ulgiati, 2004b），对所需物质、能源和货币的能值转换率调研，根据能值的基本计算公式，对武夷山市各产业的 1995～2004 年的能值流进行核算，结合核算结果分析各产业 2004 年的能值利用结构特征及其变化趋势（表 10-4～表 10-6）。

表 10-4　武夷山市旅游业能值核算（2004 年）

序号	项目	单位	原始数据	能值转换率	引文	太阳能值
可更新自然资源投入						
1	太阳能	J	1.90×10^{18}	1.00	Odum, 1996	1.90×10^{18}
2	雨水化学能	J	4.12×10^{15}	3.06×10^{4}	Odum, 1996	1.26×10^{20}
3	雨水重力能	J	2.29×10^{15}	1.76×10^{4}	Odum, 1996	4.03×10^{19}
4	风能	J	5.07×10^{13}	2.45×10^{3}	Odum, 1996	1.24×10^{17}
不可更新自然资源投入						
5	水土流失量	J	6.89×10^{13}	1.92×10^{5}	Cohen et al.,2006	1.32×10^{19}
6	生物多样性损失	$	5.71×10^{7}	1.07×10^{13}	—	6.13×10^{20}
不可更新反馈资源投入						
7	服务	$	9.32×10^{6}	1.07×10^{13}	Chen et al.,2006	1.00×10^{20}
8	电力	J	5.09×10^{13}	2.69×10^{5}	蓝盛芳等, 2002	1.37×10^{19}
9	燃料	J	4.42×10^{16}	1.06×10^{5}	蓝盛芳等, 2002	4.69×10^{21}
可更新反馈资源投入						
10	食物	—	—	—	—	—
	肉、鱼、蛋	J	5.09×10^{11}	1.71×10^{6}	蓝盛芳等, 2002	8.70×10^{17}
	蔬菜、水果	J	8.48×10^{11}	5.30×10^{5}	蓝盛芳等, 2002	4.50×10^{17}
11	劳动力	J	2.62×10^{14}	3.80×10^{5}	蓝盛芳等, 2002	9.95×10^{19}
能值/货币比率计算						
12	总产出, 货币	$	1.62×10^{8}	3.51×10^{13}	—	5.69×10^{21}

表 10-5　武夷山市茶业能值核算（2004 年）

序号	项目	单位	原始数据	能值转换率	引文	太阳能值
可更新自然资源投入						
1	太阳能	J	2.09×10^{17}	1.00	Odum, 1996	2.09×10^{17}
2	雨水化学能	J	4.55×10^{14}	1.80×10^{4}	Odum, 1996	8.19×10^{18}
3	雨水重力能	J	2.53×10^{14}	1.76×10^{4}	Odum, 1996	4.45×10^{18}
4	风能	J	5.59×10^{12}	1.47×10^{3}	Odum, 1996	8.21×10^{15}
5	地球循环能	J	9.00×10^{13}	5.80×10^{4}	Odum, 1996	5.22×10^{18}

续表

序号	项目	单位	原始数据	能值转换率	引文	太阳能值
不可更新自然资源投入						
6	水土流失量	J	6.89×10^{13}	1.92×10^5	Cohen et al.,2006	1.32×10^{19}
不可更新反馈资源投入						
7	电力	J	3.87×10^{12}	2.96×10^5	蓝盛芳等，2002	1.15×10^{18}
8	燃料	J	2.14×10^{13}	1.06×10^5	蓝盛芳等，2002	2.27×10^{18}
9	农药	g	1.36×10^8	1.48×10^{10}	蓝盛芳等，2002	2.01×10^{18}
10	氮肥	g	2.24×10^9	2.42×10^{10}	蓝盛芳等，2002	5.42×10^{19}
11	磷肥	g	5.34×10^8	2.20×10^{10}	蓝盛芳等，2002	1.17×10^{19}
12	钾肥	g	5.11×10^8	1.74×10^9	蓝盛芳等，2002	8.88×10^{17}
13	服务	$	1.55×10^3	1.07×10^{13}	Chen et al.,2006	1.66×10^{16}
可更新反馈资源投入						
14	种子	$	4.06×10^4	1.07×10^{13}	Chen et al.,2006	4.36×10^{17}
15	劳动力	J	1.07×10^{13}	3.80×10^5	蓝盛芳等，2002	4.07×10^{18}
能值/货币比率计算						
16	总产出，货币	$	2.26×10^7	4.57×10^{12}	—	1.03×10^{20}

表10-6 武夷山市毛竹业能值核算（2004年）

序号	项目	单位	原始数据	能值转换率	引文	太阳能值
可更新自然资源投入						
1	太阳能	J	1.69×10^{17}	1.00	Odum，1996	1.69×10^{17}
2	雨水化学能	J	3.68×10^{14}	3.06×10^4	Odum，1996	1.13×10^{19}
3	雨水重力能	J	2.04×10^{14}	1.76×10^4	Odum，1996	3.59×10^{18}
4	风能	J	4.52×10^{12}	2.45×10^3	Odum，1996	1.11×10^{16}
5	地球循环能	J	7.28×10^{13}	5.80×10^4	Odum，1996	4.22×10^{18}
不可更新反馈资源投入						
6	水土流失量	J	6.89×10^{13}	1.92×10^5	Cohen et al.,2006	1.32×10^{19}
7	生物多样性损失	$	1.01×10^7	1.07×10^{13}	—	1.08×10^{20}
不可更新反馈资源投入						
8	燃料	J	1.29×10^5	1.07×10^{13}	蓝盛芳等，2002	1.38×10^{18}
9	服务	$	8.28×10^{12}	1.06×10^5	Chen et al.,2006	8.78×10^{17}

续表

序号	项目	单位	原始数据	能值转换率	引文	太阳能值
可更新反馈资源投入						
10	劳动力	J	4.49×10^{11}	3.80×10^{5}	蓝盛芳等，2002	1.71×10^{17}
能值/货币比率计算						
11	总产出，货币	$	8.79×10^{6}	1.39×10^{13}	—	1.22×10^{20}

能值流核算可获得可更新资源能值、不可更新资源能值、反馈能值和总能值，揭示城市产业能值利用结构特征。

表 10-7 为武夷山市各主要产业 2004 年的能值流核算结果，图 10-8 则显示了 1995~2004 年各产业的能值利用结构的变化趋势。由表 10-7 可以看出，武夷山市旅游业的 2004 年能值总投入为 2.09×10^{21} sej，包括 29.87% 的自然资源投入和 70.13% 反馈资源投入。其中不可更新反馈资源（主要包括基础设施折旧、电力和燃料）占反馈资源的绝大部分（90.47%），不可更新自然资源（生物多样性损失）占总能值投入的 6.68%。1995~2004 年不可更新反馈资源投入比呈明显上升趋势，由 1995 年的 30.8% 提高到 2004 年的 63.43%，增加近 1 倍。不可更新自然资源投入比在 1995~1997 年由 0.46% 提高到 7.70%，1997 年后有所回落。

表 10-7 武夷山市主要产业能值核算结果（2004 年）

项目	旅游业	茶业	毛竹业
面积 /m²	5.63×10^{8}	6.21×10^{7}	5.02×10^{7}
GDP/$	1.62×10^{8}	2.26×10^{7}	8.79×10^{6}
可更新自然资源资源投入比 RRR/%	19	13	9
不可更新自然资源资源投入比 RNR/%	7	13	89
不可更新反馈资源投入比 RNP/%	63	70	2
可更新反馈资源投入比 RRP/%	11	4	0
可更新资源投入比 RR（R=RR+RP）/%	30	17	10
反馈资源投入比 RN（N=NR+NP）/%	70	83	91
不可更新资源投入比 RF（F=RP+NR）/%	74	75	2
总投入能值 U（U=RR+NR+NP+RP）/sej	9.18×10^{20}	1.03×10^{20}	1.22×10^{20}

茶业能值利用结构在 1995~2004 年变化基本平稳，仅有不可更新反馈资源（主要包括电力、燃料、农药、化肥以及固定资产折旧）在 2002 年以后投入比率出现较大幅上升。2004 年武夷山市茶业投入能值为 1.03×10^{20} sej，茶业的不可更新反馈资源投入占总投入的绝大部分（70.1%）。不可更新自然资源（水土流失）占到总能值投入量的 12.84%，为旅游业不可更新自然资源投入比的 2 倍左右。

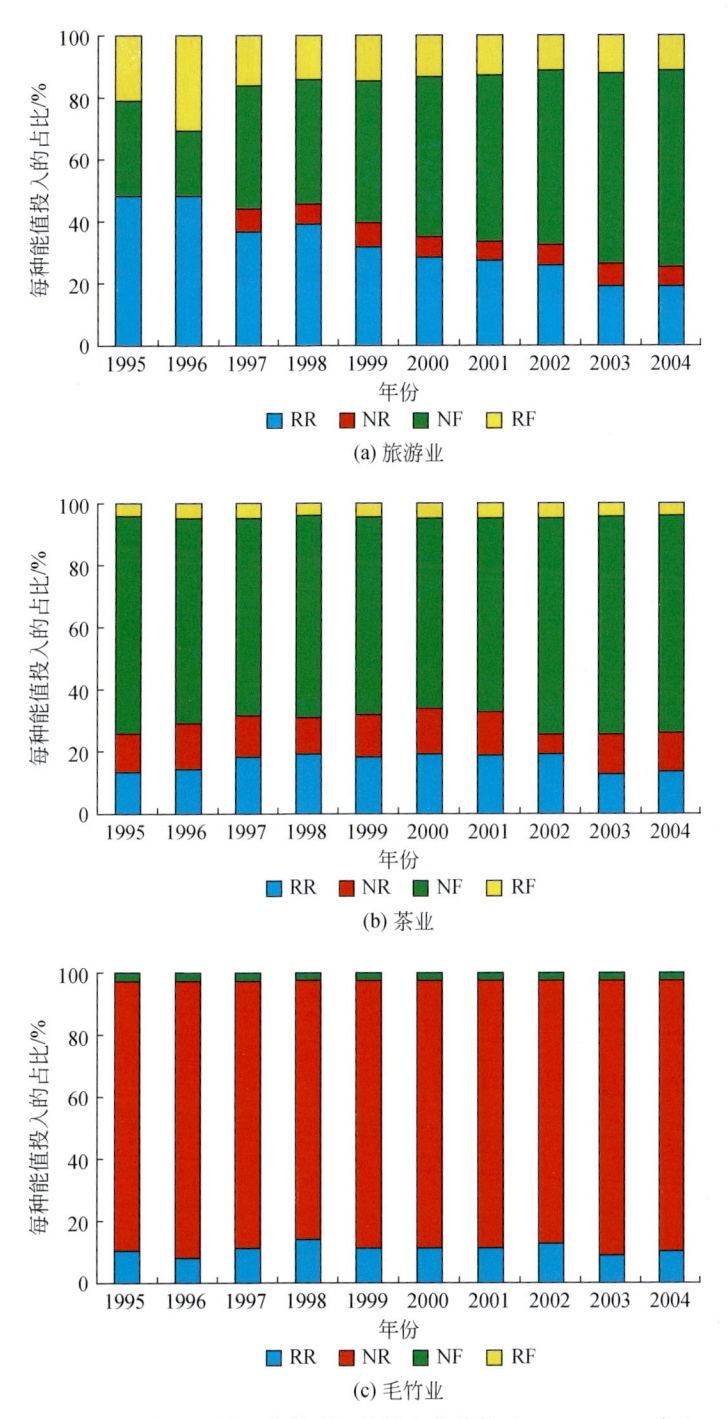

第 10 章 城市产业系统的生态环境核算

图 10-8 武夷山市主要产业能值利用结构变化趋势（1995～2004 年）

武夷山市的毛竹产业特点鲜明，1995～2004年能值总投入量中95%以上为自然资源，其中9成以上为不可更新的自然资源（表现为毛竹纯林化导致的生物多样性降低和水土流失的加剧），反馈资源投入比仅占2%左右。三大产业2004年的能值利用结构及1995～2004年的变化趋势表明，武夷山市的旅游业发展速度较快，反馈资源投入量持续增加，主要为旅游基础设施的兴建。随着旅游市场的不断完善，旅游人数和旅游经济收入持续攀升，同时对本地不可更新自然资源的压力有所增加，表现为不可更新自然资源投入的增大（由 2.20×10^{18} sej 增加至 6.13×10^{19} sej）；茶业作为武夷山市的传统产业，发展较成熟，1995～2002年能值利用结构基本无明显变化，2002年对小茶厂"关停并转"的举措，使得武夷山市茶业的反馈资源投入比明显增加和茶园水土流失状况有所减轻，对武夷山市茶业能值利用结构有较大改变；毛竹业对本地自然资源的依赖性强，尤其对本地不可更新自然资源（生物多样性和水土流失）损耗严重，且1995～2004年能值利用结构无明显变化，说明其生产运营模式没有较大的调整迹象。

10.3.2 武夷山市主要产业生态经济评价

Odum建立的能值基本指标包括能值/货币比率、能值货币价值、能值投资率、净能值产出率、能值交换率，其他常用指标包括能值扩大率、能值自给率、能值密度、人均能值用量等，各指标的含义及计算公式参见蓝盛芳的《生态经济系统能值分析》。不同的能值分析研究可根据其所研究系统的特征推导出各自的能值指标体系，其中产业评价过程中常用的指标包括能值/货币比率、净能值产出率、环境负载率、可持续发展指标等。本研究结合武夷山市的实际情况，针对其各主要产业的环境污染问题较小，目前面临的主要问题在保证经济增长的同时降低产业对脆弱的生态系统所造成的压力，在对武夷山市主要产业进行评价过程中，本研究的产业评价指标体系选取反映产业经济效益的能值货币比（emprice，Em/$）和生态压力的不可更新自然资源能值密度（density of non-renewable natural resources，ED_{NR}）两个指标。

能值货币比，表征系统总投入能值与其生产总值的比例关系，其比值的大小反映了货币在系统内购买能力的高低。能值货币比率高，说明单位货币所换取的能值财富多，显示生产该产品（或服务）过程中消耗的资源量较大，一般科技较落后；反之，能值货币比小的产业，本地自然资源对经济发展的贡献小，科技比较发达，开发程度较高。已有研究证明不同的国家、城市具有不同的能值货币比（姜昧茗，2007），同样不同的产业系统也存在能值货币比的差异，该产业生产出的产品（服务）在与其他系统或个体进行贸易中，具有较高能值货币比的产业会失去较多的能值财富，这种不平衡贸易使能值货币比低的产业在贸易中获利更多，贸易收益率更高，对区域的经济发展起到促进作用。

不可更新自然资源能值密度（density of non-renewable natural resources，ED_{NR}），该指标实际上综合考虑了能值密度（density of emergy，ED）和不可更新自然资源投入比（ratio of non-renewable natural resources，R_{NR}）两个指标。在本章中不可更新自然资源主要包括水土流失和生物多样性的损失，ED_{NR}反映了产业对区域生态环境的损耗强度，进而预测了产业发展的生态风险。ED_{NR}越大，表明该产业的发展所付出的生态环境代价越高；反之则说明该产业对生态环境的损害较小，可持续性较强。

Em/$ 和 ED_{NR} 分别评价了产业生态经济效益的两个方面，为了同时考虑各产业的经济效益和生态压力，本章构建了产业优先发展指数（industry priority development index，IPDI），该指数能够综合权衡产业的生态环境损耗强度以及与其他系统交易过程的经济损益，因此可以用来确定区域的产业发展顺序。其值越大表明该产业生态经济综合效益较高，可作为该地区的优先发展产业；其值越小，则应深入分析该产业潜在问题并加以整治（表10-8）。

表10-8 产业生态经济评价能值指标体系

项目		指标名称	表达公式	含义
基本指标	经济效益	能值货币比（Em/$）	U/GDP	表征该产业与其他系统市场交换时能值的损益
	生态压力	不可更新自然资源能值密度（ED_{NR}）	NR/S	表征发展该产业区域的消耗强度
综合指标		产业优先发展指数（IPDI）	1/(ED_{NR}×EM/$)	用以评价区域内各产业的优先发展顺序

10.3.2.1 产业经济效益分析

图10-9为武夷山市三大主要产业能值货币比的1995~2004年的变化趋势及

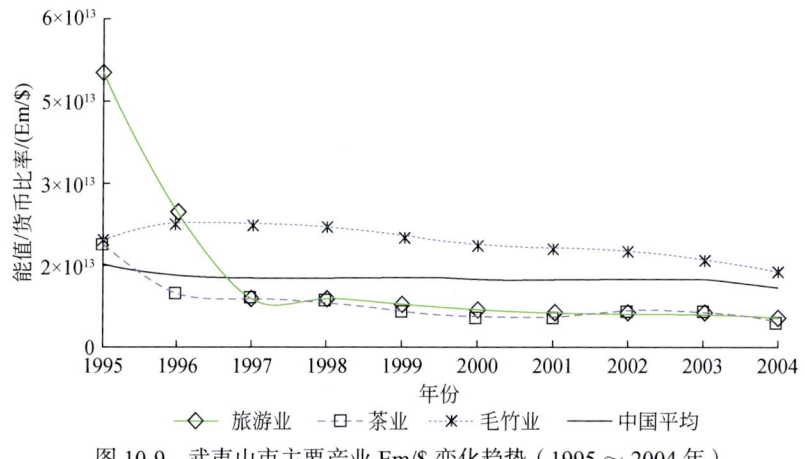

图10-9 武夷山市主要产业 Em/$ 变化趋势（1995~2004年）

其与全国平均货币比率比较，由图可以看出各系统的 Em/$ 均呈现不同程度的降低。

其中旅游业的能值货币比率由 5.02×10^{13} sej/\$ 下降到 9.05×10^{12} sej/\$。茶业由 1.848×10^{13} sej/\$ 下降到 8.95×10^{12} sej/\$。毛竹业由 2.26×10^{13} sej/\$ 下降到 1.39×10^{13} sej/\$，约为旅游业（5.67×10^{12} sej/\$）的 2.45 倍、茶业（4.57×10^{12} sej/\$）的 3.04 倍。与全国能值货币比相比，毛竹业大于全国平均值，2004 年为全国 Em/\$ 的 1.29 倍，旅游业和茶业分别在 1997 年和 1996 年降至全国平均值以下。2004 年旅游业和茶业的能值货币比分别为全国平均值的 52.8% 和 42.6%。即武夷山市各产业在与国内其他省市进行贸易的过程中，茶业获利更多，具有较高的经济收益，旅游业次之，均对区域的经济发展起到积极的促进作用，毛竹业则会损失一定比例的能值财富，对本地的经济发展起到阻滞的作用。

10.3.2.2 产业生态压力分析

图 10-10 为武夷山市各主要产业不可更新自然资源能值密度（ED_{NR}）的变化趋势。可以看出，毛竹业的 ED_{NR} 最大（$2.16 \times 10^{12} \sim 2.93 \times 10^{12}$ sej/m^2），约为旅游业（$3.46 \times 10^{9} \sim 1.09 \times 10^{11}$ sej/m^2）的 20 倍，为茶业（2.13×10^{11} sej/m^2）的 10 倍左右。这说明与其他两个产业相比，武夷山市的毛竹业的生态压力最大，其发展是以牺牲生态环境为代价的。但同时也应看到，近 10 年来，随着毛竹业规范化的加强和产业链的延长，其生态压力呈逐渐减缓的趋势，而旅游业的生态压力却出现逐年攀升的态势，2004 年旅游业的 ED_{NR} 为 1.09×10^{11} sej/m^2，已经达到 1995 年的 27.8 倍。

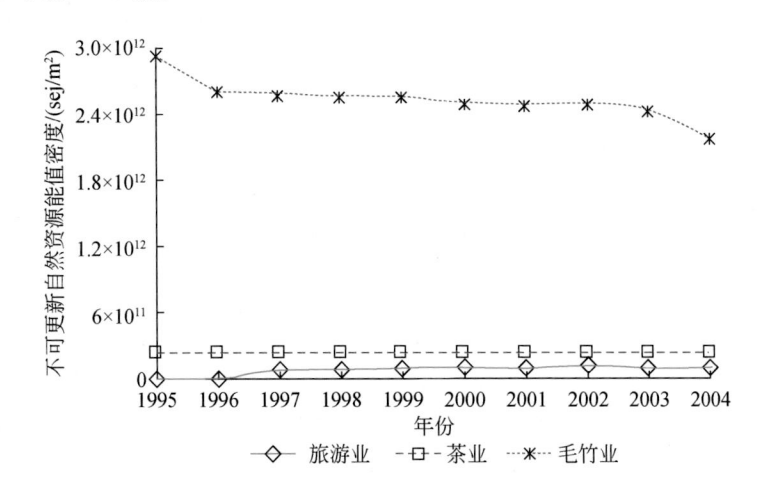

图 10-10　武夷山市主要产业 ED_{NR} 变化趋势（1995~2004 年）

10.3.2.3 产业优先发展等级评价

产业的优先发展应综合考虑其经济效益和生态压力，图 10-11 是各产业的 IPDI 变化趋势比较。可以看出，1995～2004 年，武夷山市旅游业的 IPDI（1.00×10^{-24} 至 1.62×10^{-24}）高于其他两个产业，是武夷山市的优先发展产业；茶业经济效益虽然高于旅游业，但由于其生态压力远大于旅游业，其 IPDI（2.54×10^{-25}～1.03×10^{-24}）低于旅游业；由于毛竹业的经济效益最低，生态压力最大，因此其优先发展指数最小（1.74×10^{-26}～3.34×10^{-26}）。

图 10-11 武夷山市主要产业 IPDI 变化趋势（1995～2004 年）

本研究将能值这一生态经济学方法应用到产业评价中，对武夷山市的典型产业（旅游业、茶业、毛竹业）进行了分析对比。能值方法弥补了传统经济学方法难以对生态成本评估的缺憾，结合武夷山市的具体情况，将各产业的发展所造成的生物多样损失和水土流失等生态损耗量化，转化为产业的投入纳入能值核算体系，使得评价结果更为全面客观的反映各产业的经济效益和生态压力。本章构建了产业评价能值指标体系，诠释了各综合指标在产业评价中的具体计算方法和含义，并在综合考虑产业经济效益和生态压力的基础上建立了 IPDI，为区域产业发展模式调整提供了定量的参考依据。

就武夷山市的主要产业而言，旅游业的经济效益较高，生态压力较小，是武夷山市的优先发展产业，但也应考虑到武夷山市旅游业近年来其 ED_{NR} 逐年增加，未来的发展过程中，在进一步强化旅游业优势地位的同时，应注重传统旅游的生态化，减少其对本地生态景观的影响；毛竹业对自然资源的依赖程度高，发展等级低，对生态压力最大，因此 IPDI 最小，是武夷山市今后的限制发展产业，应严格界定毛竹砍伐的范围，使其尽量远离生物多样性敏感地区，同时加强毛竹深加工链的发展，提高毛竹业的科技含量；茶业作为武夷山市的传统产业，经济效益高于其他两个产业，但由于茶园的水土流失现象严重，生态损耗较大，导致其优先指数较低，应逐步加大对茶园土壤流失问题的治理力度。

10.3.3 武夷山市产业经济效益和生态压力脱钩分析

图 10-12～图 10-14 分别为武夷山市主要产业生态压力和经济效益之间的相关关系。由于 ED_{NR} 为生态压力的正向指标，即 ED_{NR} 越大该产业的生态压力越大，但是 Em/\$ 则为经济效益的负向指标，因此本研究在绘制各产业生态压力—经济效益相关图时选用 ED_{NR} 和 Em/\$ 的倒数（即 \$/Em，定义为效益指数，其值越大，该产业的经济效益越大）。

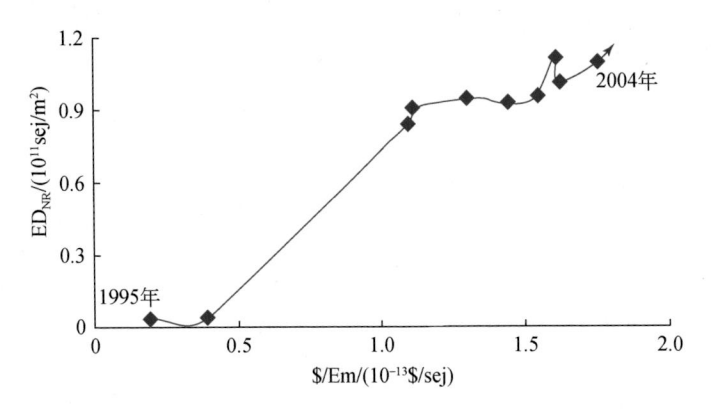

图 10-12　武夷山市旅游业 \$/Em-ED_{NR} 关系（1995～2004 年）

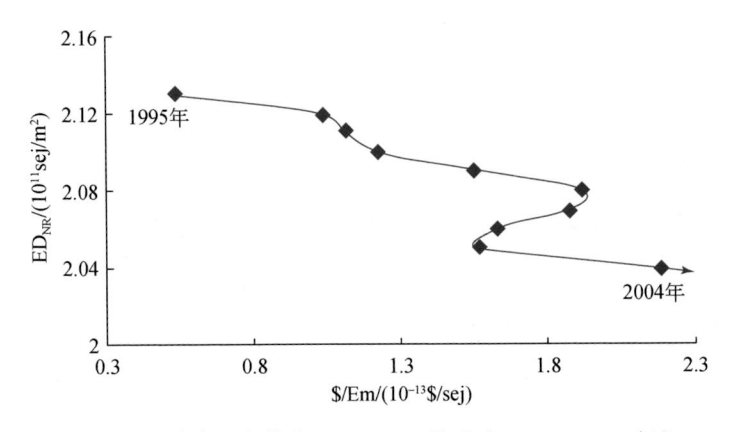

图 10-13　武夷山市茶业 \$/Em-ED_{NR} 关系（1995～2004 年）

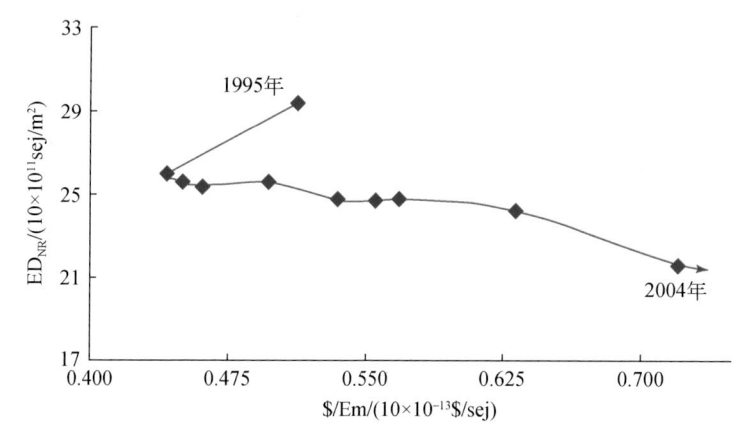

图 10-14　武夷山市毛竹业 $/Em-ED$_{NR}$ 关系（1995～2004 年）

由图 10-12 可以看出，1995～2004 年武夷山市旅游业的经济效益指数由 0.2 增加到 1.76，增加了 8.8 倍。与此同时，生态压力同步增大，由 1995 年的 3.92×10^9 sej/m² 增加到 2004 年的 1.09×10^{11} sej/m²。由此可以看出，武夷山市旅游业的发展是以牺牲生态环境为代价的，为相对脱钩发展模式，可持续性较差，这种情景在 1995～1997 年表现最为严重，1997～2004 年经济效益和生态压力的增长幅度均有所减缓。与旅游业相比，研究时间段内武夷山市的茶业总体呈良性发展（图 10-13），表现为经济效益增大的同时，生态压力降低，为相对复钩发展模式，但在 2000～2003 年其生态压力虽然持续减缓，其经济效益指数也呈现走低态势。毛竹业的经济效益从 1996 年开始逐年增加（图 10-14），生态压力在研究时间段内持续降低，同样为相对复钩发展模式，但由于其生态压力初始值较大，毛竹业 2004 年的生态压力仍 10 倍于其他两个产业。

总体而言，武夷山市的旅游业在 1995～1997 年表现为依靠生态环境换取经济效益的脱钩型发展模式，这种状况在 1998 年以后有所好转，但生态压力指数仍随着经济效益的增长而增大。茶业除在 2000～2003 年出现经济效益出现走低的状况外，整体呈现双赢的复钩发展态势。毛竹业的生态压力与经济效益关系曲线虽然整体趋势与茶业相类似为复钩发展模式，但是由于其生态压力基准值高，所以其生态压力的降低并不能说明其在朝可持续发展的方向迈进。

10.4　本章小结

10.4.1　产业优化建议

通过对武夷山市各个产业的趋势型和生态化两种情景的预测可以看出，武夷山市各产业进行生态化调整将会带来巨大的生态效益,这种效益是建立在可持续发展的立场上的,因为为了武夷山市更为健康、长久的发展,在今后应以生态经学理论、可持续发展理论、复合生态系统理论、产业生态学理论、景观生态学理论为指导。

(1)传统旅游的生态化。综合考虑各产业的经济效益和生态压力,旅游业目前为武夷山市的优先发展产业,但是针对武夷山市旅游业的脱钩发展模式,在今后应注重旅游业的生态化问题,重点采用生态工程的手段对已破碎化的景观进行修复,增加自然景观异质性,应用斑块－廊道－基底模式对武夷山市旅游路线进行合理规划,在道路等基础设施地段须修建生态走廊,加强对旅游工作人员、游客及当地居民的生态保护宣传教育,减少其对本地生态景观的影响。

(2)茶业的生态化。近年来茶业呈现复钩型的发展模式,但是茶叶种植园的水土流失压力仍然十分严重,在今后发展过程中,应重点以防治为中心,新开茶园时要因地制宜,合理布局,采用科学合理的工程措施(如修建蓄、排水系统,顺坡种植等)、技术措施(密植、改善土壤理化性质等)、植物措施(间种、套种等)做好水土流失防治工作;及时对老茶园进行修整改造,对于水土流失严重、坡度太大、治理难度大的茶园要坚决退茶还林。

(3)毛竹业的生态化。应充分认识毛竹砍伐对生态敏感性地区不可更新自然资源损耗,严格限定毛竹砍伐区域,在远离生物多样性保护区建立毛竹种植基地,同时加强毛竹深加工业的开展,提高毛竹业的发展等级。

武夷山市产业模式的优化除依靠技术进步外,还应通过生态补偿等机制引导产业的健康发展,包括武夷山自然保护区及其周边地区的居民迁移,旅游业、毛竹业的发展区域的限定,不合理茶园的退茶还林等问题,生态补偿的实施首先需要解决"谁补偿谁,补偿多少,如何补偿",在具体操作过程中,可根据本研究定量化的各产业的生态压力确定生态补偿金额。

10.4.2 研究结论

本研究强调同一产业在不同区域开展所造成的生态环境影响的差异性;通过区域敏感性分析和产业生产经营模式以及空间布局分析,建立产业生态压力量化模型,为进一步展开产业生态经济评价提供确定有效的平台;从生态压力和经济效益两个层面构建了产业评价能值指标体系,在对原始能值指标的深入理解的基础上,诠释了能值指标在产业评价过程的具体含义;并结合各产业生态压力与经济效益的脱钩－复钩分析,确定产业的发展模式;综合考虑产业的生态压力和经济效益,创建了产业优先发展指数(IPDI),为产业模式调整提供了综合的量化依据。通过研究得出以下几方面的结论:

(1）能值方法在区域产业评价中的应用。能值方法弥补了传统经济学方法难以对生态成本评估的缺憾，本研究将这一生态经济学方法应用到区域产业评价中，对武夷山市的典型产业（旅游业、茶业、毛竹业）进行了分析对比。

（2）通过区域敏感性分析以及产业生产经营模式和空间布局分析，构建各产业的发展所造成的生物多样损失和水土流失等生态损耗量化模型，将转化为产业的投入纳入能值核算体系，使得评价结果更为全面客观的反映各产业的经济效益和生态压力。

（3）构建产业评价能值指标体系。在充分论证原能值指标含义的基础上，诠释了各能值指标在产业评价中的具体计算方法及含义，综合考虑产业经济效益和生态压力，建立了产业优先发展指数（IPDI），为区域产业发展模式调整提供了定量的参考依据。

（4）就武夷山市的主要产业而言，旅游业的经济效益较高，生态压力较小，是武夷山市的优先发展产业，但也应考虑到武夷山市旅游业近年来的脱钩式发展，即经济效益增长的同时，ED_{NR}逐年增加。未来的发展过程中，在进一步强化旅游业优势地位的同时，应注重传统旅游的生态化，减少其对本地生态景观的影响；毛竹业对自然资源的依赖程度高、发展等级低，对生态压力最大，因此产业优先发展指数（IPDI）最小，是武夷山市今后的限制发展产业。应严格界定毛竹砍伐的范围，使其尽量远离生物多样性敏感地区，同时加强毛竹深加工链的发展，提高毛竹业的科技含量。茶业作为武夷山市的传统产业，经济效益高于其他两个产业，且呈现复钩式可持续发展模式，但由于茶园的水土流失严重，生态损耗较大，导致其产业优先发展指数较低，应逐步加大对茶园土壤流失问题的治理力度。

第11章 城市工业绿色发展与废物协同处置政策比选研究

11.1 城市工业绿色发展实践

污泥处理和水泥行业协同处置是基于应对水泥行业绝对能源用量和二氧化碳排放量的大幅上升以及不断增长的城市固体废物和污泥的生成量问题而提出的。废弃物协同处置已经拥有20多年的历史，尤其是在欧洲、日本、美国、加拿大等发达国家或地区。纵观2006年，废弃轮胎和废弃溶剂之外的替代燃料（如城市固体废物和污泥），整体占据了美国水泥行业能源总使用量约2.5%（中国水泥协会，2010）。截至2009年，占全美总数70%的63家水泥厂，都是用了替代燃料。

污泥是污水处理过程中的副产物，实质上来说，污水处理是污染物从污水转移至污泥中的过程。污泥的主要特性是含水率很高，有机物质含量高，容易腐化并发臭，并且比重较小，颗粒较细，呈胶体液状。如果不对污泥进行妥善的处理处置，将会引发更为严重的二次污染。因此，污泥污染已经成为整个社会和环境急需解决的问题。

我国污泥的处理处置并没有受到足够的重视，"重水轻泥"的现象依然存在。据统计，在我国污水处理领域投资中，污泥处理处置方面的投资仅占20%~50%（赵洪义，2007），绝大部分已建成的污水处理厂中，未建设污泥处理配套设施。另外，受到污泥处理处置工程实际需要的冲击，以及国际诸多技术产品的片面促销，相关的管理体系及技术支撑等领域已经呈现出较为混乱的趋势，也影响了污泥处理处置工作的开展。污泥处理方面，我国城市污水处理厂污泥浓缩技术主要采用重力浓缩（72%），然后依次是机械浓缩（21%）和气浮浓缩（7%）；稳定化技术以厌氧消化为主（38%），少部分采用好氧消化（3%）和堆肥（3%），其余大部分（56%）没有采用任何稳定化手段；脱水以带式压滤为主（38%），自然干燥（11%）为辅，近一半（49%）的污泥没有进行脱水处理。污泥的最终处置方面，我国目前主要还是以农用、简易填埋处理为主。据统计，2010年，全国投运的城市污水处理厂共2840座，污水处理量344亿m^3，污泥（含水率约 80%）产生量约 2000 万 t，随着城镇化水平的提高，污水处理量将持续增加，"十二五"将突破 3000 万 t。目前，全国只有不到 10% 的污泥进行了卫生填埋、土地利用、焚烧或建材利用等方面的处理处置，其余大部分未进行规范化的处理处置。

20 世纪 50 年代，水泥工业就已经开始将其他行业的废渣，如电力行业的粉煤灰和脱硫石膏、煤炭行业的煤矸石、化工行业的电石渣和磷石膏、冶金行业的尾矿和高炉炉渣等应用于水泥工业的生产过程。这些工业废渣替代水泥原料，既解决了废弃物的出路，又节约了天然资源，同时由于有些工业废渣（如煤矸石）具有一定的发热量，有些废渣（如高炉炉渣、电石渣）含有水泥熟料矿物成分，用其配料可以降低水泥熟料形成的热耗，减少废气中 CO_2、NO_x 的排放量。表 11-1 是 2007 年我国水泥工业消纳废弃物与德国、日本和美国的比较数据，可以看出，2007 年我国工业固体废弃物替代水泥原料的比例为 7.8%，不足德国的 11.6%、日本的 16.8%，略高于美国。

表 11-1　我国水泥工业替代情况与发达国家的比较（2007 年）

项目		德国	日本	美国	中国
水泥产量 /万 t		3 100	7 046	9 700	136 000
熟料产量 /万 t		2 635	6 130	8 730	88 400
水泥工业原料替代量 /万 t	混合材	465	916	582	40 800
	替代石膏	124	264	388	1 500
	替代原料	480	1 615	970	10 730
	替代燃料	200	233	242	10
	合计	1 269	3 028	2 182	53 040
吨水泥替代总量 /kg		409	430	225	390
混合材比例 /%		15	13	6	30
原料替代率 /%		11.6	16.8	7.1	7.8
石膏替代率 /%		85	83	86	27
替代燃料折合标准煤 /万 t		160	80	250	2.5
燃料替代率 /%		55	12	24	0.04

与美国、欧盟成员国和日本等国家相比，我国利用污水处理厂污泥做替代燃料尚属起步阶段，燃料替代率只有 0.04%。全国 5000 余家水泥企业中只有北京金隅、广州粤海、铜陵海螺、华新宜昌、重庆拉法基等少数几家水泥企业利用水泥窑系统处理城市污泥，而利用水泥回转窑焚烧城市垃圾尚未见报道。本章将针对城市污水处理厂污泥在水泥窑中的协同处置，分析其 CO_2

减排情况及生态经济效益，拟对我国未来水泥行业节能减排及废弃物协同处置提供参考。

11.2 废物协同处置研究方法

城市污泥的主要化学成分为 SiO_2、Fe_2O_3 和 Al_2O_3，与水泥原料的硅质成分相似；因此，它们可以用于替代水泥生产中的硅质材料。在使用水泥窑共同处理污泥时，污泥中的细菌等有害微生物在水泥生产中温度高于 1450℃ 时将被完全破坏。同时，重金属几乎完全溶解在熟料矿物的格子中，提高了熟料的矿物结构和水化活性。此外，污泥具有较高的发热量，因此可以替代部分燃料，降低煤耗。在水泥生产方面，Kolovos（2006）分析了废旧弹药作为二次矿化原料和氧化铝替代原料，Long 和 Yi（2006）研究了废泥灰的水化特性，Gabel 和 Tillman（2005）模拟了未来水泥生产的可行替代方案。对于水泥熟料生产，Galbenis 和 Tsimas（2005）研究了以建筑和拆除废物作为水泥替代原料的使用。Wang 等（2013）提出了中国水泥行业的温室气体排放清单，并通过采用 LMDI 方法确定了影响水泥行业温室气体排放变化的主要驱动因素。Castañón 等（2015）对窑炉参数与熟料质量进行了统计研究，通过优化生产过程实现生产过程的节能环保。

生命周期评估（LCA）方法通过分析其边界生产过程的环境影响被广泛用于不同过程的环境绩效比较（Valderrama et al.，2013）。Boughton 和 Horvath（2006）利用生命周期评估方法来量化填埋场对人类健康和环境影响，并制定了三种恢复方案。Rovira 等（2010）对生活在化石燃料替代的水泥厂附近的人群健康进行风险评估。Navier 等（2006）调查了污水底泥作为水泥替代原料的回收利用。Huang 和 Hsu（2003）及 Hua（2010）分别以北京和台北为例分别讨论了建筑材料作为替代原料的使用情况。Martin 等（2007）研究了污泥在水泥基质材料中的应用情况，其结果表明，由于污泥灰比表面积较大，因此需求量明显增加；此外，灰分中的微量元素和稀释效应导致水泥水化的短暂延迟；含有 25% 和 50% 污水底泥的砂浆的抗压强度总是低于参考砂浆，表明污泥中灰渣会对抗压性产生长期的影响，这可能与污水底泥灰质在水泥生产过程中的运动有关。Rodríguez 等（2013）考虑了使用新型干燥方法干燥的污水污泥作为水泥行业的替代燃料的潜力，并提出了污水污泥的综合特征。Valderrama 等（2013）基于 LCA 方法，评估了城市污泥用作替代燃料或原料对熟料生产的环境影响。结果表明，与原料替代情景相比，燃料替代对环境产生显著改善。

近年来，不少研究已经采用其他生态环境评估方法来分析水泥系统的性能。

能值分析方法（Odum，1996）整合了生物物理和社会经济视角。事实上，能值分析方法提供了对物质、能源、劳动、资本以及环境影响等所有因素的全面核算与评估。因此，它是非常适合评估工业系统相对可持续性的工具。Brown 和 Buranakarn（2003）基于生命周期方法评估了两种废物处理和回收利用系统［包括城市固体废物（MSW）和建设和拆除废物（C&D 废物）］的效果。Pulselli 等（2008）应用能值方法对水泥和混凝土的生产进行评估，指出了水泥和混凝土生产对外部资源流动的高度依赖性。基于该结果，Pulselli 等（2009）基于原料来源及地理位置进行了基于能值的成本效益评估。Li 等（2011）提出了一种基于能值分析的建筑制造生态效率评估方法。建筑制造的能源成本是通过结合输入流量的能值和相关环境影响的能源成本，包括建成区的土壤侵蚀和用于处置建筑垃圾的土地利用来计算的。Yuan F 等（2011）采用了可再生能源方法分析了建设和拆除（C&D）废弃物的不同回收选择，并表明闭环回收政策优于循环回收利用政策。Srinivasan 等（2012）建议在环境建筑设计中使用"可再生能源平衡分析方法"（REB）作为最大限度地利用可再生资源的工具。

然而，上述大部分研究并没有侧重于污染排放对生态系统和人类完整性的影响，尽管一些研究者已经开展了初步的工作。Ulgiati 等（1995）首先指出，排放对自然和以人为主的生态系统的影响需要额外的能量投入来修复损害或改变恶化的趋势，并使系统或过程变得可持续。Ulgiati 和 Brown（2002）计算了稀释排放所需的生态系统服务的投入，但当时并没有考虑大气污染扩散和降解等附加服务。Hau 和 Bakshi（2004）首先提出了使用 Eco-indicator 99 的评估框架（E.I.99）的伤残调整健康生命年（DALYs），通过使用生态积累可用能消耗（ECEC）分析来评估排放对人体健康的影响。Brown 和 Ulgiati（2005）使用能值建立对生态系统完整性的系统观点，并评估恢复生态系统健康所需的能值投入。Lei 和 Wang（2008）追踪了废物处理过程，并计算了澳门由于城市固体废物的焚烧造成的粉煤灰和矿渣的能值量。Zhang 等（2009a）综合稀释和 Eco-indicator 99 的评估框架来评估中国钢铁生产的可持续性。刘耕源（2010）、Liu 等（2012b，2011）等综合了生态服务功能、人群健康损失、生态损失、土地占用等提出了综合评估框架。这些研究者提出了单一行业/区域的研究，作为区域工业绿色评估及管理的初始案例。

因此，本研究的目的是：①利用生命周期评估方法，精细评估水泥原料替代和协同处置的能源资源投入和环境影响；②根据能值分析方法，比较污泥作为水泥替代原料的 4 种处置情景，以评估不同废物来源、技术投入对系统和可持续性的影响；③对水泥行业绿色管理提出相应的政策建议。

11.3 基于生命周期的4种污泥原料替代及协同处置分析评估

11.3.1 水泥原料替代和协同处置生产工艺

本研究考虑的水泥原料替代和协同处置生产工艺流程如图 11-1 所示。

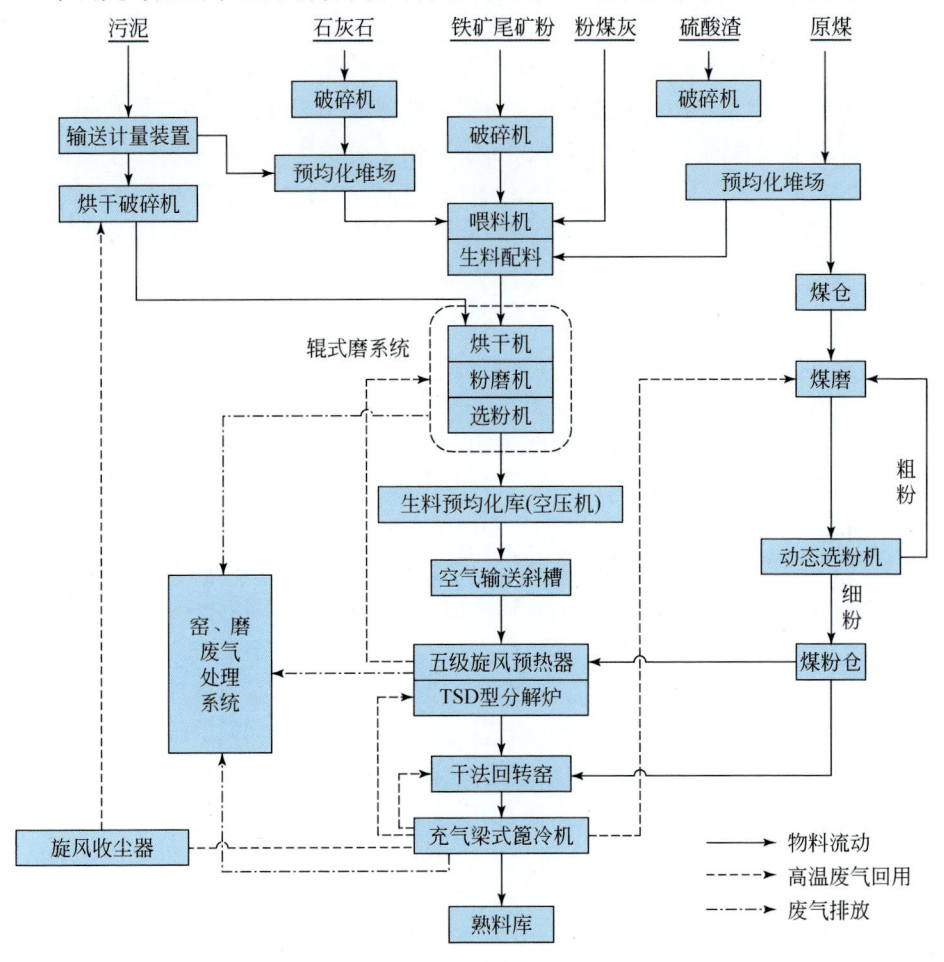

图 11-1 典型水泥窑协同处置污泥工艺流程

1. 石灰石预均化

石灰石破碎站设在矿山，石灰石破碎后由汽车运输进场，送入石灰石预均化堆场。为避免粉尘污染，各带式输送机下料处均设有单机带收尘器处理含尘气体，净化后的气体由风机排入大气。经带式输送机送至预均化堆场中心的石灰石，由悬臂堆料皮带机进行连续人字形堆料，由刮板取料机横切取料。预均化后的石灰石从堆场中心漏斗卸出，经带式输送机输送至石灰石配料库。

2. 辅助原料

铁矿尾矿粉、硫酸渣由汽车运输进厂，卸入吊车库储存。寒冷季节，为防止铁矿尾矿粉冻结，在吊车库旁设置一冲击式黏土破碎机对其物料进行破碎，破碎后的铁矿尾矿粉再送至铁矿尾矿粉配料库。粉煤灰直接由水泥散装罐车运输进厂，经汽车输送至充气配料库储存。

3. 原煤预均化

熟料煅烧用原煤由火车运输进厂，先卸至煤棚（三面封闭）存放。煤棚内的原煤由装载机运至卸车坑中，经搭配后由皮带机输送和带 S 型电动卸料小车的带式输送机运至 45m×150m 矩形预均化堆场中进行预均化并储存。

预均化堆场内设两个原煤料堆，一个堆料时，另一个取料，由小车式皮带机布料，桥式刮板取料机进行取料，均化后的原煤经带式输送机送至煤粉制备车间磨头仓。

4. 污泥烘干

由汽车输送入厂的污泥，首先卸入污泥堆棚中储存，由装载机卸入皮带机受料仓中，通过螺旋给料机，经皮带机计量后喂入烘干破碎机中烘干（烘干热源来自于回转窑窑头），烘干热风经收尘器收尘后的粉尘与部分分解炉中的物料一起喂入分解炉中处理。出烘干破碎旋风收尘器和污泥分解炉的热风，由风机引入热交换器进入窑、磨废气处理系统。

由煤磨提供的煤粉与风机提供的空气或由 3 次风引入的气体，作为分解炉所需的热源。

5. 生料粉磨

按设定比例配合后的原料经磨头 3 道闸门锁风阀进入生料磨内粉磨，生料磨采用带有外循环、集烘干和粉磨、选粉于一体的辊式磨系统，利用窑尾废气作为烘干热源。原料在磨机内的磨盘上，被磨辊碾压粉碎成细粉，并被通入磨内的热风烘干。

磨内粉磨后的物料被上升热气流带起，经磨内上部的选粉机分选后，合格的生料粉碎热气流逸出立磨。可通过调节选粉机转子的速度来控制生料粉成品的细度。出磨的高浓度含尘气体随后进入两个旋风分离器，进行料气分离。收下的成品经回转下料器卸到生料入库输送系统中的空气输送斜槽，并最终进入生料库内。出旋风分离器的气体经过循环风机后，一部分废气作为循环风重新回到磨内，其余的含尘气体则进入窑、磨废气处理系统。

6. 生料均化及窑尾喂料系统

设置一座储量为 17 000t（有效储期 1.84 天）的 $\phi22.5m×60m$ IBAU 均化

库储存、均化生料。从生料磨来的合格生料由提升机送至均化库顶，经库顶生料分配器分流后呈放射状从库顶多点下料，使库内料层几乎呈水平状分层堆放，库内分八个卸料区，出料则由库底充气系统分区供给松动空气，竖向取料后进入库底混合室。卸料时，向两个相对的料区充气，生料受气力松动并在重力作用下在各卸料点上形成小漏斗流，生料在自上而下的流动过程中进行重力混合的同时，分别由各个卸料区卸出进入搅拌仓进行搅拌，在流动过程中进行着径向混合，进入搅拌仓的生料在充气的作用下再获得一次流态化混合，均化后的合格生料经仓下冲板流量计计量后用斜槽和斗式提升机直接喂入窑尾的双系列 5 级旋风预热器的一、二级旋风筒之间的上升管道中。

7. 烧成系统

熟料烧成采用一套双列 5 级 CDC 预分解系统、$\phi 4.8\text{m} \times 72\text{m}$ 回转窑和第三代新型空气梁篦式冷却机等设备组成的窑外分解煅烧系统。来自均化库的合格生料计量后计入预热器，逐级预热进入分解炉，预分解后的生料进入回转窑内煅烧。出预热器气体经窑尾高温风机排出，进入生料磨作为烘干热源。熟料冷却采用第三代充气梁式篦冷机，为破碎大块熟料，冷却剂出口处设有锤式破碎机，保证出冷却机熟料粒度≤25mm。出篦冷机的熟料经链斗输送机送至熟料库。出篦冷机高温废气一部分作为窑用二次空气入窑；一部分由 3 次风管送到分解炉作为燃烧空气；另一部分送入煤磨作为烘干热源；剩余废气经收尘器净化处理后经引风机作为烘干污泥的热源。收尘器下的粉尘经链运机送到熟料链斗机上入熟料库。

8. 熟料储存及散装

熟料储存采用一座 $\phi 60\text{m} \times 42\text{m}$ 的圆库，有效储存量为 100 万 t，储存器为 20 天。熟料经库底卸料装置多点卸出，由带式输送机输送至火车熟料散装库中储存。为方便熟料外运，储存库侧设有熟料散装系统。

9. 煤粉制备

煤粉制备采用 1 台辊式磨，设置在窑头附近，利用篦冷机废气作为烘干热源。

原煤由原煤仓下的定量给料机喂入磨内烘干与粉磨，合格的细粉随气流由专用防爆袋收尘器收集下来后经螺旋输送机分别送入窑和分解炉的煤粉仓中。

该工艺所用到的主要原燃料为石灰石、粉煤灰、铁矿尾矿粉、铁粉、原煤等，具体来源及运输方式如表 11-2 所示。

表 11-2　原料来源及运输（2011 年）

物料名称	流向	运输量/(t/a)	来源或去向	运输方式	运距/km
石灰石	进	1 950 730	石灰石矿山	汽车	17
粉煤灰	进	114 649	发电厂	汽车	17

续表

物料名称	流向	运输量/（t/a）	来源或去向	运输方式	运距/km
尾矿粉	进	206 873	铁矿选矿厂	汽车	40
硫酸渣	进	16 361	钢铁公司	汽车	13
污泥	进	5 795 911	污水处理厂	汽车	80
原煤	进	213 503	煤矿	火车	—
小计	—	3 078 027	—	—	—
熟料	出	1 550 000	外售	铁路、公路	—

其中，污泥来自污水处理厂，全部采用汽车运输，运距约80km。污泥利用量为575 911t/a（含水率75%，干基用量为14万t/a），污水污泥的热值为13 800～14 650kJ/kg。

图11-2为水泥生产+污泥协同处置物质流分析。

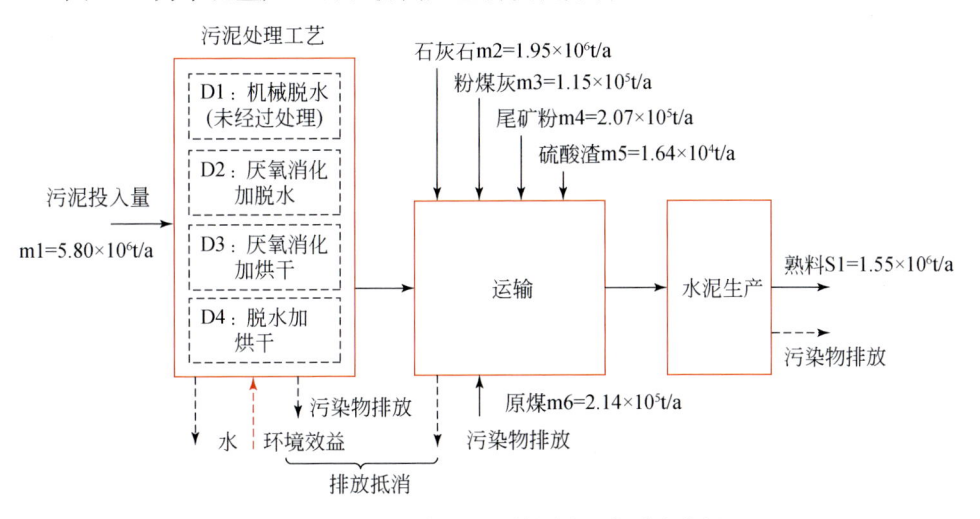

图11-2　水泥生产+污泥协同处置物质流分析

污泥的利用流程为利用熟料生产线产生的废气的热量，采用烘干破碎机对污泥进行烘干，烘干后污泥含水率为15%，入窑燃烧，烧尽后的灰分与各种生料一起煅烧而进入水泥熟料。污泥中含有的有机成分（干基为50%～60%）在窑尾燃烧，使熟料烧成热耗降低。烘干产生的废气经收尘后进入窑磨废气处理系统，由窑尾排气筒外排。污泥在水泥窑内高温燃烧，处理有害成分完全，能达到污泥无害化的目的。

由于污泥含水率较大（75%），按其最大用量（600t/d）计算污泥带进系统的水量为450 t/d，其中94%在烘干破碎过程中汽化，进入窑尾废气处理系统，其余部分在窑内汽化。污泥的烘干利用废气余热作为热源。

11.3.2 4种污泥处理工艺情景设置

本研究以案例水泥厂数据作为基础，并结合现有污泥协同处置改造计划，设置以下4种情景进行物质流计算和环境效益分析。

D1：机械脱水（现有情景，没有经过预处理）

传统废水处理过程产生的污泥通常有3%～5%是干燥固体。机械脱水是污泥浓稠过程的第一步，产生的干燥污泥含量高达23%～25%。污泥是否能够脱水取决于污泥的来源（即初级沉淀池、活性污泥槽），以及随后的挥发性固体含量。为了提高脱水的效率，通常会添加污泥调节剂如阳离子聚合物或矿盐与石灰石等矿物质。这些调节剂的功能为凝聚沉降剂，可提高水相的粒子大小，让固体与水能在脱水阶段进行分离。

D2：厌氧消化+脱水

厌氧消化是通过生物作用来减少污泥所含的有机质（其中含病原体）、臭味与整体质量。消化过程是在密闭、无氧的槽内进行，此时厌氧细菌会将有机质分解为甲烷、二氧化碳与氨。厌氧消化最大的优点之一是可将产生的沼气进行捕集并转换成蒸汽发电或电力发电。厌氧消化可分为两类：一类是中温厌氧消化，发生在35℃时；另一类是嗜温厌氧消化，发生在温度高于55℃时。这里厌氧消化采用中温厌氧消化技术。机械脱水与厌氧消化产生的成品，约有20%是干燥固体。水泥厂如果想要使用污泥作为替代性能源/原料，干燥固体的含量至少要达到30%。要提高干燥固体的含量，可在厌氧消化结束后，通过脱水程序完成。将稳定过的污泥与烘干时间的做适当地调整，并一再重复这动作，就可产生高含量的干燥固体。

D3：厌氧消化+烘干

对污泥进行烘干可消除大部分或全部的水分，且同时可减少病原体的数量。有些国外地区是借由太阳烘干，但这做法需要很大的空间与很长的时间，所以一般多使用燃料来完成，包括燃煤、天然气或电力。由于厌氧消化是结合烘干，随之产生的沼气再捕集后，就可用来代替烘干时需要的燃料。

采用这项做法时，不到完成特定比重的干燥固体前，烘干不能停止，这样水泥厂使用污泥时，才能实现能耗量既不增加也不减少。换句话说，水泥窑使用处理过的污水污泥，虽不会产生好处，却也不会有坏处。这做法的优点是对污泥进行燃烧利用，而不用填埋。不过，厌氧消化过程产生的沼气量，将超过烘干所需的用能量。此时，多余的热能可直接作为工厂的热能来源，或者用于发电。

D4：脱水+烘干

采用这项污泥处理办法时，要先将污泥进行脱水。之后，再持续进行烘干，直到完成特定比重的干燥固体，如此水泥厂使用污泥时，才能实现能耗量既不增加也不减少（与 D3 类似，但不同的是此处没有厌氧消化，所以烘干所需的能量必须外购）。采用本做法进行烘干时，可使用 3 种能源：煤炭、天然气与水泥厂烟气余热。

以上 4 种情景中，D2、D3 和 D4 是组合情景，并在 D3 和 D4 中实现了能源消耗的全部或部分替代和余热利用。

11.3.3　4 种污泥处理工艺物质流核算及环境影响分析

11.3.3.1　机械脱水

图 11-3 为机械脱水物质流。

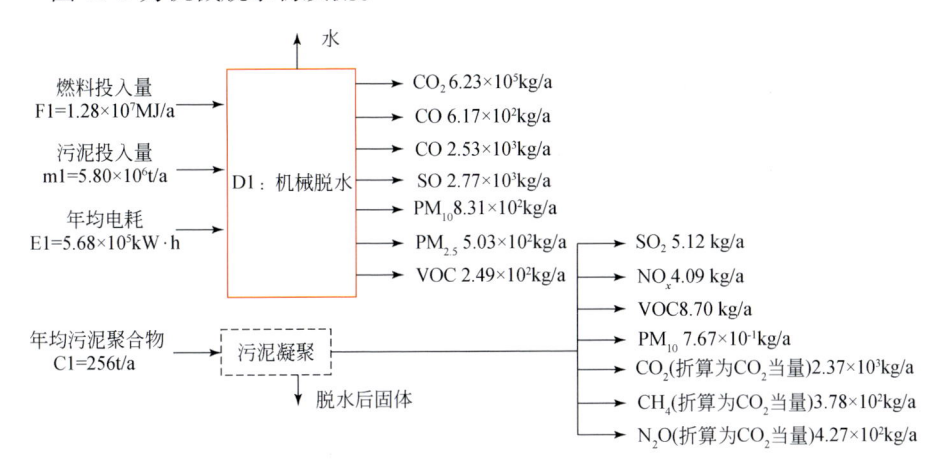

图 11-3　机械脱水物质流

D1 中主要包括两个阶段：污泥机械脱水和污泥凝聚。在脱水阶段，输入端数据包括污泥投入量 5.80×10^6 t/a，燃料投入量 1.28×10^7 MJ/a 和年均电耗 5.68×10^5 kW·h；输出端数据主要为干燥污泥和环境污染物排放（表 11-3～表 11-5）。干燥污泥作为污泥凝聚阶段的输入端数据，通过添加聚合物，最终形成可以进入水泥生产（替代原料）的干燥固体，此阶段排放的环境污染物主要是温室气体。

表 11-3　污泥特性（D1）

污泥特性	数值	单位
干燥污泥数	150	t/d
添加聚合物	0.8	t/d
经过脱水的干固体	3.33×10^5	t/d
脱水率	25	%

表 11-4 运行成本（D1）

成本	数值	单位
年均电耗	5.68×10^5	kW·h
电费	341 023	元/a
年均聚合物投入	256	t/a
聚合物费用	0	元/a
总计	341 023	元/a

表 11-5（a） 环境影响（D1）

运行阶段	排放因子/[kg/(kW·h)]	年均排放量/(kg/a)
CO_2	1.10	6.23×10^5
CO	1.09×10^{-3}	6.17×10^2
NO_x	4.45×10^{-3}	2.53×10^3
SO_2	4.87×10^{-3}	2.77×10^3
PM_{10}	1.46×10^{-3}	8.31×10^2
$PM_{2.5}$	8.86×10^{-4}	5.03×10^2
VOC	4.38×10^{-4}	2.49×10^2

表 11-5（b） 环境影响（D1）

聚合物生产阶段	排放因子/(kg/t)	年均排放量/(kg/a)
SO_2	2.00×10^{-2}	5.12
NO_x	1.60×10^{-2}	4.09
VOC	3.40×10^{-2}	8.70
PM_{10}	3.00×10^{-3}	7.67×10^{-1}
CO_2（折算为 CO_2 当量）	9.28	2.37×10^3
CH_4（折算为 CO_2 当量）	1.48	3.79×10^2
N_2O（折算为 CO_2 当量）	1.67	4.27×10^2
CFCs（折算为 CO_2 当量）	5.39×10^{-1}	1.38×10^2
GWP（折算为 CO_2 当量）	1.30×10^1	3.32×10^3

表 11-5（c） 环境影响（D1）

能耗	单位能耗	年均耗能
电耗	6kW·h/a	1.53×10^3 kW·h/a
燃料消耗	162MJ/a	4.14×10^4 MJ/a

由物质平衡分析，系统输出量少于系统输入量，其减少量约占输入量的1%，在允许的误差范围内。其不平衡主要来自年度估算，即在聚合物生产过程中的损失量和水的损失量折算。

11.3.3.2 厌氧消化＋脱水

厌氧消化和脱水技术的结合能够提高处理后污泥中干燥固体的含量。厌氧过程中产生的沼气可以产电和热，替代电力或天然气的使用，并且在后续的运行和污泥凝聚过程中所需能耗、电耗相对较小，其总的环境影响会远小于直接机械脱水（图11-4）。

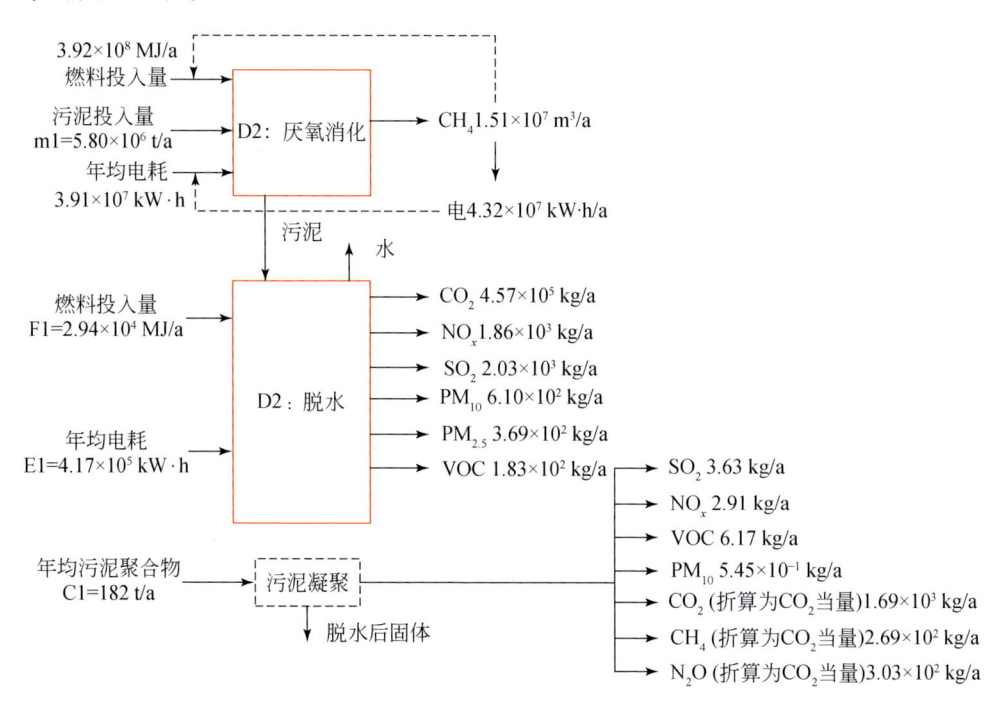

图11-4 "厌氧消化＋脱水"物质流

D2中主要包括3个阶段：厌氧消化、机械脱水和污泥凝聚。在厌氧消化阶段，输入端数据包括污泥投入量5.80×10^6t/a，燃料投入量3.92×10^8MJ/a 和年均电耗3.91×10^7kW·h，输出端数据主要为消化污泥和沼气。消化污泥作为机械脱水阶段的输入端数据，加上燃料投入和电消耗，输出干燥污泥和CO_2、NO_x等环境污染物（图11-4、表11-6、表11-7）。在污泥凝聚阶段，输入端数据为干燥污泥，通过添加聚合物，最终形成可以进入水泥生产（替代原料）的干燥固体，此阶段排放的环境污染物主要是温室气体（表11-8）。

表 11-6　污泥特性（D2）

污泥特性	数值	单位
干燥污泥数	150×10^3	t/d
消化污泥干吨	106.5×10^3	t/d
消化污泥湿吨	2130	万 t/d
添加聚合物	0.6	t/d
经过脱水的干固体	2.36×10^5	lb/d

表 11-7　运行成本（D2）

成本类别	数值	单位
年均电耗	4.17×10^5	kW·h/a
电费	250 211	元/a
年均聚合物投入	182	t/a
费用	0	元/a
总计	250 211	—

表 11-8（a）　环境影响（D2）

运行阶段	排放因子/[kg/(kW·h)]	年均排放量/(kg/a)
CO_2	1.10	4.57×10^5
NO_x	4.45×10^{-3}	1.86×10^3
SO_2	4.87×10^{-3}	2.03×10^3
PM_{10}	1.46×10^{-3}	6.10×10^2
$PM_{2.5}$	8.86×10^{-4}	3.69×10^2
VOC	4.38×10^{-4}	1.83×10^2

表 11-8（b）　环境影响（D2）

聚合物生产阶段	排放因子/(kg/t)	年均排放量/(kg/a)
SO_2	2.00×10^{-2}	3.63
NO_x	1.60×10^{-2}	2.91
VOC	3.40×10^{-2}	6.17
PM_{10}	3.00×10^{-3}	5.45×10^{-1}
CO_2（折算为 CO_2 当量）	9.28	1.69×10^3
CH_4（折算为 CO_2 当量）	1.48	2.69×10^2
N_2O（折算为 CO_2 当量）	1.67	3.03×10^2
CFCs（折算为 CO_2 当量）	5.39×10^{-1}	9.79×10
GWP（折算为 CO_2 当量）	1.30×10	2.36×10^3

表 11-8（c） 环境影响（D2）

能耗	单位能耗	年均能耗
电耗	6kW·h/a	1.09×10^3 kW·h/a
燃料消耗	162MJ/a	2.94×10^4 MJ/a

第一阶段厌氧消化产生的副产物沼气可以作为水泥生产阶段的替代燃料，既可以转化为电能替代外购电力，也可以直接作为气体燃料替代原煤，用清洁能源沼气替代传统能源减少的环境污染物如表 11-9 所示，可以有效地缓解由于化石燃料燃烧引起的直接环境影响以及由于电力消耗引起的间接环境影响。

表 11-9（a） 燃料替代节能减排统计（D2）

类别	单位	数值
总沼气产生量	m^3/d	5.10×10^4
总甲烷产生量（假设甲烷占沼气量的70%）	m^3/d	3.40×10^4
替代节能减排量	m^3/a	1.05×10^7

表 11-9（b） 燃料替代节能减排统计（D2）

类别	沼气转化为电能后替代电耗 /（kg/a）	直接用沼气替代煤（能耗）/（kg/a）
SO_2	-1.90×10^5	-9.12×10^5
NO_x	-1.74×10^5	-1.04×10^5
VOC	-1.71×10^4	1.36×10^{-1}
PM_{10}	-5.71×10^4	-1.84×10^4
$PM_{2.5}$	-3.46×10^4	2.75×10^8
CO_2（折算为CO_2当量）	-4.28×10^7	-3.85×10^7
CH_4（折算为CO_2当量）	—	—
GWP（折算为CO_2当量）	-4.28×10^7	-3.85×10^7
节电量/（kW·h/a）	-3.91×10^7	—
节能量/（MJ/a）	—	-3.92×10^8

11.3.3.3 厌氧消化+烘干

厌氧消化结合烘干，随之产生的沼气再捕集后，就可用来代替烘干时需要的燃料。采用这项做法时，不到完成特定比重的干燥固体前，烘干不能停止，这样水泥厂使用污泥时，才能实现能耗量既不增加也不减少。如果厌氧消化过程产生的沼气量，超过烘干所需的用能量。此时，多余的热能可直接作为工厂的热能来源，或者用于发电（图 11-5）。

此过程中厌氧处理部分数据同 D2 中"厌氧消化+脱水"情景，故略去不列，只统计燃料替代后节能减排统计量（表 11-10）。

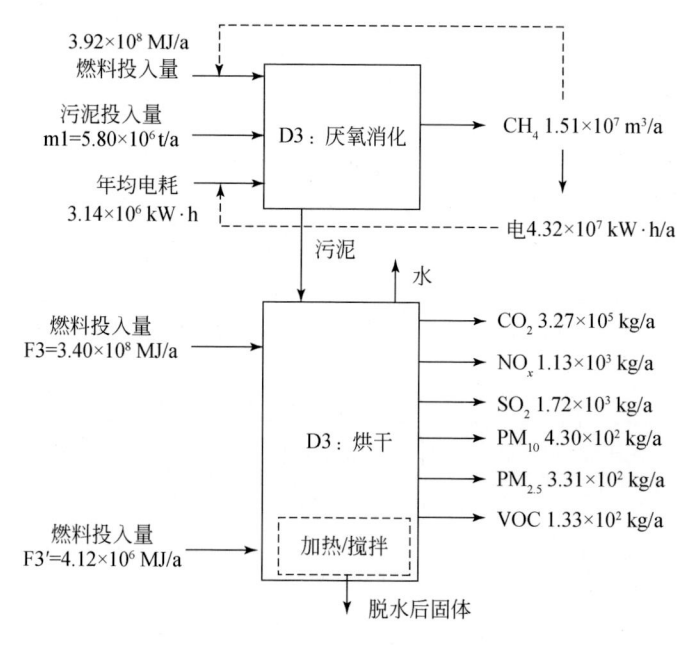

图 11-5 "厌氧消化+烘干"物质流

表 11-10 燃料替代节能减排统计（D3）

类别		沼气转化为电能后替代电耗/(kg/a)	直接用沼气替代煤（能耗）/(kg/a)
SO_2		-3.53×10^4	-1.54×10^5
NO_x		5.86×10^4	7.34×10^4
VOC		-3.18×10^3	1.36×10^{-1}
PM_{10}		-1.06×10^4	-4.09×10^3
$PM_{2.5}$		-6.43×10^3	2.75×10^{-1}
CO_2（折算为CO_2当量）		1.11×10^7	1.26×10^7
CH_4（折算为CO_2当量）		3.40×10	-7.20
GWP（折算为CO_2当量）		1.11×10^7	1.26×10^7
总能耗	电能/(kW·h/a)	-3.14×10^6	—
	燃料/(MJ/a)	—	—

11.3.3.4 脱水加烘干

采用这项污泥处理办法时，要先将污泥进行脱水。之后，再持续进行烘干，直到完成特定比重的干燥固体，如此水泥厂使用污泥时，才能实现能耗量既不增加也不减少（与D3类似，但不同的是此处没有厌氧消化，所以烘干所需的能量必须外购或利用水泥生产阶段的窑尾余热）（图 11-6、表 11-11）。

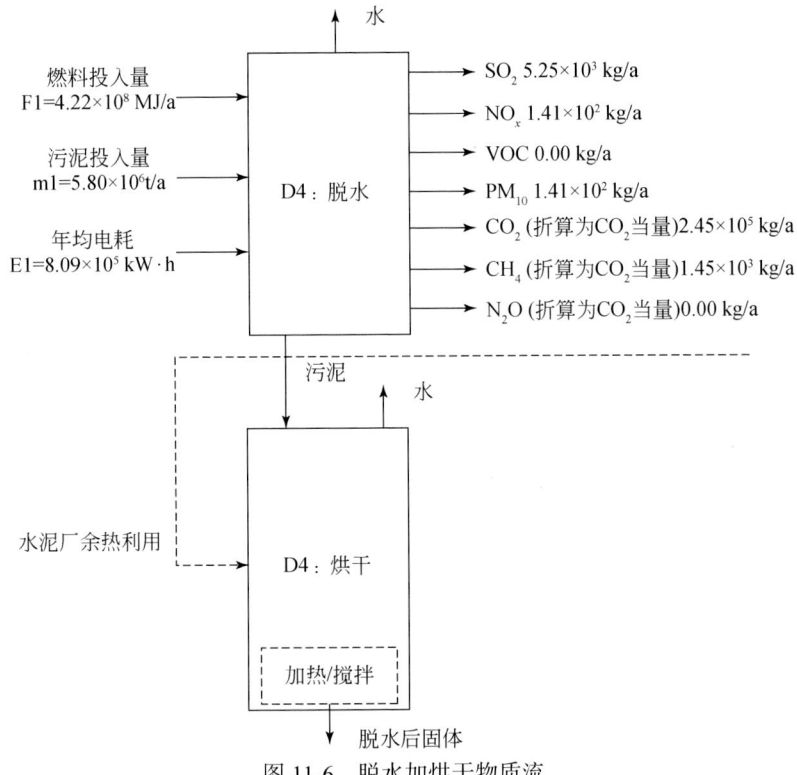

图 11-6　脱水加烘干物质流

表 11-11　环境影响（D4）

类别	煤燃烧 / (kg/a)	天然气燃烧 / (kg/a)	水泥窑余热利用 / (kg/a)
SO_2	5 247.828	0	0.00
NO_x	1.405 668	113	0.00
PM_{10}	140.566 8	0.042 2	0.00
VOC	0	0	0.00
$PM_{2.5}$	0	0	0.00
CO_2（折算为 CO_2 当量）	221 627	23 600	0.00
CH_4（折算为 CO_2 当量）	1 405.668 3	4.22×10^{10}	0.00
N_2O（折算为 CO_2 当量）	0	0	—
GWP（折算为 CO_2 当量）	222 000	23 600	0.00
总能耗　电耗/(kW·h/a)	—	—	0.00
燃料/(MJ/a)	4.22×10^8	4.22×10^8	1.21×10^8

11.3.4 运输过程物质流核算及环境影响分析

运输过程包括原料从石灰石矿山、发电厂、铁矿选矿厂、钢铁公司、污水处理厂和煤矿的运输，采用单程运输距离 80 km 进行核算，车辆为货车，使用原料为柴油，货车平均容量为 33t，满载耗油量为 0.3 L/km，空载耗油量为 0.25 L/km。柴油的排放因子见表 11-12。

表 11-12 柴油的排放因子

柴油排放	数值	单位
SO_x	80.5	mg/MJ
NO_x	1 017.1	mg/MJ
VOCs	106	mg/MJ
PM_{10}	70.8	mg/MJ
CO_2	75 800.3	mg/MJ
CH_4（折算为 CO_2 当量）	4.18	mg/MJ
N_2O（折算为 CO_2 当量）	1.9	mg/MJ

4 种污泥处理工艺的运输成本如表 11-13 所示。

表 11-13 4 种污泥处理工艺的运输成本

项目	污泥脱水	污泥厌氧消化加脱水	厌氧消化加烘干（能耗零增长）	脱水加烘干（能耗零增长）
运输次数	30	22	11	18
燃料消费量/(L/d)	1 320	968	484	792
燃料购买费用/(元/a)	2 929 872	2 148 573	1 074 286	1 757 923

可以看出，仅通过机械脱水使得污泥总量减少有限，而后几种将稳定过的污泥与烘干时间做适当地调整，可产生高含量的干燥固体。减少运输次数和相应的燃料使用量，也使得 4 种污泥处理工艺下的环境影响不同，详细结果见表 11-14。由表 11-15 可以看出，D3 和 D4 两种方案能耗较低，可实现能耗零增长，而 D1 方案属于高耗能、高排放类型，实际中不推荐使用。

表 11-14 4 种污泥处理工艺的运输过程环境影响对比　　（单位：kg）

项目	脱水	厌氧消化加脱水	厌氧消化加烘干（能耗零增长）	脱水加烘干（能耗零增长）
SO_x	1.27×10^3	9.28×10^2	4.64×10^2	7.59×10^2
NO_x	1.60×10^4	1.17×10^4	5.86×10^3	9.59×10^3

续表

项目	脱水	厌氧消化加脱水	厌氧消化加烘干（能耗零增长）	脱水加烘干（能耗零增长）
VOCs	1.67×10^3	1.22×10^3	6.11×10^2	1.00×10^3
PM_{10}	1.11×10^3	8.16×10^2	4.08×10^2	6.68×10^2
CO_2	1.19×10^6	8.74×10^5	4.37×10^5	7.15×10^5
CH_4（折算为CO_2当量）	6.57×10	4.82×10	2.41×10	3.94×10
N_2O（折算为CO_2当量）	2.99×10	2.19×10	1.10×10	1.79×10

表 11-15 4 种污泥处理工艺的运输过程温室气体潜值及燃料使用量

项目	脱水	厌氧消化加脱水	厌氧消化加烘干（能耗零增长）	脱水加烘干（能耗零增长）
GWP（折算为CO_2当量）/kg	1.19×10^6	8.74×10^5	4.37×10^5	7.15×10^5
燃料/MJ	1.57×10^7	1.15×10^7	5.76×10^6	9.43×10^6

11.3.5 结果讨论

对 4 种污泥组合处理方案进行物质流分析和环境影响分析后，得到以下统计结果，可以对比 4 种污泥处理工艺的节能效果（表 11-16）和减排效果（表 11-17）。D1 方案不节能，而 D2、D3、D4 方案的节能量分别为 4612MJ/t、5612MJ/t、2312MJ/t，有效降低了能耗成本。虽然 D2、D3、D4 方案均有节能效果，但减排效果一般，只有 D3 方案可减排 SO_2 151.65 t，减排 PM_{10} 3.11t，不仅实现能耗和成本的降低，同时有良好的环境效益。

表 11-16 4 种污泥协同减排工艺的节能效果

4 种污泥处理工艺	水的加热用能/[kJ/t(含水分)]	污泥中水蒸发用能/[kJ/t(含水分)]	加热蒸汽用能/[kJ/t(含水分)]	总能源投入量/[MJ/t(含水分)]	用能密度/[MJ/t(含水分)]	节能量/[MJ/t(含水分)]	每日节能量/(MJ/d)	节能成本/(元/d)	年度节能量/(元/a)
D1：脱水	-2 508 000	1 695 000	2 264 085	8 062	3 450	0	1.2463×10^{-9}	0	0
D2：厌氧消化加脱水	-2 508 000	1 695 000	2 264 085	8 062	2 450	-4 612	-2 766 950	-261 323	-81 010 147
D3：厌氧消化加烘干	-1 879 817	1 270 450	1 696 995	6 042	6 042	-5 612	-2 390 748	-225 793	-69 995 774
D4：脱水加烘干	-1 594 630	1 077 711	1 439 545	5 126	5 126	-2 312	-1 231 123	-103 216	-34 890 372

表 11-17　4 种污泥协同减排工艺的减排效果　　　　　　　　（单位：t）

环境影响	脱水	厌氧消化+脱水（沼气转换成电力）	厌氧消化+烘干达成用能自足（直接使用沼气）	脱水+烘干达成用能自足（来自水泥厂余热）
二氧化硫	10 678.08	9 035.42	−151.65	3.3
氮氧化物	1 233.25	889.24	80.79	11.7
全球暖化潜势（二氧化碳当量）	452 032.02	347 629.79	13 042.79	754.88
可吸入颗粒物（PM_{10}）	287.81	191.31	−3.11	1.45

11.4　4 种污泥协同处置方案的能值分析及比选

系统图（图 11-7）显示了水泥生产过程的污泥处理系统协同处置的 4 种情况，D1：机械脱水（无预处理）、D2：厌氧消化+脱水、D3：厌氧消化+烘干、D4：脱水+烘干。

运输过程也包括在系统边界内。在本节中，参考 Brown 和 Ulgiati（2010）的 15.2×10^{24} sej/a 生物圈能量基准，2000 年前计算的 UEV（9.44×10^{24} sej/a 基线）（Odum，1996）应乘以 1.61 的转换系数。

11.4.1　能值投入流分析

表 11-18～表 11-21 列出了 4 种情景 D1～D4 的能值核算结果，并显示了其能值投入流量和相关排放。在情景 D1 中，能值投入如下：5.71×10^{17} sej/a 的电用于湿污泥的脱水过程，然后投入 1.63×10^{17} sej/a 絮凝剂供给生物絮凝过程。脱水后污泥的总能源值从 8.40×10^{17} sej/a 上升到 1.57×10^{18} sej/a。脱水絮凝后的污泥

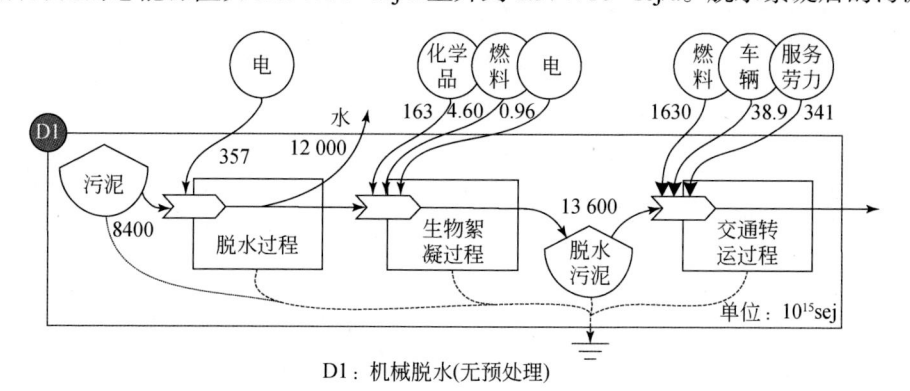

D1：机械脱水(无预处理)

第 11 章　城市工业绿色发展与废物协同处置政策比选研究

D2：厌氧消化+脱水

D3：厌氧消化+烘干

D4：脱水+烘干

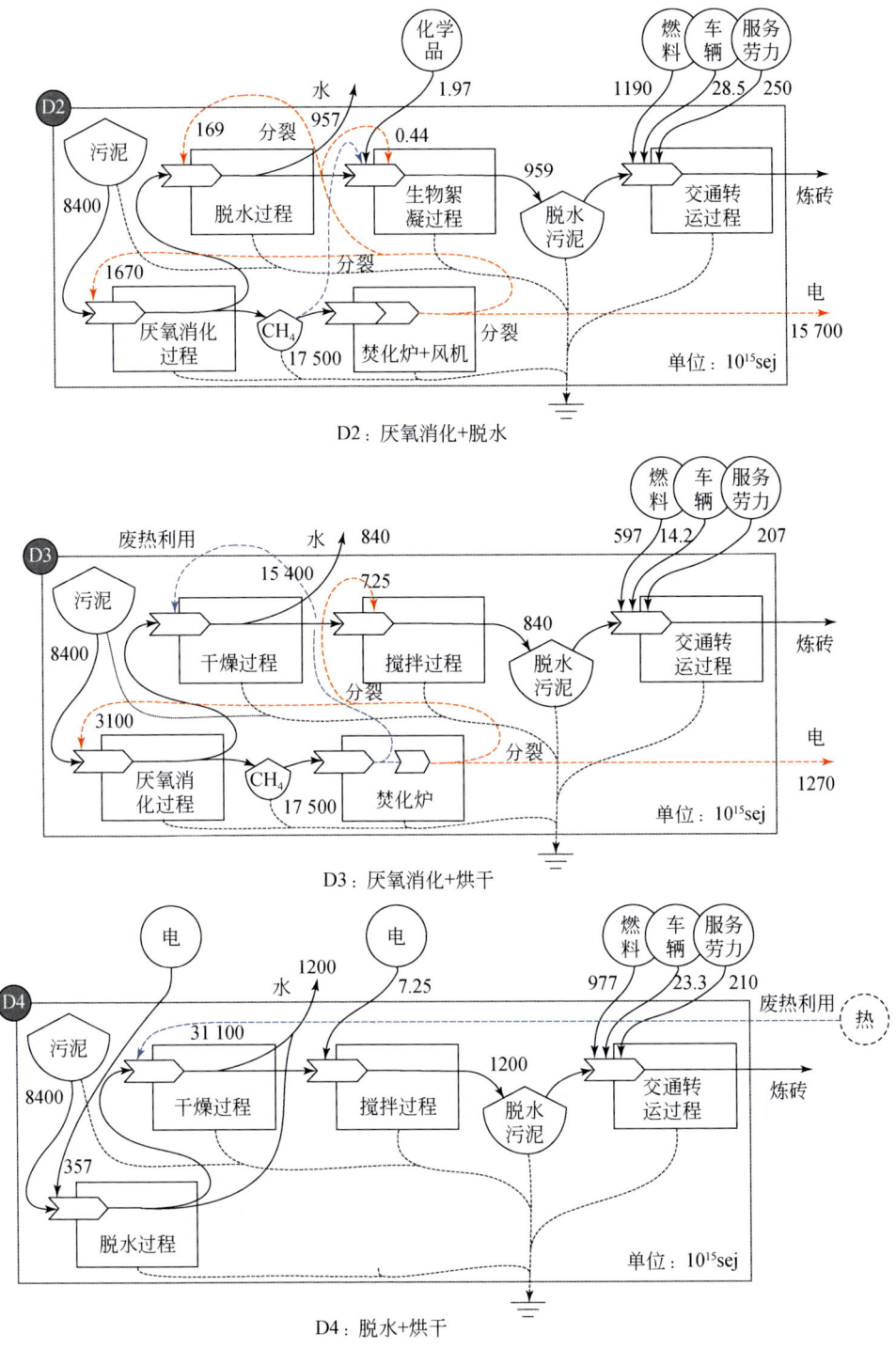

图 11-7　污泥处理协同处理情景能值系统

以封闭的卡车运输至水泥厂，以避免二次污染。情景 D2～D4 的核算结果表明，能源投入的差异与污泥投入和燃料替代情况有直接关系。例如，在污泥热干燥之前，在厌氧消化步骤中产生的甲烷（沼气）可以部分地替代煤投入，以满足情景 D2 中的干燥器热能需求。然而，沼气供应不足以全面替代煤炭，因此，如果没有连续的沼气供应，煤炭有时会补充用来发电。D2～D4 情景的用电量下降是由于能源替代和废热利用。表 11-19、表 11-20 中 D2 和 D3 情景中来自自身再循环模式的可再生能源流不被添加到总使用能值 U 中以避免重复计算，而如果循环能源来自水泥生产厂（系统边界外），这部分的能值将被添加到总使用能值 U 中。因此，脱水后污泥的能值增加量在 4 种情景下是不同的，导致向水泥厂提供生产水泥的污泥的能值转换率也不同。情景 D1（机械脱水）需要投入 1.57×10^{18} sej/a，脱水污泥的 UEV 等于 1.59×10^{15} sej/t。相比之下，情景 D2 和 D3 使用 1.64×10^{18} sej/a 和 1.39×10^{18} sej/a，由于来自沼气发电和锅炉的余热回用，产生的污泥的 UEV 提升到约为 2.26×10^{15} sej/a 和 3.83×10^{15} sej/t。最后，场景 D4 使用附近水泥生产厂的余热。

考虑到水泥厂位于调查边界之外，这些流量必须加在总量上，产生的污泥能值总量在 2.21×10^{18} sej/a 左右，UEV = 3.75×10^{15} seJ/t。但对于污泥 UEV 的比较必须同时考虑到 D1～D4 情景下同样投入含水污泥产生的脱水污泥含水率不同（分别为 67%、55%、9% 和 45%），导致污泥质量不同（分别为 990t/a、726t/a、663t/a、594t/a）。脱水的一个重要优点是减少运输投入，从而减少温室气体和车辆尾气排放到大气层的可能。值得注意的是，在对 D2 和 D4 的处理系统中燃烧的燃料有更多的温室气体排放，这会对人类和生态系统产生不利的影响。另一方面，脱水后的污泥在水泥生产中代替了石灰石，从而减少了与石灰石脱碳反应相对应的二氧化碳排放量。此外，原材料替代的二氧化碳排放量的节省不仅与替代每千克熟料所需的石灰石（碳酸钙）的比例有关，而且与污泥和石灰石运输需求有关。

表 11-18　D1 情景的能值分析

序号	项目	单位	年均投入量 脱水过程	年均投入量 生物絮凝过程	UEV/（sej/单位）	参考文献	能值/（sej/a）
污泥处置过程							
1	污泥（未处置）	t	5.80×10^{6a}	—	1.45×10^{11b}	本研究	8.40×10^{17}
2	燃料（煤）	J	—	4.14×10^{10}	1.11×10^{5}	修改自 Brown 和 Ulgiati, 2010	4.60×10^{15}
3	电力	J	2.04×10^{12}	5.51×10^{9}	2.80×10^{5}	修改自 Brown 和 Ulgiati, 2010	5.71×10^{17}

续表

序号	项目	单位	年均投入量 脱水过程	年均投入量 生物絮凝过程	UEV/(sej/单位)	参考文献	能值/(sej/a)
污泥处置过程							
4	化学絮凝剂	t	—	2.56×10^2	6.38×10^{14}	修改自 Brown 和 Ulgiati, 2010	1.63×10^{17}
交通运输过程							
5	燃料（柴油）	L	4.09×10^5	—	3.98×10^{12}	修改自 Brown 和 Ulgiati, 2010	1.63×10^{18}
6	车辆（质量）[c]	t	13.5	—	2.88×10^{14}	本研究	3.89×10^{16}
6	车辆（劳力和服务）	$	6.50×10^4	—	8.44×10^{12}	中国能值货币比	3.25×10^{17}
7	劳力和服务	$	3.12×10^3	—	8.44×10^{12}	中国能值货币比	1.56×10^{16}
产出							
8	污泥（处置后）	t	9.90×10^2	—	1.59×10^{15}	本研究	1.57×10^{18}
9	非饮用水[d]	t	5.80×10^6	—	6.19×10^{11}	本研究	3.59×10^{18}
10	污泥（水泥生产）	t	9.90×10^2	—	3.63×10^{15}	本研究	3.59×10^{18}
脱水过程气态污染物排放							
11	CO_2	kg	6.23×10^{5e}	2.37×10^3	—	—	—
11	CO	kg	6.17×10^2	—	—	—	—
11	NO_x	kg	2.53×10^3	4.09	—	—	—
11	SO_2	kg	2.77×10^3	5.12	—	—	—
11	粉尘	kg	1.33×10^3	7.67×10^{-1}	—	—	—
11	N_2O	kg	—	4.27×10^2	—	—	—
交通运输过程过程气态污染物排放							
12	SO_x	kg	1.27×10^3	—	—	—	—
12	NO_x	kg	1.60×10^4	—	—	—	—
12	粉尘	kg	1.11×10^3	—	—	—	—
12	CO_2	kg	1.19×10^6	—	—	—	—
12	N_2O	kg	2.99×10	—	—	—	—

注：国家能值转换率 EMR 的数值采用中国 2013（Lou and Ulgiati, 2013）和 2008（NEAD, http://www.cep.ees.ufl.edu/emergy/nead.shtml）数值的平均值。

a. 污泥（未处置）= 5.80×10^6 t/a, 有机物质中的含水量 = 5.80×10^6 t/a, 污泥中干燥的有机物质 = 3.27×10^2 t/a, 干燥有机质的能量含量 = (3.27×10^2 t/a) × (5×10^6 kcal/t) × (4186 J/kcal) = 6.84×10^{12} J/a。

b. 在这项研究中，假设污泥的 UEV 等于表层土壤中的干燥有机质。UEV = 1.23×10^5 sej/J（Brown 和 Arding, 1991，经基准转换 Brown 和 Ulgiati, 2010）= 1.45×10^{11} sej/t。

c. 卡车的平均价格 = 1.92×10^4 $/单位；卡车平均质量 = 4.00×10^3 kg/a（假设为一般的卡车）。铁所占比例 = 82%；铝所占比例 = 14%；橡胶和塑料所占比例 = 1%；铜所占比例 = 3%（Liu et al., 2011）。UEV_{steel} = 3.16×10^9 sej/g（Bargigli and Ulgiati, 2003）；$UEV_{Alluminum}$ = 7.74×10^8 sej/g（修改自 Brown 和 Ulgiati, 2010），$UEV_{rubber\ and\ plastic\ material}$ = 7.21×10^9 sej/g（修改自 Brown 和 Ulgiati, 2010），UEV_{copper} = 3.36×10^9 sej/g（Brown and Ulgiati, 2004）。

d. 非饮用水包括脱水和蒸发过程中的水分损失。

e. 气态污染物排放清单详见文献 Zhang（2015）。

表 11-19　D2 情景的能值分析

序号	项目	单位	年均投入量 适温污泥厌氧消化	年均投入量 脱水过程	年均投入量 生物絮凝过程	UEV/(sej/单位)	参考文献	能值/(sej/a)
污泥处置过程								
1	污泥（未处置）	t	5.80×10^6	—	—	1.45×10^{11}	本研究	8.40×10^{17}
2	热量（沼气发热，余热利用）	J	—	—	2.47×10^2		本项未加入到能值核算中	
3	电力（沼气发热，余热利用）	J	1.48×10^{12}	1.50×10^{11}	3.92×10^8		本项未加入到能值核算中	
4	化学絮凝剂	t	—	—	1.82×10^2	6.38×10^{14}	修改自 Brown 和 Ulgiati,2010	1.16×10^{17}
5	煤（涡轮助燃剂）	J	5.43×10^{12}	—	—	1.11×10^5	修改自 Brown 和 Ulgiati,2010	6.87×10^{17}
厌氧消化过程								
6	沼气[a]	m³	1.50×10^5	—	—		本项未加入到能值核算中	
交通运输过程								
7	燃料（柴油）	L	3.00×10^5	—	—	3.98×10^{12}	修改自 Brown 和 Ulgiati,2010	1.19×10^{18}
8	车辆（质量）	t	9.93	—	—	2.87×10^{15}	本研究	2.85×10^{16}
8	车辆（劳力和服务）	$	4.77×10^4	—	—	8.44×10^{12}	中国能值货币比	2.38×10^{17}
9	劳力和服务	$	2.29×10^3	—	—	8.44×10^{12}	中国能值货币比	1.14×10^{16}
产出								
10	污泥（在产生沼气和脱水后）	t	7.26×10^2	—	—	2.26×10^{15}	本研究	1.64×10^{18}
11	非饮用水	t	5.80×10^6	—	—	2.83×10^{11}	本研究	1.64×10^{18}
12	污泥（水泥生产）	t	7.26×10^2	—	—	4.28×10^{15}	本研究	3.11×10^{18}[b]
脱水过程的气态污染物排放								
13	CO_2	kg	4.10×10^5	4.57×10^5	1.69×10^3	—	—	—
13	NO_x	kg	4.83×10^3	1.86×10^3	2.91	—	—	—
13	SO_2	kg	6.52×10^2	2.03×10^3	3.63	—	—	—
13	粉尘	kg	—	9.79×10^2	5.45×10^{-1}	—	—	—
13	N_2O	kg	1.03×10	—	3.03×10^2	—	—	—

第11章 城市工业绿色发展与废物协同处置政策比选研究

续表

序号	项目	单位	年均投入量 适温污泥厌氧消化	脱水过程	生物絮凝过程	UEV/(sej/单位)	参考文献	能值/(sej/a)
交通运输过程的气态污染物排放
14	SO_x	kg	9.28×10^2	—	—	—	—	—
	NO_x	kg	1.17×10^4	—	—	—	—	—
	粉尘	kg	8.16×10^2	—	—	—	—	—
	CO_2	kg	8.74×10^5	—	—	—	—	—
	N_2O	kg	2.19×10	—	—	—	—	—

a. 这里考虑的 CH_4 是由厌氧消化产生沼气的70%。
b. 脱水后污泥的能值 = 表中第1项 + 第4项 + 第5项。

表 11-20 D3 情景的能值分析

序号	项目	单位	年均投入量 中温厌氧消化	干燥过程a	搅拌加工	UEV/(sej/单位)	参考文献	能值/(sej/a)
污泥处置过程
1	污泥（未处置）	t	5.80×10^6	—	—	1.45×10^{11}	本研究	8.40×10^{17}
2	热能(沼气发热，循环使用)b	m³	—	1.33×10^5	—	本项未加入到能值核算中		
3	电力(沼气发电，循环使用)b	J	1.48×10^{12}	—	1.63×10^9	本项未加入到能值核算中		
4	煤(涡轮助燃剂)	J	4.93×10^{12}	—	—	1.11×10^5	修改自 Brown 和 Ulgiati, 2010	5.47×10^{17}
厌氧消化过程
5	沼气c	m³	1.59×10^5	—	—	本项未加入到总能值使用量中		
交通运输过程
6	燃料（柴油）	L	1.50×10^5	—	—	3.98×10^{12}	修改自 Brown 和 Ulgiati, 2010	5.97×10^{17}
7	车辆（质量）	t	4.96	—	—	2.86×10^{15}	本研究	1.42×10^{16}
	车辆（劳力和服务）	$	2.38×10^4	—	—	8.44×10^{12}	中国能值货币比	2.01×10^{17}
8	劳力和服务	$	1.14×10^3	—	—	8.44×10^{12}	中国能值货币比	5.72×10^{15}

续表

序号	项目	单位	年均投入量 中温厌氧消化	年均投入量 干燥过程[a]	年均投入量 搅拌加工	UEV / (sej/单位)	参考文献	能值 / (sej/a)
产出								
9	污泥（在产生沼气和脱水后）	t	3.63×10^2	—	—	3.83×10^{15}	本研究	1.39×10^{18}
10	非饮用水	t	5.80×10^6	—	—	2.40×10^{11}	本研究	1.39×10^{18}
11	污泥（水泥生产）	t	3.63×10^2	—	—	6.10×10^{15}	本研究	2.21×10^{18}
脱水过程的气态污染物排放								
12	CO_2	kg	3.72×10^5	3.27×10^5	—	—	—	—
12	NO_x	kg	4.36×10^3	1.13×10^3	—	—	—	—
12	SO_2	kg	5.92×10^2	1.72×10^3	—	—	—	—
12	粉尘	kg	—	6.61×10^2	—	—	—	—
交通运输过程的气态污染物排放								
13	SO_x	kg	4.64×10^2	—	—	—	—	—
13	NO_x	kg	5.86×10^3	—	—	—	—	—
13	粉尘	kg	4.08×10^2	—	—	—	—	—
13	CO_2	kg	4.37×10^5	—	—	—	—	—
13	N_2O	kg	1.10×10	—	—	—	—	—

a. 典型的干燥过程包括用于污泥干燥脱水的流化床干燥器。蒸发水所需的热量通过热交换器供给干燥器。用于干燥脱水的污水污泥的热量完全来自污泥产生沼气的过程。污泥产生的气体用于在焚化厂中以 >90% 的效率对流化床干燥器进行加热。这里考虑转换效率为 90%。

b. 污泥产的沼气回用产电及供热。

c. 沼气总量。

表 11-21　D4 情景的能值分析

序号	项目	单位	年均投入量 脱水过程	年均投入量 干燥过程[a]	年均投入量 搅拌加工	UEV / (sej/单位)	参考文献	能值 / (sej/a)
污泥处置过程								
1	污泥（未处置）	t	5.80×10^6	—	—	1.45×10^{11}	本研究	8.40×10^{17}
2	热能（从水泥厂的余热利用）[b]	J	—	4.22×10^{14}	—	1.92×10^3	本研究	8.11×10^{17}
3	电力（从水泥厂的电力循环使用）[b]	J	—	—	8.64×10^8	2.80×10^5	修改自 Brown 和 Ulgiati, 2010	7.25×10^{15}
4	电力	J	2.04×10^{12}	—	—	2.80×10^5	修改自 Brown 和 Ulgiati, 2010	5.71×10^{17}

续表

序号	项目	单位	年均投入量 脱水过程	年均投入量 干燥过程 a	年均投入量 搅拌加工	UEV /（sej/单位）	参考文献	能值 /（sej/a）
交通运输过程								
5	燃料（柴油）	L	2.46×10^5	—	—	3.98×10^{12}	修改自 Brown 和 Ulgiati, 2010	9.77×10^{17}
6	车辆（质量）	t	8.12	—	—	2.87×10^{15}	本研究	2.33×10^{16}
	车辆（劳力和服务）	$	2.38×10^4	—	—	8.44×10^{12}	中国能值货币比	2.01×10^{17}
7	劳力和服务	$	1.87×10^3	—	—	8.44×10^{12}	中国能值货币比	9.36×10^{15}
产出								
8	污泥（在产生沼气和脱水后）	t	5.94×10^2	—	—	3.75×10^{15}	本研究	2.23×10^{18}
9	非饮用水	t	5.80×10^6	—	—	3.84×10^{11}	本研究	2.23×10^{18}
10	污泥（水泥生产）	t	5.94×10^2	—	—	5.79×10^{15}	本研究	3.44×10^{18}
脱水过程的气态污染物排放								
11	CO_2	kg	—	3.27×10^5	—	—	—	—
	NO_x	kg	—	1.13×10^3	—	—	—	—
	SO_2	kg	—	1.72×10^3	—	—	—	—
	粉尘	kg	—	7.61×10^2	—	—	—	—
交通运输过程的气态污染物排放								
12	SO_x	kg	7.59×10^2	—	—	—	—	—
	NO_x	kg	9.59×10^3	—	—	—	—	—
	粉尘	kg	6.68×10^2	—	—	—	—	—
	CO_2	kg	7.15×10^5	—	—	—	—	—
	N_2O	kg	1.79 × 10	—	—	—	—	—

a. 干燥系统使用下游水泥厂的废热干燥脱水污水污泥，然后将其返回水泥厂作为其熟料生产中的替代材料。

b. 与前几个情景不同，基于系统边界，熟料生产过程下游的再循环使用的热电应被视为投入项。因此，运输后总投入的能值为 3.44×10^{18} sej/a。

11.4.2　环境影响分析

排放的影响如表 11-22 所示，重点是评估其对人群健康和生态系统的危害。表中仅列出了粉尘和氮氧化物（造成呼吸系统疾病）、二氧化碳（造成气候变化）等空气中的污染物质。基于直接和间接的能源消耗，二氧化碳和一氧化二氮计算了本地直接排放和全球尺度间接温室气体排放。研究结果表明对于机械脱水系统，排放对人体健康的影响值为 9.80×10^{16} sej/a，主要来源于 NO_x（49.78%，人体对无机物质的呼吸作用）、粉尘（27.76%，引起呼吸道影响）和二氧化碳（11.54%，造成气候变化）。生态系统的损失主要来自于 NO_x 和 SO_2 的酸化和富营养化综合影响对生态系统的破坏。厌氧消化和干燥过程的排放影响高于协同处置过程的排放影响，最重要的原因是有额外的煤作为燃烧改进剂和补充剂的投入。D3 和 D2 情景下人类健康损失分别为 9.54×10^{16} sej/a 和 1.75×10^{17} sej/a。对人体健康造成的损害最大的贡献是 NO_x 引起人类的呼吸道疾病（77.15% 和 81.88%）。生态系统的损失主要是由于 NO_x 的酸化和富营养化造成的。结果还表明，有害空气排放造成的人体健康损失依次排列：D2（厌氧消化脱水）> D1（机械脱水）> D3（厌氧消化干燥）> D4（厌氧消化干燥）。生态系统损失按 D2（厌氧消化脱水）> D3（厌氧消化和干燥）> D1（机械脱水）> D4（厌氧消化和干燥）的顺序排列。原料替代（CH_4 替代煤）和能源替代（替代供电和废热利用）减少了由酸化和富营养化的综合影响引起的排放和对生态系统质量的破坏。然而，额外补充煤炭将会增加其他污染物的排放量，并增加结果分析的复杂性。结果表明，在几乎所有情况下，只有通过加大对"废弃物"的回用，才能获得"最佳"解决方案。

表 11-22　污泥处理 4 种情景的环境影响　　　　　（单位：sej/a）

项目	D1 $L_{w,1}$	D1 $L_{w,2}$	D2 $L_{w,1}$	D2 $L_{w,2}$	D3 $L_{w,1}$	D3 $L_{w,2}$	D4 $L_{w,1}$	D4 $L_{w,2}$
CO_2	1.13×10^{16}	—	6.17×10^{15}	—	9.76×10^{15}	—	4.46×10^{15}	—
CO	3.21×10^{15}	—	0.00	—	0.00	—	0.00	—
NO_x	4.88×10^{16}	2.10×10^{17}	1.43×10^{17}	6.12×10^{17}	7.36×10^{16}	3.16×10^{17}	2.82×10^{16}	1.21×10^{17}
SO_2	6.56×10^{15}	8.34×10^{15}	4.80×10^{15}	6.11×10^{15}	3.54×10^{15}	4.50×10^{15}	4.02×10^{15}	5.11×10^{15}
粉尘	2.72×10^{16}	—	2.00×10^{16}	—	8.47×10^{15}	—	1.59×10^{16}	—
N_2O	9.36×10^{14}	—	6.66×10^{14}	—	2.25×10^{13}	—	3.67×10^{13}	—
合计	9.80×10^{16}	2.18×10^{17}	1.75×10^{17}	6.18×10^{17}	9.54×10^{16}	3.21×10^{17}	5.26×10^{16}	1.26×10^{17}

注：$L_{w,1}$ 表示造成的人群健康损害；$L_{w,2}$ 表示造成的自然资源损害。

11.4.3　能值指标分析

计算的能值结果提供了不同情景的多视角描述，结果发现不能简单地表达某种情景就是"最合适"或"最佳"的，需要通过对能值使用总量（U）、脱水率、产生污泥的能值转换（UEV）、人群健康和生态系统损失（L_w）、能值产出率（EA）等进行细致的分析。令我们惊奇的是，情景 D1 相比与其他的情景显示出了最大的能值成本。这里考虑到能值使用总量（U）是对环境总的支持需求的量度，情景 D1 是对环境投入需求最高的替代方案，D3 要求最低。在资源短期的情况下，这已经是一个明确的信号来进行技术筛选。总能值使用量除以质量产生 UEV（sej/t），通常被认为是产出的污泥的生产成本的度量。可是由于不同的含水量，这些情况下的输出是非常不同的。不仅仅是效率的测量，UEV 可以被认为是对最终产品质量的度量，对于以最小量的含水量为特征的产品计算出的更高的 UEV，会使得最终的污泥有更小的质量和更低的运输需求（表 11-23）。

表 11-23　4 种情景下的能值指标分析

指标	单位	D1	D2	D3	D4
$L_{w,1}$	sej/a	9.80×10^{16}	1.75×10^{17}	9.54×10^{16}	5.26×10^{16}
$L_{w,2}$	sej/a	2.18×10^{17}	6.18×10^{17}	3.21×10^{17}	1.26×10^{17}
N	sej/a	8.40×10^{17}	8.40×10^{17}	8.40×10^{17}	8.40×10^{17}
F	sej/a	2.75×10^{18}	2.27×10^{18}	1.37×10^{18}	2.60×10^{18}
U	sej/a	3.59×10^{18}	3.11×10^{18}	2.21×10^{18}	3.44×10^{18}
$U'=U+L_{w,1}+L_{w,2}$	sej/a	3.91×10^{18}	3.90×10^{18}	2.63×10^{18}	3.62×10^{18}
EYR	—	1.31	1.37	1.61	1.32
EYR′	—	1.27	1.27	1.47	1.30
脱水污泥总量	t/a	990	726	363	594
脱水后污泥含水率	%	67	55	9	45
UEV	sej/t	3.63×10^{15}	4.28×10^{15}	6.09×10^{15}	5.79×10^{15}
UEV′	sej/t	3.95×10^{15}	5.38×10^{15}	7.24×10^{15}	6.09×10^{15}
L&S	%	9.4	8.0	9.3	6.1

情景 D1 仅进行机械脱水，第一步的能量投入比较小。但脱水后含水量为 67% 的 990t 污泥的交通运输需求量较大，造成的交通运输部分污染排放很大。含水率不是先验的，是污泥输出端的指标，因为根据水的量，污泥可能具有不同的用途（作为原料的添加剂材料或作为燃料）。此外，EYR 是对单位投资过程贡献的一个衡量指标，情景 D1 该指标太低，表明在该过程中单位污泥需要的处理和转换所需的外界资源投入过多。在这种情况下，最终产出的污泥的 UEV 是最低的，而且还需考虑产出的污泥含水量过高导致的使用限制。因此，场景 D1 不能被认为是一种合适的选择，需要改进，至少避免在该过程中额外使用煤作为热源。

第二个不太适合的情景似乎是 D4。尽管 45% 的含水量使得它更适合水泥原料替代生产过程，其 EYR 非常类似于 D1，由于来自水泥生产厂的大量余热回用被认为在边界以外（未计算到总 U 之中）。如果扩大研究边界考虑涵盖了整个水泥厂的研究范围，这就可以纳入余热和电，并将额外的原材料（石灰石）和能源（煤炭）作为水泥厂的投入，这样就会更加准确地计算出这个情景下污泥的 UEV。但是对 EYR 的提升并没有太大的影响。

情景 D2 和 D3 受益于污泥的厌氧消化所生产出的沼气再利用。将沼气转化为热和电，除了用来作为一部分机械脱水和替代了煤的使用之外，还提供了用于热干燥的余热回用以补偿间歇式沼气生产所需的恒定温度控制。情景 D3 显示出了最佳的能值产出率 EYR（尽管由于排放的影响而导致的人群健康和生态系统损失占总能值使用量的 8.4%）。由于排放造成的损失，情景 D3 排 4 种情景的第二位，也就是说排放影响造成额外的能值成本，但是情景 D3 在污泥脱水方面的表现最好，脱水后污泥只有 9% 的含水率，这使得与其他场景相比，交通运输所需要的成本要小很多，使得最终产生污泥的 UEV 最小。所以说，如果要求是含水率低的污泥作为替代原料，情景 D3 是最佳选择，而其他情况需要进一步进行干燥脱水。

结果表明，余热利用和电力回用（燃料替代）提高了污泥的产出率（考虑本地不可再生资源）。余热利用和电力回用（燃料替代）的比例越高，外部进口额外需求越低。但有时会被其他一些工艺因素所抵消，例如，有些工艺会额外增加对化学品和煤炭的需求，以及可能会降低干燥效果。其次，由于脱水过程和运输过程都会产生大气污染物，这些污染物对人类健康和生态系统的影响均会影响能值投资率（EYR），使其产生不同程度的下降，这也表明这些过程排放量实际是增加了对整个系统的额外投入。而如果通过对这些自然资源和人群健康进行恢复和更换成人造自然资源和人造资本，大致的成本为当前总能源投资的 20%。结果同时发现污泥脱水过程中的化石燃料替代能显著改善环境压力，同时建议实际运用时需根据水泥替代原料污泥使用要求的具体特性（含水量、与水泥厂之间的运输距离等）对每种情景的优劣性进行准确评估。

11.5 本章小结

随着污水污泥再利用技术的不断发展和投入运行，脱水工艺循环利用率迅速提高。本章提出了与熟料生产相结合的污泥处置 4 种情景的比较。通过能值分析方法，评估城市污泥用作熟料生产替代原料或燃料的环境影响减少效果及实际产出率。环境影响评估模型是基于可持续发展的观点，强调人类健康和生态系统完整性。研究结果与之前的研究相比，突出了能值计量对工艺流程和系统边界的特定敏感性。研究指出，基于不同的污泥处理方法，替代原材料、余热利用或再循环过程可较大地减少对人群健康和生态系统的影响，基于生命周期的能值分析方法可以提供具体可比较的指标，多侧面识别不同生态工艺的产出效率和环境影响。

第12章 生态环境核算的动力学机制及实践

12.1 系统演化模拟在生态环境核算中的运用

系统动力学方法最早由 Forrester 所开创,它借助数学模型来确定和模拟复杂系统的重要特征,分析研究信息反馈系统,强调从全局的角度出发解决问题,综合性地探索如何认识和解决系统问题(Forrester, 1968),其目的是寻找其数学模型的最优解,以实现最佳的系统目标功能,是一种有助于决策者将所有因素集中于单目标功能的设计工具(Chen et al., 2006)。在对生态系统进行评估的研究中,模拟方法是非常重要的方法之一。

虽然系统动力学在早期被称作"产业动态学"(industry dynamics),但是其应用远不止于分析工业生产系统(Forrester, 1971, 1968)。为了开发出更加客观与有效的可持续发展评价指标,人们开始利用各种形式的 SD 模型对人类活动与环境间的相互关系进行研究。20世纪60年代以来,系统动力学方法已经被广泛地应用于自然及社会科学领域,尤其是生态学研究及资源与环境管理方面。其中,既包括全球尺度的环境可持续性研究(Forrester, 1971; Meadows D L and Meadows D H, 1973),也包括城市和地区性的可持续发展问题(Forrester, 1969; Saeed, 1994),以及环境管理(Mashayekhi, 1990)和水资源规划(Faye et al., 1990)等。H.T. Odum 是最早将系统模拟的概念从电路语言和不可逆热力学引入系统生态学的人之一。他还将能量系统语言与计算机模拟相结合,分析促进生态系统发展变化的物质流与能流的强度、大小,从而揭示能量在生态系统中所起的关键性作用(Odum, 1983)。

尽管系统动力学的研究已有相当的历史,但长期以来,因为很难实现多个目标的同时最优化,追踪一个量化的环境系统策略的最大障碍是没有一个统一的尺度平台进行各种物质、能量、信息及环境影响的统一评价和对比。黄书礼的研究将 Odum 的能值概念与系统模拟相结合,通过将影响系统变化的多变量转换成统一的能值量,对台北城市未来的发展变化进行了预测,是系统动力学方向一个新的尝试(Huang and Chen, 2005)。本章就拟利用系统动力学方法对北京城市生态系统进行模拟,并利用能值将多变量进行统一,以揭示北京城市生态系统运转的特征及变化趋势。

在城市生态系统的研究中，其他形式的系统模拟还包括 Neumann 的细胞城市理论及相应的元胞自动机模型（White and Engelen，1993）、耗散结构理论模拟（Allen，1982）、自组织临界模型（Bak et al.，1989）以及细胞空间模型（Portugali，2000）等。作为认识城市生态系统的有效手段，模拟方法为城市系统研究提供了极为重要的研究工具，也激发了人们对城市生态系统研究的更为广泛的研究兴趣。

12.2 城市代谢系统的生态环境动态核算模型构建

本章通过对北京市生态经济系统进行模拟，发展出相应的系统模型，用以描述系统的各类流量、储备及各组分之间的相互关系和相互作用，以考察城市发展的能流机制，预测城市的未来发展状况。

作为自组织系统，生态系统的存在与发展依赖于系统同外界环境所进行的能流交换，以及其内部能的生产、储备和反馈等基本功能的实现。与其类似，城市生态系统不仅要通过不断吸纳外界的各类资源流以维持其内部的结构，供给市民的消费和工业生产，还要通过产出高品质的产品和服务来实现反馈，并同外界环境进行交换。其中，能流贯穿于城市生态系统运转的所有环节，能的消耗是推动城市发展的根本动力。

本模拟将北京城市系统设计成一个包含自然、农业和城市区域 3 个子系统的模型，通过对变量进行最初的统计分析，确定与城市生态系统中与城市结构、经济发展等最为相关的重要因素，并根据其设定了 10 个状态变量，将其用于模型中。这 10 个状态变量分别为：水资源（WR）、生态资产（AE）、生态用地（LE）、农业资产（AA）、农业用地（LA）、城市资产（AU）、城市用地（LU）、常住人口（P）、货币供应量（M）和废弃物（W）。表中按类别对其进行了分类，并给出了相应的符号、描述、对应的初始值以及单位。通过标有 k 值（k100，k101，…）的能值流，组成非线性关系。

基于这些变量，利用能路语言和符号，本章建立起如图 12-1 的能流系统，并在此基础上对 1994 年以后的北京城市系统进行模拟。

城市系统的进化在很大程度上依赖于各类不同类型的资源投入及其内部的自组织行为（Huang and Chen，2005）。图 12-1 严格表征了城市系统的内部结构，其内部各变量之间相互依赖的非线性关系是城市生态经济系统自组织发展过程的基础，这些关系能够利用数学关系予以描述，转换为相应的系统动力学微分方程。与图 12-1 相对应，表 12-1～表 12-3 列出了北京市生态系统能流图中各状态变

图 12-1　北京市能流示意图

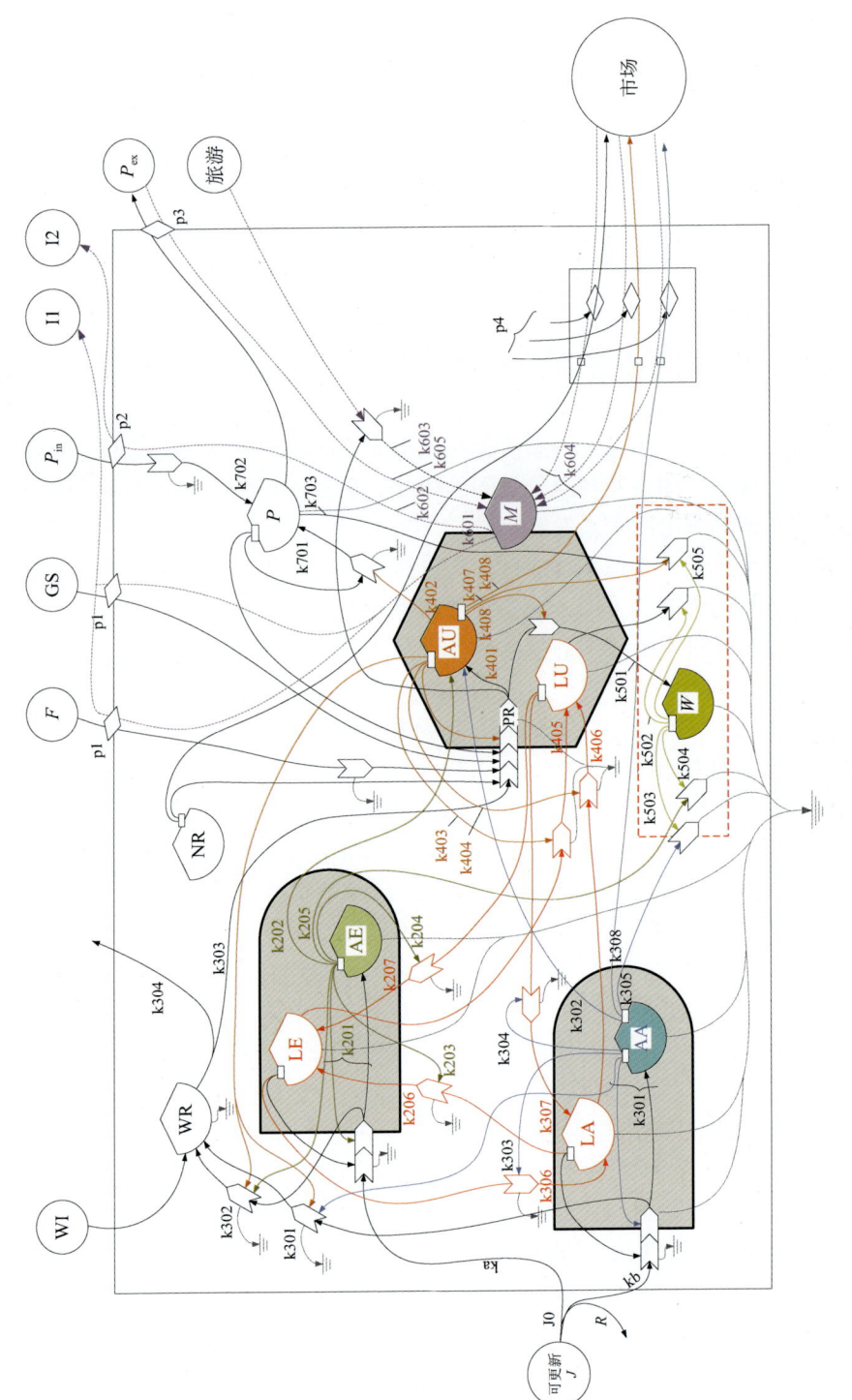

量所对应的系统动力学方程，以及用以进行北京市系统动力学模拟的流量、初始值、单位和相应的 k 值。对符号的描述、解释以及相应的数学表征可以参考 Odum 的系统生态学理论及模拟方法（Odum，1996，1983，1971）。

表 12-1 北京市基本投入产出数据（基于 1999 年数据）

项目	描述	变量	值	单位	解释	参考文献
1	自然资源投入	J	1.03×10^{21}	sej/a	年度城市降雨量	本研究计算
2	自然资源本地利用量	R	8.23×10^{20}	sej/a	自然资源投入的 80%	Liu et al., 2011
3	径流量	WI	2.69×10^{20}	sej/a	天然水体径流量	Liu et al., 2011
4	购买燃料	FI	1.60×10^{23}	sej/a	仅考虑质量	Liu et al., 2011
5	购买商品	G	1.89×10^{23}	sej/a	仅考虑质量	Liu et al., 2011
6	从其他省份的人口迁入	P_{in}	2.03×10^{5}	人		BSY, 2007
7	对其他省份的人口迁出	P_{ex}	6.13×10^{4}	人		BSY, 2007
8	购买的燃料和商品中体现的服务	I1	3.28×10^{9}	\$/a		Liu et al., 2011
9	本地不可更新资源	NR	8.04×10^{22}	sej/a		Liu et al., 2011

生态资产（AE）主要依赖有限的可更新资源投入（E），其方程表征为 $dAE/dt = k201 \times AE \times E - k203 \times AE - k202 \times AE - k204 \times AE \times LA - k205 \times AE \times LU$，有限的可更新资源投入为生态资产的增长提供了限制。生态资产为更高等级的储备提供支撑（$k202 \times AE$），同时存在着自然的消减（$k203 \times AE$），另外，城市土地和农业用地的增长都将减少生态资产的积累（$k205 \times AE \times LU$，$k204 \times AE \times LA$）。对农业资产（AA）而言，其变化过程和生态资产类似，其方程表示为 $dAA/dt = k301 \times AA \times E - k303 \times AA - k302 \times AA - k304 \times AA \times LE - k305 \times AA \times LU$，同样向城市资产流动（$k302 \times AA$），并存在自然的消减（$k303 \times AA$）以及城市和生态用地增加对农业资产储备的影响（$k305 \times AA \times LU$，$k304 \times AA \times LE$）。

在生态用地、农业用地和城市用地 3 种不同土地类型之间，其面积互有消长。方程 $dLE/dt = k206 \times LA \times AE + k207 \times LU \times AE - k306 \times LE \times AA - k405 \times LE \times AU$ 反映了生态用地的变化，在该方程中，$k206 \times LA \times AE$ 和 $k207 \times LU \times AE$ 分别描述了农业用地和城市用地向生态用地的过渡，$k306 \times LE \times AA$ 和 $k307 \times LU \times AA$ 则分别描述了生态用地和城市用地向农业用地的过渡。因为在模型中，土地类型的转换是双向的，所以，同样的流动存在于农业用地和城市用地中，其对应的方程分别为：$dLA/dt = k306 \times LE \times AA + k307 \times LU \times AA - k206 \times LA \times AE - k406 \times LA \times AU$ 和 $LU = L - LE - LA$，前者显示了农业用地的变化，城市用地则表征为总面积和其

表 12-2 北京市系统动力学参数及校正方法

项目	描述	变量	计算公式	值	单位	k 值	解释	参考文献
10	进入生态用地的自然资源	Ja	$Ka \times R \times LE \times AE$	8.14×10^{20}	sej/a	2.34×10^{-27}	$(LE+LU)/(LE+LA+LU) \times R$	本研究计算
11	流入农业用地的自然资源	Jb	$Kb \times R \times LA \times AA$	2.16×10^{20}	sej/a	3.31×10^{-28}	$LA/(LE+LA+LU) \times R$	本研究计算
12	生态资本增加量	J1	$k201 \times Ja \times AE$	4.28×10^{21}	sej/a	3.69×10^{-23}	生物生产率 (0.03) $\times AE$	Huang, 2004
13	$AE \rightarrow AU$	J2	$k202 \times AE$	7.74×10^{19}	sej/a	5.42×10^{-4}	水电能值 + 本地木材使用	本研究计算
14	生态资本损失 $LA \rightarrow LE$	J3	$k203 \times AE \times LA$	3.57×10^{20}	sej/a	7.27×10^{-7}	占 AE 的 0.25%	Huang, 2004
15	生态资本损失 $LU \rightarrow LE$	J4	$k204 \times AE \times LU$	3.57×10^{20}	sej/a	2.50×10^{-7}	占 AE 的 0.25%	Huang, 2004
16	$LA \rightarrow LE$	J5	$k206 \times LA \times AE$	5.16×10	km^2	1.05×10^{-25}		BASY, 2007
17	$LU \rightarrow LE$	J6	$k207 \times LU \times AE$	5.01×10	km^2	3.50×10^{-26}		BASY, 2007
18	生态资产损失	J7	$k205 \times AE \times W$	1.41×10^{21}	sej/a	1.61×10^{-12}	$LE/(LE+LA) \times$（土壤损失的能值 + 生态损失的能值）	本研究计算
19	农业资产增加量	J8	$k301 \times Jb \times AA$	1.15×10^{22}	sej/a	2.32×10^{-22}	生物质生产速度 (0.05) $\times AA$	Huang, 2004
20	$AA \rightarrow AU$	J9	$k302 \times AA$	2.85×10^{21}	sej/a	1.24×10^{-2}	本地农业生产量	本研究计算
21	农业资产损失 $LE \rightarrow LA$	J10	$k303 \times AA \times LE$	1.15×10^{21}	sej/a	1.69×10^{-6}	占 AA 的 0.5%	Huang, 2004
22	农业资产损失 $LU \rightarrow LA$	J11	$k304 \times AA \times LU$	1.15×10^{21}	sej/a	4.99×10^{-7}	占 AA 的 0.5%	Huang, 2004

续表

项目	描述	变量	计算公式	值	单位	k值	解释	参考文献
23	LE → LA	J12	k306 × LE × AA	4.43×10	km^2	6.52×10^{-26}		BASY, 2007
24	LU → LA	J13	k307 × LU × AA	5.01×10	km^2	2.17×10^{-26}		BASY, 2007
25	农业资产损失	J14	k305 × AA × W	1.64×10^{21}	sej/a	1.16×10^{-12}	LA/(LE+LA)×(土壤损失能值+生态资产损失能值)	本研究计算
26	农业资产出口	J15	k308 × AA	4.79×10^{21}	sej/a	2.08×10^{-2}		本研究计算
27	城市资产增加量	J16	k401 × PR	5.85×10^{24}	sej/a	3.66×10^{-159}	占AU的5%	本研究计算
28	城市资产对居民的投入	J17	k402 × AU	1.17×10^{24}	sej/a	7.31×10^{-160}	占AU的1%	Huang, 2004
29	城市资产损失 LE → LU	J18	k403 × LE × AU	2.93×10^{23}	sej/a	8.46×10^{-7}	占AU的0.75%	Huang, 2004
30	城市资产损失 LA → LU	J19	k404 × LA × AU	5.85×10^{23}	sej/a	1.45×10^{-6}	占AU的0.75%	Huang, 2004
31	LE → LU	J20	k405 × AU × LE	5.91×10	km^2	1.71×10^{-28}		BASY, 2007
32	LA → LU	J21	k406 × AU × LA	6.88×10	km^2	1.71×10^{-28}		BASY, 2007
33	城市资产损失	J22	k407 × AU × W	1.76×10^{23}	sej/a	2.44×10^{-13}		BASY, 2007
34	城市资产对污染处置的投入	J23	k408 × W × AU	1.69×10^{19}	sej/a	2.35×10^{-17}	折旧率 = 1.0%	Liu et al., 2011
35	城市出口	J24	k409 × PR	3.47×10^{21}	sej/a	2.17×10^{-162}		Liu et al., 2011
36	城市自然用地汇水	J25	k101 × AE × AU	6.10×10^{20}	sej/a	3.65×10^{-29}	75%降雨量	本研究计算
37	农业用地汇水	J26	k102 × AA × AU	1.62×10^{20}	sej/a	6.01×10^{-30}	75%降雨量	本研究计算

续表

项目	描述	变量	计算公式	值	单位	k值	解释	参考文献
38	城市水资源消耗	J27	k103 × AU × P	2.15×10^{20}	sej/a	1.16×10^{-13}		Liu et al., 2011
39	出流+蒸腾	J28	k104 × WR	8.00×10^{20}	sej/a	1.49×10^{-1}		Liu et al., 2011
40	污染物增加量	J29	k501 × PR × AU	4.61×10^{8}	t/a	2.88×10^{-175}		BSY, 2007
41	用于填埋的污染物	J30	k502 × LU × W	4.15×10^{8}	t/a	5.76×10^{-32}	$0.9 \times W$	Liu et al., 2011
42	污染物造成的生态损失量	J31	k503 × AE	8.30×10^{6}	t/a	5.81×10^{-17}	$\sum m_i^* \times \mathrm{PDF}(\%)_i \times E_{\mathrm{Bio}}$，$m_i^*$详见第6章	本研究计算
43	污染物造成的农业资产损失	J32	k504 × AA	9.66×10^{6}	t/a	4.20×10^{-17}		本研究计算
44	污染物造成的城市资产的损失和人口损失	J33	k505 × AU × P	2.81×10^{7}	t/a	1.52×10^{-26}	$\sum m_i^* \times \mathrm{DALY}_i \times \tau_H$，详见第6章	Liu et al., 2011
45	LU损失	J34	kw502 × LU × W	6.02×10	km²	9.78×10^{-14}	总占地面积 × 能值密度	BCB, 2006
46	购买的燃料和商品中体现的服务	I1	k601 × PR × P	5.71×10^{10}	$/a	2.26×10^{-180}		BCB, 2006
47	进口劳动力	I2	k602 × PI	7.30×10^{8}	$/a	3.60×10^{3}		BCB, 2006
48	旅游	I3	K603 × PR	2.30×10^{10}	$/a	1.97×10^{-16}		BCB, 2006
49	在出口的燃料和商品中体现的服务	I4	k604 × PR	3.89×10^{10}	$/a	1.54×10^{-180}		BSY, 2007
50	出口的劳力	I5	k605 × P_{ex}	2.21×10^{8}	人	3.60×10^{3}		BSY, 2007
51	人口出生	J35	k701 × AU × P	1.01×10^{5}	人	5.45×10^{-29}		BSY, 2007
52	人口机械增长	J36	k702 × PR × PI	6.00×10^{4}	人	1.85×10^{-184}		BSY, 2007
53	人口死亡	J37	k703 × P × W	6.48×10^{4}	人	6.67×10^{-13}		BSY, 2007

注：编号衔接表12-1。

第12章 生态环境核算的动力学机制及实践

表 12-3 北京市系统动力学方程

项目	描述	参数	公式	变量 数值	单位	解释	参考文献
54	生态资产	AE	$dAE/dt=k201 \times AE \times E-k203 \times AE \times AE-k202 \times AE-k204 \times AE \times LA-k205 \times AE \times LU$	1.43×10^{23}	sej	生态资产总量考虑生态资产存量和农业资本存量之和（AE+AA），假设是从2006年的累积可更新能流总和（3.1×10^{23} sej），300年的假设是考虑表土的生成时间约为300年 $AE=LE/(LE+LA) \times (AE+AA)$	本研究计算
55	农业资产	AA	$dAA/dt=k301 \times AA \times E-k303 \times AA-k302 \times AA-k304 \times AA \times LE-k305 \times AA \times LU$	2.30×10^{23}	sej	生态资产总量考虑生态资产存量和农业资本存量之和（AE+AA），假设是从2006年的累积可更新能流总和（3.1×10^{23} sej），300年的假设是考虑表土的生成时间约为300年 $AE=LE/(LE+LA) \times (AE+AA)$	本研究计算
56	城市资产	AU	$dAU/dt=k401 \times PR+k202 \times AE+k302 \times AA+k601 \times M/p2-k409 \times E \times LE \times AE-k410 \times E \times AA \times LA-k404 \times AU \times P-k403 \times W-k402 \times AU-k407 \times LE \times AU-k408 \times LA \times AU$	1.17×10^{26}	sej	城市资本存量（AU）假设是城市2006年的能值总量（5.85×10^{23} sej）减去当年可更新能值（1.03×10^{21} sej）后的200年的累积量（1.17×10^{26} sej，Izursa，2008）	Izursa，2008
57	生态用地	LE	$dLE/dt=k206 \times LA \times AE+k207 \times LU \times AE-k306 \times LE \times AA-k405 \times LE \times AU$	2.96×10^{3}	km²	北京生态用地面积	BSY，2007
58	农业用地	LA	$dLA/dt=k306 \times LE \times AA+k307 \times LU \times AA-k206 \times LA \times AE-k406 \times LA \times AU$	3.44×10^{3}	km²	北京农业用地面积	BSY，2007
59	城市用地	LU	$LU=L-LE-LA$	1.00×10^{4}	km²	本研究计算	BSY，2007
60	水资源	WR	$dWR/dt=k101 \times E \times AE \times AU+k102 \times E \times AA \times AU+WI-k103 \times PR-k104 \times WR \times W$	5.37×10^{21}	sej/a	水资源总量	BSY，2007
61	污染物	W	$dW/dt=k501 \times PR - k502 \times W \times AE - k503 \times W \times LU - k504 \times W \times AU$	6.15×10^{9}	t/a	用不同污染物物质流计算	本研究计算
62	人口	P	$dP/dt=k701 \times AU \times P+k702 \times PR \times PI-k703 \times P$	1.58×10^{7}	人	人口总数	BSY，2007
63	GDP	M	$dM/dt=k602 \times PR \times p1+AU \times I-k601 \times M-F \times AU \times p3$	2.02×10^{12}	$/a	GDP	BSY，2007

注：编号衔接表 12-2。

他用地面积的差值。

城市资产（AU）作为城市子系统的核心，与其他系统组分存在着相对复杂的关系，其方程表征为：$dAU/dt = k401 \times PR + k202 \times AE + k302 \times AA + k601 \times M/p2 - k409 \times E \times LE \times AE - k410 \times E \times AA \times LA - k404 \times AU \times P - k403 \times W - k402 \times AU - k407 \times LE \times AU - k408 \times LA \times AU$。城市发展过程中，城市资产不断递增（$k401 \times PR$），生态资产和农业资产均以一定的速度向城市资产转化（$k202 \times AE$，$k302 \times AA$），城市利用货币流来从系统外界购买商品和服务（$k601 \times M/p2$），同时也反馈高品质的资源给自然子系统和农业子系统，（$k409 \times E \times LE \times AE$，$k410 \times E \times AA \times LA$），为市民生活提供必需品（$k404 \times AU \times P$），并将一部分资产用以废弃物的处理（$k403 \times W$）；同时，城市资产也存在自然的消减 $k402 \times AU$，城市资产的递减意味着生态用地和农业用地的扩大，以及城市用地的相对减少，这分别可以表征为 $k407 \times LE \times AU$ 与 $k408 \times LA \times AU$。

作为一个极度缺水的城市，水资源是北京城市发展最为重要的资源之一，水资源所对应的系统动力学方程为 $dWR/dt = k101 \times E \times AE \times AU + k102 \times E \times AA \times AU + WI - k103 \times PR - k104 \times WR \times W$。城市系统从外界输入大量水资源（WI），供给城市所必需的用水（$k103 \times PR$），除了一部分在自然子系统和农业子系统中形成循环（$k101 \times E \times AE \times AU$，$k102 \times E \times AA \times AU$），有相当一部分作为出流流出系统外（$k104 \times WR \times W$），水资源存量相对较小。

人口的高度聚集是城市最重要的特征之一，对应人口的变化和流动，方程 $dP/dt = k701 \times AU \times P + k702 \times PR \times PI - k703 \times P$ 对之进行了相应的描述。城市人口的增长因素主要包括：人口自然增长（$k701 \times AU \times P$）与自然减少（$k703 \times P$）以及人口的迁入和迁出（$k702 \times PRU \times PI$）。

城市货币供应量的变化由方程 $dM/dt = k602 \times PR \times p1 + AU \times I - k601 \times M - F \times AU \times p3$ 表征。城市的货币供应量同城市产出（$k602 \times PR \times p1$）、投资（$AU \times I$）、对外界商品和服务的购买（$k601 \times M-F$）以及城市的能源总投入（$F \times AU \times p3$）关系密切，城市利用货币从外界购买商品、能源和服务用以生产，并进行相应的投资，从而促使城市生态系统的快速发展。

城市产生大量的废弃物，方程 $dW/dt = k501 \times PR - k502 \times W \times AE - k503 \times W \times LU - k504 \times W \times AU$ 对城市废弃物的变化进行了描述。由于城市人口工业都高度密集，每天都会产生数量巨大的废弃物（$k501 \times PR$），自然循环无法完全吸纳城市排放的废物，只有一部分废弃物通过这一途径予以消减（$k502 \times WR \times W$），为维持城市的环境，必须另外投入资源来对废弃物进行处理（$k503 \times W$）。

12.3 城市代谢系统的生态环境动态核算单要素预测及分析

本章所进行的模拟在时间尺度上跨越 40 年（1999～2039 年）。囿于统计数据的限制，模拟的初始时间起于 1999 年，利用 1999～2006 年的数据对模拟进行了多方面的验证。基于调整后的模型，模拟结果延伸至 2039 年，对北京市生态经济系统未来近 30 年的系统发展状况进行了预测。相应的结果如下一系列曲线图所示，在图中，近年的实际值一般用空心点散点表征，以与模拟结果进行对照，因为实际值和模拟值符合得较好，所以认为本模型基本有效，其结果能够有效预测北京城市未来的发展变化。

12.3.1 土地利用类型的变化

住宅和商业用地的迅速增长导致北京城市扩张，而城市边界的延伸，进一步削减了现有的生产性土地，侵蚀了重要的生态系统，如图 12-2 所示。城市用地面积 1999 年为 $1.0 \times 10^4 \text{ km}^2$，2039 年达到 $1.30 \times 10^4 \text{ km}^2$。农业和生态土地在模拟的 40 年中都有所减少，特别是生态用地面积。由于我国基本农田保护政策限制农地转化，农地仅略有下降。由于垃圾填埋和处置，北京土地总面积缓慢下降。

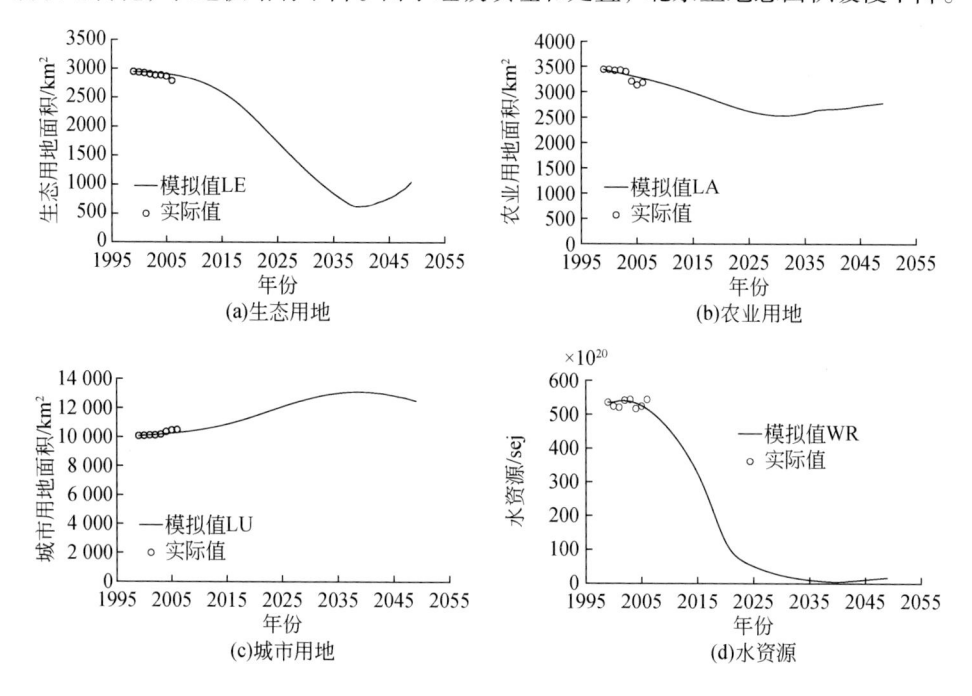

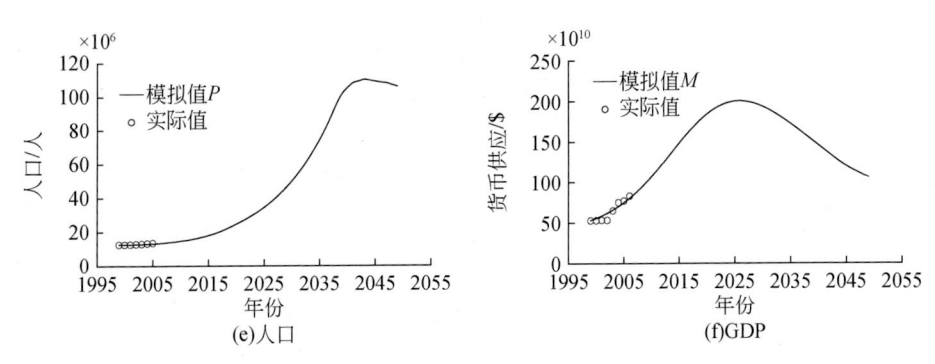

图 12-2 北京生态经济体系的土地利用和资产变化模拟结果

12.3.2 城市资产的变化

图 12-3 中，北京城市资产迅速增长，表明城市基础设施建设和北京居民住房条件有所改善。一些研究报告显示出倒"U"形（Jiang and Chen，2011），因为城市系统的扩张将受到资源供应的限制。在这项研究中，随着 2027 年燃料进口的峰值和 2030 年的货物进口峰值，城市资产在 2039 年达到峰值，也可能取决于城市人口和城区面积的跨越式增长。

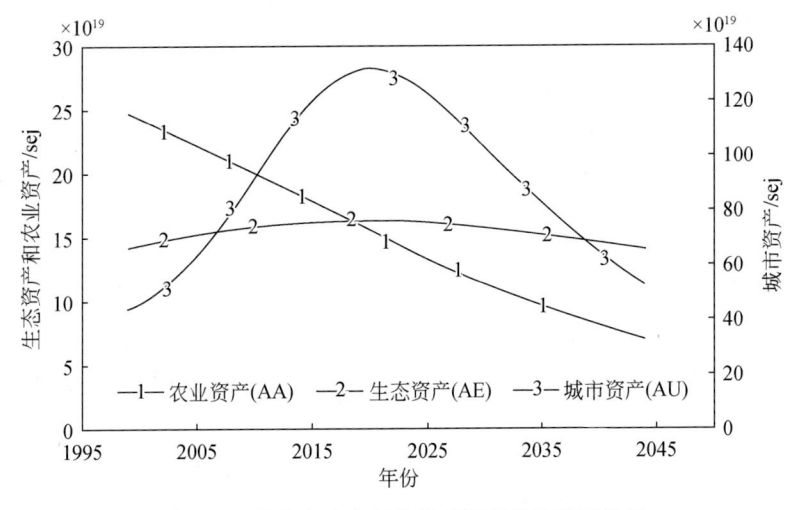

图 12-3 北京市生态经济体系资产变化模拟结果

12.3.3 其他存量的变化

图 12-4 提出了 1999～2039 年北京市人口增长趋势的模拟情况。该模拟是基于当前的增长率（根据人口自然增长和人口流动带来的机械增长来确定），1994～2006 年的结果与实际值一致。持续的移民，而不是自然人口增长，成为

几乎所有人口增长的根源。农村劳动力迅速转向非农业活动和经济快速发展，导致人口迁移规模不断扩大。这样的人口增长也会造成许多问题，包括环境污染、失业率上升、基础设施配置不足、土地利用需求相冲突等。根据模拟，人口增长将在未来 40 年内持续下去，但增长速度将会变慢。

与人口增长相比，国民经济刺激措施和后奥运时代的货币供应几乎同步增长。2039 年，北京市经济货币供应总额达 18.33 亿元，是 1999 年总额的 3 倍，这里以货币和支票账户存款总额计算。

图 12-4 还考虑了水资源对北京城市发展的影响。模拟结果表明，北京市供水总量不断增长，过去 4 年的增长速度已放缓，其后将迅速下降。到 2039 年将逼近 0。高度依赖用水已成为制约北京市经济社会发展的最严重瓶颈。北京市即使在江河水库枯竭的情况下，也无法向消费者保证对首都的供水保障政策。当然，北京市政府还试图通过南水北调工程，可以短暂地补充外水资源的短缺，但从模拟中来看并不解决实际问题。

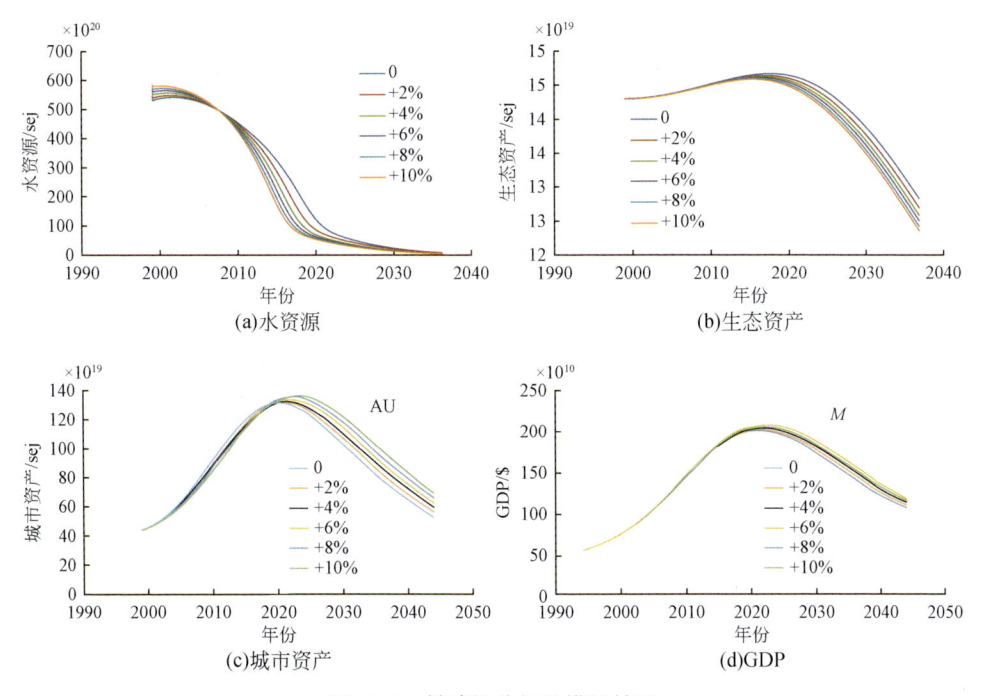

图 12-4 敏感性分析的模拟结果

本书进行了灵敏度分析，以测试通过增加 +2%、+4%、+6%、+8% 和 +10% 的水资源补给量后，结果是否发生本质性变化，以及评估不同敏感程度对最终结果的影响程度。获得的 3 个灵敏度分析结果表明，北京市发展与水资源的使用总量呈正相关，也就是说，输水工程可能会增加经济规模，并伴随增大的货币供应。

但是数据还表明，以希望提高水资源利用率为目的采用不断扩大的补充工程，可能会加剧城市体系加速扩张的风险，会加速生态和农业用地的退化和占据，从而造成水资源加速枯竭的速度。简而言之，解决北京水危机的关键并不在于不断增加水的供给，而且这些巨大调水工程的经济投入也是巨大的。更好的做法是通过法治和经济激励措施，通过提高供水和水消费的效率来遏制需求。

12.3.4 环境和经济损失

为了在模型中纳入环境维度，对 1999～2039 年 3 种资产（AE、AA 和 AU）重新估算了环境和经济损失。该时间序列计算的结果绘制在图 12-5 中。注意，图 12-5 中的图表包括双轴，AE 和 AA 损耗值的比例显示在左轴上，AU 损失值在右侧。AE 损失相对稳定，AA 损失 1999～2039 年缓慢下降。这些数据可能揭示与污染物减排结果的相关性。然而，AU 损失的趋势反映了可以称之为"渐强效应"，随后 AU 和人口连续增加。这些趋势表明，即使污染物排放量略有下降，潜在的人类健康损害有关的经济损失也不会改善或加剧。

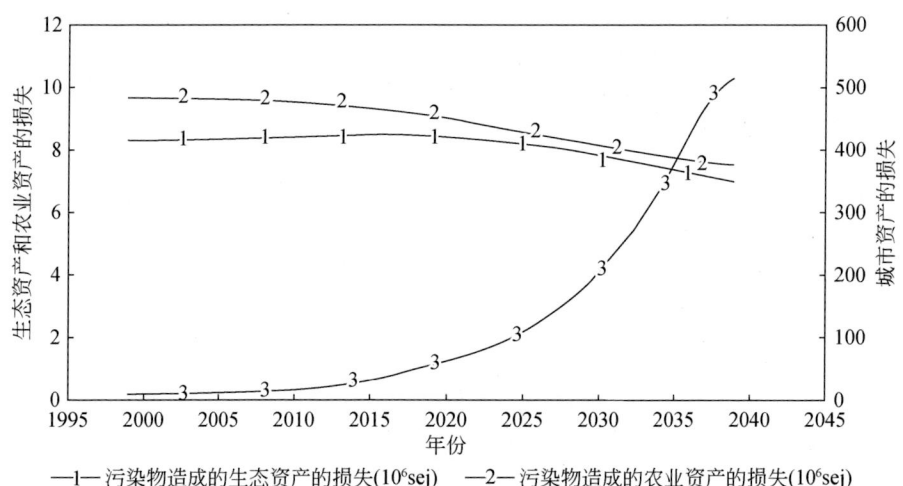

—1— 污染物造成的生态资产的损失(10^6sej)　—2— 污染物造成的农业资产的损失(10^6sej)
—3— 污染物造成的城市资产损失和人群损失(10^7sej)

图 12-5　北京市生态经济体系环境与经济损失模拟结果

12.3.5 能值指标的变化

能值指标是以能值计算清单为基础构建的，目的在于探索整个城市体系的性质和表现（Huang and Chen，2005）。仿真结果如图 12-6 所示，显示了 1999～2039 年北京市典型能值指标的变化，包括人均能值使用量、能值货币比（EMR）和能值密度（ED）。结果表明，模拟值与实际值相符，在一定程度上验证了模型的有效性。2008 年以后人均能值使用价值的增长首次增加，然后平稳下降。该指标 EMR 显示了典型的倒 "U" 形曲线，2014 年达到 EMR 的峰值（9.63×10^{10} sej/\$），1999～2014 年为能值货币比的提升阶段，表明经济发展和社会财富增加，这里进口量的增长是主要的提升动力。EMR 峰值维持了非常短的稳定状态，2014 年以后，EMR 下降很快，这主要是由于货币供应量增长高于总能值使用的增长趋势。这也意味着随着资源的限制和经济规模的不断扩大，城市生态系统可能会提高效率增长的速度，因为进口和水需求薄弱迫使政府重新考虑产品和成本结构。

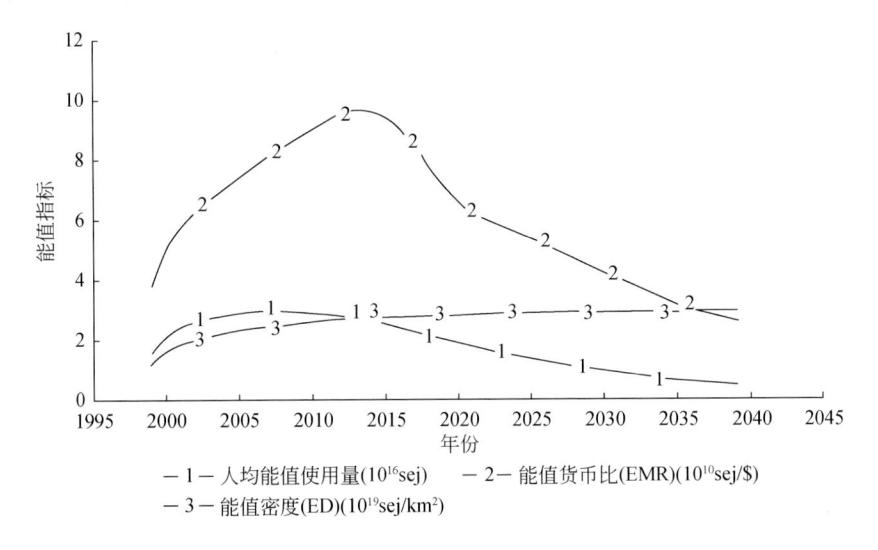

图 12-6　北京市生态经济系统能值指标的模拟结果
— 1 — 人均能值使用量(10^{16}sej)　— 2 — 能值货币比(EMR)(10^{10}sej/\$)
— 3 — 能值密度(ED)(10^{19}sej/km^2)

12.4　本章小结

依据城市生态经济系统的模拟结果，城市的能量利用机制可以概括如下：

1. 能量汇聚

可更新能源被吸收并转化成生物质，强化了环境储备的产生。来自生命支撑自然系统内的能量向城市消费中心集聚，为早期的城市发展提供了主要的助推力，这对于发达的城市系统也非常重要。

2. 城市辅助环境流

城市土地的转化降低了生产和环境储备的积累。为了提高从自然系统中获得的资源输入量，城市系统必须从城市资产中反馈能量以加强环境流。

3. 外部依赖型发展

除来自系统内部的可更新能值，城市系统必须依赖燃料、商品和服务，甚至来自于外部经济系统的投入。从外部经济系统流入的能值的增加必然降低系统的能值自给率。由能值投资率所代表的经济－环境比率增加，同时，城市系统的货币购买力相应降低。

4. 最大功率系统

为了获得发展，城市系统必须提高能值对城市生产和城市资产累积的投入。自催化作用能够使来从外部经济系统流入的能值资源最大化。因此，城市结构、能值密度、能值资源多样的增加标志着功率最大化的城市系统。

第 13 章　基于生态环境核算的城市循环经济发展策略研究

13.1　循环经济的国内外实践与管理

13.1.1　循环经济的国内外实践

过去10年来,在全球范围内,循环经济这一概念和其发展模式得到广泛关注,旨在为以经济发展为主导的模式提供更好的替代方式(Ness, 2008)。当前环境的负面影响威胁着经济的稳定,威胁着对人类生存至关重要的自然生态系统的完整性(Mazzantini, 2014; Park and Chertow, 2014; Geng et al., 2012; UNEP, 2013; Waughray, 2013; Stiehl and Hirth, 2012; Yuan et al., 2006)。到目前为止,在全球循环经济方面已经发表了诸多的研究报告(Yap, 2005; Charonis, 2012; Preston, 2012; Naustdalslid, 2014; Prendeville et al., 2014; 刘炜 等, 2015)。近年来,中国和欧盟各国的经济快速发展,引发了巨大的环境、人群健康和社会问题,所以循环经济在政府层面均受到了重视(Fang and Coté, 2007; Mazzantini, 2013; Su et al., 2013; UNEP, 2013; 宣君华, 2017)。

2011年10月17日,欧盟委员会正式发起了以"唤醒一代人,你们的选择将造就一个不同的世界!"(Generation Awake. Your choices make a world of difference!)为口号的资源节约运动,旨在鼓励消费者形成资源节约型的消费习惯。该运动的目的是要提醒民众减少资源的使用量,转变消费理念,提高资源生产率等。2012年12月,该运动由社会动员层面走向了政策决定者的视野,时隔近1年,欧盟委员会颁布了《欧盟资源节约利用宣言》,为各成员国的循环经济向资源(特别是初始资源)的节约利用方向发展提供政策支持。2013年6月25日,欧盟委员会专门讨论了如何在多瑙河地区推行资源节约型经济的发展,将这一循环经济发展趋势从理论探索阶段过渡到实践摸索阶段。意大利是最早对资源节约运动做出反应、较早提出全面资源利用效率计划的欧洲国家之一,针对本国国情,推出包括可持续的原料供应、在生产领域提高资源利用效率等多个战略方针,确保循环经济实践的顺利开展。同时,意大利在循环经济实践中特别重视市场激励机制以及信息交流、专家咨询、教育、研究和创新的促进作用。例如,计划的措施中包括加强对小型和中小型企业的有效性建议，支持环境管理体系，更多地考虑资源节约方面的标准化进程，更加注重在公共采购中使用资源节约型的产品和服务，加强自愿性产品标签和认证制度，加强对资源的封闭循环管理。意大利政府在城市的循环经济建设颇有建树，以"循环的那不勒斯"项目为例，开展了对城市层面实际需求、现有技术、成本和效益问题的协同理解，以及达成最佳结果协作模式，提出了致力于城市生活所有部门（包括食品供应链、流通网络、住房、废物管理、教育、卫生服务等部门）的能源效率最佳配置模式，并在全国推广。

在中国，循环经济被看做一种新的发展模式，被期待着带来一个更加可持续发展的、和谐的社会（Geng and Doberstein, 2008; Mathews and Tan, 2011; Europesworld, 2014）。2002年6月我国通过了《清洁生产促进法》（此法于2012年2月29日通过修订），标志着我国开始重视循环经济的发展。2005年7月，国务院出台《国务院关于加快发展循环经济的若干意见》，标志着我国循环经济的发展正式进入国家行动阶段。2005年10月国家发改委、国家环保总局等6个部门联合开展了循环经济第一批试点，探索循环经济发展模式，并于2014年完成验收，通过了第一批试点示范单位。2006年3月，发展循环经济首次被纳入中国国民经济和社会发展规划。《国民经济和社会发展第十一个五年规划纲要》指出："坚持开发节约并重、节约优先……逐步建立全社会的资源循环利用体系。"2007年10月，党的十七大报告指出："循环经济形成较大规模……生态文明观念在全社会牢固树立。"2007年12月，国家发改委联合其他5个部门，开展了循环经济发展第二批试点工作，并于2015年通过评估验收，涌现了第二批循环经济试点示范单位。2008年8月颁布的《循环经济促进法》是我国循环经济发展的基本法，标志着我国循环经济的发展迈入法制化和规范化的轨道。2011年3月，《国民经济和社会发展第十二个五年规划纲要》中提出："大力发展循环经济……加快构建覆盖全社会的资源循环利用体系。"2012年11月，党的十八大报告指出："全面促进资源节约……发展循环经济，促进生产、流通、消费过程的减量化、再利用、资源化。"2015年10月通过的《中共中央关于制定国民经济和社会发展第十三个五年规划的建议》指出："推动低碳循环发展……实施循环发展引领计划，推行企业循环式生产、产业循环式组合、园区循环式改造，……"目前我国的区域循环经济实践主要集中在园区、城市和省域3个尺度。截至2017年底，国家环境保护总局已批准了17个国家生态工业示范园区，地方政府部门批准运行的有几十个。并在东、中、西部地区的8个省（市）开展了循环经济省（市）建设，包括辽宁省、江苏省、辽宁盘锦、山东日照、河南义马、河南鹤壁、甘肃武威和贵州贵阳。在2017年6月的世界循环经济论坛上，国家发改委资源节约和环境保护司马荣副司长也指出："十三五"期间，国家发改委将进一步落实好《循环发展引领行动》，根据中国的产业发展变化，逐步调整循环经济政策导向，以更加开放的态度促进企业间、产业间的跨国合作，落实"一带一路"倡议，加强循环经济理念模式的国际交流。

从发展沿革可以看出，中国和欧盟都在大力发展各自的循环经济，尽管内容看似一致，但侧重并不完全相同，欧盟有两点比较突出：一是更加关注产品的全生命周期。欧洲的循环经济理念其中很重要的一点是要鼓励生产性的企业，不仅要在废物产生之后进行循环利用，更重要的是在产品设计、生产阶段考虑到未来的减量性等问题。二是更加关注创造新的商业模式和消费模式。当前形势下需要进一步加快循环经济体系建设，形成经济社会发展的综合决策机制，通过政策引导、立法推动、经济结构调整和市场机制建设，逐步形成循环经济的运营机制，把建设节约型社会、大力发展循环经济的行动推向深入。而其突破点是在产品消费终端和商业模式与消费模式的实践端——城市系统。

13.1.2 城市是循环经济的有效调控节点

一个完整成熟的循环经济系统，其物质流活动必然是地区性的。区域循环经济的深入发展，需要在企业、园区和城市实现了循环经济的基础上，在区域内更高层次、更大范围内实施循环经济，这是实现循环型社会的基础。目前，我国的城市经济圈正在发展和形成过程之中。然而，我国城市发展的规律远未被我们全面认识；当前我国城市发展呈现出高密度集聚、高速度成长、高强度运转、高污染胁迫以及发育程度低、投入产出效率低、资源环境保障程度低、紧凑程度低的"四高四低"新特点，造成了空间扩张失控、环境污染严重、生态功能退化、人居环境恶化等严峻的区域性生态环境问题。且城市区域环境在可预见的年代内难以恢复到初始状况，城市中经济社会与环境相互制约将长期存在。随着我国经济圈的加速形成和快速崛起，如何在城市层次发展循环经济，是纵深推进我国循环经济发展的重大问题之一。

城市循环经济，是围绕城市功能生态化，在区域范围内对支撑并体现城市功能的经济发展和城市建设，按照"减量化、再利用、资源化"原则实施的经济与资源环境综合一体化的活动体系，是实现人与自然和谐的一种创新的城市发展模式（张天柱和陈吉宁，2011）。城市内部的产业之间通过生产分工联系在一起，同时城市也与全球经济系统通过产品供应链相关联，城市的生产和消费活动不仅对本地的生态环境造成压力，也通过全球产品供应链导致外部区域的生态环境压力。在当前城市循环经济研究中，一部分研究只关注进出城市边界的物质/能量流，而忽略城市内部的产业结构以及城市其他区域的产业关联。鉴于系统结构决定系统功能，忽略城市的这些循环结构特征便无法有效调控与优化城市生态系统，无法为城市循环经济管理提供有效抓手。另一部分研究考虑了城市内部以及城市与外部区域的关联关系，但是仅关注单一生态要素（如能、水、碳等）的源、库和流。生态要素循环之间也存在耦合，单要素循环的量化不足以反映整个系统的复杂性。基于单要素循环提出的调控策略，一方面可能会受到其他要素的制约而无法实现预期效果；另一方面可能会对其他要素的生态管理产生负面干扰。例如，从城市碳循环角度可能会提出发展生物能源的策略，虽然该策略在很大程度上能减少对化石能源的需求及其碳排放，但是种植能源作物却会增加土地、水资源和化肥的需求，并导致大气和水体的氮、磷等污染。因此，为了更好地理解城市的生态要素循环并开展有效的管理调控，必须建立一套能在城市层面有机整合多种生态要素循环的分析框架。

继长江三角洲、珠江三角洲经济圈大展活力之后，"环渤海经济圈"正加速崛起，尤其是京津冀地区，有望成为中国经济板块中乃至东北亚地区极具影响力的经济隆起地带。京津冀的区域合作对于经济圈乃至我国经济整体协调发展都有着关键的作用。尽管京津冀三地之间发展面临着前所未有的机遇，一些合作也已开展，但目前三地之间仍然存在着一些基础性缺陷，如缺乏区域发展总体规划、区域认同感不强、城市间产业结构雷同、生产要素自由流动性差等问题，成为区域协作发展的障碍。如何在"京津冀"崛起的同时，有效推行循环经济，使环渤海经济圈在经济起飞中，走上可持续发展的道路，是我国宏观经济决策中的重大问题，急需相应的科学研究来指导宏观决策。

13.1.3 协同管理是循环经济一体化管理的重要手段

由于长期以来受行政界限的局限，缺乏以经济地带为背景的区域循环经济研究，导致城市尺度的循环经济协同管理机理缺乏深入的认识，难以为决策提供科学依据。循环经济问题的复杂性，意味着城市管理需要"协同"的理念，即区域协同、要素协同、过程协同。

城市与区域之间通过产品的调入调出紧密联系在一起。一方面，城市从外部区域调入食物、能源、水资源、消费品等产品，在一定程度上导致生产这些产品的城市产生一系列资源环境问题。另一方面，其他区域为城市提供交通、医疗、资本等服务，在某种程度上导致了这些区域的资源环境问题。因此，城市与其他区域是不可分割的，区域协同管理是可持续城市群管理的一个重要组成部分。

生态要素循环之间也存在耦合，对单一要素的调控，难以实现正面效益的叠加及负面影响的拮抗，以及城市与其他区域间的协同效应。因此，对多要素进行协同管理，是充分利用不同要素管理手段之间的共生效益、避免不同手段之间的负面干扰的重要方法。

城市群的各个生产及消费过程之间也是紧密联系在一起的,各个过程通过产品供应链联系在一起。对某个过程的调控,势必会对上游过程和下游过程以及消费活动产生影响。例如,控制房地产市场,但是增加对水泥生产的投资,势必会造成水泥生产过剩和资源浪费。因此,过程协同管理也是可持续城市管理的一个重要内容。

综上所述,区域协同、要素协同、过程协同是未来进行城市循环经济一体化管理的重要手段,也是必然趋势。

13.2 循环经济发展研究的方法学及生态环境核算在管理方面的应用

13.2.1 城市循环经济量化分析研究进展

从根本上讲,循环经济是由循环的物质和能量产生的经济。物质能量代谢是循环经济最本质的问题(段宁,2001;石磊等,2004;王如松,2013),也是我国城市化最本质的问题。我国城市化进程中出现的一系列问题从本质上讲是代谢不良引起的。只有从物质能量代谢入手,深刻认识物质代谢的所有过程和主要机理,才能理解我国城市化面临的资源、环境、生态、发展等各种问题。自然生态系统中,物质的循环利用、能量的流动、信息的传递等虽然复杂,但其各个过程通过生产者、消费者和分解者的作用,形成了物质代谢的完备机制。我国在城市建设中,尚未建立物质能量代谢的完备机制,对物质的合成、转化、转移、利用、降解的各个过程进行全方位扫描,有利于解决城市化进程中的种种问题(诸大建,2004)。

定量化方法主要包括物质(材料)流分析法(material flow accounting and analysis)、实物投入产出法(physical input-output tables)、环境空间(environmental space)、生态足迹(ecological footprint analysis)、生命周期评价法(life-cycle assessment)、生态网络(ecological network analysis)、可持续发展指数(sustainable process index)、能值评估方法(emergy analysis)等(Rees,1996;张坤民等,2003;李扬帆等,2005)。这些方法各有优缺点,不能简单地评判孰优孰劣。从输入经济系统的物质(能量)方面看,物质流分析法针对的是一种或少数具体的物质,包括化学元素和其化合物;生命周期评价法大多数时候也是研究的具体物质,有时也研究大批物质/材料;其他方法研究的也是大批的物质/材料流;可持续发展指数研究的是生产工艺,很少详细描述物质/材料流。另外,能值、生命周期等方法还包括对能量流的分析。从输出端考虑，能值、生命周期等方法都研究排向环境的废弃物（包括生产前、生产过程和使用过程中排放到环境的已处理和未处理的废弃物）以及涉及物质和能量的循环利用方面的研究。在所有这些方法中，只有能值、物质流分析、投入产出等方法分析存量（stock）的变化。投入产出、生态网络和能值方法还有一个突出的特点是能分析产业、部门间的物质流动。

在城市应用层面，欧洲可持续发展研究所对汉堡、维也纳、莱比锡开展了物质流分析（Luks and Hammer，2003）；徐一剑等（2004）采用物质流分析工具，对贵阳市的经济增长方式进行了初步分析；楼俞和石磊（2008）建立了城市尺度物质流循环经济分析框架，并对邯郸市开展了实证研究。南京大学毕军教授课题组对安徽省合肥市、庐江县的磷物质流展开静态分析，量化了当地社会经济系统下种植业、畜禽养殖业、居民生活等子系统中的磷流量与存量（Li et al.，2010；Yuan Z W et al.，2011）。此外，物质流分析方法在与城市食品相关的营养流分析中得到了广泛应用，包括农业系统（Bai et al.，2013；Metson and Bennett，2015）、食品生产（Schmidneset et al.，2008）、食品消费（Barles，2007；Billen et al.，2009；Qiao et al.，2011）、食品代谢（Forkes，2007；Ma et al.，2014）和废物处理（Gierlinger，2015）等方面；Tangsubkul等（2006）则研究了悉尼市的磷平衡与水循环，指出居民如能改变饮食习惯成素食，那么无机磷肥消费至少可以减少20%～45%。Zhang等（2006）采用网络流量分析和效用分析方法分析了城市能源系统的网络共生结构及各部门间的复杂关联关系，并以北京市1995、2000、2005、2007年数据为基础开展了案例研究，发现能源转化部门和消费部门对系统整体影响最大；Zhang等（2014）以1997、2000、2005、2007年投入产出表为基础，建立了包含32个组分的北京城市生态网络模型，定量分析了各组分间的投入产出关系，确定了城市生态系统的生态层阶；Zhang等（2017，2015a）采用ENA分析了城市生态系统中碳要素网络循环流动的空间特征，对北京市的案例研究表明，2000年以前，北京市西北部的主导关系是掠夺关系，后来逐渐变为竞争关系，而东南部的主导关系是共生关系；Chen S Q 和 Chen B（2012）基于ENA方法分析了维也纳碳要素网络循环特征。此外，ENA也在城市景观规划（胡道生等，2011）、绿地系统规划与评价（王海珍和张利权，2005；戚仁海和熊斯顿，2007）等方面得到应用。

综上所述，虽然已开展了城市的多种物质能量的代谢分析，但尚未厘清复杂系统内多个子系统间的时空关联关系并基于此刻画各种代谢路径，进而开展系统的物质能源循环动态分析。尤其是对于城市系统，物质、能量、生态要素等子系统间存在复杂的交织作用，亟须在全面认识城市代谢系统关联关系的基础上，进一步开展循环经济量化分析。

13.2.2 城市循环经济、运行体系与管理机制综述

发展城市循环经济是一项集经济、社会和环境于一体的系统工程,目标是要建立完善的城市循环经济体系。目前关于城市循环经济体系的研究大部分是从某一角度出发,构建不同结构的城市循环经济体系,主观性较强,合理性不足。但由于不同的城市具有不同的特点,学者们根据各城市经济发展过程中出现的问题以及自身的历史、自然条件对城市循环经济也进行了有益的探索和研究,为城市循环经济体系理论深化发展提供了参考。

冯维波(2005)在比较分析传统经济与循环经济的基础上,讨论了城市循环经济体系的基本特征和构建内容。他提出了城市循环经济体系的基本构成:社会保障系统、技术支持系统、基础设施系统和绿色产业系统。史宝娟(2006)对城市循环经济系统(city circular economy system, CCES)进行定义:"以实现经济、环境和社会效益协调发展为目标,以协调人与自然的关系为准则,在城市内模拟自然生态系统运行方式和规律,通过人力、资源、经济、技术、管理、环境等内部子系统及外部环境的相互作用、相互影响、相互制约而达到生产、生活等活动生态化的开放系统"。她认为城市循环经济系统由绿色产业系统、基础设施系统、技术支撑系统和社会保障系统构成。潘鹏杰(2010)从循环经济的角度出发,把城市作为一个系统,经济、社会以及资源环境3个方面构成了它的子系统。在城市这个大系统里,资源环境子系统是基础,城市的发展要与资源环境的承载力相协调;经济子系统主要研究投入与产出的关系,经济的发展应改变传统的生产和消费模式,实施清洁生产和文明消费;社会子系统强调城市发展要以改善和提高生活质量为目的,以提高居民的福利为宗旨。段汉明和苏敏(2006)根据德国生物化学家、诺贝尔奖获得者艾根提出的超循环理论,认为城市也是一个自组织和他组织共同作用的多重循环特征的巨系统。从循环经济的视点来分析,城市超循环系统可分为四个基本层面:企业层面、产业层面、城市层面和区域层面。城市超循环体系,即城市层面的循环体系,包括企业层面和产业层面的循环体系,还包括社会生活总的循环体系,如社区的循环体系、城市的循环网络、涵盖城市的基础设施循环体系等。这种"城市超循环体系"的提出给人以新的思路来思考城市循环经济体系的构建问题。

城市循环经济体系是个十分复杂的系统,必然包含多种不同的构成要素,其要素之间相互作用、发挥功效,才能实现系统的正常运行。虽然关于城市循环经济体系的研究不多,专门研究城市循环经济的运行机制的更少,但城市循环经济中与政府调控和市场机制的相关研究却较多,政策、制度、市场等在城市循环经济发展研究中屡见不鲜。例如李云燕(2007)讨论了市场机制在循环经济发展中的地位和作用。她认为完善的市场机制是推动循环经济发展的有效机制,而建立

环境资源产权是循环经济发展中市场机制有效发挥作用的根本要求,最后指出促进循环经济发展的完善市场机制的建立需要政府和市场的共同作用。姜国刚和衣保中(2009)认为目前我国在循环经济范式推进与发展中,政府主导占据较高的程度,且发展动力不足,这将导致市场机制的扭曲,具有较大的风险与不确定性。他通过分析指出,政府在循环经济发展中的最优选择应是依托适当、合理的制度规制,实现资源性产品价格机制的调节与改善,降低采用非循环经济模式的收益,以此作为循环经济内生演进的驱动力,实现社会效益向经济效益的转换,在本源层面促进循环经济范式的演进。

对于更复杂的城市群系统,其循环经济的运行机制就不仅仅是单个政府调控与市场机制,应是包括了整个生产部门、消费部门、政府行政调控、市场反馈调节、社会服务体系和产业、行业、企业的反馈调控系统。总之,城市群循环经济的运行机制涉及各个方面,还需要更多和更深层次的研究。

13.2.3 城市能-水-食物耦合管理与循环经济

城市问题的产生、发展和解决都具有复杂性,牵涉到食物子系统(food subsystem)、能源子系统(energy subsystem)和水资源子系统(water subsystem),形成复杂的 FEW 系统(food-energy-water system)。这 3 个子系统又包含多个层次与组分,且各子系统之间及其内部组分之间存在错综的互动关系,呈现异常复杂的多目标性、动态性、非线性和不确定性。任一子系统及其组分的变化,会对其他子系统产生正面或负面的影响。另一方面,FEW 系统的复杂性特别是非线性,也使得有可能通过整体协调粮食子系统、能源子系统、水资源子系统及其互动,强化正面效应,减少负面影响,达到优化调整系统结构和物质能量流动,进而提升 FEW 物质和能量流动的效率,减少污染物排放,在大系统内实现食物、能源和水资源持续供给与 N、P 污染减排等多个协同目标。这也是目前国内外相关研究的前沿和热点。长期以来,为应对 FEW 资源供给和产生的环境问题,各国政府采取了一系列措施提升城市 FEW 资源使用效率。但是,单一、割裂地考虑食物、能源和水资源子系统并不能实现 FEW 复合系统整体的最优配置,也有可能损失诸多机会使得多个子系统正面效益的叠加和负面影响的拮抗。因而,针对 FEW 系统效率的提升需要综合考虑食物子系统、能源子系统和水资源子系统,及其互相之间的互动和影响。因此,在保证 FEW 系统资源与能源供给前提下,实现 N、P 联合减排的环境目标,需要采取一种系统整体的角度,在资源、能源、社会经济等多限制条件下,全方位综合考虑粮食安全、能源安全、水资源安全与环境污染减排等多个目标,获得 FEW 系统全局最优。这样能够把一系列城市水资源、能源与粮食相关的复杂问题纳入一个有机的、多层次、全方位分析体系,深入研究和定量分析其间互动关系及其对整体城市系统可持续性的多方面影响。

有关FEW关系的研究始于20世纪70年代,Meadows等发表的《增长的极限》开创了三者关系研究的先河。该文对全球人口、粮食、水资源使用等方面进行追踪,利用情景模拟分析探讨与人类生存发展关系密切的粮食、能源和水资源的问题,并预言人类将在2070年之前面临经济、环境以及人口的全面失控和崩溃。

1. 粮食、能源和水资源关系的静态描述

粮食、能源和水资源三者之间是相互依存的关系,水和能源作为粮食生产的关键驱动力,它们的价格和供应量的波动变化都会影响粮食安全(Falkenmark,2007)。而粮食需求的增长给水和能源带来的压力也是巨大的,因此,未来资源管理的主要挑战是自然资源如何满足快速扩张的世界人口对粮食的需求(Bhatt,2006)。因此,我们面临的社会核心问题是FEW关系的问题。

2. 水与能源、水与粮食、能源与粮食——两两关系的描述

能源生产和消费需要水,而水的生产、运输、处理和再利用等过程也离不开能源(Grossmnn and Nartin,2010)。如2010年,全世界能源生产用水量约583亿m^3,占总用水量的15%(Agency,2012)。

水与粮食之间的关系主要涉及生产用水。2001~2006年,墨累-达令盆地(The Murray-Darling Basin)农业生产中,由于干旱缺水,大米和玉米的产量大约降低了40%(Goesch et al.,2007)。而像中国、印度,这些粮食消费结构发生变化以及居民日常消费中肉类比例增加的国家,居民消费的水足迹增长是显著的,中国粮食水足迹从1961年的255m^3/(人·a)增长到2003年的860m^3/(人·a)(Liu and Savenije,2008)。

农业是能源密集型产业部门(Zhang et al.,2015b),包括农业设备、化肥、农药、灌溉水等直接能耗及其所隐含的间接能耗。综合考虑,粮食系统能耗量大约占世界可利用能源的30%。研究案例表明,每公顷冬小麦栽培耗能3400 MJ左右,犁耕和联合收割机的能耗分别为800 MJ和650 MJ。目前,我国粮食作物能源投入因地域、经济发展、耕作方式和技术的差异,导致能源投入结构不合理,利用效率低,这些都制约着我国未来粮食的可持续发展。

3. 粮食、能源和水资源之间的协同和拮抗作用

以上研究表明,粮食、能源和水资源之间的协同作用是显而易见的。农业生产中,水、能源的消耗与粮食生产的水平和强度关系密切。如与粮食相关的能源使用比例从2002年的14.4%增长到2007年的15.7%(Canning et al.,2010)。一方面,提高生产过程中的效率,会在一定程度上降低水、能等方面的消耗;另一方面,为了提高效率,又不得不进一步投入管理、设备,从而引发新的、间接的水耗和能耗。如在粮食生产中,节水灌溉装备在提高农业用水效率和粮食增产中发挥重要作用，但节水灌溉设备如喷灌、滴灌与微灌等面临运营能耗和维护成本高的问题（袁寿其等，2015）。那么，如何优化粮食、能源和水资源之间协同关系，避免相互的拮抗作用也是当前需要解决的系统性难点。

4. 粮食、能源和水系统对可持续发展的挑战

FEW系统对可持续发展的影响显著。农业生产对水环境和资源环境的影响包括水和能源资源短缺以及水环境污染。如我国李新波等（2008）指出集约化农业活动对地下水位下降的影响呈增大态势；欧洲地表水体中，农业排放磷所占的污染负荷比例为24%～71%（高超和张桃林，1999）；美国每年由化肥和土壤进入水生系统的磷达 4.5×10^7 kg（彭近新，1988）；而2015年乌干达农业能源赤字达到 55 MJ/人（Mukuve and Fenner，2015）。能源与水资源之间的相互消耗产生的废气、废水、废渣等引发空气、水与土壤环境污染（Scott et al.，2011），进而对粮食生产造成安全隐患。

纵观国内外FEW关系的研究，主要集中在水、能源和粮食系统中两两之间的关系，以及它们之间定量化描述所采用的方法，包括生命周期评价（LCA）（Al-Ansari et al.，2015）、虚拟水（Arani et al.，2015）、国民账户核算（NFA）（Fang et al.，2014）与城市代谢核算（Walker et al.，2014）等。而对城市FEW系统的关联关系、物质流分析与影响因素识别、特征与作用机理等方面的研究相对较少，因此，亟须一套更为系统全面的用于FEW系统分析的网络模型方法。

13.3 基于能-水-食物耦合的城市循环经济政策效果计算器（UCEC）开发

本研究运用能值动力学方法开发了基于能-水-食物耦合的城市循环经济政策效果计算器（UCEC），参见网址 http://ucec.umsoft.cn/introduce.html，可供科研人员访问并创建自己的情景。开发界面如图13-1所示。

展示界面（图13-2）包括如下几个模块：①能值系统流图模块（提供图上参数识别）；②基本指标图（提供能-水-食物情景及政策耦合情景参数选择）；③拆解指标图（提供基本指标的拆解指标的模拟）；④社会经济指标图；⑤能值指标图；⑥经济性分析（分析在不同政策情景下，人均经济成本的投入增减情况）；⑦指标解释。

第 13 章 基于生态环境核算的城市循环经济发展策略研究

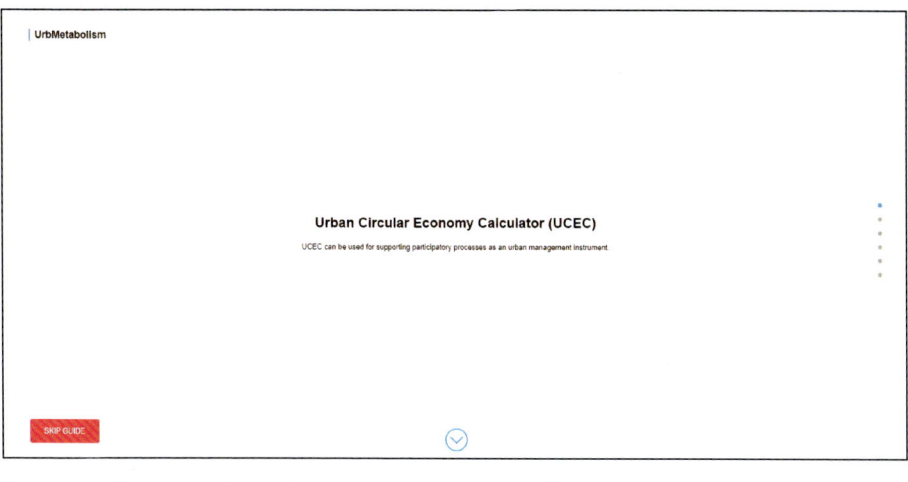

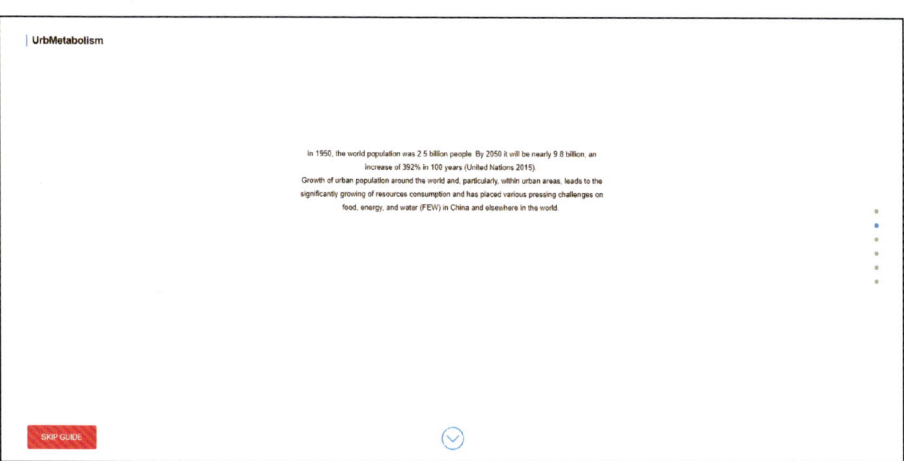

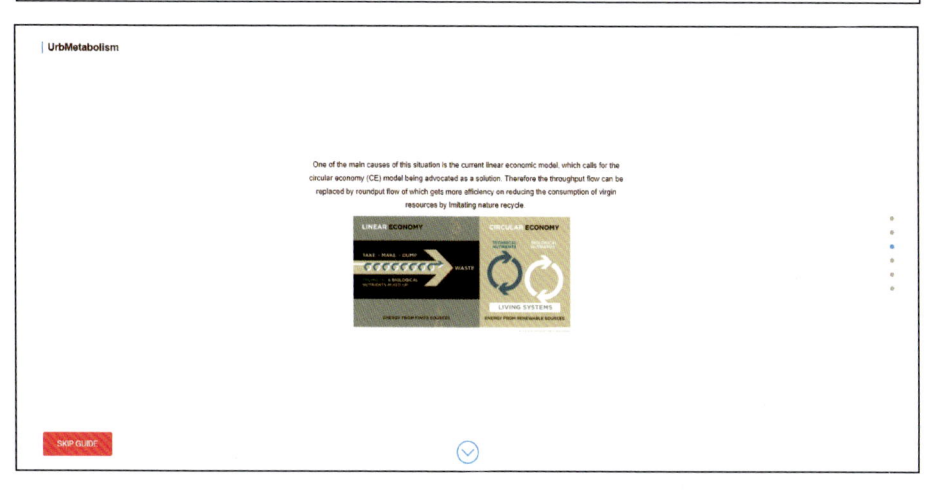

Urban Circular Economy Calculator (UCEC)

UCEC can be used for supporting participatory processes as an urban management instrument.

In 1950, the world population was 2.5 billion people. By 2050 it will be nearly 9.8 billion, an increase of 392% in 100 years (United Nations 2015).

Growth of urban population around the world and, particularly, within urban areas, leads to the significantly growing of resources consumption and has placed various pressing challenges on food, energy, and water (FEW) in China and elsewhere in the world.

One of the main causes of this situation is the current linear economic model, which calls for the circular economy (CE) model being advocated as a solution. Therefore the throughput flow can be replaced by roundput flow of which gets more efficiency on reducing the consumption of virgin resources by imitating nature recycle.

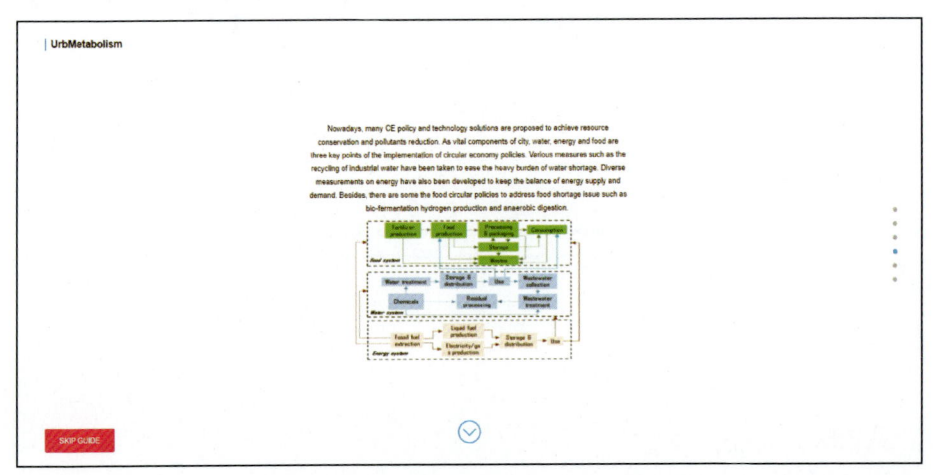

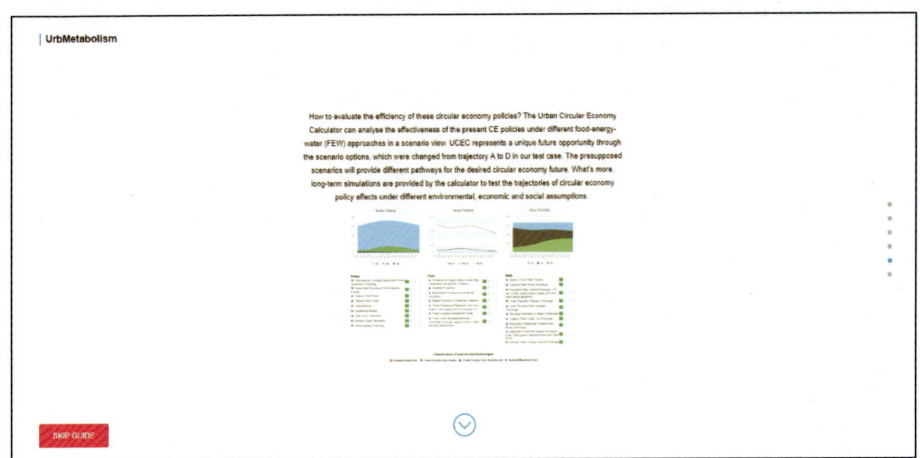

图 13-1　城市循环经济政策效果计算器介绍界面

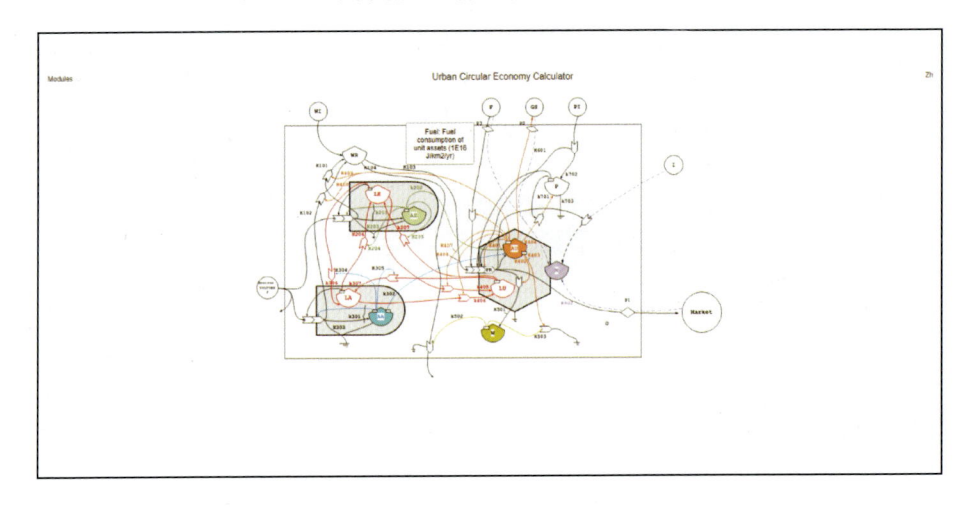

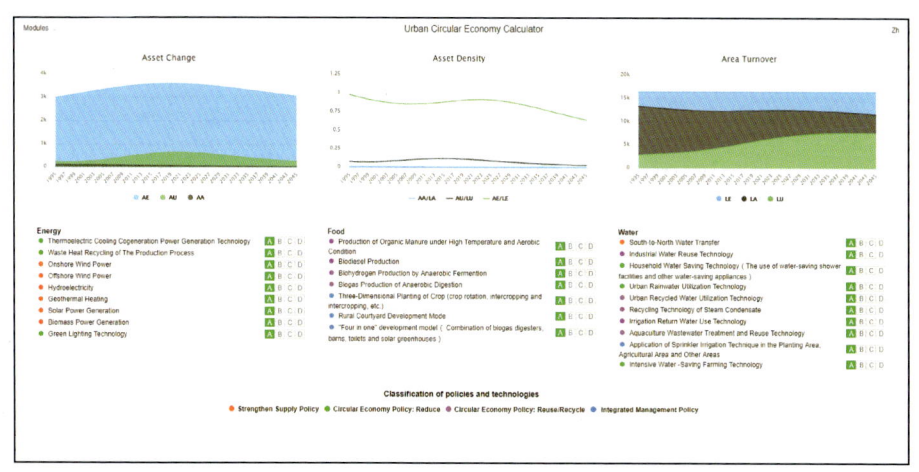

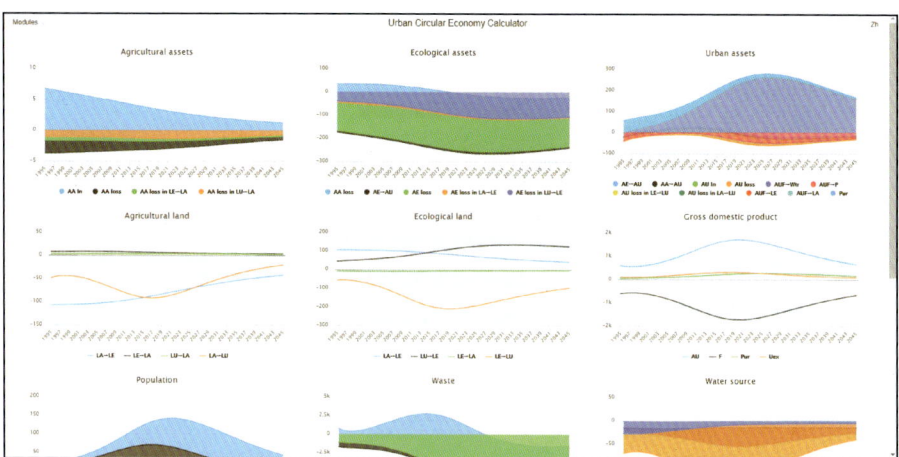

第 13 章　基于生态环境核算的城市循环经济发展策略研究

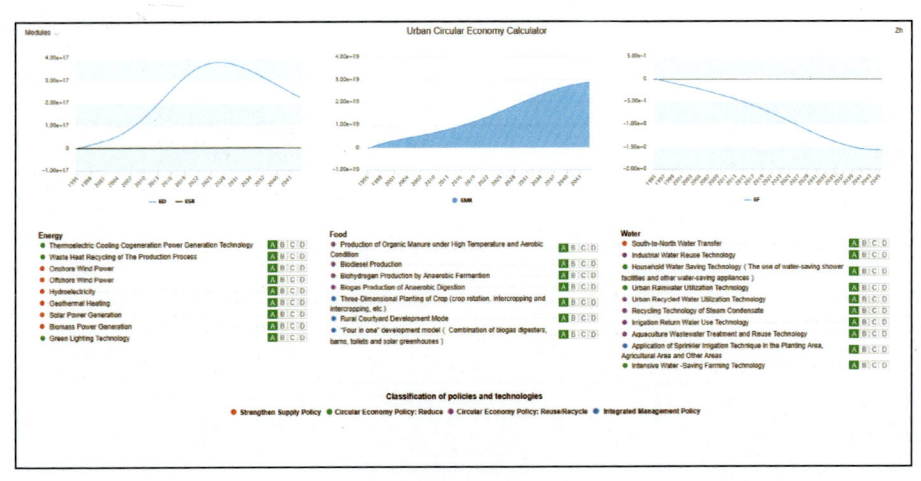

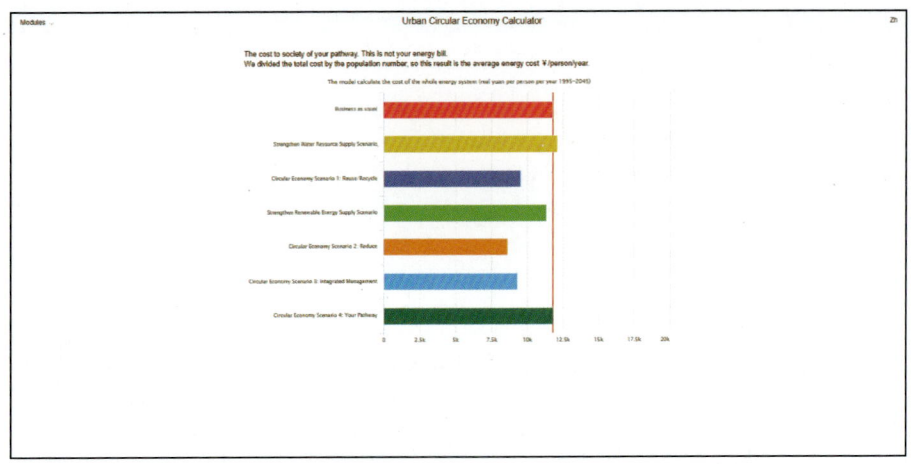

图 13-2 城市循环经济政策效果计算器展示界面

采用情景分析方法，探索提高城市能－水－食物系统效率的政策和技术解决方案。在这个计算器中选择了 20 多种方案，包括：① 10 种与水有关的政策，例如南水北调及不同的节水技术。② 8 个与食品有关的政策，例如生物发酵、有氧堆肥、厌氧消化等。③ 10 项与能源有关的政策，例如可再生能源、综合热电集中供热、不同的节能技术等。通过提供城市资产、城市效率和可持续发展指标的分析，该政策效果计算器能够实现循环经济政策的视觉动态场景模拟。这种模式也可以根据实际情况适用于其他城市。本计算器提供针对不同利益相关方的政策和技术方案，可以确定共同受益机会，提高多个系统的效率，并避免与预期变化相关的意外后果。在这种情况下，可以为政府提供有关区域管理的建议，以确保城市长期实现友好和可持续发展（图 13-3、图 13-4）。

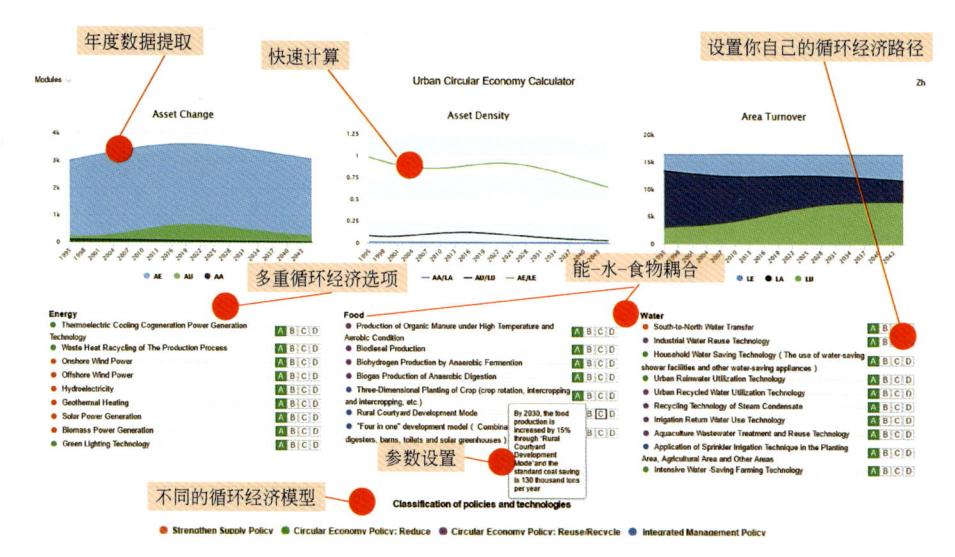

图 13-3　城市循环经济政策效果计算器的特色与优势

图 13-4　城市循环经济政策效果计算器可视化界面

13.4　基于生态环境核算结果的城市生态调控模式分析

　　基于能－水－食物耦合的城市循环经济政策效果计算器（UCEC）的政策分析结果，在这里仅选取了开源和节流的两种模式做初步的分析。

　　城市的发展、成熟和衰落与城市可利用的可更新和不可更新资源密切相关。城市的发展无法逃脱热力学规律的限制。虽然城市是一个高度开放并且具有较强的能流集聚效应的系统，但是随着全球资源的日益匮乏，城市的发展也必然受到来自生物物理方面的制约。只不过不同的城市可能面临的资源制约程度和制约表现时间或形式不同罢了。

北京市是一个自然资源相对匮乏、资源对外依存度很高的城市。随着中国经济改革开放的热潮，北京市的经济活动也日益频繁，全市资源供应对外埠的依赖程度日渐提高。城市经济发展与资源、环境之间的矛盾日益突出。由于不合理的产业结构、低效率的资源利用以及粗放型的增长机制，水资源、能源已经成为北京市经济发展的"瓶颈"。随着城市经济和人口规模的不断扩大，北京城市发展受水资源和能源资源约束的刚性日益增强。全球能源环境的变动甚至是自然的变迁（比如气候的变化）等因素都可能对北京城市发展的稳定性构成严重的威胁。此外，北京城市发展与环境承载能力的矛盾也日益尖锐。由于经济开发强度的加大以及城市规模的扩张，城市对环境承载能力的消耗也日益增加。

虽然北京市政府这些年一直倡导"节约"和"节流"，但是追求经济增长也一直是北京市政策的重要目标。各种刺激生产和消费、促进增长和扩大规模的政策依然广泛存在并势头不减。事实上，目前通过"开源"满足城市资源需求的作为远远大于通过"节流""城市紧缩"等措施来降低城市资源需求的努力。比如，城市地下水资源开发和超采、能源的进一步开采和新型能源的开发等都是"开源"的方式。目前，"开源"确实给城市带来了新的机会，暂时缓解了城市资源供不应求的尴尬，但是这种情景并不能长久，如果北京市城市的规模继续不断扩大，最终会受到全国乃至全球资源短缺的制约。

"开源"满足需求、维持并促进生产速度，"节流"控制需求、紧缩并减缓生产速度，是城市规划中的两种思路。对城市能流网络而言，"开源"意味着提高生态流率，而"节流"意味着降低生态流率。城市调水属于"开源"的规划调控方案，通过价格抑制能源需求和消耗是"节流"方案的表现。水资源和能源资源不仅仅是北京城市发展最关键的瓶颈，也是很多其他城市和地区经济规模扩大的重要限制因素。对水资源、能源资源进行调控，对北京城市发展方向的分析和决策有着非常重要的现实意义，对其他地区的发展也有重要的借鉴作用。本章将这两种调控方案引入了北京城市系统生态模拟模型，以预测在这两种方案下北京城市未来的发展情况。

调水工程是北京市水资源规划中的一项重大举措。北京市目前通过超采地下水等"开源"的方式来弥补水资源供需空缺，消耗的仍然是本地的资源。调水则是一种消耗外地资源的"开源"方式，通过建造引水通道将外地的水资源引入北京市境内。由于未经过人类加工的水资源仍然被视作免费资源，调水与一般商品贸易不同，北京市政府只是以补贴的形式给水源地以经济补偿，而并不是真正为水资源买单。因此，水资源的调入量并不受市场价格的控制，而只与调水工程规模有关。为了更好地和原模拟结果进行比较，本章中调水调控方案选择从 2020 年开始，每年从外界向北京市调入水资源 3.1×10^{15} sej（相当于 10 亿 m³）。为了更好地分析调控方案可能对城市发展造成的改变，将调水方案的模拟结果和原模拟结果进行比较。

模拟得出调水后城市资产积累的速度明显加快。水资源是城市经济活动必不可少的生产资料，是其他财富（包括本地和外地的）向城市资产转换的必要条件。水资源的补给给城市生产重新提供了动力，又维持了一段较快速度的城市资产积累过程。然而，每年 10 亿 m³ 的水资源补给仍然无法避免城市资产的衰退。调水方案中城市资产在 2030 年左右达到顶峰，只晚于原模拟不到 10 年，而且衰落的速度也大于原模拟的速度。原模拟中城市资产在达到顶峰后下降了 5%，该数值在调水调控模拟中约为 7%。

金融资产在调水后的增加主要是因为水资源的增加重新刺激了农业和城市的生产活动，使得农产品和城市生产产品在市场交换中的收入增加，另一方面，水资源的增加间接刺激了外来投资的增加。同时，因为城市规模扩大必然导致支出的增加，金融资产最终会因为入不敷出而逐渐减少。调水方案中，金融资产在 2033 年达到顶峰。

目前北京城市所需能源绝大部分来自外部输入，能源通过贸易进入北京城市生态系统，因此作为城市经济的关键生产要素，本地能源储备对北京市经济发展的制约非常小，主要的制约来自于全球能源的供给水平。北京作为中国的首都，纵使在全国范围面临严重的能源供应不足的时候，也通常会有政策使得周边甚至更远的地区牺牲自己的利益来保证北京的能源供应安全。一方面能源的价格改革没有真正反映能源的稀缺程度，另一方面作为首都北京享有一系列政策保护，因此，全球范围能源稀缺的事实并没有过多地影响北京市的能源需求，能源消耗总量依然随着城市规模的增大而攀升。"开源"形式并不容乐观，依靠开发新能源和可再生能源增加能源供给收效甚微。北京市必须做好"节流"准备，要根据全球能源供给的情况不断调整自己发展的步伐。本调控方案则是让化石燃料和电力的输入量受市场价格相的调节，价格的变动反映全球能源的供应水平，因此化石燃料和电力的输入量也随着全球的稀缺程度而改变。在模拟中，对现实的情况进行简化，将化石燃料和电力价格平均年上浮率定为 8%（以 2000 年价格为基准）。为了便于比较，设定模拟条件：2020 年前化石燃料和电力的输入强度随价格的变化而变化，2020 年以后化石燃料和电力的输入强度不受价格影响，从 2020 年开始对化石燃料和电力的需求进行价格调控，使输入量与价格成反比关系。

根据调控方案，2020 年的化石燃料和电力的输入强度降为之前输入强度的 21% 左右（平均价格相比于 2000 年已经上涨了 4.66 倍），之后每年的输入强度量都以 8% 的速度递减。与原模拟的结果比较，2020 年以前城市资产增加的速度有些许降低，主要是由于价格的变动导致金融资产的变动，更多的货币从别的地方抽出用来支付高额的能源费用，导致其他方面的投资（如外购商品和服务）减少，从而影响城市资产的增加速度。2020年以后能源的输入开始与价格相关联，能源输入的锐减促使城市资产在经过了缓慢的增长后于2040年左右开始紧缩。这主要是因为城市生产的规模因为能源输入的减少而紧缩，城市建设开始放慢步伐，城市交通的需求尤其是私人交通的需求因为燃料供给的减少和燃料价格的攀升而减少。经济活动中很多不是特别迫切的、奢侈的行为都因为供应的减少而被迫停止，城市生产由原来的粗放型转变为集约型，只用于满足一般合理的需求，城市的资产也只是保存那些最为重要的成分。模拟结果表明卸下了一些不必要包袱的北京市在低能耗的状态下依然能够维持缓慢的衰退。可以预想，如果模拟继续往后延续，经过紧缩后的北京市可以在转折和衰退之后轻装上阵，和外界环境维持良好的平衡。

13.5　本章小结

"开源"的实质就是提高生态系统内部生态流率的方案，"节流"的实质就是降低生态系统内部的生态流率的方案。总的说来，降低城市生态流率使城市生态系统保持更平缓地增长和衰退，减轻资源衰竭和环境恶化的程度，城市与外界环境能保持较好的平衡；提高城市生态流率使城市规模增长和衰退的速度加快，导致较多的非必要和非迫切性的需求，资源消耗和污染排放的速度也不断加剧。是选择目前财富规模的急速膨胀，不顾资源的衰竭和环境的恶化以及未来快速的衰退，还是选择目前财富规模的平缓增长，兼顾资源和环境的积累和恢复以及未来的相对平和的衰退，这不仅是北京城市规划者和决策者所要面对的"鱼和熊掌"，更是中国乃至全球所要共同面临的选择。

第 14 章 基于数据不确定性的城市发展战略的最优路径选择

14.1 生态环境核算数据的敏感性分析

任何模型假设和参数值都有可能变化乃至于产生错误。敏感性分析（SA），广义地定义，是从模型的角度考察这些潜在的错误会给结论产生影响。敏感性分析方法比较简单、结果易于理解。图 14-1 中，给出常用的敏感性分析方法的用途。可以看出，敏感性分析主要用于以下 2 类：辅助决策者做决策，增加对系统的理解或量化系统。

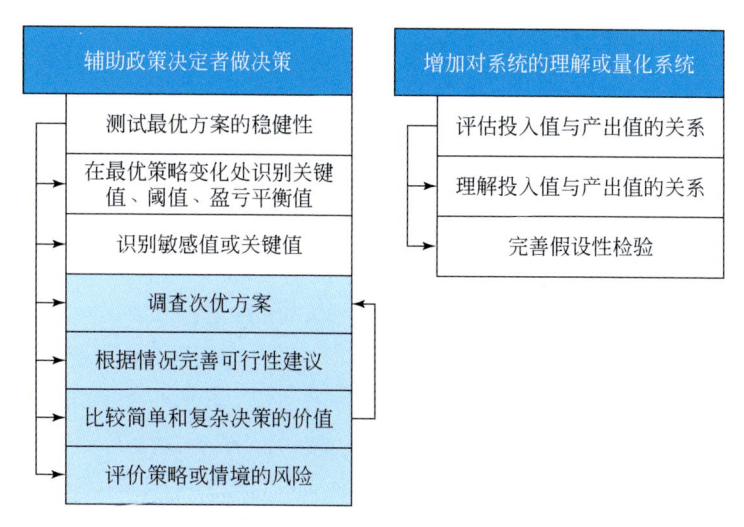

图 14-1 敏感性分析的用途

14.2 生态环境核算数据的标准化方法

在能值方法中考虑敏感性分析，为了解释北京市代谢系统选定的情况下哪种指标或者投入项是北京市整体代谢系统的敏感项，这里采用北京市 2006 年的计算结果。之后这些方法可以用在其他年份中。

表 14-1 显示了城市代谢系统敏感性分析结果。

表 14-1　指标计算案例

指标序号	原始数据			
	数据 1	数据 2	数据 3	数据 4
指标 1	A_1	B_1	C_1	D_1
指标 2	A_2	B_2	C_2	D_2
⋮	⋮	⋮	⋮	⋮
指标 $n-1$	A_{n-1}	B_{n-1}	C_{n-1}	D_{n-1}
指标 n	A_n	B_n	C_n	D_n

将表 14-1 的一些结果显示在雷达图上，然后根据不同的大小，进行数据的标准化处理（表 14-2）。

表 14-2　参考第一年调查数据的标准化过程

指标序号	原始数据（A）	情景 B	情景 C	情景 D
指标 1	A_1/A_1	B_1/A_1	C_1/A_1	D_1/A_1
指标 2	A_2/A_2	B_2/A_2	C_2/A_2	D_2/A_2
⋮	⋮	⋮	⋮	⋮
指标 $n-1$	A_{n-1}/A_{n-1}	B_{n-1}/A_{n-1}	C_{n-1}/A_{n-1}	D_{n-1}/A_{n-1}
指标 n	A_n/A_n	B_n/A_n	C_n/A_n	D_n/A_n

14.3　结果计算与分析

本章借助 Excel 工作平台进行敏感性分析，并使所有的输入量逐步在 ±10%，±25%，⋯，±50% 范围内变化（表 14-3 显示变动率为 10% 的情况下计算表格的变化情况），考察各种能值指标的变化情况，以及环境影响指标变化情况（比如能值可持续指数 ESI、全球二氧化碳排放量、本地二氧化碳排放量等）。对那些进口能值大于总能值使用量 3% 的投入项做重点考察。

表 14-3　敏感性分析计算表格

序号	类别	单位	原始数据	变动率/%	变动量	能值转换率/(sej/单位)	能值/(sej/a)
本地投入							
1	太阳能	J/a	7.02×10^{19}	0.00	7.02×10^{19}	1	7.02×10^{19}

续表

序号	类别		单位	原始数据	变动率/%	变动量	能值转换率/(sej/单位)	能值/(sej/a)
	本地投入							
2	风能		J/a	4.87×10^{16}	0.00	4.87×10^{16}	2.51×10^{3}	1.22×10^{20}
3	雨水势能		J/a	1.25×10^{15}	0.00	1.25×10^{15}	1.74×10^{4}	2.19×10^{19}
4	雨水化学能		J/a	1.12×10^{16}	0.00	1.12×10^{16}	3.05×10^{4}	3.43×10^{20}
5	地热能		J/a	1.79×10^{16}	0.00	1.79×10^{16}	5.76×10^{4}	1.03×10^{21}
6	水电		J/a	2.30×10^{14}	0.00	2.30×10^{14}	3.36×10^{5}	7.74×10^{19}
7	径流		J/a	8.81×10^{15}	0.00	8.81×10^{15}	3.05×10^{4}	2.69×10^{20}
8	水土流失		J/a	3.17×10^{14}	0.00	3.17×10^{14}	1.23×10^{5}	3.90×10^{19}
9	本地能源开采	煤	J/a	2.04×10^{17}	0.00	2.04×10^{17}	6.69×10^{4}	1.37×10^{22}
		石油	J/a	0.00	0.00	0.00	9.08×10^{4}	0.00
		天然气	J/a	0.00	0.00	0.00	9.85×10^{4}	0.00
10	本地建设材料投入	石灰石	g/a	1.52×10^{13}	0.00	1.52×10^{13}	1.68×10^{9}	2.55×10^{22}
		砂石	g/a	1.02×10^{13}	0.00	1.02×10^{13}	1.68×10^{9}	1.70×10^{22}
		铁	g/a	1.68×10^{13}	0.00	1.68×10^{13}	1.44×10^{9}	2.41×10^{22}
11	燃料投入	原煤（外省调入）	J/a	6.17×10^{17}	10.00	5.55×10^{17}	6.69×10^{4}	3.71×10^{22}
		洗煤（外省调入）	J/a	8.53×10^{16}	0.00	8.53×10^{16}	8.02×10^{4}	6.85×10^{21}
		洗煤（进口）	J/a	0.00	0.00	0.00	8.02×10^{4}	0.00
		其他洗煤（外省调入）	J/a	2.15×10^{15}	0.00	2.15×10^{15}	8.02×10^{4}	1.73×10^{20}
		型煤（外省调入）	J/a	3.85×10^{15}	0.00	3.85×10^{15}	1.10×10^{5}	4.22×10^{20}
		焦炭（外省调入）	J/a	4.72×10^{16}	0.00	4.72×10^{16}	1.10×10^{5}	5.18×10^{21}
		原油（外省调入）	J/a	2.66×10^{17}	0.00	2.66×10^{17}	9.08×10^{4}	2.41×10^{22}
		原油（进口）	J/a	7.91×10^{16}	0.00	7.91×10^{16}	9.08×10^{4}	7.19×10^{21}
		汽油（外省调入）	J/a	9.20×10^{16}	0.00	9.20×10^{16}	1.05×10^{5}	9.64×10^{21}
		柴油（外省调入）	J/a	5.24×10^{16}	0.00	5.24×10^{16}	1.10×10^{5}	5.77×10^{21}
		柴油（进口）	J/a	7.08×10^{16}	0.00	7.08×10^{16}	1.10×10^{5}	7.79×10^{21}
		煤油（外省调入）	J/a	8.61×10^{16}	0.00	8.61×10^{16}	1.10×10^{5}	9.48×10^{21}
		燃料油（外省调入）	J/a	4.42×10^{15}	0.00	4.42×10^{15}	1.10×10^{5}	4.87×10^{20}
		燃料油（进口）	J/a	0.00	0.00	0.00	1.10×10^{5}	0.00
		石油气（外省调入）	J/a	6.66×10^{15}	0.00	6.66×10^{15}	1.11×10^{5}	7.37×10^{20}
		天然气（外省调入）	J/a	1.58×10^{17}	0.00	1.58×10^{17}	9.85×10^{4}	1.56×10^{22}
12	电力（外省调入）		J/a	1.47×10^{17}	0.00	1.47×10^{17}	1.74×10^{5}	2.57×10^{22}

表 14-3 显示了重要进口商品的变化率对应不同污染排放量的产出和环境可持续指标的影响情况。表中主要列了 6 种进口变化（影响太小的投入直接忽略不计）。可以得到结论如下：

（1）进口的钢铁投入，当参数发生 ±10%，±25%，…，±50% 变化时，对 CO_2 排放的影响程度最大，甚至超过了进口煤的影响。这种结论与我们的普遍想法相反。从数据追踪后可以看出，进口钢铁带来的 CO_2 排放主要来自于房地产和基础设施建设时所采用石灰石、砂石的 CO_2 间接排放。

（2）对 NO_x 和 SO_2 排放影响最大的是进口的煤的使用，根据现有的工艺技术条件似乎很难得到快速解决。对 NO_x 排放影响第二大的是电力进口，这里考虑电力生产过程中 NO_x 的排放。

（3）对环境可持续发展指标影响最大的是钢铁的进口，其次是煤与石油的进口、电力的进口、水泥的用量等。

值得关注的是，这些参数的变化与相应指标的改变近乎线性，说明代谢系统与资源类进口完全绑定。而钢铁类的进口造成的间接污染产生也可以说明，2006 年的污染与北京近期基础设施投资过热有关。

为进一步考察进口资源本地尺度和全球尺度造成的人群健康和生态健康损失的影响，这里本地尺度指本地使用的化石燃料完全燃烧产生的污染物，全球尺度指由于进口的物质与能量的生产来自于全球，而当这种进口产品在本地使用时，有可能并没有产生环境影响，但是其环境影响排放在了全球其他地区（比如电力，本地电力的使用相当于清洁能源，完全没有污染物排放，但是电力在生产过程中的污染排放停留在了生产地）。这种体现污染物的考虑用以比较不同尺度对人群健康和生态健康的影响。计算中，水污染只考虑统计年鉴数据，大气污染考虑计算数据。为进一步测试解决具体损害人类健康和生态系统对环境影响的资源利用因素的影响，采用敏感性分析技术。全局和局部的排放量分别计算排放量并转换成能源流量。水排放只考虑工业污水排放的统计数据。利用能值分析方法，考虑了环境损害情况，为本研究提供了一个新的城市代谢整体分析的视角，并进一步拓展城市便捷，根据代谢链的延伸，考虑北京代谢对全球的影响。表 14-3、图 14-2、图 14-3 显示，如果决策者使北京进口资源减少 10%（部门效率提升或降低经济规模），其结果会使本地尺度和全球尺度的人群健康和生态系统的影响降低，可持续指数上升。从贡献比例来说，对人群健康的影响，全球尺度钢铁进口减少 10% 的影响最大，超过 3%，其次是煤和电力进口的减少，本地尺度、煤炭进口减少 10% 对人群健康影响最大。对生态系统的影响，全球尺度和本地尺度、钢铁进口减少 10% 都是最主要的影响因素。总的说来，这种比较可以为决策者提供一种未来规划的参考，但值得说明的是，当减少进口钢铁 10%，北京市国内生产总值的直接下降至少 1.24%（不考虑相关产品进口带动下降），那么是否值得减少钢材的进口则需要更加细致的研究。当北京奥运之后,过热的房地产和基础建设投资降低后,也必然会缓解当前的环境压力及温室气体排放。

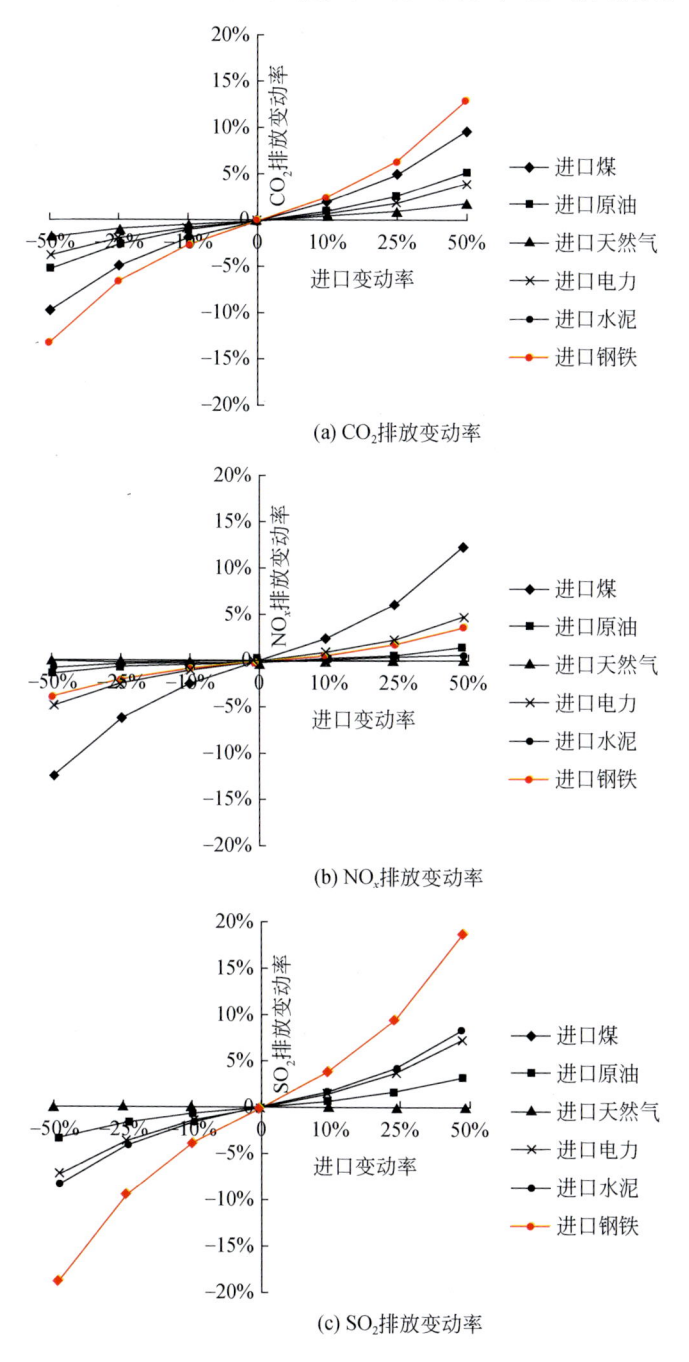

(a) CO_2排放变动率

(b) NO_x排放变动率

(c) SO_2排放变动率

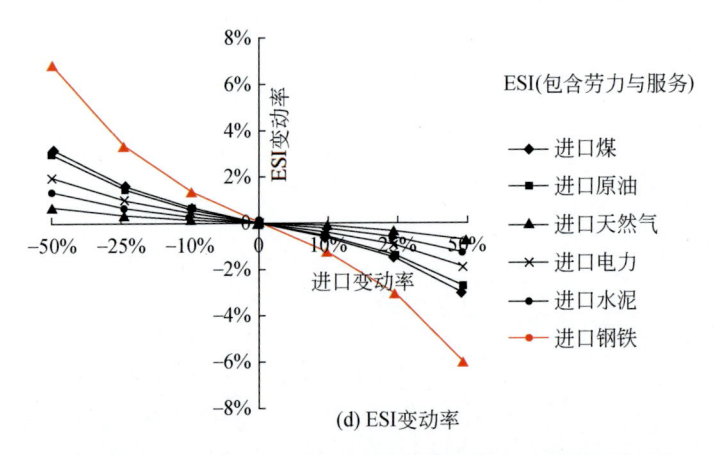

图 14-2 重要进口商品的变化率对不同污染排放量的产出和环境可持续指标的影响情况

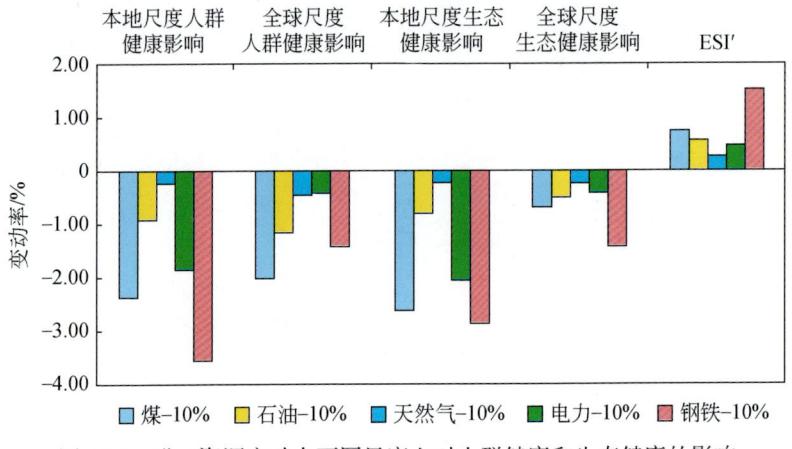

图 14-3 进口资源变动在不同尺度上对人群健康和生态健康的影响

14.4 本章小结

本章结合敏感性分析，提出面向可持续发展的北京结构优化情景，分析城市代谢模型对不同参数的敏感性，分析城市代谢系统结构和功能可以为其结构优化和关系调整提供一些建议。

附录 A 本书部分术语与简称

平均能值密度（average emergy indensity，AEI）：单位面积的能值。
生物总量：指定栖息地内的生存物质的总量（通常以单位区域内的干重来表示）。
生物：相似气候条件下相邻区域内的植物和动物群落。
联产品（伴生产品）：系统的总能值投入将分配到每个联产品。
耦合：开放式热力系统层级组织之间的反馈。
生态系统：地球上包含所有有机体以及其边界内非生物环境的所有组成部分，在空间上需要有明确的单元（Likens，1992）。
要素流：①进入研究系统的人类未转化过的物质或能量，这些物质或能量来自自然环境；②从研究系统释放到环境中的物质或能量，并且之后不会被人类转化（ISO 14040：2006）。
emergy character factor（EmCF）：能值特征因子，单位（㶲）或单位重量的能值。
emergy character factor database（EmCFdb）：能值特征因子数据库。
能值：所有直接和间接的可用能（㶲）的总和，表达为产生一个系统所需的能源和资源的相同形式，单位为 sej。
能值强度：单位时间内的能值。
㶲：可用能，系统总能量中可转化有用能的能量。
Ga：10 亿年，1×10^9 年。
global emergy baseline（GEB）：地理生态系统（全球）能值基线。
life cycle analysis（LCA）：生命周期评估，评价商品和服务在其生命周期内的环境影响的框架方法（ISO 14040：2006）。
NPP：净初级产能，特指光合作用的植物和藻类。
OLCA：OpenLCA，由 GreenDelta 设计的可持续评估软件。
ppt：千分率，千分之一，10^{-3}。
ppm：百万分率，百万分之一，10^{-6}。
单位能值（specific emergy）：能值与质量之比（sej/g）。
能值拆分：与联产品不同，能值拆分是基于可用能的按比例分解，拆分后的能值转换率相同。

总溶解浓度：水中的所有溶解固体。

系统更新时间：系统中物质或能量当前的存量除以进出系统的流量。

能值转换率（UEV）：需要生产某物的能值与可用能或质量之比。

$：美元。

附录 B　基于能值的生态系统服务价值计算方法

这里，我们将生态系统服务功能分为3种类型：与存量和流量相关的直接价值；由于存量和流量变化带来的影响（间接价值）；存在价值。

（1）与存量和流量相关的直接价值：因为存量的变化（一般是增加）后所提供的直接服务，以森林生态系统为例，包括初级净生产力（NPP）（这里面包括了原材料的供给，而且原材料的供给的能值投入不涵盖开采原材料过程的能值投入）、固碳释氧（植物在进行光合作用时固碳释氧是同时发生的，考虑数据的获取性以及为了避免重复计算，本书仅核算了固碳所需的能值）、土壤增加（考虑土壤有机质和矿物质的增加，其中有机质增加量用土壤碳表示）、补给地下水（考虑因森林覆盖增加了地下水补给量）等。

（2）由于存量和流量变化带来的影响（间接价值）：如生态系统对气、水、土污染物有去除作用（这里包含两部分，一是基于环境容量的稀释降解，二是进行的净化和吸收），同时考虑这些污染物会给人体健康和生态资源带来损害，因此在核算生态系统对气、水、土等污染物的净化作用时，我们使用因生态系统对污染物的净化能力而带来人体健康和生态资源损害的减少量来核算生态系统对污染物的净化价值。另外，因为考虑生态系统的覆盖相对于裸地覆盖会减少土壤侵蚀量，也将此考虑为因生态系统存量而减少损失的一部分；又如，河流湿地中水从上游流向下游因势能产生的发电功能，也为生态系统流量变化带来了间接价值。

（3）存在价值：因生态系统的存在造成的间接服务，这些服务不是由于本地生态系统的存量、流量造成的直接影响或是对污染物等产生的间接影响，而是由于他们的存在对跨尺度的生态环境造成的影响（有的也存在存量、流量变化，但是这里的存量和流量变化是跨尺度、多尺度共同影响造成的，这里需要考虑大尺度的影响在研究尺度上的分摊效应）或者人类的文化、科研、休闲等的需求产生的价值。这里的存在价值包括气候（温度）调节、径流调节、调蓄水量及其他的一些存在价值，即维持所存在的旅游休闲、文化教育价值及维持生物多样性的保存价值。

这里，我们提出使用能值方法进行生态系统服务功能核算的6个步骤：

（1）采用最新的能值基准对研究区域进行能值核算，这是获得使用当地货币核算文化服务类功能所需能值货币比系数的重要步骤。

（2）对研究区域的生态资本（存量）进行核算，该步骤主要是核算产品类供给服务。

（3）通过开发区域系统不同生态服务功能的微观模型来确定产生每个关键生态系统服务过程中所需的能值，识别在每个生产过程中的能值投入情况。该步骤主要用于核算与存量和流量相关的直接利用价值服务。

（4）计算由于减少损失而消减的减值（间接价值），通过下述的减值量计算方法来统一核算。

（5）将生态系统服务价值集成到研究区域现有的社会经济系统中。

（6）研究结果将被开发为标准电子表格，评估人员可以利用该工具进行生态系统服务功能评估验证与比较。

B.1 森　林

森林土地利用类型[①]包括：
01　常绿阔叶林；
02　落叶阔叶林；
03　针叶林；
04　针阔混交林；
05　灌木林。

B.1.1　土地利用类型简介

常绿阔叶林（evergreen broad-leaf forest）是亚热带湿润地区由常绿阔叶树种组成的地带性森林类型。群落外貌终年常绿，可分为乔木层、灌木层和草本层。乔木层多数为壳斗科的常绿树种；灌木层常见的为山茶科、杜鹃花科、紫金牛科和茜草科灌木；草本层以常绿草本为主，常见有蕨类及莎草科、禾本科的草本植物。

落叶阔叶林（deciduous broad-leaf forest）是温带最常见的森林类型。我国的落叶阔叶林类型很多，根据优势种的生活习性和所要求的生境条件的特点，可分成3大类型：典型落叶阔叶林、山地杨桦林和河岸落叶阔叶林。落叶阔叶林的结构简单，可明显分为乔木层、灌木层和草本层。乔木层主要由栎属、水青冈属、桦木属、鹅耳枥属、椴木属、杨属等种类组成。林下草本层多数为多年生的短命植物。

针叶林（coniferous forest）是以针叶树为建群种所组成的各类森林的总称，

---

① 部分森林类型未归入研究的原因见 B.1.4 说明 1。

包括常绿和落叶、耐寒、耐旱和喜温、喜湿等类型的针叶纯林和混交林。主要由云杉、冷杉、落叶松和松树等属一些耐寒树种组成。针叶林包括常绿针叶林和落叶针叶林。

针阔叶混交林是寒温带针叶林和夏绿阔叶林间的过渡类型。通常由栎属、槭属、椴属等阔叶树种与云杉、冷杉、松属的一些种类混合组成。

灌木林是以灌木为主体的植被类型。具单层树冠/林层高度一般5m左右，不具主干而簇生，盖度大于30%～40%。中国从平地到海拔3000～5000m的高山，常见到天然灌木林。由于常绿灌木林主要生长在地中海气候区，而中国并没有该气候类型，所以本研究的灌木林特指落叶灌木林。

B.1.2 服务功能列表

本研究考虑进行能值核算的服务功能详见表 B-1。

表 B-1 森林生态系统服务功能列表

类别	编号	项目	指标说明	能值计算说明	MA归属
直接价值	01-1	增加NPP	净初级生产力（NPP），植物光合作用固定的能量中扣除植物呼吸作用消耗掉的那部分，剩下的可用于植物的生长和生殖的能量	用森林系统年可更新资源量来核算	供给
直接价值	01-2	固碳释氧	森林的固碳作用考虑植物通过光合作用将大气中的二氧化碳转化为碳水化合物，并以有机碳的形式固定在植物体内或土壤中，同时考虑植被中的碳通过碳循环进入土壤（如植被的枯枝落叶进入土壤），会产生土壤固碳作用，因此此处的固碳释氧作用用光合作用固碳量减去进入由植物进入土壤部分的碳	用森林固碳量核算	调节
直接价值	01-3	增加土壤	土壤的增加考虑土壤有机质和矿质的增加：植物中的碳通过碳循环从植物进入土壤中，增加了土壤有机质以及成土母质对增加土壤有机质的贡献；土壤矿物质的增加来源于可更新资源和成土母质两部分	用增加土壤碳和矿物质的含量来核算	支持
直接价值	01-4	补给地下水	考虑由于森林的存在增加了地下水补给	用补给地下水量核算	调节

续表

类别	编号	项目	指标说明	能值计算说明	MA归属
间接价值	01-5	净化大气污染物	考虑森林对 SO_2、NO_x、PM_{10}（$PM_{2.5}$）等大气污染物的净化作用	用因净化大气污染带来损害量的减少来计算	调节
间接价值	01-6	净化水污染物	考虑森林对BOD、COD、N、P等水体污染物的净化作用	用因净化水污染带来损害量的减少来计算	调节
间接价值	01-7	净化土壤污染物	考虑森林对土壤中重金属等污染物的净化作用以及因森林对固废的净化而减少了固废对土地占用的作用	用因净化土壤污染带来损害量和占用土地的减少来计算	调节
间接价值	01-8	减少水土流失	考虑因森林覆盖而减少了水土流失	用潜在土壤侵蚀模数ª和现实土壤侵蚀模数的差值计算	调节
间接价值	01-9	调节温、湿度	考虑森林蒸腾作用带来的增湿、增雨、降温等作用	用森林蒸腾量计算	调节
存在价值	01-10	调节气候	考虑全球尺度森林生态系统吸收温室气体，如 CO_2、CH_4 等引起人体、生态系统和资源损失减少在局地的分摊	用单位面积森林吸收温室气体带来人体、生态系统和资源的损失量来计算	调节
存在价值	01-11	生物多样性	考虑森林维持生物多样性的价值	用全球生态系统生物多样性在局地的分摊值来计算	文化
存在价值	01-12	旅游休闲价值	考虑森林生态系统存在带来的旅游和休闲价值	因此部分是基于人类偏好，用经济学方法核算	文化
存在价值	01-13	文化教育价值	由于森林的维持所存在的文化、教育、科技等价值	同休闲旅游价值一样，该部分也是基于人类偏好，用经济学方法核算	文化

注：表中将这3种功能与《千年生态系统评估报告》中所提出的4种生态系统服务功能相对照。其余未列功能是所列功能的伴生功能（同时存在和同时消失的，可以考虑为一个最大值）或者是一个生态过程的前端或者后端的功能，这里仅考虑导致存量变化的功能。

a. 潜在土壤侵蚀模数是指单位水平投影面积无任何植被覆盖的情况下土壤的最大侵蚀量。

B.1.3 基于能值的服务功能计算方法

表 B-2 列出表 B-1 森林生态系统服务功能列表中各项的能值计算公式及参数。

表 B-2 森林生态系统服务功能的能值计算公式及参数

类别	编号	项目	能值计算公式及参数说明
直接价值	01-1	增加 NPP	$E_{mNPP}=\text{Max}(R_i)$ (B-1) 式中，R_i 包括生态系统所在区域所有的可更新能值投入量（这里不考虑人工投入），其中包括太阳能、潮汐能、地热能、风能、雨水（势能、雨水化学能）、地热能及河流径流（势能、水的化学能）等。为避免重复计算，Max（R_i）= Max［Sum（太阳能，潮汐能，地热能），风能，雨水化学能，河流径流势能］
直接价值	01-2	固碳释氧	考虑光合作用的过程是生成有机质（NPP）和固定二氧化碳的过程，而固碳量约为生成生物量（干重）的一半，所以本研究中年单位面积森林生态系统固碳量为 $\frac{1}{2}\left(\Delta B+\frac{B}{T}\right)$，具体计算如下： $E_{mCS}=\frac{1}{2}\left(\Delta B+\frac{B}{T}\right)\times S\times \text{UEV}_{\text{Bio}}$ (B-2) 式中，E_{mCS} 为固碳所需能值（sej）；$\frac{1}{2}\left(\Delta B+\frac{B}{T}\right)$ 为每年单位面积森林的固碳量［g/(hm²·a)］；S 为森林面积（hm²）；UEV_{Bio} 是指森林生态系统生物量的能值转换率（sej/g）
直接价值	01-3	增加土壤	植物通过光合作用增加了森林生态系统生物量，森林凋落物（生物量的一部分）进入土壤中，增加了土壤有机质，由于土壤由有机质、矿物质、水、气等组成，在核算森林增加土壤功能时考虑数据的可得性，先核算森林增加土壤有机质的能值，再用土壤中有机质的含量算得增加的土壤量。 对于矿物质而言，其本身主要来源于可更新资源和成土母质。成土母质是岩石风化的结果，也是极其漫长的物理化学过程，所以每一年土壤矿物质的增加极少；可更新资源主要反映在植物生长吸收土壤中的矿物质，植物死亡将部分矿物质返回土壤，但是返还的部分也很少。所以现有研究中对每一年的土壤矿物质增加量研究甚少，多是研究土壤矿物质含量，因此本研究也使用土壤矿物质含量来衡量自然生态系统的这部分服务功能。可以看出土壤增加有机质和矿物质是不同的过程，因此森林增加土壤的价值取二者之和。 1）增加有机质 $E_{mOM}=E_{mre}\times k_1\times k_2$ (B-3) 式中，E_{mOM} 为土壤增加碳对应的能值（sej）；E_{mre} 为研究区可更新资源的能值（sej/a）；k_1 为森林凋落物（g）占森林生物量（g）比例（%）；k_2 为森林凋落物含碳量（g）占凋落物（g）比例（%）。 2）增加矿物质 $E_{mMin}=\sum_{i=1}^{n}(P_{ij\text{Min}}\times \text{BD}_i\times D_i\times S\times \text{UEV}_{j\text{Min}})$ (B-4) 式中，E_{mMin} 为土壤矿物质增加对应的能值（sej）；$P_{ij\text{Min}}$ 为森林第 i 层土壤第 j 种矿物质含量百分比（%）；BD_i 为森林第 i 层的土壤容重（g/cm³）；D_i 为第 i 层土壤对应的深度（cm）；S 为森林面积（hm²）；$\text{UEV}_{j\text{Min}}$ 为第 j 种土壤矿物质的能值转换率（sej/g）

续表

类别	编号	项目	能值计算公式及参数说明
直接价值	01-4	补给地下水	$$E_{mGW}=P \times S \times \rho \times k \times UEV_{GW} \quad (B-5)$$ 式中，E_{mGW} 为森林补给地下水对应的能值（sej）；P 为森林降水量（mm/a）；S 为森林面积（hm²）；ρ 为水的密度（g/cm³）；k 为降水入渗补给系数；UEV_{GW} 为地下水的能值转换率（sej/g）
间接价值	01-5	净化大气污染物	1）人体健康损失减少量 因为单位面积某类森林对某种大气污染物的净化能力是固定的，当大气污染物浓度小于这一值时，森林能完全净化这部分污染物，不造成人体健康损失；当大气污染物浓度超过这一净化能力时，森林仍只能净化固定的污染物，超过森林净化能力部分仍会对人体健康带来损失，这部分是森林无法提供的净化功能。因此用森林对某种大气污染物的净化能力来度量其减少人体健康损失量。同时，由于不同大气污染物给人体健康带来的损失不同，森林净化大气污染物价值用各种污染物给人体健康造成损失之和计算。具体计算方法如下：$$E_{m\text{人}} = \sum M_i \times S \times DALY_i \times \tau_H \quad (B-6)$$ 式中，$E_{m\text{人}}$ 为大气污染物净化后人体健康损失减少量对应的能值（sej）；M_i 为森林生态系统净化第 i 种大气污染物的能力 [kg/(hm²·a)]；S 为森林面积（hm²）；$DALY_i^a$ 是第 i 种大气污染物在 Eco-indicator 99 的评估框架中的影响因子，即单位第 i 种大气污染物对人造成的失能生命调整年（人年/kg）；τ_H 为区域总能值/总人口（sej/人）。 2）生态资源损失减少量 同森林生态系统净化大气污染物从而减少了人体健康损失的原理一样，用森林生态系统净化大气污染物能力来核算生态资源损失的减少量。$$E_{m\text{资源}} = \sum M_i \times S \times PDF(\%)_i \times E_{Bio} \quad (B-7)$$ 式中，$E_{m\text{资源}}$ 表示大气污染物净化后自然资源损失减少量对应的能值（sej）；M_i 表示森林生态系统净化第 i 种大气污染物的能力 [kg/(hm²·a)]；S 为森林面积（hm²）；$PDF(\%)_i$ 表示受第 i 种大气污染物的影响物种潜在灭绝比例；$PDF(\%)$ 在 Eco-indicator 99 的评估框架中的数据表明潜在灭绝比例如果是 1，意味着一年内会有一公顷的所有物种消失，或者说一年期间 10 公顷的范围内会有 10% 的物种消失；E_{Bio} 表示单位生物资源的能值 [sej/(hm²·a)]，可以用本地的荒地生物资源、农业资源、林业资源、畜牧业资源和渔业生产的能值来计算。 由于森林净化大气污染物会同时减少人体健康带来损失和生态资源损失，为了避免重复计算，森林生态系净化大气污染物的价值取二者最大值
间接价值	01-6	净化水污染物	森林净化水污染物的计算方法同净化大气污染物的方法，但需要更换计算公式中森林净化大气污染物的能力为净化水污染物的能力
间接价值	01-7	净化土壤污染物	森林净化土壤污染物的价值主要考虑森林净化土壤重金属的价值，计算方法同森林净化大气、水污染物相同，但需将计算公式中的净化能力换为森林净化第 i 种重金属的能力

续表

类别	编号	项目	能值计算公式及参数说明
间接价值	01-8	减少水土流失	森林减少水土流失价值可根据潜在侵蚀量与现实侵蚀量的差值计算，公式如下： $$E_{mg}=G \times 10^6 \times \mathrm{UEV}_g \quad (B-8)$$ $$G=(G_P-G_R) \times S \quad (B-9)$$ 式中，E_{mg} 为森林固土价值的能值（sej）；G 为森林年固土总量（t/a）；UEV_g 为固持土壤能值转换率（sej/g）；G_P 为潜在土壤侵蚀模数 [t/(hm²·a)]；G_R 为森林分布区现实侵蚀模数 [t/(hm²·a)]；S 为森林的面积（hm²）
间接价值	01-9	调节温、湿度	森林蒸散发过程中所吸收能量等于森林降温增湿过程的能量投入，因此可用森林蒸散发过程吸收的能量来估计森林降温增湿功能价值。具体计算方法如下： $$E_{mE}=E_{EW} \times S \times \rho_w \times 10^3 \times j_w \times \mathrm{UEV}_{Ew} \quad (B-10)$$ 式中，E_{mE} 为蒸散发所需能值（sej）；E_{EW} 为森林年蒸发量（mm/a）；S 为森林面积（hm²）；ρ_w 为水的密度（kg/m³）；j_w 为水的吉布斯自由能（J/g）；UEV_{Ew} 为水蒸气的能值转换率（sej/J）
存在价值	01-10	调节气候	全球尺度森林生态系统吸收温室气体（如 CO_2、CH_4 等）引起人体、生态系统和资源损失的减少在局地的分摊。 $$E_{mCR}=\sum_{i=1}^{n} M_i \times S \times \mathrm{DALY}_{si} \times \tau \quad (B-11)$$ 式中，E_{mCR} 表示全球森林生态系统调节气候减少人体损害在研究区的分摊价值（sej）；M_i 表示研究区森林生态系统单位面积对第 i 种温室气体的吸收量（g/m²）；S 为研究区森林生态系统面积（m²）；DALY_{si} 为第 i 种温室气体对人体造成的失能生命调整年系数（DALYs/kg）；τ 为研究区总能值与人口比值（sej/人）。 由于无因气候变化引起生态系统和资源损失的系数，此两部分不计算在内
存在价值	01-11	生物多样性	全球生态系统生物多样性在局地的分摊值来计算
存在价值	01-12	旅游休闲价值	森林的生态旅游价值主要体现在其为当地居民所带来的旅游收入方面，因此可通过能值货币比计算出生态旅游所具有的太阳能值总量。具体公式如下： $$E_{mT}=I_T \times \mathrm{EMR} \quad (B-12)$$ 式中，E_{mT} 为森林的旅游价值对应的能值（sej）；I_T 为森林带来的旅游收入（$）；EMR 为当地能值货币比（sej/$）
存在价值	01-13	文化教育价值	森林生态系统的文化教育服务包括许多方面，是由生态系统提供休闲娱乐和非商业性用途机会的功能提供，如美学、艺术、教育和科学研究价值等。考虑数据的获取性，本研究用森林生态系统可以提供信息量来衡量森林的文化教育价值，具体计算如下： $$E_{minfo}=M_{info} \times \mathrm{UEV}_{info} \quad (B-13)$$ 式中，E_{minfo} 为森林提供信息对应的能值（sej）；M_{info} 森林提供的信息量（J）；UEV_{info} 为信息的能值转换率（sej/J）

a. DALYs 同时考虑了早亡所损失的寿命年和病后失能状态下（特定的失能严重程度和失能持续时间）生存期间的失能寿命损失年。因此，DALY 含义是指疾病从发生到死亡所损失的全部寿命年。详见第6章。

B.1.4　说明1：其他森林类型未纳入研究对象的原因

常绿灌木丛是由常绿硬叶小乔木、灌木和硬叶丛生禾草所构成的稀疏矮灌木丛林。此种植被类型产于地中海型气候区或类似地中海气候的地区，该区气候特征是冬季凉爽多雨，夏季炎热干燥，由于高温与多雨季节不在同一时期，故树木发生变态。该树种主要产于地中海气候区，而中国基本没有此种气候类型，因此未将常绿灌木丛作为研究对象。

B.1.5　说明2：相关参数与计算方法

1）净初级生产力

$$E_{mNPP}=\text{Max}(R_i)$$
$$=\text{Max}[\text{Sum}(太阳能，潮汐能，地热能)，风能，雨水能，径流势能，径流化学能，波浪能]$$

因为太阳能、地热能和潮汐能是地球能量的来源，其他能量由此三者转化而来，为了避免重复计算，区域可更新资源等于三者之和加上其他两级可更新资源的最大值。

各个可更新资源能值具体计算方法如下：

（1）太阳能值 = 土地面积（m²）·太阳辐射能（J/m²）·（1-反射率）·卡诺效率；土地面积为该森林生态系统的面积，太阳辐射能可参考（Qin et al., 2018），反射率 =30%（Lou and Ulgiati, 2013），卡诺效率 =0.93（Brown and Ulgiati, 2016）；能值转换率 = 1.00 sej/J（de Vilbiss and Brown, 2015）。

（2）地球旋转能 = 土地面积（m²）·热通量[J/（m²·a）]·卡诺效率；土地面积为该森林生态系统的面积，热通量 = 1.45×10^6 J/（m²·a）（金丹，2010），卡诺效率 =9.5%（Brown and Ulgiati, 2016）；能值转换率 = 4.90×10^3 sej/J（Brown and Ulgiati, 2018）。

（3）潮汐能 = 大陆架面积（m²）·（0.5）·每年潮汐次数·平均潮汐范围（m）²·海水密度（kg/m³）·重力加速度（m/s）；潮汐次数 =730/a，平均潮汐范围 =1.0m，海水密度 =1.03kg/m³，重力加速度 =9.8m/s。

（4）风能 = 陆地面积（m²）·空气密度（kg/m³）·陆地风应力拖曳系数·（年均风速/0.6）³（m/s）+ 海洋面积（m²）·空气密度（kg/m³）·海洋风应力拖曳系数·（年均风速/0.6）³（m/s）·3.154×10^7（s/a）；土地面积为该森林生态系统的面积，空气密度 = 1.29kg/m³（Lou and Ulgiati, 2013），陆地风应力拖曳系数 =1.64×10^{-3}（Garratt, 1992），海洋风应力拖曳系数 =1.26×10^{-3}（Garratt, 1992），年均风速（m/s）可参考研究区气象统计年鉴/中国气象科学共享数据网 https://data.cma.cn/data/index.html（史培军等，2015; 宋天野，2014）；能值转

换率 = 7.90×10^2 sej/J（Brown and Ulgiati，2018）。

（5）雨水化学能 = 土地面积（m^2）·降水量（m）·蒸腾系数·雨水密度·雨水吉布斯自由能 + 大陆架面积·降水量·雨水密度·雨水吉布斯自由能（J/g）；土地面积为该森林生态系统的面积，降水量可参考研究区气象统计年鉴 / 中国气象科学共享数据网 https://data.cma.cn/data/index.html，蒸腾系数 =75%（Brown and Ulgiati，2016），雨水密度 = 1.00×10^3 kg/m^3（Lou and Ulgiati，2013），吉布斯自由能 = 4.72J/g（Brown and Ulgiati，2018）；能值转换率 = 7.01×10^3 sej/J（Brown and Ulgiati，2018）。

（6）径流势能 = 土地面积（m^2）·降水量（m）·径流系数（%）·雨水密度（kg/m^3）·重力加速度（m/s^2）·平均海拔（m）；土地面积为该森林生态系统的面积，降水量可参考研究区统计年鉴 / 中国气象科学共享数据网 https://data.cma.cn/data/index.html，径流系数 =25%（Brown and Ulgiati，2016），雨水密度 = 1.00×10^3 kg/m^3，重力加速度 =9.8m/s^2，平均海拔可参考（http://www.qh.gov.cn/zwgk/system/2017/10/29/010286262.shtml）；能值转换率 = 1.28×10^4 sej/J（Brown and Ulgiati，2018）。

（7）径流化学能 = 土地面积（m^2）·降水量（m）·径流系数（%）·雨水密度（kg/m^3）·河流水的吉布斯自由能；土地面积为该森林生态系统的面积，降水量可参考研究区气象统计年鉴 / 中国气象科学共享数据网 https://data.cma.cn/data/index.html，径流系数 =25%（Brown and Ulgiati，2016），雨水密度 = 1.00×10^3 kg/m^3，河流水吉布斯自由能 =4.70J/g（Brown and Ulgiati，2016）；能值转换率 = 2.13×10^4 sej/J（Brown and Ulgiati，2018）。

（8）波浪能 = 海滨长度（m）·（1/8）·海浪密度（kg/m^3）·重力加速度（m/s^2）·海浪高度（m）^{2}·海浪速度（m/s）·3.15×10^7（s/a）。海浪密度 = 1.025×10^3 kg/m^3；能值转换率 = 4.13×10^3 sej/J（Brown and Ulgiati，2018）。

2）固碳释氧计算过程相关参数与计算方法（表 B-3 和表 B-4）

表 B-3　增加生物量计算过程相关参数参考值

森林类型	面积 /（10^6hm^2）	2001～2005 年 碳存量 /（10^{12}g C）	BCD /（10^6g C/hm^2）	$\Delta B + \dfrac{B}{T}$ /[10^6g C/（hm^2·a）]	2006～2010 年 碳存量 /（10^{12}g C）	BCD /（10^6g C/hm^2）	$\Delta B + \dfrac{B}{T}$ /[10^6g C/（hm^2·a）]	碳汇 总量 /（10^{12}g C/a）
常绿阔叶林	16.9	908.0±143.2	53.7±8.5	21.48±3.4	928.2±155.8	54.8±9.2	21.92±3.68	4.0±10.4
落叶阔叶林	48.7	1744.4±165.5	35.8±3.4	14.32±1.36	1839.4±248.9	37.8±5.1	15.12±2.04	19.0±38.6
针阔混交林	2.2	108.2±20.1	49.9±9.3	19.96±3.72	110.4±24.7	50.9±11.4	20.36±4.56	0.4±1.9
常绿针叶林	68.6	2898.5±300.4	42.2±4.4	16.88±1.76	3190.5±395.6	46.5±5.8	18.6±2.32	58.4±44.8
落叶针叶林	12.7	693.1±112.1	54.8±8.9	21.92±3.56	682.3±113.5	53.9±9.0	21.56±3.6	-2.2±9.5
合计	149.0	6352.3±584.7	42.6±3.9	17.04±1.56	6750.8±808.4	45.3±5.4	18.12±2.16	79.7±103.3

资料来源：Sun 等，2015。

表 B-4　固碳释氧计算过程相关参数参考值

森林类型	面积 / (10^6hm²)	2001～2005年 $\frac{1}{2}\left(\Delta B + \frac{B}{T}\right)$ / [10^6g C/ (hm² · a)]	2006～2010年 $\frac{1}{2}\left(\Delta B + \frac{B}{T}\right)$ / [10^6g C/ (hm² · a)]
常绿阔叶林	16.9	10.74±1.7	10.96±1.84
落叶阔叶林	48.7	7.16±0.68	7.56±1.02
针阔混交林	2.2	9.98±1.86	10.18±2.28
常绿针叶林	68.6	8.44±0.88	9.3±1.16
落叶针叶林	12.7	10.96±1.78	10.78±1.8
合计	149.0	8.52±0.78	9.06±1.08

资料来源：Sun 等，2015。

3）土壤增加计算过程相关参数与计算方法（表 B-5 和表 B-6）

表 B-5　土壤有机质增加计算过程相关参数参考值

森林类型	生物量[a] / [10^6g/ (hm² · a)]	森林凋落物量[b] / [10^6g/ (hm² · a)]	k_1/%	k_2/%
常绿阔叶林	21.48±3.4	6.33	29.47	50
落叶阔叶林	14.32±1.36	3.62	25.28	50
针阔混交林	19.96±3.72	4.43	22.19	50
常绿针叶林	16.88±1.76	3.28	19.43	50
落叶针叶林	21.92±3.56	5.49	25.05	50

a. 本书作者根据 Sun 等（2015）整理获得；b. 本书作者根据申广荣等（2017）整理获得。

表 B-6　土壤矿物质增加计算过程相关参数参考值

森林类型	土壤深度/cm	$M_{i矿物质}$ SiO₂/%	Fe₂O₃/%	MnO/%	TiO₂/%	Al₂O₃/%	CaO/%	MgO/%	K₂O/%	Na₂O/%	P₂O₅/%	S/(g/kg)	BD_i/(g/cm³)	D_i/cm
常绿阔叶林	0～10	61.87	4.75	0.01	0.33	13.74	0.04	0.44	2.39	0.12	0.05	0.53	1.33	10
	10～20	60.41	5.29	0.00	0.40	16.91	0.04	0.52	2.76	0.10	0.05	0.54	1.33	10
	20～40	65.79	6.00	0.01	0.40	16.50	0.03	0.59	3.32	0.12	0.05	0.83	1.46	20
	40～60	64.29	7.13	0.01	0.41	16.16	0.04	0.63	3.58	0.12	0.05	0.48	1.47	20
	60～80	62.28	8.25	0.01	0.42	17.76	0.17	0.68	3.61	0.19	0.06	0.32	1.55	20
	80～100	65.58	9.35	0.01	0.39	17.54	0.04	0.64	3.70	0.16	0.06	0.73	1.53	20

续表

| 森林类型 | 土壤深度/cm | M_i 矿物质 ||||||||||| BD_i / (g/cm³) | D_i/cm |
		SiO_2 /%	Fe_2O_3 /%	MnO /%	TiO_2 /%	Al_2O_3 /%	CaO /%	MgO /%	K_2O /%	Na_2O /%	P_2O_5 /%	S /(g/kg)		
落叶阔叶林	0～10	25.02	1.25	0.001	0.001	4.55	3.55	1.1	1.38	1.4	0.062	0.51	1.097	10
	10～30	24.67	1.27	0.001	0.001	4.45	3.63	1.09	1.32	1.29	0.061	0.35	1.097	20
	>30	23.9	1.25	0.001	0.001	4.32	3.73	1.09	1.04	1.19	0.057	0.32	1.097	—
针阔混交林	0～10	37.81	3.38	0.008	0.845	14.264	0.150	0.485	2.754	0.398	0.077	0.322	1.146	10
	10～20	42.32	3.73	0.004	0.842	15.414	0.059	0.469	2.835	0.171	0.067	0.203	1.316	10
	20～40	40.96	4.07	0.007	0.839	16.627	0.064	0.483	3.364	0.214	0.069	0.201	1.176	20
	40～60	43.27	4.52	0.008	0.838	17.735	0.069	0.527	3.186	0.213	0.071	0.188	1.402	20
常绿针叶林	0～10	52.48	2.12	0.01	0.08	14.84	0.12	0.37	5.17	0.26	0.04	0.26	1.37	10
	10～20	52.12	1.82	0.01	0.08	16.47	0.10	0.40	5.42	0.27	0.04	0.21	1.37	10
	20～40	56.42	2.34	0.05	0.09	17.61	0.08	0.50	5.52	0.28	0.04	0.79	1.53	20
	40～60	57.96	2.17	0.04	0.09	15.61	0.10	0.47	5.12	0.27	0.04	0.52	1.51	20
	60～80	60.51	2.22	0.05	0.10	16.32	0.10	0.54	5.55	0.33	0.04	0.44	1.49	20
	80～100	57.82	2.37	0.04	0.10	16.16	0.14	0.62	5.90	0.21	0.04	0.40	1.58	20
落叶针叶林	0～10	61.85	4.36	0.05	0.70	13.44	1.79	1.77	1.90	1.82	0.13	—	0.64	10
	10～20	63.35	4.61	0.06	0.74	13.99	1.69	1.79	1.95	1.78	0.09	—	0.76	10
	20～30	61.31	4.81	0.06	0.78	14.40	1.49	1.81	1.97	1.71	0.08	—	0.82	10
	30～40	63.00	5.08	0.07	0.83	14.68	1.51	1.93	2.01	1.68	0.07	—	0.88	10
	40～50	64.03	5.35	0.07	0.86	14.89	1.36	2.03	2.04	1.67	0.08	—	0.09	10
	50～60	65.10	5.36	0.08	0.86	14.89	1.22	1.90	2.10	1.66	0.07	—	1.10	10
	60～70	65.73	5.47	0.09	0.82	14.72	1.07	1.91	2.21	1.86	0.068	—	1.07	10
	70～80	65.11	5.56	0.092	0.83	14.98	1.04	2.00	2.22	1.87	0.073	—	1.08	10
	80～90	64.32	5.76	0.100	0.91	15.16	1.52	2.16	2.28	1.88	0.133	—	1.09	10

4）地下水补给计算过程相关参数与计算方法（表 B-7）

表 B-7 地下水补给计算过程相关参数参考值

参数	k	参考文献
常绿阔叶林	0.158	汪成刚，2015
落叶阔叶林	0.18	曹国亮，2013
针阔混交林	0.141[a]	
常绿针叶林	0.141[b]	刘泓志等，2014
落叶针叶林	0.141	

a 和 b 分别表示真阔混交林和落叶针叶林数据缺乏，用常绿针叶林代替。

5) 大气污染净化计算过程相关参数与计算方法（表 B-8～表 B-10）

表 B-8　大气污染净化计算过程 M_i 参考值　　[单位：kg/(hm² · a)]

森林类型	M_i^a							
	SO_2	氟化物	氢氧化物	CO	O_3	PM_{10}	$PM_{2.5}^b$	滞尘
常绿阔叶林	88.65	4.65	6	1.52	17.44	8.19	8.19	33 200
落叶阔叶林	88.65	4.65	6	1.52	17.44	8.19	8.19	33 200
针阔混交林	136.71	2.58	6	1.52	17.44	8.19	8.19	8 470
常绿针叶林	215.60	0.5	6	1.52	17.44	8.19	8.19	10 110
落叶针叶林	215.60	0.5	6	1.52	17.44	8.19	8.19	10 110

a. 来源于中国生物多样性国情研究报告编写组（1998）；b. 表示因为 $PM_{2.5}$ 数据缺乏，故借鉴 PM_{10} 数据。

表 B-9　大气污染净化计算过程 DALYs 参考值　　（单位：kg）

大气污染物类型[a]							
SO_2	氟化物	氢氧化物[b]	CO	O_3	PM_{10}	$PM_{2.5}$	滞尘[b]
1.09×10^{-6}	1.64×10^{-4}	4.31×10^{-7}	7.31×10^{-7}	1.25×10^{-6}	3.41×10^{-4}	6.37×10^{-4}	4.31×10^{-7}

a. 来源于 Goedkoop 和 Spriensma（2000）；b. 表示由于数据缺乏，用其他大气污染物 DALYs 值得均值代替。

表 B-10　大气污染净化计算过程 PDF（%）参考值　　（单位：%）

大气污染物类型	SO_2	氢氧化物
	1.04%	5.71%

资料来源：Goedkoop 和 Spriensma，2000。

6) 土壤污染净化计算过程相关参数与计算方法（表 B-11 和表 B-12）

表 B-11　重金属对应的 DALYs 参考值　　（单位：kg）

重金属类型	铬 Cr	镍 Ni
	2.71×10^{-1}	3.94×10^{-3}

资料来源：Goedkoop 和 Spriensma，2000。

表 B-12　重金属对应的 PDF（%）参考值　　（单位：%）

重金属类型	全锌 Zn	全铜 Cu	铅 Pb	铬 Cr	镍 Ni	汞 Hg	砷 As
	22.66	10.81	0.09	28.68	52.67	11.54	4.28

资料来源：Goedkoop 和 Spriensma，2000。

7）减少水土流失计算过程相关参数与计算方法（表 B-13）

表 B-13　减少水土流失价值计算过程中森林蒸散量参考值

森林类型	潜在侵蚀系数/[t/(km²·a)]	现实侵蚀系数/[t/(km²·a)]
常绿阔叶林	6274.51	320
落叶阔叶林	9411.76	480
针阔混交林	5588.24	285
常绿针叶林	9803.92	500
落叶针叶林	9803.92	500

8）调节温、湿度计算过程相关参数与计算方法（表 B-14）

表 B-14　调节气候价值计算过程中森林蒸散量参考值

森林类型	森林蒸散量/(mm/a)
常绿阔叶林	299.065[a]
落叶阔叶林	299.065[b]
针阔混交林	425.1[c]
常绿针叶林	299.065[a]
落叶针叶林	972.16[d]

a. 来源于广东鹤山站森林观测数据的四年均值（傅声雷等，2011）；b. 数据缺乏，借鉴a；c. 来源于（程根伟和陈桂蓉，2003）；d. 来源于北京站森林观测数据（桑卫国等，2011）。

9）调节气候计算过程相关参数与计算方法（表 B-15）

表 B-15　气候变化引起人体损失计算过程的 DALYs 参考值　（单位：kg）

温室气体类型			
CO_2	CH_4	HFCs	N_2O
2.07×10^{-7}	4.40×10^{-6}	6.14×10^{-4}	6.83×10^{-5}

10）存在价值计算过程相关参数与计算方法（表 B-16）

表 B-16　旅游价值计算过程相关参数参考值

参数	参数参考值	参考文献
EMR	5.88×10^{12}[a]	Lou 和 Ulgiati，2013

a. 为中国 2009 年的能值货币比，为减小计算的误差，建议核算具体研究区的能值货币比，各国能值货币比见 NEAD 数据库 http://nead.um01.cn/home。

B.2 湿　　地

湿地土地利用类型包括：
01　近海与海岸；
02　河流；
03　湖泊；
04　沼泽；
05　库塘。

B.2.1　土地利用类型简介

湿地（wetland）是指无论其为天然或人工、长久或暂时的沼泽、湖泊、泥炭地或水域地带，包括静止或流动的淡水、半咸水或咸水水体，也包括低潮时水深不超过六米的水域[①]。1999 年国家林业和草原局参照《湿地公约》将中国湿地分为近海与海岸湿地、河流湿地、湖泊湿地、沼泽与沼泽化湿地、库塘等 5 类 28 种[②]。

近海及海岸湿地发育在陆地与海洋之间，是海洋和大陆相互作用最强烈的地带。近海及海岸湿地主要有以下几种类型：红树林沼泽，分布在潮间带，以红树植物为主；海草湿地，位于海洋低潮线以下潮下水生层，生长海草植被，植物盖度≥30%；潮间盐沼，由盐生植物组成，常见碱蓬茅草、盐地碱蓬等，植物盖度≥30%；潮间淤泥质海滩，植物盖度≤30%，底质以淤泥为主。

河流是地表上有相当大水量且常年或季节性流动的天然水流，自然汇入海洋、湖泊的流水，通常为淡水。

湖泊是指陆地表面洼地积水形成的比较宽广的水域。

沼泽湿地包括沼泽和沼泽化草甸（简称沼泽湿地），沼泽的特点是地表经常或长期处于湿润状态，具有特殊的植被和成土过程，有的沼泽有泥炭积累，有的没有泥炭。沼泽湿地主要有以下几种类型：藓类沼泽，以藓类植物为主；草本沼泽，以草本植物为主；灌丛沼泽，以灌木为主；森林沼泽，以木本植物为主；沼泽化草甸，包括河湖滩地，因季节性和临时性积水而引起的沼泽化湿地；内陆盐沼 以一年生或多年生盐生植物为主。

水库，一般的解释为"拦洪蓄水和调节水流的水利工程建筑物，可以利用来灌溉、发电、防洪和养鱼"。它是指在山沟或河流的狭口处建造拦河坝形成的人

[①] 源于《湿地公约》。
[②] 参考湿地中国网站：http://www.shidi.org/。

工湖泊。

坑塘水面是人工开挖或天然形成的蓄水量小于 10 万 m^3（不含养殖水面）坑塘常水位以下的土地。

B.2.2 服务功能列表

本研究考虑进行能值核算的服务功能详见表 B-17。

表 B-17 湿地生态系统服务功能列表

类别	编号	项目	指标说明	能值计算说明	MA 归属
直接价值	02-1	增加生物量	生物量是指某一时刻单位面积内实存生活的有机物质（干重）（包括生物体内所存食物的重量）总量，通常用 kg/m^2 或 t/hm^2 表示	用湿地系统年可更新资源量来核算	供给
直接价值	02-2	固碳释氧	考虑湿地生态系统作为碳汇产生的固碳作用，在此过程中也存在水生植物进行光合作用释放氧气的过程，为避免重复计算及考虑数据的可得性，仅核算固碳作用的价值	用湿地植被固碳量核算	调节
直接价值	02-3	提供水源	考虑湿地生态系统作为农业、工业、生活用水等水源地的作用	用供水量核算	供给
直接价值	02-4	补给地下水	考虑湿地生态系统对地下水的补给作用	用地下水量补给来核算	调节
直接价值	02-5	增加底泥	考虑湿地生态系统底泥沉积物中营养物质的增加	用底泥中营养物质增加量计算	支持
间接价值	02-6	净化大气污染物	考虑湿地对 SO_2、NO_x、氟化物等大气污染物的净化作用	用因净化大气污染带来损害量的减少来计算	调节
间接价值	02-7	净化水污染物	考虑湿地对 COD、TN、TP、BOD、氨氮等污染物的净化	用因净化水污染带来损害量的减少来计算	调节
间接价值	02-8	运移营养物质	考虑湿地对营养物质，如氮、磷、有机质等具有携载运移功能	用河流径流中营养物质的浓度进行核算	支持
间接价值	02-9	调节温湿度	考虑湿地生态系统水面蒸发具有降温、增湿的作用	用水面蒸发量计算	调节

续表

类别	编号	项目	指标说明	能值计算说明	MA 归属
间接价值	02-10	提供水电	考虑水力发电带来能源的增加	用湿地提供的水电来核算	供给
存在价值	02-11	调节气候	全球尺度湿地生态系统吸收温室气体，如 CO_2 等引起人体、生态系统和资源损失的减少在局地的分摊	用单位面积湿地吸收温室气体带来人体、生态系统和资源的损失量来计算	调节
存在价值	02-12	生物多样性	考虑湿地生态系统维持生物多样性的作用	用全球生态系统生物多样性在局地的分摊值来计算	支持
存在价值	02-13	旅游休闲+航运价值	考虑河流、湖泊、水库等可带来旅游休闲娱乐及航运等价值	由于这部分价值是基于人类偏好，所以用货币价值核算	文化
存在价值	02-14	文化教育价值	由于湿地的维持所存在的文化、教育、科技等价值等的保存价值	由于这部分价值也基于人类偏好，所以用货币价值核算	文化

B.2.3 基于能值的服务功能计算方法

表 B-18 列出表 B-17 湿地生态系统服务功能列表中各项的能值计算公式及参数。

表 B-18　湿地生态系统服务功能的能值计算公式及参数

类别	编号	项目	能值计算公式及参数说明
直接价值	02-1	增加生物量	$E_{mBio} = \text{MAX}(R_{li}) + \text{MAX}(R_{ii}) - \text{MAX}(R_{oi})$　（B-14） 这里的 R_i 包括生态系统所在区域所有的可更新能值投入量（这里不考虑人工投入），包括太阳能、潮汐能、地热能、风能、雨水势能、雨水化学能、河流径流势能、水的化学能等，为避免重复计算，$\text{MAX}(R_i) = \text{MAX}[\text{Sum}(太阳能，潮汐能，地热能)，风能，雨水化学能，河流径流势能]$。其中，$R_{li}$ 表示当地的可更新资源；R_{ii} 表示由于水体流动流入研究区以外的生物量对应的可更新资源量；R_{oi} 表示由于水体流动流出研究区以外的生物量对应的可更新资源量

续表

类别	编号	项目	能值计算公式及参数说明
直接价值	02-2	固碳释氧	$$E_{cs}=C \cdot S \cdot UEV_{Bio} \quad (B-15)$$ 式中，E_{cs} 为湿地生态系统固碳对应的能值（sej）；C 为单位面积湿地生态系统年固碳量 [g C/($m^2 \cdot a$)]；S 为湿地生态系统的面积（km^2）；UEV_{Bio} 为湿地生态系统生物量的能值转化率（sej/g）
直接价值	02-3	提供水源	根据城市水资源公报，城市供水量主要分为：蓄水量、引水量、提水量、调水量和地下水量。其中，以水库、塘坝为水源的，无论是自流引水或者提水，均属蓄水工程供水量；从河道中自流引水的，无论有闸坝或无闸坝，均属引水工程供水量；利用扬水站从河湖直接取水的，属提水工程供水量；调水工程供水量指天然河流联系的水资源二级区之间的水量调配（不包括支流之间的水量调配）。具体计算公式如下： $$E_{sw} = \sum_{i=1}^{n} M_i \cdot \rho \cdot UEV_i \quad (B-16)$$ 式中，E_{sw} 为湿地生态系统供水对应的能值（sej）；M_i 为第 i 类湿地生态系统供水量（m^3）；ρ 为水的密度（kg/m^3）；UEV_i 为第 i 类水体的能值转换率（sej/g）
直接价值	02-4	补给地下水	$$E_{gw}=R \cdot \rho \cdot S \cdot k \cdot UEV_{gw} \quad (B-17)$$ 式中，E_{gw} 为湿地生态系统补给地下水对应的能值（sej）；R 为研究区降水量（m）；ρ 为水的密度（kg/m^3）；S 为研究区湿地生态系统面积（km^2）；k 为研究区湿地生态系统入渗系数；UEV_{gw} 为地下水能值转换率（sej/g）
直接价值	02-5	增加底泥	$$E_{ns} = \sum_{i=1}^{n} (C_i \cdot \rho \cdot M \cdot UEV_i) \quad (B-18)$$ 式中，E_{ns} 为湿地生态系统底泥沉积物中营养物质增加对应的能值（sej）；C_i 为底泥沉积物中第 i 种营养物质的浓度（mg/kg），这里的营养物质浓度仅考虑不超过富营养化标准部分的浓度，如果营养物质达到或者超过富营养化标准浓度，则此部分服务不计算在内；ρ 为水的密度（kg/m^3）；M 表示河流年均径流量（m^3）；UEV_i 为第 i 种营养物质的能值转换率（sej/g）
间接价值	02-6	净化水污染物	考虑湿地生态系统对水中污染物的净化服务及水生植物吸收富营养化营养物质的作用。 1）人体健康损失减少量 $$E_{pw1} = \sum_{i=1}^{n} ((S_i - C_i) \cdot \rho \cdot M \cdot DALY_{si} \cdot \tau) \quad (B-19)$$ $$E_{pn1} = \sum_{i=1}^{n} \sum_{j=1}^{m} (N_i \cdot P_{ij} \cdot \rho \cdot M_i \cdot DALY_{si} \cdot \tau) \quad (B-20)$$ 式中，E_{pw1} 为净化水体污染物对应的能值（sej）；S_i 为地表水环境质量标准（mg/L），近海、河流、湖泊、沼泽采用地表水环境质量 V 类标准，水库/坑塘考虑可能为生活用水水源，采用Ⅲ类水质标准；C_i 为水中重金属浓度（mg/L），需注意的是，当 $S_i>C_i$ 时，此时未造成损失，该部分服务不计算在内，当 $S_i<C_i$ 时，水体只能净化其能力范围内的污染物，此时式（B-19）取 $C_i=0$ 来计算该项服务；ρ 为水的密度（kg/m^3）；M 为径流量（m^3）；$DALY_{si}$ 是第 i 种水污染物在 Eco-indicator 99 的评估框架中的影响因子，即单位第 i 种水体污染物对人造成的失能生命调整年（人年/kg）；τ 为区域总能值/总人口（sej/人）。N_i 为第 i 种营养物质的浓度（mg/kg）；P_{ij} 是第 j 种水生植物对第 i 种营养物质的吸收率（%）；M_i 表示第 i 种水体的径流量（m^3）；式（B-20）中其他参数和式（B-19）含义一致。净化水污染物和水生植物吸收富营养化物质有不同效应，因此将二者相加作为此项总价值

续表

类别	编号	项目	能值计算公式及参数说明
间接价值	02-6	净化水污染物	2）生态资源损失减少量 同净化水体污染物从而减少了人体健康损失的原理一样，用湿地生态系统净化水体污染物能力来核算生态资源损失的减少量。 $$E_{pw2} = \sum_{i=1}^{n}[(S_i - C_i) \cdot \rho \cdot M \cdot PDF(\%)_{si} \cdot S \cdot UEV_{Bio}] \quad (B-21)$$ $$E_{pn2} = \sum_{i=1}^{n}\sum_{j=1}^{m}[N_i \cdot P_{ij} \cdot \rho \cdot M_i \cdot PDF(\%)_{si} \cdot S \cdot UEV_{Bio}] \quad (B-22)$$ 式中，E_{pw2} 为水体污染物净化后自然资源损失减少量对应的能值（sej）；PDF(%)$_i$ 表示受第 i 种水体污染物的影响物种潜在灭绝比例（PDF×hm²×a/kg）[PDF(%)在 Eco-indicator 99 的评估框架中的数据表明潜在灭绝比例如果是 1，意味着一年内会有 1m² 的所有物种消失，或者说一年期间 10m² 的范围内会有 10% 的物种消失]；S 为水域面积（km²）；UEV_{Bio} 为单位生物资源的能值[sej/(hm²·a)]，可以用本地的荒地生物资源、农业资源、林业资源、畜牧业资源和渔业生产的能值来计算；E_{pn2} 为水生植物吸收营养物质对应的能值（sej）；式（B-21）、式（B-22）中的其余参数和式（B-19）、式（B-20）中的含义一致。 由于湿地生态系统净化水体污染物给人体健康和生态资源带来的效应不同，因此湿地生态系统净化水体污染物的价值取二者之和
间接价值	02-7	净化大气污染物	湿地净化水污染物的计算方法同净化大气污染物的方法，但此处考虑水生植物对大气污染物的净化，另外需要将计算公式中湿地净化大气污染物的能力更换成净化水污染物的能力
间接价值	02-8	运移营养物质	$$E_{nt} = \sum_{i=1}^{n}(C_i \cdot \rho \cdot M \cdot UEV_i) \quad (B-23)$$ 式中，E_{nt} 为湿地运移营养物质所需的能值转化率（sej）；C_i 为湿地径流中 i 种营养物质的浓度（mg/kg）；ρ 为水的密度（kg/m³）；M 为河流年均径流量（m³）；UEV_i 表示第 i 种营养物质的能值转换率（sej/g）。 当不同湿地类型相连接时，为避免重复计算，湿地生态系统该项服务取几个湿地生态系统服务最大值；不相连接时，取几个湿地生态系统服务之和
间接价值	02-9	调节温湿度	$$E_E = E \cdot S \cdot \rho \cdot UEV_{wv} \quad (B-24)$$ 式中，E_E 为湿地生态系统调节局地气候对应的能值（sej）；E 为研究区年均蒸发量（m）；S 为研究区水体面积（km²）；ρ 为水的密度（kg/m³）；UEV_{wv} 为水蒸气能值转换率（sej/g）
间接价值	02-10	提供水电	$$E_h = H \cdot UEV_h \quad (B-25)$$ 式中，E_h 为提供水电对应的能值（sej）；H 为研究区水力发电量（kW·h）；UEV_h 为水电的能值转换率[sej/(kW·h)]

类别	编号	项目	能值计算公式及参数说明
存在价值	02-11	调节气候	全球尺度湿地生态系统吸收温室气体，如 CO_2 等引起人体、生态系统和资源损失的减少在局地的分摊。$$E_{mCR} = \sum_{i=1}^{n} M_i \cdot S \cdot DALY_{si} \cdot \tau \quad (\text{B-26})$$ 式中，E_{mCR} 为全球湿地生态系统调节气候减少人体损害在研究区的分摊价值（sej）；M_i 为研究区湿地生态系统单位面积对第 i 种温室气体的吸收量（g/m²）；S 为研究区湿地生态系统面积（m²）；$DALY_{si}$ 为第 i 种温室气体对人体造成的失能生命调整年系数（$DALY_s$/kg）；τ 为研究区总能值与人口比值（sej/人）。由于无因气候变化引起生态系统和资源损失的系数，此两部分不计算在内
存在价值	02-12	生物多样性	全球生态系统生物多样性在局地的分摊值来计算
存在价值	02-13	旅游休闲+航运价值	1）旅游休闲价值 考虑河流、湖泊、水库等可带来旅游休闲娱乐等价值，由于这部分价值是基于人类偏好，所以使用货币价值核算。具体计算公式如下：$$E_t = I_t \cdot S \cdot EMR \quad (\text{B-27})$$ 式中，E_t 为湿地生态系统旅游休闲价值对应的能值（sej）；I_t 为单位面积湿地生态系统带来的旅游收入（元/km²）；S 为研究区湿地生态系统面积（km²）；EMR 为当地的能值货币比（sej/元）。 2）航运价值 考虑湿地生态系统的航运功能，用航运里程、年客运量、货运量等基础数据核算。但由于旅游收入中包含了交通费，为避免重复计算，此处仅核算提供货运价值。具体公式如下：$$E_t = D \cdot M_g \cdot P_g \cdot EMR \quad (\text{B-28})$$ 式中，E_t 为提供航运对应的能值（sej）；D 为水体提供的航运里程（km）；M_g 为航运中的年货运周转量（t/km）；P_g 为航运中货运价格[元/(t·km)]；EMR 为研究区能值货币比（sej/元）
存在价值	02-14	文化教育价值	湿地的文化教育服务价值核算同森林相同，但需要将森林提供的信息量换为湿地提供的信息量，具体计算如下：$$E_{minfo} = M_{info} \times UEV_{info} \quad (\text{B-29})$$ 式中，E_{minfo} 为湿地提供信息对应的能值（sej）；M_{info} 为湿地提供的信息量（J）；UEV_{info} 为信息的能值转换率（sej/J）

B.2.4 说明：相关参数与计算方法

（1）增加生物量计算过程相关参数与计算方法参照森林。

（2）补给地下水计算过程相关参数与计算方法，如表 B-19 所示。

表 B-19　补给地下水计算过程相关参数参考值

湿地类型	k
河流	0.12
湖泊	0.203
沼泽	0.162
库塘	0.203

注：系数参考文献（刘晓霞，2007）。

（3）净化水污染计算过程相关参数与计算方法（表 B-20）。

表 B-20　净化水污染计算过程 $DALY_s$ 参考值

项目	水污染物（重金属）类型						
	Cr	Ni	Cu	Mn	Zn	Cd	Pb
$DALY_s$/（人·a/kg）	2.88×10^{-1}	—	n. a.	2.93×10^{-13}	—	5.99×10^{-2}	n. a.
PDF（%）/（m²·a/kg）	64.3	10.81%	1.37×10^{2}	—	15.2	4.49×10^{2}	6.91

注：n. a. 表示无数据。

B.3　农　　田

农田土地利用类型包括：
01　耕地；
02　园地。

B.3.1　土地利用类型简介

农田（farmland）指农业生产的用地。考虑数据的可得性，本研究主要考虑耕地和园地。

耕地是指种植农作物的土地，包括熟地、新开发复垦整理地、休闲地、轮歇地、草田轮作地；以种植农作物为主，间有零星果树、桑树或其他树木的土地；平均每年能保证收获一季的已垦滩地和海涂。耕地中还包括南方宽<1.0m、北方宽<2.0m 的沟、渠、路和田埂。耕地又可分为灌溉水田[①]、望天田、水浇地、旱地、菜地。

---

① 由于水田的生态系统服务价值在湿地部分已经核算，为避免重复计算，此处不再核算。

园地是指种植以采集果、叶为主的集约经营的多年生木本和草本植物，覆盖度在0.5以上的或每亩株数大于合理株数70%以上的土地，包括用于育苗的土地。（特别注意，苗圃是固定的林木育苗地，属于林地而非园地。）

B.3.2 服务功能列表

本研究考虑进行能值核算的服务功能详见表B-21。

表B-21 农田生态系统服务功能列表

类别	编号	项目	指标说明	能值计算说明	MA归属
直接价值	03-1	提供农产品	农田生产价值主要由粮食作物和经济作物构成，包括粮食作物、油料、果蔬、花卉等	用农作物产量的增加量来计算	供给
直接价值	03-2	固碳释氧	农田的固碳作用考虑农作物的光合作用将大气中的二氧化碳转化为碳水化合物，并以有机碳的形式固定在植物体内或土壤中，同时考虑农作物中的碳通过碳循环进入土壤（如农作物的枯枝落叶进入土壤），会产生土壤固碳作用，因此此处的固碳释氧作用用光合作用固碳量减去进入由植物进入土壤部分的碳	用农作物的固碳量来计算	调节
直接价值	03-3	增加土壤	农田土壤的增加考虑土壤有机质和矿物质的增加：秸秆还田和成土母质对土壤有机质增加的贡献；土壤矿物质的增加来源于可更新资源和成土母质两部分	用秸秆还田和成土母质贡献带来的土壤有机质和矿物质的增加来计算	支持
直接价值	03-4	涵养水源	考虑农田的蓄水量	用农田蓄水量来计算	调节
间接价值	03-5	净化大气污染	农田通过吸附阻滞、吸收同化、阻隔等形式净化大气，主要考虑 SO_2、NO_x、氟化物等大气污染物及农田植被滞尘作用	用因净化大气污染带来损害量的减少来计算	调节
间接价值	03-6	净化水污染物	考虑农田对COD、TN、TP、BOD、氨氮等污染物的净化	用因净化水污染带来损害量的减少来计算	调节
间接价值	03-7	净化土壤污染物和人畜排泄物	主要考虑农田对土壤中重金属等污染物的净化作用及农田对人畜粪便的净化	用因净化土壤重金属带来损害量的减少和人畜粪便的净化量来计算	调节

类别	编号	项目	指标说明	能值计算说明	MA 归属
间接价值	03-8	减少水土流失	考虑农田通过地表覆盖和水土保持措施可保持土壤，减少水土流失	用潜在侵蚀模数和现实侵蚀模数的差值计算	调节
存在价值	03-9	调节气候	考虑农田通过增湿、增雨、降温等过程进行气候调节	用蒸发量和植物蒸腾量来核算	调节
存在价值	03-10	提供社会保障	考虑目前滞留在农业中的剩余劳动力人数为农田生态系统提供的社会保障价值	用农业保障就业人数来计算	调节
存在价值	03-11	存在价值	由于农田的维持所存在的旅游、文化、教育、科技等价值及生物多样性等的保存价值	用替代价值计算	文化

B.3.3 基于能值的服务功能计算方法

表 B-22 罗列出表 B-21 农田生态系统服务功能列表中各项的能值计算公式及参数。

表 B-22　农田生态系统服务功能的能值计算公式及参数

类别	编号	项目	能值计算公式及参数说明
直接价值	03-1	提供农产品	$$E_{mP}=\sum_{i=1}^{n}(P_{ci}\times 10^6\times E_{ci}\times UEV_{ci})\quad (B\text{-}30)$$ 式中，E_{mP} 为农田提供农作物所需的能值（sej）；P_{ci} 为第 i 种农作物的年产量（t/a）；E_{ci} 为第 i 种农作物的能量折算系数（J/g）；UEV_{ci} 为第 i 种农作物的能值转换率（sej/J）；具体参数选择详见附录 C
直接价值	03-2	固碳释氧	农田固碳释氧作用机制和森林一样，考虑农田生态系统因生物量的增加产生的固碳作用。$$E_{mCS}=\frac{1}{2}\left(\Delta B+\frac{B}{T}\right)\times S\times UEV_{Bio}\quad (B\text{-}31)$$ 式中，E_{mCS} 为固碳所需能值（sej）；$\frac{1}{2}\left(\Delta B+\frac{B}{T}\right)$ 为每年单位面积森林的固碳量 [g/(hm²·a)]；S 为农田生态系统面积（hm²）；UEV_{Bio} 是指农田生态系统生物量的能值转换率（sej/g）
直接价值	03-3	增加土壤	考虑数据的可获取性，本研究主要核算秸秆还田对土壤碳的增加量，再用土壤中土壤碳的比例算得土壤的增加量。具体方法如下： 1) 增加有机质 $$E_{mOM}=E_{mre}\times k_1\times k_2\quad (B\text{-}32)$$ 式中，E_{mOM} 为土壤增加碳对应的能值（sej）；E_{mre} 为研究区可更新资源的能值（sej/a）；k_1 为秸秆还田量（g）占农田生物量（g）比例（%）；k_2 为秸秆含碳量（g）占秸秆还田量（g）比例（%）

续表

类别	编号	项目	能值计算公式及参数说明
直接价值	03-3	增加土壤	2）增加矿物质 $$E_{m\text{Min}}=\sum_{i=1}^{n}(P_{ij\text{Min}}\times \text{BD}_i\times D_i\times S\times \text{UEV}_{j\text{Min}}) \quad (\text{B-33})$$ 式中，$E_{m\text{Min}}$为土壤矿物质增加对应的能值（sej）；$P_{ij\text{Min}}$为农田第i层土壤第j种矿物质含量百分比（%）；BD_i为农田第i层的土壤容重（g/cm³）；D_i为第i层土壤对应的深度（cm）；S为农田面积（hm²）；$\text{UEV}_{j\text{Min}}$为第j种土壤矿物质的能值转换率（sej/g）
直接价值	03-4	涵养水源	本研究通过农田面积、农田土层厚度和农田的田间持水量来计算农田涵养水源的价值，具体方法如下： $$E_{m\text{hw}}=M_{\text{hw}}\times \text{UEV}_{\text{hw}} \quad (\text{B-34})$$ $$M_{\text{hw}}=S\times H\times D\times \gamma \quad (\text{B-35})$$ 式中，$E_{m\text{hw}}$为农田涵养水源能值（sej）；M_{hw}为农田涵养水源量（g/a）；UEV_{hw}为田间水的能值转换率（sej/g）；S为农田面积（hm²）；H为农田土壤平均厚度（cm）；D为农田土壤容重（g/cm³）；γ为田间持水量（%）
间接价值	03-5	净化大气污染物	农田净化大气污染物价值的方法同森林部分，但需要将森林对大气污染物的净化能力更换为农田对应的净化能力。具体方法如下： 1）人体健康损失减少量 $$E_{m人}=\sum M_i\times S\times \text{DALY}_i\times \tau_H \quad (\text{B-36})$$ 式中，$E_{m人}$为大气污染物净化后人体健康损失减少量对应的能值（sej）；M_i为农田生态系统净化第i种大气污染物的能力（kg/hm²）；S为农田面积（hm²）；DALY_i是第i种大气污染物在Eco-indicator 99的评估框架中的影响因子，即单位第i种大气污染物对人造成的失能生命调整年（人/kg）；τ_H为区域总能值/总人口（sej/人）。 2）生态资源损失减少量 同农田生态系统净化大气污染物从而减少了人体健康损失的原理一样，用农田生态系统净化大气污染物能力来核算生态资源损失的减少量。 $$E_{m资源}=\sum M_i\times S\times \text{PDF}(\%)_i\times E_{\text{Bio}} \quad (\text{B-37})$$ 式中，$E_{m资源}$表示受影响的自然资源的损失能值（sej）；M_i表示农田生态系统净化第i种大气污染物的能力[kg/(hm²·a)]；S为农田面积（hm²）；$\text{PDF}(\%)$表示受第i种大气污染物的影响物种潜在灭绝比例；E_{Bio}表示单位生物资源的能值[sej/(hm²·a)]，可以用本地的荒地生物资源、农业资源、林业资源、畜牧业资源和渔业生产的能值来计算。 由于农田净化大气污染物会同时减少人体健康带来损失和生态资源损失，为了避免重复计算，农田生态系统净化大气污染物的价值取二者最大值

续表

类别	编号	项目	能值计算公式及参数说明
间接价值	03-6	净化水污染	农田净化水污染物的计算方法同净化大气污染物的方法，但需要将计算公式中农田净化大气污染物的能力更换成净化水污染物的能力
间接价值	03-7	净化土壤污染物和人畜排泄物	1）净化土壤污染物 农田净化土壤污染物的价值主要考虑农田净化土壤重金属的价值，计算方法同农田净化大气、水污染物相同，但需更将计算公式中的净化能力换为农田净化第 i 种重金属的能力。 2）净化人畜排泄物 $$E_{ms}=(Q_a+Q_p)\times 10^6 \times 5.4 \times 4184 \times \text{UEV}_{br} \quad (\text{B-38})$$ 式中，E_{ms} 为农田净化废弃物的所需能值（sej）；Q_a 为农村牲畜年排泄粪便量（t/a）；Q_p 为农村人口年排泄粪便量（t/a）；UEV_{br} 为粪便能值转换率（sej/g）
间接价值	03-8	减少水土流失	农田固土价值的核算和森林相似，都是根据潜在侵蚀量与现实侵蚀量的差值计算，公式如下： $$E_{mg}=G\times 10^6 \times \text{UEV}_g \quad (\text{B-39})$$ $$G=(G_P-G_R)\times S \quad (\text{B-40})$$ 式中，E_{mg} 为农田固土价值的能值（sej）；G 为农田固土总量（t/a）；UEV_g 为固持土壤能值转换率（sej/g）；G_P 为潜在土壤侵蚀模数 $[t/(hm^2\cdot a)]$；G_R 为农田分布区现实侵蚀模数 $[t/(hm^2\cdot a)]$；S 为农田面积（hm^2）。 考虑数据的可获得性，也可用以下方法计算农田固持土壤量： $$G=S\times H\times D\times 10^2 \quad (\text{B-41})$$ 式中，G 为农田固土总量 $[t/(hm^2\cdot a)]$；S 为农田面积（hm^2）；H 为农田土壤平均厚度（cm）；D 为农田土壤容重（g/cm^3）
存在价值	03-9	调节气候	考虑数据的可获得性，农田的气候调节价值核算方法借鉴森林、湿地中调节气候价值的计算方法，即农田蒸散发过程中所吸收能量等于农田降温增湿过程的能量投入，因此可用农田蒸散发过程吸收的能量来估计湿地降温增湿功能价值。具体计算方法如下： $$E_{mE}=E_{EW}\times \rho_w \times 10^3 \times j_w \times \text{UEV}_{Ew} \quad (\text{B-42})$$ 式中，E_{mE} 为农田蒸散发所需能值（sej）；E_{EW} 为农田年蒸发量（m^3/a）；ρ_w 为水的密度（kg/m^3）；j_w 为水的吉布斯自由能 J/g；UEV_{Ew} 为水蒸气的能值转换率（sej/J）
存在价值	03-10	提供社会保障	$$E_{mse}=P_A\times \text{UE}\% \times \text{LS}\times y \times \text{EMR} \quad (\text{B-43})$$ 式中，E_{mse} 为农田社会保障价值对应的能值（sej）；P_A 为农业从业人数（人）；UE% 为我国农业生产中隐形失业比例（%）；LS 为研究区相关部门规定的城市最低保障标准（$/人）；$y$ 为农村居民生活消费开支与城市居民生活消费开支的比值；EMR 为研究区能值货币比（sej/$）

附录 B 基于能值的生态系统服务价值计算方法   ·337·

续表

类别	编号	项目	能值计算公式及参数说明
存在价值	03-11	存在价值	1）旅游价值 农田的生态旅游价值同森林一样，主要体现在其为当地居民所带来的旅游收入方面，因此可通过能值货币比计算出生态旅游所具有的太阳能值总量。具体公式如下： $$E_{mT}=I_T \times EMR \quad (B-44)$$ 式中，E_{mT} 为农田的旅游价值对应的能值（sej）；I_T 为农田带来的旅游收入（\$）；EMR 为当地能值货币比（sej/\$）。 2）文化教育服务价值 农田的文化教育服务价值核算同森林相同，但需要将森林提供的信息量换为农田提供的信息量，具体计算如下： $$E_{minfo}=M_{info} \times UEV_{info} \quad (B-45)$$ 式中，E_{minfo} 为农田提供信息对应的能值（sej）；M_{info} 农田提供的信息量（J）；UEV_{info} 为信息的能值转换率（sej/J）。 3）生物多样性价值 $$E_{mBio}=M_{Bio} \times S \times UEV_{Bio} \quad (B-46)$$ 式中，E_{mBio} 为农田维持生物多样性的能值（sej）；M_{Bio} 为每年单位面积农田的生物量（J/hm²）；S 为农田面积（hm²）；UEV_{Bio} 生物量的能值转换率（sej/J）

B.3.4 说明：相关参数与计算方法

（1）农产品提供价值计算过程相关参数与计算方法（表 B-23）。

表 B-23 农产品提供价值计算过程相关参数参考值

参数	参数	参数参考值	参考文献
E_{ci}	E_c 水稻	1.64×10^{10}	钟世名，2013
	E_c 小麦	1.57×10^{10}	
	E_c 玉米	1.65×10^{10}	
	E_c 高粱	1.63×10^{10}	
	E_c 谷子	1.58×10^{10}	
	E_c 薯类	1.67×10^{10}	
	E_c 棉花	8.37×10^{9}	
	E_c 大豆	2.07×10^{10}	
	E_c 油料	2.55×10^{10}	

续表

参数		参数参考值	参考文献
E_{ci}	$E_{c\text{麻类}}$	1.63×10^{10}	钟世名，2013
	$E_{c\text{蔬菜}}$	2.50×10^{9}	
	$E_{c\text{甜菜}}$	2.50×10^{9}	
	$E_{c\text{烟草}}$	1.75×10^{10}	
	$E_{c\text{猪肉}}$	2.00×10^{10}	
	$E_{c\text{禽蛋}}$	5.50×10^{9}	
	$E_{c\text{蜂蜜}}$	1.34×10^{7}	
	$E_{c\text{水果}}$	3.30×10^{9}	

（2）增加土壤计算过程相关参数与计算方法（表 B-24）。

表 B-24　增加土壤计算过程相关参数参考值

参数	参数参考值	参考文献
d	15	刘小丹等，2017
秸秆归田量	6.8[a]	Lu et al.，2009

a. 6.8 为中国各省份单位面积（hm²）秸秆归田量（t）的均值，根据研究需要，可在参考文献中可以具体查找各个省份的秸秆归田量。

（3）涵养水源计算过程相关参数与计算方法（表 B-25）。

表 B-25　涵养水源计算过程相关参数参考值

参数	参数参考值
H	18
D	$0.5 \sim 1.25$

田间持水量[①]：①不同质地土壤的耕层（0～20 cm）田间持水量不同，砂土田间持水量范围 8.45%～11.30%；壤土田间持水量范围 11.49%～26.90%；粘土田间持水量范围 24.83%～32.53%；②相同质地土壤不同层次的田间持水量也不尽相同，砂土 20～40cm 土层的田间持水量 7.23%～9.57%，40～60m 土层的田间持水量 9.88%～10.71%；壤土 0～20 cm 土层的田间持水量 14.84%～25.78%，40～60 cm 土层的田间持水量 11.49%～26.90%；黏土 20～40 cm 土层的田间持水量 24.83%～27.80%，40～60 cm 土层的田间持水量 32.16%～33.12%。

---

① 数据来源：https://www.lookmw.cn/doc/tjlmni.html。

（4）大气污染净化计算过程相关参数与计算方法（表 B-26）。

表 B-26　大气污染净化计算过程相关参数参考值

参数	参数参考值	参考文献
M_{SO_2}	45	杨志新等，2005
$M_{氟化物}$	0.475	
$M_{氮氧化物}$	33.25	
$M_{滞尘}$	0.935	

（5）废弃物处理计算过程相关参数与计算方法（表 B-27）。

表 B-27　废弃物处理计算过程相关参数参考值

参数	参数参考值	参考文献
Q_a	34.78×10^8	张无敌等，1997
Q_p	1.70×10^8	

（6）气候调节计算过程相关参数与计算方法（表 B-28）。

表 B-28　气候调节计算过程相关参数参考值

参数	参数参考值
ρ_w	10^3
j_w	4.94

（7）存在价值计算过程相关参数与计算方法（表 B-29）。

表 B-29　存在价值计算过程相关参数参考值

参数	参数参考值	参考文献
UE	46.8%	孙新章等，2007
LS	450	刘小丹等，2017
EMR	5.88×10^{12}[a]	Lou and Ulgiati，2013
Y	5	孙洁斐，2008

a. 中国 2009 年的能值货币比，为减小计算的误差，建议核算具体研究区的能值货币比，具体可参见 http://nead.um01.cn/home。

B.4 草　　地

草地土地利用类型包括：
01　草丛；
02　草甸；
03　草原。

B.4.1　土地利用类型简介

草地（grassland）是生长草本和灌木植物为主并适宜发展畜牧业生产的土地。草地生态系统的划分采用农业部草地资源调查采用的分类方法，即划分为温性草甸草原、温性草原、温性荒漠草原、温性草原化荒漠、温性荒漠、高寒草甸、高寒草甸草原、高寒草原、高寒荒漠草原、高寒荒漠、暖性灌草丛、暖性草丛、热性草丛、热性灌草丛、干热稀树灌草丛、山地草甸、低地草甸、沼泽类共18类草地类型。

B.4.2　服务功能列表

本研究考虑进行能值核算的服务功能详见表B-30。

表 B-30　草地生态系统服务功能列表

类别	编号	项目	指标说明	能值计算说明	MA 归属
直接价值	04-1	增加NPP	净初级生产力（NPP）是指植物光合作用固定的能量中扣除植物呼吸作用消耗掉的那部分，剩下的可用于植物的生长和生殖的能量	用草地生态系统的年可更新资源量来核算	供给
直接价值	04-2	固碳释氧	草地的固碳作用考虑草地植被通过光合作用将大气中的二氧化碳转化为碳水化合物，并以有机碳的形式固定在植物体内或土壤中，同时考虑植被中的碳通过碳循环进入土壤（如枯草落叶进入土壤），会产生土壤固碳作用，因此此处的固碳释氧作用用光合作用固碳量减去进入由植物进入土壤部分的碳	用草地固碳量来核算	调节

附录 B 基于能值的生态系统服务价值计算方法

续表

类别	编号	项目	指标说明	能值计算说明	MA 归属
直接价值	04-3	增加土壤	土壤的增加考虑土壤有机质和矿物质的增加；草地植被中的碳通过碳循环从植物进入土壤中，增加了土壤有机质，成土母质也会增加土壤有机质；土壤矿物质的增加来源于可更新资源和成土母质两部分	用增加土壤碳和矿物质的含量来核算	支持
直接价值	04-4	涵养水源	完好的天然草地因其根系细小，且多分布于表土层，因而比空旷裸地和森林具有较高的渗透率和保水能力以及较好的截留降水功能	用截留降水量和减少径流量来计算	调节
间接价值	04-5	净化大气污染	考虑草地对 SO_2、NO_x、PM_{10}（$PM_{2.5}$）等大气污染物的净化作用	用因净化大气污染带来损害量的减少来计算	调节
间接价值	04-6	净化水污染	考虑草地对 BOD、COD、N、P 等水体污染物的净化作用	用因净化水污染带来损害量的减少来计算	调节
间接价值	04-7	净化土壤污染和降解排泄物	考虑草地对土壤中重金属等污染物的净化作用以及草地生态系统对放牧过程中大量牲畜的排泄物的降解作用（牲畜排泄物散落在草地生态系统中，在自然风化、淋滤以及生物破碎和微生物分解等综合作用下得以降解）	用因净化土壤污染带来损害量的减少和牲畜排泄物的降解量来计算	调节
间接价值	04-8	减少侵蚀	考虑草地控制风蚀和水蚀的价值。减少风蚀的原理在于草被植物可以增加下垫面的粗糙程度，降低近地表风速，从而可以减少风蚀作用的强度。减少水蚀的原理在于：有效削减雨滴对土壤的冲击破坏作用；促进降雨入渗，阻挡和减少径流的产生；根系对土体有良好的穿插、缠绕、网络、固结作用，防止土壤冲刷；增加土壤有机质，改良土壤的结构，提高草地抗蚀能力	用潜在侵蚀模数和现实侵蚀模数的差值计算	调节
存在价值	04-9	调节气候	考虑草地通过增湿、增雨、降温等过程进行气候调节	用蒸发量和植物蒸腾量来核算	调节
存在价值	04-10	存在价值	由于草地的维持所存在的旅游、文化、教育、科技等价值及生物多样性等的保存价值	替代价值计算	文化

B.4.3 基于能值的服务功能计算方法

表 B-31 列出表 B-30 草地生态系统服务功能列表中各项的能值计算公式及参数。

表 B-31 草地生态系统服务功能的能值计算公式及参数

类别	编号	项目	能值计算公式及参数说明
直接价值	04-1	增加NPP	$E_{mNPP} = \text{Max}(R_i)$ （B-47） 式中，R_i 包括生态系统所在区域所有的可更新能值投入量（这里不考虑人工投入），包括太阳能、潮汐能、地热能、风能、雨水（势能、雨水化学能）、地热能及河流径流（势能、水的化学能）等。为避免重复计算，Max（R_i）= Max〔Sum（太阳能、潮汐能、地热能）、风能、雨水化学能、河流径流势能〕
直接价值	04-2	固碳释氧	考虑光合作用的过程是生成有机质（NPP）和固定二氧化碳的过程，而固碳量约为生成生物量（干物质量）的一半，所以本研究中年单位面积草地生态系统固碳量为 $\frac{1}{2}\left(\Delta B + \frac{B}{T}\right)$，具体计算如下： $E_{m固碳} = \frac{1}{2}\left(\Delta B + \frac{B}{T}\right) \times S \times \text{UEV}_{\text{Bio}}$ （B-48） 式中，$E_{m固碳}$ 为固碳所需能值（sej）；$\frac{1}{2}\left(\Delta B + \frac{B}{T}\right)$ 为每年单位面积草地的固碳量〔g/（hm²·a）〕；S 为草地面积（hm²）；UEV_{Bio} 是指草地生态系统生物量的能值转换率（sej/g）
直接价值	04-3	增加土壤	草地增加土壤的原理和森林相似，考虑有机碳和矿物质增加带来土壤的增加，最后取二者之和。具体计算方法如下： 1）增加有机质 $E_{mOM} = E_{mre} \times k_1 \times k_2$ （B-49） 式中，E_{mOM} 为土壤增加碳对应的能值（sej）；E_{mre} 为研究区可更新资源的能值（sej/a）；k_1 为草地凋落物量（g）占草地生物量（g）比例（%）；k_2 为草地凋落物含碳量（g）占凋落物（g）比例（%）。 2）增加矿物质 $E_{mMin} = \sum_{i=1}^{n}(P_{ij\text{Min}} \times \text{BD}_i \times D_i \times S \times \text{UEV}_{j\text{Min}})$ （B-50） 式中，E_{mMin} 为土壤矿物质增加对应的能值（sej）；$P_{ij\text{Min}}$ 为草地第 i 层土壤第 j 种矿物质含量百分比（%）；BD_i 为草地第 i 层的土壤容重（g/cm³）；D_i 为第 i 层土壤对应的深度（cm）；S 为草地面积（hm²）；$\text{UEV}_{j\text{Min}}$ 为第 j 种土壤矿物质的能值转换率（sej/g）

续表

类别	编号	项目	能值计算公式及参数说明
直接价值	04-4	涵养水源	$E_{m涵养水源}=M_{水} \times \rho_{水} \times 10^3 \times J_{水} \times UEV_{水}$ （B-51） $M_{水}=S \times J_0 \times k \times R$ （B-52） 式中，$E_{m涵养水源}$为草地涵养水源对应的能值（sej）；$M_{水}$为与裸地相比，草地截留降水、涵养水分增加量（m³）；$\rho_{水}$为水的密度（kg/m³）；$J_{水}$为水的吉布斯自由能（J/g）；$UEV_{水}$取地表水和地下水能值的均值（sej/J）；S为草地面积（hm²）；J_0为研究区多年平均降雨总量（mm）；k为研究区产流降雨量占总雨总量的比例；R为与裸地相比，草地生态系统截留降水、减少径流的效益系数
间接价值	04-5	净化大气污染物	草地净化大气污染物价值的方法同森林部分，但需要将森林对大气污染物的净化能力更换为草地对应的净化能力。具体方法如下： 1）人体健康损失减少量 $E_{m人}=\sum M_i \times S \times DALY_i \times \tau_H$ （B-53） 式中，$E_{m人}$为大气污染物净化后人体健康损失减少量对应的能值（sej）；M_i为草地生态系统净化第i种大气污染物的能力（kg/hm²）；S为草地面积（hm²）；$DALY_i$是第i种大气污染物在Eco-indicator 99的评估框架中的影响因子，即单位第i种大气污染物对人造成的失能生命调整年（人/kg）；τ_H为区域总能值/总人口（sej/人）。 2）生态资源损失减少量 同森林生态系统净化大气污染物从而减少了人体健康损失的原理一样，用草地生态系统净化大气污染物能力来核算生态资源损失的减少量。 $E_{m资源}=\sum M_i \times S \times PDF(\%)_i \times E_{Bio}$ （B-54） 式中，$E_{m资源}$表示大气污染物净化后自然资源损失减少量对应的能值（sej）；M_i表示草地生态系统净化第i种大气污染物的能力 [kg/(hm²·a)]；S为草地面积（hm²）；$PDF(\%)$表示受第i种大气污染物的影响物种潜在灭绝比例；E_{Bio}表示单位生物资源的能值 [sej/(hm²·a)]，可以用本地的荒地生物资源、农业资源、林业资源、畜牧业资源和渔业生产的能值来计算。 由于草地净化大气污染物会同时减少人体健康带来损失和生态资源损失，为了避免重复计算，草地生态系统净化大气污染物的价值取二者最大值
间接价值	04-6	净化水污染物	草地净化水污染物的计算方法同净化大气污染物的方法，但需要更换计算公式中草地净化大气污染物的能力为净化水污染物的能力
间接价值	04-7	净化土壤和降解排泄物	1）净化土壤污染物 草地净化土壤污染物的价值主要考虑草地净化土壤重金属的价值，计算方法同草地净化大气、水污染物相同，但需将计算公式中的净化能力换为草地净化第i种重金属的能力。

续表

类别	编号	项目	能值计算公式及参数说明
间接价值	04-7	净化土壤和降解排泄物	2）降解废弃物 $$E_{ms}=W \times UEV_{br} \quad (B\text{-}55)$$ $$W=\gamma \sum_{i=1}^{3}(C_i \times \tau_i \times S)$$ 式中，E_{ms} 为草地净化牲畜排泄物的所需能值（sej）；W 为草地年降解牲畜排泄物量（t/a）；UEV_{br} 为粪便能值转换率（sej/g）；γ 为牲畜粪便归还草地的比率；C_i 为单位面积草地第 i 种牲畜（牛、马、羊）的载畜量（头/hm^2）；τ_i 为不同类型牲畜个体粪便量（t/头）；S 为草地面积（hm^2）。 考虑草地净化土壤重金属和牲畜排泄物不为同一过程，所以草地净化二者的价值取二者之和
间接价值	04-8	减少侵蚀	草地减少侵蚀的价值可根据潜在侵蚀量与现实侵蚀量的差值计算，公式如下： $$E_{mg}=G \times 10^6 \times E_g \times UEV_g \quad (B\text{-}56)$$ $$G=(G_P-G_R) \times S \quad (B\text{-}57)$$ 式中，E_{mg} 为草地减少侵蚀对应的能值（sej）；G 为草地减少的土壤侵蚀量（t/a）；E_g 为植物表层土能量折算系数（J/g）；UEV_g 为固持土壤能值转换率（sej/J）；G_P 为潜在土壤侵蚀模数 [t/（hm^2·a）]；G_R 为草地分布区现实侵蚀模数 [t/（hm^2·a）]；S 为草地面积（hm^2）
存在价值	04-9	调节气候	草地调节气候功能的原理和森林相似，即草地蒸散发过程中所吸收能量等于草地降温增湿过程的能量投入，因此可用草地蒸散发过程吸收的能量来估计草地降温增湿功能价值。具体计算方法如下： $$E_{mE}=E_{EW} \times \rho_w \times 10^3 \times j_w \times UEV_{Ew} \quad (B\text{-}58)$$ 式中，E_{mE} 为蒸散发所需能值（sej）；E_{EW} 为草地年蒸发量（m^3/a）；ρ_w 为水的密度（kg/m^3）；j_w 为水的吉布斯自由能（J/g）；UEV_{Ew} 为水蒸气的能值转换率（sej/J）
存在价值	04-10	提供存在价值	1）旅游价值 草地的生态旅游价值主要体现在其为当地居民所带来的旅游收入方面，因此可通过能值货币比计算出生态旅游所具有的太阳能值总量。具体公式如下： $$E_{mT}=I_T \times EMR \quad (B\text{-}59)$$ 式中，E_{mT} 为草地的旅游价值对应的能值（sej）；I_T 为草地带来的旅游收入（\$）；EMR 为当地能值货币比（sej/\$）。 2）文化教育服务价值 草地生态系统的文化教育服务包括许多方面，是由生态系统提供休闲娱乐和非商业性用途机会的功能提供，如美学、艺术、教育和科学研究价值等。考虑数据的获取性，本研究用草地生态系统可以提供信息量来衡量草地的文化教育价值，具体计算如下：

续表

类别	编号	项目	能值计算公式及参数说明
存在价值	04-10	提供存在价值	$E_{minfo}=M_{info} \times UEV_{info}$ （B-60） 式中，E_{minfo} 为草地提供信息对应的能值（sej）；M_{info} 草地提供的信息量（J）；UEV_{info} 为信息的能值转换率（sej/J）。 3）生物多样性价值 $E_{mBio}=M_{Bio} \times S \times UEV_{Bio}$ （B-61） 式中，E_{mBio} 为草地维持生物多样性的能值（sej）；M_{Bio} 为每年单位面积草地的生物量（J/hm²）；S 为草地面积（hm²）；UEV_{Bio} 生物量的能值转换率（sej/J）

B.4.4 说明：相关参数与计算方法

（1）NPP 计算过程相关参数与计算方法参见森林（表 B-3）。

（2）土壤污染净化计算过程相关参数与计算方法（表 B-32）。

表 B-32　土壤污染净化计算过程相关参数参考值

参数	参数参考值	参考文献
M_{Cu}	27.7	陈花丹等，2014
M_{Mn}	1823.1	
M_{Zn}	94.4	
M_{Pb}	46.6	

（3）水量调节价值计算过程相关参数与计算方法（表 B-33）。

表 B-33　水量调节价值计算过程相关参数参考值

参数	参数参考值	参考文献
ρ_w	10^3	—
j_w	4.94	Odum，1996

（4）存在价值计算过程相关参数与计算方法（表 B-34）。

表 B-34　旅游价值计算过程相关参数参考值

参数	参数参考值	参考文献
EMR	5.88×10^{12}[a]	Lou and Ulgiati，2013

a. 为中国 2009 年的能值货币比，为减小计算的误差，建议核算具体研究区的能值货币比，具体可参见 http://nead.um01.cn/home。

B.5 荒　　漠

荒漠土地利用类型包括：
01　沙漠/沙地。

B.5.1　土地利用类型简介

荒漠（desert）是指气候干燥、降水极少、蒸发强烈、植被缺乏、物理风化强烈、风力作用强劲的流沙、泥滩、戈壁分布的地区。荒漠生态系统是地球上最为干旱的地区，由超旱生的小乔木、灌木和半灌木占优势的生物群落与周围环境所组成的综合体。

沙漠主要是指地面完全被沙所覆盖、植物非常稀少、雨水稀少、空气干燥的荒芜地区。

沙地指表层为沙覆盖、基本无植被的土地，包括沙漠，不包括水系中的沙滩。

B.5.2　服务功能列表

本研究考虑进行能值核算的服务功能详见表 B-35。

表 B-35　荒漠生态系统服务功能列表

类别	编号	项目	指标说明	能值计算说明	MA 归属
直接价值	05-1	增加 NPP	净初级生产力（NPP）指植物光合作用固定的能量中扣除植物呼吸作用消耗掉的那部分，剩下的可用于植物的生长和生殖的能量	用荒漠系统年可更新资源量来核算	供给
直接价值	05-2	固碳释氧	荒漠植被的固碳作用考虑植被通过光合作用将大气中的二氧化碳转化为碳水化合物，并以有机碳的形式固定在植物体内或土壤中，同时考虑植被中的碳通过碳循环进入土壤（如植被的枯枝落叶进入土壤），会产生土壤固碳作用，因此此处的固碳释氧作用光合作用固碳量减去进入由植物进入土壤部分的碳	用荒漠植被的固碳量核算	调节
直接价值	05-3	增加土壤	土壤的增加考虑土壤有机质和矿物质的增加：植物中的碳通过碳循环从植物进入土壤中，增加了土壤有机质以及成土母质对增加土壤有机质的贡献；土壤矿物质的增加来源于可更新资源和成土母质两部分	用增加土壤碳和矿物质的含量来核算	支持

续表

类别	编号	项目	指标说明	能值计算说明	MA归属
直接价值	05-4	涵养水源	荒漠植被、生物结皮和土壤特性对降水具有冠层截留、茎干集流、表层土壤截留等水文功能,从而改变了降雨在生态系统内部的水量分配。同时,由于沙丘透水性较好,荒漠区降水能迅速下渗转为地下水。基于此,本研究中荒漠生态系统涵养水源功能包含了降水补给土壤、地下水和入境径流量3部分,由于荒漠区内自产径流比例较小,归并在地下水补给内	用补给土壤水、地下水量核算	调节
间接价值	05-5	净化大气污染物	考虑荒漠对 SO_2、NO_x、PM_{10}($PM_{2.5}$)等大气污染物的净化作用	用因净化大气污染带来损害量的减少来计算	调节
间接价值	05-6	净化水污染物	考虑荒漠对BOD、COD、N、P等水体污染物的净化作用	用因净化水污染带来损害量的减少来计算	调节
间接价值	05-7	净化土壤污染物	考虑荒漠对土壤中重金属等污染物的净化作用以及因荒漠对固废的净化而减少了固废对土地占用的作用	用因净化土壤污染带来损害量和占用土地的减少来计算	调节
间接价值	05-8	减少水土流失	考虑因荒漠植被的覆盖而减少了水土流失	用潜在侵蚀模数和现实侵蚀模数的差值计算	调节
存在价值	05-9	调节气候	气候调节主要包含直接用于蒸发的无效降水和湖泊水面蒸发、降雨补给储存于土壤植被消耗的蒸腾量和用于隐花植物利用和短时蒸发的凝结水3部分	用蒸发量和植物蒸腾量来核算	调节
存在价值	05-10	存在价值	由于荒漠的维持所存在的旅游、文化、教育、科技等价值及生物多样性等的保存价值	替代价值计算	文化

B.5.3 基于能值的服务功能计算方法

表B-36列出表B-35荒漠生态系统服务功能列表中各项的能值计算公式及参数。

表 B-36　荒漠生态系统服务功能的能值计算公式及参数

类别	编号	项目	能值计算公式及参数说明
直接价值	05-1	增加 NPP	$$E_{mNPP} = \text{Max}(R_i) \quad (B\text{-}62)$$ 式中，R_i 包括生态系统所在区域所有的可更新能值投入量（这里不考虑人工投入），包括太阳能、潮汐能、地热能、风能、雨水（势能、雨水化学能）、地热能及河流径流（势能、水的化学能）等。为避免重复计算，Max(R_i) = Max [Sum（太阳能，潮汐能，地热能），风能、雨水化学能、河流径流势能]
直接价值	05-2	固碳释氧	光合作用的过程是生成有机质（NPP）和固定二氧化碳的过程，而固碳量约为生成生物量（干物质量）的一半，所以本研究中年单位面积荒漠生态系统固碳量为 $\frac{1}{2}\left(\Delta B + \frac{B}{T}\right)$，具体计算如下： $$E_{m固碳} = \frac{1}{2}\left(\Delta B + \frac{B}{T}\right) \times S \times \text{UEV}_{Bio} \quad (B\text{-}63)$$ 式中，$E_{m固碳}$ 为固碳所需能值（sej）；$\frac{1}{2}\left(\Delta B + \frac{B}{T}\right)$ 为每年单位面积荒漠的固碳量 [g/(hm^2·a)]；S 为荒漠面积（hm^2）；UEV$_{Bio}$ 是指荒漠生态系统生物量的能值转换率（sej/g），具体参数见附录 C
直接价值	05-3	增加土壤	荒漠增加土壤的原理和森林相似，考虑有机碳和矿物质增加带来土壤的增加，最后取二者之和。具体计算方法如下： 1）增加有机质 $$E_{mOM} = E_{mre} \times k_1 \times k_2 \quad (B\text{-}64)$$ 式中，E_{mOM} 为土壤增加碳对应的能值（sej）；E_{mre} 为研究区可更新资源的能值（sej/a）；k_1 为荒漠凋落物量（g）占荒漠生物量（g）比例（%）；k_2 为荒漠凋落物含碳量（g）占凋落物（g）比例（%）。 2）增加矿物质 $$E_{mMin} = \sum_{i=1}^{n}(P_{ijMin} \times BD_i \times D_i \times S \times \text{UEV}_{jMin}) \quad (B\text{-}65)$$ 式中，E_{mMin} 为土壤矿物质增加对应的能值（sej）；P_{ijMin} 为荒漠第 i 层土壤第 j 种矿物质含量百分比（%）；BD_i 为荒漠第 i 层的土壤容重（g/cm^3）；D_i 为第 i 层土壤对应的深度（cm）；S 为荒漠面积（hm^2）；UEV$_{jMin}$ 为第 j 种土壤矿物质的能值转换率（sej/g）
直接价值	05-4	涵养水源	$$E_{m涵养水源} = M_水 \times \rho_水 \times 10^3 \times J_水 \times \text{UEV}_水 \quad (B\text{-}66)$$ $$M_水 = S \times J_i \times k_{ij} \quad (B\text{-}67)$$ 式中，$E_{m涵养水源}$ 为荒漠涵养水源对应的能值（sej）；$M_水$ 为与裸地相比，荒漠涵养水分增加量（m^3）；$\rho_水$ 为水的密度（kg/m^3）；$J_水$ 为水的吉布斯自由能（J/g）；UEV$_水$ 取地表水和地下水能值的均值（sej/J）；S 为荒漠面积（hm^2）；J_i 为研究区对应的第 i 类多年平均降雨总量（mm）；k_{ij} 为研究区第 j 种沙地类型第 i 种降水量对应的地下水、土壤水和无效蒸发系数

类别	编号	项目	能值计算公式及参数说明
间接价值	05-5	净化大气污染物	荒漠净化大气污染物价值的方法同森林部分，但需要将森林对大气污染物的净化能力更换为荒漠对应的净化能力。具体方法如下： 1）人体健康损失减少量 $$E_{m人} = \sum M_i \times S \times \text{DALY}_i \times \tau_H \quad (B-68)$$ 式中，$E_{m人}$为大气污染物净化后人体健康损失减少量对应的能值（sej）；M_i为荒漠生态系统净化第i种大气污染物的能力（kg/hm²）；S为荒漠面积（hm²）；DALY_i是第i种大气污染物在Eco-indicator 99的评估框架中的影响因子，即单位第i种大气污染物对人造成的失能生命调整年（人/kg）；τ_H为区域总能值/总人口（sej/人）。 2）生态资源损失减少量 同森林生态系统净化大气污染物从而减少了人体健康损失的原理一样，用荒漠生态系统净化大气污染物能力来核算生态资源损失的减少量。 $$E_{m资源} = \sum M_i \times S \times \text{PDF}(\%)_i \times E_{\text{Bio}} \quad (B-69)$$ 式中，$E_{m资源}$表示大气污染物净化后自然资源损失减少量对应的能值（sej）；M_i表示荒漠生态系统净化第i种大气污染物的能力[kg/(hm²·a)]；S为荒漠面积（hm²）；$\text{PDF}(\%)$表示受i种大气污染物的影响物种潜在灭绝比例；E_{Bio}表示单位生物资源的能值[sej/(hm²·a)]，可以用本地的荒地生物资源、农业资源、林业资源、畜牧业资源和渔业生产的能值来计算。 由于荒漠生态系统净化大气污染物会同时减少人体健康带来损失和生态资源损失，为了避免重复计算，荒漠生态系统净化大气污染物的价值取二者最大值
间接价值	05-6	净化水污染物	荒漠净化水污染物的计算方法同净化大气污染物的方法，但需要更换计算公式中荒漠净化大气污染物的能力为净化水污染物的能力
间接价值	05-7	净化土壤污染物	荒漠净化土壤污染物的价值主要考虑荒漠生态系统净化土壤重金属的价值，计算方法同荒漠净化大气、水污染物相同，但需要将计算公式中的净化能力换为荒漠净化第i种重金属的能力
间接价值	05-8	减少水土流失	荒漠减少水土流失价值可根据潜在侵蚀量与现实侵蚀量的差值计算，公式如下： $$E_{mg} = G \times 10^6 \times \text{UEV}_g \quad (B-70)$$ $$G = (G_P - G_R) \times S \quad (B-71)$$ 式中，E_{mg}为荒漠固土价值的能值（sej）；G为荒漠年固土总量（t/a）；UEV_g为固持土壤能值转换率（sej/g）；G_P为潜在土壤侵蚀模数[t/(hm²·a)]；G_R为荒漠分布区现实侵蚀模数[t/(hm²·a)]；S为荒漠的面积（hm²）

续表

类别	编号	项目	能值计算公式及参数说明
存在价值	05-9	调节气候	荒漠蒸散发过程中所吸收能量等于荒漠降温增湿过程的能量投入，因此可用荒漠蒸散发过程吸收的能量来估计荒漠降温增湿功能价值。考虑数据的获得性，主要核算荒漠区水面的蒸发作用带来的调节气候的作用，具体计算方法如下： $$E_{mE}=E_{EW} \times \rho_w \times 10^3 \times j_w \times UEV_{Ew} \quad (B-72)$$ $$E_{EW}=k \times S \quad (B-73)$$ 式中，E_{mE} 为蒸散发所需能值（sej）；E_{EW} 为荒漠年蒸发量（m³/a）；ρ_w 为水的密度（kg/m³）；j_w 为水的吉布斯自由能（J/g）；UEV_{Ew} 为水蒸气的能值转换率（sej/J）；k 为荒漠区单位水面面积蒸发系数；S 为荒漠区水面面积（hm²）
存在价值	05-10	提供存在价值	1）旅游价值 荒漠的生态旅游价值主要体现在其为当地居民所带来的旅游收入方面，因此可通过能值货币比计算出生态旅游所具有的太阳能值总量。具体公式如下： $$E_{mT}=I_T \times EMR \quad (B-74)$$ 式中，E_{mT} 为荒漠的旅游价值对应的能值（sej）；I_T 为荒漠带来的旅游收入（\$）；EMR 为当地能值货币比（sej/\$）。 2）文化教育服务价值 荒漠生态系统的文化教育服务包括许多方面，是由生态系统提供休闲娱乐和非商业性用途机会的功能提供，如美学、艺术、教育和科学研究价值等。考虑数据的获取性，本研究用荒漠生态系统可以提供信息量来衡量荒漠的文化教育价值，具体计算如下： $$E_{minfo}=M_{info} \times UEV_{info} \quad (B-75)$$ 式中，E_{minfo} 为荒漠提供信息对应的能值（sej）；M_{info} 荒漠提供的信息量（J）；UEV_{info} 为信息的能值转化率（sej/J）。 3）生物多样性价值 $$E_{mBio}=M_{Bio} \times S \times UEV_{Bio} \quad (B-76)$$ 式中，E_{mBio} 为荒漠维持生物多样性的能值（sej）；M_{Bio} 为每年单位面积荒漠的生物量（J/hm²）；S 为荒漠面积（hm²）；UEV_{Bio} 生物量的能值转换率（sej/J）

B.6 盐 碱 地

盐碱地土地利用类型包括：

01　滨海盐渍区；

02 黄淮海平原盐渍区；
03 荒漠及荒漠草原盐渍；
04 草原盐泽区。

B.6.1 土地利用类型简介

盐碱地是盐类集积的一个种类，是指土壤里面所含的盐分影响到作物的正常生长。我国盐碱土分布区是根据它的土壤类型和气候条件变化决定的，分为滨海盐渍区、黄淮海平原盐渍区、荒漠及荒漠草原盐渍区、草原盐渍区四个大类型。盐碱地常种树种有沙枣、白榆、白柳、胡杨等，可改良盐碱地。

B.6.2 服务功能列表

本研究考虑进行能值核算的服务功能详见表 B-37。

表 B-37 盐碱地生态系统服务功能列表

类别	编号	项目	指标说明	能值计算说明	MA 归属
直接价值	06-1	增加 NPP	净初级生产力（NPP）指植物光合作用固定的能量中扣除植物呼吸作用消耗掉的那部分，剩下的可用于植物的生长和生殖的能量	用盐碱地生态系统年可更新资源量来核算	供给
直接价值	06-2	固碳释氧	盐碱地的固碳作用考虑盐碱地植被通过光合作用将大气中的二氧化碳转化为碳水化合物，并以有机碳的形式固定在植物体内或土壤中，同时考虑植被中的碳通过碳循环进入土壤（如枯草落叶进入土壤），会产生土壤固碳作用，因此此处的固碳释氧作用用光合作用固碳量减去进入由植物进入土壤部分的碳	用盐碱地固碳量来核算	调节
直接价值	06-3	增加土壤	土壤的增加考虑土壤有机质和矿物质的增加：盐碱地植被中的碳通过碳循环从植物进入土壤中，增加了土壤有机质，成土母质也会增加土壤有机质；土壤矿物质的增加来源于可更新资源和成土母质两部分	用增加土壤碳和矿物质的含量来核算	支持
直接价值	06-4	涵养水源	涵养水源功能主要指水源对水分的调节与供应。水分调节指下垫面为水域时，生态系统对水域的调节；水分供应指下垫面为土壤时，生态系统为区域内各类生物提供水分	用水域和土地的涵养水源量来计算	调节
间接价值	06-5	净化大气污染	考虑盐碱地对 SO_2、NO_x、HF 等大气污染物的净化作用及滞尘作用	用因净化大气污染带来损害量的减少来计算	调节

续表

类别	编号	项目	指标说明	能值计算说明	MA 归属
间接价值	06-6	净化水污染	考虑盐碱地对 BOD、COD、N、P 等水体污染物的净化作用	用因净化水污染带来损害量的减少来计算	调节
间接价值	06-7	净化土壤污染	考虑盐碱地对土壤中重金属等污染物的净化作用以及因盐碱地对固废的净化而减少了固废对土地占用的作用	用因净化土壤污染带来损害量的减少量来计算	调节
间接价值	06-8	减少侵蚀	考虑因盐碱地植被覆盖而减少了水土流失	用潜在侵蚀模数和现实侵蚀模数的差值计算	调节
存在价值	06-9	调节气候	考虑盐碱地通过增湿、增雨、降温等过程进行气候调节	用蒸发量和植物蒸腾量来核算	调节
存在价值	06-10	存在价值	由于盐碱地的维持所存在的旅游、文化、教育、科技等价值及生物多样性等的保存价值	替代价值计算	文化

B.6.3 基于能值的服务功能计算方法

表 B-38 列出表 B-37 盐碱地生态系统服务功能列表中各项的能值计算公式及参数。

表 B-38 盐碱地生态系统服务功能的能值计算公式及参数

类别	编号	项目	能值计算公式及参数说明
存量增加	06-1	增加 NPP	$E_{mNPP} = \text{Max}(R_i)$ (B-77) 式中，R_i 包括生态系统所在区域所有的可更新能值投入量（这里不考虑人工投入），包括太阳能、潮汐能、地热能、风能、雨水（势能、雨水化学能）、地热能及河流径流（势能、水的化学能）等。为避免重复计算，$\text{Max}(R_i) = \text{Max}[(\text{Sum}(太阳能、潮汐能、地热能), 风能、雨水化学能、河流径流势能)]$
存量增加	06-2	固碳释氧	考虑光合作用的过程是生成有机质（NPP）和固定二氧化碳的过程，而固碳量约为生成生物量（干物质量）的一半，所以本研究中年单位面积盐碱地生态系统固碳量为 $\frac{1}{2}\left(\Delta B + \frac{B}{T}\right)$，具体计算如下： $E_{m固碳} = \frac{1}{2}\left(\Delta B + \frac{B}{T}\right) \times S \times UEV_{Bio}$ (B-78) 式中，$E_{m固碳}$ 为固碳所需能值（sej）；$\frac{1}{2}\left(\Delta B + \frac{B}{T}\right)$ 为每年单位面积盐碱地的固碳量 [g/(hm²·a)]；S 为盐碱地面积（hm²）；UEV_{Bio} 是指盐碱地生态系统生物量的能值转换率（sej/g）

续表

类别	编号	项目	能值计算公式及参数说明
存量增加	06-3	增加土壤	盐碱地增加土壤的原理和森林相似，考虑有机碳和矿物质增加带来土壤的增加，最后取二者之和。具体计算方法如下： 1）增加有机质 $$E_{mOM}=E_{mre}\times k_1 \times k_2 \quad (B-79)$$ 式中，E_{mOM}为土壤增加碳对应的能值（sej）；E_{mre}为研究区可更新资源的能值（sej/a）；k_1为盐碱地凋落物量（g）占盐碱地生物量（g）比例（%）；k_2为盐碱地凋落物含碳量（g）占凋落物（g）比例（%）。 2）增加矿物质 $$E_{mMin}=\sum_{i=1}^{n}(P_{ijMin}\times BD_i \times D_i \times S \times UEV_{jMin}) \quad (B-80)$$ 式中，E_{mMin}为土壤矿物质增加对应的能值（sej）；P_{ijMin}为盐碱地第i层土壤第j种矿物质含量百分比（%）；BD_i为盐碱地第i层的土壤容重（g/cm³）；D_i为第i层土壤对应的深度（cm）；S为盐碱地面积（hm²）；UEV_{jMin}为第j种土壤矿物质的能值转换率（sej/g）
存量增加	06-4	涵养水源	1）水域涵养水源 $$E_{m涵养水源1}=M_{水1}\times S \times \rho_{水} \times 10^3 \times J_{水} \times UEV_{水} \quad (B-81)$$ 式中，$E_{m涵养水源1}$为盐碱地水域涵养水源对应的能值（sej）；$M_{水1}$为单位面积盐碱地水域涵养水源量（m³/m²）；S为盐碱地水域面积（hm²）；$\rho_{水}$为水的密度（kg/m³）；$J_{水}$为水的吉布斯自由能（J/g）；$UEV_{水}$取地表水和地下水能值的均值（sej/J）。 2）土地涵养水源 $$E_{m涵养水源2}=M_{水2}\times \rho_{水} \times 10^3 \times J_{水} \times UEV_{水} \quad (B-82)$$ $$M_{水2}=S\times J_0 \times k \times R \quad (B-83)$$ 式中，$E_{m涵养水源2}$为盐碱地土地涵养水源对应的能值（sej）；$M_{水2}$为与裸地相比，盐碱地截留降水、涵养水分增加量（m³）；$\rho_{水}$为水的密度（kg/m³）；$J_{水}$为水的吉布斯自由能（J/g）；$UEV_{水}$取地表水和地下水能值的均值（sej/J）；S为盐碱地面积（hm²）；J_0为研究区多年平均降雨总量（mm）；k为研究区产流降雨量占总降雨总量的比例；R为与裸地相比，盐碱地生态系统截留降水、减少径流的效益系数。 由于盐碱地水域和土地涵养水源不是同一过程，所以盐碱地涵养水源服务价值将二者相加得到
减少影响	06-5	净化大气污染物	盐碱地净化大气污染物价值的方法同森林部分，但需要将森林对大气污染物的净化能力更换为盐碱地对应的净化能力。具体方法如下： 1）人体健康损失减少量 $$E_{m人}=\sum M_i \times S \times DALY_i \times \tau_H \quad (B-84)$$

续表

类别	编号	项目	能值计算公式及参数说明
减少影响	06-5	净化大气污染物	式中，$E_{m人}$为大气污染物净化后人体健康损失减少量对应的能值（sej）；M_i为盐碱地生态系统净化第i种大气污染物的能力（kg/hm²）；S为盐碱地面积（hm²）；$DALY_i$是第i种大气污染物在Eco-indicator 99的评估框架中的影响因子，即单位第i种大气污染物对人造成的失能生命调整年（人/kg）；τ_H为区域总能值/总人口（sej/人）。 2）生态资源损失减少量 同盐碱地生态系统净化大气污染物从而减少了人体健康损失的原理一样，用盐碱地生态系统净化大气污染物能力来核算生态资源损失的减少量。 $$E_{m资源}=\sum M_i \times S \times PDF(\%)_i \times E_{Bio} \quad (B-85)$$ 式中，$E_{m资源}$表示大气污染物净化后自然资源损失减少量对应的能值（sej）；M_i表示盐碱地生态系统净化第i种大气污染物的能力[kg/(hm²·a)]；S为盐碱地面积（hm²）；$PDF(\%)_i$表示受第i种大气污染物的影响物种潜在灭绝比例；E_{Bio}表示单位生物资源的能值[sej/(hm²·a)]，可以用本地的荒地生物资源、农业资源、林业资源、畜牧业资源和渔业生产的能值来计算。 由于盐碱地净化大气污染物会同时减少人体健康带来损失和生态资源损失，为了避免重复计算，盐碱地生态系统净化大气污染物的价值取二者最大值
减少影响	06-6	净化水污染物	盐碱地净化水污染物的计算方法同净化大气污染物的方法，但需要更换计算公式中盐碱地净化大气污染物的能力为净化水污染物的能力
减少影响	06-7	净化土壤污染物	盐碱地净化土壤污染物的价值主要考虑盐碱地净化土壤重金属的价值，计算方法同湿地净化大气、水污染物相同，但需更将计算公式中的净化能力换为盐碱地净化第i种重金属的能力
减少影响	06-8	减少侵蚀	盐碱地减少侵蚀的价值可根据潜在侵蚀量与现实侵蚀量的差值计算，公式如下： $$E_{mg}=G \times 10^6 \times UEV_g \quad (B-86)$$ $$G=(G_P-G_R) \times S \quad (B-87)$$ 式中，E_{mg}为盐碱地减少侵蚀对应的能值（sej）；G为盐碱地减少的土壤侵蚀量（t/a）；UEV_g为固持土壤能值转换率（sej/g）；G_P为潜在土壤侵蚀模数[t/(hm²·a)]；G_R为盐碱地分布区现实侵蚀模数[t/(hm²·a)]；S为盐碱地面积（hm²）
间接效果	06-9	调节气候	盐碱地的调节气候功能的原理和森林相似，即盐碱地蒸散发过程中所吸收能量等于盐碱地降温增湿过程的能量投入，因此可用盐碱地蒸散发过程吸收的能量来估计盐碱地降温增湿功能价值。具体计算方法如下： $$E_{mE}=E_{EW} \times \rho_w \times 10^3 \times j_w \times UEV_{Ew} \quad (B-88)$$ 式中，E_{mE}为蒸散发所需能值（sej）；E_{EW}为盐碱地年蒸发量（m³/a）；ρ_w为水的密度（kg/m³）；j_w为水的吉布斯自由能（J/g）；UEV_{Ew}为水蒸气的能值转换率（sej/J）

续表

类别	编号	项目	能值计算公式及参数说明
间接效果	06-10	提供存在价值	1）旅游价值 盐碱地的生态旅游价值主要体现在其为当地居民所带来的旅游收入方面，因此可通过能值货币比计算出生态旅游所具有的太阳能值总量。具体公式如下： $$E_{mT}=I_T \times \text{EMR} \quad (\text{B-89})$$ 式中，E_{mT} 为盐碱地的旅游价值对应的能值（sej）；I_T 为盐碱地带来的旅游收入（\$）；EMR 为当地能值货币比（sej/\$）。 2）文化教育服务价值 盐碱地生态系统的文化教育服务包括许多方面，是由生态系统提供休闲娱乐和非商业性用途机会的功能提供，如美学、艺术、教育和科学研究价值等。考虑数据的获取性，本研究用盐碱地生态系统可以提供信息量来衡量盐碱地的文化教育价值，具体计算如下： $$E_{m\text{info}}=M_{\text{info}} \times \text{UEV}_{\text{info}} \quad (\text{B-90})$$ 式中，$E_{m\text{info}}$ 为盐碱地提供信息对应的能值（sej）；M_{info} 盐碱地提供的信息量（J）；UEV_{info} 为信息的能值转换率（sej/J）。 3）生物多样性价值 $$E_{m\text{Bio}}=M_{\text{Bio}} \times S \times \text{UEV}_{\text{Bio}} \quad (\text{B-91})$$ 式中，$E_{m\text{Bio}}$ 为盐碱地维持生物多样性的能值（sej）；M_{Bio} 为每年单位面积盐碱地的生物量（J/hm²）；S 为盐碱地面积（hm²）；UEV_{Bio} 生物量的能值转换率（sej/J）。

B.7 其 他

其他土地利用类型包括：
01 冰川 / 永久积雪；
02 苔原；
03 稀疏植被；
04 裸岩及地衣；
05 交通用地；
06 居住用地；
07 工业用地。

B.7.1 土地利用类型简介

冰川（glacier）是极地或高山地区地表上多年存在并具有沿地面运动状态的

天然冰体。

永久积雪（permanent snow）是在雪线以上，降雪的积累大于消融，地表常年覆盖的雪被。该雪被是动态变化的，新下的雪不断增加，而原来的雪又不断蒸发或融化，但总是积累大于消融，因而雪被能常年存在。

苔原也叫冻原（tundra），主要指北极圈内以及温带、寒温带的高山树木线以上的一种以苔藓、地衣、多年生草类和耐寒小灌木构成的植被带。由于草地的分类另有热带草原、温带草原、寒带苔原和草山、草坡、草滩六种类型，前三种属于地带性草原，后三种属于非地带性草地。因此苔原的生态系统服务价值核算方法参照草地相应的生态系统服务价值核算方法。

稀疏植被（sparse vegetation），由于荒漠植被是旱生或超旱生半乔木、灌木、半灌木及旱生的肉质植物为主组成的稀疏植被类型，所以在核算稀疏植被生态系统服务价值时采用荒漠生态系统对应的核算方法。

裸岩（bare rock）是指裸露的岩石。

地衣（lichens）是真菌和光合生物（绿藻或蓝细菌）之间稳定而又互利的共生联合体，真菌是主要成员，其形态及后代的繁殖均依靠真菌。

交通用地（transportation land use）是指居民点以外的各种道路（包括护路林）及其附属设施和民用机场用地。交通用地中又分出铁路、公路、农村道路、民用机场、港口码头5个二级地类。

居住用地（residential land），城市居民的居住区用地按功能可分为住宅用地、为本区居民配套建设的公共服务设施用地（也称公建用地）、公共绿地以及把上述三项用地连成一体的道路用地等四项用地，总称居住用地。

工业用地（industrial land）是指独立设置的工厂、车间、手工业作坊、建筑安装的生产场地、排渣（灰）场地等用地。

B.7.2 服务功能列表

本研究考虑进行能值核算的服务功能见表B-39～表B-43。

表 B-39 冰川/永久积雪生态系统服务功能列表

类别	编号	项目	指标说明	能值计算说明	MA归属
直接价值	07-1	涵养水源	冰川/永久积雪储存着淡水资源，特别是在干旱区被誉为固体水库，绿色的摇篮	用冰川/永久积雪体积来核算	调节
间接价值	07-2	减少水土流失	考虑因冰川或永久积雪覆盖而减少了水土流失	用潜在侵蚀模数和现实侵蚀模数的差值计算	调节

续表

类别	编号	项目	指标说明	能值计算说明	MA 归属
存在价值	07-3	调节气候	考虑冰川对太阳光线的反射,减少了地表对热量的吸收,使局地气温保持在一个较低的温度。此外,高山区的冰川还有具有增水作用。由于冰川下垫面的温度场和湿度场与周围环境的差异,在高山冰川带形成一个冷岛和高湿中心,造成水平湍流加强,并影响内部场的湍流加剧,增加降水过程的发生,从而使降水量增加	用蒸发量来核算	调节
存在价值	07-4	调节径流	考虑冰川融化对河流的补给作用	用冰川对河流的补给量来核算	调节
存在价值	07-5	存在价值	由于冰川或永久积雪的维持所存在的旅游、文化、教育、科技等价值及生物多样性等的保存价值	替代价值计算	文化

表 B-40 裸岩及地衣生态系统服务功能列表

类别	编号	项目	指标说明	能值计算说明	MA 归属
直接价值	07-6	增加土壤有机质	理解裸岩的生态系统服务功能需要先理解裸岩演替,它是指在一个从来没有植被覆盖的地面,或者是原本存在过植被但被彻底消灭了的地方发生的演替。裸岩上发生的演替过程为:裸岩—地衣—苔藓—草本植物—灌木—森林。基于此,本研究在核算裸岩的生态系统服务价值时仅考虑其在成土过程中增加土壤有机质这一贡献。又因为地衣首先在裸岩上定居,地衣分泌的有机酸可加速岩石风化形成土壤的过程,使得土壤颗粒和有机物逐渐增加。因此,本研究将裸岩和地衣的生态系统服务功能看作一个过程,即增加土壤有机质	用增加土壤有机质含量来核算	支持

表 B-41 交通用地生态系统服务功能列表

类别	编号	项目	指标说明	能值计算说明	MA 归属
间接价值	07-7	减少水土流失	由于交通用地是由道路、附属设施及护路林组成,本研究在核算道路及附属设施时主要考虑地面因道路设施等覆盖减少了水土流失。护路林的生态系统服务功能使用森林生态系统服务功能的核算方法。最后两者相加得到交通用地生态系统服务功能价值	用潜在侵蚀模数和现实侵蚀模数的差值计算	调节

表 B-42　居住用地生态系统服务功能列表

类别	编号	项目	指标说明	能值计算说明	MA 归属
间接价值	07-8	减少水土流失	同交通用地一样，本研究考虑因居住用地的覆盖减少了水土流失的功能。居住用地中的公共绿地的生态系统服务功能核算方法按照草地的核算方法进行。最后两者相加得到居住用地生态系统服务功能价值	用潜在侵蚀模数和现实侵蚀模数的差值计算	调节

表 B-43　工业用地生态系统服务功能列表

类别	编号	项目	指标说明	能值计算说明	MA 归属
间接价值	07-9	减少水土流失	同交通用地和居住用地一样，本研究考虑因工业用地的覆盖减少了水土流失的功能	用潜在侵蚀模数和现实侵蚀模数的差值计算	调节

B.7.3　基于能值的服务功能计算方法

表 B-44～表 B-48 列出表 B-39～表 B-43 中冰川/永久积雪、裸岩及地衣、交通用地、居住用地和工业用地生态系统服务功能列表中各项的能值计算公式及参数。

表 B-44　冰川/永久积雪生态系统服务功能的能值计算公式及参数

类别	编号	项目	能值计算公式及参数说明
直接价值	07-10	涵养水源	$E_{m涵养水源}=(V_{冰川}\times\rho_{冰川}+V_{积雪}\times\rho_{积雪})\times UEV_{冰川}$　　（B-92） 式中，$E_{m涵养水源}$ 是冰川/永久积雪涵养水源对应的能值（sej）；$V_{冰川}$ 为冰川体积（cm³）；$\rho_{冰川}$ 为冰川密度（g/cm³）；$V_{积雪}$ 为永久积雪体积（cm³）；$\rho_{积雪}$ 为永久积雪密度（g/cm³）；$UEV_{冰川}$ 为冰川/永久积雪能值转换率（sej/g）
间接价值	07-11	减少水土流失	冰川/永久积雪减少水土流失价值可根据潜在侵蚀量与现实侵蚀量的差值计算，公式如下： $E_{mg}=G\times 10^{6}\times UEV_{g}$　　（B-93） $G=(G_{P}-G_{R})\times S$　　（B-94） 式中，E_{mg} 为冰川/永久积雪固土价值的能值（sej）；G 为冰川/永久积雪年固土总量（t/a）；UEV_{g} 为固持土壤能值转换率（sej/g）；G_{P} 为潜在土壤侵蚀模数[t/(hm²·a)]；G_{R} 为冰川/永久积雪分布区现实侵蚀模数[t/(hm²·a)]；S 为冰川/永久积雪的面积（hm²）

类别	编号	项目	能值计算公式及参数说明
存在价值	07-12	调节气候	冰川/永久积雪的调节气候功能的原理和森林相似，即冰川/永久积雪蒸散发过程中所吸收能量等于冰川/永久积雪降温增湿过程的能量投入，因此可用冰川/永久积雪蒸散发过程吸收的能量来估计冰川/永久积雪降温增湿功能价值。具体计算方法如下： $$E_{mE}=E_{EW} \times \rho_w \times 10^3 \times j_w \times UEV_{Ew} \quad (B-95)$$ 式中，E_{mE} 为蒸散发所需能值（sej）；E_{EW} 为冰川/永久积雪年蒸发量（m³/a）；ρ_w 为水的密度（kg/m³）；j_w 为水的吉布斯自由能（J/g）；UEV_{Ew} 为水蒸气的能值转换率（sej/J）
存在价值	07-13	调节径流	$$E_{m调节}=V \times \rho \times S \times UEV_{调节} \quad (B-96)$$ 式中，$E_{m调节}$ 为冰川/永久积雪调节径流对应的能值（sej）；V 为每年单位面积冰川/永久积雪对河流径流的补给量[cm³/(hm²·a)]；ρ 为水的密度（g/cm³）；S 为冰川/永久积雪面积（hm²）；$UEV_{调节}$ 为冰川/永久积雪调节径流的能值转换率，取冰川/永久积雪和河流水能值转换率的均值（sej/g）
存在价值	07-14	提供存在价值	1）旅游价值 冰川/永久积雪的生态旅游价值主要体现在其为当地居民所带来的旅游收入方面，因此可通过能值货币比计算出生态旅游所具有的太阳能值总量。具体公式如下： $$E_{mT}=I_T \times EMR \quad (B-97)$$ 式中，E_{mT} 为冰川/永久积雪的旅游价值对应的能值（sej）；I_T 为冰川/永久积雪带来的旅游收入（\$）；EMR 为当地能值货币比（sej/\$）。 2）文化教育服务价值 冰川/永久积雪生态系统的文化教育服务包括许多方面，是由生态系统提供休闲娱乐和非商业性用途机会的功能提供，如美学、艺术、教育和科学研究价值等。考虑数据的获取性，本研究用冰川/永久积雪生态系统可以提供信息量来衡量冰川/永久积雪的文化教育价值，具体计算如下： $$E_{minfo}=M_{info} \times UEV_{info} \quad (B-98)$$ 式中，E_{minfo} 为冰川/永久积雪提供信息对应的能值（sej）；M_{info} 冰川/永久积雪提供的信息量（J）；UEV_{info} 为信息的能值转换率（sej/J）。 3）生物多样性价值 $$E_{mBio}=M_{Bio} \times S \times UEV_{Bio} \quad (B-99)$$ 式中，E_{mBio} 为冰川/永久积雪维持生物多样性的能值（sej）；M_{Bio} 为每年单位面积冰川/永久积雪的生物量（J/hm²）；S 为常绿阔叶林面积（hm²）；UEV_{Bio} 生物量的能值转换率（sej/J）

表 B-45　裸岩及地衣生态系统服务功能的能值计算公式及参数

类别	编号	项目	能值计算公式及参数说明
直接价值	07-15	增加土壤有机质	$$Em_{O,M} = \text{Max}(R_i) \qquad (\text{B-100})$$ 式中，$Em_{O,M}$ 为裸岩及地衣增加有机质所需的能值（sej）。由于这里有机质增加主要依靠风化及生物作用形成的，所以本研究仅考虑系统驱动能量对土壤有机质增加的贡献，即这里的 R_i 指裸岩及地衣所在区域所有的可更新能值投入量（这里不考虑人工投入），包括太阳能、风能、雨水势能、雨水化学能、地热能及河径流等。为了避免重复计算，这里仅考虑各种可更新能值的最大投入项

表 B-46　交通用地生态系统服务功能的能值计算公式及参数

类别	编号	项目	能值计算公式及参数说明
间接价值	07-16	减少水土流失	交通用地（不包含护路林）减少水土流失价值可根据潜在侵蚀量与现实侵蚀量的差值计算，公式如下： $$E_{mg} = G \times 10^6 \times \text{UEV}_g \qquad (\text{B-101})$$ $$G = (G_P - G_R) \times S \qquad (\text{B-102})$$ 式中，E_{mg} 为交通用地固土价值的能值（sej）；G 为交通用地年固土总量（t/a）；UEV_g 为固持土壤能值转换率（sej/g）；G_P 为潜在土壤侵蚀模数[t/(hm^2·a)]；G_R 为交通用地分布区现实侵蚀模数[t/(hm^2·a)]；S 为交通用地的面积（hm^2），最后用这部分价值与护路林价值相加得到交通用地生态系统服务功能总价值

表 B-47　居住用地生态系统服务功能的能值计算公式及参数

类别	编号	项目	能值计算公式及参数说明
间接价值	07-17	减少水土流失	居住用地（不包含公共绿地）减少水土流失价值可根据潜在侵蚀量与现实侵蚀量的差值计算，公式如下： $$E_{mg} = G \times 10^6 \times \text{UEV}_g \qquad (\text{B-103})$$ $$G = (G_P - G_R) \times S \qquad (\text{B-104})$$ 式中，E_{mg} 为居住用地固土价值的能值（sej）；G 为居住用地年固土总量（t/a）；UEV_g 为固持土壤能值转换率（sej/g）；G_P 为潜在土壤侵蚀模数[t/(hm^2·a)]；G_R 为居住用地分布区现实侵蚀模数[t/(hm^2·a)]；S 为居住用地的面积（hm^2），最后用这部分价值与公共绿地价值相加得到居住用地生态系统服务功能总价值

表 B-48 工业用地生态系统服务功能的能值计算公式及参数

类别	编号	项目	能值计算公式及参数说明
间接价值	07-18	减少水土流失	工业减少水土流失价值可根据潜在侵蚀量与现实侵蚀量的差值计算,公式如下: $$E_{mg}=G \times 10^6 \times \text{UEV}_g \quad (\text{B-105})$$ $$G=(G_P-G_R) \times S \quad (\text{B-106})$$ 式中,E_{mg} 为工业用地固土价值的能值(sej);G 为工业用地年固土总量(t/a);UEV_g 为固持土壤能值转换率(sej/g);G_P 为潜在土壤侵蚀模数[t/(hm²·a)];G_R 为工业用地分布区现实侵蚀模数[t/(hm²·a)];S 为工业用地的面积(hm²)

附录 B 部分系数参考值未给全或者有不妥的地方,望读者谅解。

附录 C 基于 GEB2016 能值基准的常用资源的能值转换率

表 C-1～表 C-18 的能值转换率均基于最新的能值基准 GEB2016（12.0×10^{24} seJ/a），具体的计算过程详见第 2 章。需要说明的是，个别能值转换率仍会微调和补充，请关注能值数据库的最新更新。

表 C-1 地球可更新资源的能值转换率

可更新能流	单位	tr	说明
太阳能	sej/J	1.00	基于定义
地热能	sej/J	4.90×10^3	
潮汐能	sej/J	3.09×10^4	
风能	sej/J	7.90×10^2	
波浪能	sej/J	4.13×10^3	
雨水（化学能）	sej/J	7.01×10^3	
径流地理势能	sej/J	1.28×10^4	
洋流能	sej/J	7.62×10^4	

表 C-2 各种水资源的能值转换率

水资源	单位	UEV	单位	tr	说明
淡水，未指定，100 ppmTDS	sej/kg	1.00×10^8	sej/J	2.13×10^4	使用最小值避免采用过大的计算值
淡水，河水和溪水，100 ppmTDS	sej/kg	1.00×10^8	sej/J	2.13×10^4	
淡水，湖水，200 ppmTDS	sej/kg	6.99×10^8	sej/J	1.49×10^5	仅计算了淡水湖
淡水，湿地，2000 ppmTDS	sej/kg	1.63×10^8	sej/J	3.65×10^4	
淡水，地表水，100 ppmTDS	sej/kg	1.00×10^8	sej/J	2.13×10^4	这里使用最小值
淡水，地下水，335 ppmTDS	sej/kg	4.96×10^8	sej/J	1.06×10^5	只考虑了饱和区，未考虑未饱和区
淡水，极地冰，10 ppmTDS	sej/kg	4.83×10^9	sej/J	1.02×10^6	
陆地雨水，10 ppmTDS	sej/kg	3.31×10^7	sej/J	7.00×10^3	

续表

水资源	单位	UEV	单位	tr	说明
海洋雨水，10ppmTDS	sej/kg	—	sej/J	—	
大气水蒸气，10 ppmTDS	sej/kg	2.04×10^7	sej/J	4.30×10^3	
水，地理势能	sej/kg	1.00×10^8	sej/J	1.28×10^4	

注：ppmTDS 为 mg/L 总溶解固体。

表 C-3 各种放射性核素的能值转换率

放射性核素	单位	tr	单位	UEV	说明
钾	sej/J	8.20×10^3			^{40}K
钍	sej/J	4.20×10^3			^{232}Th
铀 235	sej/J	8.45×10^3	sej/kg	3.24×10^{17}	^{235}U
铀 238	sej/J	3.70×10^3			^{238}U

表 C-4 各种矿物（未开采）的能值转换率

矿物	单位	UEV	注释
铝（Al）	sej/kg	4.08×10^{10}	铝土矿考虑铝矾石/三水铝石 Al(OH)$_3$、铝单晶 AlO(OH) 和软水铝石 AlO(OH) 的平均值，浓度 0.11 g/g
石膏（CaSO$_4$）	sej/kg	2.03×10^{10}	Kribek 等（2002）指出，在蒸发岩沉积物中有 66.9%～82% 的硬石膏，这里取平均值 0.7445 g/g
重晶石（BaSO$_4$）	sej/kg	1.34×10^{10}	重晶石矿浓度 0.15 g/g
铝土矿	sej/kg	1.70×10^{10}	铝土矿考虑铝矾石/三水铝石 Al(OH)$_3$、铝单晶 AlO(OH) 和软水铝石 AlO(OH) 的平均值
硼砂（Na$_2$O$_2$B$_2$O$_{34}$H$_2$O）	sej/kg	9.93×10^9	与四水硼砂相似，B$_2$O$_3$ 浓度 0.25 g/g
镉（CdS）	sej/kg	2.23×10^{11}	硫镉矿中镉元素的浓度 0.0018 g/g
铈（Ce）	sej/kg	4.27×10^{10}	考虑平均值，包括褐帘石[Ca(Ce$_{0.4}$Ca$_{0.2}$Y$_{0.133}$)(Al$_2$Fe^{3+})Si$_3$O$_{12}$(OH)]，独居石 Ce$_{0.5}$La$_{0.25}$Nd$_{0.2}$Th$_{0.05}$(PO$_4$)，稀土矿 La(CO$_3$)F 和水磷铈石 Ce$_{0.75}$La$_{0.25}$(PO$_4$)H$_2$O，地表中质量比约为 0.1 g/g
铬铁矿中的铬（Fe^{2+}Cr$_2$O$_4$）	sej/kg	3.85×10^{10}	铬铁矿中的铬的浓度为 0.116 g/g
方钠石，温石棉 [Mg$_3$Si$_2$O$_5$(OH)$_4$]	sej/kg	3.55×10^9	http://www.madehow.com/Volume-4/Asbestos.html（首次估算温石棉原矿品位在地表的质量比约为 0.1 g/g）
朱砂（HgS）	sej/kg	5.16×10^{11}	典型的朱砂在矿中的浓度为 0.01 g/g（Ballester et al., 1988）
钴（CoAs$_2$，CoAsS，Co$_3$S$_4$）	sej/kg	2.13×10^{11}	钴的边际浓度为 0.002 g/g
硬硼钙石[Ca$_2$B$_6$O$_{11}$(H$_2$O)$_5$]	sej/kg	5.63×10^9	Alp 等（2009）提出 B$_2$O$_3$ 在硬硼钙石矿中的浓度为 0.3076 g/g

续表

矿物	单位	UEV	注释
黄铜矿中的铜（$CuFeS_2$）	sej/kg	2.74×10^{11}	黄铜矿浓度 0.0099 g/g
黄铜矿中的铜（$CuFeS_2$）	sej/kg	2.82×10^{11}	黄铜矿浓度 0.0118 g/g
黄铜矿中的铜（$CuFeS_2$）	sej/kg	2.90×10^{11}	黄铜矿浓度 0.0142 g/g
黄铜矿中的铜（$CuFeS_2$）	sej/kg	3.10×10^{11}	黄铜矿浓度 0.0219 g/g
铈［$La(CO_3)F$］	sej/kg	2.91×10^{10}	与氟碳铈矿类似，加拿大沉积岩中浓度 0.07 g/g
长石［$(Na, K, Ca)AlSi_3O_8/SiO_2$］	sej/kg	1.45×10^{9}	浓度 0.46 g/g（Amarante et al., 1997）
氟（F）	sej/kg	7.70×10^{10}	磷灰石矿浓度 0.01 g/g（LCA 数据）
氟（F）	sej/kg	9.53×10^{10}	磷灰石矿浓度 0.03 g/g（LCA 数据）
萤石（CaF_2）	sej/kg	3.05×10^{10}	浓度 0.92 g/g
钆（Gd）	sej/kg	2.34×10^{10}	硅铍钇矿浓度 0.0196 g/g（British Geological Survey, https://www.bgs.ac.uk/）
镓（Ga）	sej/kg	1.22×10^{13}	铝土矿浓度 0.0014 g/g（LCA 数据）
金（Au）	sej/kg	4.44×10^{11}	金矿浓度 0.000 001 1 g/g
金（Au）	sej/kg	4.55×10^{11}	金矿浓度 0.000 001 3 g/g
金（Au）	sej/kg	4.60×10^{11}	金矿浓度 0.000 001 4 g/g
金（Au）	sej/kg	4.87×10^{11}	金矿浓度 0.000 002 1 g/g
金（Au）	sej/kg	5.34×10^{11}	金矿浓度 0.000 004 3 g/g
金（Au）	sej/kg	3.91×10^{11}	金矿浓度 0.000 000 5 g/g
金（Au）	sej/kg	5.63×10^{11}	金矿浓度 0.000 006 7 g/g
金（Au）	sej/kg	5.67×10^{11}	金矿浓度 0.000 007 1 g/g
金（Au）	sej/kg	5.87×10^{11}	金矿浓度 0.000 009 7 g/g
石膏（$CaSO_4 \cdot 2H_2O$）	sej/kg	1.63×10^{10}	A 等级石膏矿浓度 0.93 g/g
锌（ZnS）	sej/kg	2.49×10^{14}	假设闪锌矿和锌矿浓度相同，浓度 0.000 03 g/g（LCA 数据）
铁燧岩中的铁（Fe_2O_3, $Fe_2^{3+}Fe^{2+}O_4$ 和 $Fe^{2+}CO_3$）	sej/kg	2.27×10^{10}	赤铁矿、磁铁矿和铁石的加权平均值，浓度 0.25 g/g（LCA 数据）
高岭石［$Al_4Si_4O_{10}(OH)_8$］	sej/kg	3.11×10^{9}	浓度 0.24 g/g（LCA 数据）
硫酸镁石［$MgSO_4(H_2O)$］	sej/kg	2.57×10^{10}	浓度 0.25 g/g（LCA 数据）
镧（La）	sej/kg	4.58×10^{10}	浓度 0.0075 g/g
铅（PbS）	sej/kg	2.68×10^{11}	方铅矿中浓度 0.03 g/g
锂（$LiAlSi_2O_6$）	sej/kg	1.47×10^{11}	锂辉石矿中浓度 0.0015 g/g

续表

矿物	单位	UEV	注释
菱镁矿（$MgCO_3$）	sej/kg	3.08×10^{10}	浓度 0.6 g/g（LCA 数据）
锰（Mn）	sej/kg	7.77×10^{10}	锰矿中浓度 0.142 g/g（LCA 数据）
钼 [MoS_2（辉钼矿）]	sej/kg	8.35×10^{10}	硫化物中浓度 0.0001 g/g 地表浓度 0.000 082 g/g（LCA 数据）
钼 [MoS_2（辉钼矿）]	sej/kg	8.35×10^{10}	硫化物中浓度 0.000 14 g/g 地表浓度 0.000 082 g/g（LCA 数据）
钼 [MoS_2（辉钼矿）]	sej/kg	8.35×10^{10}	硫化物中浓度 0.000 22 g/g 地表浓度 0.000 082 g/g（LCA 数据）
钼 [MoS_2（辉钼矿）]	sej/kg	8.35×10^{10}	硫化物中浓度 0.000 25 g/g 地表浓度 0.000 082 g/g（LCA 数据）
钼 [MoS_2（辉钼矿）]	sej/kg	1.15×10^{11}	硫化物中浓度 0.0011 g/g 地表浓度 0.000 41 g/g（LCA 数据）
镍 [$Fe_{4.5}^{2+}Ni_{4.5}S_8$（硫化物）]	sej/kg	8.00×10^{10}	硫化物中浓度 0.0076 g/g（LCA 数据）
镍 [$(Ni_2Mg)Si_2O_5(OH)_4$（硅酸盐）]	sej/kg	2.73×10^{10}	硅酸盐矿中浓度 0.0104 g/g（LCA 数据）
橄榄石 [$(Mg,Fe)_2(SiO_4)$]	sej/kg	1.45×10^{10}	浓度 0.92 g/g
钯（$Pt_{0.6}Pd_{0.3}Ni_{0.1}S$）	sej/kg	1.61×10^{12}	硫砷铂矿中浓度 0.000 002 g/g（Valero et al.，2012）
钯（$Pt_{0.6}Pd_{0.3}Ni_{0.1}S$）	sej/kg	1.82×10^{12}	硫砷铂矿中浓度 0.000 007 3 g/g（Valero et al.，2012）
磷灰石中的磷 [$Ca_5(PO_4)_3(OH)_{0.33}F_{0.33}Cl_{0.33}$]	sej/kg	2.34×10^{10}	磷灰石矿中浓度 0.12 g/g（LCA 数据）
磷灰石中的磷 [$Ca_5(PO_4)_3(OH)_{0.33}F_{0.33}Cl_{0.33}$]	sej/kg	1.89×10^{10}	磷灰石矿中浓度 0.04 g/g（LCA 数据）
铂（Pt）	sej/kg	1.07×10^{12}	硫砷铂矿浓度 0.000 002 5 g/g（LCA 数据）
铂（Pt）	sej/kg	1.14×10^{12}	硫砷铂矿浓度 0.000 004 8 g/g（LCA 数据）
铼（Re）	sej/kg	3.59×10^{14}	矿中浓度 0.000 41 g/g（Berzina et al.，2005）
铑（Rh）	sej/kg	1.86×10^{16}	矿中浓度 0.000 000 2 g/g（Gonzalez-Jiminez 等，2010）
铑（Rh）	sej/kg	2.23×10^{16}	矿中浓度 0.000 000 24 g/g（Gonzalez-Jiminez 等，2010）
银（硫化银）	sej/kg	4.45×10^{11}	硫化银矿浓度 0.000 04 g/g（LCA 数据）
银（硫化银）	sej/kg	2.06×10^{11}	硫化银矿浓度 0.000 001 2 g/g（LCA 数据）
银（Ag）	sej/kg	3.56×10^{11}	银矿中浓度 0.000 002 1 g/g（LCA 数据）

续表

矿物	单位	UEV	注释
银（Ag）	sej/kg	5.87×10^{11}	银矿中浓度 0.000 042 g/g（LCA 数据）
银（Ag）	sej/kg	2.38×10^{11}	银矿中浓度 0.000 000 46 g/g（LCA 数据）
银（Ag）	sej/kg	4.74×10^{10}	银矿中浓度 0.000 009 7 g/g（LCA 数据）
钠硝石，硝酸钠（$NaNO_3$）	sej/kg	5.68×10^{10}	1917 年智利硝酸钠矿浓度 0.1748 g/g（Farm Chemicals, http://farmchem.co.sz/）
硫酸钠（$Na_8Al_6Si_6O_{24}SO_4$）	sej/kg	3.19×10^{9}	浓度 0.22 g/g
辉锑矿（Sb_2S_3）	sej/kg	3.29×10^{11}	美国辉锑浓度 0.35 g/g
钾盐，氯化钾（KCl）	sej/kg	8.54×10^{10}	新墨西哥城钾盐浓度 0.14 g/g
云母［$Mg_3Si_4O_{10}(OH_2)_2$］	sej/kg	4.61×10^{9}	英国云母矿浓度 0.4 g/g（British Geological Survey, https://www.bgs.ac.uk/）
钽（$Fe^{2+}Ta_2O_6$）	sej/kg	5.88×10^{9}	低铁锂矿中浓度 0.000 001 6 g/g（LCA 数据）
碲	sej/kg	1.04×10^{12}	辉碲铋矿中浓度 0.000 000 2 g/g（LCA 数据）
锡（SnO_2）	sej/kg	4.88×10^{10}	原锡石矿中浓度 0.001 g/g（LCA 数据）
TiO_2（$Fe^{2+}TiO_3$）	sej/kg	1.78×10^{10}	原生钛铁矿中浓度 0.026 g/g（LCA 数据）
TiO_2	sej/kg	1.01×10^{10}	原生金红石矿中浓度 0.004 g/g（LCA 数据）
硼钠钙石［$NaCaB_5O_6(OH)_6$］	sej/kg	6.12×10^{9}	土耳其矿浓度 0.32 g/g（Akcil and Akar, 2001）
铀［UO_2，$K_2(UO_2)_2(VO_4)_2 \cdot 3H_2O$］	sej/kg	4.02×10^{10}	加权平均值，浓度 0.1g/g
蛭石［$Mg_3Si_4O_{10}(OH)_2 \cdot 2H_2O$］	sej/kg	3.56×10^{9}	这里浓度采用 0.21 g/g
锌（ZnS）	sej/kg	1.52×10^{11}	浓度 5.3 g/g（LCA 数据）
斜锆石，氧化锆（ZrO_2）	sej/kg	5.52×10^{10}	在油锆矿中浓度 0.39 g/g（LCA 数据）

表 C-5　各种聚合矿料（未开采）的能值转换率

项目	单位	UEV	说明
自然界矿料平均值	sej/kg	1.21×10^{9}	不包括石灰石
玄武岩	sej/kg	6.57×10^{9}	—
方解石（石灰石）	sej/kg	1.28×10^{10}	$CaCO_3$
黏土（膨润土）	sej/kg	5.33×10^{9}	数据来自 Gates 等（2002）
黏土（平均值）	sej/kg	5.33×10^{9}	假设与膨润土一致
白云石［$CaMg(CO_3)_2$］	sej/kg	1.64×10^{11}	—

续表

项目	单位	UEV	说明
黄岗岩	sej/kg	1.21×10^9	假设花岗岩和砾石具有相同的成分
砂砾	sej/kg	1.21×10^9	假设花岗岩和砾石具有相同的成分
珍珠岩	sej/kg	2.13×10^{12}	—
浮石	sej/kg	2.00×10^{12}	—
岩石	sej/kg	1.21×10^9	不包括石灰石
石英砂	sej/kg	1.69×10^9	假设石英砂和未指明的砂子成分相同
砂子（未指明）	sej/kg	1.69×10^9	假设石英砂和未指明的砂子成分相同
页岩	sej/kg	1.88×10^9	—

表 C-6 各种海水中矿物质的能值转换率

项目	单位	UEV	说明
氯化钠（NaCl），海水中浓度 0.016 g/g	sej/kg	8.60×10^8	海水中钠（Na）和氯（Cl）元素的加权平均值
溴（Br），海水中浓度 6.70×10^{-5} g/g	sej/kg	3.36×10^{11}	—
氯化钙（CaCl$_2$），海水中浓度 0.01 g/g	sej/kg	6.89×10^8	海水中钠（Na）和氯（Cl）元素的加权平均值
碘（I），海水中浓度 5.94×10^{-8} g/g	sej/kg	3.31×10^{11}	—
镁（Mg），海水中的浓度 0.001 18 g/g	sej/kg	1.87×10^9	—

表 C-7 大气中各种气体的能值转换率

项目	单位	UEV
空气	sej/kg	2.04×10^7
二氧化碳（CO$_2$）	sej/kg	1.42×10^7
甲烷（CH$_4$）	sej/kg	8.86×10^7
氪气（Kr）	sej/kg	1.00×10^7
氮（N）	sej/kg	—
氧气（O$_2$）	sej/kg	4.65×10^6
氙气（Xe）	sej/kg	1.76×10^7

表 C-8　各种土地利用类型的能值转换率

项目	单位	UEV	说明
平均土地	sej/(m²·a)	3.07×10^{10}	全球总能值(15.2×10^{24} sej/a)/地球表面积(5.08×10^{14} m²) = 3.07×10^{10} sej/(m²·a)
林地	sej/(m²·a)	1.04×10^{10}	温带/寒带森林
温带森林	sej/(m²·a)	1.04×10^{10}	—
热带草原	sej/(m²·a)	1.35×10^{10}	草原/牧场
温带草原	sej/(m²·a)	1.35×10^{10}	草原/牧场
寒带森林	sej/(m²·a)	1.04×10^{10}	—
热带低地森林	sej/(m²·a)	2.02×10^{10}	—
荒漠灌丛	sej/(m²·a)	1.34×10^{10}	—
苔原	sej/(m²·a)	1.33×10^{10}	—
沼泽	sej/(m²·a)	5.12×10^{11}	数据来源 Brandt-Williams 和 Brown（2012）
耕地	sej/(m²·a)	3.07×10^{10}	—

表 C-9　各种生物量的能值转换率

项目	单位	UEV	说明
草地/牧场的生物量	sej/kg	1.32×10^{10}	假设热带和温带草原的值是一样的
温带/寒带森林的生物量	sej/kg	1.35×10^{11}	假设温带和寒带森林的值是一样的
荒漠灌木的生物量	sej/kg	1.52×10^{11}	—
苔原的生物量	sej/kg	1.02×10^{11}	—
沼泽/河漫滩的生物量	sej/kg	3.97×10^{12}	—
潮浸浅滩地/红树林的生物量	sej/kg	2.56×10^{12}	—
河口的生物量	sej/kg	7.88×10^{12}	—
耕地的生物量	sej/kg	—	

表 C-10　各种土壤的能值转换率

项目	单位	UEV	说明
土壤中的有机碳	sej/kg	1.84×10^{11}	土壤碳的周转率是全球各种土壤数据的加权平均值
土壤	sej/kg	1.42×10^{10}	土壤中含有机和无机土壤部分
被侵蚀的林地的土壤有机碳	sej/kg	2.12×10^{11}	—
温带森林的土壤有机碳	sej/kg	2.26×10^{11}	—
热带草原的土壤有机碳	sej/kg	3.21×10^{11}	—

续表

项目	单位	UEV	说明
温带草原的土壤有机碳	sej/kg	4.35×10^{11}	—
寒带森林的土壤有机碳	sej/kg	4.61×10^{11}	—
热带低地森林的土壤有机碳	sej/kg	6.55×10^{11}	—
荒漠灌丛的土壤有机碳	sej/kg	1.92×10^{12}	—
苔原地区的土壤有机碳	sej/kg	3.20×10^{12}	—
沼泽和湿地的土壤有机碳	sej/kg	4.67×10^{13}	—
河口的土壤有机碳	sej/kg	—	
耕地的土壤有机碳	sej/kg	8.15×10^{11}	用生物群落的最小值计算土壤有机碳产量
土壤中的氮	sej/kg	4.23×10^{13}	参见 Watanabe 和 Ortega（2011）
土壤中的无机物质	sej/kg	3.76×10^{9}	岩石的 UEV 需要 ×2，因为一半损失生产了土壤，方法学参见 Odum（1996）
土壤中的硫（S8）硫在土壤中的浓度为 0.005 g/g	sej/kg	8.51×10^{11}	在这里，S 的浓度为地壳中健康的土壤浓度

表 C-11　各种木材的能值转换率

项目	单位	UEV	说明
干燥的硬木	sej/kg	9.38×10^{9}	数据来源 Orrell（1998）
干燥的软木	sej/kg	7.43×10^{9}	这里用湿地松代表
干燥的木材	sej/kg	7.43×10^{9}	为了避免过高的估计，这里考虑使用最小值
干燥的木材（温带森林）	sej/kg	1.70×10^{11}	这里用 26 年树龄的白橡树代表
干燥的木材（寒带森林）	sej/kg	5.49×10^{10}	
干燥的木材（热带低地森林）	sej/kg	1.09×10^{12}	数据来源于亚马逊的报告（Odum et al., 1986）
干燥的木材（沼泽）	sej/kg	6.55×10^{11}	数据来源 Weber（1994）

表 C-12　各种化石燃料（开采后）的能值转换率

项目	单位	UEV	单位	tr
无烟煤	sej/kg	1.97×10^{12}	sej/J	6.70×10^{4}
烟煤	sej/kg	1.97×10^{12}	sej/J	6.70×10^{4}
亚煤烟煤	sej/kg	1.11×10^{12}	sej/J	5.57×10^{4}
褐煤	sej/kg	1.11×10^{12}	sej/J	5.57×10^{4}
天然气	sej/kg	7.46×10^{12}	sej/J	1.40×10^{5}
原油	sej/kg	5.79×10^{12}	sej/J	1.32×10^{5}
泥煤	sej/kg	2.33×10^{13}	sej/J	5.57×10^{4}
氦气（He），在天然气中的浓度是 0.08 g/g	sej/kg	7.46×10^{12}	sej/J	1.40×10^{5}

表 C-13　各种劳动力的能值转换率

项目	单位	UEV
劳动力（管理等相关行业）	sej/h	2.50×10^{13}
劳动力（服务等行业）	sej/h	3.22×10^{13}
劳动力（销售等行业）	sej/h	3.38×10^{13}
劳动力（建筑、维修等行业）	sej/h	3.82×10^{13}
劳动力（生产、运输等行业）	sej/h	5.72×10^{13}

表 C-14　各种矿物和金属（开采后）的能值转换率

项目	单位	UEV
石灰石	sej/kg	1.72×10^{12}
锂（浓缩矿岩）	sej/kg	1.15×10^{13}
铁矿石	sej/kg	1.21×10^{12}
铝土矿	sej/kg	4.36×10^{12}
精铜矿（铜含量28%）	sej/kg	6.38×10^{12}
磷酸盐岩（磷灰石矿）	sej/kg	1.05×10^{12}
选矿后的磷酸盐岩	sej/kg	6.72×10^{11}
铅精矿	sej/kg	4.27×10^{12}
金矿/银矿	sej/kg	$5.20 \times 10^{12} / 5.61 \times 10^{12}$
矿中的金	sej/kg	4.74×10^{12}
矿中的银	sej/kg	3.58×10^{12}
锌精矿	sej/kg	9.05×10^{12}
铀浓缩物（铀黄）	sej/kg	1.81×10^{12}
锰精矿	sej/kg	4.48×10^{12}
镁（工厂生产）	sej/kg	6.62×10^{12}

表 C-15　各种产品（制成品）的能值转换率

项目	单位	UEV	单位	UEV
锂精矿	sej/kg	4.28×10^{10}		
碳酸锂（工厂生产）	sej/kg	2.14×10^{12}		
氯化锂（工厂生产）	sej/kg	4.76×10^{12}		
锂（工厂生产）	sej/kg	2.93×10^{13}		
炸药	sej/kg	1.80×10^{12}		
液氨	sej/kg	4.90×10^{12}		

续表

项目	单位	UEV	单位	UEV
硝酸铵	sej/kg	2.39×10^{12}		
硝酸	sej/kg	1.45×10^{12}		
氧化铝	sej/kg	1.63×10^{12}		
铝（液态）	sej/kg	3.24×10^{13}		
直流铝铸锭	sej/kg	3.36×10^{13}		
铝制板	sej/kg	4.69×10^{13}		
生铁	sej/kg	1.04×10^{14}		
钢材	sej/kg	1.81×10^{14}		
阳极板	sej/kg	3.57×10^{13}		
硅酸盐水泥	sej/kg	4.61×10^{12}		
混凝土	sej/kg	5.85×10^{11}	sej/m³	1.40×10^{15}
金（工厂生产）	sej/kg	1.94×10^{16}		
铜（工厂生产）	sej/kg	1.04×10^{13}		
铅（工厂生产）	sej/kg	3.86×10^{12}		

注：仅有混凝土在统计中会使用体积单位（m³）。

表 C-16 各种燃料（加工后）的能值转换率

项目	单位	UEV	单位	tr
烟煤	sej/kg	1.33×10^{12}	sej/J	6.67×10^{4}
无烟煤	sej/kg	2.19×10^{12}	sej/J	7.45×10^{4}
汽油	sej/kg	7.55×10^{12}	sej/J	1.74×10^{5}
航空煤油	sej/kg	7.40×10^{12}	sej/J	1.70×10^{5}
柴油	sej/kg	7.26×10^{12}	sej/J	1.70×10^{5}
液态石油气（LPG）	sej/kg	6.84×10^{12}	sej/J	1.47×10^{5}
残渣燃料油	sej/kg	6.84×10^{12}	sej/J	1.73×10^{5}
天然气	sej/kg	7.80×10^{12}	sej/J	1.46×10^{5}
焦炭	sej/kg	4.31×10^{13}	sej/J	1.46×10^{6}
木炭	sej/kg	1.49×10^{13}	sej/J	4.97×10^{5}

表 C-17 各种电力的能值转换率

项目	单位	UEV	单位	Tr	来源
电力	sej/(kW·h)	7.96×10^{11}	sej/J	2.21×10^{5}	平均值
太阳能发电	sej/(kW·h)	2.25×10^{11}	sej/J	6.26×10^{4}	来自 Brown 等（2011）
热电厂（原油）	sej/(kW·h)	1.45×10^{12}	sej/J	4.03×10^{5}	来自 Brown 等（2011）

表 C-18　各种交通方式的能值转换率

项目	单位	UEV
公路交通	sej/（kg·km）	1.80×10^8
铁路交通	sej/（kg·km）	3.16×10^8
海运交通	sej/（kg·km）	1.20×10^7

参 考 文 献

白瑜，陆宏芳，何江华，等，2006. 基于能值方法的广东省农业系统分析. 生态环境，15（1）：103-108.

北京市南水北调工程建设委员会办公室，2008. 北京市南水北调配套工程总体规划. 北京：中国水利水电出版社.

曹国亮，2013. 华北平原地下水系统变化规律研究. 北京：中国地质大学.

车伍，吕放放，李俊奇，等，2009. 发达国家典型雨洪管理体系及启示. 中国给水排水，25（20）：12-17.

车伍，武彦杰，杨正，等，2015. 海绵城市建设指南解读之城市雨洪调蓄系统的合理构建. 中国给水排水，（8）：13-17.

陈丹，陈菁，关松，等，2008. 基于能值理论的区域水资源复合系统生态经济评价. 水利学报，39（12）：1384-1389.

陈花丹，何东进，游巍斌，等，2014. 基于能值分析的天宝岩国家级自然保护区森林生态系统服务功能评价. 西南林业大学学报，（04）：75-81.

陈守煜，2005. 水资源与防洪系统可变模糊集理论与方法. 大连：大连理工大学出版社.

陈兴鹏，薛冰，拓学森，2005. 基于能值分析的西北地区循环经济研究. 资源科学，27（1）：52-59.

程根伟，陈桂蓉，2003. 贡嘎山暗针叶林区森林蒸散发特征与模拟. 水科学进展，14（5）：617-621.

程茉莉，2008. 基于能值分析的校园生态评价系统研究及应用. 天津：天津大学.

崔丽娟，2004. 鄱阳湖湿地生态系统服务功能价值评估研究. 生态学杂志，23（4）：47-51.

崔丽娟，赵欣胜，2004. 鄱阳湖湿地生态能值分析研究. 生态学报，24（7）：1480-1485.

董孝斌，严茂超，董云，等，2007. 基于能值的内蒙古生态经济系统分析与可持续发展战略研究. 地理科学进展，26（3）：47-57.

段汉明，苏敏，2006. 循环经济视点下的城市超循环体系. 现代城市研究，288：5-10.

段宁，2001. 清洁生产、生态工业和循环经济. 环境科学研究，14（6）：1-4，8.

冯维波，2005. 关于建立城市循环经济体系的思考. 生态经济，（9）：68-71.

傅声雷，林永标，饶兴权，等，2011. 中国生态系统定位观测与研究数据集//孙鸿烈，于贵瑞，欧阳竹，等. 森林生态系统卷（广东鹤山站 1998—2008）. 北京：中国农业出版社.

高超, 张桃林, 1999. 欧洲国家控制农业养分污染水环境的管理措施. 农村生态环境, 15 (2): 50-53.

葛永林, 徐正春, 2014. 奥德姆的生态思想是整体论吗?. 生态学报, 34 (15): 4151-4159.

郭瑞丽, 吴泽宁, 于洪涛, 等, 2011. 城市居民生活用水水价的能值计算方法及应用. 生态经济, (1): 33-36.

郭秀锐, 杨居荣, 毛显强, 2002. 城市生态系统健康评价初探. 中国环境科学, 22 (6): 525-529.

国家防汛抗旱总指挥部, 中华人民共和国水利部, 2013. 2012 年中国抗旱灾害公报. 北京: 中国水利水电出版社.

和刚, 2009. 多水源多水厂的城市水资源优化配置研究. 郑州: 郑州大学.

胡道生, 宗跃光, 许文雯, 2011. 城市新区景观生态安全格局构建——基于生态网络分析的研究. 城市发展研究, 18 (6): 37-43.

胡廷兰, 杨志峰, 何孟常, 等, 2006. 一种城市生态系统健康评价方法及其应用. 环境科学学报, 25 (2): 269-274.

黄书礼, 2004. 都市生态经济与能量. 台北: 詹氏出版社.

黄文德, 牛俊义, 高玉红, 等, 2008. 退耕还草区农业生态系统能值动态分析——以甘肃省镇原县北庄村为例. 干旱地区农业研究, 26 (1): 112-117.

《建筑学报》编辑部, 2009. 中国 2010 年上海世博会概述. 建筑学报, (6): 1-6.

姜国刚, 衣保中, 2009. 循环经济范式演进的动力机制与系统结构分析. 社会科学辑刊, 5: 104-108.

姜昧茗, 2007. 城市系统演化的生态热力学研究. 北京: 北京大学.

蒋桂芹, 2010. 水资源对区域经济生产贡献的能值分析研究. 郑州: 郑州大学.

金丹, 2010. 矿山生态系统物能流核算. 徐州: 中国矿业大学.

景可, 王万忠, 郑粉莉, 2005. 中国土壤侵蚀与环境. 北京: 科学出版社.

蓝盛芳, Odum H T, 1994. 中国环境、经济资源的能值综合. 生态科学, 1: 63-74.

蓝盛芳, 钦佩, 陆宏芳, 2002. 生态经济系统能值分析. 北京: 化学工业出版社.

李海涛, 廖迎春, 严茂超, 等, 2003. 新疆生态经济系统的能值分析及其可持续性评估. 地理学报, (5): 765-772.

李海涛, 许学工, 肖笃宁, 2005. 基于能值理论的生态资本价值——以阜康市天山北坡中段森林区生态系统为例. 生态学报, 25 (6): 1383-1390.

李寒娥, 蓝盛芳, 陆宏芳, 2005. H. T. 奥德姆与中国的能值研究. 生态科学, 24 (2): 182-187.

李洪波, 李海燕, 2009. 武夷山自然保护区生态旅游系统能值分析. 生态学报, 29 (11): 5869-5876.

李加林, 张正龙, 曾昭鹏, 2003. 江苏环境经济系统的能值分析与可持续发展对策研究. 中国人口资源与环境, 13 (2): 73-78.

李金平, 陈飞鹏, 王志石, 2006. 城市环境经济能值综合和可持续性分析. 生态学报, 26（2）: 439-448.

李俊奇, 王文亮, 2015. 基于多目标的城市雨水系统构建与展望. 给水排水, 41（4）: 1-3.

李日邦, 谭见安, 王五一, 等, 2000. 中国环境-健康区域综合评价. 环境科学学报, 20（增刊）: 157-163.

李新波, 郝晋珉, 胡克林, 等, 2008. 集约化农业生产区浅层地下水埋深的时空变异规律. 农业工程学报, 3: 95-98.

李杨帆, 朱晓东, 黄贤金, 2005. 南京城市生活垃圾资源循环型管理模式研究. 资源科学, 27（6）: 167-171.

李玉明, 王钰, 2010. 基于雨洪管理理念的城市公园雨洪资源化利用规划. 安徽农业科学, 42（21）: 7092-7094.

李云燕, 2007. 循环经济生态机理研究. 生态经济（学术版）, 5: 126-130.

梁云, 2013. 北京市南水北调应急供水水质水量联合调控方案研究. 上海: 东华大学.

林伟仁, 2015. 中国城市给排水系统能耗分析与预测研究. 北京: 清华大学.

刘丹, 刘萍, 樊籽均, 2013. 城市雨水资源化利用与管理策略探讨. 中国水运（下半月）, 13（3）: 70-71.

刘耕源, 2010. 基于生态热力学的城市代谢过程研究. 北京: 北京师范大学.

刘耕源, 2018. 生态系统服务功能非货币量核算研究. 生态学报, 38（4）: 1487-1499.

刘耕源, 杨志峰, 陈彬, 2013a. 基于能值分析方法的城市代谢过程研究——案例研究. 生态学报, 33（18）: 5078-5089.

刘耕源, 杨志峰, 陈彬, 2013b. 基于能值分析方法的城市代谢过程研究——理论与方法. 生态学报, 33（15）: 4539-4551.

刘耕源, 杨志峰, 陈彬, 等, 2008. 基于能值分析的城市生态系统健康评价——以包头市为例. 生态学报, 28（4）: 1720-1728.

刘泓志, 肖长来, 张岩祥, 等, 2014. 基于地统计学的降水入渗补给系数的空间变异特征分析. 节水灌溉,（6）: 54-56, 59.

刘炜, 陈景新, 薛楠, 等, 2015. 区域一体化背景下京津冀循环经济协同发展研究. 中国农业资源与区划, 36（2）: 78-83.

刘小丹, 赵忠宝, 李克国, 2017. 河北北戴河区农田生态系统服务功能价值测算研究. 农业资源与环境学报, 34（4）: 390-396.

刘晓霞, 2007. 基于地表水和地下水动态转化的水资源优化配置模型研究. 北京: 中国水利水电科学研究院.

楼俞, 石磊, 2008. 城市尺度的金属存量分析——以邯郸市2005年钢铁和铝存量为例. 资源科学, 30（1）: 147-152.

陆宏芳, 蓝盛芳, 李雷, 等, 2002. 评价系统可持续发展能力的能值指标. 中国环境科学, 22（4）:

380-384.

马世骏, 王如松, 1984. 社会-经济-自然复合生态系统. 生态学报, 4（2）: 27-33.

倪广恒, 陈铁, 张彤, 等, 2012. 南水北调来水条件下北京市多水源联合配置和调度关键技术研究. 中国水利, 增刊: 56-58.

倪新铮, 陈景岳, 黄欣, 2001. 南水北调——北京可持续发展的支撑工程. 北京水利,（1）: 3-6.

欧新黔, 刘江, 2007. 中国产业发展与产业政策［M］. 北京: 新华出版社.

潘鹏杰, 2010. 城市循环经济发展评价指标体系构建与实证研究. 学习与探索, 3: 184-185.

庞明月, 张力小, 王长波, 2015. 基于能值分析的我国小水电生态影响研究. 生态学报, 35（8）: 2741-2749.

彭近新, 1988. 水质富营养化与防治. 北京: 中国环境科学出版社.

戚仁海, 熊斯顿, 2007. 基于景观格局和网络分析法的崇明绿地系统现状和规划的评价. 生态科学, 26（3）: 208-214.

齐子超, 2012. 南水北调来水条件下北京市多水源联合调度研究. 北京: 清华大学.

秦培亮, 2009. 寒冷地区屋顶绿化的设计方法研究. 大连: 大连理工大学.

全新峰, 张克峰, 李秀芝, 2006. 国内外城市雨水利用现状及趋势. 能源与环境,（1）: 19-21.

仇保兴, 2015. 海绵城市（LID）的内涵、途径与发展. 给水排水, 41（3）: 1-7.

任基成, 费杰, 2006. 城市供水管网系统二次污染及防治. 北京: 中国建筑工业出版社.

任丽燕, 吴次芳, 岳文泽, 2009. 西溪国家湿地公园生态经济效益能值分析. 生态学报, 29（3）: 1287-1290.

桑卫国, 苏宏新, 白帆, 2011. 中国生态系统定位观测与研究数据集//孙鸿烈, 于贵瑞, 欧阳竹, 等. 森林生态系统卷（北京站 2000—2006）. 北京: 中国农业出版社.

申广荣, 项巧巧, 陈冬梅, 等, 2017. 中国森林凋落量时空分布特征. 应用生态学报, 28（8）: 2452-2460.

沈善瑞, 陆宏芳, 蓝盛芳, 等, 2004. 农业生态系统经济能值投入产出分析. 生态环境, 13（4）: 612-615.

石磊, 陈吉宁, 张天柱, 2004. 循环经济型生态城市规划框架研究——以贵阳市为例. 中国人口资源与环境, 14（3）: 54-56.

史宝娟, 2006. 城市循环经济系统构建及评价方法研究. 天津: 天津大学.

史培军, 张钢锋, 孔锋, 等, 2015. 中国 1961—2012 年风速变化区划. 气候变化研究进展, 11（6）: 387-394.

宋天野, 2014. 近 30 年中国风速和风能的变化特征. 南京: 南京信息工程大学.

隋春花, 蓝盛芳, 2006. 广州与上海城市生态系统能值的分析比较. 城市环境与城市生态, 19（8）: 1-3.

孙海鸣, 2007. 现代服务业产业组织研究. 上海: 上海财经大学出版社.

孙洁斐, 2008. 基于能值分析的武夷山自然保护区生态系统服务功能价值评估. 福州: 福建农林大学.

孙谦, 2015. 大通湖湿地生态系统服务功能评价研究. 长沙: 中南林业科技大学.

孙新章, 周海林, 谢高地, 2007. 中国农田生态系统的服务功能及其经济价值. 中国人口·资源与环境, 17 (4): 55-60.

索安宁, 赵冬至, 张丰收, 2010. 我国北方河口湿地植被储碳、固碳功能研究——以辽河三角洲盘锦地区为例. 海洋学研究, 28 (3): 67-71.

汤萃文, 杨莎莎, 刘丽娟, 等, 2012. 基于能值理论的东祁连山森林生态系统服务功能价值评价. 生态学杂志, (02): 433-439.

万树文, 钦佩, 朱洪光, 等, 2000. 盐城自然保护区两种人工湿地模式评价. 生态学报, 20 (5): 759-765.

汪成刚, 2015. 湖北襄阳市降水入渗补给系数分析. 中国防汛抗旱, 25 (2): 57-59, 68.

王海珍, 张利权, 2005. 基于GIS、景观格局和网络分析法的厦门本岛生态网络规划. 植物生态学报, 29 (1): 144-152.

王建源, 薛德强, 田晓萍, 等, 2007. 山东省农业生态系统能值分析. 生态学杂志, 26 (5): 718-722.

王灵梅, 张金屯, 2004. 火电厂生态工业园的能值评估. 应用生态学报, 15 (6): 1047-1050.

王如松, 2013. 生态整合与文明发展. 生态学报, 1: 2312-2342.

王如松, 周启星, 胡聃, 等, 2000. 城市生态学调控方法. 北京: 气象出版社: 31-40.

王闰平, 荣湘民, 2008. 山西省农业生态经济系统能值分析. 应用生态学报, 19 (10): 2259-2264.

王胜军, 董红, 郯燕秋, 等, 2012. 田村山水厂改扩建及实际运行效果分析研究. 给水排水, (S2): 103-106.

王文亮, 李俊奇, 王二松, 2015. 海绵城市建设要点简析. 建设科技杂志, 1: 19-21.

温涛, 谢锋, 颜钮梅, 2005. 西部各省陆生野生脊椎动物资源的能值估算. 四川动物, 24 (1): 40-41.

席运官, 钦佩, 2006. 稻鸭共作有机农业模式的能值评估. 应用生态学报, 17 (2): 237-242.

谢咏红, 彭劳宝, 旷建军, 等, 2010. 基于能值理论的南岳衡山野生植物价值估算. 现代农业科技, 4: 11-13.

谢忠岩, 2002. 图们江流域水环境价值的能值研究. 吉林农业大学学报, 24 (3): 68-72.

徐鹤, 2013. 南水北调工程受水区多水源水价研究——以北京为例. 北京: 中国水利水电科学研究院.

徐一剑, 张天柱, 石磊, 等, 2004. 贵阳市物质流分析. 清华大学学报 (自然科学版), 44 (12): 1688-1699.

徐振强, 2015. 中国特色海绵城市的政策沿革与地方实践. 上海城市管理, (1): 49-54.

徐钟骏,刘晋民,2012.上海世博会伦敦案例馆展示的雨水利用技术案例分析.净水技术,31(3):36-39.

宣君华,2017.探讨循环经济的自然科学基础理论.科技与创新,10:2095-6835.

亚瑟·赛斯尔·庇古,2009.福利经济学.何玉长,丁晓钦,译.上海:上海财经大学出版社:1-448.

严茂超,1998.西藏生态经济系统的能值分析与可持续发展研究.自然资源学报,13(2):116-125.

杨谨,陈彬,刘耕源,2012.基于能值的沼气农业生态系统可持续发展水平综合评价——以恭城县为例.生态学报,(13):4007-4016.

杨松,孙凡,刘伯云,等,2007.重庆市农业生态经济系统能值分析.西南大学学报(自然科学版),29(8):49-54.

杨志新,郑大玮,文化,2005.北京郊区农田生态系统服务功能价值的评估研究.自然资源学报,20(4):564-571.

袁寿其,李红,王新坤,2015.中国节水灌溉装备发展现状、问题、趋势与建议.排灌机械工程学报,5:78-92.

袁远,2004.北京市家庭生活用水规律与模拟模型研究.北京:北京化工大学.

曾勇,沈根祥,黄沈发,等,2005.上海城市生态系统健康评价.长江流域资源与环境,14(2):208-212.

张晨途,钦佩,2000.互花米草生态工程能值分析川.南京大学学报(自然科学版),36(5):592-597.

张坤民,温宗国,杜斌,等,2003.生态城市评估与指标体系.北京:化学工业出版社.

张力小,杨志峰,陈彬,等,2008.基于生物物理视角的城市生态竞争力.生态学报,28(9):4344-4351.

张书函,陈建刚,丁跃元,2007.城市雨水利用的基本形式与效益分析方法.水利学报,S1:399-402.

张天柱,陈吉宁,2011.循环经济支持技术体系研究——以苏州为例.中国地质大学学报(社会科学版),11(01):48-52.

张旺,庞靖鹏,2014.海绵城市建设应作为新时期城市治水的重要内容.水利发展研究,14(9):5-7.

张无敌,刘士清,周斌,等,1997.我国农村有机废弃物资源及沼气潜力.自然资源,19(1):67-71,80.

张欣,彭新德,董树果,2005.南水北调天津干线工程水价分析研究.海河水利,(1):57-61.

张颖,2008.基于能值理论的福建省森林资源系统能值及价值评估.福州:福建师范大学.

章燕喃,田富强,胡宏昌,等,2014.南水北调来水条件下北京市多水源联合调度模型研究.水利学报,45(7):844-849.

赵洪义,2007.绿色高性能生态水泥的合成技术.北京:化学工业出版社.

赵晟，洪华生，张珞平，等，2007.中国红树林生态系统服务的能值价值.资源科学，29（1）：147-154.

赵同谦，欧阳志云，郑华，等，2004.中国森林生态系统服务功能及其价值评价.自然资源学报，（04）：480-491.

赵欣胜，崔保山，杨志峰，2005.红树林湿地生态效益能值分析——以南沙地区十九涌红树林湿地为案例.生态学杂志，24（7）：841-844.

郑克白，徐宏庆，康晓鹍，等，2014.北京市《雨水控制与利用工程设计规范》解读.给水排水，40（5）：55-60.

中国人与生物圈国家委员会，1998.自然保护区与生态旅游.北京：中国科学技术出版社.

中国生物多样性国情研究报告编写组，1998.中国生物多样性国情研究报告.北京：中国环境科学出版社.

中国水泥协会，2010.中国水泥年鉴2010.北京：中国建筑工业出版社.

钟世名，2013.基于能值—生态足迹理论的生态经济系统评价.长春：吉林大学.

钟素娟，刘德明，许静菊，等，2014.国外雨水综合利用先进理念和技术.福建建设科技，（2）：77-79.

周文华，王如松，2005.基于熵权的北京城市生态系统健康模糊综合评价.生态学报，12（25）：3244-3251.

诸大建，2004.上海建设循环经济型国际大都市的思考.中国人口·资源与环境，14（1）：67-72.

左建兵，刘昌明，郑红星，2009.北京市城市雨水利用的成本效益分析.资源科学，（8）：1295-1302.

Adler R F, Huffman G J, Chang A, et al., 2003. The version-2 global precipitation climatology project(GPCP)monthly precipitation analysis(1979-Present). Journal of Hydrometeorology, 4(6): 1147-1167.

Agency I E, 2012. World Energy Outlook 2012. Paris: IEA.

Agostinho F, Ambrolo L A, Ortega E, 2010. Assessment of a large watershed in Brazil using Emergy Evaluation and Geographical Information System. Ecological Modelling, 221(8): 1209-1220.

Agostinho F, Diniz G, Sinche R, et al., 2008. The use of emergy assessment and the geographical information system in the diagnosis of small family farms in Brazil. Ecological Modelling, 210(1-2): 37-57.

Ahmad S, Prashar D, 2010. Evaluating municipal water conservation policies using a dynamic simulation model. Water Resources Management, 24(13): 3371-3395.

Akcil A, Akar A, 2001. Application of the dry process on concentration of boron ores, 17th International Mining Congress, Ankara, Turkey: 775-778.

Al-Ansari T, Korre A, Nie Z G, et al., 2015. Development of a life cycle assessment tool for the assessment of food production systems within the energy, water and food nexus. Sustainable Production and Consumption, 2: 52-66.

Allen P M, 1982. Modelling Dynamic Self-Organization in Complex Systems. Advances in Applied Probability, (14): 195-196.

Alliance to Save Energy, 2002. Water and energy: harnessing the opportunities for unexplored water and energy efficiency in municipal water systems. Washington: Alliance (in Portugese).

Alp I, Deveci H, Süngün Y H, et al., 2009. Leachable Characteristics of Arsenical Borogypsum Wastes and Their Potential Use in Cement Production. Environmental Science & Technology, 43(18): 6939-6943.

Amaral L P, Martins N, Gouveia J B, 2016. A review of emergy theory, its application and latest developments. Renewable and Sustainable Energy Reviews, 54: 882-888.

Amarante M A, Sousa A B, Leite M M, 1997. Beneficiation of a feldspar ore for application in the ceramic industry. The Journal of The South African Institute of Mining and Metallurgy, 97 (4): 193-196.

Amores M J, Meneses M, Pasqualino J, et al., 2013. Environmental assessment of urban water cycle on Mediterranean conditions by LCA approach. Journal of Cleaner Production, 43: 84-92.

Arbault D, Rugani B, Tiruta-Barna L, et al., 2013. Emergy evaluation of water treatment processes. Ecological Engineering, 60: 172-182.

Arbault D, Rugani B, Tiruta-Barna L, et al., 2014a. A first global and spatially explicit emergy database of rivers and streams based on high-resolution GIS-maps. Ecological Modelling, 281: 52-64.

Arbault D, Rugani B, Tiruta-Barna L, et al., 2014b. A semantic study of the emergy sustainability index in the hybrid lifecycle-emergy framework. Ecological Indicators, 43: 252-261.

Archer C L, Jacobson M Z, 2005. Evaluation of global wind power. Journal of Geophysical Research Atmospheres, 110 (D12): 1147-1148.

Arias M E, Brown M T, 2009. Feasibility of using constructed wetlands for municipal wastewater treatment in the Bogota Savannah, Colombia. Ecological Engineering, 35: 1070-1078.

Ascione M, Campanella L, Cherubini F, et al., 2009. Environmental driving forces of urban growth and development: An emergy-based assessment of the city of Rome, Italy. Landscape and Urban Planning, 93 (3-4): 238-249.

Auclair C, 1997. "The UNCHS (Habitat) indicators program". Sustainability Indicators—Report of the Project on Indicators of Sustainable Development. New York: Wiley: 288-292.

AyersR, Kneese A V, 1969. Production, consumption and externalities. American Economic Review, 59 (3): 282-297.

Bai D, Yang P, Song L, 2007. Optimal design method of looped water distribution network. Systems Engineering-Theory & Practice, 27（7）: 137-143.

Bai Z H, Li H G, Yang X Y, et al., 2013. The critical soil P levels for crop yield, soil fertility and environmental safety in different soil types. Plant and Soil, 372（1-2）: 27-37.

Bak P, Chen K, Creutz M, 1989. Self-organized Criticality in the Game of Life. Nature, （342）: 780-782.

Ballester A, Otero E, González F, 1988. Mercury extraction from cinnabar ores using hydrobromic acid. Hydrometallurgy, 21（2）: 127-143.

Bargigli S, Ulgiati S, 2003. Emergy and life-cycle assessment of steel production in Europe// Brown M T, Odum H T, Tilley D, et al. Emergy synthesis: Theory and applications of emergy methodology. Gainesville: Center for Environmental Policy, University of Florida, 2: 141-155.

Barles S, 2007. Feeding the city: food consumption and flow of nitrogen Paris 1801-1914. Science of the Total Environment, 375（1-3）: 48-58.

Barnes P, 2001. Who Owns the Sky? Our Common Assets and the Future of Capitalism. Washington: Islands Press.

Barnes P, 2006. Capitalism 3.0. A Guide to Reclaiming the Commons. San Francisco: BK Berret-Koehler Publishers Inc.

Bastianoni S, Campbell D E, Ridolfi R, et al., 2009. The solar transformity of petroleum fuels. Ecological Modelling, 220（1）: 40-50.

Bastianoni S, Coscieme L, Pulselli F M, 2014. The input-state-output model and related indicators to investigate the relationships among environment, society and economy. Ecological Modelling, 325: 84-88.

Bastianoni S, Pulselli F M, Tiezzi E, 2004. The problem of assigning responsibility for greenhouse gas emissions. Ecological Economics, 49（3）: 253-257.

BASY, 2007. Beijing Agricultural Statistical Yearbook. Beijing: China Statistical PublishingHouse. （in Chinese）.

Baumgartner R J, 2011. Critical perspectives of sustainable development research and practice. Journal of Cleaner Production, 19（8）: 783-786.

BCB, 2006. Book of Commerce in Beijing. Beijing: China Statistical Publishing House. （in Chinese）.

Beckerman W, 1994. Sustainable Development: Is it a Useful Concept?. Environmental Values, 3: 191-209.

Berner R A, 2006. GEOCARBSULF: A combined model for Phanerozoic atmospheric O_2 and CO_2. Geochimica et Cosmochimica Acta, 70（23）: 5653-5664.

Berzina A N, Sotnikov V I, Economou-Eliopoulos M, et al., 2005. Distribution of rhenium in molybdenite from porphay Cu-Mo and Mo-Cu deposits of Russia（Siberia）and Mongolia. Ore Geology Reviews, 26（1-2）: 91-113.

Bhatt S M, 2016. Arsenic as Next Global Threat? Role of Biotechnological Approaches. Journal of Bioremediation & Biodegradation, 7: 329.

Billen G S, Barles J, Garnier J, et al., 2009. The foodprint of Paris: Long-term reconstruction of the nitrogen flows imported into the city from its rural hinterland. Regional Environmental Change, 9（1）: 13-24.

Bimonte S, Ulgiati S, 2002. Exploring biophysical approaches to develop environ- mental taxation tools. envitax, to face the "new scarcity". Economic Institutions and Environmental Policy. London: Ashgate Publishing Limited: 177-200.

Binns T, Nel E, 1999. Beyond the development impasse: local economic development and community self reliance in South Africa. Journal of Modern African Studies, 37: 389-408.

Björklund J, Geber U, Rydberg T, 2001. Emergy analysis of municipal wastewater treatment and generation of electricity by digestion of sewage sludge. Resources, Conservation and Recycling, 31（4）: 293-316.

Blancher E C Ⅱ, Etheredge Y J, 2007. Emergy analysis of two watersheds in the Mobile Bay National Estuary Program Area//Brown M T. Emergy Synthesis: Theory and Applications of Emergy Methodology. Gainesville: The Centre for Environmental Policy, University of Florida.

Bockstael N E, Freeman A M, Kopp R J, et al., 2000. On Measuring Economic Values for Nature. Environmental Science & Technology, 34（8）: 1384-1389.

Bolognesi A, Bragalli C, Marchi A, et al., 2010. Genetic heritage evolution by stochastic transmission in the optimal design of water distribution networks. Advances in Engineering Software, 41（5）: 792-801.

Boughton B, Horvath A, 2006. Environmental assessment of shredder residue management. Resources, Conservation and Recycling, 47（5）: 1-25.

Boyd J, Banzhaf S, 2007. What are ecosystem services? The need for standardized environmental accounting units. Ecological Economics, 63（2-3）: 616-626.

Böhringer C, Jochem P E P, 2007. Survey: Measuring the immeasurable—A survey of sustainability indices. Ecological Economics, 63: 1-8.

Bradshaw C, Giam X, Sodhi N, 2010. Evaluating the Relative Environmental Impact of Countries. PLoS ONE, 5（5）: 1182-1190.

Brandt-William S, 1999. Evaluation of watershed control of two central Florida Lakes: Newnans Lake and Lake Weir. Gainesville: Environmental Engineering Science, University of Florida.

Brandt-Williams S, 2001. Emergy of Agricultural Systems. Folio # 4 of the handbook of Emergy Evaluation, Gainesville: The Center for environmental Policy, University of Florida.

Brandt-Williams S, Brown M T, 2010. Renewable emergy in Earth's biomes. Proceedings of the 6th Biennial Emergy Research Conference, Gainesville: The Center for Environmental Policy, University of Florida: 93-104.

Brandt-WilliamsS, Brown M T, 2010. Renewable emergy in Earth's biomes. Proceedings of the 6th Biennial Emergy Research Conference. Gainesville: Center for Environmental Policy, University of Florida.

Brown M T, Arding J, 1991. Transformities Working Paper. Gainesville: Center for Wetlands, University of Florida.

Brown M T, Bardi E, 2001. Emergy of ecosystems. Folio No. 3 of Handbook of Emergy Evaluation. Gainesville: The Center for Environmental Policy, University of Florida.

Brown M T, Buranakarn V, 2003. Emergy indices and ratios for sustainable material cycles and recycle options. Resources, Conservation and Recycling, 38(1): 1-22.

Brown M T, Campbell D E, De Vilbiss C, et al., 2016. The geobiosphere emergy baseline: A synthesis. Ecological Modelling, 339: 92-95.

Brown M T, Campbell D, Comar V, et al., 2001. Emergy synthesis: Theory and applications of the emergymethodology. Gainesville: Center for Environmental Policy, University of Florida.

Brown M T, Campbell E, 2007. Natural Capital and Environmental Services of the U. S. National Forests—an Emergy Synthesis Approach (Final Report). Gainesville: Center for Environmental Policy, University of Florida. [2016-10-01]. http://www.cep.ees.ufl.edu/emergy/documents/publications/BrownCampbell_2007_NatCapEnvServ-USFS-FinalReport.pdf.

Brown M T, Cohen M J, 2008. Emergy and Network Analysis. Encyclopedia of Ecology: 1229-1239.

Brown M T, Cohen M J, Bardi E, et al., 2006. Species diversity in the Florida Everglades, USA: a systems approach to calculating biodiversity. Aquatic Sciences, 68(3): 254-277.

Brown M T, Cohen M J, Sweeney S, 2009. Predicting national sustainability: The convergence of energetic, economic and environmental realities. Ecological Modeling, 220(23): 3424-3438.

Brown M T, Herendeen R A, 1996. Embodied energy analysis and EMERGY analysis: a comparative view. Ecological Economics, 19(3): 219-235.

Brown M T, Martínez A, Uche J, 2010. Emergy analysis applied to the estimation of the recovery of costs for water services under the European Water Framework Directive. Ecological Modelling, 221(17): 2123-2132.

Brown M T, McClanahan T R, 1996. Emergy analysis perspectives of Thailand Mekong River dam proposal. Ecological Modelling, 91(1-3): 105-130.

Brown M T, Odum H T, 1992. Emergy synthesis perspectives, sustainable development and public policy options for Papua New Guinea. Gainsville: Center for wetlands, University of Florida: 111-124.

Brown M T, Protano G, Ulgiati S, 2011. Assessing geobiosphere work of generating global reserves of coal, crude oil, and natural gas. Ecological Modeling, 222 (3): 879-887.

Brown M T, Ulgiati S, 1997. Emergy-based indices and ratios to evaluate sustainability: monitoring economies and technology toward environmentally sound innovation. Ecological Engineering, 9: 51-69.

Brown M T, Ulgiati S, 1999. Emergy evaluation of the biosphere and natural capital. Ambio, 28(6): 486-493.

Brown M T, Ulgiati S, 2001. A quantitative method for determining carrying capacity for economic investments. Population and Environment, 22 (5): 471-501.

Brown M T, Ulgiati S, 2004a. Emergy analysis and environmental accounting//Cleveland C. Encyclopedia of Energy. Oxford, UK: Academic Press, Elsevier: 329-354.

Brown M T, Ulgiati S, 2004b. Energy quality, emergy, and transformity: H. T. Odum's contributions to quantifying and understanding systems. Ecological Modelling, 178 (1-2): 201-213.

Brown M T, Ulgiati S, 2005. Emergy, transformity and ecosystem health//Jørgensen S E, Costanza R, Xu F L. Handbook of ecological indicators for assessment of ecosystem health. Boca Raton: CRC Press: 333-352.

Brown M T, Ulgiati S, 2010. Updated evaluation of exergy and emergy driving the geobiosphere: a review and refinement of the emergy baseline. Ecological Modelling, 221 (20): 2501-2508.

Brown M T, Ulgiati S, 2016. Assessing the global environmental sources driving the geobiosphere: A revised emergy baseline. Ecological Modelling, 339 (5): 126-132.

Brown M T, Ulgiati S, 2018. Environmental Accounting: Coupling Human and Natural Systems (Forthcoming). New York: Springer.

Brown M T, Woithe R D, Odum H T, et al., 1993. Emergy Analysis Perspectives on the Exxon Valdez Oil Spill in Prince William Sound, Alaska. Report to the Cousteau Soeiety. Gainesville: Center for Wetlands and Water Resources, University of Florida.

BSY, 2007. Beijing Statistical Yearbook. Beijing: China Statistical Publishing House. (in Chinese).

Buenfil A A, 2001. Emergy evaluation of water. Gainesville: University of Florida.

Burkhard B, Muller F, Lill A, 2008. Ecosystem health indicators//Jorgensen S E, Fath B D. Encyclopedia of Ecology. Amsterdam: Elsevier.

Cairns J J, 1997. Sustainability, ecosystem services, and health. International Journal of Sustainable Development & World Ecology, 4 (3): 153-165.

Campbell D E, 2005. Financial accounting methods to further develop and communicate environmental accounting using emergy//Brown M T, Bardi E, Campbell D, et al. Emergy Synthesis. 3—Theory and Applications of the Emergy Methodology. Gainesville: Center for Environmental Policy, University of Florida: 185-198.

Campbell D E, 2016. Emergy baseline for the Earth: A historical review of the science and a new calculation. Ecological Modelling, 339: 96-125.

Campbell D E, Garmestani A S, 2012. An energy systems view of sustainability: Emergy evaluation of theSan Luis Basin, Colorado. Journal of Environmental Management, 95 (1): 72-97.

Campbell D E, Lu H F, Lin B, 2014. Emergy evaluations of the global biogeochemical cycles of six biologically active elements and two compounds. Ecological Modelling, 271: 32-51.

Campbell D E, Tilley D R, 2014. Valuing ecosystem services from Maryland forests using environmental accounting. Ecosystem Services, 7: 141-151.

Campbell E T, Brown M T, 2012. Environmental accounting of natural capital and ecosystem services for the US National Forest System. Environment, Development and Sustainability, 14(5): 691-724.

Canning P, Charles A, HuangS, et al., 2010. Energy use in the U. S. food system. Economic Research Report, 184 (4134): 307-316.

Capra F, 1982. The Turning Point: Science, Society, and the Rising Culture. New York: Simon and Shuster.

Carroll J C, Gobler C J, Peterson B P, 2008. Resource limitation of eelgrass in New York estuaries; light limitation and nutrient stress alleviation by hard clams. Marine Ecology Progress Series, 369: 39-50.

Castañón A M, García-Granda S, Guerrero A, et al., 2015. Energy and environmental savings via optimisation of the production process at a Spanish cement factory. Journal of Cleaner Production, 98: 47-52.

Castellini C, Bastianoni S, Granai C, et al., 2006. Sustainability of Poultry Production using the emergy approach: Comparison of conventional and organic rearing systems. Agriculture, Ecosystems & Environment, 114 (2-4): 343-350.

Chandel S S, Naik M N, Chandel R, 2015. Review of solar photovoltaic water pumping system technology for irrigation and community drinking water supplies. Renewable and Sustainable Energy Reviews, 49: 1084-1099.

Charonis G, 2012. Degrowth, steady state economics and the circular economy: three distinct yet increasingly converging alternative discourses to economic growth for achieving environmental sustainability and social equity, World Economic Association Sustainability Conference 2012. [2013-10-19]. http://sustainabilityconference2012.worldeconomicsassociation.org/wp-content/

uploads/WEASustainabilityConference2012_Charonis_Alternative-Discourses-to-Economic-Growth.pdf.

Chen B, Chen G Q, 2006. Exergy analysis for resource conversion of the Chinese society 1993 under the material product system. Energy, 31（8-9）: 1115-1150.

Chen B, Chen G Q, 2009. Emergy-based energy and material metabolism of the Yellow River basin. Communications in Nonlinear Science and Numerical Simulation, 14（3）: 923-934.

Chen B, Chen Z M, Zhou Y, et al., 2009a. Emergy as embodied energy based assessment for local sustainability of a constructed wetland in Beijing. Communications in Nonlinear Science and Numerical Simulation, 14（2）: 622-635.

Chen D, Chen J, Luo Z, 2012. Communications on emergy indices of regional water ecological economic system. Ecological Engineering, 46: 116-117.

Chen D, Chen J, Zhou Y, et al., 2009b. Emergy evaluation of the natural value of water resources in Chinese rivers. Environmental Management, 44: 288-297.

Chen D, Liu Z, Luo Z H, et al., 2016a. Bibliometric and visualized analysis of emergy research. Ecological Engineering, 90: 285-293.

Chen G Q, 2005. Exergy consumption of the earth. Ecological Modelling, 184（2-4）: 363-380.

Chen G Q, Jiang M M, Chen B, et al., 2006. Emergy analysis of Chinese agriculture. Agriculture, Ecosystems & Environment, 115（1）: 161-173.

Chen S Q, Chen B, 2012. Sustainability and future alternatives of biogas-linked agrosystem（BLAS）in China: An emergy synthesis. Renewable & Sustainable Energy Reviews, 16（6）: 3948-3959.

Chen Y, Zhang S S, Zhang Y, et al., 2016b. Comprehensive assessment and hierarchical management of the sustainable utilization of urban water resources based on catastrophe theory. Journal of the Taiwan Institute of Chemical Engineers, 60（3）: 430-437.

Cherubini F, Bargigli S, Ulgiati S, 2009. Life cycle assessment（LCA）of waste management strategies: landfilling, sorting plant and incineration. Energy, 34（12）: 2116-2123.

Cheung C T, Mui K W, Wong L T, 2013. Energy efficiency of elevated water supply tanks for high-rise buildings. Applied Energy, 103: 685-691.

Cohen M J, Brown T, Shepherd K D, 2006. Estimating the environmental costs of soil erosion at multiple scales in Kenya using emergy synthesis, 114（2-4）: 249-269.

Common M, 1996. Beckerman and His Critics on Strong and Weak Sustainability: Confusing Concepts and Conditions. Environmental Values, 5: 83-88.

Coscieme L, Pulselli F M, Marchettini N, et al., 2014. Emergy and ecosystem services: A national biogeographical assessment. Ecosystem Services, 7: 152-159.

Costanza R, 1989. What is ecological economics?. Ecological Economics, 1（1）: 1-7.

Costanza R, Daly H E, 1987. Toward an ecological economics. Ecological Modelling, 38（1-2）: 1-7.

Costanza R, D'Arge R, de Groot R, et al. , 1997. The value of the world's ecosystem services and natural capital. Nature, 387 (1): 3-15.

Costanza R, Groot R, de Braat L, et al. , 2017. Twenty years of ecosystem services: How far have we come and how far do we still need to go?. Ecosystem Services, 28: 1-16.

Cuadra M, Rydberg T, 2006. Emergy evaluation on the production, processing and export of coffee in Niearagua. Ecological Modelling, 196 (3-4): 421-433.

Dai A, Qian T, Trenberth K E, et al. , 2009. Changes in Continental Freshwater Discharge from 1948 to 2004. Journal of Climate, 22 (10): 2773-2792.

Daily G C, 1997. Nature's Services: Societal Dependence on Natural Ecosystems. Washington D C: Island Press.

Daly H E, 1994. Operationalizing Sustainable Development by Investing in Natural Capital//Jansson A. Investing in Natural Capital: The Ecological Economics Approach to Sustainability, Washington D C: Island Press.

Daly H, Farley J, 2004. Ecological Economics: Principles and Applications. Washington: Island Press.

Daniels P L, Moore S, 2002. Approaches for quantifying the metabolism of physical economies. Part Ⅰ: Methodological Overview. Journal of Industrial Ecology, 5 (4): 69-93.

de Barros I, Blazy J M, Rodrigues G S, et al. , 2009. Emergy evaluation and economic Performance of banana cropping systems in Guadeloupe (French West Indies). Agriculture, Ecosystems & Environment, 129 (4): 437-449.

de Graaf H J, Musters C J, Ter Keurs W J, 1998. Opportunities for Sustainable Development: Theory, Methods, and Regional Applications. Netherlands: Leiden University.

de Vilbiss C D, Brown M T, 2015. New method to compute the emergy of crustal minerals. Ecological Modelling, 315: 108-115.

de Wulf J, Bösch M E, de Meester B, et al. , 2007. Cumulative exergy extraction from the natural environment (CEENE): a comprehensive life cycle impact assessment method for resource accounting. Environmental Science and Technology, 41 (24): 8477-8483.

Debra P, Jennifer M, George M H, 2011. Gaining perspective on the water-energy nexus at the community scale. Environmental Science & Technology, 45 (10): 4228-4234.

Doherty S J, 1995. Emergy evaluations of and limits to forest produetion. Gainesville: University of Florida, Environmental Engineering Science.

Dong X B, Brown M T, Pfahler D, et al. , 2012. Carbon modeling and emergy evaluation of grassland management schemes in Inner Mongolia. Agriculture, Ecosystems and Environment, 158: 49-57.

Dong X B, Ulgiati S, Yan M C, et al. , 2008. Progress, influence and perspectives of emergy theories in China, in support of environmentally sound economic development and equitable trade. Energy Policy, 36: 1019-1028.

Dong X B, Yu B H, Brown M T, et al., 2014. Environmental and economic consequences of the overexploitation of natural capital and ecosystem services in Xilinguole League, China. Energy Policy, 67: 767-780.

Duan N, Liu X D, Dai J, et al., 2011. Evaluating the environmental impacts of an urban wetland park based on emergy accounting and life cycle assessment: A Case study in Beijing. Ecological modelling, 222（2）: 351-359.

Duan N. 2004. Urban material metabolism and its control. Research of Environmental Sciences, 17（5）: 75-77.

Díaz-Delgado C, Fonseca C R, Esteller M V, et al., 2014. The establishment of integrated water resources management based on emergy accounting. Ecological Engineering, 63: 72-87.

Eisenmenger N, Giljum S, 2007. Evidence from societal metabolism studies for ecological unequal trade//Hornborg A, Crumley C L. The World System and the Earth System: Global Socioenvironmental Change and Sustainability since the Neolithic. Walnut Creek: Left Coast Press: 288-302.

Esty D C, Levy M A, Kim C H, et al., 2008. Environmental Performance Index. New Haven, US: Yale Center for Environmental Law and Policy.

Europesworld, 2014. The circular economy is the basis of a new industrial policy. [2015-03-11]. http://europesworld.org/2014/06/15/the-circular-economy-is-the-basis-of-a-new-eu-industrial-policy/#.VQCon5VARdg.

Faber M, 2008. How to be an ecological economist. Ecological Economics, 66（1）: 1-7.

Falkenmark M, 2007. Shift in Thinking to Address the 21st Century Hunger Gap Moving Focus from Blue to Green Water Management. Water Resource Manage, 21: 3-18.

Fang K, Heijungs R, Snoo G R, 2014. Theoretical exploration for the combination of the ecological, energy, carbon, and water footprints: overview of a footprint family. Ecological Indicators, 36: 508-518.

Fang Y, Coté P R, 2007. Industrial sustainability in China: Practice and prospects for eco-industrial development. Journal of Environmental Management, 83: 315-328.

Farber S C, Costanza R, Wilson M A, 2002. Economic and ecological concepts for valuing ecosystem services. Ecological Economics, 41（3）: 375-392.

Fath B D, Jórgensen S E, Patten B C, et al., 2004. Ecosystem growth and development. Biosystem, 77: 213-228.

Faye R M, Sawadogo S, Mora-Camino F, 1990. Flexible management of water resource systems. Applied Mathematics and Computation, （167）: 516-527.

Ferraro D O, Benzi P, 2015. A long-term sustainability assessment of an Argentinian agricultural system based on emergy synthesis. Ecological Modelling, 306: 121-129.

Fioramonti L, 2014. How Numbers Rule the World: The Use and Abuse of Statistics in Global Politics. London: Zed Books: 1-271.

Fischer-Kowalski M, 1998. Society's metabolism: the intellectual history of materials flow analysis. Part Ⅰ. 1860-1970. Journal of Industrial Ecology, 2 (1): 61-78.

Fischer-Kowalski M, Huttler W, 1998. Society's metabolism: the intellectual history of materials flow analysis. Part Ⅱ. 1970-1998. Journal of Industrial Ecology, 2 (4): 107-136.

Forkes J, 2007. Nitrogen balance for the urban food metabolism of Toronto Canada. Resources Conservation & Recycling, 52 (1): 74-94.

Forrester J W, 1968. Principles of systems. Cambridge: The MIT Press.

Forrester J W, 1969. Urban Dynamics. Portland, Oregon: Pegasus Comminications: 285.

Forrester J W, 1971. World Dynamics. Cambridge: The MIT Press.

Freeman Ⅲ A M, Herriges J A, Kling C L, 2004. The Measurement of Environmental and Resource Values. Washington D C: RFF Press: 1-459.

Fugaro L, Marchettini N, Principi I, 2002. Environmental accounting of water resources production system in the Samoggia creek area using emergy method//Brown M T, Odum H T, Tilley D R, et al. Emergy Synthesis: Theory and Applications of Emergy Methodology. Gainesville: Center for Environmental Policy, University of Florida: 387-396.

Fuge R, Johnson C C, 1986. The geochemistry of iodine a review. Environmental Geochemistry and Health, 8 (2): 31-54.

Gabel K, Tillman A M, 2005. Simulating operational alternatives for future cement production. Journal of Cleaner Production, 13 (6): 1246-1257.

Gala A B, Raugei M, Ripa M, et al., 2015. Dealing with waste products and flows in life cycle assessment and emergy accounting: Methodological overview and synergies. Ecological Modelling, 315: 69-76.

Galbenis C T, Tsimas S, 2005. Use of construction and demolition wastes as raw materials in cement clinker production. Particuology, 4 (2): 83-85.

Gambassi R, Iozzi G, 2008. Relazione sullo stato dell' ambiente della provincia di Siena Amministrazione Provinciale di Siena, Microcosmos Onlus, Siena. [in Italian]. [2017-01-11]. http://www.provincia.siena.it/.

Garratt J R, 1977. Review of drag coefficients over oceans and continents. Monthly Weather Review, 105: 915-929.

Garratt J R, 1992. The Atmospheric Boundary Layer. Cambridge Atmospheric and Space Science Series. Cambridge, UK: Cambridge University Press.

Gates W, Anderson J, Raven M, et al., 2002. Mineralogy of a bentonite from Miles, Queensland, Australia and characterization of its acid activation products. Applied Clay Science, 20: 189-197.

Geng Y, Doberstein B, 2008. Developing the circular economy in China: challenges and opportunities for achieving "leapfrog development". International Journal of Sustainable Development and World Ecology, 15: 231-239.

Geng Y, Fu J, Sarkis J, et al., 2012. Towards a circular economy indicator system in China: an evaluation and critical analysis. Journal of Cleaner Production, 23: 216-224.

Geng Y, Sarkis J, Ulgiati S, 2016. Sustainability, well-being, and the circular economy in China and worldwide. Science, 6278 (Supplement): 73-76.

Geng Y, Sarkis J, Ulgiati S, et al., 2013. Environment and development. Measuring China's circular economy. Science, 339 (6127): 1526-1527.

Georgescu-Roegen N, 1971. The Entropy Law and the Economic Process. Cambridge: Havard University Press.

Georgescu-Roegen N, 1975. Energy and economic myths. Southern Economic Journal, 41 (3): 347-381.

Ghisellini P, Zucaro A, Viglia S, et al., 2014. Monitoring and evaluating the sustainability of Italian agricultural system. An emergy decomposition analysis. Ecological Modelling, 271: 132-148.

Giannetti B F, 2012. Can emergy sustainability index be improved? Complementary insights for extending the vision. Ecological Modelling, 244: 158-161.

Giannetti B F, Almeida C M V B, Bonilla S H, 2010. Comparing emergy accounting with well-known sustainability metrics: The case of Southern Cone Common Market, Mercosur. Energy Policy, 38 (7): 3518-3526.

Giannetti B F, Demétrio J F C, Bonilla S H, et al., 2013. Emergy diagnosis and reflections towards Brazilian sustainable development. Energy Policy, 63: 1002-1012.

Gierlinger S, 2015. Food and feed supply and waste disposal in the industrialising city of Vienna (1830-1913): a special focus on urban nitrogen flows. Regional Environmental Change, 15: 317-327.

Global Water Research Coalition, 2010. Water Environment Research Foundation Energy Efficiency in the Water Industry: A Compendium of Best Practices and Case Studies. [2016-04-07]. http://www.waterrf.org/ExecutiveSummaryLibrary/4270_Executive_Summary.pdf.

Goedkoop M, Spriensma R, 2000. The Eco-indicator 99: a damage oriented method for life cycle impact assessment: Methodology annex. Amersfoort: Pre-Consultans.

Goesch T, Hafi A, Oliver M, et al., 2007. Drought and Irrigation in Australia's Murray Darling Basin. Australian Commodities: Forecasts and Issues, 14 (2): 1321-7844.

Gomes H P, Silva J G, 2006. Economic design of water distribution systems considering variable boundary conditions in the project. Revista Brasileira De Recursos Hídricos, 11（2）: 99-110.

González-Jiménez J M, Gervilla F, Kerestedjian T, et al., 2010. Alteration of Platinum-Group and Base-Metal Mineral Assemblages in Ophiolite Chromitites from the Dobromirtsi Massif, Rhodope Mountains（Bulgaria）. Resource Geology, 60（4）: 315-334.

Gowdy J, O'Hara S, 1997. Weak Sustainability and Viable Technologies. Ecological Economics, 22: 239-247.

Grossmann I E, Nartin M, 2010. Energy and Water Optimization in Biofuel Plants. Chinese Journal of Chemical Engineering, 18（6）: 914-922.

Grönlund E, Fröling M, Carlman I, 2015. Donor values in emergy assessment of ecosystem services. Ecological Modelling, 306: 101-105.

Grönlund E, Klang A, Falk S, et al., 2004. Sustainability of sewage treatment with microalgae in cold climate, evaluated with emergy and socio-ecological principles. Ecological Engine, 22（3）: 155-174.

Gupta I, Gupta A, Khanna P, 1999. Genetic algorithm for optimization of water distribution systems. Environmental Modelling & Software, 14（5）: 437-446.

Gómez-Baggethun E, de Groot R, Lomas P L, et al., 2009. The history of ecosystem services in economic theory and practice: From early notions to markets and payment schemes. Ecological Economics, 69（6）: 1209-1218.

Haberl H, 2006. The global socioeconomic energetic metabolism as a sustainability problem. Energy, 1（31）: 87-99.

Harris J M, Goodwin N R, 2003. Reconciling Growth and Environment, Chapter 11//Harris J M, Neva R, Goodwin. New Thinking in Macroeconomics, Cheltenham, U K and Northampton MA: Edward Elgar.

Hau J L, Bakshi B R, 2004. Promise and problems of emergy analysis. Ecological Modelling, 178（1-2）: 215-225.

Herendeen R A, 2004. Energy analysis and emergy analysis—a comparison. Ecological Modelling, 178: 227-237.

Hornborg A. 2001. The power of the machine: Global inequalities of economy, technology, and environment. Walnut Creek, CA: AltaMira/Rowman & Littlefield.

Hossaini N, Hewage K, 2013. Emergy accounting for regional studies: Case study of Canada and its provinces. Journal of Environmental Management, 118: 177-185.

Hu G P, Ou X M, Zhang Q, et al, 2013. Analysis on energy-water nexus by Sankey diagram: The case of Beijing. Desalination and Water Treatment, 51（19-21）: 4183-4193.

Hua S, 2010. World Heritage Classification and Related Issues—A Case Study of the "Convention

Concerning the Protection of the World Cultural and Natural Heritage". Procedia-Social and Behavioral Sciences, 2（5）: 6954-6961.

Huang S L, 1998. Urban ecosystems, energetic hierarchies, and ecological economics of Taipei metropolis. Journal of Environmental Management, 52（1）: 39-51.

Huang S L, 2004. Energy Basis for Urban Ecological Economic System. Taipei: Chan's Arch Books Co., LTD.

Huang S L, Chen C W, 2005. Theory of urban energetics and mechanisms of urban development. Ecological Modelling, 189（1-2）: 49-71.

Huang S L, Chen Y H, Kuo F Y, et al., 2011. Emergy-based evaluation of peri-urban ecosystem services. Ecological Complexity, 8（1）: 38-50.

Huang S L, Hsu W L, 2003. Materials flow analysis and emergy evaluation of Taipei's urban construction. Landscape and Urban Planning, 63（2）: 61-74.

Huang S L, Lee C, Chen C, 2006. Socioeconomic metabolism in Taiwan: Emergy synthesis versus material flow analysis. Resources, Conservation and Recycling, 48（2）: 166-196.

Huang S L, Odum H T, 1991. Ecology and Economy: Emergy Synthesis and Public Policy in Taiwan. Journal of Environmental Management, 32（4）: 313-334.

Hudson A, Tilley D R, 2014. Assessment of uncertainty in emergy evaluations using Monte Carlo simulations. Ecological Modelling, 271: 52-61.

Izursa J L, 2008. An ecological perspective of the energy basis of sustainable Boliv-ian natural resources Forests and natural gas. Maryland: University of Maryland.

Jaffe A, Newell R, Stavins R, 2003. Technological change and the environment//Maler K G, Vincent J R. Handbook of Environmental Economics, 1. Amsterdam: North-Holland: 461-516.

Jerry M S, Mariano B, Annalee Y, et al., 2001. Developing ecosystem health indicators in Centro-Habana: a community-basid approach. Ecosyst Health, 7: 15-26.

Jiang M M, Chen B, 2011. Integrated urban ecosystem evaluation and modelingbased on embodied cosmic exergy. Ecological Modelling, 222: 2149-2165.

Jiang M M, Chen B, Zhou J B, et al., 2007. Emergy account for biomass resource exploitation by agriculture in China. Energy Policy, 35（9）: 4704-4719.

Jiang M M, Zhou J B, Chen B, et al., 2008. Emergy-based ecological account for the Chinese economy in 2004. Communications in Nonlinear Science and Numerical Simulation, 13（10）: 2337-2356.

Jorgensen S E, 1995. Exergy and ecological buffer capacities as measures of ecosystem health. Ecosyst Health, 1: 150-160.

Kalnay E, Kanamitsu M, Kistler R, et al., 1996. The NCEP/NCAR 40-Year Reanalysis Project. Bulletin of the American Meteorological Society, 77（3）: 437-472.

Kang D, Park S S, 2002. Emergy evaluation perspectives of a multipurpose dam proposal in Korea. Journal of Environmental Management, 66(3): 293-306.

Kates R, Thomas P, Anthony L, 2005. What is Sustainable Development? Goals, Indicators, Values and Practice. Environment, 47(3): 8-21.

Kay J, 1991. A non-equilibrium thermodynamic framework for discussing integrity. Environmental Management, 15(4): 483-495.

Kelley A C, 1991. Human development index: 'handle with care'. Population and Development Review, 17(2): 315-324.

Kent T R, Odum H T, Scatena F N, 2000. Eutrophic overgrowth in the self-organization of tropical wetlands illustrated with a study of swine wastes in rainforest plots. Ecological Engineering, 16(2): 255-269.

Kenter J O, 2016. Editorial: Shared, plural and cultural values. Ecosystem Services, 21(Part B): 175-183.

Kharrazi A, Kraines S, Hoang L, et al., 2014. Advancing quantification methods of sustainability: A critical examination emergy, exergy, ecological footprint, and ecological information-based approaches. Ecological Indicators, 37(Part A): 81-89.

Kishawy H A, Gabbar H A. 2010. Review of pipeline integrity management practices. International Journal of Pressure Vessels and Piping, 87(7): 373-380.

Klemme H D, 1994. Petroleum system of the world involving upper Jurassic source rocks//Magoon L B, Dow W G. The Petroleum System—From Source to Trap. AAPG Memoir 60: 93-121.

Klemme H D, Ulmishek G F, 1991. Effective petroleum source rocks of the world: stratigraphic distribution and controlling depositional factors. AAPG Bulletin, 75(12): 1809-1851.

Ko J Y, Hall C A S, Lemus L G L, 1998. Resource Use Rates and Efficiency as Indicators of Regional Sustainability: An Examination of Five Countries. Environmental Monitoring and Assessment, 51(1-2): 571-593.

Kolovo, K G, 2006. Waste ammunition as secondary mineralizing raw material in Portland cement production. Cement & Concrete Composites, 28(2): 133-143.

Lan S F, Odum H T, 2004. Emergy evaluation of the environment and economy of Hong Kong. Journal of Environmental Sciences, 6(4): 432-439.

Le Corre O, Truffet L, 2015. Emergy paths computation from interconnected energy system diagram. Ecological Modelling, 313: 181-200.

Le Corre O, Truffet L, Lahlou C, 2015. Odum-Tennenbaum-Brown calculus vs emergy and co-emergy analysis. Ecological Modelling, 302: 9-12.

Lei K P, Liu L, Hu D, et al., 2016. Mass, energy, and emergy analysis of the metabolism of Macao. Journal of Cleaner Production, 114: 160-170.

Lei K P, Wang Z S, 2008. Emergy synthesis and simulation for Macao. Energy, 33: 613-625.

Lei K, Zhou S Q, 2012. Per capita resource consumption and resource carrying capacity: A comparison of the sustainability of 17 mainstream countries. Energy Policy, 42: 603-612.

Lei K, Zhou S Q, Hu D, et al., 2011. Emergy analysis for tourism systems: Principles and a case study for Macao. Ecological Complexity, 8: 192-200.

Leith H, 1975. Primary productivity in ecosystems: Comparative analysis of global patterns//Lieth H F H. Patterns of Primary Production in the Biosphere. Dowden: Hutchinson & Ross.

Lenzen M, Dey C, Foran B, 2004. Energy requirements of Sydney households. Ecological Economics, 49(3): 375-399.

Li S, YuanZ, Bi J, et al., 2010. Anthropogenic phosphorus flow analysis of Hefei City, China. Science of the Total Environment, 408: 5715-5722.

Li W, Ling W, Liu S, et al., 2011. Development of systems for detection, early warning, and control of pipeline leakage in drinking water distribution: Acase study. Journal of Environmental Sciences, 23(11): 1816-1822.

Likens G E, 1992. The ecosystem approach: its use and abuse. Oldendorf/Luhe, Germany: Ecology Institute.

Lin Y C, Huang S L, Budd W W, 2013. Assessing the environmental impacts of high-altitude agriculture in Taiwan: A Driver-Pressure-State-Impact-Response (DPSIR) framework and spatial emergy synthesis. Ecological Indicators, 32: 42-50.

Liu G Y, Brown M T, Casazza M, 2017a. Enhancing the Sustainability Narrative through a Deeper Understanding of Sustainable Development Indicators. Sustainability, 9(6): 1078-1087.

Liu G Y, Hao Y, Dong L, et al., 2017b. An emergy-LCA analysis of municipal solid waste management. Resources, Conservation and Recycling, 120: 131-143.

Liu G Y, Yang Z F, Chen B, et al., 2009. Emergy-based urban health evaluation and development pattern analysis. Ecological Modelling, 220(18): 2291-2301.

Liu G Y, Yang Z F, Chen B, et al., 2012b. Emergy-based urban dynamic modeling of long-run resource consumption, economic growth and environmental impact: conceptual considerations and calibration. Procedia Environmental Sciences, 13: 1179-1188.

Liu G Y, Yang Z F, Chen B, et al., 2013. Modelling a thermodynamic-based comparative framework for urban sustainability: Incorporating economic and ecological losses into emergy analysis. Ecological modelling, 252: 280-287.

Liu G Y, Yang Z F, Chen B, et al., 2014. Emergy-based dynamic mechanisms of urban development, resource consumption and environmental impacts. Ecological Modelling, 271: 90-102.

Liu G Y, Yang Z F, Chen B, et al., 2015. Scenarios for sewage sludge reduction and reuse in clinker production towards regional eco-industrial development: a comparative emergy-based assessment. Journal of Cleaner Production, 103: 371-383.

Liu G Y, Yang Z F, Chen B, et al., 2011. Monitoring trends of urban development and environmental impact of Beijing, 1999-2006. Science of the Total Environment, 409: 3295-3308.

Liu G Y, Yang Z F, Su M R, et al., 2012a. The structure, evolution and sustainability of urban socio-economic system. Ecological Informatics, 10: 2-9.

Liu J, Savenije H H G, 2008. Food consumption patterns and their effect on water requirement in China. Hydrology & Earth System Sciences, 5(1): 27-50.

Liu X Y, Liu G Y, Yang Z F, et al., 2016. Comparing national environmental and economic performances through emergy sustainability indicators: Moving environmental ethics beyond anthropocentrism toward ecocentrism. Renewable & Sustainable Energy Reviews, 58: 1532-1542.

Long L K, Yi L C, 2005. Hydration characteristics of waste sludge ash utilized as raw cement material. Cement & Concrete Research, 35(10): 1999-2007.

Lotka A J, 1922. Contribution to the energetics of evolution. Natural selection as a physical principle. Proceedings of the National Academy of Sciences, 8(6): 147-155.

Lou B, Ulgiati S, 2013. Identifying the environmental support and constraints to the Chinese economic growth—an application of the Emergy Accounting method. Energy Policy, 55(249): 217-333.

Lu F H, Ni H G, Liu F, et al., 2009. Occurrence of Nutrients in Riverine Runoff of the Pearl River Delta, South China. Journal of Hydrology, 376: 107-115.

Lu H F, Campbell D E, 2009. Ecological and economic dynamics of the Shunde agricultural system under China's small city development strategy. Journal of Environmental Management, 90(8): 2589-2600.

Lu H F, Kang W, Campbell D E, et al., 2009. Emergy and economic evaluations of four fruit Production systems on reclaimed wetlands surrounding the Pearl River Estuary, China. Ecological Engineering, 35(12): 1743-1757.

Lu H F, Wang Z H, Campbell D E, et al., 2011. Emergy and eco-exergy evaluation of four forest restoration modes in southeast China. Ecological Engineering, 37(2): 277-285.

Luchters G, Menkhoff L, 2000. Chaotic signals from HDI measurement. Applied Economic Letters, 7(4): 267-270.

Luks F, Hammer M, 2003. Materialflow analysis, discourse analysis and rhetorics of (ecological) economics. Ecological Economics, 26(2): 139-149.

Lundie S, Peters G M, Beavis P C, 2004. Life cycle assessment for sustainable metropolitan water systems planning. Environmental Science & Technology, 38(13): 3465-3473.

Luo Z W, Zhao J N, Yao R M, et al., 2015. Emergy-based sustainability assessment of different energy options for green buildings. Energy Conversion and Management, 100: 97-102.

Lv C M, Wu Z N, 2009. Emergy analysis of regional water ecological-economic system. Ecological Engineering, 35 (5): 703-710.

Lyons E, Zhang P, Benn T, 2009. Life cycle assessment of three water supply systems: importation, reclamation and desalination. Water Science & Technology: Water Supply—WSTWS, 9 (4): 439-448.

Ma F J, Eneji A E, Liu J T, 2015. Assessment of ecosystem services and dis-services of an agro-ecosystem based on extended emergy framework: A case study of Luancheng county, North China. Ecological Engineering, 82 (1): 241-251.

Ma L, Guo J H, Velthof G L, et al., 2014. Impacts of urban expansion on nitrogen and phosphorus flows in the food system of Beijing from 1978 to 2008. Global Environmental Change-Human and Policy Dimens, 28: 192-204.

Martin J, 2002. Emergy valuation of diversions of river water to marshes in the Mississippi River Delta. Ecological Engineering, 18 (3): 265-286.

Martin R R, Naftel S J, Nelson A J, et al., 2007. Metal distributions in the cementum rings of human teeth: possible depositional chronologies and diagenesis. Journal of Archaeological Science, 34 (6): 936-945.

Martin R, Philip J B, Hans-Jorgen A, 2011. Increasing urban water self-sufficiency: New era, new challenges. Journal of Environmental Management, 92: 185-194.

Martinez-Alier J, 1990. Ecological Economics: Energy, Environment and Society. Oxford: Basil Blackwell.

Martire F, Tiberi R, 2007. Acqua, il consumo in Italia, EMI Editore, Bologna. [in Italian].

Marvuglia A, Benetto E, Rios G, et al., 2013. SCALE: Software for Calculating Emergy based on life cycle inventories. Ecological Modelling, 248: 80-91.

Mashayekhi A N, 1990. Rangelands destruction under population growth: the case of Iran. System Dynamics Review, 6 (2): 167-193.

Mass C, 2009. Greenhouse gas & energy co-benefits of water conservation; POLIS Project on Ecological Governance. [2016-03-14]. http://www.poliswaterproject.org/publication/91.

Mathews J A, Tan H, 2011. Progress towards a circular economy: the drivers and inhibitors of Eco-industrial initiative. Journal of Industrial Ecology, 15: 435-457.

Mazzantini U, 2013. La Cina divora materie prime: secondo lONU e il più grande consumatore mondiale. [2013-09-24]. http://www.greenreport.it/news/consumi/la-cina-divora-materie-prime-secondo-lonu-e-il-piu-grandeconsumatore-mondiale/.

McClanahan T R, 1990. Hierarchical control of coral reef ecosystems. Gainesville: University of Florida.

Meadows D H, Meadows D L, Randers J, et al., 1972. The Limits to Growth: Areport for the Club of Rome's Project on the Predicament of Mankind. New South Wales: Universe Books.

Meadows D L, Meadows D H, 1973. Toward Global Equilibriu: Collected Papers. Review, (6): 167-193.

Mebratu D, 1998. Sustainability and sustainable development: historical and conceptual review. Environmental Impact Assessment Review, 18 (6): 493-520.

Mellino S, Ripa M, Zucaro A, et al., 2014. An emergy-GIS approach to the evaluation of renewable resource flows: A case study of Campania Region, Italy. Ecological Modelling, 271 (3): 103-112.

Mellino S, Ulgiati S, 2015. Mapping the evolution of impervious surfaces to investigate landscape metabolism: An Emergy-GIS monitoring application. Ecological Informatics, 26 (Part 1): 50-59.

Merchant C, 1990. Environmental ethics and political conflict: a view from California. Environmental Ethics, 12 (1): 45-68.

Metson G S, Iwaniec D M, Baker L A, et al., 2015. Urban phosphorus sustainability: systemically incorporating social, ecological, and technological factors into phosphorus flow analysis. Environmental Science & Policy, 47: 1-11.

Millennium Ecosystem Assessment (MEA), 2005. Ecosystems and Human Well-being: Synthesis. Washington D C: Island Press: 1-137.

Milliman J D, Farnsworth K L, 2011. River Discharge to the Coastal Ocean. New York: Cambridge University Press.

Montalvo I, Izquierdo J, Schwarze S, et al., 2010. Multi-objective particle swarm optimization applied to water distribution systems design: an approach with human interaction. Mathematical and Computer Modelling, 52 (7-8): 1219-27.

Moran D, Wackernagel M, Kitzes J, et al., 2008. Measuring sustainable development—Nation by nation. Ecological Economics, 64: 470-474.

Mori K, Christodoulou A, 2012. Review of sustainability indices and indicators: Towards a new City Sustainability Index (CSI). Environmental Impact Assessment Review, 32 (1): 94-106.

Morse S, 2003. Greening the United Nations' human development index. Sustainable Development, 11: 183-198.

Morse S, 2004. Indices and Indicators in Development: An Unhealthy Obsession with Numbers. Sterling, VA, US: Earthscan Publications.

Morse S, Frasier E D G, 2005. Making 'Dirty' Nations Look Clean? The Nation State and the Problem of Selecting and Weighting Indices as Tools for Measuring Progress towards Sustainability. Geoforum, 36 (5): 625-640.

Mu H F, Feng X A, Chu K H, 2011. Improved emergy indices for the evaluation of industrial systems incorporating waste management. Ecological Engineering, 37 (2): 335-342.

Mukuve F M, Fenner R A, 2015. The influence of water, land, energy and soil-nutrient resource interactions on the food system in Uganda. Food Policy, 51: 24-37.

Muramatsu Y, Yoshida S, Fehn U, et al., 2004. Studies with natural and anthropogenic iodine isotopes: Iodine distribution and cycling in the global environment. Science Research Management, 74 (1-3): 83-93.

Murray C J L, Lopez A D, Jamison D T, 1994. The global burden of disease in 1990: summary results, sensitivity analysis and future directions. Bull World Health Organ, 72 (3): 495-509.

Muthukumarana S, Baskarana K, Sextonb N, 2011. Quantification of potable water savings by residential water conservation and reuse—A case study. Resources, Conservation and Recycling, 55 (11): 945-952.

Nakajima E S, Ortega E, 2015. Exploring the sustainable horticulture productions systems using the emergy assessment to restore the regional sustainability. Journal of Cleaner Production, 96: 531-538.

Nakajima E S, Ortega E, 2016. Carrying capacity using emergy and a new calculation of the ecological footprint. Ecological Indicators, 60: 1200-1207.

Nalanie M, Robert V, 2006. Life-cycle resource efficiency of conventional and alternative watersupply systems. 12th Annual International Sustainable Development Research Conference, Hong Kong.

Naustdalslid J, 2014. Circular economy in China-the environmental dimension of the harmonious society. International Journal of Sustainable Development & World Ecology, 21 (4): 303-313.

Navia R, Rivela B, Lorberc K E, et al., 2006. Recycling contaminated soil as alternative raw material in cement facilities: life cycle assessment. Resources, Conservation and Recycling, 48 (4): 339-356.

Ness D, 2008. Sustainable urban infrastructure in China: Towards a Factor 10 improvement in resource productivity through integrated infrastructure system. International Journal of Sustainable Development & World Ecology, 15: 288-301.

Neumayer E, 2003. Weak versus Strong Sustainability: Exploring the Limits of Two Opposing Paradigms. Cheltenham, U K: Edward Elgar Publishing.

Newman P W G, Birrel R, Holmes D, 1996. Human settlements in state of the environment Australia. Australia: State of the Environment Advisory Council. Melbourne: CSIRO Publishing.

Noorbakhsh F, 1998. A modified human development index. World Development, 26 (3): 517-528.

Odum E P, 1979. Perturbation theory and the subsidy-stress gradient. BioScience, 29 (6): 349-352.

Odum H T, 1971. Environment, Power and Society. New York: John Wiley: 336.

Odum H T, 1980. Biomass and Florida's future: A hearing before the committee on energy development and application of the committee on science and technology of the U S. House of representative, 96th Congress, Washington D C, Government Printing office.

Odum H T, 1983. Systems Ecology: An Introduction. New York: John Wiley.

Odum H T, 1984. Energy analysis of the environmental role in agriculture. Energy and Agriculture, 14: 24-51.

Odum H T, 1988. Self-Organization, Transformity, and Information. Science, 242 (4882): 1132-1139.

Odum H T, 1989. Simulation models of ecological economics developed with energy language methods. Simulation, 53 (2): 69-75.

Odum H T, 1994a. The emergy of natural capital//Jansson A M, Hammer M, Folke C, et al. Investing in Natural Capital. Covelo, CA: Island Press: 200-212.

Odum H T, 1994b. Ecological and General Systems: An Introduction to Systems Ecology. Niwot: University Press of Colorado.

Odum H T, 1994c. Emergy and Policy. Gainesville: Environmental Engineering Sciences, University of Florida: 25-29.

Odum H T, 1995a. Energy systems concepts and self-organization: a rebuttal. Oecologia, 104: 518-522.

Odum H T, 1995b. Tropical Forest Systems and the Human Economy. Tropical Forests: Management and Ecology. New York: Springer-Verlag New York, Inc.: 343-393.

Odum H T, 1996. Environmental accounting: emergy and environmentaldecision making. New York: John Wiley & Sons.

Odum H T, 2000. Energy, Hierarchy and Money. the International Society of Systems Sciences meeting, Toronto, Canada.

Odum H T, Arding J E, Center U O R I, 1991. Emergy analysis of shrimp mariculture in Eeuador. Gainesville: Environmental Engineering Sciences and Center for Wetlands, University of Florida.

Odum H T, Brown M T, Brandt-Williams S, 2000. Handbook of Emergy Evaluation Folio 1: Introduction and Global Budget. Gainesville: Center for Environmental Policy, University of Florida.

Odum H T, Brown M T, Christianson R A, 1986. Energy Systems Overview of the Amazon Basin. Gainesville: Center for Wetlands, University of Florida: 195.

Odum H T, Brown M T, Whitfield D F, et al., 1995. Zonal organization of cities and environment: a study of energy systems basis for urban society, cross comparison of Chinese and American societies. American Journal of Science, 11: 242-256.

Odum H T, Diamond C, Brown M T, 1987. Emergy analysis and public policy in texas, policy research project report. Ecological Economy, 12: 54-65.

Odum H T, Hoskin C M, 1958. Comparative studies of the metabolism of Texas bays. Publications of the Institute of Marine Science, University of Texas, 5: 16-46.

Odum H T, Odum E C, 1983. Energy analysis overview of nations. Laxenburg: International Institute for Applied Systems Analysis.

Odum H T, Odum E P, 2001. A Prosperous Way Down: Principles and Policies. Niwot: University Press of Colorado.

Odum H T, Ploeon R F, 1970. A tropical rain forest. A study of irradiation and ecology at El Verde, Puerto Rico, National Technical Information Service, Springfield, Va.

Orrell J J, 1998. Cross scale comparison of plant production and diversity. Master thesis. Gainseville: Department of Environmental Engineering Sciences, University of Florida.

Pang M Y, Zhang L X, Ulgiati S, 2015. Ecological impacts of small hydropower in China: Insights from an emergy analysis of a case plant. Energy Policy, 76: 112-122.

Park J J, Chertow M, 2014. Establishing and testing the "reuse potential" indicator for managing wastes as resources. Journal of Environmental Management, 137: 45-53.

Parris T M, Kates R W, 2003. Characterizing and Measuring Sustainable Development. Annual Reviews of Environment and Resources, 28: 559-586.

Patterson M G, 1998. Commensuration and theories of value in ecological economics. Ecological Economy, 25 (1): 105-123.

Pierro F, Khu S T, Savić D, et al., 2009. Efficient multi-objective optimal design of water distribution networks on a budget of simulations using hybrid algorithms. Environmental Modelling & Software Archive, 24 (2): 202-213.

Po M, Kaercher J D, Nancarrow B E, 2003. Literature review of factors influencing public perceptions of waterreuse; Australian water conservation and reuse research program, Australian Water Association, CSIRO. [2014-03-18]. http://www.clw.csiro.au/publications/technical2003/tr54-03.pdf.

Portugali J, 2000. Self-Organization and the City. Berlin: Springer-Verlag.

Prasad T D, 2010. Design of pumped water distribution networks with storage. Journal of Water Resources Planning and Management, 136 (1): 129-132.

Prendeville S, Sanders C, Sherry J, et al., 2014. Circular Economy: is it enough?. [2014-07-10]. https://pdfs.semanticscholar.org/943c/814c3300b69a06bd411d2704ec3baa3a0892.pdf.

Preston F, 2012. A Global Redesign? Shaping the Circular Economy. Briefing Paper. [2013-08-22]. https://www.chathamhouse.org/publications/papers/view/182376.

Pulselli F M, Coscieme L, Neri L, et al., 2015. The world economy in a cube: A more rational structural representation of sustainability. Global Environment Change, 35: 41-51.

Pulselli F M, Patrizi N, Focardi S, 2011. Calculation of the unit emergy value of water in an Italian watershed. Ecological Modelling, 222 (16): 2929-2938.

Pulselli R M, Pulselli F M, Rustici M, 2008. Emergy accounting of the Province of Siena: Towards a thermodynamic geography for regional studies. Journal of Environmental Management, 86 (2): 342-353.

Pulselli R M, Simoncini E, Marchettini N, 2009. Energy and emergy based cost-benefit evaluation of building envelopes relative to geographical location and climate. Building and Environment, 44 (5): 920-928.

Purves W K, Sadava D, Orians G H, et al., 1992. Life: the science of biology, 4th Edition, Sinauer Associates. [2018-06-06]. https://www.sinauer.com/media/wysiwyg/tocs/Life10_1.pdf.

Qiao M, Zheng Y M, Zhu Y G, 2011. Material flow analysis of phosphorus through food consumption in two megacities in northern China. Chemosphere, 84 (6): 773-778.

Qin W, Wang L, Lin A, et al., 2018. Comparison of deterministic and data-driven models for solar radiation estimation in China. Renewable and Sustainable Energy Reviews, 81: 579-594.

Qin P, Wong Y S, Tam N F Y, 2000. Emergy evaluation of Mai Po mangrove marshes. Ecological Engineering, 16 (2): 271-280.

Raich J W, Schlesinger W H, 1992. The global carbon dioxide flux in soil respiration and its relationship to vegetation and climate. Tellus, 44 (B): 81-99.

Raluy R G, Serra L, Uche J, et al., 2005. Life cycle assessment of water production technologies—Part 2: Reverse osmosis desalination versus the ebro river water transfer. The International Journal of Life Cycle Assessment, 10 (5): 346-354.

Ramos H M, Kenov K N, Vieira F, 2011. Environmentally friendly hybrid solutions to improve the energy and hydraulic efficiency in water supply systems. Energy for Sustainable Development, 15 (4): 436-442.

Rapport D J, 1995. Ecosystem health: exploring the territory. Ecosyst Health, 1: 5-13.

Rapport D J, 1998. Ecosystem Health. Oxford: Blackwell Science.

Raugei M, Rugani B, Benetto E, et al., 2014. Integrating emergy into LCA: Potential added value and lingering obstacles. Ecological Modelling, 271: 4-9.

Rees W, 1992. Ecological footprints and appropriated carrying capacity: what urban economies leaves out. Environment and Urbanization, 4: 121-130.

Rees W, 1996. Revisiting carrying capacity: Area-based indicators of sustainability. Population and Environment, 17 (3): 195-215.

Ren J M, Zhang L, Wang R S, 2010. Measuring the sustainability of policy scenarios: Emergy-based strategic environmental assessment of the Chinese paper industry. Ecological Complexity, 7 (2): 156-161.

Requate T, 2005. Dynamic incentives by environmental policy instruments. Ecological Economics, 54: 175-195.

Reza B, Sadiq R, Hewage K, 2013. A fuzzy-based approach for characterization of uncertainties in emergy synthesis: an example of paved road system. Journal of Cleaner Production, 59: 99-110.

Reza B, Sadiq R, Hewage K, 2014. Emergy-based life cycle assessment (Em-LCA) of multi-unit and single-family residential buildings in Canada. International Journal of Sustainable Built Environment, 3(2): 207-224.

Rodriguez D B, 2011. Sustainability assessment of green infrastructure practices for stormwater management: A comparative emergy analysis. New York: State University of New York.

Rodríguez N H, Martínez-Ramírez S, Blanco-Varela M T, et al., 2013. The effect of using thermally dried sewage sludge as an alternative fuel on Portland cement clinker production. Journal of Cleaner Production, 52: 94-102.

Romitelli M S, 2000. Emergy analysis of the new Bolivia—Brazil gas pipeline//Brown M T. Emergy synthesis: theory and applications of the emergy methodology. Gainesville: Center for Environmental Policy, University of Florida: 53-69.

Romitelli M S, 2005. The rising of water due to scarcity in Sao Paulo, Brazil//Brown M T. Emergy Synthesis: Theory and Applications of Emergy Methodology. Gainesville: Centre for Environmental Policy, University of Florida: 115-132.

Rothrock H, 2014. Sustainable housing: Emergy evaluation of an off-grid residence. Energy and Buildings, 85: 287-292.

Rotolo G C, Rynberg T, Lieblein G, et al., 2007. Emergy evaluation of grazing cattle in Argentina's Pampas. Agriculture, Ecosystems & Environment, 119(3-4): 383-395.

Rovira J, Maria M, Nadala M, et al., 2010. Partial replacement of fossil fuel in a cement plant: risk assessment for the population living in the neighborhood. Science of the Total Environment, 22(15): 5372-5380.

Rugani B, Benetto E, 2012. Improvements to emergy evaluations by using life cycle assessment. Environmental Science & Technology, 46(19): 4701-4712.

Rugani B, Pulselli R M, Niccolucci V, et al., 2011. Environmental performance of a XIV Century water management system: An emergy evaluation of cultural heritage. Resources, Conservation and Recycling, 56(1): 117-125.

Rydberg T, Haden A C, 2006. Emergy evaluations of Denmark and Danish agriculture: Assessing the influence of changing resource availability on the organization of agriculture and society. Agriculture, Ecosystems & Environment, 117(2-3): 145-158.

Sachs J, 2005. The End of Poverty: How we Can Make it Happen in Our Lifetime. London: Penguin Books.

Saeed K, 1994. Development Planning and Policy Design: A System Dynamics Approach. Brookfield: Avebury.

Sagar A D, Najam A, 1998. The human development index: a critical review. Ecological Economics, 25 (3): 249-264.

Sahely H R, Dudding S, Kennedy C A, 2003. Estimating the urban metabolism of Canadian cities: Greater Toronto Area case study. Canadian Journal of Civil Engineering, 30 (2): 468-483.

Samani H M V, Mottaghi A, 2006. Optimization of water distribution networks using integer linear programming. Journal of Hydraulic Engineering, 132 (5): 501-509.

Sarmiento J L, Gruber N, 2006. Ocean Biogeochemical Dynamics. New Jersy: Princeton University Press.

Schaeffer D J, Henricks E E, Kerster H W, 1988. Ecosystem health: 1. Measuring ecosystem health. Environmental Management, 12 (4): 445-455.

Schmidneset T S, Bader H P, Scheidegger R, et al., 2008. The flow of phosphorus in food production and consumption—Linköping, Sweden, 1870-2000. Science of the Total Environment, 396: 111-120.

Scott C A, Pierce S A, Pasqualetti M J, et al., 2011. Policy and institutional dimensions of the water-energy nexus. Energy Policy, 39: 6622-6630.

Serafy E I S, 1996. In Defense of Weak Sustainability: A Response to Beckerman. Environmental Values, 5: 75-81.

Shearman R, 1990. The meaning and ethics of sustainability. Environmental Management, 14(14): 1-8.

Siche J R, Agostinho F, Ortega E, et al., 2008. Sustainability of nations by indices: Comparative study between environmental sustainability index, ecological footprint and the emergy performance indices. Ecological Economics, 66 (4): 628-637.

Siche R, Pereira L, Agostinho F, et al., 2010. Convergence of ecological footprint and emergy analysis as a sustainability indicator of countries: Peru as case study. Communications in Nonlinear Science and Numerical Simulation, 15 (10): 3182-3192.

Siegel E, Brown M T, De Vilbiss C, et al., 2016. Calculating solar transformities of the four major heat-producing radiogenic isotopes in the Earth's crust and mantle. Ecological Modelling, 339: 140-147.

Singh R K, Murty H R, Gupta S K, et al., 2009. An overview of sustainability assessment methodologies. Ecological Indicators, 9: 189-212.

Slesser M, 1974. Energy analysis workshop on methodology and conventions. Stockholm, Sweden: IFIAS: 89.

Snyder G, Fehn U, 2004. Global distribution of 129 I in rivers and lakes: Implications for iodine cycling in surface reservoirs. Nuclear Instruments and Methods in Physics Research, Section B: Beam Interactions with Materials and Atoms, 223-224: 579-586.

Soares J O, Marquês M M L, Monteiro C M F, 2003. A multivariate methodology to uncover regional disparities: a contribution to improve European Union and governmental decisions. European Journal of Operational Research, 145: 121-135.

Solow R M, 1956. A Contribution to the Theory of Economic Growth. Quarterly Journal of Economics, 70 (1): 65-94.

Song Q B, Wang Z S, Li J H, 2013. Sustainability evaluation of e-waste treatment based on emergy analysis and the LCA method: A case study of a trial project in Macau. Ecological Indicators, 30: 138-147.

Srinivasan R S, Braham W W, Campbell D E, et al., 2012. Re (De) fining Net Zero Energy: renewable emergy balance in environmental building design. Building and Environment, 47: 300-315.

Steer A, Lutz E, 1993. Measuring Environmentally Sustainable Development. Finance & Development, 30 (4): 20-23.

Stiehl C, Hirth T, 2012. Vom additiven Umweltschutz zur nachhaltigen Produktion. Chemie Ingenieur Technik-CIT, 84 (7): 963-968.

Stiglitz J, 2002. Globalization and Its Discontents. New York: W W Norton & Company.

Stokes J, Horvath A, 2011. Life-cycle energy assessment of alternative water supply systems in California. Berkeley: University of California. [2016-04-11]. http://energy.ca.gov/2013publications/CEC-500-2013-037/CEC-500-2013-037.pdf.

Su M R, Fath B D, Yang Z F, et al., 2013. Ecosystem health pattern analysis of urban clusters based on emergy synthesis: Results and implication for management. Energy Policy, 59: 600-613.

Su M R, Yang Z F, Chen B, 2009. Set pair analysis for urban ecosystem health assessment. China Environmental Science, 14 (4): 1773-1780.

Sun Z, Peng S, Li X, et al., 2015. Changes in forest biomass over China during the 2000s and implications for management. Forest Ecology and Management, 357: 76-83.

Sweeney S, Brown M T, Cohen M, 2007. Creation of a global database for standardized national emergy synthesis. Proceedings of Emergy Synthesis Conference, 4: 1-23.

Szargut J, Valero A, Stanek W, 2005. Towards an International Reference Environment of Chemical Exergy. Proceedings of 18th International Conference on Efficiency, Cost, Optimization, Simulation and Environmental Impact of Energy System (ECOS2005), Trondheim, Norway: 409-417.

Tan M H, Li X B, Lu C H, et al., 2008. Urban population densities and their policy implications in China. Habitat International, 32 (4): 471-484.

Tangsubkul N, Moore S, Waite T D, 2006. Incorporating phosphorus management considerations into wastewater management practice. Environmental Science & Policy, 8 (1): 1-15.

Tarnacki K, Meneses M, Melin T, et al., 2012. Environmental assessment of desalination processes: Reverse osmosis and Memstill®. Desalination, 296 (2): 69-80.

Taskhiri M S, Tan R R, Chiu A S F, 2011. Emergy-based fuzzy optimization approach for water reuse in an eco-industrial park. Resources, Conservation and Recycling, 55 (7): 730-770.

Tennenbaum S E, 2015. Emergy and co-emergy. Ecological Modelling, 315: 116-134.

The Energy Sector Management Assistance Program, 2012. A primer on energy efficiency for municipal water and wastewater utilities. [2014-10-22]. http://water.worldbank.org/node/84130.

Tilley D R, 1999. Emergy basis of forest systems. Gainesville: University of Florida.

Tilley D R, 2011. Dynamic accounting of emergy cycling. Ecological Modelling, 222 (20-22): 3734-3742.

Tilley D R, 2014. Exploration of Odum's dynamic emergy accounting rules for suggested refinements. Ecological Modelling, 279: 36-44.

Tilley D R, Brown M T, 2006. Dynamic emergy accounting for assessing the environmental benefits of subtropical wetland stormwater management systems. Ecological Modelling, 192(3-4): 327-361.

Tilley D R, Swank W T, 2003. EMERGY-based environmental systems assessment of a multi-purpose temperate mixed-forest watershed of the southern Appalachian Mountains, USA. Journal of Environmental Management, 69 (3): 213-227.

Timmerman P, White R, 1997. Megahydropolis: coastal cities in the context of global environmental change. Global Environmental Change, 7: 205-234.

Tiruta-Barna L, Benetto E, 2013. A conceptual framework and interpretation of emergy algebra. Ecological Engineering, 53: 290-298.

Ukidwe N U, Bakshi B R, 2007. Industrial and ecological cumulative exergy consumption of the United States via the 1997 input-output benchmark model. Energy, 32 (9): 1560-1592.

Ulgiati S, Bargigli S, Raugei M, 2007. An emergy evaluation of complexity, information and technology, towards maximum power and zero emissions. Journal of Cleaner Production, 15 (13-14): 1354-1372.

Ulgiati S, Brown M T, 1998. Monitoring patterns of sustainability in natural and man-made ecosystems. Ecological Modelling, 108 (1-3): 23-36.

Ulgiati S, Brown M T, 2002. Quantifying the environmental support for dilution and abatement of process emissions: the case of electricity production. Journal of Cleaner Production, 10 (4): 335-348.

Ulgiati S, Brown M T, Bastianoni S, et al., 1995. Emergy-based indices and ratios to evaluate the sustainable use of resources. Ecological engineering, 5 (4): 519-531.

Ulgiati S, Odum H T, Bastianoni S, 1992. Emergy analysis of Italian agricultural system. The role of energy quality and environmental inputs. Trends in Ecological Physieal Chemistry: 187-215.

Ulgiati S, Odum H T, Bastianoni S, 1994. Emergy use, environmental loading and sustainability. An emergy analysis of Italy. Ecological Modelling, 73 (3-4): 215-268.

United Nations Educational Scientific and Cultural Organization (UNESCO), 2014. World Water Development Report 2014: Water and energy. [2016-04-11]. http://reliefweb.int/sites/reliefweb.int/files/resources/Water%20and%20Energy%20Volume%201.pdf.

United Nations EnvironmentProgramme (UNEP), 2013. Resource efficiency: Economics and Outlook for China. [2013-09-24]. https://publications.csiro.au/rpr/download?pid=csiro:EP165106&dsid=DS3.

US Department of Agriculture, Forest Service (USDA FS), 2010. Valuing ecosystem services: capturing the true value of nature's capital. [2010-10-14]. https://www.fs.fed.us/ecosystemservices/pdf/ecosystem-services.pdf.

US Environmental Protection Agency (US EPA), 2010. Mitigation banking factsheet. [2010-01-05]. https://www.epa.gov/cwa-404/mitigation-banking-factsheet.

Valderrama C, Granados R, Cortina J L, et al., 2013. Comparative LCA of sewage sludge valorization as both fuel and raw material substitute in clinker production. Journal of Cleaner Production, 51: 205-213.

Valero A D, 2008. Exergy evolution of the mineral capital on earth. Spain: University of Zaragoza.

Valero A, Arauzo I, 1991. Exergy outcomes associated with the greenhouse effects. The American Society of Mechanical Engineer, 25: 63-70.

Valero Alicia, Valero Antonio, Vieillard P, 2012. The thermodynamic properties of the upper continental crust: Exergy, Gibbs free Energy and Enthalpy. Energy, 41 (1): 121-127.

Vamvakeridou-Laoudia L S, Savic D A, Walters G A, 2007. Tank simulation for the optimization of water distribution networks. Journal of Hydraulic Engineering, 133 (6): 625-636.

van Vuuren D P, Smeets E M W, 2000. Ecological Footprints of Benin, Ghutan, Costa Rica and the Netherlands. Ecological Economics, 34 (234): 115-130.

Vassallo P, Fabiano M, Vezzulli L, et al., 2006. Assessing the health of coastalmarine ecosystems: a holistic approach based on sediment micro and meio-benthic measures. Ecological Indicators, 6 (3): 525-542.

Vassallo P, Paoli C, Fabiano M, 2009. Emergy required for the complete treatment of municipal wastewater. Ecological Engineering, 35 (5): 687-694.

Vega-Azamar R E, Glaus M, Hausler R, et al., 2013. An emergy analysis for urban environmental sustainability assessment, the Island of Montreal, Canada. Landscape and Urban Planning, 118: 18-28.

Venkatesh G, Chan A, Brattebo H, 2014. Understanding the water-energy carbon nexus in urban water utilities: Comparison of four city case studies and the relevant influencing factors. Energy, 75: 153-166.

Vilanova L, Viñas I, Torres R, et al., 2014. Acidification of apple and orange hosts by Penicillium digitatum and Penicillium expansum. International Journal of Food Microbiology, 178 (16): 39-49.

Vilanova M R N, Balestieri J A P, 2015. Exploring the water-energy nexus in Brazil: The electricity use for water supply. Energy, 85: 415-432.

von Bertalanffy L, 1968. General System Theory. New York: G. Braziller Pub.

Wackernagel M, Long A, 1999. Ecological Economics Forum: Why Sustainability Analyses Must Include Biophysical Assessments. Ecological Economics, 29 (1): 13-60.

Walker B H, Gunderson L H, Kinzig A P, et al., 2006. A handful of heuristics and some propositions for understanding resilience in social-ecological systems. Ecology and Society, 11 (1): 13.

Walker R V, Beck M B, Hall J W, et al., 2014. The energy-water-food nexus: strategic analysis of technologies for transforming the urban metabolism. Journal of Environmental Management, 141: 104-115.

Wang R S, 2003. Integrative eco-management for resource, environment and industrial transformation. Systems Engineering, 2: 125-129 (in Chinese).

Wang S, Huang G H, Zhou Y, 2016. A fractional-factorial probabilistic-possibilistic optimization framework for planning water resources management systems with multi-level parametric interactions. Journal of Environmental Management, 172: 97-106.

Wang W, Huang R X, 2004. Wind energy input to the surface waves. Journal of Physical Oceanography, 34: 1276-1280.

Wang X L, Dadouma A, Chen Y Q, et al, 2015. Sustainability evaluation of the large-scale pig farming system in North China: an emergy analysis based on life cycle assessment. Journal of Cleaner Production, 102: 144-164.

Wang X L, Shen J X, Zhang W, 2014. Emergy evaluation of agricultural sustainability of Northwest China before and after the grain-for-green policy. Energy Policy, 67: 508-516.

Wang Y L, Zhu Q H, Geng Y, 2013. Trajectory and driving factors for GHG emissions in the Chinese cement industry. Journal of Cleaner Production, 53: 252-260.

Watanabe M D B, Ortega E, 2011. Ecosystem services and biogeochemical cycles on a global scale: Valuation of water, carbon and nitrogen processes. Environmental Science and Policy, 14 (6): 594-604.

Waughray D, 2013. Davos 2013: Circular Economy Offers Opportunities for Latin America. The Guardian. [2013-08-24]. https://www.unido.org/stories/circular-economy-getting-best-out-latin-america.

Weber T, 1994. Spatial and temporal simulation of forest succession with implications for management of bioreserves. Gainesville: University of Florida.

Westman W E, 1977. What are nature's services worth?. Sciences, 197: 960-963.

White R, Engelen G, 1993. Cellular automata and fractal urban form: a cellular modeling approach to the evolution of urban land use patterns. Environment and Planning, (25): 1175-1199.

Wilson J, Tyedmers P, Pelot R, 2007. Contrasting and comparing sustainable development indicator metrics. Ecological Indicators, 7 (2): 299-314.

Winfrey B K, Tilley D R, 2015. An emergy-based treatment sustainability index for evaluating waste treatment systems. Journal of Cleaner Production, 112 (Part 5): 4485-4496.

Wolman A, 1965. The metabolism of cities. Scientific American, 213 (3): 179-190.

Wu W, Simpson A, Maier H, et al., 2012. Incorporation of variable-speed pumping in multiobjective genetic algorithm optimization of the design of water transmission systems. Journal of Water Resources Planning and Management, 138 (5): 543-552.

Wu X H, Wu F Q, Tong X G, et al., 2013. Emergy-based sustainability assessment of an integrated production system of cattle, biogas, and greenhouse vegetables: Insight into the comprehensive utilization of wastes on a large-scale farm in Northwest China. Ecological Engineering, 61 (Part A): 335-344.

Wu X H, Wu F Q, Tong X G, et al., 2015. Emergy and greenhouse gas assessment of a sustainable, integrated agricultural model (SIAM) for plant, animal and biogas production: Analysis of the ecological recycle of wastes. Resources, Conservation and Recycling, 96: 40-50.

WWF, 2012. Living Planet Report 2012—Biodiversity, biocapacity and better choices. [2012-08-20]. http://awsassets.wwfpl.panda.org/downloads/lpr_2012_as_printed.pdf.

Yan M C, Odum H T, 1998. A study on emergy evaluation and sustainable development of Tibet eco-economic system. Journal of Natural Resources, 13 (2): 116-125.

Yang D W, Kao W T M, Zhang G Q, et al., 2014. Evaluating spatiotemporal differences and sustainability of Xiamen urban metabolism using emergy synthesis. Ecological Modelling, 272: 40-48.

Yang H, Li Y, Shen J, et al., 2003. Evaluating waste treatment, recycle and reuse in industrial system: an application of the emergy approach. Ecological Modelling, 160 (1): 13-21.

Yang J, 2016. Emergy accounting for the Three Gorges Dam project: three scenarios for the estimation of non-renewable sediment cost. Journal of Cleaner Production, 112 (Part 4): 3000-3006.

Yang Q, Chen G Q, Liao S, et al., 2013. Environmental sustainability of wind power: An emergy analysis of a Chinese wind farm. Renewable & Sustainable Energy Reviews, 25: 229-239.

Yang Z F, Jiang M M, Chen B, et al., 2010. Solar emergy evaluation for Chinese economy. Energy Policy, 38 (2): 875-886.

Yap N U, 2005. Towards a circular economy: progress and challenges. Green Management International, 50: 11-24.

Yi H, Braham W W, 2015. Uncertainty characterization of building emergy analysis (BEmA). Building and Environment, 92: 538-558.

York R, Eugene A R, Thomas D, 2005. The Ecological Footprint Intensity of National Economies. Journal of Industrial Ecology, 8 (4): 139-154.

You J, 2011. China's energy consumption and sustainable development: Comparative evidence from GDP and genuine savings. Renewable & Sustainable Energy Reviews, 15 (6): 2984-2989.

Yuan F, Shen L Y, Li Q M, 2011. Emergy analysis of the recycling options for construction and demolition. Waste Manage, 31: 2503-2511.

Yuan Z W, Sun L, Bi J, et al., 2011. Phosphorus flow analysis of the socioeconomic ecosystem of Shucheng County, China. Ecological Applications, 21 (7): 2822-2832.

YuanZ, Bi J, Moriguichi Y, 2006. The Circular Economy: A New Development Strategy in China. Journal of Industrial Ecology, 10: 4-8.

Zarbá L, Brown M T, 2015. Cycling emergy: computing emergy in trophic networks. Ecological Modelling, 315: 37-45.

Zhang L X, Hu Q H, Wang C B, 2013. Emergy evaluation of environmental sustainability of poultry farming that produces products with organic claims on the outskirts of mega-cities in China. Ecological Engineering, 54: 128-135.

Zhang L X, Song B, Chen B, 2012. Emergy-based analysis of four farming systems: insight into agricultural diversification in rural China. Journal of Cleaner Production, 28: 33-44.

Zhang L X, Yang ZF, Chen G Q, et al., 2007. Emergy analysis of cropping-grazing system in Inner Mongolia Autonomous Region, China. Energy Policy, 35: 3844-3855.

Zhang S P, 2015. Evaluating the method of total factor productivity growth and analysis of its influencing factors during the economic transitional period in China. Journal of Cleaner Production, 107 (16): 438-444.

Zhang X H, Deng S H, Wu J, et al., 2010. A sustainability analysis of a municipal sewage treatment ecosystem based on emergy. Ecological Engineering, 36 (5): 685-696.

Zhang X H, Jiang W J, Deng S H, et al., 2009a. Emergy evaluation of the sustainability of Chinese steel production during 1998-2004. Journal of Cleaner Production, 17 (11): 1030-1038.

Zhang X H, Zhang R, Wu J, et al., 2016. An emergy evaluation of the sustainability of Chinese crop production system during 2000-2010. Ecological Indicators, 60: 622-633.

Zhang Y, Wu Q, Wang X J, et al., 2017. Analysis of the ecological relationships within the CO_2 transfer network created by global trade and its changes from 2001 to 2010. Journal of Cleaner Production, 168: 1425-1435.

Zhang Y, Xia L L, Fath B D, et al., 2015b. Development of a spatially explicit network model of urban metabolism and analysis of the distribution of ecological relationships: case study of Beijing, China. Journal of Cleaner Production: 1-14.

Zhang Y, Yang Z F, Liu G Y, et al., 2011. Emergy analysis of the urban metabolism of Beijing. Ecological Modelling, 222(14): 2377-2384.

Zhang Y, Yang Z F, Yu X Y, 2006. Measurement and evaluation of interactions in complex urban ecosystem. Ecological Modelling, 196(1-2): 77-89.

Zhang Y, Yang Z F, Yu X Y, 2009b. Evaluation of urban metabolism based on emergy synthesis: A case study for Beijing (China). Ecological Modelling, 220(13-14): 1690-1696.

Zhang Y, Yang Z F, Yu X Y, 2015a. Urban Metabolism: A Review of Current Knowledge and Directions for Future Study. Environmental Science & Technology, 49(19): 11247-11263.

Zhang Y, Zheng H M, Fath B D, et al., 2014. Ecological network analysis of an urban metabolic system based on input-output tables: Model development and case study for Beijing. Science of The Total Environment, 468-469: 642-653.

Zheng X, Chen D, Wang Q, et al., 2014. Seawater desalination in China: Retrospect and prospect. Chemical Engineering Journal, 242: 404-413.

Zhou J B, Jiang M M, Chen B, et al., 2009. Emergy evaluations for constructed wetland and conventional wastewater treatments. Communications in Nonlinear Science and Numerical Simulation, 14(4): 1781-1789.

Zhou Y C, Zhang B, Wang H K, et al., 2013. Drops of Energy: Conserving Urban Water to Reduce Greenhouse Gas Emissions. Environmental Science & Technology, 47(19): 10753-10761.

Zidanšek A, 2007. Sustainable development and happiness in nations. Energy, 32(6): 891-897.

索　引

（按汉语拼音字母次序排列）

A

阿尔法衰变　39
AQUASTAT 数据库　78

B

伴生产物　24
边际革命　1
边际污染损害曲线　141
标准国际贸易分类　79
禀赋价值　4
波浪能　18
不可还原性　52
不可再生资源　86
不确定性　68

C

潮汐能　36
城市超循环体系　293
城市代谢　46
城市循环经济政策效果计算器　296
城市资产　279
初级生产力　31
　　净初级生产力　31
　　总初级生产力　31
存在价值　212

D

大气圈　29
单位面积能值强度（AEI）　31
氮　34
　　无机氮　34
　　有机氮　34
等量太阳能比率　15
低影响开发　192
地理生物圈　14
地理信息系统　6
地热能　35
碘流出率　29
动力学　272
多尺度嵌套　122
多目标遗传算法　161
多元素矿石　27

F

放射性矿物　24
　　放射性衰变　24
　　放射性同位素　24
分解过程　127
分摊系数　170
风能　19
封闭式循环　102

福祉　124

G

盖亚理论　4
固碳释氧　212
国家环境核算基础数据库　10
国民账户核算　296
过程协同　290
Gibbs 自由能 23

H

海关编码分类系统　79
海绵城市　189
海水淡化　177
海洋矿物质　17
涵养水源　214
耗散结构理论　273
合成过程　127
化学潜能　20
环境绩效指数　61
环境经济核算　1
　　环境核算　2
环境可持续指数　61
环境伦理　51
环境治理工程　8
回用能值　127
混合㶲　23
Heckscher-Ohlin 贸易理论　50

J

机械脱水　250
间接价值　210
健康　145
降雨能　20
教育层级　39

拮抗　290
景观图层　72
径流的化学能　22
　　径流的化学㶲　22
径流地理势能　21

K

卡诺效率　37
可持续　46
　　可持续发展　48
　　可持续发展指数　291
　　可持续利用　10
　　可持续性　12
可再生资源　16
　　可再生流　30
　　可再生能源平衡分析方法　245
可用能　37
可容忍浓度　128
空的世界　11
矿产资源　16
　　矿物混合㶲　26

L

绿色 GDP　1
绿色核算体系　104
绿色雨水基础设施　192
　　绿色屋顶　198
　　人工湿地　199
　　雨水引流浅沟　199

M

满的世界　11
煤　35
　　次烟煤　36
　　褐煤　36

无烟煤　36
烟煤　36
蒙特卡罗模拟　14
敏感性分析　283
摩尔质量　17

N

能量　1
 能量汇聚　285
 能量流　5
能值　2
 各省能值调入比　91
 环境负载率　87
 净能值产出率　84
 能值货币比率　82
 能值交换率　83
 能值可持续发展指数　89
 能值密度　85
 能值投资率　83
 能值自给率　90
 人均电力能值用量　87
 人均能值用量　85
能值转换率　4
能路语言　103
能–水–食物耦合　294
农业系统　8
农业资产　279
泥炭　35
南水北调　164

O

欧氏距离法　152

P

配水　179
飘绿　13

Q

潜在消失物种比例　131
浅绿色　13
强可持续性　12
清洁生产　293
区域协同　290
全球能值基准　29

R

燃料替代率　243
热力学第二定律　49
人口流　7
人口迁移　107
人类发展指数　61
人类圈　18
人类中心主义　68
 人类中心论　47
人类资本　124
弱可持续性　12

S

生态资本　3
生态资产　279
生态系统服务　3
生态经济系统　5
生态热力学　5
 生态能量　46
生态管理　7
生态效益　7
生态价值　11
生态工程　8
生态伦理　46
生态足迹　61
 生态盈余　61
 生物生产性土地面积　62

生态指标 99 125
生态价格 185
生态网络 291
生态中心主义 68
　　　生态中心论 51
生态环境核算 1
　　　生态环境核算 EmCF 数据库 16
生态系统完整性 245
生态系统危险症状 146
生态系统服务的国际分类 206
生态缓冲容量 146
生态滞竭系数 146
生命周期 6
　　　生命周期评价（LCA） 6
　　　生态毒理效应 138
　　　酸化效应 138
　　　LCA 框架 41
生物质 2
生物多样性 3
生物圈价值 210
森林生态系统 7
湿地生态系统 8
水圈 18
水资源 23
　　　水资源管理 10
　　　水—能关系 164
水土流失敏感性 223
深绿色 13
珊瑚礁 27
熵 47
　　　负熵 49
　　　熵接收器 50
　　　熵陷阱 136
　　　熵增原理 48
　　　熵转移 49

实际蒸散量 73
栅格图像 74
伤残调整健康生命年 125
随机传输算法 161

T

调节服务 207
调控过程 127
太阳能 2
太阳能等效能量 4
太阳能焦耳 11
体现能 2
投入产出法 291
土壤有机碳 32
脱钩分析 238

W

物质流 2
　　　物质流分析 292

X

系统调控 47
系统理论 4
系统生态学 4
细胞城市理论 273
协同处置 244
新的稀缺性 219
信息流 7
虚拟水 296
循环经济 287

Y

岩石聚合物 27
岩石圈 37
演替 115
厌氧消化 250

洋流能　21
要素协同　290
遗传算法　161
以供定需　160
以需定供　160
异养型　102
引水距离　170
引水量　170
影子价格　209
烟　11
涌现性　52
优先发展等级　237
油母岩质　38
雨水能　18
预均化　247
元胞自动机　273
原料替代　246

Z

支持服务　207
直接价值　210
周转时间　29
资金流　7
子系统　47
自然资本　11
自由市场体系　220
自愿性产品标签　288
自转速度　20
自组织　102
　　自组织临界模型　273
　　自组织系统　273
阻力系数　19
最大功率系统　286
最大总溶解盐　23